Peter L. Berger (Hrsg.)

Die Grenzen der Gemeinschaft

Peter L. Berger (Hrsg.)

Die Grenzen der Gemeinschaft

Konflikt und Vermittlung in pluralistischen Gesellschaften

Ein Bericht der Bertelsmann Stiftung an den Club of Rome

Aus dem Englischen
von Karlheinz Dürr
und Ursel Schäfer

Verlag Bertelsmann Stiftung
Gütersloh 1997

Die Deutsche Bibliothek – CIP-Einheitsaufnahme

Die Grenzen der Gemeinschaft : Konflikt und Vermittlung in pluralistischen Gesellschaften ; ein Bericht der Bertelsmann Stiftung an den Club of Rome / Peter L. Berger (Hrsg.). - Gütersloh : Verl. Bertelsmann Stiftung, 1997
ISBN 3-89204-818-5
NE: Berger, Peter L. [Hrsg.]; Bertelsmann Stiftung

Wir drucken auf CHLORFREIEM PAPIER

Veranwortlich: Volker Then
Redaktion: Volker Then, Dr. Gunilla-Friederike Budde
Übersetzung: Dr. Karlheinz Dürr, Dr. Ursel Schäfer
Lektorat: Brigitte Neuparth
Herstellung: Sabine Klemm
Umschlaggestaltung: HTG Werbeagentur, Bielefeld
Umschlagabbildung: George Grosz, »Metropolis«. 1916–1917, Óleo sobre lienzo, 100 x 102 cm
Fundación Colección Thyssen-Bornemisza, Madrid

Satz: Utesch Satztechnik GmbH, Hamburg
Druck: Clausen & Bosse GmbH, Leck
ISBN 3-89204-818-5

Inhalt

Vorwort
Werner Weidenfeld
Mitglied des Vorstandes der Bertelsmann Stiftung 11

Vorwort
Ricardo Díez-Hochleitner
Präsident des Club of Rome 17

Einleitung
Volker Then
Leitfragen 21

1. USA
James Davison Hunter
Der amerikanische Kulturkrieg 29
1. Amerika im Krieg mit sich selbst 30
2. Institutionelle Faktoren 41
3. Zivilgesellschaft 51
4. Philanthropie und Stiftungen: eine Fallstudie 52
5. Schlußfolgerungen 71

2. Frankreich
Danièle Hervieu-Léger
Die Vergangenheit in der Gegenwart: Die Neudefinition des »laizistischen Paktes« im multikulturellen Frankreich 85
1. *Laïcité* im Verlauf der Geschichte: von der Konfrontation zum Kompromiß 89
2. Kontinuität und Aktualität der »Schulfrage« oder die »Last der Vergangenheit«.................. 97
3. Die französische Konzeption der *laïcité* vor der Herausforderung durch Gruppen und Glaubensgemeinschaften 114
4. Konfliktvermittlung in der Sackgasse: die »Schleieraffäre« 125
5. Von der befriedeten *laïcité* zur Vermittlung durch *laïcité*: der Konflikt in Neukaledonien im Jahr 1988 135
6. Fazit: Normen setzen, die Debatte organisieren, Fäden knüpfen – unterschiedliche Formen der Konfliktvermittlung 145

3. Deutschland
Franz-Xaver Kaufmann
Normative Konflikte in Deutschland: Basiskonsens, Wertewandel und soziale Bewegungen 155
1. Klassische normative Konflikte: Überwindung oder Verdrängung? 157
2. Der Basiskonsens: Grundgesetz und Soziale Marktwirtschaft............................. 164
3. Marktwirtschaft *und* oder *gegen* Sozialstaat? 169
4. Neue soziale Bewegungen als Ferment normativer Konflikte 177
5. Was läßt sich am deutschen Beispiel für den Umgang mit normativen Konflikten lernen?...... 186

4. Ungarn
János Mátyás Kovács
Unsichere Geister – Populisten und Liberale im postkommunistischen Ungarn 199
1. Populisten und »Westernizer« in Osteuropa...... 199
2. Populisten und Liberale in Ungarn (30er bis 90er Jahre) 211
3. Ein alter Gegensatz in einer neuen Demokratie (1989–1996) 226
4. Lösung oder Zivilisierung des Konfliktes? 236

5. Chile
Arturo Fontaine Talavera
Revolution von oben und horizontale Vermittlung: der Übergang Chiles zur Demokratie 253
1. Von der Spaltung des Marxismus zur Spaltung der Militärregierung 254
2. Die sozialen Auswirkungen der »Revolution von oben«: ökonomische und politisch-institutionelle Reformen 260
3. Ein Beispiel für horizontale Vermittlung: vereinbarter Übergang und private Akademien ... 275

6. Südafrika
Ann Bernstein
Südafrika: normative Konflikte, soziale Kohäsion und Vermittlungsinstitutionen 297
1. Der südafrikanische Konflikt 299
2. Südafrikas ausgehandelte Revolution............ 307
3. Südafrikas »Stille Revolution«................. 315
4. Die südafrikanischen Unternehmen – eine ungewöhnliche Vermittlungsinstitution......... 328
5. Übergang wohin? Neue normative Konflikte in Südafrika 338
6. Vermittlungsinstitutionen 348

7. Türkei
Serif Mardin
Anmerkungen zu normativen Konflikten in der Türkei 355
1. Grundlagen des osmanischen Systems 355
2. Kulturelle Unterschiede 360
3. Staat versus inter-personelle Netzwerke 363
4. Alaturca – Alafranga 366
5. Epilog 385
6. Schlußwort über nicht wertebezogene Konflikte . . 393

8. Indonesien
Robert William Hefner
Islamische Toleranz: Der Kampf um eine pluralistische Ethik im heutigen Indonesien 399
1. Islam und nationale Integration 403
2. Die Verdrängung des Islam 411
3. Auf dem Weg zu einem zivil-pluralistischen Islam? 415
4. Das Dilemma des Erfolges 426
5. Schlußfolgerungen 435

9. Indien
André Béteille
Der Konflikt von Werten und Normen in der heutigen indischen Gesellschaft 447
1. Normen, Werte und Interessen 447
2. Die indische Kultur: Erscheinungsbild und Morphologie 450
3. Positive Diskriminierung 456
4. Säkularismus 466
5. Die bürgerliche Gesellschaft und ihre Einrichtungen 473
6. Fazit: Folgerungen für die Politik 480

10. Japan
Seizaburo Sato
Normative Konflikte in Japan 489
1. Normative Kernkonflikte und ihre Vermittlung während der Modernisierung Japans vor 1945 ... 489
2. Die Auswirkungen der Kriegsniederlage und der Einfluß der Nachkriegsformen 499
3. Schlußbetrachtung: Japans Transformation zu einer Wirtschaftsgroßmacht und die zukünftigen Perspektiven 518

11. Taiwan
Hsin-Huang Michael Hsiao
Normative Konflikte im heutigen Taiwan 531
1. Einführung 531
2. Die Entstehung des normativen Konfliktes über die taiwanische Nationalität 538
3. Die Entstehung normativer Konflikte über Umweltfragen 559
4. Fazit: Aussichten für Vermittlung 573

Schlußwort
Peter L. Berger
Allgemeine Betrachtungen über normative Konflikte und ihre Vermittlung 581
1. Normative Bruchlinien: Wer sind wir? 586
2. Normative Bruchlinien: Wie sollen wir zusammenleben? 591
3. Internationale Dimension 608

Resümees 615

Auswahlbibliographie 640

Die Autoren 648

Werner Weidenfeld
Mitglied des Vorstandes der Bertelsmann Stiftung

Dieser Bericht ist das Ergebnis einer jahrelangen engen Zusammenarbeit zwischen dem Club of Rome und der Bertelsmann Wissenschaftsstiftung. Der Präsident des Club of Rome, Ricardo Díez-Hochleitner, und andere angesehene Mitglieder des Club of Rome, wie Bertrand Schneider, Klaus von Dohnanyi, Eberhard von Koerber und Ruud Lubbers, arbeiten eng mit unserer Stiftung zusammen. Im Rahmen dieses Dialoges entstand der Gedanke, daß der Club of Rome die grundlegende Frage der sozialen Kohäsion in unseren Gesellschaften als die entscheidende Herausforderung für eine zukunftsorientierte Agenda bearbeiten sollte.

Zukünftige Historiker werden – im Rückblick auf unsere Epoche – unser Zeitalter als eine der Perioden bezeichnen, in denen sich einige der fundamentalsten Prozesse des Wandels ereigneten, die in der Menschheitsgeschichte stattgefunden haben. Unser Augenmerk als Zeitgenossen dieses Wandels gilt vor allem der Oberfläche spektakulärer Tagesereignisse; die hinter der Kulisse ablaufenden Veränderungen – in den tiefen Dimensionen der Einstellungen, Werte und Mentalitäten – nehmen wir oftmals nicht wahr und begreifen auch nicht die tektonischen Verschiebungen in den Konstellationen von Macht und Kultur.

Doch gerade diese Veränderungen verdienen unsere besondere Aufmerksamkeit. Wir erleben gegenwärtig Geschichte gewissermaßen im Zeitraffer:

- Der Kalte Krieg ist zu Ende; die mentalen Trennlinien der Weltpolitik sind verschwunden, die nicht nur Erklärungsmuster für internationale Organisationen, sondern auch die Legitimation für die interne Kohäsion vieler Gesellschaften lieferten.
- Verschwunden ist auch eine Ideologie, die den Anspruch auf Weltherrschaft erhoben hatte, so daß in der Folge vielfältige Feindbilder und Projektionen ihre Rechtfertigung einbüßten.
- Die Vorstellung von festen politischen Blockformationen und die daraus folgende Segmentierung der Macht wurden beseitigt. Eine Vielfalt von Konflikten wurde sichtbar, die auf zahlreiche Ursachen zurückzuführen sind. Ethnische und nationalistische Konflikte treten in Erscheinung, und es gilt, nach Lösungen zu suchen, die ihrerseits neue Risiken und Gefahren mit sich bringen.

Diese Zeit dramatischer Veränderungen bietet atemberaubende Chancen für Freiheit, Sicherheit und Wohlstand, birgt aber auch brisante Risiken für das friedliche Zusammenleben der Völker. Erneut werden grundlegende Fragen des gesellschaftlichen und politischen Lebens aufgeworfen:

- Wie nehmen wir unsere Identität wahr – individuell und kollektiv?
- Wie entwickeln pluralistische Gesellschaften kulturelle und normative Orientierungen?
- Wie können normative Konflikte auf annehmbare und konstruktive Weise beigelegt werden?
- Was hält eine Gesellschaft zusammen?

All diese Fragen müssen im Licht einer extremen internationalen Interdependenz in den Bereichen der Ökonomie, der Politik und der Kultur betrachtet werden.

In der neuen weltpolitischen Ära kommen den kulturellen Ressourcen, die zu gesellschaftlicher Kohäsion führen, und dem Bewußtmachen der Grenzen dieser Kohäsion in unseren Gesellschaften größte Bedeutung zu. Die vordringliche Aufgabe wird sein, dem Gedanken zum Durchbruch zu verhelfen, daß soziale Kohäsion die grundlegende Quelle der wirtschaftlichen Entwicklung und der ökologischen Sensiblität darstellt. Die kulturellen Grundlagen der Gesellschaft verdienen unsere volle Aufmerksamkeit als Basis für dauerhafte Entwicklung.

In der Vergangenheit wurde durch die Debatte über die Grenzen des Wachstums ein gewisses Verständnis für den Sachverhalt geschaffen, daß durch wirtschaftliche Aktivitäten die Ressourcen verbraucht werden, von denen die menschliche Existenz abhängt. Die Diskussionen riefen bemerkenswerte Veränderungen unserer Denkweisen hervor und führten zu der Überzeugung, daß wir die Grundlagen nicht zerstören dürfen, auf die wir für unser menschliches und ökonomisches Überleben angewiesen sind. Das ist der Beitrag des Club of Rome zur jüngeren Geschichte – unabhängig von der wissenschaftlichen Genauigkeit der entwickelten Szenarien schuf er ein Bewußtsein für und förderte die Diskussion über diesen Problemsachverhalt.

Eine vergleichbare Aufgabe steht uns nunmehr bevor: Wir müssen uns darüber klar werden, daß es nicht nur Grenzen des Wachstums gibt, sondern auch Grenzen der sozialen Kohäsion, von denen unser Überleben als Menschen unter friedfertigen gesellschaftlichen Bedingungen abhängt. Dieser Bericht will dem Club of Rome und der Öffentlichkeit die Botschaft vermitteln, daß wir alle mit den kulturellen Ressourcen unserer Gesellschaften, mit Normen, Werten und gesellschaftlichen Grundhaltungen auf sehr sensible und sorgfältige Weise umgehen müssen.

Mit Sensibilität und Sorgfalt sollten wir insbesondere auf einen toleranten Dialog über Normen und Werte innerhalb der und zwischen den Gesellschaften hinarbeiten. Unser Interesse sollte sich auf die Vermittlungsstrukturen richten, die es den Gesellschaften ermöglichen, rational mit Konflikten umzugehen. Vermittlungsleistungen sind nötig, damit unterschiedliche normative Positionen nebeneinander bestehen können und damit verschiedenartige Wertsysteme aufrechterhalten werden können, ohne den Positionen anderer Menschen Schaden zuzufügen, die gleichermaßen legitim sind und von uns geachtet werden müssen. Diese Aufgabe verdient unsere volle Aufmerksamkeit, und es wird in naher Zukunft große Anstrengungen erfordern, um Wege zu erschließen und diese dann so zu erweitern, daß sie als breite Straßen zu Frieden und gegenseitigem Verständnis führen.

Dieser Bericht wurde in den vergangenen Jahren von einem internationalen Team herausragender Forscher erarbeitet, die viele Kulturen dieser Welt repräsentieren. Den Vorsitz führte Professor Peter L. Berger von der Universität Boston. Dirk Rumberg und Volker Then von der Bertelsmann Stiftung wirkten bei der Koordinierung des Projektteams mit und ermöglichten diese gemeinsame Arbeit. Die Bertelsmann Wissenschaftsstiftung legte den Grundstein für diesen Bericht, in dem sie ein umfangreiches Projekt zu Wertekonflikten durchführte. Das Forschungsteam analysierte elf Länder und warf die zentrale Frage auf, wie Gesellschaften normative Konflikte lösen und damit die soziale Kohäsion erhalten können. Der Bericht bearbeitet die Frage der sozialen Kohäsion aus einer vergleichenden Perspektive, wobei sowohl der internationale als auch der interkulturelle Vergleich berücksichtigt werden. Die hier behandelten Länder sind Indien, Japan und Taiwan, Indonesien und die Türkei, Südafrika, Chile und die Vereinigten Staaten von Amerika sowie Deutschland, Frankreich und Ungarn.

Den Ausgangspunkt der Arbeit bildete die Leitfrage: Wie können Gesellschaften unter pluralistischen Bedingungen mit normativen Konflikten umgehen? Es ist offenkundig, daß in pluralistischen Gesellschaften verschiedene Kommunikationsstrukturen und unterschiedliche Praktiken der Konfliktlösung bestehen. Auf eben diese Strukturen der Informationsvermittlung und der wertorientierten Kommunikation konzentriert sich unsere Analyse. Das sind die sogenannten »Vermittlungsinstitutionen« (auch »intermediäre Institutionen«) oder »Vermittlungsstrukturen«, wie Peter L. Berger sie bezeichnet.

Mit einem systematischen Ansatz versuchen wir also, in diesem Bericht vier Schlüsselfragen zu beantworten:

- Welches sind die zentralen Wertkonflikte in den betreffenden Ländern, und welche Orientierungen und kulturellen Muster prallen in dieser Situation aufeinander?
- Welche »intermediären Institutionen« werden bei der Vermittlung dieser Konflikte aktiv?

- Unter welchen Bedingungen können diese Vermittlungsinstitutionen ihre Aufgaben effektiver erfüllen, und welche möglichen Hindernisse stellen sich ihnen in den Weg?
- Welche Konsequenzen müssen aus diesen Ergebnissen der Analyse gezogen werden, um zukünftige Mechanismen für Konfliktlösungen in den Gesellschaften und zwischen den Gesellschaften oder Kulturen zu etablieren?

Alle unsere Ergebnisse weisen in die Richtung, daß die Kommunikation und das Potential für Dialoge verbessert werden müssen. Deshalb sollte die Botschaft dieses Berichtes lauten, daß es von höchster Bedeutung ist, weit größere Anstrengungen zu unternehmen, um Vermittlungsstrukturen in den Kommunikationsprozessen zwischen verschiedenen Wert- und Normensystemen in der Welt zu schaffen und zu stärken. Möge dies die Botschaft an den Club of Rome für das 21. Jahrhundert sein: Bewahrt die kulturellen Grundlagen menschlichen Zusammenlebens!

Vorwort

Ricardo Díez-Hochleitner
Präsident des Club of Rome

Ein wachsendes Gefühl der Unsicherheit und der Beunruhigung kennzeichnet die Welt am Vorabend der Jahrtausendwende. Trotz vieler wichtiger Errungenschaften unserer Zeit liegen die Wurzeln dieser Unruhe vor allem in dem tiefgreifenden Wandel, der mit dem Übergang zur neuen Weltgesellschaft jenseits der Nationalstaaten – und diese umgreifend – verbunden ist. Diesen Prozeß sehen außerdem einige aufgeklärte Bürger als große Chance, andere dagegen als sehr ernsthafte Bedrohung.

In jedem Fall und in fast jedem Land – unbesehen des Entwicklungsstandes oder der kulturellen Zugehörigkeit – gibt es Grenzen sozialen Zusammenhaltes, Grenzen der Gemeinschaft.

Der Club of Rome mit seinen einhundert Mitgliedern aus mehr als fünfzig Ländern – gemeinsam mit seinen Ehrenmitgliedern, assoziierten und institutionellen Mitgliedern und nationalen Vereinigungen – befaßt sich mit den globalen Herausforderungen und sieht sich selbst als einen Katalysator des Wandels und als ein Innovationszentrum. Er strebt Initiativen zur Problemlösung in den Studien und Debatten an, die er in einer Atmosphäre völliger geistiger Unabhängigkeit durchführt.

Im Einklang mit diesen Prinzipien beauftragte der Club of Rome die Bertelsmann Stiftung mit der Durchführung der vorliegenden Studie über Wertekonflikte und ihre Vermittlung – eingebettet in den langfristig angelegten Projektschwerpunkt der Stiftung zur »Geistigen Orientierung«. Für diese Zusammenarbeit bildeten eine allgemeine Kooperationsvereinbarung mit dem Vorstandsvorsitzenden der Stiftung, Reinhard Mohn, und eine Leitlinie, die Professor Werner Weidenfeld in Beratungen mit unserem Club entwarf, die Grundlage. Die konkrete Durchführung des Projektes übernahm die Bertelsmann Wissenschaftsstiftung, und diese vertraute die wissenschaftliche Leitung der Studie Professor Peter L. Berger an. Die systematische und umfassende Methode, die angewandt wurde, schloß Forschungsarbeiten ein, die von herausragenden Experten aus verschiedenen Ländern und Regionen der Erde geleistet wurden[1].

Der nachstehende Bericht an den Club of Rome bietet eine Gelegenheit für tiefgreifende Debatten und Diskussionen, die unser Club fördern möchte. Wir sind uns bewußt, daß einige der hier der Öffentlichkeit und der Wissenschaft vorgestellten Ideen kontrovers gesehen werden können. Dennoch sollte dieser Bericht als ein erster Schritt zum besseren Verständnis der Grenzen der Gemeinschaft betrachtet werden. Besser verstehen können wir auch die Rolle von Vermittlungsinstitutionen oder, bei deren Fehlen, von vermittelnden Einzelpersönlichkeiten. Die vorläufigen Schlußfolgerungen von Professor Berger im Schlußkapitel »Allgemeine Beobachtungen« bieten eine Menge guter Grundlagen für weiteres Nachdenken und formulieren praktische Handlungsanleitungen.

Die Art, wie dieser Bericht verfaßt ist, leistet selbst einen Beitrag zu einem immer notwendiger werdenden weltweiten Dialog der Kulturen. In diesem Sinne wären speziellere Bezüge zu normativen Konflikten aufgrund übertriebenen Nationalismus und widerstreitender kultureller Identitäten wünschenswert gewesen.

Zusätzlich wird weitere Arbeit zu Mechanismen der Konfliktvermeidung notwendig sein. Darüber hinaus sollte sich zukünftig eine Analyse der Rolle staatlicher und öffentlicher ebenso wie intermediärer Institutionen im Falle internationaler Konflikte anschließen, die sich als sehr hilfreich erweisen könnte.

Wir sind tief überzeugt, daß der ganzheitliche Ansatz und die

1 Vereinigte Staaten von Amerika; Frankreich; Deutschland; Ungarn; Chile; Südafrika; Türkei; Indonesien; Indien; Japan; Taiwan.

zahlreichen innovativen Ideen des Berichtes höchste öffentliche Aufmerksamkeit verdienen, vor allem von Führungspersönlichkeiten des öffentlichen und privaten Sektors, Wissenschaftlern, Angehörigen des Bildungssystems oder Mitarbeitern der Massenmedien, soweit sie sich um Solidarität und Kooperation als Wege zu einer friedlichen Gesellschaft, demokratischer Stabilität und sozialer Gerechtigkeit kümmern.

Die Empfehlungen des Berichtes wurden im Kreise der Mitglieder des Club of Rome intensiv diskutiert, sowohl vom Executive Committee als auch bei der Jahrestagung in Ponce, Puerto Rico, im Dezember 1996. Komplexität und Ungewißheit im Weltgeschehen schließen heute schnelle und einfache Lösungen aus. Daher begrüßt der Club of Rome diesen Bericht als einen wichtigen Beitrag zur notwendigen öffentlichen Debatte über eine der wichtigsten grundlegenden Fragen unserer Zeit, wenn dies auch nicht bedeutet, daß alle seine Mitglieder völlig mit dem Inhalt übereinstimmen.

Die Mitglieder des Executive Committee des Club of Rome:

Ricardo Díez-Hochleitner, Ruth Bamela Engo-Tjega, Belisario Betancur, Umberto Colombo, Orio Giarini, Bohdan Hawrylyshyn, Alexander King, Eberhard von Koerber, Ruud Lubbers, Manfred Max-Neef, Samuel Nana-Sinkam und Bertrand Schneider.

Volker Then

Leitfragen

In unserer Welt tritt immer deutlicher eine öffentliche Besorgnis über das Ausmaß an Konflikten hervor. Der hier vorgelegte Bericht hat zum Ziel, das spezifische Problem der normativen Konflikte in modernen Gesellschaften zu untersuchen. Darüber hinaus sollen hier Lösungen dieser Konflikte oder Strategien zur Vermittlung zwischen den Konfliktparteien aufgezeigt werden. Diesem Vorhaben liegt ein auf einer internationalen und interkulturellen komparativen Perspektive beruhendes Forschungsdesign zugrunde. Für die Untersuchung wurden elf Länder ausgewählt, die als repräsentativ für viele der wichtigsten Kulturen und Regionen der Welt gelten können.

Die modernen pluralistischen Entwicklungen tragen dazu bei, daß sich einheitliche Wertesysteme auflösen. Um den gesellschaftlichen Zusammenhalt zu sichern, steht jedoch den Gesellschaften und den verantwortlichen politischen Führungen eine Bandbreite von potentiellen Reaktionsformen zur Verfügung. Es wäre sinnlos, eine »Umkehrstrategie« als in irgendeiner Hinsicht dauerhafte Lösung in Betracht zu ziehen. Die Lösung des Problems läßt sich nicht in der Restauration von aus der Vergangenheit übernommenen und anscheinend verlorenen Werten finden. Und im Schmelztiegel pluralistischer Gesellschaften läßt sich Einmütigkeit in bezug auf normative Positionen nicht herstellen, ohne den Kern ihres pluralistischen Charakters zu verletzen. Auch ein »Laissez-faire«-Ansatz gegenüber allen möglichen normativen Positionen stellt keine angemessene Option dar, mit der sich soziale Kohäsion begründen ließe. Die hier vorgelegte Untersuchung sucht vielmehr eine Lösung der Herausforderungen hinsichtlich des gesellschaftlichen Zusammenhaltes in einer dritten Strategie: der Strategie der Eindämmung, die davon ausgeht, daß die Verschiedenartigkeit normativer Positionen in der Gesellschaft akzeptiert wird und die gleichzeitig auch auf die Mechanismen gerichtet ist, welche die Existenz dieser Positionen absichern. In dem Bericht wird deshalb die Funktionsfähigkeit von »Vermittlungsinstitutionen« abgeschätzt – von Vermittlungsmechanismen, die verhindern sollen, daß normative Zusammenstöße gewalttätig werden, und die es der Gesellschaft ermöglichen, ein Friedensabkommen zwischen den Konfliktparteien herbeizuführen.[1]

Pluralismus stellt heute nicht nur ein Phänomen *innerhalb* einer Gesellschaft dar, sondern auch *zwischen* den Gesellschaften. In einer Welt, die durch globalisierte Kommunikation gekennzeichnet ist, spielen normative Konflikte der einen oder anderen Art bei der Interaktion zwischen den Nationen unvermeidlich eine Rolle – unabhängig davon, ob die normativen Unterschiede wirkliche Überzeugungen reflektieren oder nur benutzt werden, um die konkurrierenden etablierten Interessen zu rechtfertigen. Deshalb betreffen die in diesem Buch behandelten Fragen nicht nur innenpolitische Problembereiche, sondern auch die internationalen Beziehungen. Diesem Aspekt des Themas wuchs als Folge der Kontroverse besondere Bedeutung zu, die durch die Veröffentlichung von Samuel Huntingtons Buch *»Kampf der Kulturen – The Clash of Civilizations. Die Neugestaltung der Weltpolitik im 21. Jahrhundert«* ausgelöst wurde. Huntingtons These (oder Hypothese, wie er sie vorsichtigerweise bezeichnet) lautet, daß sich nach dem Ende des Kalten Krieges internationale Konflikte zunehmend entlang der Bruchlinien zwischen den Kulturen entwickeln. Am Ende seines Buches ruft er nach einem Dialog zwischen den Kulturen, um das

1 Der genuin moderne Charakter dieser Herausforderung an die Integrationsfähigkeit einer Gesellschaft wird auch dadurch belegt, daß sich Helmuth Plessner bereits 1924 dieser Frage gewidmet hat. Vgl. ders., Grenzen der Gemeinschaft, Eine Kritik des sozialen Radikalismus, Bonn [1924] 1972.

Risiko eines gewaltsamen Zusammenstoßes zwischen ihnen zu verringern. Mit anderen Worten: Die Suche nach normativen Vermittlungsleistungen ist nicht nur für die soziale Kohäsion einzelner Gesellschaften von größter Bedeutung, sondern von möglicherweise noch größerer Wichtigkeit, wenn es um den Aufbau einer friedfertigen internationalen Ordnung geht.

In buchstäblich allen menschlichen Gesellschaften treten Konflikte auf, die beispielsweise durch divergierende Klasseninteressen, politische Erwartungen oder ethnische Feindseligkeiten verursacht werden. Der Fokus dieses Berichtes ist auf eine bestimmte Konfliktart gerichtet (obwohl auch diese häufig mit den oben erwähnten gesellschaftlichen Bruchlinien zusammenhängt) – nämlich auf Konflikte, die sich aufgrund unterschiedlicher Auffassungen über den normativen Charakter der betreffenden Gesellschaft ergeben. Solche Auffassungsunterschiede betreffen beispielsweise die Definition der nationalen Identität und der nationalen Zwecksetzungen, wie die Debatte über das »Japanische« in Japan. Verschiedenartige Auffassungen bestehen auch hinsichtlich der Beziehung zwischen Religion und modernem Staat, so in islamischen Ländern und in Indien über den Status des islamischen Rechts oder in Frankreich über die »laïcité«. Ein weiteres Beispiel für die Auffassungsunterschiede sind die Argumente über die gesellschaftliche Fähigkeit, andere Kulturen aufzunehmen, wie beispielsweise in den Auseinandersetzungen über den Multikulturalismus in den Vereinigten Staaten und in Europa. Hier sind auch Unterschiede hinsichtlich des praktischen und moralischen Ausmaßes des Wohlfahrtsstaates einzuordnen, die fast überall auftreten, wenn auch mit besonderen Ausprägungen in Lateinamerika und in den früheren kommunistischen Staaten Mittel- und Osteuropas. Auch verschiedenartige Auffassungen über die Anwendbarkeit westlicher Vorstellungen von Menschenrechten in nichtwestlichen Gesellschaften (vor allem in Asien) können als Beispiel gelten, wie auch die Unterschiede in bezug auf den öffentlichen und rechtlichen Status von Fragen der persönlichen Moral, wie sie in den »Kulturkriegen« in den Vereinigten Staaten zum Ausdruck kommen. Zu dieser Liste gehören auch Unterschiede über die konkurrierenden Ansprüche, die von den Rechten des einzelnen und der Gleichheit der Gruppen ausgehen, wie beispielsweise bei den Debatten über »positive Diskriminierung« – mit Indien und Südafrika als wichtigsten Fallbeispielen. Letztlich müssen auch verschiedenartige Auffassungen über die Rolle der »Zivilgesellschaft« im Unterschied zu den staatlichen Institutionen angeführt werden, die in der Gegenwart fast überall auftreten. Diese Liste ist keineswegs vollständig, mag aber genügen, um zu konkretisieren, was hier unter »normativen Konflikten« verstanden wird.

Eine menschliche Gesellschaft wird von einer Vielzahl von Kräften zusammengehalten – durch gemeinsame Interessen oder reine Gewohnheit, durch das Fehlen von Alternativen oder durch ein bestimmtes Wohlstandsniveau, durch gemeinsame historische Erfahrungen oder gemeinsame Feindbilder –, und all diese Kräfte werden durch Institutionen verstärkt (besonders offenkundig durch das positive Recht). Man muß jedoch kein orthodoxer Soziologe im Sinne Durkheims sein, um zustimmen zu können, daß eine Gesellschaft früher oder später in ernsthafte Schwierigkeiten gerät, wenn sie nicht durch gemeinsame normative Orientierungen zusammengehalten wird (durch ein »kollektives Bewußtsein« oder durch eine »geistige Orientierung«). Diese Orientierungen werden nicht immer durch formelle Institutionen verbreitet (wie Staat, Kirche oder diese oder jene ideologische Bewegung). Vielmehr gibt es auch selbstverständliche normative Traditionen, die in der gesamten Bevölkerung verbreitet sind und die durch eine »moralische Kommunikation im Alltagsleben« (Thomas Luckmann) am Leben erhalten werden. Doch in einer streng soziologischen Begriffsbestimmung müssen auch diese Formen als institutionalisiert gelten, selbst wenn die relevanten Institutionen keine »Telefonbuchinstitutionen« sind, (wenn sie also weder Adresse, Personal, schriftliche Satzungen noch Budgets haben und auch nicht registriert oder listenmäßig erfaßt sind). Solche Institutionen können regelmäßige Begegnungen von Nachbarn sein (wie der deutsche »Stammtisch« beispielsweise), Netzwerke von Gleichgesinnten, die durch Telefon oder Internet kommunizieren, spontane Versammlungen von Menschen mit bestimmten lokalen Anliegen (wie beispielsweise die Unmenge von Ad-hoc-Aktionsgruppen oder Unterstützungsgruppen in den Vereinigten Staaten).

Doch es gibt auch stärker formalisierte Institutionen, die zum Erhalt, zur Förderung und Verbreitung von Normen beitragen. Sie sind nicht nur auf der örtlichen Ebene zu finden (die örtlichen Kirchen, Ortsparteien, örtlichen Gewerkschaften), sondern agieren auch auf der mittleren Ebene (beispielsweise der Regionalverband Massachusetts der American Civil Liberties Union) und auf der nationalen Ebene (der Staat selbst, die Massenkommunikationsmedien, nationale nichtstaatliche Organisationen). Sie alle können dazu dienen, in normativen Konflikten zu vermitteln – das heißt, sie können als »mediating institutions« fungieren. Aber umgekehrt können auf all diesen Ebenen auch Institutionen bestehen, die normative Konflikte aufrechterhalten und sogar verschärfen – rivalisierende Nachbarschaftsinitiativen, Netzwerke von Gleichgesinnten, die sich als gemeinsame Opposition gegenüber anderen Gruppen verstehen, oder nationale Organisationen, die sich gegen andere nationale Organisationen stellen. Normative Konflikte werden auf all diesen Ebenen ausgetragen – von der rein verbalen bis hin zur physisch gewaltsamen Form. Natürlich ist es viel einfacher, sowohl den Konflikt als auch die Vermittlung im Rahmen eines demokratischen Regimes zu organisieren, das Rechte wie Meinungsfreiheit und Vereinigungsfreiheit gewährleistet, aber vergleichbare Prozesse treten auch in diktatorischen Regimes in Erscheinung und verlaufen dort aufgrund der gegen sie wirksamen Repression häufig in gewaltsamen Bahnen.

Der Begriff »mediating institution«, wie er hier verstanden wird, ist nicht synonym mit dem Begriff »mediating structures«, den Peter L. Berger in früheren Arbeiten benutzte. Der Begriff »Vermittlungsstruktur« bezieht sich auf jede Institution, die den einzelnen in seiner Privatsphäre in eine Beziehung zu den »Megastrukturen« einer modernen Gesellschaft setzt. Doch manche der damit gemeinten »Vermittlungsstrukturen« verschärfen den Konflikt, während andere ihn abschwächen. Umgekehrt können »Megastrukturen« in normativen Konfliktsituationen als »Vermittlungsinstitutionen« fungieren. So kann sich im Fernsehen oder unter der Patronage einer nationalen religiösen Institution – oder auch des Staates – ein Forum für Diskussion und Kompromiß herausbilden.

In jedem der oben angeführten Beispiele für normative Konflikte sind Institutionen aktiv, welche die Menschen auf beiden Seiten mobilisieren. Es ist wichtig zu erkennen, wofür diese Institutionen eintreten, auf welcher sozialen Grundlage sie beruhen und mit welchen etablierten Interessen sie möglicherweise verbunden sind. Doch das Hauptinteresse des vorliegenden Berichtes ist auf die intermediären Institutionen gerichtet – sowohl auf jene, die bereits bestehen, als auch auf Institutionen, deren Errichtung man sich vorstellen könnte. Praktisches Ziel ist es, die Möglichkeiten zu erkunden, wie die bereits bestehenden Institutionen unterstützt und die Entstehung zukünftiger Institutionen gefördert werden könnten.

Wichtig ist auch die Erkenntnis, daß dieselben Institutionen mitunter erfolgreich agieren, manchmal jedoch auch in ihren Vermittlungsbemühungen scheitern. Um noch einmal das Beispiel Amerika anzuführen: Der demokratische Prozeß spielte im Kampf um die Bürgerrechte in den 60er Jahren eine Vermittlungsrolle. Er kulminierte in einer Gesetzgebung, die auf allgemein akzeptierten Normen beruhte, von denen sich schließlich auch die Mehrheit der weißen Südstaatler überzeugen ließ. Der »neue Süden« ist nicht nur das Ergebnis eines praktischen Kompromisses, sondern auch eines breit angelegten normativen Konsenses. In den gegenwärtigen »Kulturkriegen« konnte der demokratische Prozeß bislang jedoch nicht erfolgreich vermitteln (wie sich besonders deutlich in der Abtreibungsfrage zeigt). Vielmehr wurde der demokratische Prozeß im Gegenteil selbst zur zentralen Arena der Konflikte.

In den westlichen Gesellschaften lassen sich viele Vermittlungsinstitutionen unter dem gegenwärtig höchst aktuellen Begriff der »Zivilgesellschaft« subsumieren. Dabei handelt es sich um auf ehrenamtlichen Vereinigungen beruhende Gruppierungen, die außerhalb des Staates stehen und nicht selten gegen ihn gerichtet sind. Seit langem (zumindest seit der Aufklärung) wird anerkannt, daß diese Gruppierungen große Bedeutung für den gesellschaftlichen Zusammenhalt haben – eine Erkenntnis, die in jüngster Zeit durch den Kampf gegen den kommunistischen Totalitarismus in Europa neue Aktualität erhielt. Dennoch darf nicht angenommen werden, daß diese Neigung zur freiwillig-ehrenamtlichen Vereinigung allen nichtwestlichen Gesellschaften gemeinsam sei. Deshalb besteht ein besonderes Interesse dieses Berichtes darin, zwei Fragen nachzugehen, die in Asien und Afrika von größter Bedeutung sind: Welche Aussichten eröffnen sich für zivilgesellschaftliche Institutionen in nichtwestlichen Gesellschaften? Und welche, auf traditionellem Brauchtum und traditionellen Normen (also nicht auf freiwilligen Verbindungen des westlichen Typus) beruhenden Vermittlungsinstitutionen lassen sich in diesen Gesellschaften feststellen? Dabei könnte es sich um Institutionen handeln, die auf erweiterten Verwandtschaftsbeziehungen, auf Kaste, Ethnizität und auf dem (wahrscheinlich wichtigsten) Kriterium der Religion basieren.

Aus diesem Forschungsdesign resultierten die zentralen Leitfragen, die von jedem Berichterstatter zu bearbeiten waren und die zugleich die Grundlage für die Vergleichbarkeit der Ergebnisse darstellen. Die Leitfragen boten auch eine gute Grundlage für den Versuch, jene Ergebnisse zusammenzufassen, die auf verallgemeinerungsfähigen Belegen beruhten. Deshalb stand jeder einzelne Berichterstatter vor folgenden Aufgaben: Erstens sollten die wichtigsten normativen Konflikte und Zusammenstöße zwischen normativen Orientierungen und kulturellen Mustern in der Gesellschaft bestimmt werden. Zweitens sollten die Institutionen, Strukturen, Bewegungen und Gruppierungen analysiert werden, welche die Menschen auf beiden Seiten der Bruchlinie zu mobilisieren suchen. Drittens sollten die Vermittlungsinstitutionen und -strategien wie auch die Bedingungen für ihr Wirksamwerden erkundet werden.

In diesem Bezugsrahmen wurden elf Länder untersucht: Frankreich, Ungarn, Deutschland, die Vereinigten Staaten von Amerika, Chile, Südafrika, Türkei, Indonesien, Indien, Japan und Taiwan. Unter dem Vorsitz von Peter L. Berger und in Kooperation mit Dirk Rumberg und Volker Then von der Bertelsmann Stiftung traf sich das Autorenteam mehrere Male, um die Arbeiten zu koordinieren, einen allgemeinen Bezugsrahmen zu vereinbaren und über die ersten Entwürfe der Beiträge zu diskutieren. An diesen Diskussionen wirkten beratend Thomas Luckmann, Konstanz, Theo Hanf, Freiburg, und Anton Zijderveld, Rotterdam, mit. Sie übernahmen dankenswerterweise die Rolle der kritischen Würdigung der Arbeit ohne eigene Länderverantwortung. Die Ergebnisse, die über die einzelnen nationalen Interessenlagen hinausreichen, werden von Peter L. Berger in abschließenden allgemeinen Beobachtungen zusammengefaßt. Sie zeigen mögliche Richtungen auf, die für den Umgang mit normativen Unterschieden und kulturellem Pluralismus in der modernen Welt gelten können. Es ist zu hoffen, daß sie auch Auswirkungen auf die Fähigkeit moderner pluralistischer Gesellschaften zum Umgang mit normativen Konflikten und sozialer Kohäsion haben.

James Davison Hunter

Der amerikanische Kulturkrieg

Als die Baumeister der Aufklärung die *novus ordo saeculorum* entwarfen, begrenzten sie bewußt die Rolle der religiösen Ideale und Institutionen bei der Regelung des öffentlichen Lebens. Nicht weil sie in ihren intellektuellen und ästhetischen Empfindungen durch die Religion verletzt worden wären, fühlten sie sich dazu bewogen, sondern weil sie entschlossen waren, die öffentlichen Angelegenheiten zu säkularisieren. Es sollte helfen, den Konflikt zu vermeiden, den die miteinander wettstreitenden religiösen Glaubensrichtungen immer wieder hervorriefen – einen komplizierten, tiefgreifenden und häufig blutigen Konflikt. Die Baumeister der Aufklärung hielten die Säkularisierung der öffentlichen Sphäre durch die Privatisierung der Religion für eine innovative Lösung des Pluralismusproblems und des Konfliktes, der unvermeidlich durch den Pluralismus verschärft wurde. Zwar hatte das intellektuelle Establishment in den vergangenen zwei Jahrhunderten selbstgefällig darauf vertraut, daß die Geschichte auf diesem aufgeklärten Pfad stetig voranschreiten werde; dennoch läßt sich auch in der »neuen Ordnung der Zeitalter« noch kein Ende des normativen Konfliktes feststellen. Vielmehr ist das öffentliche Leben selbst in den »aufgeklärtesten« Gesellschaften der westlichen Welt durch den Konflikt gekennzeichnet. Eine Erklärung hierfür lautet, daß der heutige Konflikt auch weiterhin zum großen Teil religiöser Natur ist – wenn nicht in seinen institutionellen Ausprägungen, so doch in seinen Grundzügen. Nirgendwo im Westen trifft dies mehr zu als in den USA, wo sich der normative Konflikt als ein moralischer und sogar quasi-religiöser Kampf manifestiert, bei dem es darum geht zu definieren, was Amerika eigentlich bedeutet. Das alte und auch weiterhin bestehende Problem des gesellschaftlichen Konfliktes, das in sich gegenüberstehenden »Glaubensrichtungen« und widersprüchlichen Idealvorstellungen von der nationalen Einheit wurzelt, ist keineswegs nur noch in der Erinnerung vorhanden, wie man einst hoffte. Vielmehr läßt sich in Amerika ein Veränderungsprozeß dieses Konfliktes beobachten. Wie auch immer, bis heute stellt sich das dringliche Problem, wie die Demokratie diesen Konflikt schlichten soll.

1. Amerika im Krieg mit sich selbst

Der normative Konflikt in Amerika zeigt sich an der Oberfläche als eine Reihe öffentlich ausgetragener Rechtsordnungskämpfe zwischen Menschen, die sich in einem breiten Spektrum innenpolitischer Fragen entweder als konservativ oder aber als liberal bezeichnen. Bei diesen Fragen geht es um Abtreibung, künstliche Befruchtung, Sexualität und Familie, Ethikunterricht in öffentlichen Schulen, Multikulturalismus, die Förderung der Künste, die Beziehungen zwischen Kirche und Staat, die Rolle der Religion in der Politik etc. Es ist wichtig festzuhalten, daß unter der Oberfläche Spannungen bis hin zu Feindseligkeiten sichtbar werden, welche die Auseinandersetzungen um die Regierungspolitik beleben. So ist beispielsweise die Kontroverse über die Abtreibung mehr als nur ein Konflikt über die politische Haltung gegenüber Fragen der Fortpflanzung. Vielmehr ist sie auch eine Debatte über die Bedeutung der Mutterschaft und das Wesen und Ausmaß individueller Freiheit. Auch die Auseinandersetzungen über die Nationale Stiftung für die Künste (*National Endowment for the Arts*) und die Förderung, die sie kontroverser Kunst gewährt, sind mehr als nur eine Meinungsverschiedenheit über die staatliche Förderungspolitik. Es handelt sich dabei um die Frage, was »Kunst« ausmacht, und welche normativen Ideale die Kunst repräsentiert. Der Streit über die in den staatlichen Schulen benutzten Schulbücher ist ebenfalls mehr als nur ein Konflikt über die Lehrpläne. Es sind Meinungsverschiedenheiten über die nationalen Ideale, die der nächsten Generation von Amerikanern vermittelt werden sollen. In ähnlicher Weise sind die Kontroversen über Lebensgemeinschaften und andere Rechtsforderungen der Homosexuellen mehr als nur ein Streit um die Rechte von Homosexuellen. Sie stellen eine ernsthafte Debatte über die grundlegende Definition der »Familie« dar. Und der Schlagabtausch über religiöse Symbole an öffentlichen Gebäuden oder über das Gebet bei den Sportveranstaltungen der Schulen ist sicherlich nicht nur ein Beispiel für die Beziehung zwischen Staat und Kirche, sondern spiegelt auch die sich entwickelnde öffentliche Debatte über die Rolle religiöser Institutionen und Autorität in einer zunehmend säkularen Gesellschaft wider.[1] Die Liste ließe sich fortsetzen. Familie, Kunst, Glaube, Erziehung, Medien, Gesetz und Staat – jedes Feld wird von einer Myriade politischer Kontroversen bedrängt, die selbst noch tiefer liegende Konflikte über die eigentliche Bedeutung und den Zweck der Kerninstitutionen der amerikanischen Gesellschaft kennzeichnen.

Dicht unter der Oberfläche jedes dieser Konflikte über die Bedeutung und den Zweck amerikanischer Institutionen simmern miteinander wetteifernde moralische Vorstellungen darüber, wie die Bürger das öffentliche Leben ordnen und aufrechterhalten sollten. Die Idealvorstellungen hierüber sind nicht nur politische Ideologien, die sich auf Parteiprogramme reduzieren lassen, sondern sie sind auch moralische Visionen, die heftige Auseinandersetzungen über Staat und Politik anheizen. Die Definitionen dieser Ideale unterscheiden sich sehr, denn die Bürger neigen dazu, ihre moralischen Ideale auf ganz verschiedene Weise zu artikulieren. Doch wenn sich Aktivisten der Symbole des öffentlichen Diskurses bedienen, um ihre Ideale verständlich zu machen, führt dies unweigerlich dazu, daß die Vorstellungen als absolut gegensätzliche Tendenzen erscheinen. Eine moralische Vision gründet auf der Zusicherung, daß die Erfolge und Traditionen der Vergangenheit als Grundlage für das Gemeinschaftsleben dienen und uns durch die heutigen und zukünftigen Herausforderungen leiten könnten. Diese Vision ist oft nostalgisch gefärbt, und wird von jenen falsch verstanden, die sie als reaktionär bezeichnen. Doch die Vision ist weder regressiv noch statisch, sondern sowohl synkretisch als auch dynamisch. Dennoch sucht eine auf dieser Vision gegründete Lebensordnung bewußt nach einer Kontinuität der aus der Vergangenheit überkommenen Leitprinzipien. Ziel der Vision ist es, in unserer Gesellschaft das neu zu beleben und zu verwirklichen, was die Traditionalisten als edelste Ideale und Errungenschaften der Zivilisation bezeichnen. Diesem Traditionalismus steht eine moralische Vision entgegen, die sich hinsichtlich des Erbes der Vergangenheit ambivalent verhält. Sie betrachtet die Vergangenheit teilweise als Kuriosität, teilweise als unwichtig, teilweise als nützlichen Bezugspunkt und auch als Quelle der Unterdrückung. Eine solche Sichtweise idealisiert das Experiment und folglich auch jede Form der Anpassung und Innovation, entsprechend den sich wandelnden Umständen unserer Zeit. Ihr Ziel ist die fortgesetzte Emanzipation des menschlichen Geistes.

Doch auch hier geht es um mehr. Unter all den öffentlichen Auseinandersetzungen über Politik, den internationalen Krisen, den konfligierenden moralischen Visionen liegen unterschiedliche und miteinander konkurrierende Auffassungen über das, was wirklich ist, und über die Mittel, durch die wir erkennen können, was wirklich ist. Dort liegen auch unterschiedliche und miteinander konkurrierende Auffassungen über das, was gut und wahr ist, und über die Mittel, durch die wir erkennen können, was gut und wahr ist. Diese konfligierenden kulturellen Impulse und die moralischen Visionen, die ihnen Form verleihen, werden in ihrem Kern durch konfligierende metaphysische Vermutungen – realistischer wie antirealistischer Art – belebt.

In den USA lassen sich heute die rudimentären metaphysischen Debatten über das, was wirklich gut und wahr ist, mit all ihren sozialen und politischen Folgewirkungen auf die Gründungsperiode der Nation und auf die kulturellen Impulse zurückführen, die jene historische Periode vor ungefähr 200 Jahren beherrschten. Diese kulturellen Impulse bestanden aus folgenden Einflüssen: dem Rationalismus der Aufklärung (der in den städtischen Eliten von Boston, Philadelphia und in den Südstaaten wurzelte) und dem biblischen Pietismus des reformierten Protestantismus (der den theologischen Kernbestand der meisten protestantischen Sekten bestimmte). In den Jahren vor der Amerikanischen Revolution gingen die aufklärerischen und kalvinistischen Revolutionäre miteinander strategische, gegen die britische Herrschaft gerichtete Allianzen ein. Aber diese politischen Verbindungen blieben stets provisorisch und waren von Spannungen gekennzeichnet.

Vor allem nach der Revolution hielten die aufklärerischen und kalvinistischen Revolutionäre ihre strategischen Allianzen nicht mehr für notwendig. Jedidiah Morse brachte diesen Stimmungsumschwung in seiner Fastenpredigt am 9. Mai 1798 zum Ausdruck: »Hüten wir uns davor«, verkündete er, »Ziel und Mittel zu verwechseln. Wenn Atheismus und Zügellosigkeit als Instrumente eingesetzt werden, so folgt daraus nicht, daß Atheismus und Zügellosigkeit an sich gute Dinge und der Billigung wert seien.«[2] In diesem nachrevolutionären sozialen und politischen Umfeld herrschte eine unnachgiebige und oft von polemischer Rhetorik begleitete Spannung zwischen den »ungläubigen Philosophen« und den Predigern des »Aberglaubens und der Bigotterie«. Eine besonders berüchtigte Manifestation dieser Spannung war die Feindschaft zwischen Timothy Dwight (dem Enkel von Jonathan Edwards, dem Präsidenten von Yale) und Thomas Jefferson. Dwight beschuldigte Jefferson, Atheist zu sein, und sagte voraus, daß Jefferson die Zerstörung des Christentums in Amerika herbeiführen werde, falls er zum Präsidenten gewählt werden würde.[3]

In den ersten Jahrzehnten des 19. Jahrhunderts verstummten die öffentlich ausgetragenen Konflikte zwischen den Vertretern des säkularen Rationalismus und den Vertretern des biblischen Glaubens – die mächtigen Institutionen des reformierten Protestantismus hatten die Gedanken und Institutionen der Aufklärung nicht besiegt, sondern eher assimiliert. Ein entscheidender Grund für diese Assimilation war, daß der amerikanische Staat im frühen 19. Jahrhundert noch immer stark agrarisch geprägt und lokal strukturiert war. Mehr als neun von zehn Amerikanern lebten in ländlichen und landwirtschaftlichen Gemeinden, die gewöhnlich nicht mehr als 500 bis 1000 Einwohner zählten. Die Bürger dieser Gemeinden waren hauptsächlich Protestanten, wenn nicht formell, so doch nach ihrer Herkunft und Neigung. Die Gedanken der Aufklärung, von denen sich zu diesem Zeitpunkt nur eine kleine städtische Elite leiten ließ, konnten in dieses Umfeld oder in die von diesem Umfeld gepflegten öffentlichen Vorstellungen nicht eindringen. Aufklärerische Gedanken konnten sich aber auch nicht außerhalb der lokalen Einflußsphäre des ihnen feindselig gesinnten protestantisch-klerikalen Establishments festsetzen. Die örtlichen Klerikereliten übten auf die Bevölkerung und die öffentliche Kultur sehr viel mehr Einfluß aus als die nationalen Eliten, mit denen wir gewöhnlich die Gründungsperiode und die frühen Jahrzehnte der Republik in Verbindung bringen.

Fast während des gesamten 19. und im Verlauf des frühen 20. Jahrhunderts stellte die Einwanderung von Katholiken aus Irland, Deutschland, Italien und Osteuropa (1830–1860) und von hauptsächlich aus Deutschland stammenden Juden (1880–1920) die größte Herausforderung der protestantischen Vorherrschaft in Amerika dar.[4] Es braucht nicht eigens betont zu werden, daß die Transformation der religiösen und ethnischen Zusammensetzung der amerikanischen Bevölkerung in jenem Zeitraum intensive ökonomische und politische Rivalitäten hervorrief, die am häufigsten in religiösen Haltungen ihren Ausdruck fanden. Antikatholizismus und Antisemitismus kennzeichneten auch über die Mitte des 20. Jahrhunderts hinaus die Wesenszüge der amerikanischen Politik und Kultur.

Aber die Zeiten haben sich geändert. Nach dem Zweiten Weltkrieg, vor allem jedoch um die Mitte der 60er Jahre, zeichnete sich ein dramatischer Wandel der politischen Kultur in Amerika ab – ein unverkennbarer Trend zur Toleranz bei den Protestanten, Katholiken und Juden (und auch bei den Mormonen und anderen Glaubensrichtungen). Zwischen 1966 und 1984 wurde eine Reihe landesweiter Erhebungen durchgeführt. Es zeigte sich, daß während dieses Zeitraums bislang stark verwurzelte Vorurteile sowohl für als auch gegen die verschiedenen religiösen Einstellungen zurückgingen. Generell nahmen neutrale Haltungen unter Katholiken, Protestanten und Juden zu, und die Antipathie gegenüber verschiedenen religiösen Glaubensrichtungen flaute ab.[5]

Der größte Teil der Forschungsarbeiten über konfessionelle und kulturelle Konflikte, die seit dem Zweiten Weltkrieg durchgeführt wurden, konzentrierte sich auf den Antisemitismus. Auch hier zeigte sich ein drastischer Rückgang des Bevölkerungsanteils mit negativen Einstellungen gegenüber den Juden.[6] Selbst unter weißen Evangelikalen, ein Bevölkerungssegment, das historisch betrachtet gegenüber den Juden die feindlichste Haltung aufweist, gab es nur wenig antisemitische Einstellungen. Einer Erhebung zufolge, die 1986 für die *Anti-Defamation League B'nai B'rith* durchgeführt wurde, gibt es »keine überzeugenden direkten Hinweise« mehr, daß »die Mehrheit der evangelikalen Christen bewußt tiefempfundene christliche Glaubenshaltungen und Überzeugungen als Rechtfertigung für antisemitische Ansichten anführen.«[7]

Diese Ausweitung der religiösen Toleranz ist kein isoliertes Phänomen, sondern erfolgt im Gleichklang mit einer stetigen Expansion der sozialen und politischen Toleranz (gegenüber Kommunisten und Atheisten), Rassentoleranz (gegenüber Farbigen und Ibero-Amerikanern) und sexueller Toleranz (gegenüber Homosexuellen und unverheiratet zusammenlebenden Paaren).[8]

Kein Forscher wird behaupten, daß religiöse und ideologische Spannungen jener Art, die im 19. und frühen 20. Jahrhundert vorherrschten, völlig verschwunden seien – diese Spannungen werden wahrscheinlich niemals völlig verschwinden. Doch gibt es überzeugende Belege dafür, daß sich das Sozialethos des späten 20. Jahrhunderts gegenüber dem im 19. und frühen 20. Jahrhundert vorherrschenden dramatisch gewandelt hat. Die früheren Manifestationen des normativen Konfliktes haben sich immer weiter abgeschwächt.

Der neue kulturelle Zwiespalt

Die älteren traditionellen Vorurteile zwischen religiösen Teilgruppen finden zwar in der Bevölkerung als Ganze kein Echo mehr, aber die frühere Intoleranz tritt – wenn auch in leicht veränderter Gestalt – wieder in Erscheinung. Ihr erneutes Auftreten führte zu einer aus historischer Sicht beispiellosen Neuorientierung der amerikanischen öffentlichen Kultur. Die politisch relevanten Einteilungen in den USA gründen nicht mehr auf theologischer oder klerikaler Basis, sondern sind »kosmologisch«: Sie betreffen nicht mehr spezifische doktrinäre Fragen oder Stilformen religiöser Praktiken und Organisation, sondern das fundamentale Verständnis der Amerikaner in bezug auf Werte, Ziele, Wahrheit, Freiheit und kollektive Identität. Eine kulturelle Bruchlinie, die ursprünglich in der Aufklärung sichtbar gewesen, aber im 19. Jahrhundert durch interreligiöse Rivalität überdeckt worden war, tritt wieder in Erscheinung – breiter und tiefer als zuvor – und trennt die Kulturkonservativen von den Kulturprogressiven. Diese Umorientierung wird in den Entwicklungen bestimmter klerikaler und philosophischer Traditionen besonders deutlich sichtbar. So verlaufen die politisch relevanten Trennlinien nicht mehr zwischen Protestanten und Katholiken, Protestanten und Juden oder Katholiken und Juden, sondern – auf der Grundlage ihrer jeweiligen metaphysischen Unterschiede – eher zwischen den »Orthodoxen« und den »Progressiven« innerhalb der einzelnen religiösen Traditionen. Konservative Katholiken, evangelikale Protestanten, orthodoxe Juden und sogar säkulare Platoniker weisen mehr Gemeinsamkeiten miteinander auf als mit den Progressiven innerhalb ihrer eigenen konfessionellen

Traditionen. Gleichermaßen haben liberale Protestanten, progressive Katholiken, reformierte und säkulare Juden und säkulare Postmodernisten mehr miteinander gemeinsam als mit den theologisch Orthodoxen (oder, im Falle der Säkularisten, mit den metaphysischen Realisten) innerhalb ihrer eigenen Traditionen.

Es sind vor allem unterschiedliche Auffassungen von moralischer Autorität, die sich gegenüberstehende Lager anregen und den Kern dieses normativen Konfliktes bilden. Bei den einzelnen und innerhalb der Institutionen lassen sich fast unbegrenzt viele Definitionsvarianten von moralischer Autorität finden. Dringen jedoch diese Definitionen in die Grammatik des öffentlichen Diskurses ein, so treten zwei verschiedene und miteinander konkurrierende Impulse zutage. Einer der Impulse ist durch die Empfindung gekennzeichnet, daß die ultimative Wirklichkeit in der Transzendenz wurzelt. Die »orthodoxe« Sicht der Wirklichkeit erlaubt ihren Anhängern, relativ feste, sogar ewiggültige Prinzipien zu erkennen und zu bestimmen, durch die sich die Existenz des einzelnen wie auch die korporative Existenz des Gemeinwesens organisieren und regulieren lassen – gleichgültig, ob diese Sicht der Realität durch die Natur, die Heilige Schrift oder die Tradition vorgegeben wird. Zumindest in einem abstrakten Sinn bestimmt eine solche objektive und transzendente Autorität einen konsistenten, unveränderlichen Maßstab für Werte, Ziele, Güte und Identität. Wir können daraus lernen, was gut ist, was wahr ist, wie wir leben sollten und wer wir sind. Es ist eine in ihrer Reichweite universale und für alle Zeiten adäquate Autorität. Diese *formalen* metaphysischen Eigenschaften bieten den gemeinsamen Boden für evangelikale Protestanten (in ihrer Verpflichtung gegenüber der Autorität der Schrift), orthodoxe Katholiken (in ihrer Verpflichtung gegenüber den kirchlichen Traditionen und Dogmen), orthodoxe Juden (in ihrer Verpflichtung gegenüber der Thora und der Integrität der Gemeinschaft, die gemäß der Thora lebt und sie auslegt) und säkulare Platoniker (in ihrer Verpflichtung gegenüber einer Hochschätzung der Natur und der Naturgesetze).

Die andere Seite der kulturellen Kluft wird von der Empfindung einer ultimativen Realität belebt, welche die Möglichkeit fester Standards außerhalb der menschlichen Erfahrung ablehnt und statt dessen all das bevorzugt, was wir durch unsere Sinne in unserer individuellen Erfahrung wahrnehmen können. Wahrheit ist eine persönliche Angelegenheit, solange sie nicht durch wissenschaftliche Beobachtung verifiziert wird; sie gründet auf Empirie und ist der Natur der Sache nach unvorhersehbar. Gemäß dieser Perspektive ist das, was als »real« oder »gut« angesehen wird, weniger konstant und dauerhaft als vielmehr konditional und mehr oder weniger relativ.

Diese beiden konkurrierenden moralischen Visionen – die orthodoxe und die progressive – verkörpern die beiden metaphysischen Traditionen der säkularen Aufklärung: den Positivismus und den Subjektivismus. Der heutige Postmodernismus lehnt den Positivismus ab, nimmt jedoch den Subjektivismus begierig auf.

Diese Beschreibungen der orthodoxen und der progessiven Lager des heutigen Kulturkriegs mögen hier zwar nur in groben Zügen skizziert worden sein, doch vermitteln sie einen Einblick in die politische Debatte über Abtreibung, Rechte der Homosexuellen, Bildungspolitik und eine Reihe anderer Probleme. Vor allem die Koexistenz eigenständiger Quellen moralischer Autorität trägt dazu bei, die Beschaffenheit des gegenwärtigen Konfliktes über die den menschlichen Körper betreffenden Fragen zu erklären.

Für die Kulturprogressiven steht das Recht des Individuums außer Frage, sich eine eigene Meinung über die Bedeutung des Lebens zu bilden. Diese Haltung ergibt sich großenteils aus der progressivistischen (bewußten oder unbewußten) Vorstellung der individuellen Autonomie, die sich auf das Projekt der Aufklärung zur Befreiung des Selbst bezieht. Den Progressiven zufolge ist die Realität im Fluß, ist Produkt der eigenen kreativen Beschäftigung mit der Welt. Indem sich die progressive Auffassung von moralischer Autorität partiell auf diese intellektuelle Grundlage stützt, bringt sie ein unzusammenhängendes Gemenge von Moralprinzipien hervor. Zu diesen Prinzipien gehört etwa die Vorstellung, daß die Persönlichkeit mit der Geburt beginnt (oder zu dem von der Wissenschaft bestimmten Zeitpunkt), daß der Unterschied zwischen den Geschlechtern im wesentlichen biologischer Art ist, und daß das allgemeine Verständnis von »weiblich« und »männlich« vor allem das Produkt sozialer Konstruktion ist. Aus diesen Prämissen folgt, daß die menschliche Sexualität ein biologisches Bedürfnis darstellt, das sich in jeder möglichen Weise befriedigen läßt, idealiter im Kontext einer fürsorglichen und gesunden Beziehung. Außerdem werden Ehe und Familienstrukturen kulturell bestimmt und damit variabel.

Für den Orthodoxen tritt das Individuum hinter die religiösen Traditionen zurück. Die Universalität der orthodoxen moralischen Autorität hindert das Individuum, einen autonomen moralischen Raum zu beanspruchen. Vielmehr hat das Moralgesetz sowohl für den Skeptiker als auch für den Gläubigen Geltung. Dies bedeutet, daß die Ansichten des einzelnen über das Wesen des menschlichen Lebens – vor allem sein Ursprung in der Zeugung und die darauf folgende Unantastbarkeit – mehr Gewicht besitzen als die Überzeugungen des einzelnen. Hier gibt es wenig Raum für Verhandlung und Kompromiß. Da die Existenz einer transzendenten Realität nicht als individuelle Projektion angesehen wird, ist die Anwendung dieser Realität auch nicht auf das Individuum beschränkt. Traditionalisten entscheiden moralische Fragen vielmehr auf der Grundlage universal angewandter Moralgesetze. Wer nicht an die Gesetze der Schwerkraft glaubt, wird dennoch nicht von ihren Wirkungen befreit. Ebensowenig wird ein Mensch, der nicht an die orthodoxe Version der moralischen Autorität glaubt, seiner Verantwortung vor dem universalen Gesetz enthoben.

Leidenschaft und Heiligkeit

Verfolgen wir diese Debatte über moralische Autorität zurück, so wird deutlich, daß im Zentrum des heutigen moralischen Konfliktes mehr steht als nur »Werte« und »Meinungen«. Eine solche Terminologie erfaßt weder das Wesen der Kulturkräfte, die hier am Werk sind, noch die moralischen Verpflichtungen der betreffenden Individuen und Gruppen. Die Rede von den »Werten« reduziert moralische Verpflichtungen auf die Wahl von Präferenzen und »Lebensstilen«. Der heutige Konflikt gräbt sich tiefer in die Kultur und tiefer in das vortheoretische Bewußtsein der Menschen. Wir haben es hier mit zwei grundsätzlich unterschiedlichen Verständnisformen des »Geheiligten« und der moralischen Autorität zu tun, durch welche die Menschen das Geheiligte erfassen. Spricht man über das Geheiligte, so spricht man von unseren fundamentalen Annahmen und Intuitionen – Annahmen und Intuitionen, die unserer moralischen Vorstellungskraft vermitteln, was gut und wahr und richtig ist. Auf dieser Ebene ist es nicht einfach, sich im amerikanischen Kulturkrieg zurechtzufinden. Nichts kann das außerordentliche Maß an Energie und emotionaler Intensität des Konfliktes erklären, außer der Tatsache, daß in diesem Kulturkrieg die am sorgsamsten gehegten Ideale und Verpflichtungen der Menschen auf dem Spiel stehen. In diesem Licht sollte deutlich werden, daß der normative Konflikt nicht nur eine Manifestation des Antagonismus zwischen religiösem Glauben und säkularer Vernunft darstellt. Eine solche Formulierung würde von der Annahme ausgehen, daß Religion nach Konfessionen ausgerichtet und partikularistisch sei, während das Säkulare allen gemeinsam und deshalb moralisch und politisch neutral sei. Meine Ausführungen sollen vielmehr das beleuchten, was Michael Polanyi als *»fiduciary nature«* des Wissens bezeichnete. Die Vorstellung, das Säkulare sei weniger partikularistisch – und deshalb weniger »sektiererisch« – als theistische Religion, ist philosophisch naiv und soziologisch unhaltbar. Im zeitgenössischen amerikanischen Kulturkrieg haben wir es mit konkurrierenden Vorstellungen des Geheiligten zu tun, mit konkurrierenden Glaubensbekenntnissen – in Wirklichkeit aber mit konkurrierenden Parochialismen. Und bei diesem heftigen Konkurrenzkampf geht es um die Frage, welche moralische Vision sich durchsetzen wird.

2. Institutionelle Faktoren

Der normative Konflikt in Amerika wurzelt zwar in konkurrierenden Kultursystemen und Weltbildern, aber diese Kultursysteme und Weltbilder schweben nicht in einem luftleeren Raum. Sie nehmen in der Gesellschaftsstruktur und im Parteiensystem ebenso konkrete institutionelle Formen an wie im ehrenamtlichen Sektor der amerikanischen Gesellschaft und in der institutionalisierten Öffentlichkeit Amerikas.

Klasse und Soziallage

Mit traditionellen Klassen- (oder Schichten-) Theorien läßt sich kaum erklären, was heute in Amerika vor sich geht. Der Kulturkrieg in Amerika findet weder zwischen Besitzenden und Armen noch zwischen städtischem Proletariat und der oberen Mittelschicht der Unternehmer und Manager statt. Vielmehr wird er innerhalb der weißen Mittelschichten ausgetragen.

Die Kultureliten sind die Hauptakteure auf beiden Seiten des amerikanischen Kulturkampfes – jene Gruppen, die ihren Lebensunterhalt aus dem »Wissenssektor« der Volkswirtschaft bestreiten. Wie könnte es auch anders sein? Bei dem Kampf geht es darum, die normativen Realitäten des öffentlichen Lebens zu bestimmen. Die Hauptakteure sind deshalb jene Eliten, die in Institutionen tätig sind, in denen die Realität definiert wird – also in den Medien, Universitäten, Denkfabriken, ehrenamtlichen Organisationen, speziellen Interessengruppen und so weiter. Allerdings gibt es einen entscheidenden sozialen Unterschied zwischen diesen Hauptakteuren, der mit den Statusunterschieden zusammenfällt: Praktisch alle Angehörigen der Kultureliten haben College- oder Universitätsabschlüsse und häufig auch hochqualifizierte Berufsabschlüsse; bei Kulturkonservativen hingegen (wie beispielsweise in der Führung des *Pro-Life-Movement*, im Establishment der Rechtsanwälte, in den Interessenverbänden und im literarischen Establishment) besteht eine sehr viel größere Wahrscheinlichkeit, daß sie ihre Abschlüsse in konfessionell gebundenen (und im religiös-orthodoxen Umfeld angesiedelten) Colleges und zweitklassigen staatlichen Universitäten erworben haben. Dagegen weisen die Führer der progressiven Bewegungen eher Abschlüsse der elitären Privatschulen der *Ivy League* und der prestigeträchtigen Universitäten vor. Es ist wichtig festzuhalten, daß sich die jeweiligen Zentren des orthodoxen und progressiven Aktivismus auch in bezug auf die sozio-geographische Lage unterscheiden. Eine Erhebung bei über 400 mit öffentlichen Angelegenheiten befaßten Organisationen zeigte, daß die überwiegende Mehrheit (83 Prozent) der Organisationen mit progressiven Zielsetzungen ihren Hauptsitz in Washington, New York, Boston, Chicago oder Los Angeles hatten, während in diesen Städten nur ungefähr die Hälfte (56 Prozent) der Organisationen mit konservativen Zielsetzungen residierte. Die übrigen konservativen Organisationen hatten ihre Standorte in Kleinstädten (wie Colorado Springs, Colorado; Lynchburg, Virginia; Wheaton, Illinois), und ein ganzes Fünftel ihrer Hauptsitze befand sich in den Südstaaten.[9]

Diese geographischen Unterschiede spiegeln die soziale Verortung der jeweiligen Gefolgschaft wider. Die Anhänger konservativer Organisationen stammen überproportional häufig aus den unteren Mittelschichtberufen der Vorstädte und Kleinstadtbezirke des Südens und Mittleren Westens. Diese konservativen Gefolgschaften finden sich auch in den traditionell ethnischen Wohnbezirken der Städte. (In allen Gebieten ist die konservative Gefolgschaft disproportional älter als die Gesamtbevölkerung und vornehmlich weiblich.) Im Gegensatz hierzu wurzeln die progressiven Organisationen unverhältnismäßig häufig in den hochgebildeten, berufsorientierten und mobilen oberen Mittelschichten aus den Großstadtbezirken der Ost- und Westküste. (Die Mehrheit von ihnen ist jünger als die Gesamtbevölkerung und unverhältnismäßig häufig männlich.) Der deutlichste Unterschied zwischen den sich gegenüberstehenden Gefolgschaften besteht jedoch im Bildungsniveau.

Die möglicherweise am deutlichsten sichtbare Ausprägung des amerikanischen Kulturkriegs findet sich im Parteiensystem. Kulturkonservative dominieren in der Republikanischen Partei, und Kulturprogressive beherrschen die Demokratische Partei. Das war nicht immer so.

Südstaatler und unter ihnen vor allem die Evangelikalen stimmten früher für die Demokratische Partei. Auch die Katholiken in den Nordstaaten und im Mittleren Westen waren durchaus Anhänger der Demokraten. Erzbischof John Whealon drückte es so aus: »Ich [war] ein recht typisches Beispiel der Verbindung zwischen den U.S.-Katholiken und Demokraten. In meinem Elternhaus kamen Gott und Jesus Christus an erster Stelle, die Katholische Kirche an zweiter und die Demokratische Partei an dritter Stelle.«[10] Doch bei den Präsidentschaftswahlen in den 1980er Jahren liefen sowohl die Südstaatler im allgemeinen als auch die weißen Evangelikalen im besonderen scharenweise der Demokratischen Partei davon und unterstützten die Kandidaten der Republikaner: 1980 wählten 61 Prozent Reagan; 1984 wählten 79 Prozent Reagan und 1988 entschieden sich 72 Prozent für Bush. Auch mit Blick auf die Katholiken konnte man sich nicht mehr darauf verlassen, daß sie als demokratischer Wählerblock zur Verfügung standen – die eher traditionell orientierten Katholiken wählten konservative Republikaner, während die eher progressiv eingestellten Katholiken für liberale Demokraten votierten.[11] Vergleichbare Tendenzen sind auch innerhalb der jüdischen Gemeinschaft sichtbar.

Die Politikwissenschaftler haben diese Verlagerung der politischen Wählerschaften mit Erstaunen registriert und den Veränderungen der Parteizugehörigkeit und dem Wahlverhalten der Evangelikalen, Katholiken und Juden besondere Bedeutung beigemessen. Sie nehmen an, daß sich die Wählerschaft grundlegend umstrukturiert hat. Tatsächlich ist diese entscheidende Veränderung nicht bei den Wählern zu suchen (die zumindest in kulturellen Fragen schon immer konservativ waren und auch bleiben), sondern bei den Parteien, die sie angeblich repräsentieren. Noch einmal Erzbischof Whealon dazu: »Die Nation brauchte Franklin Roosevelt und die Demokraten, um den Gewerkschaften legale Macht zu verleihen und um Sicherheit für die Älteren, Subventionen für die Bauern und besondere Hilfsleistungen für die Armen zu erreichen. Aber mit ihrem wiederholten Eintreten für Abtreibung hat die Demokratische Partei die Katholische Kirche im Stich gelassen und den katholischen Block aufgesplittert.«[12]

Der voluntaristische Sektor

Den normativen Konflikt institutionalisieren die Amerikaner in erster Linie im ehrenamtlichen Sektor, vor allem in den sogenannten *special agenda organizations*. Hier formulieren und publizieren die Menschen die miteinander konkurrierenden moralischen Visionen, hier verleihen sie ihnen Macht im sozialen Leben und Dauerhaftigkeit im Zeitenlauf. Aus diesem Grund konnten die *special agenda organizations* zu den Hauptträgern des Kulturkriegs werden.

In historischer Sicht kamen und gingen die *special agenda organizations* mit den von ihnen aufgegriffenen Problemstellungen.[13] Doch seit der Mitte der 60er Jahre haben ihre Präsenz und ihre Bedeutung in öffentlichen Angelegenheiten sehr stark zugenommen. Ein aufmerksamer Beobachter dieser Entwicklung kam zu dem Schluß, daß dieses quantitative und qualitative Wachstum »in der amerikanischen Geschichte ohne Parallele«[14] sei. Es ist wahrscheinlich unmöglich, die heutige Gesamtzahl der *special agenda organizations* genau zu bestimmen; sie wird jedoch auf ungefähr 3000 Organisationen geschätzt, von denen die meisten nach 1970 ins Leben gerufen wurden.[15] So gründeten Aktivisten beispielsweise seit dem Beginn der 70er Jahre 89 Frauengruppen, 86 Friedensgruppen, 58 Bürgerrechtsgruppen, ungefähr 50 politisch orientierte Konsumentengruppen, ca. 45 Organisationen für die Rechte der Schwulen und Lesben, ungefähr dieselbe Anzahl von konservativen Sozialgruppen, mindestens 36 Umweltgruppen und fast ein Dutzend Initiativen gegen

Pornographie. In den vergangenen 50 Jahren hat sich die Zahl der *special agenda organizations* mit religiösem Charakter mehr als verdoppelt – von ungefähr 400 im Jahre 1945 auf über 1000 heute. Das Verbreitungsgebiet all dieser *special agenda organizations* umfaßt die gesamte Nation, und alle sind auch heute noch einflußreich, wobei sie sich auf die mit ihnen zusammenhängenden »Politischen Aktionskomitees«[16] stützen.[17]

Eine Vorstellung von den für diese Aktivitäten eingesetzten Ressourcen läßt sich am Beispiel der mit der Abtreibungskontroverse befaßten *special agenda organizations* vermitteln. Auf der Seite der Abtreibungsbefürworter steht die *National Organization for Women* (NOW) mit 28 Beschäftigten und einem Jahreshaushalt von 6,2 Millionen Dollar. NOW gibt seine Mitgliedschaft mit 250000 Personen an; die Organisation umfaßt neun Regionalbüros und je eine Gruppe in jedem der 50 Bundesstaaten, ferner 800 Ortsvereine. Die Organisation von *Planned Parenthood* umfaßt 227 Beschäftigte, einen Haushalt von 300 Millionen Dollar und 20000 Ehrenamtliche. (Das hohe Budget ist primär Regierungsaufträgen und dem Einkommen aus den *Planned Parenthood*-Kliniken zuzuschreiben.) Die *National Abortion Rights League* (NARAL) beschäftigt 34 Personen (zumeist hochqualifizierte), hat 250000 Mitglieder und einen Jahreshaushalt von vier Millionen Dollar. Neben der nationalen Organisation bestehen insgesamt 41 Gruppen in den einzelnen Bundesstaaten. Die *Religious Coalition for Abortion Rights* hat neun Angestellte, 27 bundesstaatliche Organisationen und ein Jahresbudget von über 1,3 Millionen Dollar. Nicht zuletzt muß auch das *ACLU Reproductive Rights Project* genannt werden, das über ein Budget von zwei Millionen Dollar verfügt.[18] All diese Gruppen bilden die zentralen Institutionen, die ihre Aktivitäten auf die Beibehaltung einer liberalen Abtreibungspolitik richten. Auf der Seite der Abtreibungsgegner stehen Organisationen wie *Concerned Women for America* (CWA), die konservative Gegenspielerin der NOW. Wie die NOW befaßt sich auch die CWA nicht ausschließlich mit der Frage der Abtreibung. CWA hat 29 Beschäftigte und über 500000 Mitglieder, insgesamt 1800 Ortsvereine in allen 50 Bundesstaaten und ein Budget von über sieben Millionen Dollar. Ferner gibt es das *National Right to Life Committee* (NRLC), eindeutig die größte der Organisationen der Abtreibungsgegner, mit 39 Beschäftigten, elf Millionen Mitgliedern, 50 bundesstaatlichen Gruppen und 2500 Ortsvereinen. Die *American Life League* hat 31 Angestellte, 270000 Mitglieder, 16 Zweigstellen und einen Jahreshaushalt von fast zehn Millionen Dollar. Und die *American Life Lobby* beschäftigt ungefähr 30 Personen, hat fast 300000 Mitglieder und ein Jahresbudget von 2,5 Millionen Dollar.

Für sich genommen mag die Ausbreitung dieser Interessengruppenstrukturen in der Nachkriegszeit relativ unwichtig scheinen. Setzt man die Entwicklung jedoch in Beziehung zu den sich abschwächenden konfessionellen Bindungen, so trägt sie dazu bei, die jahrhundertealten Spannungen zwischen den Konfessionen zu vertiefen. In der Tat sammeln sich die meisten *special agenda organizations* recht eng an den beiden – konservativen oder progressiven – Polen der neuen kulturellen Achse.

Gleichzeitig bieten die Interessenverbände zunehmend auch den institutionellen Rahmen für eine breiter angelegte Neuordnung der öffentlichen Kultur. Innerhalb der Grenzen ihrer politischen Mission nehmen die Aktivisten dieser Organisationen miteinander Kontakt auf und bieten sich gegenseitig Unterstützung an. So gaben beispielsweise die Führungen aller 47 in einer Erhebung befragten und mit öffentlichen Angelegenheiten befaßten Organisationen an, mit Personen oder Gruppen in Verbindung zu stehen, die nicht in ihrer eigenen religiösen oder philosophischen Tradition angesiedelt sind. Die meisten der Führer hatten zu irgendeinem Zeitpunkt aktiv mit externen Gruppen zusammengearbeitet. Das Büro für öffentliche Angelegenheiten der orthodoxen jüdischen Organisation *Agudath Israel* beispielsweise schließt sich regelmäßig mit Katholiken zusammen, wenn es um Privatschulen geht, ebenso wie mit konservativen Protestanten bei Moralfragen. Die große Mehrheit der 47 untersuchten Organisationen wurde durch Beitragszahlungen der Basis unterstützt. Tatsächlich erklärten alle, außer ein oder zwei Organisationen, Beiträge von Protestanten, Katholiken, Orthodoxen und Juden zu erhalten. Die *Religious*

Coalition for Abortion Rights beispielsweise umfaßte 1988 31 Mitgliedsorganisationen, darunter so unterschiedliche Gruppierungen wie den *American Jewish Congress, Catholics for a Free Choice, American Humanist Association, Young Women's Christian Association*, die *United Methodist Church* und die *Women's League for Conservative Judaism.*

Trotz dieser verschiedenartigen Unterstützung seitens der Basis tendieren die *special agenda organizations* dazu, sich von den von ihnen repräsentierten Menschen zu lösen und so etwas wie eine eigenständige Existenz zu entwickeln.[19] Das zeigt sich besonders deutlich im ideologischen Charakter ihrer Arbeit und im Eiferertum ihrer professionellen Repräsentanten.[20] Wie Untersuchungen wiederholt belegten, tragen die Eliten dieser Bewegungen ihre Einstellungen und die Agenda ihrer Organisationen fast immer extremer vor als die von ihnen angeblich repräsentierten Gefolgschaften.[21] Die Eliten der Bewegungen sind auf den »Sieg unter allen Umständen« fixiert und stützen sich dabei im wesentlichen auf gerichtliche Auseinandersetzungen.[22] Es liegt jedoch in der Natur des Rechtsstreits, daß er die Menschen als Gegner in einer Nullsummen-Logik polarisiert, wonach der gesamte Gewinn an den Sieger fällt.

All diese Rechtsprozesse der Aktivisten haben weitreichende Wirkungen. Politikwissenschaftler konnten wiederholt beobachten, daß *special agenda organizations* und ihre politischen Aktionskomitees die Macht des traditionellen Parteiensystems verblassen ließen und die Parteien zu Instrumenten der konkurrierenden Interessen und Anliegen des Kulturkriegs machten. Der damalige Präsident George Bush gab dies 1989 in einer Rede offen zu, als er erklärte, die *special agenda organizations* »... und ihre mit 160 Millionen Dollar gefüllten Kriegskassen stellen die großen Parteien von Thomas Jefferson und Abraham Lincoln in den Schatten«.[23] Eine weitere Konsequenz der Bedeutung der *special agenda organizations* im öffentlichen Leben ist die Tatsache, daß diese Organisationen nunmehr auch die Inhalte und den Verlauf der öffentlichen Debatte beherrschen.

Aus den *special agenda organizations* kommen die dominanten Stimmen der sich entwickelnden öffentlichen Debatte über jedes Thema, von Bildungspatenten über Abtreibungsrechte bis hin zur Subventionierung der Künste. Ihre Aktivitäten beschränken sich nicht nur darauf, Prozesse zu führen und andere politische Schlachten zu schlagen, sondern sie prägen auch die öffentliche Meinung über diese Auseinandersetzungen. Nach einer Untersuchung speiste sich die Berichterstattung in den Medien über das *Webster*-Urteil von 1989 zu 42 Prozent aus Äußerungen von Aktivisten der *special agenda organizations*.[24] Von 869 Zitaten stammten 75 von der *National Organization for Women*, gefolgt von der *National Abortion Rights Action League* mit 72 Zitaten und dem *National Right to Life Committee* mit 65 Zitaten. Die *Operation Rescue* kam auf 28 Zitate und die ACLU, vor allem ihr *Reproductive Freedom Project*, auf 20 Zitate. Aber die *special agenda organizations* setzen in der »Debatte« nicht nur die lautesten und bekanntesten Stimmen ein, sondern (und das ist genauso wichtig) sie legen auch den gesamten *Rahmen* der Debatte fest. Dabei besteht ihre Strategie darin, auf aggressive Weise Gerichtsverfahren einzuleiten und die neuen Kommunikationstechnologien sehr umsichtig für ihre Zwecke einzusetzen – zum Beispiel durch Postwurfsendungen, Werbespots, Talkshows, politische Anzeigenkampagnen, das Internet usw. Diese neuen Kommunikationstechnologien sind besonders wichtig, weil sie sich der öffentlichen Verantwortlichkeit entziehen. Die Tatsache, daß sie nicht Rechenschaft ablegen müssen, erklärt auch, warum die öffentliche Rhetorik oft so schrill und extrem klingt und sich weniger darum bemüht, glaubwürdige und zwingende Argumente vorzutragen, als vielmehr die Gegenseite zu diskreditieren.

Damit kommen wir zu der einzigartigen Komplexität des normativen Konfliktes in Amerika. Die dynamischen Kräfte des Glaubens und der Kultur treten nicht in Form der gesammelten subjektiven Haltungen unabhängiger Bürger am markantesten hervor, sondern eher in den konkurrierenden moralischen Visionen der öffentlichen Kultur, die sich über mehrere Jahrzehnte hinweg entwickelt und herauskristallisiert haben – in den Institutionen und Eliten, die sie hervorbringen, und den rhetorischen Strukturen, die diese Kräfte bündeln und artikulieren. Durch die soziale Organisation und Artikulation der Moralvisionen innerhalb der kulturbildenden Institutionen des öffentlichen Diskurses werden sie eine Realität *sui generis*. Es ist letztlich eine Realität, die jene überragt, die sie artikulieren, und von ihnen unabhängig ist (in einem körperlichen Sinne). Die Absichten öffentlicher Redner, die hinter den von ihnen vorgetragenen Aussagen, Einschränkungen und Nuancierungen stehen, werden unwichtig. Im Durkheimschen Sinne werden die Redner – sowohl Individuen als auch Organisationen – von ihrer eigenen Rede getrennt.

In diesem Durkheimschen Sinne erreicht auch die Vorstellung von einem »Kulturkrieg« mit all seiner Schrillheit, seinen Polarisierungen und seiner Mobilisierung der Ressourcen seine stärkste konzeptionelle Kraft. Kultur ist natürlich kompliziert. Auf der einen Seite gibt es starke philosophische und soziologische Impulse in Richtung einer moralischen und politischen Konsistenz, so daß Individuen, die hinsichtlich eines Problems starke Überzeugungen vertreten, auch bei anderen Fragestellungen vergleichbare Meinungen vortragen. Doch läßt sich belegen, daß sich die polarisierten Reaktionen der Menschen auf die öffentliche Politik von einem Problem zum nächsten unterscheiden. Die Menschen können in manchen Dingen liberale Ansichten haben und in anderen konservative. Das trifft auch auf Organisationen zu. So können beispielsweise die Kommentare der Herausgeber der *New York Times* bei manchen Themen progressiv, bei anderen jedoch gemäßigt oder konservativ ausfallen. Der wesentliche Punkt ist: Wie auch immer sich Individuen oder Organisationen bei bestimmten Problemstellungen orientieren, bleiben sie doch den vorherrschenden und buchstäblich unwiderstehlichen Kategorien und der Logik des Kulturkriegs unterworfen. Wer sich nicht unterwerfen will, muß dagegen ankämpfen. Die Aktivisten neigen dazu, Haltungen und Meinungen in das Raster rhetorischer Extrempositionen hineinzuzwängen. Das hat Konsequenzen für die Mehrheit der

Amerikaner, die den riesigen mittleren Bereich zwischen den sich gegenüberstehenden Kulturpolen besetzen. In den meisten Fällen wird die Mitte von grellen Extrempositionen überstrahlt. Genau aus diesem Grund sind die öffentlichen Diskurse in Amerika stärker polarisiert als die Amerikaner selbst.

Normativer Konflikt und amerikanische Legitimationskrise

Der polarisierte Diskurs und der daraus folgende normative Konflikt stellen für den Staat eine besondere Zwangslage dar, nämlich das Problem, wie er seine eigene Legitimität aufrechterhalten kann. Anders ausgedrückt, bringt der normative Konflikt in Amerika die Regierenden in eine Legitimationskrise, insbesondere wenn es um die grundsätzlichen Kontroversen über das Gute, Wahre und Gerechte geht. In praktischer Hinsicht bedeutet dies, daß die Menschen auf den sich gegenüberstehenden Seiten der kulturellen Kluft grundsätzlich unterschiedliche Legitimationskriterien anwenden: Was die eine Seite als gutes Gesetz ansieht, wird von der anderen Seite als schlechtes Gesetz betrachtet, und umgekehrt. Der Staat ist also in einem Nullsummenspiel gefangen, hängt doch seine Legitimität davon ab, daß er sich mit Angelegenheiten befaßt, die von manchen grundsätzlich als illegitim abgelehnt werden. Bei jedem Problem, egal welche Position die Regierung auch einnimmt, wird irgendeine mächtige Gruppierung die Autorität der Regierung in Frage stellen.

In einem traditionelleren Umfeld könnte sich der Staat, wenn er sich einer Krise gegenübersieht, auf die gemeinsamen Werte und Ideale berufen, die in der traditionellen Religion, Volkskultur oder sogar nationalen Identität verwurzelt sind, um die soziale Integration zu erhalten und die schwächer werdende Autorität des Staates zu festigen. Aber diese älteren kulturellen Ressourcen stoßen im kollektiven Bewußtsein der amerikanischen Nation auf keine tiefe Resonanz. Der Pluralismus hat sie geschwächt. Statt dessen muß der moderne Staat die Quelle seiner Rechtfertigung zunehmend in Verfahrensregeln suchen, die auf die Legalität und Verfassungsmäßigkeit seines Handelns gerichtet sind.

Das Problem besteht darin, daß diese Verfahrensregeln selbst der Überprüfung, dem Zweifel, der Kritik und dem Zynismus der Öffentlichkeit ausgesetzt sind.

Damit wird deutlich, wie einzigartig und historisch kontingent der früher bestehende normative Konsens in Amerika war. Im Kontext des heutigen normativen Konfliktes hat sich dieser Konsens nahezu vollständig aufgelöst. Er wurde von der postmaterialistischen Philosophie dekonstruiert und durch den Pluralismus selbst praktisch unglaubwürdig gemacht.[25] Insofern ein »moralisches Zentrum« besteht, wird es durch die scharfe und sich anscheinend verselbständigende extreme Rhetorik wirkungsvoll zum Schweigen gebracht. Moralphilosophen erklären gerne, die Meinungsverschiedenheiten seien schon vor langer Zeit entstanden. Sie erstrecken sich sogar auf jene zivilen Institutionen, die eigentlich den Konflikt abmildern sollten.

3. Zivilgesellschaft

Die alten Philosophen und die Väter der amerikanischen Verfassung ahnten, daß das demokratische Ideal auf der Partizipation einer informierten Bürgerschaft am Staat gründen müsse. »Wenn Menschen gut informiert sind«, schrieb Jefferson, »kann man ihnen zutrauen, sich selbst zu regieren; und wenn sich die Dinge so falsch entwickeln, daß sie selbst darauf aufmerksam werden, kann man sich darauf verlassen, daß sie diese Dinge wieder in Ordnung bringen.«[26] Aus diesem Grund setzte sich Jefferson, wie unter anderen auch Washington, Madison und Adams, dafür ein, daß das gemeine Volk gebildet werden müsse. »Unsere Landsleute sollen wissen, daß nur das Volk uns gegen diese Übel [der Tyrannei] schützen kann, und daß die zu diesem Zweck zu zahlende Steuer nicht mehr beträgt als ein Tausendstel dessen, was den Königen, Priestern und Adligen gezahlt werden muß, die sich unter uns erheben werden, wenn wir das Volk in Unwissenheit belassen.«[27] Aber das gemeine

Volk setzt sich aus Individuen und Gruppen zusammen, die grundsätzlich verschiedene Vorstellungen der moralischen Ordnung haben. Auf welche Weise kann es an einem einzigen, geeinten Staat partizipieren?

Jefferson selbst deutete an, daß öffentliche Erziehung wesentlich sei, um eine informierte und gemeinschaftsorientierte Bevölkerung zu schaffen. Aber öffentliche Erziehung gehört nur zu einer ganzen Reihe von Institutionen, welche die »Bürgergesellschaft« ausmachen. Diese Institutionen stehen zwischen dem Individuum und dem Staat, sie *vermitteln* zwischen privaten Interessen und staatlichen Funktionen. Zu ihnen gehören die Presse, Berufsverbände, Wohlfahrtseinrichtungen und Glaubensorganisationen (Kirchen, Synagogen, Konfessionen und ähnliches). Im Gegensatz zu den *special agenda organizations*, die auf der Grundlage ihrer Satzung für diesen oder jenen Interessenbereich eintreten, stehen die »Vermittlungsinstitutionen« allen Bürgern offen. Sie sind nicht exklusiv, sondern existieren als zentrale Komponente im Lebens des Gemeinwesens; der öffentlichen Debatte bieten sie entweder ein Forum, regen sie an oder vermitteln die Informationen, die eine substantielle Debatte überhaupt erst ermöglichen. Zumindest theoretisch überbrücken sie die Kluft zwischen den Antagonisten und transformieren auf diese Weise den kulturellen Konflikt in eine zivile Auseinandersetzung.

4. Philanthropie und Stiftungen: eine Fallstudie

Betrachten wir eine dieser Vermittlungsinstitutionen – öffentliche Philanthropie und insbesondere die öffentliche Rolle privater Stiftungen. Die Philanthropie bietet aus drei Gründen eine interessante Fallstudie: Sie ist nicht nur ihrem Wesen nach amerikanisch, sondern kennzeichnet als Institution die Vitalität und Macht der Zivilgesellschaft, weil sie aufgrund ihrer einzigartigen Stellung in der Zivilgesellschaft den normativen Konflikt lösen hilft. Darüber hinaus lassen sich am Beispiel der Philanthropie viele der Schwierigkeiten aufzeigen, welche die heutigen Institutionen der Zivilgesellschaft begleiten.

Amerikanische Ausnahmeerscheinungen

Die Philanthropie, sowohl individueller als auch institutioneller Art, ist Bestandteil des amerikanischen Prinzips des Voluntarismus. Was in Frankreich durch den Staat geschaffen wurde und in Großbritannien durch die Aristokratie, wurde in Amerika, wie Tocqueville beobachtete, durch Bürger in ehrenamtlichen Organisationen geschaffen.[28] Die Philanthropie wurzelt im puritanischen Vermächtnis, das die Beziehung zwischen dem Wohlstand des einzelnen, Tugend, Barmherzigkeit und einem gesunden Gemeinwesen betonte. Sie stellt demnach einen Wesenszug der ansonsten individualistischen Amerikaner dar, die routiniert private Ressourcen zusammenführen und Vereine gründen, um kollektive Interessen und das Gemeinwohl zu fördern, ob es sich nun um Unterstützungsleistungen bei sozialen Notfällen, den Bau einer Bücherei oder die Gründung einer Schule handelt.

Das puritanische Erbe der Amerikaner wirkt auch heute noch. Die Mehrheit der Amerikaner unterstützt noch immer den sogenannten »Dritten Sektor« der nicht gewinnorientierten Institutionen. Diese Amerikaner glauben, daß die Unterstützung anderer Menschen eine grundsätzliche moralische Pflicht darstellt.[29] 1994 beispielsweise beliefen sich die Spenden für philanthropische Zwecke in Amerika auf 129,9 Milliarden Dollar oder ungefähr zwei Prozent des Bruttosozialprodukts. In diesem Betrag ist der Gegenwert der ehrenamtlichen Arbeit nicht enthalten, der höher liegt als die gesamten Geld- und Sachspenden zusammengenommen, welche die Organisationen des Dritten Sektors erhielten. Diesen Organisationen flossen 1994 fast 88 Prozent aller Spenden von Privatpersonen zu (von lebenden Personen wie auch durch testamentarische Verfügungen).[30] Nach Schätzungen der *American Association for Fund-Raising Council Trust for Philanthropy* belief sich die Gesamtsumme der

Spenden durch lebende Personen 1994 auf 105,1 Milliarden Dollar.[31] Seit die AAFRC 1995 mit der Erfassung der Spendentätigkeit begann, stieg der unbereinigte Geldwert der Spenden – abgesehen von einem inflationsbedingten Rückgang in einer der Vierteljahresperioden – kontinuierlich an.[32] Im Jahre 1993 erklärten 73,2 Prozent der amerikanischen Haushalte, durchschnittlich 1,84 Prozent ihres Durchschnittseinkommens für karitative Zwecke zu verwenden.[33] Die Spenden werden jedoch nicht nur von den Wohlhabenden aufgebracht. Vielmehr wurde etwa die Hälfte aller für karitative Zwecke aufgewandten Beträge von Familien erbracht, deren Einkommen unter 25 000 Dollar lag. Personen mit Einkommen zwischen 5000 und 10 000 Dollar spenden einen um das Zweieinhalbfache höheren Teil ihres Einkommens als Personen mit einem Einkommen von 50 000 bis 100 000 Dollar (3,9 Prozent im Vergleich zu 1,6 Prozent). Sogar Familien mit einem Einkommen von 5000 Dollar oder weniger spendeten 1981 durchschnittlich 238 Dollar, ungefähr 5 Prozent ihres Gesamteinkommens.[34]

Im internationalen Vergleich zeigt sich, daß die amerikanische Philanthropie eine Ausnahmeerscheinung darstellt. Das *Johns Hopkins Comparative Nonprofit Sector Project* stellte in seinen Länderuntersuchungen der Spenden und ehrenamtlichen Tätigkeiten in den USA, Frankreich und Deutschland in den frühen 90er Jahren fest, daß sieben von zehn Amerikanern im Verlauf der vergangenen zwölf Monate Geld gespendet hatten; in Frankreich und Deutschland hatten jedoch nur vier von zehn Personen gespendet. In den USA war nicht nur der Anteil der Spender an der Gesamtbevölkerung höher, sondern auch der durchschnittlich gespendete Betrag war sieben- bis achtmal so hoch wie der entsprechende Spendenbetrag in Frankreich oder Deutschland. Die durchschnittliche Spendensumme belief sich in den USA auf 851 Dollar, in Deutschland auf 120 Dollar und in Frankreich auf 96 Dollar. Die Hälfte aller Einzelspenden in den USA betrug 300 Dollar oder mehr, in Deutschland und Frankreich jedoch nur 40 Dollar, also 13 bis 14 Prozent des amerikanischen Betrages. Die Forscher des *Johns Hopkins*-Projektes stellten ferner fest, daß die Amerikaner im Durchschnitt etwa 1,2

Prozent ihres Jahreseinkommens spendeten, die Deutschen jedoch nur 0,3 Prozent und die Franzosen 0,15 Prozent.[35] Die Forscher berechneten auch die Spenden in den einzelnen Ländern als Prozentsatz des Einzeleinkommens. 1985 spendete der Durchschnittskanadier nur 0,76 Prozent und der Durchschnittsbrite 0,52 Prozent des jeweiligen individuellen Jahreseinkommens. Insgesamt läßt sich feststellen, »daß die Amerikaner, im Verhältnis zu ihrem persönlichen Einkommen, ungefähr viermal mehr spenden als die Briten und ungefähr zweieinhalbmal mehr als die Kanadier«.[36] In anderen westlichen Industrienationen wird buchstäblich jeder Aspekt des Lebens vom Staatsapparat beeinflußt, so daß wenig Raum bleibt für wirklich vom Staat unabhängige oder vom Markt getragene öffentliche Aktivitäten.[37] In den meisten westlichen Ländern werden die öffentlich tätigen Wohlfahrtsinstitutionen vom Staat buchstäblich monopolisiert – das gilt sogar für die entsprechenden Aktivitäten der Kirchen.[38] Auch in Japan gibt es praktisch, trotz aller Absichten und Zielsetzungen, keine gemeinnützigen, also ausdrücklich nicht gewinnorientierte Institutionen. Auch hier ist das Fehlen eines unabhängigen philanthropischen Sektors der Tatsache zuzuschreiben, daß der Staat mit mächtigen Marktkräften kooperiert, so daß es »außerordentlich schwer ist, zwischen beiden [Bereichen] eine öffentliche Sphäre zu entdecken«.[39]

Natürlich wird der philanthropische Geist in Amerika durch die Tatsache keineswegs geschwächt, daß der Staat den nicht gewinnorientierten Sektor durch seine Steuergesetzgebung in einzigartiger Weise unterstützt. Die amerikanische Steuerpolitik gegenüber den karitativen Aktivitäten beruht auf zwei Säulen: auf der steuerlichen Abzugsfähigkeit von Spenden bei den wichtigsten bundesstaatlichen Steuern (der Einkommenssteuer, der Körperschaftssteuer und der Grundsteuer) und auf der Steuerbefreiung, die den gemeinnützigen Institutionen eingeräumt wird.[40] Um die Bedeutung dieser Regelungen zu illustrieren: Die meisten Millionäre mit philanthropischen Neigungen geben zu, daß sie bis zum maximal steuerlich absetzbaren Betrag spenden, aber nicht viel mehr. Bei einer Untersuchung des Spendenmusters von 135 wohlhabenden Spendern gaben nur weniger als zehn von ihnen an, die Steuerfrage habe keine wesentlichen Auswirkungen auf ihre Spendenentscheidung.[41]

Stiftungen und öffentliches Leben

In den USA hat offensichtlich eine günstige Steuerrechtsgestaltung zur Ausbreitung von philanthropischen Stiftungen beigetragen.[42] Mitte der 1980er Jahre wurden im *Foundation Directory* mehr als 25000 Stiftungen aufgeführt, jede mit einem Vermögen von über einer Million Dollar und/oder Spenden von mindestens 100000 Dollar pro Jahr.[43] Im Zeitraum 1980–1989 erreichte die Gründungsaktivität von Stiftungen ihren Höhepunkt. In dieser Zeit wurden über 3000 Stiftungen mit Vermögen von mindestens einer Million Dollar und/oder Spenden von 100000 Dollar errichtet. 13000 der 37000 Stiftungen, die heute bestehen, wurden seit den 1980er Jahren gegründet.[44] Ungefähr 80 Prozent der heutigen Stiftungen wurden von einem einzigen Spender gegründet und gelten als unabhängige Institutionen.[45] In den vergangenen 25 Jahren hat sich das Vermögen der amerikanischen Stiftungen (einschließlich körperschaftlicher Stiftungen) mehr als verdreifacht und beträgt jetzt ungefähr 189,2 Milliarden Dollar. Im Jahre 1994 vergaben die Stiftungen mehr als 10 Milliarden Dollar an Zuwendungen.[46] Waldemar Nielsen stellte 1985 fest: »Keine andere Nation der Welt kann eine solche Ansammlung von Privatvermögen für gemeinnützige Zwecke aufweisen; keine andere Nation ermutigte Spender in diesem Maße, solche philanthropischen Institutionen zu schaffen; keine andere Nation hat ihnen nach ihrer Gründung solche Handlungsfreiheiten eingeräumt, und nirgendwo sonst spielen Stiftungen im Leben der Nation eine so wichtige Rolle.«[47]

Die interessanteste Veränderung im amerikanischen Stiftungswesen seit dem Zweiten Weltkrieg ist die Tatsache, daß sich die Stiftungen zunehmend mit der Vertretung der einen oder anderen Art von öffentlichen Angelegenheiten befassen.[48] Bis zu diesem Zeitpunkt waren die karitativen Aktivitäten der Stiftungen relativ unumstritten. Die Institutionen unterstützten die medizinische oder wissenschaftliche Forschung, finanzierten Stipendien, subventionierten die Künste und konzentrierten sich auf die Bereiche Bildung, Natur- oder Denkmalschutz. Selbst als sich die Stiftungen der Verbesserung sozialer Problemlagen zuzuwenden begannen, bestand ihre Strategie darin, den Nutzen des an den Universitäten erforschten Wissens für die Problemlösung zu maximieren. So stellten die berühmten liberalen Stiftungen (z.B. *Carnegie, Ford* und *Rockefeller*) enorme Mittel für die Forschung sowohl in den Natur- als auch in den Sozialwissenschaften zur Verfügung, um die Lösung gesellschaftlicher Probleme zu fördern, während die eher konservativen Stiftungen weiterhin »konkrete« Projekte wie den Bau von Bibliotheken vorantrieben.[49] Auch wenn die Stiftungen sich auf Bauprojekte und wissenschaftliche Forschung konzentrierten, erwartete man, daß die größeren, weitsichtigen Stiftungen letztlich die öffentliche Politik beeinflussen würden. Während der 60er Jahre beispielsweise, vor allem während der Präsidentschaft Kennedys, arbeiteten Stiftungsexperten eng mit ihren jeweiligen Partnern in der Regierung zusammen. Damals war die Auffassung verbreitet, die Philanthropie solle »Pilotprogramme einleiten, die dann von der Regierung übernommen werden«.[50] Seit den frühen 70er Jahren jedoch verlagerten sich die Finanzierungsaktivitäten der Stiftungen weg von der universitären Forschung und den »Ziegel und Zement«-Projekten (also dem Bau von Krankenhäusern, Bibliotheken und Gemeinschaftszentren) hin zur direkten Unterstützung von Aktivistengruppen und öffentlicher Politik. Ein großer Teil der Stiftungseliten sieht sich als Speerspitze einer praxisorientierten sozialen Innovation. Diese Eliten zielen darauf, Projekte zu fördern, die weitreichende Veränderungen der amerikanischen Gesellschaft bewirken wollen.[51] Will eine philanthropische Stiftung an der Spitze des Fortschritts stehen, also ihr volles Potential zum Einsatz bringen, so muß sie es einer verbreiteten Meinung zufolge als ihre Aufgabe ansehen, gesellschaftlichen Wandel konstruktiv herbeizuführen.[52] Die Mehrzahl der Stiftungen ist der Auffassung, daß heute »öffentliche Zielsetzungen« mit der Einflußnahme auf die Regierungspolitik gleichzusetzen sind.

Aber worin besteht die kumulative Wirkung dieser Bemühungen, vor allem in bezug auf den normativen Konflikt in Amerika? Schlagen die Stiftungen eine Brücke zwischen den sich gegenüberstehenden Seiten des amerikanischen Kulturkriegs? Tatsächlich sehen die Stiftungsfunktionäre sowohl sich selbst als auch die von ihnen geleiteten Stiftungen als Brückenbauer. Eilfertig weisen sie darauf hin, daß nur ein kleiner Teil der Stiftungen Fördermittel für politische Zwecke gewährt. Die Stiftungsmanager behaupten ferner, daß das Stiftungswesen eine Vielfalt aufweise, in der sich die Gesamtnation widerspiegele. Robert Payton, der frühere Präsident der *Exxon Education Foundation,* drückte dies so aus: »Wenn auf dem Markt Desinteresse herrscht, ist das ein Zeichen für staatliche Unfähigkeit. Wir haben deshalb in unserer Gesellschaft die philanthropische Alternative entwikkelt. In ihr gibt es eine so große Vielfalt, die es völlig undenkbar macht, daß irgend jemand irgend etwas beherrschen könnte.«[53]

Payton mag in gewisser Weise recht haben. Nach J. Craig Jenkins, einem Experten auf dem Gebiet der Förderung organisierter sozialer Bewegungen, sind Stiftungen, die soziale Bewegungen unterstützen, »in ihrer eigenen Welt innovative und relativ unkonventionelle Akteure«. Jenkins behauptet, daß auf dem Höhepunkt der Entwicklung im Jahre 1977 die Zuwendungen von Stiftungen für soziale Organisationen kaum 0,69 Prozent der Gesamtzuwendungen aller Stiftungen und durchschnittlich nur rund 0,24 Prozent der gesamten Fördermittel ausmachten. Projekte sozialer Bewegungen wurden 1977 nur von 131 der schätzungsweise 22000 Stiftungen gefördert, die eine aktive Förderpolitik betrieben.[54] Doch die Stiftungen, die 1994 nur 7,6 Prozent des gesamten Spendenaufkommens aufbrachten[55], haben sowohl die Mittel als auch die Neigung, ihre Förderprogramme strategisch einzusetzen; dadurch erhalten sie unverhältnismäßig viel Einfluß auf den Dritten Sektor und auf die öffentliche Politik.

Die Stiftungen sind flexibel, innovationsfreudig und nehmen sich die Freiheit, sowohl den Staat als auch den Markt einzubeziehen und üben so enormen Einfluß aus. Kurz gesagt, verfügen die größten Stiftungen über ein unverhältnismäßig großes Potential, den Verlauf der öffentlichen Angelegenheiten zu lenken und zu ändern. Sie verfügen über die »kritische Masse« und in der Folge »haben ihre Finanzmittel Hebelwirkung«.[56]

Parteineigungen im Stiftungswesen

Zugunsten der Stiftungseliten läßt sich sagen, daß ihr Einsatz für das Gemeinwohl unbestreitbar aufrichtig ist. Doch da die öffentliche Kultur in Amerika in der Frage gespalten ist, was das Wesen und den Inhalt des Gemeinwohls darstellt, kann kaum überraschen, daß die Kontroversen über die Definition »des Gemeinwohls« auch in den philanthropischen Bereich hineingreifen und hier insbesondere in das Stiftungswesen. Die Stiftungen selbst sind entlang des Frontenverlaufs des gegenwärtigen Kulturkriegs gespalten. Sowohl konservative als auch progressive Stiftungen stellen Ressourcen für die Förderung miteinander konkurrierender kultureller und politischer Programme zur Verfügung. Doch das Stiftungswesen ist nicht gleichmäßig geteilt. Das Muster der Förderpolitik der größten und den politischen Grundströmungen am nächsten stehenden Stiftungen wird aus der folgenden Tabelle ersichtlich:

Tabelle 1
Die zwanzig den politischen Grundströmungen am nächsten stehenden Stiftungen
(auf der Grundlage der Zahl von Fördermaßnahmen für progressive bzw. konservative Zielsetzungen[57])

Die zehn liberalsten Stiftungen

Stiftung	Zahl der Fördermaßnahmen
Ford Foundation	262
John D. & Cath. MacArthur Foundation	96
J. Roderick Mac Arthur Foundation	82
Public Welfare Foundation	63
New World Foundation	55
ARCO Foundation	54
Carnegie Corporation of NY	49
Rockefeller Family Fund	47
George Gund Foundation	43

Die zehn konservativsten Stiftungen

Stiftung	Zahl der Fördermaßnahmen
John M. Olin Foundation	75
Smith Richardson Foundation	74
Amoco Foundation	41
Bradley Foundation	37
Sarah Scaife Foundation	33
J.M. Foundation	17
Alcoa Foundation	15
Rockwell International Corp. Trust	14
Samuel Roberts Noble	14
Ford Motor Company Fund	12

Tabelle 2
Die zwanzig den politischen Grundströmungen am nächsten stehenden Stiftungen
(auf der Grundlage des durchschnittl. Zuwendungsbetrages in Dollar pro progressiver bzw. konservativer Fördermaßnahme)

Die zehn liberalsten Stiftungen

Stiftung	Durchschnittl. Betrag ($) / Zahl d. Maßnahmen
MacArthur Foundation	437159 / 96
R. W. Johnson Foundation	381932 / 15
S. K. Mellon Foundation	366667 / 3
Andrew Mellon Foundation	362857 / 14
Joan B. Kroc Foundation	303333 / 3
Jessie B. DuPont Fund	255000 / 1
W. K. Kellogg Foundation	211867 / 20
Pew Memorial Trust	191750 / 4
Wm. & Flora Hewlett Foundation	183700 / 20
H. J. Kaiser Family Foundation	176016 / 6

Die zehn konservativsten Stiftungen

Stiftung	Durchschnittl. Betrag ($) / Zahl d. Maßnahmen
A. Burnett & C. Tandy Foundation	2000000 / 1
Conrad N. Hilton Foundation	1594878 / 1
McCune Foundation	750000 / 1
J. Howard Pew Freedom Trust	280000 / 4
John Hartford Foundation	260476 / 2
Sarah Scaife Foundation	136667 / 33
Bradley Foundation	109519 / 37
Smith Richardson Foundation	76156 / 74
M. J. Murdock Foundation	70640 / 5
John M. Olin Foundation	55600 / 75

Diese Förderpolitiken lassen einige Beobachtungen zu. Erstens zeigt der Vergleich der Stiftungen, die einen Großteil ihrer Fördermittel für progressive Zwecke aufwenden, mit den Stiftungen, die die meisten Fördermittel für konservative Zwecke aufwenden, daß die progressiven Zuwendungen statistisch überwiegen. Keine Stiftung bewilligt so viele Förderungsmaßnahmen für konservative Zwecke, wie die Ford Foundation und die beiden MacArthur Foundations für progressive Zwecke einsetzen. Insgesamt stellen die zehn progressivsten Stiftungen durchschnittlich 795 liberale Zuwendungen pro Jahr zur Verfügung, während die zehn konservativsten Stiftungen durchschnittlich nur 332 Zuwendungen pro Jahr bewilligen. Das ergibt ein Verhältnis von ungefähr 2,5 zu 1. Doch trotz des zahlenmäßigen Übergewichtes der progressiven Förderungen erhalten die konservativen Projekte pro Fördermaßnahme beträchtlich höhere Beträge. Im Durchschnitt wendet die typische Stiftung 49340 Dollar für liberale Zuwendungen und 112756 Dollar für konservative Zuwendungen auf. (Darin spiegelt sich möglicherweise die Tatsache, daß sich mehr liberal orientierte Gruppierungen um die verfügbaren Mittel bewerben.[58]) Die meisten konservativen Fördermittelanträge, die bewilligt werden, sind für die Forschung bestimmt, während die meisten liberalen Anträge auf handlungsorientierte Projekte gerichtet sind. Unter den genehmigten konservativen Fördermaßnahmen waren 55 Prozent für Forschungsprojekte, 42 Prozent für handlungsorientierte Projekte und 3 Prozent für Konferenzen oder Workshops bestimmt. Im Vergleich dazu gingen 25 Prozent der gesamten liberalen Fördermaßnahmen an Forschungsprojekte und 71 Prozent an »Aktionsprojekte«; 4 Prozent waren für Konferenzen bestimmt.[59]

Auch in anderen Untersuchungen zeigt sich, daß die Förderpolitik der Stiftungen keineswegs ausgewogen ist. Nagai, Lerner und Rothmann führten eine Untersuchung von 844 Stiftungen durch, die mehr als eine Million Dollar Zuschüsse an verschiedene, nicht gewinnorientierte Unternehmungen in verschiedenen Städten zahlten. Dabei stellten sie fest, daß sich die »theoretische Verpflichtung« der Stiftungsvorstände »zu philanthropischem Pluralismus nicht die ideologische Sphäre betraf«.[60] Die Mehrheit der Vorstandsmitglieder wie auch der Stiftungen selbst fördern Projekte mit einem zum Stiftungsziel »gegensätzlichen Standpunkt« und setzen sich für sozialen Wandel ein, am häufigsten in liberaler Richtung.[61] Zwar gewährt nur ein kleiner Teil der Stiftungen Fördermittel für politisierte Vorhaben, doch wenn sich die typische Stiftung mit öffentlichen Angelegenheiten befaßt, »unterstützt sie am häufigsten ein liberales [progressives] Projekt (wie das Recht auf freie Familienplanung) und manchmal auch prominente liberale Empfänger wie die *American Civil Liberties Union*.«[62] Denn »anders als die Medien sehen [die Stiftungseliten] wenig Grund, in ihrer Förderpolitik auf ideologische Parität zu achten. Wenn ideologische Faktoren ins Spiel kommen, bevorzugt die große Mehrheit der [Stiftungseliten] auch weiterhin progressive Antragsteller.«[63] Wenn Stiftungen also Zuwendungen mit ideologischer Grundrichtung bewilligen, sind liberale Fördermaßnahmen fast viermal so häufig wie konservative. Von den 4738 Fördermaßnahmen für öffentliche Zwecke, die in der Untersuchung von Nagai u. a. berücksichtigt wurden, waren 57 Prozent »politisiert«; davon waren 44 Prozent liberal und 13 Prozent konservativ. Als Nagai u. a. diese Zuwendungen nach den bewilligten Gesamtbeträgen gruppierten, zeigte sich, daß von den für öffentliche politische Zwecke bewilligten 386,47 Millionen Dollar etwa 55 Prozent (nämlich 212 839 800 Dollar) an politiknahe Gruppen gingen. In diesen Fällen erhielten die progressiven Gruppen ungefähr viermal so viel Fördermittel wie die konservativen Empfänger.[64]

Das Aufkommen der »Gegner-Förderung«

Das Übergewicht der Progressiven im Stiftungswesen bedarf einer Erklärung. Denn schließlich waren die meisten Gründer der großen Stiftungen Unternehmer und *»self-made men«*.[65] Odendahl stellte in ihrer Studie zu großen Stiftungsgründern fest, »wie auch immer ihre politischen Ansichten beschaffen gewesen sein mochten, waren [großzügige Philanthropen] doch ausgemachte Wohlfahrtsstaatgegner«.[66] Im allgemeinen mißtrauten die Stifter der bundesstaatlichen Bürokratie und zeigten sich beunruhigt über die ausufernde staatliche Intervention, die dem Wohlfahrtsstaat eigen ist. John D. MacArthur formulierte es so: »Dieses Land kann nur gerettet werden, wenn man dafür sorgt, daß das Papier knapp wird.« Doch im Verlauf von ungefähr zwei Generationen haben sich die Stiftungen eher in eine Richtung gewandt, die ihren Gründern zumindest dubios erschienen wäre. Die Stiftungen zeigen nämlich die Tendenz, im Laufe der Zeit liberaler zu werden und sich von ihrer Gründungsidee zu entfernen. Einzelspender ziehen noch immer traditionelle zivile Projekte vor, beispielsweise den Bau von Universitäten und Krankenhäusern, die Künste, bekannte karitative Organisationen und die Kirchen; die Stiftungen jedoch sind anfällig für die Versuchung, »tiefgreifenden Wandel« fördern zu wollen. Dies zeigt sich beispielsweise in der Entwicklung von zwei großen philanthropischen Institutionen: *Carnegie* und *Pew*.

Die *Carnegie Corporation* wurde 1911 von Andrew Carnegie gegründet. Carnegie war als verarmter schottischer Immigrant in die USA gekommen. Durch seinen herausragenden Geschäftssinn, harte Arbeit und unermüdliche Energie hatte er es mit 35 Jahren bereits zum Millionär gebracht. Sein Biograph Martin Wooster beschreibt Carnegie als »einen beredten Verfechter des freien Unternehmertums und Gegner der Staatsverwaltung«.[67]

Sein ganzes Leben lang vergab Carnegie großzügige Spenden, doch trotz dieser Großzügigkeit wuchs sein persönliches Vermögen immer weiter. 1911 gründete er einen Trust mit der allgemeinen Zielsetzung der »Förderung und Verbreitung von Wissen und Verständnis im Volk der Vereinigten Staaten und der Britischen Dominions und Kolonien«.[68] Carnegie stellte eine Liste mit sieben Prioritäten auf: die Förderung der Universitäten; die Errichtung von Bibliotheken; die Errichtung von Krankenhäusern, medizinischen Hochschulen und Labors; das Anlegen öffentlicher Parks; der Bau von Gemeinschaftszentren und Konzertsälen; der Bau von Schwimmbädern (dies würde man heute wahrscheinlich eher als Freizeiteinrichtungen aller Art bezeichnen), und der Bau von kirchlichen Gebäuden.[69] Carnegie zufolge würden all diese Wohltaten den fleißigen Armen nützen und zugleich die Ansprüche der »unrettbar mittellosen, unfähigen und wertlosen« Taugenichtse zurückweisen, die sich weigerten zu arbeiten.[70] Im Laufe ihres Bestehens folgte die *Carnegie Corporation* im allgemeinen der erwähnten Prioritätenliste. Die Corporation förderte, zusammen mit anderen großen Stiftungen (vor allem *Rockefeller* und *Ford*) die Entdeckung des Insulins und die Entwicklung des Impfstoffs gegen Kinderlähmung. Sie unterstützte die Forschungsarbeiten, welche zur Entdekkung der Doppel-Helix-Struktur der DNS führten. Die Stiftung bewilligte Fördergelder, die dazu beitrugen, die Hakenwurm-Krankheit und das Gelbfieber unter Kontrolle zu bringen. Sie finanzierte die Grüne Revolution und unterstützte Forschungen über die Geburtenkontrolle. Die *Carnegie*-Stiftung finanzierte allein 2811 Bibliotheken in den Vereinigten Staaten und Großbritannien.[71]

Durch sein Legat räumte Carnegie der Corporation »uneingeschränkte Befugnis« ein, »die Förderpolitik oder bislang unterstützte Zwecke von Zeit zu Zeit zu verändern, wenn dies ihrer Meinung nach notwendig oder wünschenswert erscheint. Sie wird meinen Wünschen am besten entsprechen, wenn sie sich auf ihr eigenes Urteil verläßt.«[72] Natürlich verlagerten sich im Laufe der Jahre die Prioritäten. Während der 1970er Jahre konzentrierte die *Carnegie Corporation* ihre Aufmerksamkeit auf die benachteiligten Bevölkerungsschichten und richtete ihr Programm auf eine »umfassende Strategie für sozialen Wandel«. Insbesondere förderte sie Projekte, die sich primär mit sozialer Gerechtigkeit, Gleichheit und der Entwicklung menschlicher Ressourcen befaßten. Um die Mitte der 1980er Jahre gehörte die *Carnegie Corporation* zur Spitzengruppe der progressiven Stiftungen; ein ihr nahestehender Beobachter beschrieb sie als »die Quintessenz einer liberalen, aktivistischen, unternehmerischen Stiftung: eher eine Kampftruppe als eine konventionelle karitative Institution«.[73] Heute befinden sich unter den Zuwendungsempfängern der *Carnegie*-Stiftung so progressive Aktivistengruppen wie die *ACLU Foundation*, der *Children's Defense*

Fund, der *National Council of La Raza*, die *International Peace Academy*, der *Council of Economic Priorities* und die *Arms Control Association*.

Weitere Beispiele sind der *Pew Memorial Trust* und der *J. Howard Pew Freedom Trust*. Sie wurden von der Familie Pew aus Philadelphia auf der Grundlage des Vermögens gegründet, das sie durch ihre Unternehmen *Sun Oil* und *Sun Shipping* erworben hatte. Die Pews waren fundamentalistische Christen. Ursprünglich errichtete die Familie den *Pew Memorial Trust*, »um menschlichen Bedürfnissen zu entsprechen, indem wohltätigen Organisationen und Institutionen auf den Gebieten der Bildung, sozialen Dienste, Religion, Gesundheitsfürsorge und der medizinischen Forschung finanzielle Unterstützung gewährt wird«.[74] Doch dem *J. Howard Pew Trust* gab die Familie Pew spezifischere Anweisungen, die ihre ausgeprägten fundamentalistischen Überzeugungen und die Förderung des freien Unternehmertums zum Inhalt hatten. Während der 70er Jahre waren die beiden *Pew Trusts* hauptsächlich mit »Ziegel-und-Zement«-Projekten befaßt. Sie unterstützten auch zahlreiche religiöse Organisationen, darunter die *Billy Graham Evangelistic Association*, die *National Association of Evangelicals* und das *Moody Bible Institute*. Der *Freedom Trust* förderte auch das *Hoover Institute* und das *American Enterprise Institute*.

Nach dem Tod der ersten Generation der Pew-Familie kam es in der *Pew Foundation* zu weitreichenden Veränderungen. Fördermaßnahmen des *Pew Memorial Trust* für konservative politikorientierte Institutionen wurden seltener und verschwanden in den 80er Jahren fast völlig. Ebenfalls in den 80er Jahren beendete der *Pew Memorial Trust* die Finanzierung des Baus und der Renovierung von Krankenhäusern und stellte auch die Förderung der Erforschung bestimmter Krankheiten ein. Die Stiftung überdachte auch ihre Förderpolitik im höheren Bildungswesen. Sämtliche Zuwendungen für private christliche Schulen wurden eingestellt; die Fördermaßnahmen konzentrierten sich nunmehr auf große Forschungsuniversitäten. Heute finanziert die *Pew*-Stiftung keine konventionellen, religiös orientierten Gesundheitsdienste mehr. Statt dessen gingen die Stiftungsgelder in letzter Zeit an Organisationen wie *Planned Parenthood* und das *Center for Community Change* in Washington, D.C. – »liberale und aktivistische Institutionen, die man noch vor ein paar Jahren niemals auf der Liste der von Pew geförderten Projekte gefunden hätte«.[75] Im Unterschied zum *Pew Memorial Trust* wurde die Liberalisierung im *J. Howard Pew Freedom Trust* durch enggesteckte Anweisungen eingeschränkt. So verwaltet der *Freedom Trust* heute viele der früher vom *Pew Memorial Trust* gewährten Zuwendungen für religiöse Aktivitäten.

Diese Geschichte der Liberalisierung im Stiftungswesen wiederholt sich immer wieder. Im Falle der *Ford Foundation* (ausgestattet mit 6,7 Milliarden Dollar Stiftungskapital und jährlichen Fördermitteln von über 285 Millionen Dollar, 1994) war die Veränderung der Förderpolitik so umfassend, daß der Erbe des Gründers, Henry Ford II, 1977 nach 34 Dienstjahren als Mitglied des Stiftungsvorstandes zurücktrat. In seinem Rücktrittsschreiben erklärte Ford II, die Stiftung habe kein Interesse gezeigt an der Gesundheit der amerikanischen Wirtschaft, welche die Wohltätigkeit der Stiftung erst ermöglicht habe: »Ich spiele nicht die Rolle eines sturen Tycoons, der alle Philanthropen für Sozialisten hält und alle Universitätsprofessoren für Kommunisten«, schrieb Ford. »Ich möchte nur gegenüber der Stiftungsleitung und dem Personal klarmachen, daß ein System, das die Stiftung ermöglicht hat, sehr wahrscheinlich wert ist, erhalten zu werden.«[76]

Im Jahre 1990 leitete Ford mit einer Anfangsinvestition von 1,6 Millionen das »*Campus Diversity Project*« ein. Zu den Pflichtveranstaltungen von Studienanfängern im Fach Rhetorik an der Universität von Iowa zählten Vorlesungen wie »Gegen die Diskriminierung des Alters« und »Lebwohl, Sexistisches Schwein – Sag Guten Tag zum Neuen Alten Knaben«. Die Vorlesungen wurden durch einen neuen multikulturellen Reader inspiriert, dessen Publikation durch die *Ford Foundation* ermöglicht worden war. In ähnlicher Weise leitete die City University in New York vor kurzem ein dreijähriges Fellowship-Programm ein, das von der *Rockefeller Foundation* mit 250 000 Dollar gefördert wurde. Die Vorschläge für das Studienprogramm umfaßten Projekte über geschlechterübergreifende Phänomene wie Transsexualismus und ähnliches. Die *Rockefeller Foundation* fördert auch das *Center for Advanced Feminist Studies* an der Universität von Minnesota.[77]

Eine Erklärung für diesen liberalen Aktivismus der Stiftungen ist darin zu sehen, daß in jüngerer Zeit ein neuer Funktionärstypus in die Schicht der Stiftungseliten aufgestiegen ist. Weniger als eine von zehn aktiven Stiftungen bestand schon vor dem Zweiten Weltkrieg. Die Mehrheit der Stiftungen ist also relativ jung, und die Elite dieser Stiftungen weist tendenziell dieselben sozialen Charakteristika und dieselbe soziale Schichtzugehörigkeit auf wie die progressiven Eliten allgemein.[78] Sind die Stiftungsgründer erst einmal verstorben, sind die Stiftungen häufig von externen Zwängen befreit. Den Stiftungseliten steht es dann frei, ihre eigenen progressiven Programme zu verfolgen. Ein Beobachter erklärt: »Das Übergewicht der Stiftungszuwendungen für Interessengruppen läßt vermuten, daß sich die Stiftungen weniger einer rationalen Förderung des Gemeinwohls widmen als vielmehr den multikulturellen Dogmen, die von ihrem Personal vertreten werden.«[79]

Stiftungen – und ihre Führungseliten – bieten interessanten Stoff für Untersuchungen über Gegensätze. Trotz des beispiellosen Privatreichtums und des großzügigen Förderungspotentials schätzen die Stiftungseliten ihre Macht eher recht bescheiden ein. Dennoch ziehen sie es vor, ihre »bescheidenen« Möglichkeiten für gesellschaftliche Innovationen zu nutzen. Ein weiteres Paradox des Stiftungswesens ist die Tatsache, daß die Stiftungseliten bislang keine Notwendigkeit sehen, die Stiftungsarbeit vor der Öffentlichkeit zu rechtfertigen und sich deshalb nicht gerne der Öffentlichkeit stellen. Und dies, obwohl sie nicht nur vom guten Willen der Menschen abhängig sind, sondern auch davon, daß die Bürger die für die Stiftungen günstigen Steuerregelungen akzeptieren. Tatsächlich veröffentlichen nur ganz wenige Stiftungen Berichte. Die Autoren der Untersuchung *Private Giving and Public Policy* stellen fest, daß die Stiftungen »dazu neigen, ihre Immunität hinsichtlich öffentlicher Kritik und Offenlegungspflicht gegenüber der Öffentlichkeit zu überschätzen«.[80]

Seit den späten 70er Jahren fordert eine wachsende Zahl von konservativen Stiftungen nicht nur die Vorherrschaft der progressiven Institutionen im Stiftungswesen heraus, sondern auch die Vorstellung, konstruktiver sozialer Wandel sei »immer etwas, das der Staat für das Volk tue«.[81] In den letzten zehn Jahren agierten die konservativen Stiftungen bei ihren Angriffen auf den vorherrschenden liberalen Ethos der Förderungspolitik im Stiftungswesen immer geschickter. Sie finanzierten konservative Denkfabriken, unterstützten konservative Veröffentlichungen und förderten konservative wissenschaftliche Forschung. Die Zunahme konservativer Arbeit in philanthropischen Kreisen blieb nicht unbeachtet und entging auch nicht der Kritik.

Nach Ansicht eines Kritikers hätten die meisten der heute bekannten neokonservativen Denker ihre Ansichten deshalb so besonders erfolgreich vermitteln und eine Gefolgschaft um sich scharen können, weil sie von konservativ orientierten Stiftungen finanziell unterstützt wurden. Er führt vier konservative Stiftungen als Hauptförderer einer konservativen Vorhut an (Bradley, Olin, Smith Richardson und Scaife – manchmal die »Vier Schwestern« genannt, weil sie ihre Aktionen miteinander abstimmen). 1993 bewilligten diese vier Stiftungen Fördergelder in Höhe von rund 57 Millionen Dollar. Dieser Betrag gilt in Stiftungskreisen keineswegs als hoch, doch beeinflußte er den normativen Konflikt, weil die Gelder direkt an die Frontlinien des intellektuellen Schlachtfeldes geleitet wurden. Zu den Empfängern der Fördermaßnahmen gehören die *Heritage Foundation*, das *American Enterprise Institute*, die *Weyrich's Free Congress Foundation*, das *Manhattan Institute*, das *Institute on Religion and Democracy* und das *Institute on Religion and Public Life*. Mit fast mystischem Unterton deutet der Kritiker an, daß es eine Art geheimer Verschwörung gebe, wobei sich zahlreiche konservative Organisationen auf dieselben Finanzquellen stützten. Dies führe dazu, daß »manche der prominenten Akteure in den Kulturkriegen möglicherweise enger miteinander kooperieren, als die Beobachter vermuten«.[82]

Trotz der Aufmerksamkeit, die manchen konservativen Stiftungen in letzter Zeit gewidmet wird, muß noch einmal wiederholt werden, daß die konservativen Stiftungen zahlenmäßig von ihren liberalen Gegenspielern weit übertroffen werden. »Eine entscheidende Zahl der mit sozialem Wandel befaßten Stiftungen versucht, die großen nationalen Fragen in eine liberale Richtung zu drängen, trotz der Bedeutung einiger weniger konservativer Stiftungen.«[83] Nach einer Analyse der vorliegenden Daten betonen Nagai u.a., daß relativ wenige Stiftungen Projekte finanzieren, die ausdrücklich auf eine Unterstützung des demokratischen Kapitalismus abzielen. Solche Stiftungen betrachten sich »zu Recht als eine kleine Minderheit im Stiftungswesen«.[84] Irving Kristol zog 1978 die gleiche Schlußfolgerung, als er schrieb: »Wie die meisten der großen Universitäten strahlt auch die Mehrheit der großen Stiftungen in diesem Land eine Stimmung aus, nach der eine unternehmensfeindliche Neigung als völlig natürlich gilt.«[85] Ein Jahrzehnt später kritisierte William Simon, Präsident der *John M. Olin Foundation*, heftig die liberale Neigung der körperschaftlichen Philanthropie (und der Stiftungen): »Die Führer des amerikanischen Systems eines freien Unternehmertums – oder jene Menschen, die in ihrem Namen und unter Verwendung körperschaftlicher Gewinne handeln – finanzieren die Zerstörung ihres eigenen Systems und letztlich unserer freien Gesellschaft.«[86]

Überprüfung der Wirklichkeit

Die Liberalisierung der Stiftungen ist auf dem Hintergrund der gesamten amerikanischen Philanthropie interessant. Eine überwältigende Mehrheit von gewöhnlichen Amerikanern spendet für religiöse Zwecke. 1994 gingen 45,3 Prozent des gesamten Spendenaufkommens an Kirchen und andere religiöse Organisationen. In der Tat gaben die Amerikaner in den vergangenen 20 Jahren fast die Hälfte aller für philanthropische Zwecke gespendeten Dollars für die Förderung von Religion und religiösen Institutionen.[87] Die Spenden für religiöse Organisationen nahmen im vergangenen Jahr um 4,58 Prozent zu und beliefen sich 1994 auf 58,87 Milliarden Dollar.[88] Es ist auffällig, daß, obwohl über die Hälfte aller Spenden von Einzelpersonen an die Kirchen fließt, fast keine Stiftungsgelder für religiöse Aktivitäten vergeben wurden.[89]

Das bedeutet nicht nur, daß religiösen Institutionen ein gewaltiger Betrag zufließt, der von Einzelpersonen für Wohlfahrtszwecke gespendet wird, sondern auch, daß der religiöse Glaube einen wichtigen Motivationsfaktor darstellt, wenn die Bürger über die Höhe ihrer Spenden und über ihren ehrenamtlichen Zeiteinsatz entscheiden. Außerdem sind die großzügigsten der Spender in der Regel in einer religiösen Organisation aktiv.[90]

5. Schlußfolgerungen

Diese Untersuchung scheint zu einem entmutigenden Schluß zu führen. Man sollte jedoch noch einmal einen Schritt Abstand nehmen und die Situation in einem größeren Bezugsrahmen betrachten. In globaler Hinsicht ist das öffentliche Leben in Amerika noch völlig geordnet. Der normative Konflikt findet in Amerika nicht als offener Krieg oder auch nur in einer Form statt, die einem Kampf nahekommt. Deshalb weisen die Kritiker zu Recht darauf hin, daß der Begriff »Kulturkrieg« eine schwere Übertreibung darstelle, wenn er auf Amerika angewandt werde. Der Satz »Die Lage ist nicht so ernst« sei eine Perspektive, die an Glaubwürdigkeit gewinne, wenn man die Vitalität der amerikanischen zivilen Institutionen in Betracht ziehe. Denn in Amerika sei nicht nur die private Philanthropie stark ausgeprägt, sondern auch Institutionen und Bereiche wie das öffentliche Bildungswesen, die Presse, die Arbeitswelt und die Religion seien so gesund und dynamisch, wie man sie sich auf dieser Welt nur vorstellen könne. In diesem Licht betrachtet, bestehe nur wenig Anlaß zur Sorge. Die amerikanischen demokratischen Institutionen seien nicht in ernsthafter Gefahr.

All das mag zutreffen. Aber der normative Konflikt ist vorhanden und seinem Wesen nach ganz anders als alles, was wir bisher gesehen haben. Die Frage ist nur, was er bedeuten mag? Die Antwort läßt sich durch eine erneute Überprüfung der Lösung finden, welche die Aufklärung für den normativen Konflikt und seinen Verlauf bietet.

Die Aufklärung entwickelte eine Lösung für das Problem des normativen Konfliktes, die so lange hervorragend funktionierte, wie die wichtigsten normativen Bruchlinien in der Gesellschaftsordnung in die alles übergreifende Bibelkultur eingebunden blieben. Das heißt, die potentiellen Konflikte zwischen den verschiedenen protestantischen Glaubensrichtungen, dem katholischen und dem jüdischen Glauben konnten so weit unter Kontrolle gehalten werden, wie eine zumindest minimale Kompatibilität zwischen den partikularen und deshalb *privaten* Aspekten des religiösen Glaubens und den normativen Parametern der *öffentlichen* Kultur bestand. Unter dieser Bedingung konnte die Auseinandersetzung im Privaten gedeihen, während in den die Ordnung des öffentlichen Lebens betreffenden Fragen allgemeine Übereinstimmung bestand – beispielsweise bei der Frage nach dem Wesen von Gerechtigkeit, Freiheit und Toleranz, nach der angemessenen Gestaltung des Familienlebens, nach dem Zweck von Erziehung, nach der Wohlfahrt und nach den Zielen künstlerischer Ausdrucksfähigkeit. Diese öffentliche Übereinstimmung war sicherlich anfällig und wurde oft übermäßig beansprucht, aber im Laufe der Zeit konnte sie sich als pragmatische Abmachung entwickeln und funktionierte dann recht ordentlich. Die Religionskriege hörten auf; Antisemitismus und Antikatholizismus verschwanden zwar nicht völlig, verloren aber an Intensität.

Aufgrund dieses Übereinkommens hinsichtlich der öffentlichen Ordnung konnte diese für alle Absichten und Zielsetzungen als neutrales Territorium angesehen werden. Fälschlicherweise hielt man sie häufig für ein säkulares Territorium, tatsächlich jedoch war sie nichts dergleichen. Die Idealvorstellungen von Gerechtigkeit und Freiheit wurden auch weiterhin von biblischen und klassischen Kategorien mitgeprägt. Der noch immer mächtige Restbestand der Bibelkultur bildete den Rahmen für die Definition der Familie, für die Richtung, in der sich die Erziehung entwickelte, für die Antriebskräfte, die auf die öffentliche Wohlfahrt einwirkten und für andere, ähnliche Bereiche. Mit dieser Rahmensetzung stimmten Menschen aller Glaubenstraditionen überein. Aber die öffentliche Kultur in Amerika säkularisierte sich, so beispielsweise in der Familienpolitik, im öffentlichen Bildungswesen, in der Kulturpolitik, ganz zu schweigen von der Rechtsprechung zum 1. Verfassungszusatz [der das Grundrecht auf Pressefreiheit begründete, A. d. Ü.], und in diesem Maße begann sich auch die grobe Übereinstimmung zwischen den Besonderheiten des traditionellen religiösen Glaubens und den normativen Regeln der öffentlichen Kultur aufzulösen.

Mit dieser Entwicklung der öffentlichen Kultur ging eine Umordnung des Mosaiks des amerikanischen Pluralismus einher, welche die aufgezeigte Entwicklung unterstützte. Am deutlichsten läßt sich die Veränderung des Mosaiks am Beispiel der Expansion jener amerikanischen Minderheit aufzeigen, die behauptet, keinen religiösen Glauben zu besitzen – die »Säkularisierten«, wie sie in der Meinungsbefragung genannt werden. Der Anteil der Säkularisierten an der Gesamtbevölkerung in den Vereinigten Staaten stieg von zwei Prozent im Jahre 1962 auf fünf Prozent in 1972, auf acht Prozent in 1982 und auf elf Prozent in 1989. Diese Menschen sind unverhältnismäßig gut gebildet und in Angestelltenpositionen. Eine in vielerlei Hinsicht ähnliche Gesinnung wiesen bestimmte Splittergruppen in den traditionellen Glaubensrichtungen auf, die sich ebenfalls zu dieser sich zunehmend säkularisierenden öffentlichen Ordnung bekannten. Dabei handelte es sich vor allem um die Führer der wichtigsten Konfessionen. Angesichts der heutigen Beschaffenheit der öffentlichen Kultur wird jetzt die Lösung der Aufklärung für das Problem des normativen Konfliktes selbst zu einem Teil des Problems. Die öffentliche Kultur wird nicht mehr von allen als neutral, sondern eher als umstritten angesehen.

Hier sei eine Nebenbemerkung erlaubt. Selbst wenn wir davon ausgehen, daß der Bereich des öffentlichen Lebens eher in einem symbolischen als in einem kämpferischen Sinne umstritten ist, wissen wir doch, daß diese beiden Streitformen aufs engste miteinander zusammenhängen. Es gibt kaum einen gewaltsamen Konflikt, dem nicht ein Konflikt um normative Ideale vorangegangen wäre. Im Verlauf eines gewaltsamen Konfliktes werden im symbolischen Konflikt miteinander konkurrierende Rechtfertigungen für den Schaden vorgetragen, der den Gegnern zugefügt wird. Aus diesem Grund sollten die Bedeutung und die Wirkungen des normativen Konfliktes niemals zu gering eingeschätzt werden, selbst wenn keine Gewalt eingesetzt wird. Ist jedoch ein Gewaltpotential vorhanden, wie beispielsweise in den Konflikten über die Rassenfrage, die Abtreibung oder die Homosexualität, so kann man sich leicht vorstellen und gewiß auch voraussagen, daß eine Eskalation folgen wird. Dies gilt besonders in einem kulturellen Kontext, der von polemischer Rhetorik beherrscht wird.

Es gibt noch ein weiteres Problem. In diesem sich entwickelnden normativen Konflikt haben auch die aufklärerischen Ideale des öffentlichen Vertrauens und der zivilen Toleranz, die zum Kernbestand der liberalen Demokratie und der friedlichen Konfliktlösung gehören, an Glaubwürdigkeit verloren. Sogar der Gedanke, daß in der Gesellschaftsordnung individuelle Interessen und das höhere Gemeinwohl miteinander versöhnt, wenn nicht gar verwoben werden sollten, wurde fast völlig aufgegeben – von der postmodernistischen Philosophie und der Sozialwissenschaft demontiert und vom Pluralismus selbst als praktisch unhaltbar dargestellt. Wenn überhaupt ein »moralisches Zentrum« in der öffentlichen Kultur Amerikas existiert, wird es durch die scharfe und extreme gesellschaftliche und politische Rhetorik überdeckt.

Es fehlt an gemeinsamen Werten und Idealen, mit deren Hilfe sich die soziale Integration aufrechterhalten ließe und die erlahmende Autorität des modernen Staates gefestigt werden könnte. Deshalb muß der moderne Staat seine Rechtfertigung zunehmend auf Verfahrensregeln über die Legalität und Verfassungsmäßigkeit seiner Entscheidungen stützen. Das Problem besteht nun darin, daß die Legitimität der Verfahrensregeln selbst, ganz zu schweigen von den Institutionen, die sie umsetzen sollen, ebenfalls der Überprüfung, den Zweifeln, der Kritik und dem Zynismus der Öffentlichkeit preisgegeben ist.

Das gesellschaftliche Leben in Amerika ist von relativer Ruhe gekennzeichnet. Dennoch lautet die Frage, die durch den normativen Konflikt des späten 20. Jahrhunderts aufgeworfen wurde und auf die die von der Aufklärung gebotene Lösung keine Antwort bot: *Unter welchen Bedingungen können demokratische Institutionen und Ideale aufrechterhalten werden?*

Aus soziologischer Sicht scheint es für die Zivilgesellschaft wesentlich zu sein, in einem normativen Rahmen zu bleiben, in dem Ideale wie Höflichkeit, Geselligkeit und Fairneß als selbstverständlich gelten. Es fehlt jedoch nicht an Stimmen, die schon in der bloßen Suche nach normativen Gemeinsamkeiten eine neue Mehrheitstyrannei »im Schafspelz« vermuten. Andere wiederum glauben, daß der Pragmatismus der in den Verfahrensregeln enthaltenen Vernunft genüge, um das demokratische Projekt zu erhalten. Kritiker weisen allerdings darauf hin, daß dies eine naive Hoffnung sei.

Nur soviel ist sicher: Das kulturelle Kapital, das lange Zeit die demokratischen Institutionen und Praktiken aufrechterhielt, verflüchtigt sich. Wie lange es noch die Mechanismen des demokratischen Lebens in Gang halten kann, ist nicht bekannt. Und unbekannt ist auch, wie die kulturelle Übereinkunft beschaffen sein müßte, durch die die demokratischen Ideale wiederbelebt werden könnten – wenn eine solche Vereinbarung überhaupt möglich würde. Wenn es einen demokratischen Weg in die Zukunft gibt, wird wahrscheinlich nicht der Staat diesen Weg finden, sondern werden es die demokratischen Institutionen selbst leisten müssen. Die wichtigsten dieser Institutionen sind die Institutionen der Zivilgesellschaft – die strategisch angelegten und kooperativen Anstrengungen ziviler Institutionen wie der privaten Philanthropie, der Schulen, der Bürgerorganisationen, der Kirchen usw. In Amerika stehen sie vor der Herausforderung, in dem gegenwärtig stattfindenden normativen Konflikt dem Druck nicht nachzugeben, sich auf eine der Seiten in diesem Konflikt zu stellen. Das ist eine gewaltige, aber keineswegs unlösbare Aufgabe.

Anmerkungen

1 Ausführlicher zu diesem allgemeinen Argument vgl. mein Buch, 1991, *Culture Wars: The Struggle to Define America,* New York.

2 May, Henry, 1977, *The Enlightenment in America*, Oxford, S. XIV.

3 Die Feindschaft zwischen Progressiven und Traditionalisten wurde auch institutionalisiert. Die aufgeklärten Progressiven und politischen Radikalen organisierten vor und nach der Revolution örtliche demokratische Clubs, die sich schnell ausbreiteten. Die Clubs wurden oft von Deisten geleitet, die dem Aberglauben und dem Klerus häufig und öffentlich feindlich gegenüberstanden. Obwohl sich die Clubs rasch verbreiteten, blieben sie hauptsächlich auf die Städte beschränkt, und ihre Zahl blieb relativ gering. Im Gegensatz dazu organisierten sich die den Gedanken der Aufklärung ablehnend gegenüberstehenden Gruppen im *Federalism*, einer institutionell breiter und stärker angelegten politischen Bewegung. Die Konservativen aller Denkrichtungen fürchteten die Kraft der radikalen Demokratie, vor allem nach dem jakobinischen Aufstand in Frankreich und der darauffolgenden Schreckensherrschaft. Die reformierten Protestanten trugen ihre oppositionelle Haltung mit einer einzigen Stimme vor, die aber durch die Fähigkeit des Protestantismus, (durch die Kirchen) die populistische Ablehnung zu organisieren, sehr kräftig zu vernehmen war.

4 1880 lebten in den USA bereits über sechs Millionen Katholiken – ungefähr 12 Prozent der Bevölkerung. In den 1920er Jahren machten die Katholiken rund 17 Prozent der amerikanischen Bevölkerung aus. Zwischen 1880 und der Mitte der 1920er Jahre stieg die Zahl der Juden von rund 300000 auf vier Millionen – also im Verlauf von 40 Jahren von etwa 0,5 bis 1 Prozent der amerikanischen Bevölkerung auf volle 3 Prozent.

5 Während die Neutralität zu- und die Antipathie abnahm, ist interessanterweise keine starke Zunahme der Identifikation in den verschiedenen Bekenntnissen (gemessen als »Gefühl der Wärme«) festzustellen. Diese Ergebnisse sind Teil der von der University of Michigan durchgeführten Erhebungen über die Politik der amerikanischen Präsidentschaften. Die Forscher wandten ein »Gefühlsthermometer« an, eine 100 Punkte umfassende Skala, auf der sich die Befragten selbst zuordnen konnten – entsprechend der Kälte oder Wärme, die sie verschiedenen Gruppen gegenüber empfanden. Die Kälte wurde mit Werten zwischen 1 und 40 gemessen, Neutralität zwischen 41 und 69 und Wärme

zwischen 70 und 100. In der Gesamtbevölkerung nahm die Kälte gegenüber den Katholiken von 13 Prozent der Bevölkerung auf 9,9 Prozent in 1984 ab. (Für Protestanten und Katholiken gab es keine Vergleichsdaten, aber bei den Schwarzen fiel der Anteil von 15 auf 11 Prozent.) Der Anteil der Befragten mit neutralen Einstellungen gegenüber den Katholiken nahm von 39 Prozent in 1966 auf 46 Prozent in 1984 zu. Bei den Einstellungen gegenüber den Protestanten nahm dieser Anteil von 27 Prozent in 1966 auf 47 Prozent in 1976 zu. Die neutralen Einstellungen gegenüber Juden nahmen von 47 Prozent in 1966 auf 56 Prozent in 1984 zu. Auch bei der Untersuchung von 1984 wurden Protestanten und Juden nicht berücksichtigt. Ein weiterer allgemeiner Indikator für die wachsende Toleranz zwischen den religiösen Bekenntnissen in der amerikanischen Bevölkerung läßt sich bei Fragen finden, die sich auf die Eignung von Präsidentschaftsanwärtern beziehen, die sich persönlich mit der einen oder anderen religiösen Tradition identifizieren. 1958 erklärte einer von vier Amerikanern (also 25 Prozent), einen katholischen Kandidaten nicht unterstützen zu wollen; 1987 lag dieser Anteil nur noch bei 8 Prozent. 1958 erklärten 28 Prozent, daß sie einen jüdischen Kandidaten nicht wählen würden; fast 30 Jahre später lag dieser Anteil nur noch bei 10 Prozent. Die Daten der früheren Untersuchung wurden einer Gallup-Erhebung von 1958 entnommen; die jüngeren Daten stammen aus *The Williamsburg Charter Survey on Religion and Public Life,* die im Dezember 1987 durchgeführt wurde.

6 So sind heute Nichtjuden sehr viel weniger als früher überzeugt, daß Juden »eine Menge ärgerlicher Fehler« hätten, beispielsweise »Skrupellosigkeit«, oder daß sie »williger als andere zu zweifelhaften Maßnahmen greifen, um zu erreichen, was sie wollen«, oder daß sie »immer an der Spitze stehen wollen«, oder daß sie als »Nachbarn unangenehm« seien. Nichtjuden glauben auch weniger als früher, daß Juden »zuviel Macht« besäßen und daß sie sich »nur um das kümmern, was ihre eigenen Leute angeht«. Außerdem seien sie Israel gegenüber loyaler als gegenüber Amerika. Eine Besprechung dieser Literatur findet sich in Hunter, 1991.

7 Vgl. Tarrance u.a., »Nationwide Attitudes Survey – September 1986. A Confidential Report Presented to the Anti-Defamation League of B'nai B'rith«. Vgl. Bursma, Bruce, »Anti-Semitism Fading for Some«, *Chicago Tribune*, 9. Januar 1987; Hyer, Marjorie, »Poll Finds No Rise in Anti-Semitism: Most Evangelicals Reject Jewish Stereotypes«, *Washington Post*, 10. Januar 1987.

8 Für eine Zusammenfassung dieser Daten vgl. Sullivan u.a., Political Tolerance and American Democracy.

9 Vgl. Hunter, 1991.

10 Erzbischof John F. Whealon, 1988, »The Democratic and Republican Platforms«, *Crisis,* Oktober, S. 36–37.

11 Als Schlüsselmaßstab für Katholiken gilt hier »Glaubensorthodoxie« und nicht das Maß an praktizierter Frömmigkeit wie z.B. in Form des Kirchenbesuchs. Dieses Wahlverhalten zeigte sich keineswegs, wenn der Kirchenbesuch zugrunde gelegt wurde.

12 Erzbischof Whealon, 1988, S. 36–37. Siehe auch Occhiogrosso, Peter, 1988, »Born Again Politics: Why a Catholic Housewife is Organizing the Midwest for Pat Robertson«, *Crisis*, Februar, S. 19–24.

13 Man denke nur an das 19. Jahrhundert, als Aktivisten Organisationen gründeten wie beispielsweise die Women's Christian Temperance Union (1874), die Society of Christian Socialists (1889), die National American Women

Suffrage Association (1890), die Anti-Saloon League (1985), die National League for the Protection of the Family (1896) und den Jewish Labor Bund (1897). Am Ende des Zweiten Weltkriegs betrug die Zahl solcher Organisationen bereits 500, und jede von ihnen unterhielt Büros in Washington, D.C.

14 Holcomb, John M., 1989, »Introduction«, in: *Public Interest Profiles, 1988–1989,* Congressional Quarterly, Washington, D. C., S. 1.

15 Vgl. Knoke, David, 1986, »Associations and Interest Groups«, *American Review of Sociology*, 12, S. 1–21. Knoke stellt fest, »fast die Hälfte der nahezu 7000 Organisationen, die ständig in Washington präsent sind, indem sie entweder Büros unterhalten oder Berater als Repräsentanten verpflichten, sind Körperschaften«. Siehe auch Schlozman, K. L., und Tierney, J. T., 1985, *Organized Interests and American Democracy*, New York. Die in diesem Abschnitt angeführten Daten stammen aus *The Encyclopedia of Associations.*

16 Politische Aktionskomitees stehen zu diesen Bürgerorganisationen in Beziehung. Mit der Reform der Gesetzesregelungen für politische Kampagnen in den frühen 70er Jahren (die darauf abzielten, den Einfluß reicher Personen, Unternehmen oder mächtiger Gewerkschaften einzudämmen), begann der Aufstieg der Politischen Aktionskomitees. 1974 waren bei der Federal Election Commission nur etwas mehr als 600 solcher Komitees registriert; 1991 waren es bereits über 4600, und die Komitees finanzierten einen zunehmenden Anteil der Wahlkampfkosten der Kandidaten. [Die Zahlenangaben stammen von der Federal Election Commission (in einem Telefongespräch mit Eric Morrison vom Public Records Department, 17.9.1991). Siehe auch Makinson, Larry, 1990, »Open Secrets«, *The Almanac of Federal PACs,* Washington, D.C., Congressional Quarterly, 3. 1974 stammten ungefähr 17 Prozent der gesamten Einnahmen für Wahlkämpfe der Parlamentsbewerber von den Aktionskomitees. 1988 betrug dieser Anteil bereits 37 Prozent.] Der größte Teil der Gelder der Aktionskomitees wird durch Körperschaften und Gewerkschaften organisiert, aber ein wesentlicher Betrag wird auch von den special agenda organizations zu dem einzigen Zweck zugewiesen, Einfluß auf die staatlichen Angelegenheiten zu erkaufen.

17 Die Bezeichnungen der mächtigsten dieser Aktionskomitees sind allgemein bekannt: Die National Organization for Women hat heute ein Jahresbudget von 6,2 Millionen Dollar; American Civil Liberties Union (14,4 Millionen Dollar); People for the American Way (5,3 Millionen Dollar); Common Cause (mehr als 11 Millionen Dollar); National Rifle Association (über 50 Millionen Dollar).

18 Diese zwei Millionen Dollar stammen aus dem ACLU-Gesamthaushalt von 14,4 Million Dollar. Das Reproductive Rights Project beschäftigt 16 Anwälte und zehn Angestellte.

19 Die Zusammensetzung der heutigen special agenda organizations stellt eine Umkehrung der in früheren Aktivistenorganisationen gegebenen Bedingungen dar. Es gibt heute eine deutliche Tendenz, special agenda organizations von oben nach unten aufzubauen und nicht von unten nach oben. Mit anderen Worten: Die heute in der politischen Szenerie so bekannten Organisationen wurden typischerweise bereits als nationale Organisationen gegründet. In ihrem Wachstumsprozeß erstreckten sie sich dann auf die regionale, einzelstaatliche und manchmal sogar lokale Ebene. Die Wahrheit ist, daß Mitglieder diesen Organisationen sehr wenig bedeuten.

Einzelpersonen, die die Mitgliedschaft dieser Organisationen bilden, sind höchstens »zahlende Mitglieder«, die an die Organisation steuerlich absetzbare Beiträge zahlen, aber niemals in das Handeln der Organisation involviert sind. Solche Beitragszahler bestimmen weder die Ziele der Gruppe noch üben sie Funktionen bei den Tagesfunktionen der Gruppe aus, und die Gruppe selbst ist ihnen in keiner Weise rechenschaftspflichtig. Dies gilt auch für die Aktionskomitees. Im Prinzip handelt es sich dabei um Mechanismen, die dazu dienen, politischen Kandidaten eine von den Bürgern gewährte Finanzierung zu sichern. Auf diese Weise wird die Wahlkampffinanzierung angeblich demokratisiert. Tatsächlich jedoch leisten nur sehr wenige Menschen Beiträge an die Aktionskomitees, und noch weniger verfügen über den Einsatz solcher Mittel. »Individuelle Spendenzahler der Aktionskomitees«, erklärt Mark Green, »beteiligen sich nur in der geringstmöglichen Weise. Die Aktionskomitees nehmen die kleinen Spenden entgegen, aber die Spender haben geringen Einfluß darauf, wie das Geld ausgegeben wird.« (Green, Mark, »When Money Talks, Is It Democracy?«, *The Nation*, 5. September 1984, S. 200–204.

20 Die mächtigsten Personen unter den Beschäftigten der special agenda organizations, also jene, die die politischen Entscheidungen in den Organisationen fällen, sind nicht die Ehrenamtlichen oder die örtlichen Repräsentanten, sondern die Hochqualifizierten – Rechtsanwälte, Promovierte, Buchprüfer, PR-Experten usw. Das ist wichtig, weil die Manager und Funktionäre der special agenda organizations durch ihre Bildungsabschlüsse, ihre Gehälter und die von ihnen ausgeübte Macht deutlich als »Eliten« zu bezeichnen sind.

21 Wenn die Führer der Bewegung Einfluß auf politische Führer ausüben oder ihr Anliegen der Öffentlichkeit insgesamt vortragen, erscheint es nur logisch, daß sie dies in einer Weise tun, die zur Verschärfung und Polarisierung der ohnehin bereits ausgeprägten und konkurrierenden Moralpositionen beiträgt.

22 Der Legal Defense Fund von ACLU und NAACP spielte eine Vorreiterrolle bei Rechtsfragen von Interessengruppen und diente späteren Gruppen als Vorbild. Obwohl der Höhepunkt der Gründungen von Rechtsanwaltskanzleien für öffentliches Recht in den 70er und frühen 80er Jahren erreicht war, liegt ihre Zahl noch immer um 150. Jede dieser Kanzleien ist mit Prozessen zu den verschiedenen Fragen des Kulturkrieges befaßt. Manchmal stehen die Rechtsfirmen in enger Verbindung mit special agenda organizations, aber viele dieser Organisationen beschäftigen eigene Juristen. Insgesamt läßt sich feststellen, daß die Rechtsinitiativen der Aktivisten der special agenda organizations sowohl die Natur der Rechtsdebatte als auch die Substanz der Ergebnisse sehr stark beeinflussen. (Siehe Caldeira, Gregory A., und Wright, John R., 1988, »Organized Interests and Agenda Setting in the U.S. Supreme Court«, *American Political Science Review*, 82, Nr. 4, Dezember, S. 1109–1127.

23 Zitiert in Green, Mark, »Take the Money and Reform«, *The New Republic*, 14. Mai 1990, S. 28.

24 »Roe v. Webster: Media Coverage of the Abortion Debate«, *Media Monitor* 3, Nr. 8, Washington, D. C., Center for Media and Public Affairs, Oktober 1989. Die Untersuchung umfaßte 118 Berichte in den Abendnachrichten von ABC, CBS und NBC (7 Stunden und 19 Minuten Sendezeit) und 179 Berichte und 36 Kommentare in der *New York Times* und *Washington Post*.

25 Die beste neuere Zusammenfassung dieser Zwangslage findet sich in Seligman, Adam, 1992, *The Idea of Civil Society*, New York.

26 Zitiert in Jefferson, Thomas, 1939, *Democracy*, hrsg. von Saul K. Padover, New York, S. 135.

27 Zitiert in Jefferson, 1939, S. 134.

28 Novak, Michael, 1988, »An Essay on Public and Private«, in *Philanthropy: Four Views,* hg. von Payton, Robert, Novak, Michael, O'Connell, Brian und Dobkin Hall, Peter, New Brunswick, S. 12.

29 Eine 1991 durchgeführte Untersuchung, die von Independent Sector gesponsert wurde, zeigte, daß drei Viertel der Befragten der Meinung waren, daß es in ihrer Macht liege, die Wohlfahrt anderer Menschen zu verbessern. Zwei Drittel lehnten auch die Vorstellung ab, daß der einzelne wenig tun könne, um dem Leiden in der Welt abzuhelfen. Als 1988 in Großbritannien ähnliche Fragen gestellt wurden, glaubten nur 46 Prozent der Befragten, daß es die Pflicht der Menschen sei, für karitative Institutionen so viel zu spenden wie möglich. 80 Prozent glaubten, daß der Staat dafür verantwortlich sei, für die Menschen zu sorgen, die dazu nicht selbst in der Lage sind. (Hodgkinson, Virginia A., 1994, »Civic Participation in America: Volunteering and Contributing«, The Public Perspective, 5, Nr. 3, März/April, S. 14–15.) Weitere Informationen über Großbritannien finden sich in Beckford, James A., »Great Britain: Voluntarism and Sectional Interests«, in Wuthnow, Robert, Hg., 1991, *Between States and Markets: the Voluntary Sector in Comparative Perspective*, Princeton, S. 59.

30 AAFRC Trust for Philanthropy, *Giving USA: 1995,* S. 12 und S. 24–25.

31 AAFRC, 1995, S. 47.

32 AAFRC, 1995, S. 25.

33 AAFRC, 1995, S. 47–18.

34 O'Connell, Brian, 1988, »Private Philanthropie and the Preservation of a Free and Democratic Society«, in Payton, Robert, u. a., Hg., 1988, *Philanthropy: Four Views,* New Brunswick, S. 29.

35 Anheier, Helmut K., Salamon, Lester M. und Archamboult, Edith, 1994, »Participating Citizens: U.S.-Europe Comparisons in Volunteer Action«, *The Public Perspective*, 5, Nr. 3, März/April 1994, S. 16–18 u. 34. Dieses Muster wird auch durch andere Untersuchungen bestätigt. Die Untersuchung des Laboratoire D'Economie Sociale und der Foundation de France von 1989 ergab, daß 43 Prozent der befragten Franzosen erklärten, im Durchschnitt 213 Dollar zu spenden. Im Vergleich dazu gaben 1989 75 Prozent der Amerikaner an, die durchschnittlichen Spenden ihres Haushalts beliefen sich auf 978 Dollar. Insgesamt spendeten doppelt so viele Amerikaner und dreimal so viele übten ehrenamtliche Tätigkeiten aus. (Hodgkinson, 1994, S. 15.)

36 Hodgkinson, 1994, S. 15. Der Journalist Bill Bryson erzählte im November 1995 folgende Episode, die recht gut zeigt, wie wenig vertraut den Briten der Gedanke philanthropischer Spenden ist: 1986 reiste ein amerikanischer Professor zur Universität Oxford, um eine Kampagne für die Einwerbung von Finanzmitteln durchzuführen – ein völlig neues Verfahren in England, wo die Regierung traditionell den größten Teil der Universitätsfinanzierung stellt. (Mit anderen Worten: den Absolventen von Oxford blieben bislang jene häufigen Anrufe zur Essenszeit erspart, die der »Kapitalbeschaffung« dienen und die den ehemaligen Studenten amerikanischer Hochschulen so vertraut sind.) Der amerikanische Akademiker Henry Drucker erinnert sich: »Oxford hat keine Erfahrungen mit dieser Art der Finanzeinwerbung.

Man hatte dort nicht einmal Listen mit den Namen ehemaliger Studenten.« Schließlich wurde eine amerikanische Beraterfirma angeheuert, und die Kampagne konnte anlaufen. Bei ihrem Abschluß hatte Oxford 341 Millionen Pfund eingeworben, eine astronomische Summe, und über ein Drittel davon stammte aus Nordamerika. (Bryson, Bill, 1995, »Oxford«, *National Geographic*, November, S. 132.

37 Ausführlicher zu diesem Gesichtspunkt siehe Beckford, James A., 1991, »Great Britain: Voluntarism and Sectional Interests«, in Wuthnow, Hg., 1991, S. 59.

38 Das Schwedische Sekretariat für Zukunftsstudien (SPS), das schwedische Äquivalent zu einer hochrangigen Präsidentschaftskommission in den Vereinigten Staaten, gab vor kurzem einen Bericht heraus mit dem Titel »Care and Welfare at the Crossroad«. In diesem Bericht empfiehlt das SPS, der schwedische Staat solle nicht nur Steuern erheben, sondern auch Pflichtarbeitszeit. Jeder Schwede zwischen 19 und 65 Jahren solle gezwungen werden, vier bis sechs Stunden pro Woche für gemeinnützige Zwecke zu arbeiten. »Der Staat wird nunmehr den Privatsektor durch staatlichen Zwang neu schaffen.« Siehe Novak, »An Essay on ›Public‹ and ›Private‹, in Payton, u. a., Hg., 1988, S. 13; ferner Boli, John, «Sweden: is there a Viable Third Sector?», in Wuthnow, Hg., 1991, S .94–124.

39 Hardacre, Helen, 1991, »Japan: the Public Sphere in a Non-Western Setting«, in Wuthnow, Hg., 1991, S. 219.

40 Clotfelder, Charles, 1989, »Federal Tax Policy and Charitable Giving«, in Magat, Richard, Hg., 1989, *Philanthropic Giving: Studies in Varieties and Goals*, New York, S. 111.

41 Odendahl, Teresa, 1989, »Independent Foundations and Wealthy Donors«, in Magat, Hg., 1989, S. 167. Vgl. auch AAFRC Trust for Philanthropy, *Giving USA: 1995*, S. 50.

42 Obwohl die ersten amerikanischen Stiftungen vor der Einführung der Einkommenssteuer gegründet wurden, fielen die meisten Stiftungsgründungen in eine Zeit, in der die höchsten Steuersätze auf Erbschaftseinkommen erhoben wurden. [Odendahl, 1989, S. 167.]

43 Nagai, Althea u. a., 1994, *Giving for Social Change: Foundations, Public Policy, and the American Agenda*, Westport, CT, S. 24.

44 AAFRC, Giving USA: 1995, S. 63. Diesem Bericht zufolge wurde die eindrucksvolle Zunahme von Stiftungsgründungen im vergangenen Jahrzehnt unter anderem durch die steuerliche Behandlung der Übertragungen von Wertpapieren begünstigt. »Im Jahre 1984 wurde lebenden Spendern erlaubt, den vollen Marktwert von Wertpapierübertragungen an Privatstiftungen als Spenden für wohltätige Zwecke steuerlich abzusetzen. Zuvor konnten nur die tatsächlich entstandenen Kosten – also der ursprünglich für die Wertpapiere gezahlte Preis – geltend gemacht werden. Die neue Regelung wurde als Teil des Steuerreformgesetzes von 1984 verabschiedet und soll Ende 1994 auslaufen.« (S. 63)

45 Im Jahre 1980 lebten und prosperierten in den Vereinigten Staaten ungefähr 700 000 Millionäre, mehrere Hundert Menschen mit Vermögen über 100 Millionen Dollar und ein oder zwei Dutzend Milliardäre. [Nielsen, Waldemar A., 1985, *The Golden Donors*, New York, S. 3.] 1993 nahmen die Eigentumsübertragungen an Stiftungen um 26 Prozent zu und die Zahl der Übertragungen von mehr als fünf Millionen Dollar nahmen um 25 Prozent zu. [AAFRC, Giving USA: 1995, S. 63.]

46 Samuels, David, »Philanthropical Correctness: The Failure of American Foundations«, *The New Republic*, 18. u. 25. September 1995, S. 28.

47 Nielsen, 1985, S. 3–4. Nielsen stellt ferner fest, daß die Stiftungen als Gruppe »anders als alle anderen [Gruppen sind]; sie operieren in einer einzigartigen Abstraktion von externem Druck und Kontrolle, entsprechend ihren weitgehend selbstauferlegten Regeln. Sie sind privat und doch erstrecken sich ihre Aktivitäten über ein breites Spektrum öffentlicher Angelegenheiten und öffentlicher Fragen. Sie sind die einzigen wichtigen Machtzentren im amerikanischen Leben, die nicht durch die Marktkräfte, durch Wählerschaften, Mitgliedschaften oder auch nur durch einen formell etablierten Verhaltenskodex kontrolliert werden, und all dies ermöglicht ihnen eine außerordentliche Flexibilität und potentiellen Einfluß. Sie sind jedoch weiterhin wenig bekannt und werden noch weniger verstanden, sie sind geheimnisvoll, inspirieren manche Menschen zu höchsten Hoffnungen und lösen in anderen Menschen dunkle Furcht und Ablehnung aus«.

48 Der enorme Reichtum hat die Expansion all dieser Wohltätigkeit weit über die direkte Mildtätigkeit zwischen zwei Menschen hinaus begünstigt. Die zunehmende Professionalisierung der philanthropischen Spendentätigkeit bedeutet, daß bezahlte Professionelle zwischen Philanthropen und Empfängern als Vermittler auftreten. Diese Professionalisierung wiederum begünstigt den Gedanken, daß das Ziel der Philanthropie nicht einfach darin bestehe, individuelle Probleme zu lösen, sondern einen die Gesamtgesellschaft umfassenden Wandel zu befördern. Jane Mavity und Paul Ylvisaker erklärten in den 70er Jahren bei ihrer Aussage vor der staatlichen Commission on Private Philanthropy and Public Needs (die als Filer Commission bekannt wurde), diese Faktoren trügen zu der zunehmenden Tendenz der Stiftungen bei, sich in öffentlichen Angelegenheiten zu engagieren. [Siehe Nagai u. a., 1991, *The Culture of Philanthropy: Foundations and Public Policy, Studies in Philanthropy No. 8*, Washington, S. 6.]

49 Nagai, 1994, S. 103.

50 Nagai, 1994, S. 99.

51 Nagai, 1994, S. 5 u. 99.

52 Nielsen, der Autor des bereits zitierten Buches *The Golden Donors,* ist ein freimütiger Befürworter dieses Gedankens.

53 Zitiert in Thompson, Kenneth, Hg., 1987, *Philanthropy, Private Means, Public Ends*, New York, S. 14. Ein anderer Apologetiker erklärt: »Die Stiftungen sind buchstäblich viel zu bunt gemischt, um eine konzertiert wirkende Schlagkraft zu irgendeinem politischen Zweck zu entwickeln.« [Siehe Simon, John, 1973, »Foundations and Public Controversy: An Affirmative View«, in Heimann, Fritz, Hg., 1973, *Future of Foundations,* Englewood Cliffs, N. J., S. 86.]

54 Jenkins, J. Craig, 1989, »Social Movement Philanthropy and American Democracy«, in Magat, Hg., 1989, S. 294.

55 Der Beitrag der Stiftungen für den nicht gewinnorientierten Bereich betrug 1994 schätzungsweise 9,91 Milliarden Dollar, 4 Prozent mehr als 1993. [AAFRC, *Giving USA: 1995,* S. 63.]

56 Nielsen, 1985, S. 7.

57 Die Tabellen sind entnommen aus Nagai u. a., 1991, S. 21–23.

58 Nagai u. a., 1991, S. 22.

59 Nagai u. a., 1991, S. 24.

60 Nagai u. a., 1994, S. XIII-XIV..

61 Nagai u.a., 1994, S.166.
62 Nagai u.a., 1994, S.123.
63 Nagai u.a., 1991, S.67.
64 Vom Gesamtsample der Stiftungen waren 65 Prozent liberal, 18 Prozent konservativ und die übrigen 17 Prozent neutral. »An den äußersten Enden [des Spektrums] unterstützten 91 Stiftungen nur liberale Zwecke, während lediglich 15 Prozent ausschließlich konservative Gruppen förderten.« [Nagai u.a., 1991, S.19–21.]
65 Nielsen, 1985, S.13.
66 Odendahl, 1989, S.171.
67 Martin Morse Wooster, zitiert in Nagai u.a., 1994, S.105.
68 Nielsen, 1985, S.136.
69 Payton, Robert, 1989, »Philanthropic Values«, in Magat, Hg., 1989, S.38–39. Siehe ferner McCarthy, Kathleen, 1989, »The Gospel of Wealth: American Giving in Theory and Practice«, in Magat, Hg., 1989, S.50–51.
70 Carnegie, zitiert in McCarthy, 1989, S.50.
71 Parrish, Thomas, 1993, »The Foundation: A Special American Institution«, in Heimann, Hg., 1993, S.11.
72 Andrew Carnegie, zitiert in Nagai u.a., 1994, S.105.
73 Nielsen, 1985, S.133–134.
74 Pew Memorial Charter, zit. in Nielsen, 1985, S.173.
75 Nielsen, 1985, S.179.
76 Henry Ford II, zitiert in Nielsen, 1985, S.71–72.
77 Gahr, Evan, »Paymasters of the PC Brigades«, *The Wallstreet Journal,* 27. Januar 1995.
78 Andere jüngere Untersuchungen zeigen, daß die Stiftungseliten heute zu den ideologisch am stärksten polarisierten aller Eliten gehören. Nagai u.a., 1994, S.69.
79 Samuels, David, »Philanthropical Correctness: The Failure of American Foundations«, The New Republic, 18. und 25. September 1995, S.32.
80 *Foundations, Private Giving and Public Policy: Report and Recommendations of the Committee of Foundations and Private Philanthropy,* Chicago, The University of Chicago Press, 1970, S.71.
81 Nagai u.a., 1994, S.65.
82 Howell, Leon, 1995, »Funding the War of Ideas«, *Christian Century,* 11, Nr. 22 (19.–26. Juli 1995), S.702. Howell zitiert anschließend Michael Lind, der in der Ausgabe der Zeitschrift *Dissent* vom Winter 1995 vermutet, daß diese neokonservative Abhängigkeit von Finanzmitteln der »Vier Schwestern« unvermeidlich ein »Gruppendenken befördert«.
83 Nagai u.a., 1994, S.1.
84 Nagai u.a., 1991, S.3.
85 Kristol, Irving, zitiert in Nagai u.a., 1994, S.65.
86 Simon, William, zitiert in Nagai u.a., 1994, S.65.
87 Chiswick, »Economic Anaysis of Philanthropy«, S.4.
88 AAFRC, *Giving USA: 1995,* S.85.
89 Nielsen, 1985, S.34. Dem Bericht von AAFRC, *Giving USA: 1995,* zufolge gehen nur 2 Prozent aller Stiftungsfördermaßnahmen an religiöse Institutionen.
90 In einer 1993 durchgeführten und von Independent Sector gesponserten Untersuchung unter dem Titel Giving and Volunteering zeigte sich, daß der Anteil der befragten Haushalte, die Gelder für karitative Zwecke gespendet

hatten, bei denjenigen 57 Prozent betrug, die überhaupt nie Gottesdienste besuchten, während er bei den wöchentlichen Gottesdienstbesuchern bei 85 Prozent lag. In der erstgenannten Gruppe lag der Anteil der ehrenamtlich Tätigen bei 34 Prozent, in der Kirchgängergruppe jedoch bei 65 Prozent. Ferner wurden die Befragten aufgefordert, ihr Vertrauen in karitative Institutionen in einer Rangordnung aufzulisten. Hier lagen die religiösen Institutionen an der Spitze, in die 50 Prozent der Befragten »sehr viel« oder »recht viel« Vertrauen hatten. Weniger als 20 Prozent der Befragten vertrauten großen Körperschaften, der Bundesregierung, politischen Organisationen, Lobbygruppen oder dem Kongress. [The Independent Sector, 1994, Giving and Volunteering in the United States: Findings from a National Survey, Ausgabe 1994, Washington, D.C.]

Danièle Hervieu-Léger

Die Vergangenheit in der Gegenwart: Die Neudefinition des »laizistischen Paktes« im multikulturellen Frankreich

Moderne Gesellschaften werden gewöhnlich als Gesellschaften des Wandels beschrieben. Doch nicht die Bewegung als solche unterscheidet sie von traditionellen Gesellschaften, von denen oft fälschlicherweise angenommen wird, sie seien statisch. Der Unterschied liegt darin, welchen Stellenwert eine Gesellschaft dem Wandel beimißt. Traditionelle Gesellschaften sind in erster Linie darauf bedacht, ihre Regeln, Vorschriften und Organisationsformen zu erhalten. Moderne Gesellschaften hingegen bewerten Wandel positiv: Innovation erscheint als Schlüssel ihrer Entwicklung. Sie unterstehen sogar, um eine Formulierung von Marcel Gauchet aufzugreifen, dem »Imperativ des Wandels«.[1] Sie sind nicht nur in der Lage, ihre Normen und Funktionen neuen Erfordernissen anzupassen, sie bringen darüber hinaus beständig neue Orientierungen hervor, die sozialen Wandel gleichermaßen widerspiegeln und auslösen.

Jede Erörterung der Krisen und Konflikte, denen sich moderne Gesellschaften gegenübersehen, muß genau diese Fähigkeit der »Selbstregulierung«[2] berücksichtigen. Der Begriff »Krise« ist mit der Vorstellung verbunden, daß die zur Verfügung stehenden Methoden der Kontrolle nicht ausreichen, um die Instabilität aufzufangen, die durch den kontinuierlichen Wandel im sozialen System entsteht. Denn zu jedem auch noch so begrenzten Wandel gehört das Bestreben, das gestörte Gleichgewicht wiederherzustellen. Gegebenes wird hinterfragt, Machtverhältnisse müssen neu geordnet, Gewohnheiten überdacht, vertraute

Denk- und Verhaltensmuster überprüft werden. In komplexen Gesellschaften, die raschen Veränderungsprozessen unterworfen sind, bedeutet »Krise« nicht nur eine vorübergehende Dysfunktion eines Systems, das nach einer Phase erheblicher Turbulenzen eine Phase der Stabilisierung erreicht. Vielmehr ist die »Krise« eine strukturelle Bedingung moderner Gesellschaften, insofern die konstitutiven Elemente des sozialen Systems in permanenter Bewegung sind und sich in entsprechend potentiell widersprüchlichen Tendenzen in unterschiedlichem Rhythmus entwickeln. Die Dynamik des Ungleichgewichts verändert ständig das Spannungsverhältnis zwischen Ordnung und Bewegung, das der Gesellschaft innewohnt. Dies bedeutet, daß die Beziehungen zwischen den sozialen Akteuren beständig neu ausgelotet werden und zwar durch Konflikte, die einerseits die Landkarte der sozialen, politischen und kulturellen Probleme der jeweiligen Gesellschaft verändern, und andererseits mittels der Debatten, in denen sich die Gesellschaft über sich selbst verständigt. Die für eine bestimmte Gesellschaft charakteristischen normativen Konflikte entstehen genau an dem Punkt, an dem der ideologische Prozeß der Definition und Neudefinition kollektiver Orientierungen (die im gleichen Maße durch den Wandel ausgelöst werden und selbst wiederum Wandel auslösen) mit konkreten Veränderungen der Beziehungen zwischen den sozialen Akteuren zusammentrifft. Die daraus resultierenden kulturellen Konflikte indizieren folglich nicht Funktionsstörungen oder Verirrungen des sozialen Systems, sondern die Dynamik, durch welche die Gesellschaft sich neu hervorbringt.

Will man die wirklich signifikanten normativen Konflikte einer bestimmten Gesellschaft bezeichnen, muß man zunächst herausfinden, welche Konflikte die Selbstdefinition der Gesellschaft in Frage stellen. Man muß, mit anderen Worten, die Konflikte identifizieren, die erhebliche Auswirkungen auf die Konstruktion der kollektiven Identität haben und untersuchen, wie die Gesellschaft mit der Vergangenheit und mit den Fundamenten umgeht, auf denen der soziale Zusammenhalt ruht oder ruhen sollte. Betrachten wir das Beispiel Frankreich, so war offensichtlich eine der wichtigsten Veränderungen seit Anfang der achtziger Jahre die Transformation von einer Gesellschaft, in der die kulturelle Homogenität innerhalb der Grenzen eines von den großen republikanischen Strömungen abgesteckten Raumes (der »republikanische Pakt« mit den beiden Säulen Staat und laizistisches Schulwesen) gesichert schien, hin zu einer multikulturellen Gesellschaft, in der ein dem »republikanischen Pakt« denkbar fremdes Element hervortritt: der Anspruch auf Gruppenidentität. In der Frage, wie man mit dem Islam umgehen soll – der Islam ist mittlerweile die zweitgrößte Religionsgemeinschaft in Frankreich nach dem Katholizismus und vor dem Protestantismus und dem Judentum – bündelt sich ein viel umfassenderes Problem: die Frage, welche Rolle das Verhältnis von Besonderheit und Universalität für die Definition der französischen Identität spielt.

Im Rahmen des vorliegenden Beitrages ist es nicht möglich, alle Aspekte dieses kulturellen Wandels einzubeziehen, die in einer Vielzahl normativer Konflikte in Erscheinung treten. Im folgenden wird lediglich eine Dimension behandelt: die Neubewertung der ideologischen und der praktischen Bedeutung von *laïcité*. Dies hauptsächlich deshalb, weil das mit »Laizismus« nur unzureichend übersetzbare Konzept der *laïcité* über ein Jahrhundert lang in besonderer Weise dazu beitrug, die französische Identität zu konstituieren. Auch heute noch vermag es – obschon es um andere Inhalte geht – in bemerkenswerter Weise die öffentliche Debatte zu fokussieren. Durch die scheinbar abstrakte Frage, wie *laïcité* neu zu definieren ist, tauchen eine ganze Reihe von Problemen auf, die mit dem Knüpfen und der Bewahrung sozialer Bindungen in einer Gesellschaft zu tun haben, deren historisches Ideal von Integration (politisch, administrativ, sprachlich, ideologisch und kulturell verstanden) mit einer neuen Konfiguration sozialer und kultureller Beziehungen konfrontiert wird, einer Konfiguration, die durch Pluralismus und Fragmentierung gekennzeichnet ist. Entgegen dem ersten Eindruck, den eine Betrachtung der französischen Geschichte der letzten 200 Jahre möglicherweise vermittelt, ist die heute zu beobachtende Auseinandersetzung um das Konzept der *laïcité* tatsächlich weder ein neuer Konfliktpunkt zwischen der katholischen Kirche und dem Staat noch eine neue Episode im traditionellen »Krieg der beiden Frankreich«: des hierarchischen, konservativen und katholischen auf der einen Seite und des modernen, progressiven und republikanischen auf der anderen Seite.[3] Es geht vielmehr um das Verhältnis gemeinsamer nationaler Werte (entstanden aus dem Aufeinandertreffen einer katholischen Kultur und einer revolutionär-repulikanischen Tradition) zu spezifischen Gruppenwerten, vertreten von Minoritäten, die im Namen der Demokratie auf ihr »Recht, anders sein zu dürfen« pochen. Die Schule entwickelt sich dabei immer mehr zum bevorzugten Terrain der Abgrenzung von Ansprüchen: Symptomatisch für die Art der Auseinandersetzung ist derzeit der Streit über die Frage, ob muslimische Mädchen in der Schule einen Schleier tragen dürfen. Neue Gemeinschaften melden sich zu Wort und fordern ihren Platz ein. Angesichts dieser Entwicklung bemühen sich der Staat, die katholische Kirche sowie protestantische und jüdische Organisationen als Vertreter »assimilierter« Minderheiten innerhalb einer republikanischen Kultur, an deren Entstehung sie mitgewirkt haben, vom Fundament ihrer jeweiligen Traditionen ausgehend, einen Korpus neuer gemeinsamer Werte zu schaffen. Dabei arbeiten sie in einem bislang ungewohnten Ausmaß zusammen, so daß es zu einer höchst interessanten Neudefinition des Verhältnisses zwischen der Republik und den verschiedenen »Glaubensfamilien« kommt. Bei dieser Neudefinition der französischen Identität ist die Frage, in welcher Weise die verschiedenen Traditionen gepflegt werden, von besonderer Bedeutung: Sie werden mit Blick auf gegenwärtige Probleme weiter entwickelt und zugleich umgestaltet. In dem vorliegenden Aufsatz soll gezeigt werden, daß diese Frage im Mittelpunkt der Vermittlungsprozesse steht, die dazu beitragen, daß die normativen Konflikte, die im Gefolge einer Neudefinition von *laïcité* entstehen, letztlich zur Herausbildung einer neuen gemeinsamen Identität in einem multikulturellen Frankreich beitragen können.

1. *Laïcité* im Verlauf der Geschichte: von der Konfrontation zum Kompromiß

»Frankreich ist eine unteilbare, laizistische Republik.« Der erste Satz der Verfassung vom 27. Oktober 1947, der in Artikel 2 der Verfassung von 1958 aufgegriffen wird, bekräftigt feierlich die laizistische Ausrichtung des Staates als eine fundamentale Komponente der republikanischen Tradition. Außerhalb Frankreichs erscheint dieser Satz vielen geheimnisvoll oder sogar ungehörig, sofern man damit die Vorstellung eines Krieges gegen die Religion verbindet, die im Widerspruch zum Toleranzgedanken einer pluralistischen Gesellschaft steht. Um Mißverständnisse von vornherein zu vermeiden, muß darum an die historische Genese der französischen Vorstellung von Laizismus erinnert werden. Ihre Wurzeln liegen weit in der Vergangenheit im Kampf der französischen Könige gegen das Joch der römisch-katholischen Kirche. *Laïcité* bedeutet nicht die Ablehnung der Religion an sich, sondern wendet sich gegen die Bevormundung der weltlichen Staatsgewalt durch religiöse Institutionen. So betrachtet, besteht eine wichtige Verbindung zwischen der säkularen Tradition und der gallikanischen Tradition, welche die Geschichte der Kirche in Frankreich bis in die Mitte des 19. Jahrhunderts bestimmte.

Am Vorabend der Französischen Revolution war die französische Gesellschaft vom Katholizismus tief durchdrungen: Die katholische Kirche legitimierte die politischen Institutionen, bestimmte den räumlichen und zeitlichen Rahmen des sozialen Lebens, war für Standesamt, Schule, medizinische Versorgung und Fürsorge zuständig. Innerhalb weniger Monate (zwischen Mai und September 1789) brach das Ancien régime zusammen. In der auf die Revolution folgenden konstitutionellen Monarchie wurde das politische System sofort laizistisch umgestaltet. Legitimitätsgrundlage der Monarchie war nicht länger die Religion sondern der Vertrag zwischen König und Nation.[4] Der Staatsbürger definierte sich nun durch seine Zugehörigkeit zur Nation (als einer Gemeinschaft). Sein religiöses Bekenntnis durfte nicht länger als Vorwand dienen, ihm die politische Partizipation zu verweigern. Die Verkündung der Religionsfreiheit in Artikel 10 der Erklärung der Menschen- und Bürgerrechte von 1789 markiert einen entscheidenden Schritt in diesem Veränderungsprozeß. Den religiösen Minderheiten wurden nach und nach alle staatsbürgerlichen Rechte zugestanden. Sehr bald schon erhielten die Protestanten das aktive und passive Wahlrecht und wurden zu allen Ämtern zugelassen. Die Emanzipation der Juden erfolgte im September 1791 und ging mit dem Verzicht auf frühere Privilegien einher. Die Verfassung vom 3. September 1791 garantierte jedem Staatsbürger als »natürliches und bürgerliches Recht« die Freiheit, »die Religion auszuüben, welcher er anhängt«. Mit der Anerkennung der Religionsfreiheit stellte sich jedoch die Frage, welchen Status der Katholizismus in der Gesellschaft künftig haben würde. Dieser Konfliktpunkt führte zum Bruch zwischen der katholischen Kirche und dem neuen Regime: Die Nationalversammlung lehnte mehrfach den Antrag ab, den katholischen Glauben als Staatsreligion anzuerkennen. Das gesamte moderne Konzept des Laizismus, das im Gesetz zur Trennung von Staat und Kirche aus dem Jahr 1905 seinen endgültigen Niederschlag fand, war im Kern bereits in der ersten Abgrenzung von Staat und Kirche während der Revolutionszeit enthalten: Es bestand in der »politischen Vorstellung einer Trennung von bürgerlicher Gesellschaft und religiöser Gesellschaft, so daß der Staat keine religiöse Macht ausübt und die Kirche keine weltliche Macht«.[5]

Warum verlief der Prozeß der Trennung von Religion und Politik (der für alle modernen Staaten charakteristisch ist) in Frankreich über ein Jahrhundert lang so außerordentlich konfliktreich? Der Hauptgrund ist, daß der Prozeß der politischen Modernisierung (den ein Teil des Klerus durchaus unterstützte) infolge der historischen Symbiose zwischen der katholischen Kirche und der absoluten Monarchie die Form einer regelrechten Religionskrise annahm, die die Kirche spaltete. Die Radikalisierung der gegensätzlichen Positionen ließ es jeder Seite geboten erscheinen, die jeweils andere Seite auszuschalten. Die Republik konnte nur triumphieren, wenn sie die Kirche entmachtete. Das bedeutete – darauf hat der Historiker Michel Winock hingewiesen – den Sieg der einen Hälfte Frankreichs über die andere.[6] Indem der König seinen Vertrag mit der Nation brach (durch seinen Fluchtversuch, der in Varennes im Juni 1791 jäh scheiterte), zerstörte er die durch die Verfassung zunächst hergestellte Balance und beschleunigte die Errichtung der Republik. Als Reaktion auf Versuche, das Ancien régime wiederherzustellen, wurden Laizisierungsmaßnahmen durchgeführt, die unmittelbar die gesellschaftliche Macht der Kirche tangierten: Das Standesamt, das bislang vom Klerus verwaltet worden war, wurde den Gemeindeverwaltungen übertragen; die Heirat als Abschluß eines bürgerlichen Vertrages wurde von der religiösen Vermählungszeremonie getrennt. Diözesen und Pfarreien wurden in Verwaltungsbezirke aufgeteilt, Bischöfe und Pfarrer künftig gewählt. Ungeachtet all dieser Maßnahmen stellten die Revolutionäre von 1791 die prinzipielle Bedeutung der Religion für die Gesellschaft nicht in Frage. Ihr Ziel war es, die Institution Kirche zu »erneuern«[7], sie »in eine Ehe mit der bürgerlichen Gesellschaft zu zwingen, damit sie für immer eine Quelle der gesellschaftlichen Moral bleiben kann«.[8] Teil dieser Politik war die Verkündung der Zivilverfassung des Klerus im Jahr 1790, die Kleriker verpflichtete, den Eid auf das neue Regime abzulegen. Die Anwendung dieser Regelung spaltete den Klerus in »Schwurpriester«, die mit dem neuen Regime kooperierten, und hartnäckige »Eidverweigerer«, die sogleich in den Verdacht gerieten, politische Gegner zu sein. Diese Spaltung wiederum zog die unaufhaltsame Radikalisierung des Konfliktes nach sich. 1791 waren zwischen 52 und 55 Prozent des Klerus »Schwurpriester«. Der französische Katholizismus zerfiel damit in zwei gegensätzliche Lager: Der eine Teil unterstützte das neue Regime, der andere stellte sich immer entschiedener in Opposition zur Staatsordnung der Revolutionäre. Die Verhärtung der Fronten, der wachsende Druck auf die Priester, die den Eid verweigerten, sowie die autoritäre Radikalisierung und die Religionspolitik des 1789 entstandenen Regimes (die Einführung des Revolutionskultes 1793 fiel mit dem Beginn der Terrorherrschaft zusammen) führten Frankreich in einen erstaunlich gewaltsamen religiösen Konflikt. Sie schufen die Bedingungen für den »Krieg der beiden Frankreich«[9], der die französische Geschichte bis zum Ersten Weltkrieg prägen sollte. Spuren davon sind auch heute noch im kollektiven Bewußtsein zu finden.

Nach den vorausgegangenen Verwüstungen bedeutete das von Napoleon Bonaparte 1801 unterzeichnete Konkordat einen Schritt zur Beruhigung. Der Katholizismus wurde zwar zur »Religion der Mehrheit der Franzosen« erklärt, aber nicht in den Status einer Staatsreligion erhoben. Der Staat übernahm als Schiedsrichter den Schutz der anerkannten Konfessionen, die als moralische Institutionen dienen sollten, und sorgte materiell für ihre Priester. Rein verwaltungsmäßig betrachtet, kam diese Regelung dem Streben der französischen katholischen Kirche nach Unabhängigkeit von Rom entgegen. Aber sie löste nicht das Problem des Ungleichgewichtes zwischen den religiösen Minderheiten (Protestanten, Juden) und dem Katholizismus, der – als Konfession der Mehrheit der Franzosen – den Anspruch erhob, als Religion der Nation anerkannt zu werden. Eine verfassungsbejahende liberale Strömung innerhalb der katholischen Kirche, die ihre Wurzeln in der gallikanischen und jansenistischen Tradition suchte, vertrat die Auffassung, daß eine Versöhnung zwischen katholischer Religion und Demokratie möglich sei. Diese Strömung wurde von einem kompromißlosen Flügel scharf bekämpft. Dieser wies die »Anmaßungen der Vernunft« und die Grundsätze von 1789 entschieden zurück und drängte darauf, den vorrevoutionären Einfluß der römisch-katholischen Kirche auf die Gesellschaft wiederherzustellen. Diese Frontstellung blieb in der französischen Geschichte bis ins 20. Jahrhundert bestimmend. Schließlich trug die Position der Versöhnung von Religion und Demokratie den Sieg davon.

Die politischen Wirren des 19. Jahrhunderts (der Wechsel von revolutionärem Aufbegehren und konservativer Verhärtung) und die anwachsende soziale Bewegung im Gefolge der französischen Industrialisierung und Urbanisierung hatten zur Folge, daß die Positionen klarer und erneut radikaler zutage traten. Die katholische Kirche wurde endgültig mit der bestehenden Ordnung identifiziert, obgleich in der Mitte des 19. Jahrhunderts das stattfand, was Gabriel Le Bras als das »große Kommen und Gehen auf den Kirchenstufen« beschrieben hat[10]: Die liberale, von Voltaireschen Gedanken durchdrungene Mittelschicht stützte sich offensichtlich auf die Institution Kirche, um das Eigentumsrecht zu verteidigen, während zugleich ein Teil der breiten Massen, die vom Land in die städtischen Fabriken strömten, der Kirche den Rücken kehrte.

In dieser Zeit verhärtete sich die Position der Römischen Kirche, die – mit dem Syllabus »der hauptsächlichen Irrtümer unseres Zeitalters« aus dem Jahr 1864 in der Hand – mit aller Kraft gegen die modernen liberalen Ideen und die Propagierung individueller Freiheit ankämpfte. In diesen Zeitabschnitt fällt aber auch eine intensive spirituelle Erneuerung des französischen Katholizismus, der sich tief mit den bäuerlichen Wurzeln der Nation verbunden fühlte und die Besinnung auf Vergangenes als Schild gegen die Umwälzungen der modernen Welt hochhielt.[11] Jenseits der brisanten Frage, wie die Beziehungen zwischen Kirche und Staat rechtlich geregelt werden sollten, stand die Konfrontation zweier Weltbilder, zweier Werteordnungen und zweier sich zunehmend verfestigender normativer Systeme. Nach der dogmatischen Sicht des kompromißlosen Katholizismus war die Wahrheit faßbar, eindeutig, ein für allemal formuliert und allumfassend. Dementsprechend konnte die in den Grundsätzen von 1789 verankerte politische Autonomie und moderne wissenschaftlich-kritische Haltung nur abgelehnt werden. Glauben hieß absolute Unterwerfung unter die legitimierte Autorität (das Magisterium), das den Bestand der Wahrheit gewährleistet. Die Hierarchisierung der Organisation ist aus dieser Perspektive untrennbar verbunden mit dem Krieg, den sie – das gesamte 19. Jahrhundert hindurch bis zum Zweiten Vatikanischen Konzil (1962–1965) – gegen den Liberalismus (und gegen den in ihren Augen perversen Abkömmling des Liberalismus, den Sozialismus) führte.[12]

Auf der politischen Bühne kulminierte dieser zentrale ideologische Konflikt in der Konfrontation zwischen der institutionalisierten Kirche – einer belagerten Festung, die darum kämpft, ihre verlorene Macht zurückzugewinnen – und den

Republikanern, die den Prozeß der religiösen Emanzipation von Staat und Gesellschaft vorantreiben wollten. Von besonderer ideologischer und praktischer Bedeutung war dabei der Kampf gegen die Macht religiöser Orden. Während der Diözesanklerus allmählich Frieden mit der Republik schloß, wie es Leo XIII. angemahnt hatte, blieben die Orden tragende Säulen der antirepublikanischen und der antidemokratischen Bewegung. Der Gedanke, »die Schwarzen« durch den Kampf gegen die religiösen Orden in die Knie zu zwingen, wurde zu einer republikanischen Obsession: Das Ziel, ihren im Erziehungswesen besonders starken Einfluß zu brechen, war ein zentrales Element in der antiklerikalen Radikalisierung der Schulpolitik während der Dritten Republik. Ordensmitgliedern wurde das Unterrichten untersagt. Die Republikaner, die sich ganz als Söhne der *Encyclopédie* und der französischen Aufklärung sahen, glaubten auf diese Weise den Orden die »Freiheit« nehmen zu können, »sich der Gewissen zu bemächtigen«, wie es der Protestant Fernand Buisson, der geistige Vater und Theoretiker der laizistischen Schule, formuliert hatte. Die Regierung des Radikalen Émile Combes verdrängte die Orden gewaltsam aus dem Schulbereich und verwandelte damit den schwelenden Konflikt zwischen dem klerikalen und dem laizistischen Frankreich in einen offenen Kampf. Der ehemalige Seminarist, den Pius X. nur »den satanischen Monsieur Combes« nannte, verkörperte die Extremposition der antiklerikalen Gegnerschaft. Der Extremismus trat dadurch noch stärker hervor, daß Pius X., der Nachfolger Leos XIII., die ebenso kompromißlose Version eines rigiden Katholizismus vertrat. Der Konflikt über den Status der religiösen Orden führte zu einer scharfen Auseinandersetzung zwischen Rom und Frankreich und schließlich zum Abbruch der diplomatischen Beziehungen zwischen dem französischen Staat und dem Heiligen Stuhl. Unausweichliche Folge der ungeschickten Politik des Vatikans und des sich zuspitzenden Antiklerikalismus der Radikalen und Sozialisten war die Verabschiedung des Gesetzes über die Trennung von Staat und Kirche, das am 11. Dezember 1905 verkündet wurde.

Das Gesetz von 1905 wurde »in einer Religionskriegsatmosphäre«[13] beschlossen. Staat und Kirche werden darin klar getrennt, dennoch ist es kein Gesetz gegen die Religion. Das Gesetz brachte den Konflikt zu einer Entscheidung, und insofern kann es als ein Instrument der Vermittlung angesehen werden, das dazu diente, den Frieden wiederherzustellen und die am Ende des 19. Jahrhunderts gefährlich lodernden Leidenschaften zu dämpfen. Vor allem aber markiert das Gesetz den Übergang von einer ersten Stufe der Laizisierung (markiert durch das Konkordat) zu einer zweiten Stufe.[14] In den zurückliegenden Jahrzehnten war man zu der Auffassung gelangt, daß Religion für das soziale Gefüge nützlich ist. Religiöse Einrichtungen wurden als öffentliche Einrichtungen behandelt und staatlicher Kontrolle unterstellt. Nach dem neuen Gesetz von 1905 gehörte die Religion in den privaten Bereich: Religiöse Freiheit wurde damit zu einem von vielen Freiheitsrechten des einzelnen gegenüber dem Staat. Der Staat garantiert jedem Bürger die Freiheit, sich zu einer Glaubensrichtung zu bekennen, wenn er es will, und harte Strafen drohen jedem, der das normale Funktionieren des kulturellen Lebens stört. Die Religion ist damit eine rein private, freiwillige Angelegenheit. Folglich werden Religionsgemeinschaften von der Republik »weder anerkannt noch finanziert, noch unterstützt« (Artikel 2 des Gesetzes von 1905). Die Privatisierung der Religion in Frankreich ist somit im gleichen Maße ein Ergebnis der Regierungspolitik einerseits und einer allen modernen Gesellschaften eigenen kulturellen Entwicklung andererseits.

Die Spitze der katholischen Kirche widersetzte sich anfänglich mit aller Macht dieser Politik. Es gab heftige Zusammenstöße, vor allem anläßlich der Erfassung des Kirchenguts, das in kulturelle Stiftungen nach bürgerlichem Recht umgewandelt wurde. Obwohl der Papst das Gesetz verdammte, fand es bei einigen katholischen Gruppierungen Zustimmung, denn sie erkannten darin ein Instrument, den unüberwindlichen Konflikt zwischen »den beiden Frankreich« auf rechtlichem Wege zu regeln – zu Recht, wie sich herausstellen sollte. Zwei Dinge spielten dabei eine Rolle: Erstens stellt der Gesetzestext selbst einen Kompromiß zwischen mehreren konkurrierenden Auffassungen von *laïcité* dar: Combes träumte davon, alle Kirchen zu zerschlagen und jegliche landesweite religiöse Organisation zu verbieten. Das von dem Protestanten Louis Méjean entworfene und vom Einfluß der Sozialisten Jean Jaurès und Aristide Briand geprägte Gesetz rückte zwar die liberale Orientierung in den Vordergrund, ließ aber die innere Organisation der Kirchen unangetastet. Das System von 1905 führte die unterschiedlichen laizistischen Strömungen im Interesse eines Friedensschlusses zusammen: die aufklärerische Richtung im Geiste eines Voltaire, Diderot und Condorcet, die wissenschaftlich-positivistische Richtung eines Auguste Comte und die verschiedenen Strömungen der Freimaurerei. Es kam auch den Erwartungen der protestantischen[15] und der jüdischen Minderheit[16] entgegen, die der dominierenden Religion höchst mißtrauisch gegenüberstanden. Die religiösen Minderheiten trugen wesentlich zum Konfliktausgleich bei, indem sie entgegen den totalitären Ansprüchen der katholischen Kirche die kulturelle Integration laizistischer Gedanken durch die Religion und die kulturelle Integration religiöser Ideale durch die Republik beförderten. Durch die Wertschätzung des Individuums und seiner Freiheit spielten die französischen Protestanten – viele führende Vertreter des Laizismus waren Protestanten – eine wichtige Rolle für die Entwicklung repulikanischer Vorstellungen von Ethik, erzieherischer Verantwortung und Bürgersinn. Aber in das Gesetz von 1905 flossen auch Gedanken des liberalen Katholizismus ein, dem es um die Vermittlung von Religion und den Prinzipien von 1789 ging. Auch wenn der liberale Katholizismus von der offiziellen Linie der römischen Kirche an den Rand gedrängt wurde, blieb er doch im intellektuellen und religiösen Leben Frankreichs gegenwärtig.

Zweitens schloß die große Mehrheit der Katholiken im Laufe des 19. Jahrhunderts nach und nach Frieden mit dem republikanischen System. Zu Beginn des 20. Jahrhundert verlor die Formel »monarchisch versus republikanisch« an politischer Sprengkraft. Die religiösen Leidenschaften klangen ebenso ab wie die antiklerikalen. Der Weltkrieg von 1914–1918 führte vor Augen, daß eine »heilige Allianz« von Laizisten und Katholiken gegen einen gemeinsamen äußeren Feind möglich war, und brachte damit den Prozeß der Annäherung zu einem vorläufigen Abschluß. Der »Krieg der beiden Frankreich« endete in gewisser Weise in den Schützengräben des Ersten Weltkrieges.

Nach einer Phase, in der die Laizisten einen Konfrontationskurs verfochten hatten, begann mit Ende des Zweiten Weltkriegs ein neuer Zeitabschnitt laizistischer Kompromißsuche. Die Kirche hat die Grundsätze der modernen demokratischen Gesellschaft, Freiheit und Pluralismus, mehr oder weniger akzeptiert. Der Laizismus hat unterdessen seine antiklerikale Schärfe verloren und ist zu einer »neutralen Lösung« gekommen, »die es ermöglicht, daß Kinder aus unterschiedlichen und gleichermaßen respektablen Familien zusammenleben«.[17] Das bedeutet freilich keineswegs, daß die beiden politisch, moralisch und spirituell verschiedenen Welten verschmolzen wären: Sie blieben ganz im Gegenteil bestehen und bergen bis heute ein hohes Potential an symbolischer Identifikation. Die Frage, wie der republikanische Pakt richtig interpretiert wird, ist nach wie vor Gegenstand der Diskussion. Aber das 1905 etablierte System ebenso wie der Gedanke, daß der Staat in einer Sphäre über und jenseits aller ideologischer und religiöser Orientierungen der bürgerlichen Gesellschaft angesiedelt sein muß, sind seitdem Kern eines sehr breiten Konsenses.

2. Kontinuität und Aktualität der »Schulfrage« oder die »Last der Vergangenheit«

Wie ist es zu erklären, daß auch nach dieser generellen Bereinigung der Situation in regelmäßigen Abständen und immer mit Bezug auf die Schule Konflikte auftauchen – und mit einer für außenstehende Beobachter überraschenden Heftigkeit ausgefochten werden –, in denen die alten, vermeintlich überwundenen Auseinandersetzungen wiederaufleben? Im Jahr 1984 beispielsweise kam es nach der Ankündigung der sozialistischen Regierung, sie wolle ein »großes, breites, einheitliches und laizistisches staatliches Bildungswesen« schaffen, zunächst in der Provinz zu zahlreichen Demonstrationen. Am 4. März gingen in Versailles 800000 Menschen für die Verteidigung der »Bildungsfreiheit« auf die Straße. Zehn Jahre später, im Januar 1994, protestierten in einem ähnlichen Szenario mit umgekehrten Vorzeichen Tausende gegen einen Gesetzentwurf der Regierung, demzufolge die Gebietskörperschaften künftig das Recht haben sollten, sich in beliebiger Höhe – über die in der *Loi Falloux* von 1850 festgelegte Obergrenze von 10 Prozent hinaus – an den Investitionen in Privatschulen zu beteiligen. In beiden Fällen ist die politische Stoßrichtung des Aufbegehrens eindeutig: 1984 mobilisierte die Verteidigung der Privatschulen alle Anhänger von Parteien und Organisationen des rechten politischen Flügels von der Mitte bis zur extremen Rechten gegen die sozialistische Regierung, 1994 zogen die Linken zur Verteidigung der staatlichen Schule geschlossen gegen eine rechte Regierung zu Felde. Kann man darin etwas anderes sehen als ein neues Aufflammen des Krieges der »beiden Frankreich«? Die Gegenwart ist offenkundig »belastet durch die Geschichte«.[18] Um zu verstehen, warum die Schulfrage in Frankreich der Kristallisationspunkt eines nach wie vor lebendigen normativen Konfliktes geblieben ist, muß man sich vor Augen führen, inwiefern die beiden Ereignisse einer bestimmten historischen Kontinuität folgen und ebenso, wo und warum sie diese Richtung verlassen.

Das Bildungswesen war bereits vor der Revolution ein wichtiges Instrument der katholischen Gegenreformation, um den Einfluß des Protestantismus zu schwächen. Auch in der Revolutionsprogrammatik spielte es eine zentrale Rolle.[19] Doch erst mit der Institution der kaiserlichen Universität, die von Napoleon mit dem Monopol der höheren Bildung ausgestattet wurde, begann der Schulkonflikt. Die Kirche konnte nicht dulden, daß die geistige und intellektuelle Bildung ausschließlich in den Händen des Staates liegen sollte, und erhob die Forderung nach Freiheit des Bildungswesens. Der daraus resultierende Konflikt überdauerte drei Viertel des 19. Jahrhunderts und wies die Besonderheit auf, daß die katholische Kirche, ansonsten ein entschiedener Gegner moderner Freiheiten in allen Bereichen, für die Freiheit der Erziehung stritt. Gleichzeitig verteidigten die liberalen Erben der Aufklärung ihr Bildungsmonopol in der Absicht, den antidemokratischen Einfluß der römischen Kirche zurückzudrängen. Wenngleich sich die Positionen beider Seiten im Laufe der Zeit veränderten, sind doch die großen Frontlinien auch in den heutigen Auseinandersetzungen noch erkennbar.[20] Während der Juli-Monarchie wurde die allgemeine Elementarbildung des Volkes im wahrsten Sinn des Wortes zu einer »Staatsangelegenheit«[21]: Die *Loi Guizot* von 1833 legte fest, daß in jedem Departement eine Lehrerbildungsanstalt zur Ausbildung von Grundschullehrern errichtet werden, und jede Gemeinde mit mehr als 500 Einwohnern eine Grundschule für Knaben errichten sollte. Damit begann die Zeit des »laizistischen Klerikers«, des *instituteur* (Grundschullehrers) als Gegenspieler des Dorfpfarrers: In ihrer Konfrontation kristallisierte sich der Gegensatz zweier Erziehungs- und Wertesysteme heraus; hier standen sich zwei Formen gesellschaftlicher Autorität gegenüber. Die Beziehung zwischen Gemeindepfarrer und Grundschullehrer spiegelte in jedem Dorf sehr konkret die Turbulenzen der sozio-politischen Beziehungen im nachrevolutionären Frankreich wider. Hauptanliegen der Republikaner war die Emanzipation der Jugend vom obskurantistischen und antiwissenschaftlichen Einfluß der Kirche. Als sich die Bedingungen umkehrten und reif schienen für die Restauration der Monarchie (das heißt nach der Niederlage gegen Preußen 1871 und dem Zusammenbruch der Pariser Kommune), mobilisierte die katholische Seite ihre Anhänger mit dem Ziel, die Kontrolle der Kirche über alle Institutionen (Justiz, Armee, Fürsorge, Gesundheitswesen etc.) und insbesondere über das Schulwesen wiederherzustellen. Nach der Wahlniederlage Mac-Mahons und der institutionellen Stabilisierung der Republik nach 1877 schlug das Pendel wieder in die andere Richtung aus; auf der Tagesordnung standen nun erneut die Emanzipation des Staates von jeglicher religiöser Bevormundung sowie die Trennung von Kirche und Schule. Daß die Schulfrage auch heute noch in Frankreich ein hochgradig emotional besetztes Thema ist, hängt damit zusammen, daß im Verlaufe der Geschichte in dieser Frage alle mit der politischen Modernisierung verbundenen Konflikte kulminierten.

Für die Republikaner war die staatliche Schulbildung unauflöslich mit dem allgemeinen Wahlrecht verbunden, und die personelle Trennung von Grundschullehramt und Priesteramt in der Gemeinde war gleichermaßen Bedingung und Garantie der politischen Autonomie, hatte man es doch mit einer Kirche zu tun, für die der Anspruch auf geistige Führerschaft die Rückeroberung bestimmter gesellschaftlicher Positionen implizierte, die sie vor der Revolution innegehabt hatte. Es ist bezeichnend, daß das erste der großen Schulgesetze (1881–1886), das den Namen des Erziehungsministers Jules Ferry trägt, der von 1879 bis 1883 im Amt war, die Errichtung einer Lehrerbildungsanstalt für Frauen in jedem Departement vorschrieb. Das Gesetz vom 28. März 1882 führte die obligatorische freie, laizistische Volksschule ein. Laizistisch heißt in diesem Zusammenhang, daß religiöse Fragen im Unterricht keinen Platz hatten. Das Gesetz löste eine lebhafte Debatte unter den Republikanern aus. Einige hätten sich ohne Schwierigkeiten vorstellen können, daß in der Schule unabhängig von allen Konfessionsschranken über Gott gesprochen würde. Nur die ganz Radikalen träumten von einem Erziehungsmodell, das dem Zugriff der Kirche auf das Bildungswesen ein für allemal ein Ende machen sollte. Ferrys Gesetz brachte dem Staat nicht das Monopol der schulischen Bildung: Es regelte die Institution staatlicher Bildungseinrichtungen, deren Grundlage bis heute der Grundsatz der weltanschaulichen Neutralität ist. Ein Tag in der Woche (Sonntag nicht mitgerechnet) bleibt frei für religiöse Unterweisung, die außerhalb der Schule und entsprechend den Wünschen der Eltern erfolgen muß. Der Volksschullehrer darf keine Religion besonders protegieren, aber auch keine antireligiösen Ansichten vertreten. Er muß die Glaubensfreiheit seiner Schüler respektieren und ethische Prinzipien lehren, die über den unterschiedlichen metaphysischen und religiösen Systemen stehen, sich im Einklang mit der wissenschaftlichen Methode befinden und geeignet sind als Fundament eines neues Konsenses aller Franzosen.[22] Die moralische Dimension (die bei Émile Durkheim eine ebenso große Rolle für die republikanische Gesinnung spielt wie die Soziologie) ist ein ganz entscheidendes Merkmal der Schulpolitik der Dritten Republik. Der Schule kommt über die Wissensvermittlung hinaus die Aufgabe zu, den Menschen und den Staatsbürger zu erziehen. Das Bildungsprogramm der Dritten Republik enthielt alle Elemente, die bei dem Unterfangen, die Nation politisch und kulturell – ebenso wie ethisch und symbolisch – zu einigen, hilfreich sein konnten: Die »Schulmeister« – die »schwarzen Husare der Republik«, wie der Schriftsteller Charles Péguy (1873–1914) sie nannte – faßten dies als eine wahrhaft priesterliche Aufgabe auf.[23] Gleichwohl beseitigten die Republikaner die privaten Bildungseinrichtungen nicht. Ein dicht gewobenes Netz von privaten Elementarschulen, weiterführenden Schulen und technischen Bildungseinrichtungen blieb bestehen – nicht nur in stark christlich geprägten Regionen –, wo das Unterrichten im Sinne kirchlicher Glaubensvorstellungen zumindest bis zum Vorabend des Ersten Weltkriegs mehr oder weniger offensichtlich einherging mit einer feindseligen Haltung gegenüber den Institutionen und politischen Entscheidungen der Republik.[24] In den Jahren vor dem Zweiten Weltkrieg veränderten sich die Positionen. 1929 erkannte Papst Pius XI. in der Enzyklika *Divini illus magistri* die erzieherische Verantwortung des Staates an (zugleich wurde das Recht der Katholiken auf eigene Schulen bekräftigt und die Verpflichtung der Gläubigen, ihre Kinder auf solche Schulen zu schicken). Damit akzeptierte die katholische Kirche zwar nicht den Grundsatz, daß Bildung Sache des Staates ist, aber sie gab die Vorstellung auf, das staatliche Bildungswesen zu beseitigen oder auch nur zu kontrollieren. Mehr noch: Die katholische Kirche begriff, daß laizistische Neutralität nicht mit antireligiösem Laizismus verwechselt werden durfte. Immer mehr Katholiken konnten es mit ihrem Glauben vereinbaren, ihre Kinder auf staatliche Schulen zu schicken; oft taten sie dies sogar explizit im Namen ihres Glaubens. Die Priester schlugen nicht länger mit der Faust auf die Kanzel und verdammten die »Schule des Teufels«. Dennoch zeigt die Tatsache, daß in vielen Städten und Dörfern Frankreichs zwei Schulen nebeneinander bestanden, eine staatliche und eine kirchliche, daß der ideologische Konflikt weiterhin virulent war; im Verlauf der Vierten Republik veränderte er allmählich sein Erscheinungsbild.[25]

Nach dem Zweiten Weltkrieg wurde eine Kommission unter dem Vorsitz des Protestanten André Philip damit beauftragt, nach den dunklen Jahren von Vichy, das Schulwesen im Geiste der Résistance wiederaufzubauen. Einmal mehr hieß die Aufgabe, den Gegensatz zwischen zwei extremistischen, minoritären, aber sehr effektiv organisierten Lagern zu überwinden: dem Lager, das die Verstaatlichung der Konfessionsschulen verlangte, und dem Lager, das autonome private Konfessionsschulen wollte, die finanziell vom Staat unterstützt werden sollten. Der Konflikt war ideologischer und politischer Natur zugleich. Nach wie vor prallten zwei gegensätzliche Wertesysteme aufeinander, doch der Tenor der Auseinandersetzung hatte sich verändert. In der Vergangenheit, so die Sicht der 1879 an die Macht gelangten republikanischen Staatsmänner, hatte der Dualismus zweier Erziehungssysteme in einem Land, das durch das Mißtrauen der katholischen Kirche gegenüber der Demokratie in zwei Teile zerfiel, »einen tödlichen spaltenden Keim im sozialen Körper«[26] bedeutet. Die harterkämpfte Einheit, der Sieg über die vielen Sonderinteressen, Privilegien und sozialen Ungleichheiten, die für das Ancien régime charakteristisch gewesen waren, konnten sie sich, ganz Söhne der Revolution, nur als Vereinheitlichung und Angleichung von Unterschieden vorstellen.[27] Die Schule der Republik war in ihren Augen das wichtigste Mittel zur Vereinheitlichung. Sobald jedoch die nationale Einheit institutionell und rechtlich vollendet war, stellte sich die Frage nach der Einheitlichkeit in anderer Weise: Es ging nunmehr darum, ob die Gemeinschaft in der Lage war, gemeinsame Werte und einen politischen Grundkonsens der Franzosen hervorzubringen. In den Konflikten über Schulfragen, die sich nach dem Zweiten Weltkrieg entzündeten, kulminierte – in der hochgradig ideologisierten Weise, die für die politische Diskussion in Frankreich charakteristisch ist – eine viel grundsätzlichere Debatte, nämlich die über die Konzeption des Pluralismus in der modernen Demokratie. »Der Schulkrieg ist nicht länger ein Konflikt zwischen dem republikanischen Staat und der Kirche: Der Streit dreht sich nicht länger darum, daß die eine Seite der anderen ihre Sicht einer erziehenden Republik aufzwingen will und die andere für Freiheit im Erziehungswesen kämpft.« Durch das heikle Thema der öffentlichen Finanzierung privater Schulen kam »ein direkter Kampf um die gleichmäßige Verteilung der Kinder«[28] ins Spiel. In der Vierten Republik neigte sich die Waagschale auf die Seite des privaten Erziehungswesens. Die *Loi Debré* aus dem Jahr 1959 sicherte die Existenz von Privatschulen (in Frankreich in der großen Mehrheit kirchliche, katholische Schulen) durch Vertrag und erkannte an, daß ihre Arbeit im öffentlichen Interesse liegt. Damit war ein Gleichgewicht zwischen den verschiedenen Bildungsträgern hergestellt. Privatschulen, die einen Vertrag mit dem Staat abschließen, richten sich demnach bei den Lehrplänen, der Einstellung von Lehrern und der Aufnahme von Schülern (vor allem sind sie verpflichtet, Schüler unabhängig von ihrer Religionszugehörigkeit aufzunehmen) nach den Regeln des Staates; im Gegenzug beteiligt sich der Staat an ihrer Finanzierung. Privatschulen ohne Vertrag mit dem Staat können nicht dieselben Ansprüche erheben. Daß diese gesetzliche Regelung wirksam ist, zeigte sich bei den Auseinandersetzungen in den Jahren 1984 und 1994: Jedesmal reagierte die Regierung auf den Druck zweier sich symmetrisch gegenüberstehender sozialer Bewegungen mit Rückzug auf die in der *Loi Debré* abgesteckten Positionen.

Vereinzelt gibt es auch heute noch Widerstand gegen dieses Gesetz; er kommt von kleinen, marginalen Gruppierungen der laizistischen Richtung, die kompromißlos der Formel anhängen: »Öffentliches Geld für öffentliche Schulen, privates Geld für Privatschulen.« Kritik regt sich gelegentlich auch auf katholischer Seite, und zwar gleichermaßen bei konservativen und progressiven Strömungen. Die Konservativen fürchten, der Staat könnte seine vertragliche Rolle zu großzügig interpretieren und zu weitgehende Befugnisse wie etwa die Lehrplangestaltung in Anspruch nehmen. In den Augen der Progressiven stellt die Existenz eines Netzes von Konfessionsschulen – wo die katholischen Kinder unter sich sind – ein Hindernis für den gesamtgesellschaftlich gültigen Missionsauftrag der Kirche dar. Dennoch ist das Gesetz nach den Worten eines überzeugten Verfechters des Laizismus »zu einem fest etablierten Bezugspunkt der französischen Form von *laïcité* geworden«.[29] Die ausgleichende Funktion der Vertragsregelung, die zu einer Zeit eingeführt wurde, als die symbolische Bedeutung der Schulfrage (relativ) verblaßte, hat sich im Hinblick auf die Beziehung zwischen Religion und Politik in Frankreich als wirksam erwiesen. Begünstigt wurde dies durch sozio-kulturelle Entwicklungen seit den späten sechziger Jahren; umgekehrt wurden diese Entwicklungen ihrerseits durch den Ausgleich von Staat und Kirche beschleunigt.

Die privaten Konfessionsschulen durchliefen einen Prozeß der Säkularisierung: Die große Mehrheit der Lehrkräfte sind heute Laien, und in einem zwar katholischen, aber so wenig frommen Land wie Frankreich schicken Eltern ihre Kinder nicht in erster Linie aus religiösen Gründen auf eine Privatschule. Man schätzt, daß nur für etwa 20 Prozent der Eltern religiöse Gründe ausschlaggebend sind. Die Lehrer im öffentlichen Schulwesen sind selbstverständlicher und leidenschaftsloser Teil der laizistischen Kultur. Dieser Entwicklung trägt eine breiter gefaßte Neudefinition von »öffentlich« und »privat« Rechnung. Im Verlauf der letzten 50 Jahre haben sich die Rolle des Staates und sein Selbstverständnis grundlegend verändert. Heute ist allgemein anerkannt, daß der Wohlfahrtsstaat die Verantwortung für wirtschaftliche, gesellschaftliche und kulturelle Vorgänge übernimmt, die gleichwohl außerhalb seiner direkten Zugriffsmöglichkeiten liegen. Im Bereich des Erziehungswesens setzt sich immer mehr der Gedanke einer gewissen Arbeitsteilung zwischen den öffentlichen und den privaten Schulen entsprechend ihrem unterschiedlichen Angebot und Erziehungsstil durch, und zugleich neigen die Eltern zunehmend dazu, je nach den Bedürfnissen ihrer Kinder zwischen den beiden Systemen hin- und herzuwechseln.

Wettbewerb zwischen dem staatlichen und dem privaten Schulwesen gibt es nach wie vor, aber heute dreht er sich in erster Linie um die »erzieherischen Vorteile« des einen oder anderen Systems und nicht um die weltanschauliche Orientierung der

Lehrerschaft. Die katholischen Bischöfe vertreten eine moderate Position, und wider alle Erwartung folgte auf die Machtübernahme der Linken (und das heißt der Laizisten) im Jahr 1981 eine weitere Entspannung: Die Bischöfe zeigten sich kooperationsbereit und ließen verlauten, daß die Sorge für ihre Schäflein die Sorge für die gesamte Jugend einschließe (und nicht nur für die Kinder und Jugendlichen in den Privatschulen). Der Instrumentalisierung der Schulfrage durch Parteien des rechten Flügels erteilten sie damit eine klare Absage.

Wie ist es nun zu erklären, daß trotz der anfänglichen Einmütigkeit und Kooperationsbereitschaft immer wieder schwere Auseinandersetzungen über die Schulfrage aufbrachen, und die Franzosen massenhaft auf die Straße gingen? Um die soziale und kulturelle Bedeutung der Konflikte in den Jahren 1984 und 1994 richtig zu interpretieren, ist es ratsam, die offensichtlichen Übereinstimmungen zunächst einmal beiseite zu lassen und die Unterschiede möglichst genau zu betrachten.

1. Der Konflikt im Jahr 1984 entzündete sich am Beschluß der Regierung, den Gedanken des »einheitlichen öffentlichen Schulwesens« – im Wahlkampf war das einer der »110 Vorschläge für Frankreich« des Kandidaten François Mitterrand gewesen – neu zu beleben. 1984 machten sich die Auswirkungen der internationalen Wirtschaftskrise bemerkbar und konfrontierten die sozialistische Regierung mit dem Dilemma, daß besonders in wirtschaftlich schwierigen Zeiten die sozialistische Utopie an allen Fronten in Mißkredit geriet. Das Verstaatlichungsprogramm der Ära Mitterrand mußte überdacht und teilweise revidiert werden; ab 1983 verfolgte die Regierung einen strikten Sparkurs, der nichts mehr mit ihrem Ideal gemein hatte, dem schrankenlosen Kapitalismus Einhalt zu gebieten. Diese plötzliche und totale Kehrtwende hin zu den Prinzipien der liberalen Marktwirtschaft, die mit der ideologischen Modernisierung der französischen Linken zu Beginn der achtziger Jahre einherging, hatte zur Folge, daß sich viele große Ideale auflösten, die im kollektiven Bewußtsein mit »der Linken« verbunden waren. In diesem Klima der politischen Ernüchterung bekam die Schulfrage für viele Anhänger der Linken auf einmal wieder eine erhebliche

symbolische Bedeutung: In gewisser Weise war dies das letzte Relikt der verlorenen Utopie.

Die Verhandlungen über den Vorschlag der Regierung begannen 1982 und wurden von Erziehungsminister Alain Savary in einer um Sachlichkeit und Ausgleich bemühten Atmosphäre geführt. Dennoch loderten die schwelenden Emotionen schon bald auf: Das laizistische Lager, organisiert im Comité National d'Action Laïque (CNAL; Nationalkomitee für eine laizistische Aktion) zusammen mit den Lehrergewerkschaften auf der einen Seite, die Verfechter der Privatschulen auf der anderen Seite mit der Union Nationale des Associations des Parents de l'Enseignement Libre (UNAPEL; Elternverband Unabhängiger Schulen) und dem Domkapitular Guiberteau, dem Generalsekretär des Centre National de L'Enseigenment Catholique (CNEC; Verband der Katholischen Bildungseinrichtungen) an der Spitze, steuerten rasch auf eine erste Kraftprobe zu: Erklärungen der einen Seite folgten Demonstrationen der anderen Seite und umgekehrt.

Die Verfechter der Konfessionsschulen sahen die bürgerlichen Freiheiten durch die Allgegenwart des modernen Staates bedroht und forderten das uneingeschränkte Recht für alle Gruppen, ihre Werte zu vertreten, als Signum für »den Wohlstand der Nation«.[30] Die Laizisten beklagten die Politisierung der Debatte und die »unmäßigen Forderungen« der Bischöfe. Tatsächlich widersetzten sich die Bischöfe unter anderem dem Vorhaben, Lehrer an Privatschulen in den Staatsdienst einzugliedern. Sie verlangten stattdessen einen besonderen Status für die Lehrer und eine besondere Verwaltungsstruktur für die Privatschulen. Die Laizisten lehnten diese Forderungen entschieden ab, weil sie in ihren Augen darauf hinaus liefen, »katholische Schulen in öffentliche Trägerschaft zu übernehmen«.[31] Rückblickend betrachtet, macht der Verlauf der Auseinandersetzungen in den Jahren 1982 bis 1984 vom ersten moderaten Vorschlag der Regierung und den ersten Reaktionen der Bischöfe an schlaglichtartig deutlich, daß es um einen hochgradig symbolgeladenen Konflikt ging, der rasch eskalierte. Denn in der Form, wie der Gesetzentwurf zum ersten Mal der Nationalversammlung vorgelegt wurde, bedrohte er in keiner Weise die Existenz der Privatschulen. Anders als im Wahlkampf zuweilen verlautete, sollte das System der vertraglichen Vereinbarungen entsprechend der *Loi Debré* nicht abgeschafft werden. Die spezifische weltanschauliche Ausrichtung von Konfessionsschulen wurde sogar ausdrücklich anerkannt. Die Hauptsorge der Bischöfe galt zu Beginn der Verhandlungen der Schwerfälligkeit des Verwaltungsapparates. Im Hinblick darauf, daß bei der zweiten Lesung Veränderungen zu erwarten waren, bemühte sich der Erziehungsminister um Ausgleich und Kompromiß. Die Wendung zu einem harten Kurs ging von Premierminister Pierre Mauroy aus, der beschloß, das fragile Gleichgewicht zu ignorieren, und (durch die Anwendung von Artikel 49.3 der Verfassung[32]) auf einen ideologischen Konflikt zusteuerte. Die kompromißlosesten Laizisten der Sozialistischen Partei bahnten ihm dafür den Weg. In der Folge spitzte sich der Konflikt sofort dramatisch zu: Kardinal Lustiger, der Erzbischof von Paris, sprach in einem Interview mit der Tageszeitung *Le Monde*, das unter der (höchst emotionsgeladenen) Schlagzeile »J'accuse«[33] erschien, in bitteren Worten davon, er sei gedemütigt worden, und warf der Regierung Wortbruch vor.

Den vorläufigen Höhepunkt der Erregung markierte eine große Demonstration am 24. Juni. Daraufhin wurde das Privatschulgesetz von der Tagesordnung der nächsten Parlamentssitzung am 12. Juli abgesetzt. Am 14. Juli, dem französischen Nationalfeiertag, kündigte Staatspräsident Mitterrand an, daß der Gesetzentwurf von Minister Savary zurückgezogen werde. Der Erziehungsminister, der sich so intensiv um einen Kompromiß bemüht hatte[34], mußte zurücktreten, ebenso Premierminister Pierre Mauroy. Der neue Erziehungsminister der Regierung Fabius, Jean-Pierre Chevènement, kündigte am 29. August »einfache, praktische Schritte« zur Beilegung des Schulkonfliktes an. Diese Maßnahmen zielten darauf ab, das Problem der staatlichen Finanzierung von Privatschulen zu lösen. Vorgesehen war Chevènement zufolge ein »republikanisches Gesetz«, das eine »Rückkehr zur *Loi Debré*« signalisieren sollte. Kann man daraus den Schluß ziehen, daß der Konflikt von 1984 offen ausgegangen ist und so etwas wie den »Schwanengesang« des »Krieges der beiden Frankreich« dargestellt hat? Tatsächlich zeigt der Verlauf der Auseinandersetzung von 1984 die Möglichkeit auf, den Konflikt *durch Vermittlung zu entschärfen* und so den heiklen Punkt zu umgehen, an dem üblicherweise die Positionen beider Parteien aufeinander geprallt waren: die Forderung, die Schule »des jeweils anderen« müsse verschwinden. Die Sozialistische Partei stürzte sich (fernab von Alain Savarys versöhnlicher Haltung) auf das Thema »öffentliches Schulwesen«, weil sie damit eine Brücke zu einem der mächtigsten Symbole ihrer Tradition schlagen konnte – wenigstens ein Ideal, das sie retten wollte, wenn sich ansonsten schon der sozialistische Traum nach und nach auflöste. Zugleich mußte sie aber berücksichtigen, daß 70 Prozent der Franzosen (das heißt ein erheblicher Teil der Wählerschaft) sich gerade erst für die Freiheit des Erziehungswesens ausgesprochen hatten.

Verschiedene Beobachter, darunter der Soziologe Michel Crozier, bemerkten damals, der Schulkonflikt von 1984 habe den starken Wunsch der Franzosen nach Freiheit besonders deutlich zum Ausdruck gebracht, »einen Wunsch, der nichts mit religiösen oder politischen Sympathien zu tun hat«, sondern der ausdrücke, daß der Staat sich aus dem Alltagsleben heraushalten und den Eltern die freie Entscheidung über den Bildungsgang ihrer Kinder überlassen möge.[35] Die Bischöfe waren weit entfernt von der harten Haltung ihrer Vorgänger in früheren Konflikten. In diesem Zusammenhang ist eine Botschaft des Domkapitulars Guiberteau besonders aufschlußreich, die während der Demonstration am 24. Juni 1984 laufend per Lautsprecher wiederholt wurde: »Wir demonstrieren nicht gegen laizistische Schulen, sondern gegen ein verheerendes Gesetz. Die Regierung will diese Demonstration um jeden Preis als einen Kampf zwischen rechts und links darstellen, und das ist vollkommen lächerlich.« Akzeptanz der laizistischen Schule, Zurückweisung jeglicher politischer Aufladung des Konfliktes: Das war die Grundlinie der Bischöfe. Konsequenterweise entschieden sich die meisten der an der Debatte Beteiligten (Monsignore Vilnet, Monsignore Lustiger und Monsignore Honoré), nicht im Demonstrationszug mitzumarschieren; sie ließen es damit bewenden, daß sie am Morgen des 24. Juni beim Aufbruch der Demonstranten zugegen waren. Niemals war die Rede davon, der Staat wolle die Privatschulen abschaffen, und ebenso wenig davon, die Kirche stelle die Legitimität des staatlichen Schulwesens in Frage. Die symbolische Austragung des Konfliktes zwischen »Laizisten« und »Religiösen« wurde im Verlauf dieser Auseinandersetzung und unter Berücksichtigung der Positionen der Vergangenheit paradoxerweise zum Mittel einer beträchtlichen Entideologisierung der politischen Debatte darüber, was in einer modernen Gesellschaft zum Ideal der Freiheit gehört.

2. Auf den ersten Blick hat es den Anschein, als wiederholte sich in dem Konflikt von 1994 das Szenario von 1984 mit umgekehrter Rollenverteilung: Diesmal gingen die Verteidiger der laizistischen Werte gegen die Übergriffe einer rechts der Mitte angesiedelten Regierung auf die Straße. Aber das wäre nur der oberflächliche Eindruck, die Analyse muß tiefer vordringen. Denn hinter den klassischen ideologischen Themen tauchen die Elemente eines anderen normativen Konfliktes auf. Um diesen Konflikt zu verstehen, sei zunächst kurz die Chronologie der Ereignisse dargelegt. Am 13. Juni 1992 unterzeichneten Erziehungsminister Jack Lang und der neue Generalsekretär des katholischen Erziehungswesens, Pater Max Cloupet, ein Abkommen, das die Gleichrangigkeit des öffentlichen und des privaten Bildungssektors endgültig festlegen sollte. Nach den Unruhen des Jahres 1984 schien der Zeitpunkt für einen definitiven Friedensschluß gekommen. Eine Frage blieb indes noch offen: die der Lehrerausbildung. In einem Zusatzabkommen vom 11. Januar 1993 wurde beschlossen, daß Lehrer im privaten Schulwesen die gleiche Ausbildung durchlaufen und die gleichen Prüfungen absolvieren sollten wie ihre Kollegen an öffentlichen Schulen. Die Bestimmung weckte sofort heftigen Widerstand, und zwar sowohl auf seiten kompromißloser Laizisten wie auf seiten katholischer Hardliner. Um den Konflikt nicht noch weiter zu verschärfen, zog der Minister diesen Punkt zurück. Zur gleichen Zeit schrieben die Parteien des rechten Flügels in ihr Programm für die Parlamentswahlen von 1993, »die Gebiets-

körperschaften können im gleichen Umfang die Einrichtung von Privatschulen finanziell unterstützen, wie sie staatliche Schulen unterstützten«. Nachdem die Koalition rechts der Mitte den Sieg davongetragen hatte, drängte sie die Regierung Balladur sofort, ihr Wahlversprechen einzuhalten und die *Loi Falloux* aufzuheben, die für staatliche Beiträge zur Einrichtung von Privatschulen eine Obergrenze von 10 Prozent festlegte. Die Nationalversammlung befaßte sich im Juni 1993 zum erstenmal mit einer entsprechenden Vorlage. Nach langer Debatte stimmten die Abgeordneten dem Gesetz zur Änderung der *Loi Falloux* mehrheitlich zu. Damit ein Gesetz verkündet werden kann, muß es im selben Wortlaut von Nationalversammlung und Senat angenommen werden. Nach dem Votum der Nationalversammlung, aber noch vor der Beratung im Senat wurde ein Bericht einer Kommission veröffentlicht, die Erziehungsminister Bayrou unter dem Vorsitz des bedeutenden Juristen und früheren Mitglieds des Verfassungsrates, Georges Vedel, eingesetzt hatte. In dem Bericht wurde darauf hingewiesen, daß der bauliche Zustand der Privatschulen alarmierend und die Sicherheit der Schüler nicht mehr gewährleistet sei. Daraufhin erhob sich lautstarker Protest der Vertreter des staatlichen Schulwesens. Sie stellten die Frage, warum man dieselbe Untersuchung nicht auch bei den staatlichen Schulen vorgenommen habe, deren baulicher Zustand genauso schlimm oder womöglich noch schlimmer sei. Der Bericht der Vedel-Kommission erschien in dieser Situation wie ein bestelltes Gutachten, das unter dem Vorwand, die Sicherheit der Schüler sei gefährdet, eine Rechtfertigung dafür liefern sollte, daß die Regierung sich in besonderer Weise um die Privatschulen kümmerte. Nach kurzer Beratung stimmte der Senat in einer Nachtsitzung im Dezember 1993 der Änderung der *Loi Falloux* zu.

Nun erhob sich ein Sturm der Entrüstung im laizistischen Lager (und es gab einen Streik der Lehrer an staatlichen Schulen). Um die Wogen zu glätten, kündigte Premierminister Édouard Balladur an, eine Kommission werde die Sicherheit in den staatlichen und in den privaten Schulen überprüfen. Im Januar 1994 stellte die Regierung überdies einen Fünfjahresplan für das staatliche Schulwesen auf, der 500 Million Francs (knapp 170 Million D-Mark; A. d. Ü.) für Sanierungsarbeiten zur Verbesserung der Sicherheit in den staatlichen Schulen vorsah. Doch die Massenbewegung war nicht mehr aufzuhalten. Drei Tage, nachdem der Verfassungsrat den Artikel 2 (der finanzielle Hilfen für die Einrichtung von Privatschulen über die 10-Prozent-Grenze hinaus ermöglichte) des neuen Gesetzes abgelehnt hatte, zogen fast eine Million Menschen in einer gigantischen Demonstration durch die Straßen von Paris, von der Place de la République zur Place de la Nation. Unterwegs – es war der Weg aller großen Arbeiterdemonstrationen der Vergangenheit – skandierten die Demonstranten Parolen, die in oft sehr phantasievoller Weise die alten Themen des Konfliktes der beiden Schulsysteme aufnahmen: »Laizisten auf die Straße, Frösche ins Weihwasser!« (A. d. Ü.: Es handelt sich um ein Wortspiel: Ein »Weihwasserfrosch« ist im Französischen ein Frömmler, eine Betschwester.) Oder: »Privatschulen bedeuten Selektion, staatliche Schulen bedeuten Integration«, »Nur wer die Schule schwänzt, hat wirklich die freie Schule«, oder auch: »Jules, komm zurück!« (Gemeint war natürlich der ehemalige Erziehungsminister Jules Ferry.) Am vielsagendsten war freilich eine in Anlehnung an ein Gedicht von Paul Verlaine formulierte Parole: »Tränen tropfen in unsere Herzen wie die Regentropfen in unsere Klassenzimmer«.

Die Demonstration im Januar 1994 zeugte gleichermaßen vom Festhalten an den laizistischen Werten wie von der Sorge der Franzosen um die Qualität des staatlichen Schulwesens. Sie machte deutlich, daß es nicht nur um die Probleme ging, die durch die zu geringen staatlichen Zuwendungen an die Schulen entstanden, sondern darüber hinaus um die fundamentale Rolle des staatlichen Schulwesens für die Integration aller Jugendlicher in das Staatswesen. Die Konkurrenz von staatlichen und privaten Schulen um staatliche Subventionen führte zu der grundsätzlichen Frage nach Sinn und Zweck des öffentlichen Schulwesens überhaupt. Diese Frage spitzte sich seit Anfang der 90er Jahre mit der wachsenden Kritik am Ideal einer »öffentlichen Dienstleistung« zu, die gleichermaßen von Lehrern an staatlichen Schulen und von Vertretern des katholischen Schulwesens erhoben wurde. Der Begriff »Privatisierung« durchlief einen Bedeutungswandel: Es ging von nun an weniger um den Bekenntnischarakter des Unterrichts als vielmehr um das erzieherische Ziel. Einig war man sich in dem Urteil, daß das bestehende System Unzulänglichkeiten aufwies. Manche Gruppen – wie der 1992 von Guy Bourgeois ins Leben gerufene Verband der Schulgründer – forderten die völlige Unabhängigkeit der Schulen, die Möglichkeit, ihre Lehrer und ihre Schüler frei auszuwählen und Vereinbarungen mit dem Staat und den Kommunen abzuschließen. Diese Forderung ging weit darüber hinaus, daß private Initiativen die Freiheit haben sollten, autonom Versuchsschulen einzurichten (diese Freiheit existierte bereits für »nicht vertragsgebundene« Privatschulen, die keine finanzielle Unterstützung vom Staat bekommen): In der Konsequenz könnten alle Schuldirektoren (an privaten und an staatlichen Schulen) frei entscheiden, »Schulunternehmer« zu werden, könnten selbst das pädagogische Ziel ihrer Schule definieren und ihren Lehrplan dann der staatlichen Verwaltung zur Billigung vorlegen, um Subventionen zu erhalten. Bei diesem Vorschlag handelte es sich – wie Guy Coq anmerkt – um einen Plan zur »Privatisierung der staatlichen Schulen«, der den – für das republikanische Ideal konstitutiven – Gedanken in Frage stellt, daß die erzieherische Verantwortung der Nation als Gemeinwesen zufällt und im Rahmen einer gesamtstaatlichen Politik ausgeübt wird, die der Kontrolle der gewählten Volksvertreter unterliegt.

Mit der *Loi Jospin* von 1989 (verabschiedet von einer sozialistischen Regierungsmehrheit) erhielten lokale Initiativen (in Departements und Regionen) großen Handlungsspielraum im Bildungsbereich in der Hoffnung, Schulversagen zu minimieren. Die Öffnung – im Rahmen einer generellen Politik der Dezentralisierung, die paradoxerweise gerade die jakobinische, zentralistisch gesonnene Linke seit 1981 verfolgte – weckte zunächst den Widerstand besonders der harten Verfechter der laizistischen Linie. Sie fürchteten den Verlust der Einheitlichkeit des öffentlichen Schulwesens. Ihnen schlossen sich all diejenigen an, die für eine Modernisierung des Schulwesens eintraten. Bei dem Projekt der »Schulunternehmer«, das die ultraliberale Richtung der an die Macht zurückgekehrten Gruppierungen rechts der Mitte so faszinierte, ging es hingegen um etwas ganz anderes: Es zielte darauf ab, die Schule zu einer rein privatwirtschaftlichen Angelegenheit zu machen, wo »Erziehungsbetriebe« den »Schulkonsumenten«[36] Dienstleistungen anbieten, die nach unabhängig von den Kommunen festgelegten Kriterien bewertet werden. Die Demonstranten des Jahres 1994 kritisierten die »wirtschaftliche Misere des staatlichen Schulwesens« und damit das mangelnde Engagement des Staates für die Schulen. Das bedeutete, daß sie sich mehr oder weniger explizit gegen die Privatisierung des Schulwesens aussprachen, die in fundamentalem Widerspruch nicht nur zur klassischen liberalen Konzeption des Erziehungswesens steht, sondern auch zu den allgemeinen Prinzipien der französischen politischen Kultur. Die Regierung verstand die Botschaft sehr wohl: Die *Loi Bourg-Broc* zur Änderung der *Loi Falloux* wurde vom Präsidenten der Republik *ohne* den Artikel 2 verkündet, der die 10-Prozent-Grenze aufgehoben hätte. Der Erziehungsminister führte darüber hinaus eine landesweite »Bildungskonferenz« durch, in deren Rahmen alle Beteiligten des Schulwesens sich zu Wort melden konnten. Während die symbolische Konfliktaustragung im Jahr 1984 den Schlußpunkt im Prozeß der Entideologisierung des Schulkrieges gesetzt hatte, der beginnend mit der 1959 eingeführten Vertragsregelung schrittweise beigelegt wurde, eröffnete die laizistische Demonstration von 1994 – formell gegen das »Hamstern« öffentlicher Gelder durch die Konfessionsschulen gerichtet – einen viel entscheidenderen normativen Konflikt: den Konflikt darüber, ob das Ideal eines »Bildungswesens in öffentlicher Verantwortung« aufrechterhalten werden kann, wenn in einer Gesellschaft das Ziel der Integration in das Gemeinwesen – die politische Grundlage der republikanischen Identität – in Frage gestellt wird.

3. Die französische Konzeption der *laïcité* vor der Herausforderung durch Gruppen und Glaubensgemeinschaften

Die nationale französische Identität gründet seit der Revolution in der Idee, daß die staatsbürgerliche Zugehörigkeit alle Gruppenzugehörigkeiten überlagern und jenseits aller Partikularitäten ein nationales »Wir« bewirken muß, mit dem jeder sich identifizieren kann. Jenseits des »Krieges der beiden Frankreich« bildete die religiöse Homogenität des Landes – die massive Präsenz des römischen Katholizismus – bereits lange vor der Revolution die Grundlage für das Streben der Monarchie nach politischer Einheit. Die historische Konfrontation des katholischen und des laizistischen Frankreich beruhte demnach auf der Unvereinbarkeit zweier absoluter Vorstellungen von kollektiver Identität: Die eine wurzelte in einer religiösen Vision der Welt, die andere in einer politischen Vision der Gesellschaft. Der Sieg der letzteren über erstere bedeutete nicht die Auslöschung des religiösen Frankreich, sondern die Etablierung eines spezifischen Selbstverständnisses: das eines »laizistischen Landes mit einer katholischen Kultur«.[37] Diese synthetische Identität erlebt heute eine Veränderung, die sie in allen Dimensionen erschüttert: in der religiösen, der kulturellen, der sozialen und der politischen Dimension.

Die zentrale Entwicklung im Bereich der Religion ist die gegenwärtig zu beobachtende Diversifikation der religiösen Landschaft, während sich gleichzeitig die sozio-religiösen Bande lockern, die der Katholizismus im Laufe der Jahrhunderte hervorgebracht hatte. Die Aufweichung der »paroissalen Kultur«, die Raum, Zeit und Weltbild des katholischen Frankreich geprägt hatte, begann nach dem Ersten Weltkrieg und beschleunigte sich nach dem Zweiten Weltkrieg.[38] Die sinkende Zahl praktizierender Katholiken (im Jahr 1995 machen sie noch etwa 10 Prozent aus), die stark rückläufige Zahl angehender Priester (45000 im Jahr 1945, 27000 im Jahr 1994, noch etwa 2000 im Jahr 2010, wenn sich der gegenwärtige Trend fortsetzt), der

Rückgang der Taufen und kirchlichen Trauungen – all dies sind Anzeichen dafür, daß es die von den Normen der katholischen Religion strukturierte Welt bald nicht mehr geben wird.[39] Der französische Katholizismus ist durchaus noch lebendig, aber seine Lebenskraft bemißt sich mittlerweile an der Ausbreitung kleiner Gruppen von Freiwilligen; sie werden als Minderheiten in einer Gesellschaft betrachtet (oder fühlen sich selbst so), die von Gleichgültigkeit gegenüber der Religion geprägt ist. Noch schwerer wiegt, daß auch die nominelle Identifikation mit der katholischen Religion in den letzten zehn Jahren erheblich abgenommen hat: Im Jahr 1985 antworteten noch 82 Prozent der Franzosen auf die Frage »Gehören Sie einer Religion an?«, sie seien katholisch. Im Jahr 1994 waren es nur noch 67 Prozent.[40] In diesen Zahlen spiegelt sich sowohl eine zunehmende Quote konfessionsloser Franzosen als auch eine Neuverteilung der religiösen Minderheiten innerhalb der nationalen Gemeinschaft wider.

Die jüdischen und protestantischen Minderheiten spielten in Frankreich stets eine außerordentlich wichtige Rolle; auf den großen Anteil der Protestanten an der Umsetzung republikanischer Ideale wurde bereits hingewiesen. Der protestantischen Religion (mehrheitlich protestantisch-reformiert) gehören derzeit 1,7 Millionen bzw. drei Prozent der Franzosen an. Aber ihr gesellschaftlicher Einfluß ist weitaus größer als die Zahlen vermuten lassen. Teilweise hängt dies mit der sozialen Struktur der Protestanten zusammen: Außer in den östlichen Regionen, wo es einen volkstümlichen Protestantismus gibt, sind Arbeiter und einfache Angestellte gegenüber leitenden Angestellten, Lehrern und sonstigen akademischen Berufen deutlich unterrepräsentiert. Das Image des Protestantismus als Religion einer »gesellschaftlichen Elite«, die fortschrittlich denkt und sich politisch eher nach links orientiert, ist in der Öffentlichkeit weit verbreitet: Es wird verstärkt durch die Tatsache, daß Protestanten in der Hochfinanz, in der Wirtschaft, an der Spitze des öffentlichen Dienstes und in der Politik eine herausragende Rolle spielen.[41] Hinter dem Bild steht die Geschichte einer Minorität, deren Gruppenidentität stark durch die Erfahrung von Widerstand und Kampf geprägt ist: Widerstand gegen Verfolgung im Namen der Religion, von der Aufhebung des Ediktes von Nantes im Jahr 1685 bis zum Toleranzedikt von 1787; beständiger Kampf im Namen des Individuums und seiner Gewissensfreiheit gegen die übermächtige Monopolstellung des Katholizismus. Dies erklärt die vehemente Unterstützung der Protestanten für die laizistische Modernisierung insbesondere im Bereich des Schulwesens und im Bereich von Hygiene und öffentlichem Gesundheitswesen.[42] Der soziale Erfolg der französischen Protestanten beruhte auf ihrem positiven Verhältnis zur politischen Modernisierung, verkörpert in der Republik. Es wäre paradox, wenn gerade diese Haltung den Niedergang des Protestantismus einläuten sollte. Einige zu Anfang der achtziger Jahre veröffentlichte Untersuchungen deuteten auf einen allmählichen Identitätsverlust der im ökumenischen Dialog stark engagierten und relativ atomisierten Gemeinschaft hin. Neuere Untersuchungen hingegen sprechen dafür, daß die »protestantischen Werte« – Primat der individuellen Gewissensentscheidung, starke Verbundenheit mit der Demokratie, Sinn für soziale Verantwortung und Solidarität, Beharren auf dem Recht eines jeden auf Zugang zu Kultur und Bildung – nach wie vor große Anziehungskraft für die katholischen Bevölkerung besitzen: Im Jahr 1995 gehörten 27 Prozent derjenigen, die sich als »dem Protestantismus nahestehend« bezeichneten, der katholischen Kirche an. Dies ist ein besonders interessanter Indikator für die Veränderungen, denen die Herausbildung religiöser Identität in der französischen Gesellschaft unterliegt.[43]

Die Wurzeln der jüdischen Bevölkerungsgruppe reichen bis in die gallo-römische Zeit zurück. Die Juden in Frankreich waren stets assimiliert und überzeugte Anhänger der Ideale der Revolution. Ende des 19. Jahrhunderts kam eine erste Welle aschkenasischer Immigranten hinzu. Mit einer Unterbrechung im Zweiten Weltkrieg (95000 französische Juden wurden Opfer des Völkermordes der Nazis) vollzog sich die Integration der Juden aus Mitteleuropa in kurzer Zeit, innerhalb von zwei bis drei Generationen. In den fünfziger und sechziger Jahren unseres Jahrhunderts setzte eine neue Wanderungsbewegung ein, ausgelöst durch die Dekolonialisierung in Nordafrika und den israelischarabischen Konflikt im Nahen Osten, die das Leben innerhalb der jüdischen Gemeinschaft erneut veränderte: Diesmal kamen sephardische Juden, die stärker in ihren jeweiligen kulturellen Traditionen verwurzelt, aber auch mit der französischen Sprache besser vertraut waren und zu einem beträchtlichen Teil die französische Nationalität besaßen. Innerhalb der schätzungsweise 600000 Mitglieder zählenden jüdischen Bevölkerungsgruppe begann die Dialektik von Assimilation und Tradition aufs neue. Bei den Juden wie bei den Protestanten scheinen die Frage der Gruppenidentität und die Neubewertung des Verhältnisses zur Moderne besonders eng verwoben zu sein.

Doch heute wird die Frage nach dem Verhältnis zwischen der Lebensweise unterschiedlicher Gruppen und der nationalen französischen Identität, die seit Jahrhunderten die Assimilation von Minoritäten voraussetzte, durch eine andere Entwicklung in einer vollkommen neuen Weise aufgeworfen: durch die Präsenz einer zahlenmäßig starken muslimischen Bevölkerungsgruppe, die in ihrer eigenen Identität zunehmend deutlich in Erscheinung tritt. Zur Zeit leben etwa vier Millionen Muslime in Frankreich. Damit stellen sie die zweitgrößte Religionsgemeinschaft auf französischem Boden dar: Zu ihr gehören Ausländer aus islamischen Ländern (hauptsächlich aus dem Maghreb; zwischen 1,8 und 2 Millionen Menschen), französische Muslime (die »Harkis«, die nach der Unabhängigkeit der nordafrikanischen Länder nach Frankreich kamen, sowie deren Nachkommen), die jungen Franko-Maghrebiner oder »Beurs« (A. d. Ü.: ein Kunstwort aus dem französischen Wort »arabe«, das rückwärts gelesen wird) der zweiten Generation (die französische Staatsbürger sind), eine kleine Gruppe von Franzosen, die zum Islam konvertiert sind, und schließlich eingebürgerte Muslime.

Muslime in Frankreich sind kein grundsätzlich neues Phänomen. Allem Anschein nach »entdecken« die Franzosen indes erst heute allmählich die zahlenmäßige Stärke dieser Minderheit. Diese Erkenntnis hängt offensichtlich mit dem Schock zusammen, der durch die Revolution im Iran und durch das allgemeine Anwachsen fundamentalistischer Bewegungen in allen islamischen Ländern ausgelöst wurde, vor allem in Algerien, das für

Frankreich immer ein besonders sensibles Thema darstellt. Ereignisse der jüngsten Vergangenheit – von der Affäre Salman Rushdie bis zu den letzten Attentaten in Paris – ließen in der Öffentlichkeit das Bild einer insularen islamischen Gemeinschaft entstehen, die sich der Modernisierung widersetzt, von einem fanatischen Eroberungsdrang beseelt ist und darum eine Bedrohung sowohl für die »französische Identität« als auch für die innere Sicherheit darstellt. Die extreme Rechte beutet diese Ängste vor dem Islam für ihre Zwecke aus und schürt den Haß gegen »die Immigranten«, um in Wahlen daraus politisches Kapital zu schlagen. Daß die öffentliche Debatte über die Präsenz der Muslime in Frankreich mit so großer Leidenschaft geführt wird, hat zur Folge, daß eine realistische Einschätzung – die an sich schon schwer genug ist, weil der Islam in Frankreich so unterschiedlich in Erscheinung tritt – noch weiter erschwert wird.

Die Muslime mit französischer Staatsbürgerschaft, die aus Nordafrika eingewandert sind und die älteste Schicht der muslimischen Bevölkerung darstellen, unterscheiden sich deutlich von den muslimischen Immigraten, die nach und nach in Frankreich »seßhaft« wurden. Die »prekäre Seßhaftigkeit«[44] war eine der nicht intendierten Nebenwirkungen des Gesetzes vom Juli 1974, das den Zustrom von Arbeitskräften begrenzte. Viele ausländische Arbeitskräfte, die bis dahin zwischen ihrem jeweiligen Herkunftsland (wo ihre Familien zurückgeblieben waren) und Frankreich gependelt waren, entschieden sich aufgrund dieses Gesetzes für den endgültigen Verbleib in Frankreich und machten Gebrauch von den Bestimmungen zum Familiennachzug (die nicht außer Kraft gesetzt worden waren). Bis dahin hatten die Arbeiter nur ihre Fabrik und ihr Schlafquartier gekannt und außerhalb der Arbeitswelt kaum Kontakte zu Franzosen gehabt. Der Nachzug von Ehefrauen und Kindern beendete die bisherige »Unsichtbarkeit«: Jetzt waren die »Immigranten« in den städtischen Wohnvierteln präsent, in den Arbeitersiedlungen, in den Schulen. Nach und nach traten sie dort als Träger einer spezifischen Kultur hervor, die entscheidend vom Islam geprägt ist.

In den sozialen Konflikten der achtziger Jahre (insbesondere bei den Streiks in der Automobilindustrie in den Jahren 1982 und 1983) spielten ausländische Arbeitskräfte eine große Rolle. Dies trug wesentlich dazu bei, daß die Inszenierung der kulturellen und religiösen Zugehörigkeit nicht mehr nur im eigenen Kreis und im privaten Bereich erfolgte, sondern ausdrücklich auch in der Öffentlichkeit. Zur gleichen Zeit wuchs die Zahl der Gebetshäuser (11 im Jahr 1970, 274 im Jahr 1980, 1000 bis 1500 im Jahr 1990, heute doppelt so viele wie 1990), der islamischen Vereine, islamischen Metzgereien, Buchhandlungen und so weiter. Das kulturelle Selbstbewußtsein der Muslime erreichte zu Beginn der achtziger Jahre eine neue Qualität, als eine neue Generation erwachsen wurde. Diese Nachkommen der maghrebinischen Einwanderer erlebten in der Schule und auf dem Arbeitsmarkt in besonders krasser Weise die Schwierigkeiten der Integration und mußten sich gleichwohl integrieren, da der Traum von der »Rückkehr nach Hause« immer unrealistischer wurde. Diese jungen »beurs« bestehen auf dem Recht, öffentlich und in der Gemeinschaft nach den Regeln des Islam zu leben. Der Islam ist eine grundlegende Dimension ihrer kulturellen Identität innerhalb der französischen Gesellschaft. Der Streit darüber, ob muslimische Mädchen in der Schule den *hijeb,* den Schleier, tragen dürfen, illustriert exemplarisch den Normenkonflikt, den das öffentliche Bekenntnis zur islamischen Religion in einer laizistischen Gesellschaft auslöst. In vielen Bereichen – weltanschauliche Neutralität der Schule, religiöses Bekenntnis als Privatsache, Rolle der Frauen, Autorität des Familienoberhauptes, aber auch Handlungen wie dem Opfern von Schafen zum »Großen Fest« Ayd el-Kebir[45] – stehen die islamischen Praktiken im Widerspruch zu den Gepflogenheiten der modernen französischen Gesellschaft.

Die Probleme, die die Präsenz des Islam mit sich bringt, werden noch dadurch kompliziert, daß Uneinigkeit herrscht, welches die maßgeblichen islamischen Instanzen auf französischem Boden sind: Viele Muslime erkennen die Moschee von Paris (die mit dem algerischen Islam verbunden ist) nicht als die rechtmäßige Vertretung des Islam in Frankreich an. Ethnische und politische, aber auch theologische Konflikte machen den sowieso schon schwierigen Prozeß der Organisation noch schwieriger, weil bestimmte fundamentalistische Strömungen jede Form des Kompromisses mit dem Staat, seinen Gesetzen und der von ihm vertretenen weltlichen Gesellschaft entschieden ablehnen. Wenn die moderne Gesellschaft sich im Assimilationsprozeß über die religiöse Wertewelt des Islam hinwegsetzte, widersetzt sich heute im Gegenzug der Islam der assimilierenden Kultur der französischen Republik.[46]

Der Konflikt, der aus dem Widerspruch zwischen einer auf Integration gründenden Konzeption von nationaler Identität und einer auf der Anerkennung von Unterschieden gründenden Konzeption von Gruppenidentität erwächst, hat zweierlei Auswirkungen, die zusammengenommen die klassischen Vorstellungen von Laizismus erschüttern.

1. Der Konflikt macht deutlich, daß die politischen Ideale der Gründerväter der Republik am Ende des 20. Jahrhunderts immer mehr an Attraktivität verloren haben, insbesondere die quasi religiöse Inszenierung des Konfliktes zwischen der katholischen Kirche und dem Staat, die zur Institutionalisierung dieser Ideale beigetragen hat. Der Historiker Pierre Nora hat, wie viele andere, darauf hingewiesen, daß die Republik in Frankreich als »regelrechte Zivilreligion« fungierte »mit einem Pantheon, Märtyrern, Heldenverehrung und einer reichen, vielgestaltigen, allgegenwärtigen Liturgie. Sie erfand ihre eigenen Mythen und Riten, errichtete ihre eigenen Altäre und Tempel und schuf vielfältige Mittel – Statuen, Fresken, Straßenschilder, Schulbücher – zur beständigen Belehrung des Volkes.«[47] Die Konstruktion einer alternativen Religion sollte das erzieherische Spektakel ersetzen, das der Katholizismus über Jahrhunderte hinweg bereithielt: die Glockentürme, Prozessionen, Beinhäuser und Bibelszenen über dem Kirchenportal. Mit den Worten des scharfsinnigen englischen Soziologen David Martin: »Die säkularen Religionen wie die in Frankreich geschaffene sind bisweilen eine Art Katholizismus ohne Christentum.«[48]

Im Kern gründet die Religion der Republik auf einem universalistischen Ideal, das alle Unterschiede in einer wahrhaften »staatsbürgerlichen Gemeinschaft« aufzuheben vermag, gewissermaßen dem säkularen Gegenstück der »Gemeinschaft der Heiligen« in der katholischen Religion. Die jungen »beurs« sehen sich von den wirtschaftlichen, kulturellen und politischen Erträgen, die diese Utopie verspricht, ausgeschlossen und schaffen sich ihre eigene Identität, indem sie sich eine muslimische Kultur aneignen, die sie in den seltensten Fällen schon aus dem Elternhaus mitbrachten. Der Rückgriff auf den Islam gerät damit zur Chance, die Luftigkeit der säkularen Eschatologie der Republik zu entlarven: Den neuen Gläubigen kommt es nicht darauf an, Teil der Umma (der Gemeinschaft der gläubigen Muslime) zu werden, sondern sie wollen vor allem der französischen Gesellschaft vor Augen führen, daß ihre Gründungsmythen, die den offiziellen politischen Diskurs auf dem rechten wie auf dem linken Flügel prägen, nicht mehr überzeugen. Heute mehren sich die Stimmen, die zu einem »neuen laizistischen Pakt« aufrufen. Sie lassen sich als Ausdruck der Bemühungen verstehen, auf das Symboldefizit in der Politik zu reagieren, das aus der wachsenden Gleichgültigkeit gegenüber den Idealen der Republik resultiert.

2. Aber es gibt noch andere Wege, dem Symboldefizit zu begegnen: die Abkehr von der Vision einer integrierenden Gemeinschaft der Staatsbürger.[49] Die Zunahme konkurrierender Religionsgemeinschaften in Frankreich begünstigt die Tendenz zur ethnischen, kulturellen und symbolischen Abgrenzung aller Gruppen gegenüber der französischen Gesellschaft, nicht nur der Muslime. Der Politologe Pierre Birnbaum hat in vielen mittlerweile klassischen Werken die Bindekraft jener Faktoren untersucht, die bewirkten, daß die französischen Juden sich trotz Dreyfus-Affäre und trotz der Brüche, die der anschwellende Antisemitismus Ende des 19. Jahrhunderts verursachte[50], als Teil der Republik fühlten.[51] Vor kurzem hat Birnbaum in einem ebenso brillanten wie provokanten neuen Werk[52] die Hypothese aufgestellt, daß die Bindekraft jener Faktoren heute allmählich nachlasse. Zum einen rühre dies daher, daß seit den achtziger Jahren eine Rückbesinnung auf die Gruppenidentität zu beobachten sei (insbesondere bei der Generation, die Verfolgungen und Holocaust nicht erlebt hat und kaum in die Strukturen des

institutionalisierten Judentums eingebunden ist). Zum anderen neigten die öffentliche Meinung und die politische Klasse – die mit sehr großer Mehrheit die antisemitischen Provokationen der extremen Rechten verurteilen – dazu, die jüdische Bevölkerung auf ihren Gruppenstatus zurück zu verweisen. Die großen Protestdemonstrationen, die im Mai 1990 in ganz Frankreich als Reaktion auf die Schändung jüdischer Gräber auf dem Friedhof von Carpentras stattfanden, deutet Birnbaum als Hinweis darauf, daß sich in den Köpfen (der Juden wie der Nicht-Juden) allmählich wieder die Vorstellung einer »imaginären jüdischen Gemeinschaft« festsetze, die ihre Entstehung teilweise der formellen Einmischung führender Politiker verdanke. Während die Empörung über die Dreyfus-Affäre ihre Quelle im universalistischen Denken der Aufklärung gehabt habe, vollziehe sich, so Birnbaum, »die philosemitische Mobilisierung nunmehr im Namen eines Paradigmas der Gruppenidentität«.[53] Dessenungeachtet, erinnert Birnbaum, habe Staatspräsident Mitterrand kurz vor der Schändung der Gräber im Rahmen der Zweihundertjahrfeiern der Revolution dem Festakt beigewohnt, bei dem die sterblichen Überreste zweier Männer ins Panthéon überführt wurden: von Abt Grégoire, dem demokratischen Priester, der im Jahr 1791 der große Fürsprecher der Emanzipation der Juden und ihrer »Wiedergeburt« als Bürger der Republik war, und von René Cassin, dem großen jüdischen Staatsmann, dessen Anliegen es war, durch die Menschenrechtserklärung der Vereinten Nationen die universalistischen Werte von 1789 für die gesamte Welt verbindlich zu machen. »Man kann sich«, so Birnbaum weiter, »kein besseres Symbol für die Kraft der republikanischen Ideale vorstellen: Ein jüdischer Staatsmann wird zur selben Zeit feierlich ins Pantheon überführt wie der Abt Grégoire, eine Galionsfigur der Emanzipationsbewegung der Aufklärung!« Doch diese verspätete öffentliche Weihe sei paradoxerweise zu einem Zeitpunkt erfolgt, da die Republik sich angeschickt habe, den Assimilationsidealen von 1789 den Rücken zu kehren: »Wie eine Hommage an eine fast vergangene Epoche findet dies in einem Augenblick statt, als die Prozesse der Gemeinschaftsbildung die Bande der Staatsbürgerschaft im Namen des Respekts vor der

Identität schwächen.«[54] Möglicherweise bleibt für jeden Nicht-Franzosen unklar, was Pierre Birnbaum meint, wenn er den Widerspruch hervorhebt zwischen der republikanischen Konzeption der Staatsbürgerschaft und dem kompromißlosen Pochen auf ein »Recht, anders zu sein«. Doch dieser Widerspruch ist der Kern aller Normenkonflikte, die mit der Definition der nationalen Identität zusammenhängen.

Solche Konflikte finden nicht nur in Debatten ihren Niederschlag, deren Inhalt und Verlauf von Intellektuellen bestimmt werden. Vielmehr ist seit etwa 20 Jahren innerhalb der jüdischen Bevölkerungsgruppe in Frankreich selbst eine Veränderung zu beobachten: Das Ideal der staatsbürgerlichen Assimilation tritt gegenüber der Betonung der Gruppenidentität zurück.[55] Daraus erwachsen durchaus auch konkrete Forderungen. Der Wunsch, den jüdischen Lebensstil im gesellschaftlichen Alltag stärker zum Ausdruck zu bringen, wird nicht nur von der ultrareligiösen jüdischen Minderheit vorgetragen (die Chassidim zählen in Frankreich gegenwärtig weniger als 10000 Gläubige), sondern bewegt immer mehr auch breitere Schichten der jüdischen Bevölkerung, deren Forderungen über den Großrabbiner an die politisch Verantwortlichen weitergeleitet werden können. Die seit einigen Jahren geführten Verhandlungen über das Anliegen, jüdische Kinder am Samstag vom Unterricht freizustellen, damit sie die Sabbatruhe einhalten können, sind ein Beispiel für diese neue Entwicklung. Im Jahr 1989 wurde ein Rundbrief an alle Schulen verschickt mit der Mitteilung, daß sie Ferientage unter Berücksichtigung der religiösen Feiertage aller Konfessionen, auch der muslimischen und der armenischen, verteilen können. Aber nachdem immer häufiger jüdische Schüler um Freistellung vom Samstagsunterricht gebeten hatten, wurde in einem Dekret vom 18. Februar 1991 über die Rechte und Pflichten der Schüler sehr nachdrücklich auf die Verpflichtung zum regelmäßigen Schulbesuch hingewiesen. Der Zentralrat und zwei jüdische Vereinigungen wandten sich daraufhin an den Staatsrat, das oberste französische Verwaltungsgericht. Das Thema entzweite die jüdische Bevölkerung Frankreichs. Die laizistischen Richtungen (vertreten vor allem durch die Association pour un Judaïsme Humaniste et Laïque, unter dem Vorsitz von Albert Memmi, und das Centre Juif Laïque, unter der Leitung von Jean Ellenstein, beide Universitätsprofessoren) widersetzten sich entschieden dem auf Abgrenzung ausgerichteten Kurs des Großrabbiners. Schließlich schlichtete das Verwaltungsgericht den Streit, indem es einerseits die Geltung allgemeiner Grundsätze bestätigte und andererseits für eine flexible Anwendung plädierte. Im Jahr 1993 mußte ein jüdischer Schüler in Nizza das Gymnasium verlassen, weil er wiederholt am Samstag nicht zum Unterricht erschienen war. Das Verwaltungsgericht von Nizza gab der Schule recht, und der Streitfall wurde 1995 vor dem Staatsrat als Berufungsinstanz verhandelt. Der Staatsrat wies den Einspruch insoweit zurück, als er darauf abziele, die generelle Freistellung jüdischer Schüler vom Samstagsunterricht zu erwirken. Allerdings erhob er die Verpflichtung zum Schulbesuch nicht zu einem absoluten Prinzip: Nach dem Urteilsspruch können Schüler auf Antrag vom Unterricht freigestellt werden unter der Bedingung, daß die Freistellung »mit der Erfüllung der schulischen Aufgaben vereinbar« ist und »die allgemeine Ordnung in der Schule nicht stört«.[56] Das Gericht wählte folglich den Weg, im konkreten Fall den Schuldirektoren die Entscheidung zu überlassen: Die »Dezentralisierung« des Entscheidungsprozesses (die der politischen und administrativen Tradition in Frankreich wesensfremd ist) scheint die wesentliche Frucht – über den Punkt der jüdischen Festtage hinaus – der Regelungsfunktion des Verwaltungsgerichts zu sein, soweit es sich um Konflikte handelt, bei denen es um Gruppenansprüche gegenüber der Gesellschaft geht, insbesondere im Schulbereich. Damit zeichnet sich ein neuer Modus der praktischen (im Gegensatz zur ideologischen) Lösung von Konflikten um die *laïcité* ab.

Aber kann die juristisch-administrative Konfliktlösung in allen Fällen funktionieren? Die Frage muß offenbleiben. Denn die stark auf die jüdische Gruppenidentität ausgerichteten Teile der jüdischen Bevölkerung fordern ja nicht nur praktische Veränderungen (die Verteilung schulfreier Tage, die Zuweisung bestimmter Grabstellen auf Friedhöfen, die Berücksichtigung jüdischer Feiertage bei der Festlegung von Wahlterminen und so weiter). Zentraler Punkt der Auseinandersetzung ist das »Recht, als Gruppe anders sein« zu dürfen, und dieses Problem stellt sich in noch viel radikalerer Weise im Prozeß der (Re-)Islamisierung der in Frankreich lebenden Muslime. In diesem Zusammenhang ist es im übrigen bemerkenswert, daß der Zeitpunkt, als der Großrabbiner besonders nachdrücklich die Forderung nach Freistellung jüdischer Schüler vom Samstagsunterricht erhob[57], mit der »heißen Phase« der »Schleieraffäre« zusammenfiel, in der alle Aspekte – der administrative und politische, aber vor allem der symbolische und ideologische – der gegenwärtigen Debatte über die Neudefinition von *laïcité* kulminierten.

4. Konfliktvermittlung in der Sackgasse: die »Schleieraffäre«

Mit Blick auf die tiefen Gräben zwischen den verschiedenen Positionen der öffentlichen Meinung in der »Schleieraffäre« sprachen einige Kommentatoren von einer »neuen Affäre Dreyfus«. Dem außenstehenden Beobachter mag der Vorfall, der Anlaß zu monatelangen, mit großer Leidenschaft geführten Auseinandersetzungen in Frankreich gab, als Sturm im Wasserglas erscheinen. Folgendes war geschehen: Im Juni 1989 trat die Schulkonferenz einer zehnklassigen Gesamtschule in Creil im Departement Oise zusammen, um das »Schulprojekt« auszuarbeiten, das heißt die Konzeption, in der die Zielsetzungen der Schule für die nächsten Jahre festgelegt werden. Es handelte sich um eine große Schule im nördlichen Teil des Pariser Ballungsraumes, die von Schülern aus 25 Ländern besucht wurde. Eine große Gruppe jüdischer Kinder hatte es sich damals bereits zur Gewohnheit gemacht, regelmäßig samstags und an jüdischen Feiertagen nicht zum Unterricht zu erscheinen. Angesichts dieser Situation beschlossen die Lehrer, in ihre Konzeption das Stichwort »laizistische Ausrichtung« aufzunehmen und darunter folgendes zu regeln: 1) Vom kommenden Schuljahr an sollte nicht mehr zugelassen werden, daß Schüler aus religiösen Gründen nicht zum Unterricht kommen. 2) Es sollte Zurückhaltung beim Tragen spezifischer religiöser Symbole geübt werden. Die Lehrer sprachen daraufhin sofort den Fall dreier junger muslimischer Mädchen an, die verschleiert in die Schule gingen: Was sollte man ihnen sagen, wenn man von den jüdischen Kindern verlangte, den laizistischen Charakter der Schule zu respektieren? Nach den Ferien wurden die Lehrer angewiesen, verschleierten Schülerinnen den Zutritt zu den Klassenzimmern zu verwehren. Zwei Schülerinnen weigerten sich, den Schleier auf entsprechende Aufforderung hin abzulegen. Daraufhin erschien der Vater eines der beiden Mädchen in Begleitung eines Imam beim Schulleiter (der selbst aus Martinique stammte) und warf ihm Rassismus vor. Der Schulleiter teilte einige Tage später den drei verschleierten Mädchen mit, sie seien bis auf weiteres vom Unterricht ausgeschlosen, weil der Schleier »einen Angriff auf den laizistischen Charakter und die Neutralität der staatlichen Schule« darstelle. Schließlich setzte sich die Schulkonferenz mit den Eltern der drei Schülerinnen, den Vorsitzenden des tunesischen, des marokkanischen und des algerischen laizistischen Freundeskreises der Schule sowie Vertretern des Elternbeirats zusammen, und man schloß folgenden Kompromiß: Die Mädchen sollten ihren Schleier auf dem Schulgelände tragen dürfen, sollten ihn aber während des Unterrichts abnehmen und auf die Schultern legen. Darüber hinaus verpflichten sie sich, an allen Schulstunden teilzunehmen, auch an den naturwissenschaftlichen und am Sportunterricht.

Doch inzwischen war die Presse aufmerksam geworden, erst die lokale, dann die landesweite, und berichtete ausführlich über den Streitfall. Die Wochenzeitschrift *Nouvel Observateur* brachte auf der Titelseite das Bild eines verschleierten Mädchens und darunter die Schlagzeile: »Fanatismus. Die religiöse Bedrohung.« Zwei Wochen später griff der *Express* das Thema auf und titelte: »Die laizistische Schule in Gefahr. Die Strategie der Fundamentalisten.« Das Titelblatt zeigte auf rotem Hintergrund eine verschleierte Schülerin, die dem Betrachter den Rücken zuwandte. In demselben Maße, wie sich die Medien der »Schleieraffäre« bemächtigten und möglichst dramatisch darüber berichteten, breitete sich die ideologische Diskussion im gesamten Land aus.

Der sozialistische (und protestantische) Erziehungsminister Lionel Jospin gab eine ausgewogene Stellungnahme ab und hielt die ganze Zeit über an seiner nüchtern-sachlichen Position fest: »Es ist ein Zeichen des Respekts für den laizistischen Charakter der Schule, daß man nicht demonstrativ Symbole des eigenen religiösen Bekenntnisses zur Schau stellt.« Aber Jospin fügte auch hinzu: »Die Schule ist dazu da, Kinder aufzunehmen, und nicht, sie auszuschließen.« In einer Rede vor der Nationalversammlung am 25. Oktober 1989 argumentierte er in der gleichen Weise: Der Laizismus müsse »nicht mehr kämpferisch auftreten. Er muß vielmehr großzügig, wohlwollend sein, denn sein Anliegen ist es doch gerade, Kriege zu verhindern, auch Religionskriege.« Es wäre ein schwerer Fehler, so Jospin weiter, »eine unbeugsame Haltung einzunehmen, denn das würde dazu führen, daß sich aus einem Solidaritätsreflex heraus die ganze Gruppe hinter ein paar isolierte einzelne stellt. Die Weiterentwicklung des Islam in der westlichen Welt wird man durch Verweigerung, durch Ausschluß nicht fördern. Wer kann denn sagen, ob diese jungen Mädchen, die heute mit ihrem Schleier Schlagzeilen machen, ihn in zehn Jahren noch tragen, daß sie sich bis dahin nicht emanzipiert haben?« Staatspräsident Mitterrand und Premierminister Michel Rocard (ebenfalls Protestant) unterstützten entschieden Jospins gemäßigte Position.

Die öffentliche Meinung radikalisierte sich jedoch zusehends, hier stieß die gemäßigte Linie auf Ablehnung. Vor Ort, in den Schulen, gab es immer mehr ähnliche Konfliktfälle: Provokation und Reaktion prallten aufeinander und verstärkten sich wechselseitig. In Creil, das inzwischen zu einem Symbol geworden war, brachen die Schülerinnen die Übereinkunft und verschleierten sich wieder im Unterricht: Der Kurswechsel erfolgte nach einer Unterredung ihrer Väter mit einem Vertreter der Fédération Nationale des Musulmans de France (Vereinigung der Muslime in Frankreich). Die Vereinigung hatte durch einen ihrer Verantwortlichen, Daniel Jussuf Leclerc, kundgetan, das Tragen des Schleiers sei »eine Sache des Schamgefühls«, und es könne

»keinen Kompromiß mit der Religion geben«. Die Mädchen wurden umgehend vom Unterricht ausgeschlossen (durften aber weiterhin das Schulgelände und die Bibliothek betreten). Ein Solidaritätskomitee für die Schülerinnen von Creil wurde gegründet und Klage wegen »Rassendiskriminierung« eingereicht. Zwei fundamentalistische muslimische Organisationen riefen für den 22. Oktober zu einer Demonstration in Paris auf (zu der nur 600 Demonstranten erschienen), doch die Moschee von Paris und die Fédération Nationale des Musulmans de France sprachen sich gegen diesen Aufruf aus.

Die Uneinigkeit der muslimischen Vereinigungen darüber, wie sie auf Maßnahmen reagieren sollten, die sie als »diskriminierend« und »intolerant« verurteilten, rückte einen grundsätzlichen Aspekt in den Vordergrund: Die »Schleieraffäre« spaltete die weltanschaulichen Richtungen – die politischen, religiösen und ideologischen Familien –, ebenso wie die Intellektuellen, die reichlich Öl ins Feuer gossen. Auch auf laizistischer Seite waren die Positionen alles andere als einhellig: Besonders radikale Vertreter forderten ein generelles Verbot des Schleiers, die liberale Richtung plädierte hingegen für »toleranten Laizismus«. Michel Morineau, der Generalsekretär der Ligue de l'Enseignement (der Spitzenorganisation aller laizistischen Gruppierungen), stellte die Frage: »Haben diese jungen Mädchen wirklich den Willen bekundet, ihre Mitschülerinnen zu beeinflussen? Haben sie demonstrativ im Unterricht gebetet und damit eine feindselige Einstellung gegenüber Katholiken, Protestanten, Israeliten oder auch Atheisten zum Ausdruck gebracht? Haben sie sich geweigert, an bestimmten Unterrichtsstunden teilzunehmen? Wenn all das nicht der Fall war, sollen sie doch ihren Schleier behalten! Eine Regel ist niemals unantastbar und ewig gültig, und Laizismus besteht nicht darin, um jeden Preis an der gegebenen Ordnung festzuhalten.«[58] Die FCPE, eine entschieden linksorientierte und dem Gedanken eines laizistischen staatlichen Schulwesens fest verbundene Elternvereinigung, meldete gleichfalls Bedenken an: »Was soll man empfehlen? Gewiß nicht den Ausschluß, der die Beteiligten in die Kompromißlosigkeit treibt, und gewiß keine landesweit verbindliche Verhaltensregel.

Man muß den schmalen Weg beschreiten, der zwischen der Zurückweisung, der leichten Lösung, verläuft und dem Verzicht auf jegliche Reaktion, der verhängnisvollen Lösung.«[59] Die Lehrergewerkschaften lehnten im Gegensatz dazu jeden Kompromiß entschieden ab mit der zweifachen Begründung, es müsse zum einen ein Damm gegen das Anwachsen jeglicher Form des religiösen Fundamentalismus errichtet werden, zum anderen widerspreche die Verpflichtung, einen Schleier zu tragen, der Gleichheit der Geschlechter. Im Namen der Frauenrechte kritisierten auch feministische Organisationen scharf die ihrer Ansicht nach zu nachgiebige Haltung des Erziehungsministers. Die Spitze der französischen Freimaurer schloß sich dieser Position an. Antirassistische Organisationen und Vereine zur Verteidigung von Ausländerrechten waren wiederum gespalten. SOS-Racisme (eine eher linksstehende Gruppierung) nahm Anstoß an den Begriffen, mit denen die Debatte geführt wurde. »Die entscheidende Frage«, so ihr Vorsitzender Harlem Désir, »ist nicht, ob in der Schule der Schleier getragen werden darf oder nicht. Die entscheidende Frage ist, in welche Schulen diese Kinder gehen und wie man sie am besten integrieren kann.«[60] Der Vorsitzende der (eher liberalen) Organisation France-Plus warf Lionel Jospin vor, er setze »angesichts von Schleiern, Kippas und anderen religiösen Symbolen, die womöglich den Schulfrieden stören könnten, mit Zwangsmitteln die laizistische Orientierung durch«.[61]

Die nicht-muslimischen religiösen Institutionen bezogen unterschiedliche Positionen. Jüdische Organisationen unterstützten die Forderung nach ungehindertem religiösen Bekenntnis in der Schule, soweit »dies keine Gefahr für die Stabilität der Gesellschaft in sich birgt«. Die Protestanten vertraten die Auffassung, »daß es keinen Grund gibt, das Anlegen des Schleiers in der Schule zu verbieten, sofern es nicht aus Bekehrungseifer geschieht, aber die Regeln des Laizismus müssen uneingeschränkt respektiert werden«.[62] Die katholische Kirche teilte diese Auffassung und bemühte sich vor allem durch Stellungnahmen des Kardinal-Erzbischofs von Paris, Monsignore Lustiger, zur Entdramatisierung der Angelegenheit beizutragen: »Das Tragen des

Schleiers ist womöglich nur genauso Ausdruck einer jugendlichen Oppositionshaltung wie eine Rasta-Frisur. Wir dürfen keinen Krieg gegen die ‚beurs' führen. Laßt uns das Feuer einstellen! Wir dürfen nicht den Fehler machen, Probleme mit dem Islam und Probleme mit den Jugendlichen zu vermischen. Beenden wir die Debatte, bis uns die muslimischen Verantwortlichen genau erklärt haben, was der Schleier bedeutet, denn erst dann können wir entscheiden, ob das Tragen des Schleiers der französischen Definition von Laizismus widerspricht.«[63]

Im Prozeß der ideologisch-politischen Radikalisierung einer Debatte – in deren Verlauf sich zuweilen unfreiwillig, in einer paradoxen Eintracht, die Haltung bestimmter kompromißlos antireligiöser laizistischer Strömungen und die Ablehnung des Islam (wie er von den Immigranten praktiziert wird) durch bestimmte Strömungen der konservativen, nationalistischen Rechten trafen – meldeten sich auch die Intellektuellen mit gegensätzlichen Visionen über die »Mission der Linken« zu Wort. Am 2. November 1989 veröffentlichte der *Nouvel Observateur* unter der Schlagzeile »Lehrer, wir dürfen nicht aufgeben!« einen von fünf prominenten Intellektuellen (E. Badinter, R. Debray, A. Finkielkraut, E. de Fontenay, C. Kintzler) unterzeichneten offenen Brief gegen das Tragen des Schleiers. Hier äußerten sich in dramatischen, glühenden Worten diejenigen, die angesichts der Bekräftigung von Gruppenidentitäten und dem wachsenden Anspruch auf »Anderssein« die unbedingte Reinhaltung republikanischer Werte forderten. Der erste Satz des an die Regierung gerichteten Schreibens gibt den Ton vor: »Die Zukunft wird zeigen, ob in dem Jahr, in dem der 200. Jahrestag der Revolution gefeiert wurde, auch das «Münchner Abkommen» für die republikanische Schule unterzeichnet wurde.« Einige Tage später warf eine Gruppe nicht weniger prominenter Intellektueller (J. Kaufmann, H. Désir, R. Dumont, G. Perrault und A. Touraine) der ersten Gruppe in einem weiteren offenen Brief vor, die »Verpflichtung zu verbieten« führe alle Integrationsbemühungen in eine Sackgasse. Ausgrenzung bahne dem Fundamentalismus und der Front National eines Jean-Marie Le Pen den Weg: »Werden diejenigen, die heute vom ›Münchner

Abkommen‹ über die republikanische Schule sprechen, das Vichy für alle Integrationsbemühungen schaffen?«[64] Diese Zitate vermitteln einen Eindruck davon, wie leidenschaftlich die Kontroverse geführt wurde. Es folgte eine Flut weiterer Schriften, Artikel und Manifeste. Über den Redaktionen aller französischen Tageszeitungen gingen Lawinen von Leserbriefen nieder, in denen kompromißlos für die eine oder andere Position Partei ergriffen wurde. Gleichwohl regten sich auch vermittelnde Stimmen: Sie bemühten sich, den Konflikt zu entschärfen, und wiesen auf die regulierende Funktion des Islam in Frankreich hin.[65] Andere versuchten den Konflikt in ein pädagogisches und erzieherisches Problem umzuformulieren, indem sie beispielsweise die Frage stellten, wie man muslimischen Mädchen – die den Schleier oft gegen ihren Willen auf Geheiß der Väter oder noch häufiger der Brüder tragen müssen – im Rahmen der Schule helfen könne, Unabhängigkeit zu entwickeln. Diese Versuche, Vernunftargumente in die Auseinandersetzung einzubringen, verblaßten freilich gegenüber den apodiktischen Äußerungen der Konfliktparteien.

Nachdem sich die Angelegenheit immer mehr zu einem ideologischen Krieg entwickelt hatte, unternahm der Erziehungsminister einen Vermittlungsversuch »von oben«. Er verlangte einen Urteilsspruch des Staatsrates. Dieser erging am 27. November 1989. Er fiel differenziert aus. »Das Tragen religiöser Symbole ist mit den Regeln des Laizismus durchaus vereinbar«, heißt es, sofern die Symbole nicht »demonstrativ oder als Ausdruck des Protestes getragen werden«. Der Staatsrat überließ es somit den Schulleitern, »die Grenzen der Duldung von Fall zu Fall und in richterlich überprüfbarer Weise festzulegen«. Der Erziehungsminister veröffentlichte daraufhin einen Rundbrief, in dem die zentralen Argumente des Urteilsspruchs zusammengefaßt wurden: Beim Streit um religiöse Symbole von Schülern müsse an erster Stelle der Dialog stehen (sofern die Symbole nicht dem Zweck dienen, für ein bestimmtes Bekenntnis zu werben), aber an den Prinzipien der weltanschaulichen Neutralität und der Schulpflicht müsse unbedingt festgehalten werden. Die Empfehlung eines fallbezogenen Vorgehens bei künftigen »Schleieraffären« hatte nicht die vom Minister erhoffte Wirkung. Die Uneindeutigkeit weckte die Kritik der Lehrerverbände, die es ablehnten, die Entscheidung den Lehrern zuzuschieben. Es gab heftigen Widerspruch seitens der vehementen Verteidiger des laizistischen Prinzips und feministischer Gruppen. Auch Gruppierungen des rechten Flügels – die mit Sorge sahen, daß die Front National von Jean-Marie Le Pen (der nicht müde wurde, die Gefahr einer »islamischen Invasion« an die Wand zu malen) für die besonders konservativen Teile ihrer Wählerschaft zu einer immer attraktiveren Alternative wurden – nutzten die »Schleieraffäre« aus, um generell die »Laschheit« der Regierung zu geißeln und die politischen Bemühungen um Integration der Immigranten in Frage zu stellen. Da eine kohärente Verhandlungsstrategie fehlte, gab es in den Jahren 1991/92 immer mehr »Schleieraffären«, die alle nach dem gleichen Muster verliefen: Wenn Schülerinnen von der Schule verwiesen wurden (was mehrere dutzendmal seit 1989 vorgekommen ist), wandten sich die Eltern an die Verwaltungsgerichte, die den Ausschluß vom Unterricht in der Regel bestätigten. Dagegen gingen die Eltern in Berufung. Der Staatsrat vermied jegliche Festlegung, die dazu hätte führen können, aus dem Einzelfall eine generelle Entscheidung für den Schulausschluß abzuleiten. Auf dieser Basis konnte dann in jedem Einzelkonflikt geklärt werden, was mit den Mädchen geschehen sollte: Manche verzichteten auf den Schleier, andere wählten die Möglichkeit des Fernunterrichts, wieder andere wurden mit Schleier in katholische Privatschulen aufgenommen, allerdings nur unter der Bedingung, daß sie sich verpflichteten, nicht aktiv für ihren Glauben zu werben. Es sei noch nachgetragen, daß in Creil der König von Marokko – in seiner Eigenschaft als Oberhaupt der Gläubigen – intervenierte und von den marokkanischen Mädchen verlangte, sie sollten den Schleier ablegen und die Spielregeln des französischen laizistischen Schulsystems akzeptieren. Indem sie dieser Anweisung folgten, konnten sie wieder zum Schulunterricht zugelassen werden.

Die dramatische Zuspitzung im Verlauf der »Schleieraffäre« und das Scheitern aller Vermittlungsversuche, die darauf abzielten, eine Lösung auf dem Verhandlungsweg herbeizuführen, erfolgte vor dem Hintergrund eines noch viel grundsätzlicheren sozialen und kulturellen Konfliktes: Welchen Status soll man in einer demokratischen, durch hohe Arbeitslosigkeit destabilisierten Gesellschaft Immigrantengruppen und dem Islam als deren Bezugspunkt einräumen?[66] Die Verflechtung der beiden Probleme trat in der zweiten, »heißen« Phase der »Schleieraffäre« besonders deutlich hervor. Sie begann mit dem neuen Schuljahr 1993, als im Collège Xavier-Bichat in Nantua, im französischen Jura, vier türkische Mädchen vom Unterricht ausgeschlossen wurden, nachdem sie sich geweigert hatten, während des Sportunterrichts den Schleier abzulegen. Über den Schulkonflikt im engeren Sinn hinaus spielte bei dieser Auseinandersetzung die generelle Ablehnung einer vielköpfigen türkischen Bevölkerungsgruppe durch die Einheimischen eine große Rolle. Die Türken sind schon durch ihre Sprache isoliert (während die Immigranten aus dem Maghreb in der Regel französisch sprechen), und die Praxis ihrer Religionsausübung spiegelt die Verbundenheit mit ihren kulturellen Traditionen wider.

Die »Affäre von Nantua« brachte die unmittelbar politische Dimension des Konfliktes ans Licht. Symptomatisch dafür waren Stellungnahmen, die in einem Atemzug das generelle Verbot der Verschleierung in der Schule, die Begrenzung des Zuzugs von Ausländern und die Abschiebung illegaler Einwanderer forderten. Wenig später wurde der (einer Partei der Mitte angehörende) Erziehungsminister François Bayrou der Mitte-Rechts-Regierung in der Nationalversammlung vom konservativsten Flügel seiner Regierungsmehrheit aufgefordert, dem »institutionellen Vandalismus« ein Ende zu setzen, den die *Loi Jospin* von 1989 habe einreißen lassen. Dieses Gesetz ermutige die Muslime, einen »schleichenden Djihad« in der Schule zu führen. Da die Schuldirektoren nun fürchteten, ihre Entscheidungen könnten auf gerichtlichem Wege aufgehoben werden, veröffentlichte François Bayrou am 27. Oktober 1993 ein Rundschreiben, in dem er im wesentlichen Formulierungen aus Jospins damaligem Erlaß und aus der Entscheidung des Staatsrates vom November 1989 aufgriff. Bayrou zählte noch einmal die Grundprinzipien auf: »Die Schule ist ein Ort, an dem sich Kinder aufhalten. Ihre Aufgabe ist es, die Integration und nicht die Spaltung zu fördern. Die Beachtung der laizistischen Prinzipien ist unbedingt erforderlich.« Besonders betonte Bayrou die Eigenverantwortung der Schulleiter. Er ermutigte sie, rasch und entschieden einzugreifen, wann immer die öffentliche Ordnung durch Druck, Provokationen oder die demonstrative Werbung für ein Bekenntnis bedroht sei. Nach der Zuspitzung mehrerer lokaler Konflikte folgte am 20. September 1994 ein zweites Rundschreiben, das weiter ging als das erste. Darin wurden sichtbar getragene religiöse Abzeichen als »Symbole« gewertet, »mit denen für einen bestimmten Glauben geworben wird«, und die Schulleiter wurden aufgefordert, sie sollten »den Schulkonferenzen eine Änderung der Schulordnung vorschlagen. Danach wird das Tragen ostentativer Symbole verboten, während unauffällige Symbole, die lediglich ein persönliches Bekenntnis zum Ausdruck bringen, weiterhin erlaubt bleiben«. Der Begriff »ostentative Symbole« zielt in diesem Zusammenhang eindeutig auf den islamischen Schleier, hingegen werden das Kreuz und die Kippa als »unauffällige Symbole« eingestuft. Das zweite Rundschreiben des Erziehungsministers folgte auf Druck einer politischen Mehrheit, die eine bestimmte, vermeintlich durch die Immigranten bedrohte Konzeption der französischen Identität verteidigte. Dieses Rundschreiben regelte das Schulausschlußverfahren systematisch und nahm ihm so den Anschein des Spektakulären. Bayrou wollte, wie sein sozialistischer Amtsvorgänger, »überzeugen, nicht zwingen«, aber die Bilanz seines Vorgehens zeugt von einer weiteren Mischung von beidem: In den Jahren nach 1989 entschieden sich zwar 1500 Mädchen dafür, den Schleier abzulegen, aber 150 wurden von ihren Schulen ausgeschlossen. Die beträchtliche Zahl von Schulverweisen ist nicht nur ein Indiz für das Scheitern einer »bestimmten Idee von Schule«. Die Tatsache, daß es nicht gelungen ist, ein Verfahren durchzusetzen, das es ermöglicht hätte, differenzierte Lösungen je nach Einstellung der muslimischen Mädchen zum Schleier[67] zu finden, zeigt, daß sich das nationale Psychodrama, das 1989 in Creil seinen Anfang nahm, nicht zu einem produktiven Konflikt entwickelte, in dessen Verlauf neue Normen geschaffen worden wären, die die Diskussion über die *laicité* hätten beleben und bereichern können.[68]

5. Von der befriedeten *laïcité* zur Vermittlung durch *laïcité*: der Konflikt in Neukaledonien im Jahr 1988

Die »Schleieraffäre« führte in dem nach wie vor höchst symbolträchtigen Bereich Schule vor Augen, daß die laizistischen Werte im Interesse ganz unterschiedlicher politischer Ziele instrumentalisiert werden können, sobald die Frage der kulturellen Integration des Islam in die moderne Gesellschaft von der Debatte über Immigration und den Umgang mit Immigranten in Frankreich überlagert wird.

Bedeutet dies, daß der »laizistische Pakt« aufgegeben wurde und die Konflikte, die immer noch in seinem Namen geführt werden, letztlich nur eine verschärfte Form von kollektiver »Trauerarbeit« über die verblichenen Werte der Republik sind? Die Wahrheit ist komplizierter. Denn dieselben Entwicklungen bedrohen die historisch-symbolische Hinterlassenschaft des Laizismus und fördern zugleich die Sicherung und Erneuerung dieses symbolischen Kapitals. Sie mobilisieren die verschiedenen »weltanschaulichen Richtungen« und bringen den Staat auf den Plan. Angesichts der Gefahr, daß der soziale Zusammenhalt Schaden nehmen könnte, bündeln die Gegner von gestern ihre symbolischen Ressourcen, die sie im Verlauf ihrer vergangenen Konflikte angesammelt haben, und kümmern sich gemeinsam darum, das kollektive Erbe zu bewahren und zu mehren. Deshalb wacht die laizistische Republik geflissentlich darüber, daß die Kirchen und die sonstigen sakralen Bauten in Frankreich als Bestandteile des gemeinsamen Erbes erhalten und geachtet werden. Der Laizismus zeigt sich immer stärker geneigt, das religiöse Erbe als Teil der Nationalkultur zu betrachten.

Die kürzlich eröffnete, große (und friedlich verlaufende) Debatte über die »religiöse Unwissenheit« der Schüler, über die Notwendigkeit, in der Schule ein Grundwissen über unterschiedliche »Religionskulturen« zu vermitteln, und über die Frage, welchen Platz religiöse Zusammenhänge in den Unterrichtsfächern Geschichte, Sprachen, Literatur, Philosophie, Musik oder Geographie einnehmen sollen, ist in diesem Zusammenhang ein bezeichnendes Beispiel.[69] Ein Zusammenwirken unterschiedlicher weltanschaulicher Richtungen ist nicht nur beim Schutz des gemeinsamen kulturellen Erbes zu beobachten, sondern auch bei den großen ethischen Debatten über die Zukunft von Menschheit und Gesellschaft, über den Umgang mit dem wissenschaftlichen Fortschritt in Biologie und Genetik bis hin zum Kampf gegen AIDS. Die »spirituellen Familien« sind im Comité Consultatif d'Éthique pour les Sciences de la Vie et de la Santé (Beratender Ausschuß für Ethik in den Lebens- und Gesundheitswissenschaften), das 1983 eingerichtet wurde, ebenso vertreten wie im nationalen AIDS-Rat, der seit 1989 besteht. Neben diesen offiziellen Manifestationen einer »Ökumene in Fragen der Menschenrechte«[70], wenn es um die großen ethischen Herausforderungen in der Welt von heute geht, heben auch auf dem Hintergrund eines zunehmenden Rassismus und Antisemitismus immer mehr Einzelinitiativen die Konvergenz der großen laizistischen und religiösen »Glaubenstraditionen« in ethischen Fragen hervor. Eine solche Annäherung ist auch im Bereich des sozialen Engagements zu beobachten. Die staatlichen Institutionen erkennen an, daß kirchliche Einrichtungen hier eine bedeutende Rolle spielen, und wenden sich im Kampf gegen jede Form sozialer Ausgrenzung gezielt an sie: Die wechselseitige Legitimation des staatlichen und des kirchlichen Handelns mag zwar in vielen Ländern bereits seit langem gang und gäbe sein, in Frankreich ist sie neu. Kann die »Ökumene in Menschenrechtsfragen« sich zu einem wesentlichen Faktor in der Vermittlung von Konflikten entwickeln, die gleichermaßen Ausdruck und Ergebnis der Krise der republikanischen Normenvorstellungen sind? Ein bemerkenswertes Beispiel ist in diesem Zusammenhang die Lösung des gewaltsamen Konfliktes zwischen der melanesischen und der europäischen Bevölkerungsgruppe in Neukaledonien im Jahr 1988.

Es würde den Rahmen dieses Beitrages sprengen auszuführen, wo die Ursprünge des Konfliktes zwischen der melanesischen Bevölkerung, die bereits vor 1853 Neukaledonien bewohnte, und der allochthonen, eingewanderten Bevölkerung liegen, die seit etwas mehr als einem Jahrhundert dort lebt und größtenteils aus Nachkommen der kolonialen Eroberer des 19. Jahrhunderts besteht. Diese Bevölkerungsgruppe hat die Hebel der wirtschaftlichen und gesellschaftlichen Macht in der Hand. Sie ist konzentriert in der Region um Noumea. Die zahlenmäßig schwächere melanesische Bevölkerungsgruppe (etwa 30 Prozent der Gesamtbevölkerung), vorwiegend Bauern, lebt verstreut über ein weites Gebiet. Bei den Melanesiern wirkte (zumindest bis zur Bodenrefom von 1978) stark das Trauma der Enteignung und der zwangsweisen Verwaltungsneugliederung ihres Landes im 19. Jahrhundert nach. In den Jahren des raschen wirtschaftlichen Aufschwungs (1969 bis 1972) fand die ethnische und sozioökonomische Spaltung zwischen Stadt und Land insofern eine »Lösung«, als die Landbevölkerung durch ihre Einbindung in den Dienstleistungssektor an der stürmischen Entwicklung der Städte teilhaben konnte. Im Gefolge der Wirtschaftskrise brachen die Ungleichheiten jedoch in aller Schärfe wieder auf, die unter der Oberfläche des wirtschaftlichen Fortschritts weiterbestanden hatten. Das Streben der Kanaken nach Unabhängigkeit war der logische Schlußpunkt eines konfliktreichen Zusammenlebens zwischen einer multizentrischen Machtstruktur (die traditionellen Häuptlinge mit ihren Stämmen), gegründet auf Traditionen, an denen mit Stolz festgehalten wurde, und einer Staatsmacht, die diese Normen und Werte in Frage stellte.[71]

Gleichwohl wäre es eine unzulässige Vereinfachung, den Konflikt nur als Kampf um die Befreiung aus kolonialer Abhängigkeit zu interpretieren. Denn die allochthone Bevölkerung – die für sich in Anspruch nahm, den wirtschaftlichen Aufschwung im Land herbeigeführt zu haben – besteht selbst aus unterschiedlichen ethnischen Gruppen, nicht nur aus Nachfahren der ehemaligen Kolonialherrn, sondern auch aus Zuwanderern aus Asien

(Vietnam, Indonesien) und Ozeanien (Polynesien, Iles Loyautés), die in Gemeinschaften mit festen eigenen Regeln und Wertvorstellungen leben. Um die Spannungen abzubauen, lud die sozialistische Regierung im Jahr 1983 Vertreter der wichtigsten Bevölkerungsgruppen zu Gesprächen nach Frankreich ein. In einer gemeinsamen Erklärung erkannten sie wechselseitig ihre ethnischen Identitäten und ihre jeweiligen Rechte an.[72] Als nächstes reiste eine Kommission unter dem Vorsitz von Edgard Pisani, einem ehemaligen Minister unter Charles de Gaulle, nach Neukaledonien mit dem Ziel, einen Plan zur Regionalisierung umzusetzen. Die Kanaken sollten überall dort, wo sie in der Mehrheit waren, Maßnahmen zur Entwicklung des Landes (vor allem im Agrar- und im Schulbereich) in eigener Regie und unter Berücksichtigung ihrer spezifischen Bedürfnisse durchführen können. Im Land kehrte wieder Ruhe ein. Das änderte sich schlagartig nach der Entscheidung der Regierung Chirac (nach Rückkehr der Mitte-Rechts-Kräfte an die Macht: 1986 bis 1988), den Prozeß im institutionellen Bereich zu beschleunigen. Dahinter stand die Überlegung, die entlegenen französischen Territorien müßten zur Lösung ihrer Probleme möglichst weitgehende administrative Autonomie besitzen. Diese Politik lief darauf hinaus, die ungleiche Verteilung der Macht im Land unter dem Deckmantel der Mehrheitsverhältnisse zugunsten einer Bevölkerungsgruppe festzuschreiben. Die Ankündigung eines Referendums über das neue Statut, das am 22. Januar 1988 veröffentlicht wurde und dessen Bestimmungen die autochthone Bevölkerung nicht akzeptieren konnte, löste einen offenen Konflikt aus. Am 22. Februar nahm ein Kommando des FLNKS (Front de Libération National Kanak Socialiste; Sozialistische Kanakische Befreiungsfront) neun Gendarmen als Geiseln. Nach ihrer gewaltsamen Befreiung wurden etliche Personen verhaftet. Am 22. April wurden beim Angriff auf einen Gendarmerieposten in Fayaoué vier Gendarmen getötet, 22 weitere und ein Verwaltungsbeamter wurden als Geiseln genommen. Auf Druck des rechten Flügels der Regierungskoalition und der Front National verweigerte Premierminister Jacques Chirac die Entsendung eines Vermittlers, wie es von den beiden Führern des

FLNKS, Jean-Marie Tjibaou und Léopold Jorédié, gefordert worden war. Staatspräsident François Mitterrand hingegen befürwortete Vermittlungsbemühungen und widersetzte sich der Auflösung des FLNKS. Neukaledonien schlitterte in einen Bürgerkrieg. Bei den Präsidentschaftswahlen im April 1988 wurde François Mitterrand mit überwältigender Mehrheit wiedergewählt. Doch am 5. Mai gab die Regierung Chirac, die bis zur Ernennung der neuen sozialistischen Regierung im Amt blieb, den Befehl, mit Fallschirmspringern, Gendarmen und Marinesoldaten die Höhle von Ouvéa zu stürmen, wo sich die Geiselnehmer verschanzt hatten. Bei dem Angriff fanden zwei Gendarmen und 19 Kämpfer der Unabhängigkeitsbewegung den Tod.

Dieser kurze chronologische Überblick ist unerläßlich zum Verständnis des politischen Kurses, den der neue sozialistische Premierminister Michel Rocard unmittelbar nach seinem Amtsantritt einschlug. An die Spitze des Ministeriums für die Überseeischen Departements und Territorien berief er einen als liberal geltenden Politiker der Mitte (Olivier Stirn[73]). Dann setzte er eine sechsköpfige Kommission ein mit dem Auftrag, »die Situation zu prüfen und Verhandlungen in Neukaledonien anzuknüpfen«. Die Kommission konnte nach eigenem Ermessen Entscheidungen treffen. Sie blieb einen Monat vor Ort. Ihre Aufgabe war es, Kontakte zu knüpfen und vermittelnd zu wirken, um die Gesprächsbereitschaft der verschiedenen Volksgruppen untereinander wiederherzustellen. Besonders interessant ist die Auswahl der Kommissionsmitglieder: Als Koordinator mit der Abfassung des Schlußberichtes für die Regierung beauftragt wurde der Präfekt Christian Blanc, die rechte Hand von Edgard Pisani bei der ersten Neukaledonien-Mission, ein mit der Situation im Land gründlich vertrauter Mann. Ihm zur Seite wurden zwei weitere hohe Staatsbeamte gestellt: der Unterpräfekt Pierre Steinmetz, ein enger Mitarbeiter von Raymond Barre, und der ehemalige Gendarmeriedirektor Jean-Claude Périer. Die Berufung von Steinmetz zeigt, daß bei der Lösung des Neukaledonien-Konfliktes von Anfang an eine Zusammenarbeit über Parteigrenzen hinweg angestrebt wurde. Jean-Claude Périer hatte sich im Mai 1968 als besonnener Krisenmanager erwiesen; als Staatsrat genoß er das Vertrauen von Armee und Gendarmerie. Zu diesen drei Vertretern der Republik kam je ein Vertreter der drei in Neukaledonien einflußreichsten »spirituellen Familien« hinzu: Monsignore Paul Guiberteau, Rektor des Katholischen Instituts von Paris und ehemaliger Direktor des katholischen Erziehungswesens – einer der Hauptbeteiligten des Privatschulkonfliktes von 1984. Er stand als einziges Mitglied der Kommission in keiner Verbindung zu Neukaledonien, sondern wurde als herausragende Persönlichkeit des französischen Katholizismus berufen. Der Katholizismus ist zum einen die Religion der meisten in Neukaledonien lebenden Europäer; darüber hinaus wollte Michel Rocard mit Guiberteaus Berufung demonstrieren, daß der Schulkonflikt endgültig ad acta gelegt worden war. Neben Guiberteau als Vertreter der katholischen Religion gehörte der Präsident der Fédération Protestante, Pastor Jacques Stewart, als Vertreter der evangelischen Kirche der Kommission an. Seiner Mitarbeit kam besondere Bedeutung zu, weil die meisten Melanesier der evangelischen (vor allem der presbyterianischen) Kirche angehören. Als dritter wurde Roger Leray in die Kommission berufen, der ehemalige Großmeister des Grand Orient de France; ihn hatte François Mitterrand bereits vor der gewaltsamen Zuspitzung des Konfliktes um Vermittlung gebeten. Das Freimaurertum spielt auf der Insel eine große Rolle; der Führer der Unabhängigkeitsbewegung (Jean-Marie Tjibaou) und wie der Führer der für die Fortsetzung der Anbindung an Frankreich kämpfenden Gruppe (Jacques Lafleur) sind Freimaurer. Die Kommission wurde von beiden Gruppen skeptisch, sogar abweisend begrüßt, sowohl vom FLNKS wie vom RPCR (Rassemblement pour la Calédonie dans la République; Sammlungsbewegung Kaledonien in der Republik). Das RPCR, die Neukaledonische Organisation der Partei von Jacques Chirac, betrachteten viele europäische Neukaledonier als Interessenvertretung.

Die Arbeit der Kommission erfolgte in zwei Phasen. In der ersten Phase vom 20. bis 28. Mai 1988 standen zwei Ziele im Vordergrund: Zum einen sollte ein Dialog zwischen den verschiedenen Volksgruppen in Neukaledonien und dem Staat angestoßen und damit die beschädigte Legitimität der Republik wiederhergestellt werden. Zum anderen sollte sich die Kommission ein Bild von der sozialen und politischen Situation auf der Insel machen. Der Vorrang symbolischer Gesten gegenüber konkreten Verhandlungen kennzeichnet diese erste Phase. Nach vorbereitenden Gesprächen mit Vertretern von Volksgruppen, Kirchen, politischen Organisationen, Gewerkschaften und Berufsverbänden begannen die Kommissionsmitglieder mit ihrer »Tour über die Insel« in Ouvéa, einer vorwiegend von Melanesiern bewohnten Region. Sie trafen mit Stammeshäuptlingen zusammen, tauschten die traditionellen Begrüßungsworte aus und besuchten das Gemeinschaftsgrab, in dem die 19 bei der Erstürmung der Höhle getöteten Geiselnehmer beigesetzt sind und über dem die Flagge der Kanaken weht. »Wir sind gekommen«, so erklärte die Kommission, »um die Toten zu ehren, nicht eine Fahne. Und wenn die Fahne ein Wahrzeichen für die Forderung nach Identität und Würde ist, warum sollte uns das empören? Ist es nicht besser, mit einer Fahne zu kämpfen als mit einem Gewehr?«[74] Bei den Anti-Separatisten oder Loyalisten erregte diese Haltung Anstoß, aber auf seiten der Unabhängigkeitsbewegung förderte sie die Gesprächsbereitschaft. Die Geste markiert das Ende der symbolischen Phase, in der das, was nicht ausgesprochen wurde, genauso bedeutsam war wie das, was ausgesprochen wurde. Vor der Höhle beließ es Präfekt Blanc bei den Worten: »An dieser Stelle sind schreckliche Dinge geschehen. Ich will keine Rede vor Ihnen halten. Wir sind gekommen, um das Schweigen mit Ihnen zu teilen.« Schweigend verharrte die Kommission auch vor der Gendarmeriestation von Fayaoué, wo im April die vier Gendarmen ermordet worden waren.

Am 26. Mai traf die Kommission mit Jean-Marie Tjibaou in seinem Heimatdorf Hienghène zusammen. Die Begegnung mit dem Mann, der trotz stärksten Druckes von seiten der Befürworter der Unabhängigkeit nach wie vor den Kampf der Kanaken verkörperte, kündigte den Beginn einer zweiten Phase an: die der Verhandlungen. Nach Besuchen bei den Stammeshäuptlingen und einem Mittagessen der Kommissionsmitglieder mit dem Stamm öffnete Tjibaou die Tür zum Dialog. »Die Unruhen können beendet werden«, sagte er, »wenn es Hoffnungsschimmer gibt. Man muß sich zusammensetzen und die Probleme darlegen, und jeder soll sagen, was seine Befürchtungen, seine Forderungen, seine Erwartungen für die Zukunft sind. Dann können wir ein Problem nach dem anderen anpacken, sehen, was diskutiert werden kann, mögliche Lösungen erörtern und über den zeitlichen Rahmen nachdenken. Jeder wird Zugeständnisse machen müssen. Zunächst wird jeder die Hürde so hoch wie möglich ansetzen, das ist nicht anders zu erwarten. Und dann werden wir im Verlauf der Diskussionen sehen, welche Interessen verhandelbar sind. Wir müssen unbedingt gemeinsam einen Weg finden, auf die Forderungen der Kanaken einzugehen.«[75] Die Kommission sammelte die Vorschläge der Unabhängigkeitsbewegung. Gleichzeitig führte sie Gespräche mit der Jugend, den »Buschmännern« (Bauern, die bei Frankreich bleiben wollten) und mit Vertretern der verschiedenen Bevölkerungsgruppen: mit Neukaledoniern, Bewohnern der Inseln Wallis und Futuna, Polynesiern, Vietnamesen und so weiter. Die Situation im Land war zwar weiterhin äußerst gespannt, aber der Kommission gelang es, die verschiedenen sozialen Gruppen zu Gesprächen zusammenzuführen. Das dadurch geschaffene Minimum an Vertrauen ermöglichte den Eintritt in Verhandlungen. Die Phase der Verhandlungen dauerte vom 26. Mai bis zum 6. Juni. J. C. Périer begleitete einen Tag lang die Bereitschaftspolizei. Pastor Stewart folgte einem Wunsch von Jean-Marie Tjibaou und traf mit Organisationen zusammen, die den Kampf der Kanaken unterstützten. Domkapitular Guiberteau nahm an dem ersten Pilgerzug teil, der von allen Kirchen gemeinsam für sämtliche Bevölkerungsgruppen organisiert wurde. Christian Blanc und Pierre Steinmetz trafen heimlich mit den beiden Führern der Unabhängigkeitsbewegung, Tjibaou und Yeiwéne Yeiwéne, zusammen und später (wiederum unter Ausschluß der Medien) mit Jacques Lafleur, dem Führer der europäischen Neukaledonier. Am 1. Juni erklärte Lafleur im Radio seine Dialogbereitschaft. Erstmals erkannte er die ethnische Dimension des Konfliktes an und räumte ein, wenn man den Menschen Opfer abverlange, die »als erste Bewohner des Landes« die Unabhängigkeit forderten, dann »müssen wir auch Zugeständnisse machen und zu Opfern bereit sein«. Am 4. Juni, nach zahlreichen Gesprächen mit allen Konfliktparteien, begann die Kommission mit der Abfassung ihres Berichtes. Präfekt Blanc überreichte ihn dann Premierminister Michel Rocard. Darin schlug die Kommission einen neuen Status für das überseeische Gebiet vor: die Aufteilung in drei, im Rahmen einer Föderation verbundene, Provinzen oder in autonome Regionen, jeweils entsprechend der Verteilung der Bevölkerungsgruppen. Nach zehn Jahren sollten sich die drei Provinzen in einem Referendum entscheiden, ob sie bei Frankreich verbleiben oder unabhängig werden wollen.

Nach ihrer Rückkehr nach Frankreich am 7. Juni wurden die Kommissionsmitglieder vom Premierminister empfangen. Er meinte, die Ergebnisse ihrer Arbeit seien Anlaß zur Hoffnung und eröffneten »Perspektiven für direkte Gespräche zwischen den Volksgruppen, bei denen der Staat als Leiter und Schiedsrichter fungiert«. Am 15. Juni kamen Jean-Marie Tjibaou und Jacques Lafleur zu einem ersten dreistündigen Gespräch im Büro des Premierministers zusammen. Vom 23. Juni an trafen sich die beiden Verhandlungsdelegationen aus Neukaledonien regelmäßig. Die Regierung hatte den Protagonisten eine Frist von zwei Wochen zur Regelung sämtlicher strittigen Punkte (territoriale Abgrenzung der beiden Regionen, Festlegung eines Termins für das Referendum über die Selbstbestimmung usw.) auf der Basis eines Neun-Punkte-Programms von Michel Rocard gesetzt. Christian Blanc pendelte mehrfach zwischen den beiden Gruppen hin und her, um Hindernisse zu beseitigen, und brachte mit seinen Mitarbeitern das Schlußdokument in die endgültige Fassung. Am 26. Juni, zwei Tage vor Fristablauf, wurde das Matignon-Abkommen unterzeichnet. In den folgenden Tagen würdigten es Politiker aus allen Lagern und die Presse als einen einmaligen Erfolg, der in erster Linie der »Methode Rocard« zu verdanken sei.[76]

Das Matignon-Abkommen löste nicht alle Probleme Neukaledoniens. Am 22. Juni 1988 betonten Monsignore Guiberteau und Pastor Stewart in einer gemeinsamen Pressekonferenz, daß die Wiederherstellung des politischen, aber auch des wirtschaftlichen und sozialen Gleichgewichts der Bevölkerungsgruppen in

Neukaledonien von allerhöchster Dringlichkeit sei. Gleichwohl hat die von Christian Blanc geleitete Kommission mehr erreicht, als lediglich die öffentliche Ordnung wiederherzustellen und den Weg zu einem wenn auch noch zerbrechlichen inneren Frieden zu bahnen. Sie hat vielmehr in den Augen der Neukaledonier und aller Franzosen den republikanischen Idealen wieder Glaubwürdigkeit verschafft, und zwar unabhängig vom ideologischen Konflikt zwischen Befürwortern der sofortigen vollständigen Entkolonialisierung (ungeachtet der sozialen Realität im Land) und den Kräften, die hartnäckig an der Einheit des französischen Territoriums (auch um den Preis von Gewaltanwendung) festhielten.[77] Die Hauptstärke der Kommission war – unter den gegebenen Umständen – offensichtlich ihre Politik der kleinen Schritte. Von Anfang an hatte Michel Rocard betont: »Wir werden nichts umwälzen, wir wollen nur alle anhören.« Olivier Stirn, der Minister für die Überseeischen Departements und Territorien, hatte das noch präzisiert: »Es wäre unklug, auf jeden Fall verfrüht, heute mit einem festgefügten Bild, einem fertigen Plan zu kommen. (...) Dies ist weder eine Verwaltungskommission noch eine technische Kommission. Ihre Mitglieder verkörpern vielmehr die Werte unseres Landes, und sie sind beauftragt, im Namen dieser Werte, im Namen der Zivilgesellschaft den Versuch zu unternehmen, verhärtete Fronten zu lockern.«[78]

Es muß nicht eigens betont werden, wie einzigartig dieses Vorgehen vor dem Hintergrund der hochgradig ideologisierten politischen Kultur in Frankreich ist. Allerdings ist nicht primär der pragmatische Umgang mit der Realität von Interesse, sondern die ethische Mobilisierung, die im Mittelpunkt der politischen Arbeit steht. Die Kommission hatte nicht den Auftrag, ein Programm für Neukaledonien aufzustellen; ihre Aufgabe war es, zuzuhören und alles ernst zu nehmen, was die Akteure zu sagen hatten. Sie lud die Akteure ein, Werte zu entwickeln, auf deren Basis wieder Gespräche angeknüpft werden konnten, und dabei präsentierten die Kommissionsmitglieder als Vertreter unterschiedlicher Traditionen gewissermaßen ein Vorbild für »republikanisches Zusammenwirken«. Diese Traditionen – öffentlicher Dienst, Armee, die christlichen Kirchen, philosophischer Rationalismus usw. – spiegeln (mit Ausnahme der jüdischen Richtung, die in der Kommission nicht vertreten war, weil das Judentum in Neukaledonien keine Rolle spielt) den Rahmen einer nicht mehr konflikthaften *laïcité* wider, die durch einen soliden Bestand gemeinsamer, pluralistischer Werte gekennzeichnet ist. »Alles in allem haben wir die Rolle eines Katalysators gespielt«, faßte Monsignore Guiberteau nach der Rückkehr der Kommission deren Arbeit zusammen. Im Hinblick auf die sozialen Umwälzungen, die Frankreich derzeit durchmacht, ist zu bedauern, daß die Politiker das Beispiel der erfolgreichen Konfliktvermittlung in Neukaledonien nicht gründlicher ausgewertet haben.

6. Fazit: Normen setzen, die Debatte organisieren, Fäden knüpfen – unterschiedliche Formen der Konfliktvermittlung

Dieser lange Rückblick in die Geschichte war erforderlich, um die Darlegung und Analyse der normativen Konflikte verständlich zu machen, die für die gegenwärtig zu beobachtende Veränderung der französischen Form des Laizismus charakteristisch sind. Das hängt nicht in erster Linie damit zusammen, daß Frankreich ein Land mit einer langen Geschichte ist: Vielmehr sind alle normativen Konflikte, insofern es dabei um unterschiedliche oder gar gegensätzliche Weltanschauungen geht, Konflikte mit einer langen Vorgeschichte. Sie strukturieren das kollektive Gedächtnis einer Nation. Bei der Konfliktvermittlung in solchen Fällen kommt es darauf an, die Konfrontation durch einen Prozeß zu überwinden, in dessen Verlauf neue Werte entwickelt werden. Eine solche dynamische Veränderung des Konfliktes vollzieht sich in dem Maße, wie die Exponenten widersprüchlicher Weltbilder in einer von allen Konfliktparteien akzeptierten sozialen Spielregel ein gemeinsames regulatives Prinzip finden. Das bedeutet in erster Linie, daß keiner mehr den Anspruch auf absolute Wahrheit erheben darf, sondern daß die unterschiedlichen Wahrheitsvorstellungen nach der vereinbarten Spielregel frei miteinander konkurrieren. Die Konkurrenz – die letztlich die Dynamik einer pluralistischen Gesellschaft ausmacht – läßt es zu, daß allmählich Gemeinsamkeiten zutage treten. Darüber hinaus ermöglicht sie auch, daß der Wettstreit neuer Normen immer wieder von neuem beginnt. Dabei kristallisiert sich nach und nach eine »gemeinsame Schnittmenge« heraus. Es entstehen Schichten im kollektiven Gedächtnis, die den aufeinanderfolgenden Stufen der normativen Selbsthervorbringung der Gesellschaft entsprechen.

Die vorliegende Darstellung der historischen Entwicklung der normativen Konflikte, die das gegenwärtige Erscheinungsbild des Laizismus in Frankreich geformt haben, reicht sicher nicht aus, um das theoretische Konzept so gründlich zu überprüfen und zu verfeinern, wie es erforderlich wäre. Dennoch lassen sich aus der Darstellung vier idealtypische »Vermittlungsszenarien«[79] ableiten. Die Typisierung ermöglicht sodann die Einordnung und Bewertung der unterschiedlichen Situationen, unabhängig davon, in wie naher oder ferner Vergangenheit sie liegen:

1. Das erste Szenario wäre als *imperative Vermittlung* zu bezeichnen: Der Konflikt wird durch eine förmliche Festlegung von gemeinsamen Verpflichtungen und Regeln beendet, die alle Konfliktparteien anerkennen müssen. Man könnte einwenden, daß es sich bei diesem Szenario gar nicht um Konfliktvermittlung handelt, weil den Konfliktparteien durch Intervention von außen ein *modus vivendi* aufgezwungen wird, den sie nicht selbst gewählt haben; die Regeln werden ihnen oktroyiert. Insoweit die Festlegung der Spielregeln durch einen außenstehenden Schiedsrichter (Gesetzgeber, Verwaltung, Richter etc.) die direkte, auf die gegenseitige Vernichtung ausgerichtete Konfrontation unterschiedlicher Weltbilder beendet, kann man indes durchaus von Vermittlung sprechen. Die Bestimmungen des französischen Schulgesetzes von 1905 können aus dieser Sicht als ein Beispiel für imperative Vermittlung verstanden werden: Das Gesetz trennte zwei Gegner förmlich, die nicht versöhnt werden konnten, und damit definierte es zugleich eine gemeinsame Aus-

gangsbasis für eine künftige friedliche Koexistenz des katholischen und des laizistisch-republikanischen Weltbildes. Mit einigen Einschränkungen gilt das auch für die *Loi Debré* von 1959.

2. Das zweite Szenario ist die *präskriptive Vermittlung*: In diesem Fall definiert der Vermittler eine Reihe von Bezugspunkten, die den jeweils aktuellen Konflikt transzendieren und damit einen Raum für Gespräche zwischen Trägern unterschiedlicher Weltbilder eröffnen. Ziel der präskriptiven Vermittlung ist es demnach, ein Feld für Verhandlungen und die Annäherung gegensätzlicher Standpunkte zu bereiten. Ein Beispiel für präskriptive Vermittlung ist die »Schleieraffäre«: Es wurde versucht, einige grundlegende Prinzipien des staatlichen Schulwesens zu formulieren (Offenheit für alle Kinder, weltanschauliche Neutralität des schulischen Raumes, gleicher Zugang beider Geschlechter zu allen Wissensbereichen usw.). Diese Prinzipien sollten es den Konfliktparteien ermöglichen, jenseits ihrer unterschiedlichen Standpunkte, »gemeinsames Terrain« zu entdekken. Leider erfüllte sich die Hoffnung nicht.

3. Das Scheitern der präskriptiven Vermittlung führte zu einem dritten Typus, den man als *pragmatische Vermittlung* bezeichnen könnte: Diese Form der Vermittlung bietet sich dann an, wenn es nicht gelingt, zu einem Konsens über grundsätzliche, den Normenkonflikt transzendierende Prinzipien zu gelangen. Ihr Ziel ist es, eine Reihe von Verfahrensweisen zu entwikkeln, die für alle Konfliktbeteiligten akzeptabel sind (indem zum Beispiel definiert wird, was »unauffälliges Tragen religiöser Symbole« im Gegensatz zu »demonstrativem Tragen« bedeutet). Pragmatische Konfliktvermittlung kann von Fall zu Fall von verschiedenen Instanzen – Einzelpersonen oder auch Institutionen (Elternvereinigungen, religiöse Vereinigungen usw.) – geleistet werden. Dabei geht es nicht um die Lösung des zugrundeliegenden Normenkonfliktes, sondern es sollen bestimmte Verhaltensweisen definiert werden, damit ein gewaltfreies Zusammleben der Konfliktparteien wieder möglich wird.

4. Das vierte Szenario wäre die *expressive Vermittlung*. Das Beispiel der Konfliktregelung in Neukaledonien hat gezeigt, wie diese Form aussehen kann. Den Konfliktparteien wird größt-

möglichte Gelegenheit eingeräumt, ihre jeweilige Sichtweise darzulegen. Ziel der Konfliktvermittlung ist es, ausgehend von der Verschiedenheit oder sogar Gegensätzlichkeit der Sichtweisen, Kontakte zwischen den verschiedenen beteiligten Akteuren zu erneuern oder auch neu anzuknüpfen. Die Versöhnung unterschiedlicher Standpunkte erfolgt in diesem Szenario durch die (Wieder-)Herstellung eines sozialen Geflechtes, das vertrauensvolle, auf Zusammenarbeit ausgerichtete Kontakte ermöglicht. Der Vermittler interveniert nicht von außen, sondern begibt sich in das Geflecht hinein und handelt als einer der sozialen Akteure.

Bei der imperativen Vermittlung wird von außen, von oben, eine Regel für die Koexistenz unterschiedlicher Standpunkte (und ihrer jeweiligen Träger) festgelegt. Die präskriptive Vermittlung, ein im Vergleich dazu dynamischeres Vorgehen, bezieht die Protagonisten in den Prozeß der Formulierung eines *modus vivendi* mit ein; der Rahmen und elementare Grundsätze für das Zusammenleben werden allerdings von außen vorgegeben. Die pragmatische Konfliktvermittlung zielt darauf ab, die Konfliktbeteiligten dabei zu unterstützen, sich über für alle akzeptable Verhaltensweisen zu einigen. Von ihnen wird nicht verlangt, daß sie jenseits der rein praktischen Fragen einen Konsens über gemeinsame Normen herstellen. Diese drei Szenarien (und es gibt sicher noch andere) beschreiben Formen der Konfliktvermittlung *ad extra*, also durch Intervention einer außenstehenden Schiedsrichterinstanz. Die expressive Vermittlung könnte im Gegensatz dazu als eine Vermittlung *ad intra* bezeichnet werden: Der Vermittler übernimmt die Rolle eines Katalysators in einem Prozeß, der idealerweise mit der Aufhebung der anfänglichen Gegensätze in einer neuen Norm endet.[80] Wenn man die Geschichte des Laizismus in Frankreich im Lichte dieser knapp skizzierten Typologie betrachtet, könnte man sagen, daß zu Beginn des 20. Jahrhunderts die Politik die *laïcité* zunächst durch imperative Vermittlung durchsetzte und die *laïcité* dann zum präskriptiven/pragmatischen Rahmen wurde für die Vermittlung von Konflikten zwischen den verschiedenen Bevölkerungsgruppen in einem multikulturellen Frankreich. Der Laizismus ist, wie gezeigt wurde, der zentrale Anknüpfungspunkt für die kollektive Identität und die symbolische Untermauerung der französischen Vorstellung von Staatsbürgerschaft, wie die Geschichte sie geformt hat. Die Präsenz unterschiedlicher Bevölkerungsgruppen in Frankreich wirft heute die Frage auf: Können die Ideale der *laïcité* wiederbelebt und erneuert werden, wenn bei den neuartigen Konflikten, denen sich eine durch die fortschreitende Globalisierung verunsicherte Gesellschaft gegenübersieht, die Form der expressiven Konfliktvermittlung praktiziert wird?

Anmerkungen

1 Gauchet, M., 1985, *Le désenchantement du monde. Une Histoire politique de la religion,* Paris.
2 Touraine, A., 1973, *Production de la Société,* Paris.
3 Poulat, E., 1987, *Liberté, laïcité. La guerre des deux France et le principe de la modernité,* Paris.
4 Langlois, C., 1988, L'héritage de la Révolution française. Les trois cercles de laïcisation, *Projet,* September-Oktober.
5 Capitant, H., Hg., 1936, *Vocabulaire juridique,* Paris.
6 Winock, M., 1989, Les combats de la laïcité, *L'Historie,* Nr. 128, Dezember.
7 Ozouf, M., 1989, *L'homme régénéré. Essais sur la Révolution française,* Paris.
8 Baubérot, J., 1990b, *La laïcité, quel héritage? De 1789 à nos jours,* Genf.
9 Poulat 1987.
10 Le Bras, G., 1955, 1956, *Études de Sociologie Religieuse,* 2 Bände, Paris.
11 Langlois, C. 1980, Permanence, renouveaux et affrontements (1830–1880), in: Lebrun, F., Hg., *Histoire des catholiques en France,* Paris, S. 321–406.
12 Poulat, E., 1977, *Église contre bourgeoisie,* Paris.
13 Rémond, R., 1974, *Introduction à l'histoire de notre temps. Le XIXe siècle, 1815–1914,* Paris, Bd. 2, S. 199.
14 Baubérot, J., 1990a, *Vers un nouveau pacte laïque?,* Paris.
15 Encrevé, A. und Richard, M., Hg., 1979, *Les protestants dans les débuts de la IIIe République (1871–1885),* Paris.
16 Birnbaum, P., 1992, *Les fous de la République: histoire politique des juifs d'État, de Gambetta à Vichy,* Paris.
17 Winock 1989.
18 Rémond, R., 1984b, Le présent encombré par l'histoire, *Le Monde,* 3. März.
19 Ozouf 1989.
20 Rémond, R., 1984a, La laïcité n'est plus ce qu'elle était, *Études,* April, S. 439–448.
21 Nique, C. 1990, *Comment l'école devint affaire d'État (1815–1849),* Paris.
22 Baubérot 1990a.
23 Ozouf, J., 1973, *Nous les maîtres d'école. Autobiographies d'instituteurs de la Belle Époque,* Paris.
24 Rémond 1984b.

25 Gauthier, G., 1994, *Un village, deux écoles,* Paris.
26 Rémond 1984a.
27 Weber, E., 1983, La Fin des terroirs. *La modernisation de la France rurale 1870–1914,* Paris, (Stanford 1976).
28 Coq, G., 1995, *Laïcité et République. Le lien nécessaire,* Paris, S. 49.
29 Coq 1995.
30 Guiberteau, P., 1984, La richesse d'une nation, *Le Monde,* 3. März.
31 Bouchacheirass, M., 1984, Ne pas capituler, *Le Monde,* 3. März.
32 Nach Art. 49,3 kann die Regierung die Vorlage eines Gesetzentwurfs mit der Vertrauensfrage verbinden. Der Gesetzentwurf gilt als angenommen, wenn kein Mißtrauensantrag der Opposition eingebracht wird, oder ein eingebrachter Mißtrauensantrag keine Mehrheit im Parlament findet. Dieses Verfahren erlaubt es der Regierung, einen Gesetzentwurf »en bloc«, ohne Änderungsvorschläge des Parlaments, verabschieden zu lassen.
33 »J'accuse«: Die Überschrift des berühmten Artikels von Émile Zola, der während der Affäre Dreyfus auf der Titelseite von *l'Aurore* erschien.
34 Savary, A., 1985, *En toute liberté,* Paris.
35 Crozier, M., 1984, La rue n'appartient plus à la gauche, *La Croix,* 23./24. Juni.
36 Ballion, R., 1982, *Les consommateurs d'école,* Paris.
37 Willaime, J. P., 1996, Laïcité et religion en France, in: Davie, G. und Hervieu-Lèger, D., Hg., *Les identités religieuses des européens,* Paris 1996.
38 Lambert, Y., 1985, *Dien change en Bretagne. La religion à Limerzel de 1900 à nos jours,* Paris
39 Maître, J. u. a., 1991, *Les Français sont-ils encore catholiques?* Paris.
40 Umfrage CSA/*L'Actualité Religieuse dans le Monde.*
41 Die französische politische Klasse weist viele bedeutende Protestanten auf, von Maurice Couve de Murville, Minister unter General de Gaulle, über Gaston Defferre, Pierre Joxe und Lionel Jospin bis zu Michel Rocard. In den 14 Amtsjahren des sozialistischen Präsidenten François Mitterrand haben mehr protestantische Politiker eine einflußreiche Rolle gespielt als zuvor. Die Affinität der politischen Linken zum Protestantismus spricht nicht gegen dessen Pluralismus. Sie unterstützt eher die in Frankreich verbreitete Gleichsetzung von Protestantismus und »fortschrittlichen Ideen«.
42 Im Jahr 1882 übergaben die Protestanten ihre rund 1500 Schulen dem Staat, die in das staatliche Schulsystem integriert wurden.
43 Umfrage CSA/*L'Actualité Religieuse dans le Monde,* Nr. 137, 15. Oktober 1995.
44 Kepel, G., 1987, *Les banlieues de l'islam. Naissance d'une religion en France,* Paris.
45 Brisebarre, A. M., 1989, La célébration de L'Aïd-el-Kébir en France: les enjeux du sacrifice, *Archives de Sciences Sociales des Religions,* Nr. 68/1, Juli-Dezember; Brisebarre, A. M. und Diop, M., 1994, *Le Sacrifice de l'Aïd-el-Kebir en France,* Paris
46 Leveau, R. und Kepel, G., Hg., 1988, *Les musulmans dans la société française,* Paris.
47 Nora, P., Hg., *Lieux de mémoire. I: La République,* Paris, S. 651.
48 Martin, D., 1979, *A General Theory of Secularization,* London.
49 Schnapper, D., 1994, *La communauté des citoyens. Sur l'idée moderne de nation,* Paris.
50 Birnbaum 1992.

51 Birnbaum, P., 1988, *Un mythe politique: la »république juive«*, Paris.
52 Birnbaum, P., 1995, *Destins juifs. De la révolution française à Carpentras*, Paris.
53 Ebenda S. 258.
54 Ebenda S. 259.
55 Cohen, M., 1993, Les juifs de France. Affirmations identitaires et évolution du modèle d'intégration, *Le Débat*, Nr. 75, Mai-August.
56 *Le Monde*, 2./3. April 1995, 16./17. April 1995.
57 Interview von *Le Monde* über die Neudefinition des Laizismus in Frankreich, erschienen am 11. November 1989 unter der Überschrift „Qu'est-ce qu'une laïcité qui voudrait être laïque à tout prix?»; Gespräch mit Staatspräsident François Mitterrand im Élysée-Palast am 16. November 1993.
58 *Le Monde*, 26. Oktober 1989.
59 Erklärung vom 24. Oktober 1989.
60 Erklärung vom 15. Oktober 1989.
61 Ebenda.
62 Erklärung der Fédération Protestante de France vom 24. Oktober 1989.
63 Interview durch die Presseagentur Agence France-Presse am 19. Oktober 1989.
64 *Politis*, Nr. 79, 9.–11. November 1989.
65 Roux, M., 1990, Vers un islam français, *Hommes et Migrations*, Nr. 1129–1130, Februar-März.
66 Willaime, J. P., 1992, La laïcité française au miroir du foulard, *Le Supplément*, Nr. 181, Juli.
67 Eine gründliche Untersuchung von zwei Soziologen ergab, daß bei den muslimischen Mädchen sehr verschiedene Einstellungen gegenüber dem Schleier bestehen (Ablehnung, erzwungene Zustimmung, distanzierte Zustimmung, freiwillige Zustimmung als Ausdruck einer persönlichen Überzeugung, fanatische Zustimmung und andere). Siehe Gaspard, E. und Khosrowkhavar, F., 1995, *Le voile et la République*, Paris.
68 Eine Entscheidung des Verwaltungsgerichts von Lille, die mehrere Fälle von Schulausschluß nach Veröffentlichung des zweiten ministriellen Rundbriefes betraf, bestätigte in drei Fällen den Schulausschluß wegen Störung der öffentlichung Ordnung (die Mädchen und ihre Brüder hatten den Unterricht gestört; die Mädchen hatten sich geweigert, am Schwimmunterricht teilzunehmen), hob aber in einem Fall den Schulausschluß auf, weil das Mädchen zwar einen Schleier getragen hatte, »ohne daß aber ihr Verhalten in irgendeiner Weise einen Angriff auf die Freiheit eines anderen darstellte« (Entscheidung vom 13. April 1995). Das Tragen des Schleiers sei nicht an sich ein »demonstrativer Akt«: Es komme darauf an, wie sich die Mädchen mit dem Schleier in der Schule verhielten. Diese differenzierte Entscheidung dürfte einen Wendepunkt darstellen und den Weg zu flexiblen Lösungen eröffnen; *Le Monde*, 15. April 1995.
69 Hervieu-Léger, D., Hg., 1990, *La religion au lycée. Conférences au lycée Buffon*, Paris.
70 Willaime J. P., 1995, *Sociologie des Religions*, Paris.
71 Doumergue, J. P., 1994, L'enracinement des mouvements politiques en Nouvelle-Calédonie, *Acta Geographica*, Nr. 98, S. 20–42.
72 Erklärung von Nainville-les-Roches, 12. Juli 1983.
73 Olivier Stirn war auch während der Amtszeit von Präsident Valéry Giscard d'Estaing für die Überseeischen Departements und Territorien zuständig

und bereitete den Übergang Djiboutis in die Unabhängigkeit vor.

74 *Libération,* 26. Mai 1988.

75 *Le Figaro,* 27. Mai 1988.

76 Deslhiat, C., 1988, »Nouvelle-Calédonie: quarante ans d'histoire politique«, *Regards sur l'actualité,* n° 144, sept.–oct., 37–39.

77 Gabriel, C. und Kermel, V., 1988, *Nouvelle-Calédonie. Les sentiers de l'espoir,* Paris; Dommel D., 1993, *La crise caledonienne: rémission ou guérison,* Paris.

78 *Le Monde,* 1. Juni 1988.

79 Die zur Bezeichnung der Szenarien gewählten Begriffe entstammen der Philosophie der Vermittlung, die Mark Hunyadi in seinem Buch *La vertu du conflit. Pour une morale de la médiation,* Paris 1995, entwickelt hat.

80 Diese Unterscheidung deckt sich weitgehend, aber nicht ganz mit der von François Six formulierten Gegenüberstellung von *institutioneller* Vermittlung (die eine Form der schiedsrichterlichen Entscheidung ist) und *staatsbürgerlicher* Vermittlung, die eine offene Form der Vermittlung darstellt. Bei letzterer »pendelt« der Vermittler zwischen den am Konflikt beteiligten Akteuren. Vgl. Six, J. F., 1995, *Dynamique de la médiation,* Paris.

Franz-Xaver Kaufmann

Normative Konflikte in Deutschland: Basiskonsens, Wertewandel und soziale Bewegungen

Mißt man das Ausmaß normativer Konflikte in Deutschland seit dem Zweiten Weltkrieg an der Virulenz herkömmlicher Konfliktfelder – Religion, Ethnie, Klasse – so stellt man ein überraschend geringes Konfliktniveau fest. Offenkundige normative Konflikte sind vor allem im Zusammenhang mit der Formierung neuer sozialer Bewegungen entstanden, die der ›alten‹ Bundesrepublik und ihrer Politik eine charakteristische Prägung gegeben haben. Allerdings werfen gerade Entwicklungen der jüngsten Zeit – seit der Vereinigung der beiden deutschen Nachkriegsstaaten – die Frage auf, ob nicht normative Konflikte des älteren Typs erneut aufbrechen.

Die deutsche Fallstudie hat im vorliegenden Zusammenhang mit besonderen Darstellungsproblemen zu kämpfen: Deutschland ist im europäischen Vergleich eine »verspätete Nation« (H. Plessner), deren regionale und politische Kontinuität zudem von deutlichen Brüchen geprägt ist. Die nationalstaatliche Einigung Deutschlands gelang erst unter preußischer Führung zwischen 1866 und 1871. Das damals geschaffene ›Deutsche Reich‹ gewann und verlor im Zusammenhang mit den beiden Weltkriegen dieses Jahrhunderts erhebliche Territorien und wurde in der Folge des Zweiten Weltkrieges und im Zuge des ›Kalten Krieges‹ zwischen Ost und West geteilt. Aus den vier Besatzungszonen der Siegermächte entstanden zwei getrennte Staaten, die Bundesrepublik Deutschland und die Deutsche Demokratische Republik. Damit war der grundlegende normative Konflikt zwischen Kapitalismus und Sozialismus sozusagen externalisiert, ebenso das traditionelle Übergewicht der protestantischen Konfession. Unsere Darstellung beschränkt sich für den Zeitraum zwischen 1945 und 1990 auf die Bundesrepublik.

Auch wenn sich anscheinend in den Gebieten der alten Bundesrepublik[1] durch die Wiedervereinigung wenig verändert hat, so doch die politischen Koordinaten. Ein wesentliches Element des westdeutschen Zusammenhalts war die Ablehnung des östlichen Sozialismus und der Glaube, durch diesen bedroht zu sein. Dieses wesentliche Kohäsionsmoment ist nun entfallen. Zudem hat sich auch die innenpolitische Lage durch den gleichberechtigten Hinzutritt der neuen Bundesländer gründlich verändert. Diese neue Konstellation hat jedoch noch nicht zu einer deutlichen Reorientierung oder zu neuen Fronten geführt. Das gilt sowohl für die Innen- und Außenpolitik als auch und vor allem für die deutsche Intelligenz, von der bisher kaum der Versuch umfassender Situationsdiagnosen gewagt wird. Um die ›Neuen sozialen Bewegungen‹ ist es stiller geworden. Die wie ein Verhängnis erscheinende, trendmäßig wachsende Arbeitslosigkeit hat sich als erstes zentrales Problem nach der Vereinigung ins öffentliche Bewußtsein geschoben. So beziehen sich die folgenden Analysen und Einschätzungen notgedrungen auf eine Vergangenheit, deren Gewicht für die absehbare Zukunft ungewiß bleibt.

Gegenstand dieser Studie sind normative Konflikte und ihre Vermittlung auf gesamtstaatlicher Ebene. Als ›normativ‹ seien hier Konflikte bezeichnet, bei denen es nicht allein um konfligierende Interessen, sondern um ›Grundsätzliches‹ geht, das nicht Gegenstand von Kompromissen sein kann, dessen Verfolgung also eventuelle Niederlagen im Prozeß politischer Willensbildung oder judizieller Überprüfung überdauert. Normativen Konflikten liegen unterschiedliche Wertorientierungen und – davon ausgehend – unterschiedliche Situationsdefinitionen zugrunde, die es den Konfliktparteien verwehren, sich auf die Perspektive der anderen einzulassen. Normative Konflikte sind daher *grundsätzlich unlösbar*, sie lassen sich nicht in direkten Auseinandersetzungen beilegen, sondern bestenfalls umgehen, entschärfen, durch Dritte schlichten oder unterdrücken. Schlimmstenfalls neigen sie dazu, bis zur Gewaltanwendung zu eskalieren, denn schließlich hat jede Partei aufgrund ihrer unterschiedlichen Wertbindungen ein ›gutes Gewissen‹.

Die hier vorgegebene Analyseebene betrifft staatlich verfaßte nationale Gesellschaften. Damit interessieren nur solche normative Konflikte, die mit einer gewissen Dauerhaftigkeit das politische Geschehen eines Landes belasten. Denn Politik ist – zumal in demokratischen Gesellschaften – die wichtigste Arena normativer Konflikte. Das Ausbrechen normativer Konflikte in der Politik setzt in der Regel die Existenz unterschiedlich orientierter kollektiver Akteure voraus, die durch ihre Aktionen die Unterstützung eines weiteren Umfeldes von Gesinnungssympathisanten zu mobilisieren suchen. Die dabei verfolgten Strategien können sehr unterschiedlich sein, und nicht selten bilden die Strategieunterschiede selbst ein wesentliches Medium der Eskalation.

Wir sind im folgenden aber nicht nur an der Beschreibung normativer Konflikte und der Erklärung ihres Zustandekommens interessiert, sondern auch an den Möglichkeiten, mit ihnen umzugehen, ihnen ihr Eskalierungspotential zu nehmen, zwischen verfeindeten Parteien zu vermitteln. Hierbei muß auch das Fehlen normativer Konflikte in Zusammenhängen dort interessieren, wo sie zu erwarten wären. Das niedrige Konfliktniveau in klassischen Feldern normativer Konflikte ist im deutschen Falle selbst erklärungsbedürftig.

1. Klassische normative Konflikte: Überwindung oder Verdrängung?

Religion

Das Gebiet des heutigen Deutschland kann als Kernland der Reformation gelten. Die konfessionellen Unterschiede zwischen Lutheranern, Calvinisten und Katholiken haben die deutsche

Geschichte auf verschiedenen Ebenen tief geprägt. Seit der Zwangsunierung des lutherischen und des reformierten Bekenntnisses durch Preußen (1811) trat der innerprotestantische Gegensatz zurück. Dagegen gewann der Konflikt der Katholiken mit der preußischen Regierung seit der Einkerkerung des Erzbischofs von Köln (1837) an Schärfe und gipfelte im Kulturkampf von 1871/78. Innerhalb des Deutschen Reiches bildeten die Katholiken eine gut organisierte Minderheit mit einer einflußreichen politischen Partei, dem Zentrum. Die Protestanten organisierten sich in konservativen und liberalen Parteien, während ein Großteil der Arbeiterschaft – in Distanz zu diesem konfessionellen Gegensatz – sich der Sozialistischen bzw. der Sozialdemokratischen Partei anschloß. So beruhte das Spektrum der politischen Parteien im Deutschen Reich auf weltanschaulichen Gegensätzen, die in unterschiedlichen sozialen Milieus verankert waren.[2]

Es war die traumatisierende Erfahrung des Nationalsozialismus, die wesentlich zur Überwindung dieser weltanschaulichen Gegensätze beigetragen hat. So kamen Vertreter der Bekennenden Kirche, die mit dem »Barmer Bekenntnis« (1934) erstmals auch die glaubensmäßige Einheit des Protestantismus formuliert hatten, und die dem Dritten Reich mehrheitlich distanziert gegenüberstehenden Katholiken einander näher. Dadurch wurde schon 1945 die Gründung einer den konfessionellen Gegensatz überwindenden christlichen Partei möglich. Die Abtrennung Ostdeutschlands führte in der alten Bundesrepublik auch zu einer weitgehenden konfessionellen Parität, und im Zuge der lange dauernden Kanzlerschaft des Katholiken Adenauer und der mehrheitlich katholischen CDU ging das frühere Minderheitenbewußtsein der Katholiken völlig verloren. Auch die Sozialdemokratische Partei hat im Zuge ihrer Umorientierung von einer Klassen- zu einer Volkspartei die Distanz zu den Kirchen aufgegeben. Hinzu kam die weitgehende räumliche Vermischung der Konfessionen durch Flucht und Wanderungen, die eine ökumenische Annäherung begünstigte. Man wird daher von einer weitgehenden Überwindung des konfessionellen Konfliktes in Deutschland sprechen dürfen.

Offen ist jedoch die Frage, inwieweit sich die weitgehende Entchristlichung Ostdeutschlands und die zunehmende Kirchendistanz der jüngeren Generationen in Westdeutschland auf das seit 1919 weitgehend im Sinne einer »balancierten Trennung von Kirche und Staat« (E.W. Böckenförde) bestimmte staatskirchenrechtliche Verhältnis auswirken wird. Bisher haben Initiativen in kleineren Parteien (F.D.P., GRÜNE), die Verhältnisse im Sinne einer Zurückdrängung des kirchlichen Einflusses zu ändern, kaum politische Resonanz gefunden.

Eine tiefgreifende weltanschauliche Auseinandersetzung, an der insbesondere Katholiken auf der einen und kirchlich ungebundene Gruppierungen auf der anderen Seite beteiligt waren, betraf die Strafbarkeit der Schwangerschaftsunterbrechung (§ 218 StGB). Dies war einer der wenigen Punkte, in denen für Ostdeutschland die Beibehaltung der bisherigeren liberalen Regelungen für eine Übergangszeit ausdrücklich vorbehalten blieb. Der Konflikt hat das Bundesverfassungsgericht mehrmals beschäftigt. Zur Debatte stand hier die Priorität unterschiedlicher Werte: die Unverletzlichkeit menschlichen Lebens und das Recht der Frauen auf Selbstbestimmung. Allerdings wurde von den Befürwortern einer liberalen Abtreibungsregelung meist nicht der Höchstwert *menschliches Leben* in Frage gestellt, sondern die Situation anders definiert, d. h. der Begriff *menschliches Leben* so eng gefaßt, daß er die ersten Wochen der Schwangerschaft nicht umfaßte. Die Schlichtung des Konfliktes erfolgte in einem überaus aufwendigen Hin und Her zwischen Gesetzgeber und Bundesverfassungsgericht und ging mit dem Kompromiß einer Pflichtberatung für Frauen in Schwangerschaftskonflikten zu Ende, der keine Seite zufriedenstellte, aber den öffentlichen Frieden zunächst wiederhergestellt hat.

Noch ungewiß bleibt, inwieweit die wachsende islamische Minderheit in Deutschland Konfliktpotentiale entwickeln wird. Der traditionell geringe Zentralisierungsgrad der muslimischen Religionsgemeinschaft und der geringe Einfluß fundamentalistischer Gruppen sprechen eher dagegen. Die beiden christlichen Kirchen und die mit ihnen verbundenen Sozialwerke pflegen im übrigen ein offenes Verhältnis zu den Muslimen. So kann m. E. bis auf weiteres davon ausgegangen werden, daß der religiös-weltanschauliche Konflikt durch Annäherung der Konfessionen im Sinne einer Betonung des Gemeinsamen statt des Trennenden weitgehend überwunden worden ist.

Ethnische Konflikte

Ethnische Konflikte haben – mit der schwerwiegenden Ausnahme des mörderischen Rassenwahns der Nationalsozialisten – in der deutschen Geschichte nur eine untergeordnete Rolle gespielt. Die gezielte Verfolgung und Vernichtung »nicht-arischer« Personen richtete sich zudem gegen gesellschaftlich weitgehend integrierte Bevölkerungsgruppen. Eine erhebliche Mobilisierung ethnischer Minderheiten hat es trotz breiter Einwanderungsströme, insbesondere von Türken, bisher nicht gegeben.

Angesichts der immer noch lebendigen Erinnerung an die rassistischen Verbrechen des ›Dritten Reiches‹ erscheint die Disposition der deutschen Bevölkerung gering, soziale Konflikte im ethnischen Sinn zu definieren. De facto praktiziert jedoch Deutschland eine im internationalen Vergleich besonders scharfe rechtliche Trennung zwischen Inländern und Ausländern. Sie geht auf das zuerst 1842 in Preußen eingeführte ›jus sanguinis‹ zurück, welches das immer noch gültige Reichs- und Staatsangehörigkeitsgesetz von 1913 prägt. Dieser Grundsatz wird auch heute noch von den politischen Mehrheiten vertreten. Im Gegensatz zu den meisten anderen Ländern können zwar Abkömmlinge von Deutschen, die seit Generationen im Ausland gelebt haben, einen Einbürgerungsanspruch geltend machen, doch kann ein solcher durch langjährigen Aufenthalt und Akkulturation in Deutschland nicht erworben werden. Die Einbürgerung steht im Ermessen der Behörden und bleibt ein »verwaltungstechnischer Gnadenakt«.[3] In der Regel wird die Einbürgerung zudem mit der Forderung nach Verzicht auf die bisherige Staatsbürgerschaft verbunden, eine doppelte Staatsbürgerschaft somit abgelehnt. Auch Initiativen auf Beteiligung von

Ausländern an politischen Entscheidungen stoßen nach wie vor auf anscheinend unüberwindlichen Widerstand. Es ist zu vermuten, daß entsprechende Haltungen unter den Ostdeutschen noch stärker verbreitet sind als unter den Westdeutschen.

Hier besteht also ein latentes Konfliktpotential, dessen normative Aufladung bisher jedoch erfolgreich verhindert wurde. Dies dürfte im wesentlichen darauf zurückzuführen sein, daß in der Praxis die Aufenthaltsbedingungen länger ansässiger Ausländer stark an diejenigen der einheimischen Bevölkerung angeglichen sind, und die Diskriminierung von Ausländern zwar auf der Interaktionsebene zweifellos vorkommt, doch in der Öffentlichkeit durchgehend abgelehnt wird. Weitgehende Toleranz für nationalkulturelle Eigenarten, solange sie auf der privaten Ebene verbleiben, jedoch deutliche Ablehnung eines politischen Prinzips des ›Multikulturalismus‹ scheint die dominierende Einstellung zu sein – ein Kompromiß, der bisher auch von den meisten Ausländern respektiert wird.

Klassenkonflikt

Während die theoretische Reflexion des Konfliktes zwischen Kapital und Arbeit als historisch zentraler Klassenkonflikt in der deutschen Sozialwissenschaft erhebliche Bedeutung erlangt hat, blieben die faktischen Klassenkonflikte während der Industrialisierung im Vergleich zu England und insbesondere zu Frankreich recht friedlich. Die Formierung der Arbeiterbewegung in sozialistischen Gewerkschaften und Parteien erfolgte zwar gegen politische Widerstände (Sozialistengesetz 1878), aber insgesamt kontinuierlich. Revolutionäre Minderheiten konnten sich nie durchsetzen. Die staatliche Sozialpolitik entwickelte sich weitgehend parallel zur Industrialisierung und orientierte sich dabei primär an der ›Arbeiterfrage‹. Bereits während des Ersten Weltkriegs entstanden die ersten Mitbestimmungsrechte von Arbeitervertretungen, und eine Vereinbarung zwischen den Exponenten der Industriellen und der sozialistischen Gewerkschaften am Ende des Ersten Weltkrieges (Stinnes-Legien-Abkommen von 1918) legte das Fundament für die Weimarer Reichsverfassung, in der wichtige wirtschaftliche und soziale Rechte festgeschrieben wurden. Die Aufkündigung des 8-Stunden-Tages seitens der Schwerindustrie und deren nachträgliche staatliche Legalisierung (1923) führten zu einer erneuten Entfremdung der Tarifparteien und zu erbitterten Auseinandersetzungen in der späten Weimarer Zeit, was zum Aufschwung der Nationalsozialisten beitrug.

Nachdem unter nationalsozialistischer Herrschaft die bisherigen Verbandsstrukturen aufgelöst und durch die »Deutsche Arbeitsfront« ersetzt worden waren, brachte der Aufbruch nach 1945 auch auf diesem Gebiet eine tiefgreifende Reorientierung: Anstelle der früheren weltanschaulich orientierten Richtungsgewerkschaften trat nun das Prinzip der weltanschaulich neutralen, nach Industrieverbänden gegliederten *Einheitsgewerkschaft*. Da sich auch die Arbeitgeber naturgemäß nach Branchengesichtspunkten zusammenschlossen, gelang es, ein im internationalen Vergleich sehr effektives *Verhandlungssystem der Tarifparteien* zu schaffen, das in der Folge auch gesetzlich abgesichert wurde. So werden im internationalen Vergleich die industriellen Beziehungen in Deutschland als *korporatistisch* beschrieben, d.h., es sind im wesentlichen große, regional gegliederte Branchenverbände, die kollektive Tarifverträge abschließen, in denen die Mindestbedingungen der Arbeitsverhältnisse festgelegt werden.

Obwohl den Tarifparteien die Mittel des Arbeitskampfes (Streik, Aussperrung) weitgehend erhalten geblieben sind, wird von diesen doch vergleichsweise sparsamer und zielgerichteter Gebrauch gemacht. Wie in Abschnitt 2 zu verdeutlichen sein wird, wurde die Sozial- und Wirtschaftsordnung in der Bundesrepublik bald nach ihrer Konstituierung von einem breiten Konsens getragen, der die Tarifparteien einschloß. Vielfältige Entwicklungen der Nachkriegszeit, insbesondere auch die zunehmende Internationalisierung und Tertiarisierung der Wirtschaft, haben zur Auflösung homogener Klassenlagen und gleichzeitig zu einer Diversifikation der Interessen – sowohl auf der Arbeitgeber- als auch auf der Arbeitnehmerseite – beigetragen. Nicht zuletzt angesichts des Auftretens der neuen sozialen Bewegungen (vgl. Abschnitt 4) ergaben sich vielfach sogar ähnliche Interessenlagen bei beiden Tarifparteien, etwa in der Umweltfrage, aber auch in bezug auf Subventionen und manche sozialpolitische Maßnahmen.

So ist zusammenfassend festzuhalten, daß sich in der Bundesrepublik die ökonomischen und sozialen Voraussetzungen für die Bildung klarer Klassengegensätze weitgehend aufgelöst haben. Damit sei nicht behauptet, daß wirtschaftliche und soziale Ungleichheiten verschwunden oder auch nur wesentlich vermindert seien, aber ihre Dimensionen sind vielfältiger geworden, und soziale Benachteiligungen scheinen nur bei bisher eher kleinen Randgruppen zu kumulieren. Mit dem trendmäßigen Wachstum der Arbeitslosigkeit in jüngster Zeit dürfte sich allerdings der Umfang der mehrfach benachteiligten Gruppen vergrößern, so daß neue Formen einer strukturierten Armut zu befürchten sind. Da es sich hierbei jedoch um tendenziell von der Teilnahme an Produktionsprozessen ausgeschlossene Gruppen handelt, ist mit einer Klassenbildung im herkömmlichen Sinne nicht zu rechnen. Auch die deutsche Soziologie thematisiert heute soziale Ungleichheit nicht mehr in der Perspektive sozialer Klassen, sondern in der von unterschiedlichen Lebensweisen und Lebensstilen.[4]

Die Thematisierung sozialer Ungleichheit in Form von ›Klassen‹, wie dies zuerst durch die Sozialisten in Frankreich geschah, ist selbst eine bestimmte, *implizit normative* Situationsdefinition, die ein gemeinsames Interesse derjenigen, die als Klasse angesprochen werden sollen (Arbeiter), voraussetzt und ihnen eine andere Klasse als eindeutigen Gegner (Kapitalisten) entgegensetzt. Karl Marx und Friedrich Engels haben das damit angesprochene Problem des Klassenbewußtseins in der Unterscheidung von »Klasse an sich« und »Klasse für sich« zuerst thematisiert, und mit der These »alle Geschichte ist eine Geschichte von Klassenkämpfen« die Selbstverständlichkeit antagonistischer Klassenlagen sozusagen geschichtsphilosophisch überhöht. Wenn heute der Klassenantagonismus unplausibel geworden ist, so heißt dies selbstverständlich nicht, daß soziale

Ungleichheiten nicht mehr normativ aufgeladen werden könnten. Dies ist auch in der Bundesrepublik von verschiedenen Seiten immer wieder versucht worden, jedoch bisher nicht mit dem Erfolg einer breiten Mobilisierung zugunsten der als benachteiligt Definierten. Nur dies meint die These vom Fehlen normativer Konflikte in der Klassendimension. Die Eliminierung dieses Konfliktfeldes ist eine wesentliche Konsequenz der nunmehr zu besprechenden Entwicklungen.

2. Der Basiskonsens: Grundgesetz und Soziale Marktwirtschaft

Die Erinnerung an die Grausamkeiten, die während Hitlers ›Drittem Reich‹ im Namen der nationalen Idee begangen wurden, hat dieser ihre legitimierende Kraft in Deutschland weitgehend entzogen. Zudem bedeutete die Vereinigung der Besatzungszonen der drei Westmächte zu einem eigenen Staat weit mehr eine Anpassung an die politischen Umstände des ›Kalten Kriegs‹ als eine politische Grundentscheidung. Der Vorbehalt eines *Provisoriums* begleitete die Bonner Politik seit ihren Anfängen. Das einzige Ereignis, das diesem Staatswesen eine gewisse Identität und Legitimität verliehen hat, war die Beratung und Verabschiedung des Grundgesetzes im Jahre 1949. Dieses beinhaltet nicht nur das Organisationsrecht des Staates und die klassischen Freiheitsrechte, sondern bringt auch grundlegende *moralische Überzeugungen* zum Ausdruck: die unantastbare Würde jedes Menschen, soziale Gerechtigkeit, die Bedeutung von Privateigentum, Familie und Religion. Die rechtliche und moralische Gestalt des Gemeinwesens kommt in den vier Grundsätzen des Art. 20 zum Ausdruck: Rechtsstaatlichkeit, Demokratie, Sozialstaatlichkeit und Bundesstaatlichkeit (Föderalismus). Diese Grundsätze gelten zusammen mit demjenigen der Menschenwürde als unabänderlich (Art. 79 III GG) und berechtigen notfalls zum Widerstand gegen eine sie bedrohende Staatsgewalt

(Art. 20 IV GG). In diesen Verfassungsklauseln manifestiert sich die Erinnerung an die Perversion von Recht und Verfassung unter dem Nationalsozialismus.

Das Grundgesetz, das seit der Vereinigung mit der ehemaligen DDR (1990) zur definitiven Verfassung geworden ist, repräsentiert nicht nur den rechtlichen, sondern auch den moralischen Grundkonsens, zumindest in den alten Bundesländern. Den *Staat als eine moralische Idee* zu betrachten, ist dem angelsächsischen Denken fremd, hat jedoch in Deutschland eine alte Tradition, die bis auf die Rechtsphilosophie von G.W.F. Hegel (1821) zurückgeht. Man kann daher dem Grundgesetz für die Bundesrepublik durchaus *zivilreligiöse Eigenschaften* zuschreiben. Selbst progressive Intellektuelle wie Jürgen Habermas sehen im »Verfassungspatriotismus« eine angemessene Form kollektiver Identität.

Ein Korrelat dieser ›Staatsgläubigkeit‹ ist die große Bedeutung, die in Deutschland dem *Recht* zugesprochen wird. Der Grundsatz der Rechtsstaatlichkeit mißt alles staatliche Handeln an seiner Gesetzmäßigkeit, und politische Konflikte werden in zunehmendem Maße einer *juristischen Konfliktlösung durch das Bundesverfassungsgericht* zugeführt. Wie die Rechtsstaatlichkeit, so wird auch die Sozialstaatlichkeit als Ausdruck moralischer Ideen (z.B. soziale Gerechtigkeit) interpretiert.

Die Frage muß offen bleiben, inwieweit diese, einer kollektiven Identifikation förderlichen Vorstellungen auch von den Bewohnern der neuen Bundesländer übernommen werden. Während die Verabschiedung des Grundgesetzes für die Bonner Republik die selbstgeschaffene Grundlage einer neuen kollektiven Identität bedeutete, die sich erst allmählich im Zuge der Gesetzgebung wie auch der wirtschaftlichen und sozialen Entwicklung entfaltet hat, tritt die deutsche Rechtsordnung als Ersatz für das sozialistische Herrschaftssystem den Ostdeutschen als komplexe, schwer verständliche Einheit entgegen, die – von wenigen Ausnahmen wie der Regelung des Schwangerschaftsabbruchs abgesehen – ohne Wenn und Aber zu übernehmen war. Auch wenn die Vereinigung von einem Großteil der Bevölkerung gewollt war, so waren doch im Osten wie im Westen die daraus resultierenden Schwierigkeiten unterschätzt worden. Auf die zwar unrealistischen, aber dennoch enttäuschten Hoffnungen folgt ein kollektives Unbehagen, und der Kampf um die Verteilung der Vereinigungskosten dauert an, nicht zuletzt im gegenwärtigen Versuch, die gerade dadurch gestiegene ›Staatsquote‹, d. h. den Anteil der öffentlichen Ausgaben am Bruttosozialprodukt, zu reduzieren. Doch dies greift unserer Darstellung voraus.

Das Grundgesetz von 1949 hatte die Entscheidung über die künftige Wirtschafts- und Sozialordnung des neuen Gemeinwesens offengelassen. Die politischen Tendenzen der Zeit reichten von einer liberalen Marktwirtschaft bis zum demokratischen Sozialismus. Hinsichtlich der zukünftigen Wirtschaftsordnung lag somit ein normativer Konflikt vor, den die verfassungsgebende Versammlung (Parlamentarischer Rat) nicht lösen konnte oder wollte. Vor dem Hintergrund der in der Praxis wenig erfolgreichen Kodifizierung wirtschaftlicher und sozialer Rechte in der Weimarer Reichsverfassung und in der Hoffnung, im zu wählenden Parlament die Mehrheit zu erreichen, einigten sich die beiden großen Parteien auf eine *verfassungsmäßige Offenheit der Wirtschafts- und Sozialordnung*, schrieben aber in Art. 74 GG weitgehende sozialpolitische Zuständigkeiten des Bundesgesetzgebers fest.

Nach den Wahlen zum ersten deutschen Bundestag wurde Konrad Adenauer mit hauchdünner Mehrheit – man sagt, derjenigen seiner eigenen Stimme – im September 1949 zum ersten Bundeskanzler gewählt. Adenauer berief Ludwig Erhard als Wirtschaftsminister in sein Kabinett, der bereits als Leiter der bizonalen Wirtschaftsverwaltung in Frankfurt eine liberale Wirtschaftspolitik verfolgt hatte.

Das liberale Konzept Erhards unterschied sich jedoch in charakteristischer Hinsicht von den Vorstellungen des angelsächsischen Liberalismus. Die Entstehung einer freien Marktwirtschaft wird nicht mehr als Konsequenz wirtschaftspolitischer Abstinenz des Staates und von unbeschränkter Wirtschaftsfreiheit erwartet, sondern als *Produkt einer politischen Wahl der Wirtschaftsordnung und ihrer gesetzlichen Durchsetzung*. Es gilt als Staatsaufgabe, die Bedingungen eines freien Wettbewerbs sicherzustellen: durch die Gewährleistung des Privateigentums, durch eine wettbewerbsneutrale Geld- und Finanzordnung, durch die Regulierung des Wettbewerbs und die Bekämpfung monopolistischer Zusammenschlüsse. Dieses Konzept der »bewußten Ausgestaltung einer grundsätzlich freiheitlichen, gleichzeitig aber sozialverpflichteten Gesellschafts-, Wirtschafts- und Sozialordnung und ihrer Sicherung durch einen starken Staat«[5] entstand im Rahmen der sogenannten ordo-liberalen Freiburger Schule der Nationalökonomie bereits während des Zweiten Weltkriegs. Ihr stand Erhard nahe.

Zum Programmbegriff der neuen Wirtschaftsordnung avancierte die vom Staatssekretär in Erhards Wirtschaftsministerium, Alfred Müller-Armack, geprägte Bezeichnung »Soziale Marktwirtschaft«. Worin das *Soziale* dieser Marktwirtschaft bestehe, darum hat sich seither ein nicht enden wollender Disput entwikkelt. Erhard selbst betonte vor dem Hintergrund der Erfahrungen mit dem wirtschaftspolitischen Interventionismus der Zwischenkriegszeit und der dirigistischen Wirtschaftspolitik der Kriegsjahre die Bedeutung eines staatlichen Rahmens für die Entfaltung einer freien, durch Wettbewerb zu optimierenden Wirtschaftstätigkeit als Voraussetzung eines »Wohlstands für alle«. Wirtschaftswachstum und Vollbeschäftigung sollten die Stabilität einer freiheitlichen Gesellschaftsordnung gewährleisten, dies war sein ›soziales‹ Ideal. Die Notwendigkeit einer ergänzenden Sozialpolitik für Arbeiter und kleine Angestellte wurde von ihm bejaht; dagegen sollten Selbständige und besser verdienende Unselbständige für ihre soziale Absicherung »Eigenverantwortung« übernehmen; eine Volksversicherung galt ihm als Ausdruck einer »versorgungsstaatlichen Mentalität.«[6] Sein Hauptinteresse galt jedoch einer Produktivität und Wachstum fördernden Wirtschaftspolitik. Erfolgreiche Wirtschaftspolitik sollte – in Verbindung mit einer breiten Streuung der Vermögen – *die Notwendigkeit sozialpolitischer Vorkehrungen auf ein Minimum beschränken.*

Dieses ordo-liberale Konzept hat die praktische Wirtschaftspolitik der Ära Adenauer maßgeblich mitbestimmt, und zwar auch gegen den streckenweisen Widerstand der Großindustrie, die eine Kartellgesetzgebung verhindern wollte. Das enorme Wirtschaftswachstum der 50er Jahre – im Durchschnitt acht Prozent jährlich – das sogenannte Wirtschaftswunder, überzeugte auch einen Großteil der gewerkschaftlichen und sozialdemokratischen Skeptiker, die zunächst vielfach für eine staatlich gelenkte Wirtschaft plädiert hatten.

Entscheidend für die gewerkschaftliche Unterstützung der neuen Wirtschaftsordnung wurde die *Mitbestimmungsfrage*. Die Forderung nach »Wirtschaftsdemokratie« hatte bereits die Haltung der freien Gewerkschaften in der Weimarer Zeit bestimmt, doch wurden die entsprechenden Verfassungsbestimmungen infolge des Widerstandes der Arbeitgeber nur teilweise verwirklicht. Nunmehr fehlte es an entsprechenden Verfassungsvorgaben, und die Minderheitenposition der Sozialdemokratie im ersten deutschen Bundestag ließ die Durchsetzung überbetrieblicher Mitbestimmungsformen im Sinne eines »demokratischen Sozialismus« als illusorisch erscheinen. Um so mehr kämpften die Gewerkschaften für die Erhaltung der zunächst von den Großunternehmen des Montanbereichs freiwillig angebotenen »paritätischen Mitbestimmung«, die schließlich unter der Drohung eines Großstreiks zur gesetzlichen Regelung der paritätischen *Montanmitbestimmung* führte. Das 1952 verabschiedete *»Betriebsverfassungsgesetz«*, das die Mitbestimmung in allen größeren Unternehmungen außerhalb des Montanbereichs regelte, ging weniger weit und stärkte die innerbetriebliche Verhandlungsebene, in dem es die Unabhängigkeit der Betriebsräte von den Gewerkschaften vorsah. Die damit gefundene Kompromißlage hat sich in der Folge als weitgehend stabil erwiesen. Auch wurde die bereits in der Weimarer Zeit geschaffene *Arbeitsgerichtsbarkeit* unter Beteiligung von Vertretern der Tarifparteien wiederhergestellt; sie hat sich zum wichtigsten Regulativ der nunmehr weitgehend unter Ausschaltung staatlichen Einflusses gestalteten industriellen Beziehungen erwiesen.

Mit ihrem »Godesberger Programm« von 1959 verzichtete schließlich auch die Sozialdemokratische Partei auf die Forderung nach einer Umgestaltung der Wirtschaftsordnung, so daß seither die Prinzipien einer sozialpolitisch flankierten marktwirtschaftlichen Ordnung zum Basiskonsens der großen Volksparteien, aber auch der großen Wirtschaftsverbände gehören.

3. Marktwirtschaft *und* oder *gegen* Sozialstaat?

Die sozialpolitische Entwicklung hat sich vom Erhardschen Minimum weit entfernt. Die nur von einer kurzen Krise 1966/67 unterbrochene Expansionsphase der deutschen Wirtschaft zwischen 1949 und 1973 bot ausreichende Verteilungsspielräume, um die hergebrachten Sozialversicherungen weiter auszubauen und neue Felder sozialer Leistungen zu entwickeln. Der vom Regierungswechsel nahezu unabhängige Expansionstrend des Sozialsektors zeigt ebenso wie entsprechende Umfragen[7], daß in der deutschen Bevölkerung die staatlich vermittelte soziale Sicherheit hohe Wertschätzung genießt und nicht als Alternative, sondern als Grundlage der darauf aufbauenden Eigenvorsorge betrachtet wird.

Das Signal für den weiteren, zum Wirtschaftswachstum komplementären Ausbau des Sozialstaates bildete die Rentenreform von 1957, die den Nicht-Mehr-Erwerbstätigen eine zur allgemeinen Lohnentwicklung proportionale Entwicklung der Renten gewährleistete. Allerdings blieben, entsprechend der Erhardschen Vorstellung, die besser verdienenden Angestellten sowie die Selbständigen von der Rentenversicherung zunächst grundsätzlich ausgeschlossen, doch wurde ihnen 1972 eine Nachversicherung im Rahmen einer allgemeinen Öffnung der Rentenversicherung unter ungebührlich günstigen Bedingungen ermöglicht. Sieht man von den Beamten ab, deren besonderes Versorgungssystem ihre Zugehörigkeit zu den Sozialversicherungen überflüssig macht, so ist mittlerweile auch fast die gesamte Bevölkerung durch die gesetzliche Krankenversicherung geschützt. Mit Bezug auf die Risiken Krankheit und Alter kann somit heute in der Bundesrepublik von einer *annähernden Volksversicherung* gesprochen werden, obwohl eine organisatorische Vereinheitlichung bisher nicht zustande gekommen ist.[8] Diese beiden Risiken beanspruchen zusammen über 70 Prozent der gesamten Sozialausgaben und haben sich als besonders kostenexpansiv erwiesen.

Neben dem Ausbau der Sozialversicherungen schlug auch der Aufbau des Bildungs- und Gesundheitswesens sowie weiterer öffentlicher Dienstleistungen nachhaltig in den öffentlichen Haushalten zu Buche. Insbesondere die von 1969 bis 1982 regierende soziallliberale Koalititon (unter den Bundeskanzlern Brandt und Schmidt) engagierte sich unter dem Programmbegriff einer *aktiven Sozialpolitik* für »mehr Lebensqualität«. So wurden Maßnahmen für die Sanierung heruntergekommener Stadtquartiere und die Verbesserung des Verkehrswesens, für den Ausbau von Universitäten und Krankenhäusern sowie für eine verstärkte Bildungsbeteiligung von »bildungsfernen Gruppen« (Arbeiter, Landbevölkerung, Mädchen) ergriffen. Da es sich hier größtenteils um Aufgaben in der Kompetenz der einzelnen Bundesländer handelte, intervenierte der Zentralstaat im wesentlichen durch die Initiierung von Koordinationsgremien (Bund-Länder-Kommissionen), die Schaffung gesetzlicher Grundlagen und durch die massive Subventionierung von Vorhaben der Länder und Gemeinden. Überdies wurden neue Zielgruppen zum Gegenstand regierungsamtlicher Sozialpolitik: Bereits 1953 war mit der Einführung eines Kindergeldes das »Bundesministerium für Familie« gegründet worden; ab 1957 firmierte dieses als Ministerium für »Familie und Jugend«, 1986 wurde der Kompetenzbereich um »Frauen« und schließlich seit 1991 um »Senioren« erweitert.

Das ›Wirtschaftswunder‹ der Nachkriegszeit ermöglichte es, nicht nur die bisherige Bevölkerung Westdeutschlands in Arbeit zu bringen, sondern auch mehrere Millionen Flüchtlinge und Vertriebene aus den abgetrennten Ostgebieten. Bald reichte die einheimische Bevölkerung zur Fortsetzung der wirtschaftlichen Expansion nicht mehr aus, und so begann in den 60er Jahren eine kontinuierliche Zuwanderung ausländischer Arbeitskräfte. Dieser Trend zur Überbeschäftigung wurde mit der internationalen Ölkrise (1973) brüsk gebremst. Trotz weiterer Arbeitszeitverkürzungen stieg die *Arbeitslosenquote* von 1973 (1 Prozent) auf über 4 Prozent im Jahre 1975, erhöhte sich dann erneut auf über 9 Prozent zwischen 1980 und 1983. Nach einem Rückgang auf unter 7 Prozent im Jahre 1991 ist dieser Prozentsatz in den alten Bundesländern seit 1994 wieder überschritten worden. Dadurch sind sowohl die Kosten der Arbeitslosenversicherung als auch der kommunalen Sozialhilfe enorm gestiegen, während gleichzeitig der Beiträge und Einkommenssteuern zahlende Bevölkerungsanteil rückläufig ist.

Noch dramatischer war die Zunahme der Arbeitslosigkeit in den *neuen Bundesländern*. In der DDR hatte es offiziell keine Arbeitslosigkeit gegeben, die Wirtschafts- und Sozialpolitik war vielmehr auf eine maximale Erwerbsbeteiligung der erwachsenen Bevölkerung gerichtet. Auch die Frauen waren zum größten Teil vollzeit erwerbstätig, was ihnen durch ein ausgebautes System der kollektiven Kleinkindbetreuung ermöglicht wurde. Die geringe Produktivität der ostdeutschen Wirtschaft, der Zusammenbruch des Sozialismus in den traditionellen Absatzgebieten der DDR und die rasche Integration in die westdeutsche Wirtschaft führten trotz vielfältiger öffentlich finanzierter Beschäftigungsmaßnahmen zu einer Arbeitslosenquote von gegenwärtig 17 Prozent (März 1996).

Ein weiteres kam hinzu: Durch den Einigungsvertrag wurde das westdeutsche Sozialversicherungssystem grundsätzlich auf Ostdeutschland übertragen. Zwar blieben die Leistungssätze unter den westdeutschen, aber doch nur graduell. Entscheidend blieb die für den Osten günstige Umstellung der Währungsparitäten und die Aushandlung eines Lohnniveaus durch die Gewerkschaften, das weit höher war als die vergleichbare durchschnittliche Arbeitsproduktivität. An diesem Lohnniveau orientieren sich auch die Renten, die infolge der hohen Erwerbsbeteiligung der DDR auf der Basis von im Durchschnitt weit längeren Versicherungszeiten zu berechnen sind. So sind die Rentenversicherungsträger gezwungen, weit höhere Rentenleistungen in Ostdeutschland auszuzahlen als dem dortigen

Beitragsaufkommen entspricht, dasselbe gilt für die Arbeitslosenversicherung. Die Kosten der Krankenversicherung entwickelten sich infolge der erforderlichen Umstrukturierungen des Gesundheitswesens in den neuen Bundesländern langsamer, überschreiten aber ebenfalls die Beitragseinnahmen. *In der Konsequenz müssen Arbeitgeber und Versicherte der alten Bundesländer die Kosten der Sozialversicherung in den neuen Bundesländern in der Höhe von mehreren Dutzend Milliarden jährlich mittragen.* Dies hat zu einer erheblichen Steigerung der Beitragssätze geführt. 1996 betragen die gesetzlichen Sozialabgaben in Deutschland ca. 41 Prozent der Bruttolöhne (innerhalb bestimmter Beitragsbemessungsgrenzen). Kompetente Schätzungen besagen, daß die Sozialabgaben ohne diese vereinigungsbedingten »versicherungsfremden« Zahlungsverpflichtungen nur 33 bis 35 Prozent der Bruttolöhne betragen müßten. Nachdem offenkundig geworden war, daß die ökonomischen Probleme des Ostens nicht durch ein ›neues Wirtschaftswunder‹ rein marktwirtschaftlich zu lösen sind, sondern nur durch massive öffentliche Umverteilungsvorgänge, kam es zu einem erneuten Wachstum der in den 80er Jahren reduzierten Staatsquote und insbesondere auch der Staatsverschuldung.

Die gegenwärtige sozio-ökonomische Situation der Bundesrepublik ist durch eine Reihe von Faktoren belastet, die zwangsläufig zu einer *Intensivierung von Verteilungskonflikten* Anlaß geben: die zunehmende ›Reife‹ (im Sinne Schumpeters) wichtiger deutscher Industriezweige, die vergleichsweise geringe Expansion des deutschen Binnenmarktes, das hohe Lohn- und durchschnittliche Sozialleistungsniveau, ein fortgeschrittener demographischer Alterungsprozeß und schließlich die durch die Maastrichter Verträge im Hinblick auf die Währungsunion vereinbarte finanz- und wirtschaftspolitische Disziplin. Zu diesen, die meisten westeuropäischen Staaten mehr oder weniger belastenden Faktoren kommen noch die spezifischen Belastungen durch den deutschen Einigungsprozeß. Die derzeitigen Klagen der Arbeitgeber über die hohen Lohnnebenkosten haben somit zwei sehr unterschiedliche Ursachen: zum einen die wachsende Konkurrenzfähigkeit anderer Länder mit einem wesentlich niedrigeren Lohnniveau und zum anderen die vereinigungsbedingte Erhöhung der Lohnnebenkosten.

Es ist daher nicht überraschend, daß die Konflikte um die Verteilung des Volkseinkommens gerade in jüngster Zeit offen ausgebrochen sind: Arbeitgebervertreter und wirtschaftsnahe Medien plädieren nun öffentlich für eine »Einschränkung des Sozialstaates«, die Regierung für einen »Umbau des Sozialstaates« und die Gewerkschaften für die »Erhaltung des Sozialstaates«. Damit ist die durchaus normativ besetzte Diskussionsfront klar: Während der deutsche Basiskonsens bisher von einem *komplementären Verhältnis zwischen wirtschaftlicher und sozialer Entwicklung* ausging, Wirtschafts- und Sozialpolitik somit trotz gelegentlicher Diskussionen über die Prioritäten als zwei sich im Prinzip wechselseitig unterstützende und fördernde Staatsaufgaben angesehen wurden, wird nunmehr – vor allem von marktwirtschaftlicher Seite – ein Gegensatz zwischen den beiden Politikfeldern aufgebaut: *Als Erfolgsbedingung der Wirtschaftspolitik wird ein Zurückdrängen der Sozialpolitik gefordert.*

Der sich damit andeutende normative Konflikt bleibt allerdings bisher sehr pauschal: ›Marktwirtschaft‹ contra ›Sozialstaat‹. Im normativen Argumentationshaushalt beider Seiten finden sich kaum neue Argumente, vielmehr werden nur die alten mit größerer Dringlichkeit vorgetragen. Bemerkenswerterweise beschränkt sich die Auseinandersetzung bisher im wesentlichen auf die Exponenten des Arbeitgeber- und des Gewerktschaftslagers. Weder die großen Volksparteien noch breite Bevölkerungskreise haben sich bisher für diesen Gegensatz mobilisieren lassen.[9] Betrachtet man die tatsächlich anstehenden Probleme näher, so zeigt sich, daß sie mit der Alternative einer ›marktwirtschaftlichen‹ *oder* ›sozialstaatlichen‹ Strategie auch schwerlich in den Griff zu bekommen sind. Der allgemein als problematisch anerkannte Sachverhalt ist die trendmäßig zunehmende *Arbeitslosigkeit*, die von einer Lockerung des Zusammenhangs zwischen Wirtschaftswachstum und Vollbeschäftigung zeugt. Die Diagnose der Ursachen und demzufolge auch der aussichtsreichen ›Therapien‹ für diesen Sachverhalt bleibt jedoch hochgradig kontrovers und scheint vielfach selbst von der vorausgesetzten Option für eine marktwirtschaftliche oder sozialstaatliche Lösung des Problems mitbestimmt.

Orthodoxe Marktwirtschaftler machen vor allem das *hohe Lohnniveau* (einschließlich der hohen Lohnnebenkosten) bzw. die Inflexibilität der Löhne nach unten für die steigende Arbeitslosigkeit in Deutschland verantwortlich. Auch wenn das Tarifvertragssystem in der Bundesrepublik nahezu ausschließlich auf frei ausgehandelten Vereinbarungen zwischen den Tarifpartnern beruht, ist es bisher in der Tat kaum jemals gelungen, die Tarifbedingungen zu verschlechtern. Jedes In-Frage-Stellen erreichter »sozialer Fortschritte« muß, wie die gegenwärtige Diskussion um eine Reduktion der Lohnfortzahlung bei Krankheit zeigt, mit dem entschiedenen Widerstand der Gewerkschaften rechnen. Völlig fraglich ist jedoch, ob eine allgemeine Absenkung des Lohnniveaus tatsächlich zu einer entsprechenden Vergrößerung des gesamtwirtschaftlichen Beschäftigungsvolumens führen würde.

Eine zweite Auffassung sieht die Ursachen steigender Arbeitslosigkeit im Fortfall der Bedingungen einer keynesianischen Vollbeschäftigungspolitik. Die langfristig akkumulierten Staatsschulden haben durch die Finanzierung der Vereinigungskosten einen erneuten nachhaltigen Schub erhalten, und die wachsenden Zinslasten nehmen einen zunehmenden Teil der öffentlichen Haushalte in Anspruch. Aber nicht nur die Höhe der Staatsverschuldung, vor allem auch die wachsende Europäisierung der Wirtschaftspolitik und zunehmende Globalisierung der Finanz- und Gütermärkte beeinträchtigen die wirtschaftspolitische Handlungsfähigkeit der Einzelstaaten und lassen eine keynesianische Beschäftigungspolitik als wenig aussichtsreich erscheinen. Die erwähnte Empfehlung orthodoxer Marktökonomen, die Lohnkosten zu senken, erscheint aus keynesianischer Sicht gefährlich, da dies die ohnehin ungenügende Güternachfrage weiter drosseln würde.

Eine dritte Auffassung sieht die Ursachen gesteigerter Arbeitslosigkeit in der sich fortgesetzt *verbessernden Arbeitsproduktivität*. Technische und organisatorische Fortschritte erfassen immer breitere Bereiche der Wirtschaft, und insbesondere industrielle Güter und sachbezogene Dienstleistungen können mit sich laufend vermindemdem Einsatz an Arbeitszeit produziert werden. Die intensivere ausländische Konkurrenz erzwingt auch in Deutschland entsprechende Rationalisierungen. Erhebliche ungedeckte Bedürfnisse sind noch im Bereich der personenbezogenen Dienstleistungen zu vermuten, doch werden diese – gerade wegen ihrer geringen Rationalisierbarkeit – im Vergleich zur übrigen Produktion immer teurer, so daß sie für erhebliche Bevölkerungsteile unerschwinglich bleiben. Nicht von ungefähr betrafen die größten Beschäftigungszuwächse der letzten zwei Jahrzehnte die Bildungs-, Gesundheits- und Sozialberufe, also öffentlich subventionierte oder veranstaltete, bzw. durch Sozialversicherungen finanzierte Beschäftigungsbereiche personenbezogener Dienstleistungen. Dieser öffentlich finanzierten Expansion sind jedoch gerade durch das geringe Wachstum des Marktsektors Grenzen gesetzt. Aus dieser Perspektive scheinen weitere massive Arbeitszeitverkürzungen bzw. eine *Umverteilung der Arbeit* als die rationalste Vorbeugestrategie, damit öffentliche Einkommensumverteilungen nicht überhand nehmen.

Eine vierte Auffassung macht darauf aufmerksam, daß ein erheblicher Anteil der Arbeitslosen zu den *schwer vermittelbaren Arbeitskräften* gehört.[10] Es ist schwer vorstellbar, daß sich Unternehmer finden, die im Hinblick auf *diese* Arbeitskräfte neue Beschäftigungsmöglichkeiten erschließen. Trotz der gegenwärtigen Arbeitslosigkeit hört man vielfach Klagen von Unternehmern, daß sie *geeignete* Arbeitskräfte nicht in ausreichendem Maße finden. Da sich zeigen läßt, daß mit steigender Kapitalintensität der Produktion die Beschäftigung suboptimal produktiver Arbeitskräfte zunehmend unrentabel wird, ist mit einer Ausschlußtendenz dieser Arbeitskräfte aus den typischen unternehmerischen Beschäftigungsformen zu rechnen. Ihre Beschäftigung setzt – selbst bei bescheidenen Löhnen – vielfach besondere Vorkehrungen mit geringen Fix- und Transaktionskosten voraus.

Im Vordergrund der sachbezogenen Debatten stehen somit nicht unterschiedliche Wertorientierungen, sondern *unter-*

schiedliche Situationsdefinitionen. Bei unvoreingenommener Betrachtung ist zu vermuten, daß jede dieser Auffassungen einen *Teilaspekt* der gegenwärtigen Beschäftigungsproblematik richtig skizziert. So ist die Senkung der Lohnstückkosten für die außenwirtschaftliche Konkurrenzfähigkeit der deutschen Wirtschaft zweifellos von erheblicher Bedeutung, aber die Wiederherstellung von Vollbeschäftigung auf marktwirtschaftlichem Wege scheint eine unrealistische Perspektive. Die unternehmerische Nachfrage nach Arbeitskräften konzentriert sich auf die produktivsten Segmente der Erwerbsbevölkerung, und komparative Kostenvorteile der deutschen Wirtschaft gibt es nur im Bereich der Hochleistungsproduktion. Deshalb bleibt auch eine Umverteilung der vorhandenen Arbeit auf die bereits Arbeitslosen eine nur in engen Grenzen praktikable Lösung. Sowohl aus demographischen wie aus arbeitsmarktstrukturellen Gründen muß damit gerechnet werden, daß ein sinkender Anteil der Erwerbsbevölkerung dauerhaft den Unterhalt eines wachsenden Anteils Nicht-Erwerbstätiger finanzieren muß.

Im Lichte der deutschen Tradition erscheint dies primär als sozialstaatliche Aufgabe. Da jedoch aus den genannten Gründen bestenfalls noch ein längerfristiges Wachstum der Gesamtwirtschaft, aber kaum mehr ein Wachstum der individuellen Real-Einkommen zu erwarten ist, müssen die Verteilungskonflikte zwangsläufig zunehmen. Inwieweit daraus normative Konflikte entstehen, dürfte entscheidend vom Umgang mit dieser Problematik durch Parteien und Verbände sowie von der darauf folgenden Resonanz der Bevölkerung abhängen. Da den Beteiligten der große Wert der Tarifpartnerschaft und des damit verbundenen Basiskonsenses durchaus bewußt ist, braucht meines Erachtens die Hoffnung nicht aufgegeben zu werden, daß die erforderlichen Umsteuerungen zwar mit einer Zunahme rhetorischer Schärfe, größerer Arbeitskonflikte und einem großen Gesetzgebungslärm, schließlich auch mit einigen Prozessen vor den höchsten Gerichten, aber insgesamt in einigermaßen friedlicher Weise vor sich gehen werden.

4. Neue soziale Bewegungen als Ferment normativer Konflikte

Während somit in der bisherigen Geschichte der Bundesrepublik Deutschland die klassischen Felder normativer Konflikte eine auffallend geringe Artikulation erfahren haben, muß das Entstehen neuer Konfliktfelder hervorgehoben werden. Sie lassen sich, soweit es um längerfristig politisierte Konflikte geht, im wesentlichen durch die Stichworte »Rüstung/Frieden« und »Umwelt« kennzeichnen. Daneben haben eine Reihe weiterer Themen vorübergehende Konjunkturen erlebt, beispielsweise die sexuelle Liberalisierung, die Demokratisierung der Hochschulen, die Partizipation an politischen Planungsprozessen, die Frauenfrage, die Wohnungsnot, politische Disziplinierungen (»Berufsverbote«), die »Ausbeutung der Dritten Welt« und Widerstand gegen bestimmte Technologien (Kernkraft, Gentechnik). Bevor wir uns auf die beiden zentralen Konfliktfelder konzentrieren, müssen Gemeinsamkeiten und Hintergründe der »Neuen sozialen Bewegungen« wenigstens angedeutet werden.

Während der Protest gegen bestehende gesellschaftliche Verhältnisse ein gemeinsames Merkmal aller sozialen Bewegungen ist, unterscheiden sich die bundesrepublikanischen Protestbewegungen durch ihre soziale Basis von der früheren Arbeiterbewegung: Aktivisten sind typischerweise junge Erwachsene und Jugendliche, und zwar vornehmlich Studenten und Schüler weiterführender Schulen; ferner »Beschäftigte im sozialen Dienstleistungsbereich, Sozialarbeiter, Lehrer, Pfarrer, Ärzte, Künstler, Journalisten, Angehörige der sozialwissenschaftlichen Intelligenz etc.«[11] Man gewinnt den Eindruck, daß das Protestpotential weniger themenspezifisch als einstellungsspezifisch ist, wobei die zugrundeliegende Einstellung häufig als ›modernitätskritisch‹ oder ›postmaterialistisch‹ bezeichnet wird.[12]

Die zugrundeliegende Mentalität scheint nicht nur milieugebunden, sondern auch generationsspezifisch. Die während der ›großen Koalititon‹ (1966/69) entstandene »außerparlamentarische Opposition« und die aus ihr hervorgehende Studentenbewegung, die nach der Erschießung des Studenten Benno Ohnesorg durch die Polizei am 2. Juni 1967 auf die ganze Bundesrepublik übergriff, können als die bahnbrechenden und generationsprägenden Bewegungen angesehen werden. Es war ein Protest, der sich nicht nur in Fortführung des älteren Protestthemas der Wiederbewaffnung gegen die sogenannten Notstandsgesetze richtete, welche die Regierungsfähigkeit auch unter politischen Ausnahmebedingungen sicherstellen sollten. Auch die bald provokative, bald ironische Entmystifizierung der deutschen Universität (»Hinter den Talaren – Muff von tausend Jahren«) war nur ein Teilaspekt einer viel grundlegenderen Kritik: am »CDU-Staat«, an den restaurativen Tendenzen der Nachkriegsepoche sowie an moralischen und politischen Ordnungsvorstellungen, die infolge der enormen Wohlstandssteigerung und den mit ihr verbundenen erweiterten Handlungsmöglichkeiten als zu eng erschienen.

Gleichzeitig war diese deutsche Bewegung Teil einer internationalen Erscheinung des Jugendprotestes, der sich seit 1963 zuerst in den USA als Kritik des Vietnam-Kriegs artikulierte, aber auch dort bald zu einer Bewegung der Emanzipation aus vorgegebenen Mustern bürgerlicher Moralordnung eskalierte. Die Universitäten und ihr Umfeld wurden vielerorts zu Experimentierfeldern neuer Lebensformen, die gleichermaßen die bürgerliche Familie, die kapitalistische Wirtschaft, das politische Establishment und verbürgerlichte Formen eines kirchlichen Christentums in Frage stellten.

Was die deutsche Entwicklung von derjenigen in den meisten anderen Ländern unterscheidet, ist die *Kontinuität und wachsende politische Formierung der Protestpotentiale über nunmehr 30 Jahre*. Zwar zerfiel die Studentenbewegung bereits um 1970 in vielfältige ›linke‹ Fraktionen, doch begannen nunmehr auch außeruniversitäre Gruppen sich zunehmend der von den Studenten propagierten Ideen partizipativer Demokratie und deren provokativen Techniken zu bedienen, um auf ihre Anliegen aufmerksam zu machen. Eine hochgradig dezentralisierte Bewegung von *Bürgerinitiativen* nahm sich seit Ende der 60er Jahre der vielfältigsten örtlichen Mißstände an und verstand sich selbst durchaus als Bestandteil eines mit der sozialliberalen Koalition seit 1969 im Aufbruch erscheinenden politischen Systems. In dem Maße jedoch, wie die Grenzen der politischen Beweglichkeit der neuen Regierung deutlich wurden, und insbesondere im Zusammenhang mit der vielerorts beginnenden Errichtung von Atomkraftwerken, gewannen die Bürgerinitiativen zunehmend den Charakter einer überregionalen Protestbewegung. Sie richtete sich primär gegen die friedliche Nutzung der Atomenergie, gewann jedoch bald eine breitere Stoßrichtung.

Die ökologische Bewegung

Im Jahre 1972 hatte der Club of Rome seinen internationales Aufsehen erregenden Bericht »Limits to Growth« veröffentlicht und die seit Anfang der 60er Jahre allmählich in Fachkreisen erkannte ökologische Problematik schlagartig ins öffentliche Bewußtsein gebracht. Nunmehr wurde die Frage der Nutzung von Atomkraft in einen größeren ökologischen Zusammenhang gestellt, und bereits 1972 wurde ein »Bundesverband Bürgerinitiativen Umweltschutz« (BBU) gegründet, der der ökologischen Bewegung eine organisatorische Form gab und den vielfältigen lokalen Betroffenheiten ein bundesweites Forum bot. Öffentlichkeitswirksame Besetzungen der Bauplätze von Atomkraftwerken (Wyhl 1975, Brokdorf 1976/77) trugen zu einer Mobilisierung des bundesweiten Protestes bei. Seit 1977 ist die Umweltproblematik zu einem zentralen politischen Thema geworden, dem sich auch die etablierten Parteien anzunehmen begannen. Gleichzeitig formierte sich aber auch der Widerstand: Er ging zum einen von der Atomindustrie selbst und von in ihrem Dienst stehenden Wissenschaftlern aus, doch stellten sich auch die Gewerkschaften überwiegend auf die Seite der große Beschäftigungseffekte versprechenden Atomindustrie und gegen die ökologische Kritik des Wirtschaftswachstums. Innerhalb der etablierten Parteien gerieten die insbesondere in der F.D.P. und SPD aktiven Umweltschützer zunehmend in die Defensive. Zuerst in Bremen zogen sie die Konsequenz des Parteiaustritts und des Versuchs der Formierung einer eigenen Partei (1978).

Die schnelle *Umstrukturierung der ökologischen Bewegung von einer Protestbewegung zur politischen Partei* hing mit einschneidenden Erfahrungen im Zusammenhang mit dem zunehmenden Einsatz der Staatsgewalt gegen Kernkraftgegner zusammen. Der Zerfall der Studentenbewegung hatte nicht nur zur Entstehung terroristischer Vereinigungen wie der »Rote-Armee-Fraktion« geführt, auf deren Konto drei spektakuläre Morde Prominenter im Jahre 1977 gingen, sondern auch zur Entstehung potentiell gewaltbereiter Milieus, vor allem im Zusammenhang mit der »autonomen« Hausbesetzer-Szene. Die Beteiligung dieser gewaltbereiten Gruppen an den Protesten führte immer häufiger zu gewaltsamen Zusammenstößen mit der Polizei und einem immer entschlosseneren Vorgehen der Behörden gegen die organisierten Massenproteste. Was als unkonventionelles Protestverhalten begonnen hatte, offenbarte nun immer häufiger das Risiko gewaltsamer Eskalation.

Die große Mehrheit der ökologisch Engagierten lehnte Gewalt als Mittel der Verfolgung ökologischer Ziele ab. Die gewaltsamen Auseinandersetzungen taten zudem der Popularität der Bewegung Abbruch. So wird die Spaltung der Bewegung in eine die Mittel konventioneller Politik akzeptierende und zunehmend systematischer nutzende Mehrheit und in eine weniger den ökologischen Zielen, als der politischen Randale zugeneigte Minderheit verständlich.

Damit trat jedoch eine *Konventionalisierung der ökologischen Bewegung* ein. Neben fortbestehenden Zusammenschlüssen in Verbandsform fand sie nun die Form einer politischen Partei, die sich jedoch zunächst dezidiert als Oppositionspartei verstand und jede Einbindung in die politische Verantwortung ablehnte. Es handelte sich somit nach wie vor um eine politische Fundamentalopposition, die nunmehr nahezu alle ›alternativen‹ politischen Themen besetzte: von der Liberalisierung der Geschlechterbeziehungen bis zur Friedensbewegung und von der Gentechnologie bis zur Volkszählung. Gleichzeitig wurden vom herrschenden Politikbetrieb abweichende Regeln beschlossen (z.B. die Rotation der Ämter), die dafür sorgen sollten, daß die Repräsentanten der grünen Bewegung an die Parteibasis rückgebunden blieben. Allerdings brachte die Erfahrung der politischen Alltagsarbeit einen Teil von ihnen bald zur Einsicht, daß mit Fundamentalopposition nichts auszurichten sei. So entwikkelten sich innerhalb der GRÜNEN zwei Flügel, derjenige der ›Fundamentalisten‹ (Fundis) und der ›Realisten‹ (Realos).

Als Bundespartei wurden DIE GRÜNEN Ende 1979 gegründet. Bereits im zweiten Anlauf gelang ihnen 1983 der Einzug in den Deutschen Bundestag, dem sie seither angehören. Sie sind mittlerweile in zahlreichen Bundesländern und auch im Bundestag zur drittstärksten Fraktion geworden. Dank dem wachsenden Einfluß des realistischen Flügels sind DIE GRÜNEN heute im größten Bundesland Nordrhein-Westfalen sowie in mehreren kleineren Bundesländern an der Regierung beteiligt. DIE GRÜNEN sind zu einer weitgehend ›normalen‹ Partei geworden. Sie mobilisieren insbesondere große Teile des »Selbstverwirklichungsmilieus«[13], dessen Angehörige sich bei den bisherigen Volksparteien schlecht aufgehoben fühlen.

Etwa parallel zur Konventionalisierung der GRÜNEN haben sich die Ziele, für die die ökologische Bewegung eintritt, als Bestandteil eines politischen Grundkonsenses durchgesetzt. Es gibt heute keinerlei grundsätzliche Opposition gegen ökologische Forderungen mehr, sondern nur mehr Opportunitätseinwände gegen konkrete Vorschläge. Die Unterstützung für ökologische Ziele ist wesentlich breiter gefächert als die grüne Partei und umfaßt neben den Umweltverbänden beispielsweise auch große Teile der christlichen Kirchen sowie Gruppen in allen Parteien. Ausgerechnet die konservativ-liberale Koalition unter Helmut Kohl hat 1986 ein eigenes Umweltministerium geschaffen und mit einem ihrer fähigsten Minister besetzt. *Umweltschutz* hat sich von einem bloß programmatischen Begriff zu einer *professionalisierten* (z.B. Umweltbeauftragte) und *alltäglichen Praxis* (z.B. Müllsortierung) entwickelt, und der Wirksamkeit ihrer ökologischen Bewegung verdankt die deutsche Wirtschaft ihre internationale Marktführerschaft im Bereich der Umwelttechnologien. Nach wie vor kommt Umweltfragen eine erhebliche normative Kraft und moralisches Mobilisierungspotential zu, wie zuletzt die von ›Greenpeace‹ ausgehende Mobilisierung der deutschen Bevölkerung gegen die Versenkung der Ölplattform ›Brent Spar‹ gezeigt hat. Auch die Resonanz auf die BSE-Infektionen in britischen und schweizerischen Rinderbeständen verblieb nicht bloß im Politischen, sondern erreichte das alltägliche Verhalten, wie der Rückgang des Rindfleischkonsums zeigt. Unabhängig davon, wie begründet die ökologischen Vorbehalte im Einzelfall sein mögen, die Resonanz und die Reaktionsfähigkeit auf ökologische Themen bleiben in der Bundesrepublik besonders ausgeprägt.

Die Friedensbewegung

Die ökologische Bewegung kann als Beispiel einer Erfolgsgeschichte im doppelten Sinne gelten: für die Bewegung selbst, aber auch für die Anpassungsfähigkeit des politischen Systems. Demgegenüber war der Friedensbewegung, zumindest vordergründig, kein vergleichbarer Erfolg beschieden.

Man wird die Anfänge der Friedensbewegung bis auf die Proteste gegen die Wiederbewaffnung Deutschlands und die Einführung der allgemeinen Wehrpflicht (1951/55) zurückführen dürfen, die bekanntlich erfolglos blieben. Dieser Kampf ging in starkem Maße von den der ›Bekennenden Kirche‹ im ›Dritten Reich‹ nahestehenden Kreisen der evangelischen Kirche aus, wurde aber durch die gleichzeitige kommunistische Agitation delegitimiert. Eine neue, ähnlich strukturierte Opposition formierte sich im Zusammenhang mit der Atomwaffenfrage. Sie vermochte weit größere Bevölkerungsteile zu mobilisieren, doch wurde eine Volksbefragung durch das Bundesverfassungsgericht verboten (1958). Daraufhin zerfiel die »Kampf-dem-Atomtod«-Kampagne. Aus Resten dieser Bewegung formierte sich jedoch ab 1960 die *Ostermarsch-Bewegung*, die 1968, auf dem Höhepunkt der Debatten um die Notstandsgesetze, 300 000 Menschen zu mobilisieren vermochte. Die Ostermärsche wurden in der Zeit der sozialliberalen Koalition eingestellt und erst im Kontext des Nachrüstungsbeschlusses der NATO, bei dem es um die gegen die Sowjetunion gerichtete Mittelstreckenraketen ging, wieder aufgenommen. Der quantitative Mobilisierungserfolg der Friedensdemonstrationen zwischen 1981 und 1986 übertraf noch den Protest gegen die Notstandsgesetze, ohne jedoch die geplante Stationierung von Mittelstreckenraketen verhindern zu können. Mit dem Einlenken der Sowjetunion und ihrem schließlichen Zusammenbruch fehlten die Anlässe einer weiteren Aufrüstung. Damit endete auch der Mobilisierungserfolg der Friedensbewegung.

Nach der Wiedervereinigung wurde Deutschland zunehmend internationale Verantwortung angetragen und zugemutet, die mit einem Einsatz von Bundeswehrtruppen auch außerhalb des NATO-Gebietes verbunden sein kann. Diese Debatten haben zu keiner vergleichbaren Mobilisierung mehr geführt. Bis in die Kreise der GRÜNEN verbreitete sich die Einsicht, daß den zuletzt im Balkan geschehenen Gewaltsamkeiten notfalls mit Gegengewalt zu begegnen sei.

Im Gegensatz zur ökologischen Bewegung waren die offiziellen Ziele der Friedensbewegung von Anfang an einsichtig, also gesamtgesellschaftlich konsensfähig. Niemand in Deutschland wagte es, öffentlich für Gewaltanwendung im nationalen Interesse zu plädieren; die Erinnerung an den von Deutschland ausgehenden Zweiten Weltkrieg war im In- und Ausland gleichermaßen lebendig. Fundamental umstritten waren hier jedoch die Mittel der Friedenssicherung. *Der normative Konflikt ging also um die Mittel, nicht um den Zweck*. Während die Friedensbewegung hoffte, durch eine möglichst weitgehende Entmilitarisierung Deutschlands eine internationale pazifistische Bewegung in Gang setzen zu können, besannen sich die für vermehrte Rüstung eintretenden Regierungskreise auf den alten römischen Grundsatz »Si vis pacem, para bellum«. Die Friedensbewegung vermochte sich zudem nie von dem Verdacht zu entlasten, in Teilen ›kommunistisch unterwandert‹ zu sein und vom sozialistischen Block als »nützliche Idioten« benützt und unterstützt zu werden.

Die im Vergleich zur Umweltbewegung größere Disziplin

und Gewaltfreiheit der Demonstrationen war eine Bedingung der Glaubwürdigkeit der Bewegung und verhinderte eine Eskalation der Auseinandersetzungen mit der Staatsgewalt. Zwar läßt sich ein Konflikt nicht nur über die Mittel, sondern auch über die Ziele zwischen den Vertretern der Regierungspolitik und erheblichen Teilen der Friedensbewegung vermuten, die gegen eine Eindämmung der sowjetischen Macht in Europa arbeitete, aber dieser Konflikt wurde nicht offen ausgetragen. Zudem wird der Mehrheit der Friedensbewegung, die ein Zentrum im progressiven Flügel der evangelischen Kirche hatte, ein primäres Engagement für friedliche Konfliktlösungen nicht abzusprechen sein. Ihrem Einfluß dürfte die starke Zunahme von Toleranzbereitschaft und die außerordentlich breite Ablehnung kriegerischer Gewalt in der deutschen Bevölkerung mit zuzuschreiben sein, die sich beispielsweise in kilometerlangen Lichterketten gegen den Ausbruch des Golfkrieges manifestierte. Vermutlich ist auch die vergleichsweise liberale Regelung der Wehrdienstverweigerung auf die Wirksamkeit der Friedensbewegung zurückzuführen. Und schließlich ist den Deutschen der Frieden bis heute erhalten geblieben. Obwohl der politische Erfolg der Friedensbewegung hinsichtlich der Methoden der Friedenssicherung minimal geblieben ist, sollte ihr Einfluß auf die herrschende Mentalität nicht unterschätzt werden. Auch wenn der ausschließlich defensive Charakter des deutschen Antikommunismus bereits ein Gebot außenpolitischer Klugheit war, dürfte die breite Ablehnung kriegerischer Konfliktlösungen in Deutschland doch auch der fortgesetzten Thematisierung der Friedensproblematik zu verdanken sein.

Die Auseinandersetzung um die Atomenergie

Anlaß zu bleibenden normativen Auseinandersetzungen hat in der Bundesrepublik insbesondere das Phänomen der Atomwirtschaft mit seinen Folgeproblemen gegeben. Hier mischen sich im kollektiven Bewußtsein die Themen der Umwelt- und der Friedensbewegung, deren Sympathisantenkreise sich ohnehin stark überschneiden. Und wahrscheinlich ist es gerade dieser doppelte Assoziationshorizont, die – auch hinsichtlich seiner gleichzeitig wirtschaftlichen und politischen Bedeutung – die Tiefe der Kluft verständlich macht, die sich hier zwischen der Atomindustrie und den ihr nahestehenden Teilen des politischen Systems einerseits und breiten Bevölkerungskreisen andererseits aufgetan hat. In einer sich über vier Jahrzehnte hinziehenden Auseinandersetzung ist die Atomenergie – trotz der technologischen Spitzenstellung deutscher Unternehmen in atomwirtschaftlichen Teilbereichen – allmählich zu einer *politisch unmöglichen* Technologie geworden. Daß sich dabei »den bornierten Interessen der Pro-Kernenergie Koalition und des Blocks an der Macht eine selbst wiederum bornierte Koalition der Kernenergiegegner mit kurzfristigen Negativforderungen und romantisch-unpolitischen Visionen entgegen(stellte)«[14], hat die Grundsätzlichkeit des Konfliktes zunächst herbeigeführt. Aber diese Gegensätzlichkeit beruht ihrerseits auf tiefer liegenden Voraussetzungen, nämlich einer weitgehenden sozialen *Trennung von Beteiligten und Betroffenen.* Eben dies ist für die meisten großtechnischen Risiken charakteristisch.

Eine größere Zahl atomwirtschaftlicher Projekte (z.B. ›schneller Brüter‹ Kalkar, Wiederaufbereitungsanlage Wackersdorf) sind eingestellt worden, die Genehmigung für neue atomwirtschaftliche Einrichtungen wird durch vielfältige Bedenken und eine restringierende Rechtsprechung verzögert. Die Planung neuer Atomkraftwerke in der Bundesrepublik liegt weitgehend danieder. Dennoch kann von einer Einebnung des normativen Konfliktes keine Rede sein. Man kann die verhärteten Positionen auf beiden Seiten nur als Glaubenskrieg bezeichnen: Während die Befürworter einer friedlichen Nutzung der Atomenergie sie als eine der ›saubersten‹ und am wenigsten umweltbelastenden Energiequellen betrachten, denken die Gegner an die möglichen Folgen von an sich unwahrscheinlichen Störfällen sowie an mutmaßliche weiterreichende politische und gesellschaftliche Folgen. Ein Diskurs, der als gemeinsame Plattform der Auseinandersetzungen um praktikable ›Teillösungen‹ dienen könnte, ist in Deutschland nicht in Sicht.

5. Was läßt sich am deutschen Beispiel für den Umgang mit normativen Konflikten lernen?

Wir verstehen unter normativen Konflikten praktische Auseinandersetzungen und sie legitimierende Meinungsfronten, bei denen direkte Kompromisse zwischen den Konfliktparteien grundsätzlich ausgeschlossen erscheinen, da der Charakter der Streitmaterie die Wertbindungen der Beteiligten berührt. Soziale Zusammenschlüsse können grundsätzlich auf drei Prinzipien beruhen: auf der Macht der einen und der Furcht der anderen, auf komplementären Interessen oder auf geteilten Wertorientierungen; in der Regel spielen jedoch mindestens zwei dieser Prinzipien gleichzeitig eine Rolle. Stabile gemeinsame Wertorientierungen gehen mit solidarischen Sozialbeziehungen einher, wobei zumeist eine wechselseitige Verstärkung stattfindet: Der gemeinschaftliche Charakter eines Sozialzusammenhangs, also der hohe Identifikationsgrad der Beteiligten, beruht in der Regel auf geteilten Normen und Werten; diese werden jedoch in der Gemeinsamkeit des Sozialzusammenhangs auch bestärkt und entwickelt. Solidarische Zusammenschlüsse haben deshalb auch eine Tendenz zur Abschließung nach außen, zur Ausgrenzung des ›Fremden‹. Das gilt insbesondere dort, wo die Gemeinsamkeiten in der Form allmählicher Gewohnheitsbildung, also als *Tradition* entstanden sind.

Normative Konflikte sind nichts Ursprüngliches, sondern etwas Abgeleitetes. Sie entstehen dort, wo unterschiedliche werthafte Überzeugungen zwischen sozialen Zusammenschlüssen wirksam werden, die sich mit Bezug auf etwas ihnen Gemeinsames auseinandersetzen müssen. Die einfachste Form der Vermeidung normativer Konflikte ist somit die Trennung potentieller Konfliktpartner, die Minimierung konfliktträchtiger Gemeinsamkeiten. Dies setzt jedoch räumliche und politische Bedingungen voraus, die in sich modernisierenden Gesellschaften zunehmend verschwinden. Modernisierungsprozesse gehen mit zunehmender Interdependenz einher: Die Verdichtung der Bevölkerung, die Ausweitung der Marktbeziehungen und der Ausbau von Verkehrs- und Kommunikationssystemen sind die wirkungsvollsten Momente zunehmender Verflechtungen und möglicher Wechselwirkungen.

Die zunehmende Interdependenz ermöglicht das Größenwachstum sozialer Einheiten. Die Entstehung der europäischen Nationalstaaten läßt sich als Interdependenzsteigerung im Inneren und als Abgrenzung nach außen verstehen. Effektive Staatenbildung setzte dabei historische und kulturelle Gemeinsamkeiten (Tradition) oder zum mindesten die Erfindung derartiger Gemeinsamkeiten – etwa in der Form eines ›Nationalcharakters‹ – voraus. *Nationalbewegungen* wie in Italien oder in Deutschland im 19. Jahrhundert erwiesen sich dabei als wichtige Promotoren eines neuen gemeinsamen Bewußtseins. Wo es um die Schaffung *neuer* sozialer Werte geht, spielen soziale Bewegungen regelmäßig eine wichtige Rolle. Sie ersetzen Tradition als Grund des Zusammenhalts durch die Propagierung neuer Werte und machen Solidarität in der Form der Bewegung erfahrbar. Auch die *demokratische Bewegung* ist in diesem Zusammenhang zu erwähnen: Sie betont die Gleichheit aller Beteiligten und wirkt daher inneren sozialen Schranken entgegen. Der Umstand, daß in Deutschland die nationale und die demokratische Bewegung nicht zusammengefunden haben, so daß die Weimarer Republik keine alle Deutschen verbindende Staatsform geworden ist, hat die Entstehung des ›Dritten Reiches‹ nachhaltig gefördert.

Die politische Vereinigung bislang getrennter Gebiete bringt regelmäßig normative Konflikte mit sich. Dies gilt auch im Fall der deutschen Vereinigung. Denn räumliche Nähe führt in der Regel auch zu sozialer Nähe, sofern dem nicht bewußt aufgerichtete und wertmäßig abgesicherte soziale Grenzen (z.B. Standesgrenzen) entgegen stehen. Ethnische und religiöse Bindungen haben sich im Zuge nationaler Einigungen als besonders widerstandsfähig erwiesen und vielfach Anlaß zu normativen Konflikten gegeben. Als eine historisch erfolgreiche Form ihrer Abschwächung hat sich dabei die für alle neuzeitlichen Demokratien charakteristische *Parteienbildung* erwiesen. Partikuläre soziale Gemeinsamkeiten können somit auch innerhalb des sie in

Frage stellenden Nationalstaates gleichzeitig beibehalten und integriert werden, indem ihnen die Möglichkeit zur politischen Organisation und zur Beteiligung am politischen Willensbildungsprozeß gegeben wird. Allerdings setzt dies die Anerkennung der Mehrheitsregel voraus, die im Falle grundsätzlicher, identitätsbedrohender Dissense nicht konfliktmindernd, sondern oft konfliktverstärkend wirkt. Die Anerkennung von Minderheitsrechten (insbesondere im Bildungswesen!) hat sich vielfach als brauchbares Korrektiv der Mehrheitsdemokratie erwiesen.

Wie gezeigt wurde, haben sich die grundlegenden, religiöse und ethnische Konflikte bis heute ausschließenden Gemeinsamkeiten der Bundesrepublik in der Katastrophenerfahrung des ›Dritten Reichs‹ gebildet. Gemeinsame Wertorientierungen sind in Reaktion auf diese Katastrophenerfahrung entstanden und haben sich tief ins kollektive Gedächtnis eingegraben. Im Unterschied zur Französischen Revolution, die ebenfalls als staatsfundierende Katastrophe gelten kann, ist die Interpretation der nationalsozialistischen Katastrophe nicht grundsätzlich kontrovers geblieben, sondern hat den Verfassungskonsens des Grundgesetzes ermöglicht. *Das Grundgesetz hat damit in einer historisch schlecht strukturierten Situation die Grundlagen einer staatlichen Identität geschaffen, im Rahmen derer dem nationalen Moment anscheinend kaum Bedeutung zukam.*

Zwei Einschränkungen scheinen heute hinsichtlich der identitätsstiftenden Wirkung dieses Fundaments angebracht: Zum einen muß der Stellenwert der durch das Grundgesetz fundierten Gesellschaftsordnung für die neuen Bundesländer deutlich anders angesetzt werden als für die alten. Ob es im Fall der Vereinigung zu einer gemeinsamen Interpretation des Prozesses kommen wird, scheint eher fraglich; wahrscheinlicher ist das zukünftige Aufbrechen kontroverser Interpretationen dieses Ereignisses.

Die Dethematisierung der nationalen Dimension im kollektiven Bewußtsein der Bundesrepublik und seine programmatische Öffnung im Hinblick auf Europa sollten zum anderen nicht darüber hinwegtäuschen, daß in der Frage des Bürgerrechts und der Behandlung der aus dem Ausland Zugewanderten nach wie vor eine erhebliche politische Ausgrenzungstendenz besteht. Die Bundesrepublik hat sich dem Tatbestand, daß sie, trotz der entgegenstehenden Behauptung des Bundesverfassungsgerichts, ein de-facto-Einwanderungsland ist, nie bewußt gestellt und daher bis heute auch keine klare Politik im Umgang mit den auf Dauer niedergelassenen Ausländern entwickelt. Dies könnte zu normativen Konflikten, vor allem im Zusammenhang mit einer wachsenden Virulenz des Islam führen.

Sogenannte Klassenkonflikte, also die durch die unterschiedliche Stellung mit Bezug auf die wirtschaftlichen Produktionsprozesse einer Gesellschaft geformten sozialen Gemeinsamkeiten und Unterschiede sowie ihre normative Artikulation entstehen typischerweise erst im Zuge von Industrialisierungs- und Demokratisierungsprozessen. Zwar kannten natürlich auch die vormodernen Hochkulturen soziale Ungleichheiten, ja, sie spielten dort eine noch weit größere Rolle. Diese Ungleichheiten galten jedoch als legitim, sie waren primär solche des Ranges, des Rechts und nicht der wirtschaftlichen Lage. Klassenkonflikte entstanden erst im Horizont der normativen Vorstellungen politischer Freiheit und Gleichheit, also im Horizont der Werte der demokratischen Bewegungen. Das Irritierende unterschiedlicher Klassenlagen besteht gerade darin, daß sie soziale Ungleichheiten sichtbar machen, für die es im Horizont einer von christlichen Gleichheits- und aufklärerischen Freiheitsvorstellungen geprägten Kultur keine zureichenden normativen, sondern allenfalls pragmatische Begründungen gibt.

Es fällt deshalb auch wesentlich einfacher, für Ursachen und Erscheinungsweisen sozialer Ungleichheit pragmatische als grundsätzliche Lösungen zu finden. Ins Grundsätzliche gewendet, beziehen sich Probleme sozialer Ungleichheit auf die Frage der Wirtschaftsordnung: Privatkapitalistisch verfaßte Marktwirtschaften binden die Einkommenschancen grundsätzlich an den durch das Verhältnis von Angebot und Nachfrage bestimmten Wert von Produktionsfaktoren und schließen damit diejenigen vom Einkommenserwerb aus, die keine produktiven Leistungen anzubieten haben. Auf Kollektiveigentum beruhende sozialistische Wirtschaftsformen dagegen sind grundsätzlich in der Lage, die Einkommensverteilung stärker nach Bedarfsgesichtspunkten zu gestalten. Nach aller historischen Erfahrung gelingt es ihnen jedoch nicht, gleichzeitig die notwendigen Anreize für eine effiziente und konsumentenorientierte Produktion sicherzustellen. Der normative Grundkonflikt der Wirtschaftsordnung war auch in der Gründungsphase der Bundesrepublik virulent. Die mehrheitliche Entscheidung für eine prinzipiell freiheitliche marktwirtschaftliche Ordnung, deren Ungleichheit tendenziell verstärkende Wirkungen aber durch sozialpolitische Korrekturen abgefedert werden, erwies sich zwar nicht als so kohärent, wie die Formel einer »Sozialen Marktwirtschaft« suggerierte; aber der unmittelbare Erfolg dieser Entscheidung, das sogenannte Wirtschaftswunder, ließ alle grundsätzliche Kritik verstummen. Erst die marxistisch inspirierten Teile der Studentenbewegung erneuerten eine grundsätzliche Kapitalismuskritik, ohne jedoch dauerhafte Resonanz erzeugen zu können. Der pragmatische Weg einer regulierten Tarifautonomie, eines allmählichen Ausbaus des sozialen Sicherungssystems und der sozialen Dienstleistungen bei gleichzeitiger Förderung der volkswirtschaftlichen Produktivität hat sich bisher als sehr erfolgreich erwiesen: Das fortgesetzte Wirtschaftswachstum öffnete immer neue Verteilungsspielräume, ohne die Gewinnchancen der Unternehmen allzu sehr zu beeinträchtigen.

Diese günstige Konstellation scheint sich allerdings in jüngster Zeit zu zersetzen. Wachsende Konkurrenz auf den Weltmärkten, günstigere Investionsperspektiven im Ausland, erleichterte Möglichkeiten der Kapitalflucht, die wachsende Staatsverschuldung und nicht zuletzt eine zunehmende Europäisierung der Wirtschaftspolitik wirken sich gleichzeitig dämpfend auf das Wachstum der deutschen Wirtschaft und die wirtschafts- bzw. sozialpolitischen Operationsmöglichkeiten des Staates aus. Während die wachsende Zahl der Rentner, Pensionäre und Arbeitslosen Ansprüche auf Sozialleistungen erheben können, sinken die öffentlichen Einnahmen, sowohl aus Steuern wie aus Versicherungsbeiträgen. Nun geht es nicht mehr nur um die Verteilung von Zuwächsen, sondern um Eingriffe in erworbene Besitzstände. Dies führt bereits erkennbar zu einer Intensivierung der Verteilungskonflikte.

Um einschätzen zu können, inwieweit mit einem Wiederaufflammen normativer Grundkonflikte zu rechnen ist, empfiehlt es sich, die *Bedingungen einer normativen Dethematisierung des Klassenkonfliktes* genauer zu betrachten. Die normative Dramatisierung des Konfliktes zwischen Kapital und Arbeit ging regelmäßig von der Arbeiterperspektive aus. Offensichtlich bedürfen die wirtschaftlichen Interessen der Unternehmer jenseits der Gewährleistung des Privateigentums und der Wirtschaftsfreiheit als Grundbeständen des liberalen Credos keiner zusätzlichen normativen Legitimation. Die typische Reaktion des Kapitals auf eine Verschlechterung seiner Verwertungschancen ist *Abwanderung*, also Konfliktvermeidung, nicht *Widerspruch*, also Kampf. Dagegen bestand die typische Reaktion der Arbeiterseite im Protest, im moralisierenden Kampf unter Berufung auf die gemeinsamen Werte einer von Christentum und Aufklärung geprägten bürgerlichen Gesellschaft.[15] In dem Maße, wie die grundlegenden Forderungen der Arbeiterbewegung auf Anerkennung des Koalitionsrechts und auf Mitwirkung an Entscheidungen, welche die Entlohnungs- und Arbeitsbedingungen betreffen, erfüllt wurden, ließ auch die normative Dramatisierung der Forderungen nach. Es sind im wesentlichen zwei Vermittlungsformen, die sich zur Entschärfung des normativen Konfliktes als erfolgreich erwiesen haben: die *Einräumung von Möglichkeiten der Selbstorganisation* und die *Prozeduralisierung von Konflikten.*

Die Möglichkeiten der Selbstorganisation unterliegen in der Bundesrepublik grundsätzlich keinen rechtlichen Einschränkungen; allenfalls können Vereinigungen, die als »verfassungsfeindlich« gelten, staatlicherseits verboten werden, doch ist hiervon bisher nur sparsamer Gebrauch gemacht worden, und entsprechende Verbote unterliegen gerichtlicher Nachprüfung. Entscheidend für das vergleichsweise geringe normative Konfliktniveau in der Bundesrepublik wurde die Prozeduralisierung von Konflikten. Sie äußert sich in bezug auf das Verhältnis von Arbeit und Kapital im wesentlichen durch die gesetzliche Schaffung von Verhandlungssystemen und die Wiederherstellung einer Arbeitsgerichtsbarkeit, an der Vertreter beider Tarifparteien mitwirken. Verhandlungssysteme bestehen auf überbetrieblicher Ebene in der Form der Tarifverhandlungen, auf der betrieblichen Ebene in der Form unterschiedlicher Mitbestimmungsregeln. Das Arbeitsrecht hat sich in der Bundesrepublik im wesentlichen als tarifvertragliches Recht sowie als Richterrecht (Präzedenzwirkung von Entscheidungen des Bundesarbeitsgerichts) entwickelt. Dagegen ist der Gesetzgeber im wesentlichen nur zum Gesundheitsschutz und zur Sicherung von Mindestarbeitsbedingungen tätig geworden.

Voraussetzung für die Effektivität des gesetzlich geregelten Tarifvertragssystems ist die Organisations- und Bindungsfähigkeit der Tarifparteien. Nur insoweit, als Unternehmerverbände und Gewerkschaften mit der Folgebereitschaft ihrer Mitglieder rechnen können, vermögen sie als zuverlässige Partner im Prozeß der Interessenvermittlung zu fungieren und das Interesse der Gegenseite am Bestand des Verhandlungssystems aufrecht zu erhalten. Diese Bedingung war bisher in der Regel erfüllt, doch zeigen sich sowohl auf Seiten der Unternehmen als auch im sinkenden Organisationsgrad der Gewerkschaften erste Symptome der Erosion der individuellen Folgebereitschaft. Ob die Intensivierung der Verteilungskonflikte eher zu einer Resolidarisierung oder aber zur Fragmentierung der Tarifparteien führt, läßt sich kaum prognostizieren; beides ist möglich.

Die Konfliktthemen und die Solidarisierungsbereitschaft der *Neuen sozialen Bewegungen* sind weniger von unmittelbaren materiellen Interessen bestimmt. Zwar finden sich unter den Aktivisten vielfach auch Betroffene – z.B. die in der Nachbarschaft eines Atomkraftwerks Wohnenden oder die wohnungslosen Hausbesetzer. Aber diese sind nur eine Minderheit, die allein für ihre Interessen eine vergleichbare Resonanz nicht erzeugen könnte. Die gesellschaftsweite Resonanz entsteht aus der *normativen Dramatisierung* derartiger Anliegen, die als Symptom eines fundamentalen Zusammenhangs – z.B. einer Gefährdung der Natur, einer Bedrohung zukünftiger Generationen oder des ausbeuterischen Charakters des Kapitalismus – interpretiert werden.

In der sozialwissenschaftlichen Literatur werden diese Interessenartikulationen als *postmaterialistisch* interpretiert und auf einen tiefgreifenden *Wertewandel* zurückgeführt. Dieser resultiert aus dem Zusammenspiel von gesamtgesellschaftlichen Änderungen wie wachsendem Wohlstand, dauerhaftem Frieden, technologischen Fortschritten, Ausbau des Bildungswesens und zunehmendem Einfluß der Massenmedien einerseits und individuellen Erfahrungen andererseits. Es sind vor allem die jüngeren Generationen, und unter ihnen die Gebildeteren, welche die neuen, postmaterialistischen oder posttraditionalistischen Einstellungsmuster zeigen. Sie bilden auch das Rekrutierungspotential und das primäre Resonanzfeld der *Neuen sozialen Bewegungen.*

Wie die vorangehende Skizze in unvermeidlicher Kürze gezeigt hat, entwickelte sich der politische Erfolg der im ›Bewegungsmilieu‹ artikulierten Themen sehr unterschiedlich. Insbesondere die Themen *Umwelt* und *Frauenrechte* haben einen weit über die ökologische bzw. Frauenbewegung hinausreichenden Bewußtseinswandel bewirkt. Die Veralltäglichung, d.h. normative Entschärfung dieser Themen, erfolgte auf ähnliche Weise wie im Falle des Klassenkonfliktes. Die Selbstorganisation der sozialen Bewegung verfestigte sich in der Form von Verbänden und einer Partei, die Konfliktthemen wurden auf gesetzlichem Wege prozeduralisiert, beispielsweise in der Form von Umweltverträglichkeitsprüfungen oder der Einführung von Frauenbeauftragten mit entsprechenden Beteiligungsrechten. Schließlich wurden diese Themen auch von anderen Parteien als den GRÜNEN aufgenommen und somit in die vorherrschenden Konsensstrukturen integriert.

Demgegenüber erwiesen sich andere Themen, wie z. B. das Fehlen billigen Wohnraums in Großstädten oder die Frage der Nutzung von Atomenergie, als sperriger. Hier trafen die Forderungen der sozialen Bewegungen auf verfestigte ökonomische Interessen Privater, die sich mit politischen und rechtlichen Mitteln zur Wehr setzten. Politische oder richterliche Entscheidungen vermochten hier in der Regel keine Befriedung der Konflikte herbeizuführen, soweit diese die bestehenden Eigentumsrechte und eingegangene Verpflichtungen schützten, also den Forderungen der Bewegung nicht nachkamen. Dies führte zu einer zunehmenden Radikalisierung eines aktivistischen Bewegungskerns und zu gewaltsamen Auseinandersetzungen. Die Wirkung der Gewaltanwendung war jedoch bei beiden Themen unterschiedlich: Während die Hausbesetzerszene der ›Autonomen‹ isoliert wurde, hat die Gewaltbereitschaft von Atomgegnern nicht zu einem allgemeinen Resonanzverlust ihrer Anliegen geführt.

Wie die neuere Risikosoziologie zeigt, spalten Hochleistungstechnologien die Bevölkerung in zwei Gruppen: in einerseits diejenigen, die über sie entscheiden und sich davon Gewinne erhoffen, d.h. die *Beteiligten*; und andererseits diejenigen, die möglicherweise die unüberschaubaren Folgen zu tragen haben, d.h. die *Betroffenen.*[16] Ein Interessenausgleich zwischen diesen beiden Gruppen ist wesentlich schwieriger zu bewerkstelligen als im Verhältnis von Kapital und Arbeit, *da die Prozeduralisierung des Konflikts nicht gelingen will.* Die Entscheider bestehen darauf, die ihnen zuzurechnenden Risiken im Rahmen versicherungstechnischer Deckungssummen zu halten; Betroffene halten Folgen für möglich, für die Versicherungen nicht bereit sind aufzukommen. Über Beteiligungsmodelle der Betroffenen wird trotz einiger wissenschaftlicher Vorschläge bisher politisch kaum diskutiert. Die ansatzweise Prozeduralisierung im Rahmen von administrativen Prüf- und Gerichtsverfahren reicht den Atomkraftgegnern nicht aus. Die Betroffenheit durch die Gefahren der Atomenergie ist zudem durch die Reaktorkatastrophe von Tschernobyl tief ins allgemeine Bewußtsein gedrungen. So ist ein Ende dieses seit vierzig Jahren immer erneuerten Konfliktes nicht abzusehen.

Prozeduralisierung von Konflikten bedeutet ihre Entdramatisierung durch Fragmentierung und ihre Kleinarbeitung im Rahmen von Verhandlungssystemen, an denen die Konfliktparteien beteiligt sind. Dies hat sich sowohl im Rahmen demokratischer als auch administrativer Verfahren in Deutschland als sehr erfolgreich erwiesen. Prozeduralisierung versagt jedoch dort, wo es ›ums Ganze‹ geht. In der deutschen Gesellschaft hat sich die Auffassung verfestigt, daß der Umgang mit Atomkraft das Leben zukünftiger Generationen bedroht. Den Versprechungen wachsender Sicherheitsstandards wird kein Glauben geschenkt, da ihre internationale Umsetzung unglaubwürdig bleibt. Der Konflikt zwischen den im Falle von Entscheidungen über Hochleistungstechnologien strukturell ausgeschlossenen Betroffenen und den daran Beteiligten hat bisher weder eine ethische, noch eine politische, noch eine prozedurale Lösung gefunden. Es scheint ein charakteristischer Typus normativer Konflikte in fortgeschrittenen Industriegesellschaften zu sein.

Anmerkungen

1 Die Gebiete der Bundesrepublik werden im folgenden wahlweise als ›Westdeutschland‹ oder als ›alte Bundesländer‹ bezeichnet, diejenigen der ehemaligen DDR entsprechend als ›Ostdeutschland‹ oder ›neue Bundesländer‹. Beide Bezeichnungen sind etwas ungenau, entsprechen aber dem sich einbürgernden Sprachgebrauch.

2 Lepsius, M. R., 1966, Parteiensystem und Sozialstruktur: Zum Problem der Demokratisierung der deutschen Gesellschaft, in: W. Abel (Hg.), *Wirtschaft, Geschichte und Wirtschaftsgeschichte*, Stuttgart, S. 371–393.

3 Bös, Mathias, 1993, Ethnisierung des Rechts? Staatsbürgerschaft in Deutschland, Frankreich, Großbritannien und den USA, in: *Kölner Zeitschrift für Soziologie und Sozialpsychologie 45*, S. 619–643, S. 628.

4 Müller, H.P., 1992, *Sozialstruktur und Lebensstile,* Frankfurt a.M.

5 Lampert, H., 1995, *Die Wirtschafts- und Sozialordnung der Bundesrepublik Deutschland,* 12. Aufl., München, S. 85.

6 Erhard, Ludwig, 1956, Gundbedingungen einer freiheitlichen Sozialordnung. Abdruck in: *Grundtexte zur sozialen Marktwirtschaft.* Red. H. F. Wünsche, Bd. 2, Stuttgart und New York 1988, S. 13–16.

7 Roller, E., 1992, *Einstellungen der Bürger zum Wohlfahrtsstaat der Bundesrepublik Deutschland,* Opladen.

8 Kaufmann, Franz-Xaver, 1989, Die soziale Sicherheit in der Bundesrepublik Deutschland, in: W. Weidenfeld und H. Zimmermann (Hg.), *Deutschland-Handbuch. Eine doppelte Bilanz* 1949 bis 1989, München, S. 308–325.

9 Ein glücklicher Umstand ermöglicht es, die unterschiedlichen gesellschaftspolitischen Auffassungen der gegenwärtigen Situation in einer authentischen Konzentration zu studieren: Ende 1994 haben die Deutsche Bischofskonferenz und der Rat der Evangelischen Kirche in Deutschland die Diskussionsgrundlage für ein gemeinsames Wort der Kirchen »Zur wirtschaftlichen und sozialen Lage in Deutschland« veröffentlicht und zu einem »Konsultationsprozeß« aufgerufen, der ein erstaunlich starkes Echo gefunden hat. Es wird geschätzt, daß der Entwurf Gegenstand von Diskussionen und Erörterungen auf über 4000 Veranstaltungen gewesen ist. Neben zahlreichen Veröffentlichungen zur Thematik sind bei den offiziellen kirchlichen Adressaten der Stellungnahmen bis April 1996 ca. 2400 Eingaben und Stellungnahmen mit einem Gesamtumfang von ca. 25 000 Seiten eingegangen. Darunter finden

sich u.a. Stellungnahmen aller Parteien und der meisten großen Verbände, aber auch von Privatpersonen, kirchlichen Gruppen usw. Die Stellungnahmen werden verschlagwortet und einer EDV-gestützten Auswertung zugänglich gemacht. Im Hinblick auf die vorliegende Studie wurde in diese Materialien Einblick genommen, soweit sie im Februar 1996 bereits zugänglich waren. Angesichts des knappen Raumes kann auf die Ergebnisse dieser Recherchen nur sehr summarisch Bezug genommen werden.

10 Unter den im September 1990 arbeitslos gemeldeten 1,7 Million Personen befanden sich ca. 1,2 Million Personen (70 Prozent), die aufgrund ihres Alters, mangelnder Ausbildung, gesundheitlicher Beeinträchtigungen und/ oder über einjähriger Arbeitslosigkeit als schwer vermittelbar galten. Diese Proportion galt auch schon in den 80er Jahren (Hof 1991: 24f.).

11 Brand, K.-W. u.a., 1983, *Aufbruch in eine andere Gesellschaft. Neue soziale Bewegungen in der Bundesrepublik,* Frankfurt a.M. und New York, S.35.

12 Es ist somit ein enger Zusammenhang mit dem sog. Wertewandel zu vermuten, d.h. mit Einstellungsveränderungen, die von traditionellen Pflichtwerten zu Selbstentfaltungswerten führen (H. Klages). Dieser Aspekt kann hier nicht vertieft werden; vgl. Gabriel 1986; Greiffenhagen 1993: 156ff., 221ff; Hellmann 1996: 188ff.

13 Vgl. Schulze, G, 1992, *Die Erlebnisgesellschaft. Kultursoziologie der Gegenwart,* Frankfurt a.M., S.312ff.

14 Kitschelt, H., 1980, *Kernenergiepolitik – Arena eines gesellschaftlichen Konflikts,* Frankfurt a.M. und New York, S.318f.

15 Vgl. Heimann, E., 1929, *Soziale Theorie des Kapitalismus – Theorie der Sozialpolitik,* Neuaufl. 1980, Frankfurt a.M.

16 Luhmann, Niklas, 1991, *Soziologie des Risikos,* Berlin und New York, S.93ff.

János Mátyás Kovács

Unsichere Geister – Populisten und Liberale im postkommunistischen Ungarn

Frage: Warum mögen die Populisten die Liberalen nicht?
Antwort: Weil sie beide gern in denselben Cafés sitzen, aber die Liberalen singen Volkslieder so laut, daß die Populisten ihr eigenes Wort nicht mehr verstehen, wenn sie über ihre Geschäfte reden.
(Budapester Witz, 1993)

1. Populisten und »Westernizer«[1] in Osteuropa

Zu einem Zeitpunkt in der Geschichte Osteuropas Ende der 80er Jahre waren optimistische Beobachter überzeugt, daß die jahrhundertealte Spaltung zwischen den sogenannten *»Populisten«* (Traditionalisten, Nativisten, Nationalisten, Volkstümler) und den *»Westernizern«* (Westler, Modernisierer, Kosmopoliten, Liberale) aus dem intellektuellen und politischen Leben der Region verschwinden würde. Heute wissen wir, daß die Annäherung von nationalen bzw. nationalistischen und liberalen Ausprägungen des Antikommunismus eher einem gemeinsamen Feindbild als einer normativen Gemeinsamkeit zuzuschreiben war. Der Kompromiß zwischen den »Dissentern« und den

»Dissidenten« erwies sich als provisorisch: Er löste sich im Verlauf der ersten freien Wahlen in Luft auf. Der politische Diskurs füllte sich wieder mit altbekannten Konfliktsymbolen, darunter sogar extreme Formen der Dämonisierung – beispielsweise die Identifikation des wiederbelebten Nationalgedankens mit Nazismus und, im umgekehrten Sinne, der liberalen Politik mit jüdischer Verschwörung. Dementsprechend mußten auch die optimistischen Prognosen über einen erdrutschartigen Sieg des »Liberalismus mit nationalem Antlitz« in Osteuropa zurückgenommen werden. Statt einer Art von Verfassungspatriotismus gewinnen heute Nationalismus, Autoritarismus und Neo-Sozialismus in vielen der neuen Demokratien an Bedeutung. In den meisten Staaten der Region werden liberale Politikfragmente von illiberalen oder sogar von ausdrücklich antiliberalen Parteien umgesetzt.

Haben die Nationalisten den temporären Kompromiß durch ihre Versöhnung mit der alten Nomenklatura in den meisten dieser Länder gebrochen (siehe die »rot-braunen« Koalitionen)? Ethnische »Säuberungen« waren nicht selten das Ergebnis der Versöhnung. Wurde die Annäherung von den Liberalen beendet, deren prokapitalistische Programme von vielen als Verrat an den nationalen Traditionen und Vergewaltigung der sozialen Gerechtigkeit angesehen wurden? Ist die neue Rivalität eine natürliche Konsequenz des sich herausbildenden Vielparteiensystems, in dem eine grundlegende Neuverteilung des politischen Raumes stattfindet? Wurde der Kompromiß durch die Tatsache aufgehoben, daß in bestimmten postkommunistischen Ländern der alte Zwiespalt die Form eines nationalen Konfliktes annahm, in dem »westorientierte« Tschechen, Litauer oder Slowenen den »ostorientierten« Slowaken, Russen oder Serben gegenüberstehen? Fragen ohne Antworten.

In den meisten postkommunistischen Gesellschaften werden die wichtigsten normativen Konflikte noch immer rituell mit umfassenden Visionen einer nativistisch-traditionalistischen oder aber westorientierten Entwicklung in Verbindung gebracht oder aus ihnen abgeleitet. Seit 1989 stehen nichtkapitalistische Programme eines »Dritten Weges« im Wettstreit mit den großen

Plänen, zum Westen aufschließen zu wollen. Die jeweiligen Gefolgschaften beschuldigen sich gegenseitig, falschen (unnatürlichen, fremdartigen, unorganischen etc.) Fortschrittvorstellungen anzuhängen und/oder die Rückständigkeit (Ignoranz, Unaufgeklärtheit, Parochialismus) romantisch zu verklären.

Die leidenschaftlich geführten Debatten sickern von den wissenschaftlichen und politischen Ebenen der rivalisierenden Weltbilder herunter und durchdringen auf der Ebene der moralischen Einstellungen, Verhaltensmuster, alltäglichen Modeerscheinungen und literarischen Stilrichtungen alle möglichen Konflikte zwischen Kulturen, Religionen, ethnischen Gruppen und den Geschlechtern. So wird beispielsweise der typische nationalistische Theoretiker oder Politiker in Osteuropa die von den Liberalen geforderte Ausweitung der Rechte von Schwulen und Lesben auf folgende Weise bekämpfen: Zunächst bringt er abstrakte Vorstellungen von Nation und Familie als grundlegende gesellschaftliche Komponenten ins Spiel. Dann betont er, der einzelne habe die moralische Pflicht, die Nation zu retten, indem er den Rückgang der Geburtenrate des Landes zum Stillstand bringe (bei diesem Punkt wird sich unser Theoretiker auch auf ethische christliche Regeln der Schwangerschaft beziehen). In feierlichen Formulierungen gibt er historische Beispiele für die vielen Tugenden nationaler Helden, das Idyll der ländlichen Großfamilie und das Heldentum der Mütter. Sodann führt er ein paar quasi-pragmatische Argumente über AIDS, die Verteidigungsfähigkeit des Landes und den Sozialhaushalt an, gefolgt von Belehrungen über »normales« Sexualverhalten (wobei er möglicherweise durch Ausdrücke aus der Vulgärsprache »perverse« Verhaltensweisen karikiert) und über die staatliche Aufgabe der richtigen Erziehung der Bürger und der strengen Sanktionierung von Sexualdelikten. Er klagt den Materialismus, die Gottlosigkeit und den Relativismus des Westens an (wahrscheinlich mit antisemitischen Untertönen). Schließlich wird unser Nationalist, wenn es ihm an demagogischen Fähigkeiten nicht mangelt, die Nation warnen, daß exzessive Permissivität in einen neuen Totalitarismus umschlagen und Homosexualität früher oder später zur Pflicht werden könne.

Wie unterstützt nun ein typischer westorientierter Liberaler die Emanzipation der Homosexuellen? Er betont zunächst, daß er – entgegen den Beschuldigungen – kein Eigeninteresse verfolge. Er wolle nur die universellen Menschenrechte schützen, die dem Menschen bei seiner Geburt zugebilligt würden. Der liberale Theoretiker bezieht sich auf jüngere liberale Gesetzesinitiativen in fortgeschrittenen westlichen Ländern und auf heutige wissenschaftliche Erkenntnisse (z. B. über die genetischen Wurzeln der Homosexualität), um zu belegen, daß die Ausweitung der Rechte von Schwulen und Lesben nicht zu steigender Kriminalität, fallenden Geburtenraten und einer Verbreitung der durch Sexualverkehr übertragenen Krankheiten führen werde. Gerade das Gegenteil sei der Fall, argumentiert er, denn die illegalen Bedingungen, unter denen die Homosexuellen leben müßten, trügen dazu bei, daß die Sterblichkeits- und Kriminalitätsraten zunähmen. Wahrscheinlich beschränkt sich unser Liberaler nicht auf »nüchterne« Argumente, sondern zieht auch leidenschaftliche Parallelen zwischen politischer, rassischer, ethnischer und sexueller Diskriminierung, wobei er als Beispiel den Holocaust und das Terrorregime Stalins anführt. Schließlich wird er, wenn es ihm an demagogischen Fähigkeiten nicht mangelt, einige Nationalhelden durch Verweise auf ihren fehlbaren Charakter (»Weibergeschichten«, ungewöhnliche Sexualpraktiken usw.) ins Lächerliche ziehen und respektlos fragen, was denn schon dabei wäre, wenn die Nation ausstürbe? Das sei doch auch schon höheren Kulturen dieser Welt widerfahren.

Gefangen in einer Dichotomie

Ist es angemessen, die alten Bezeichnungen zu verwenden und die heutige Konfrontation einen Kampf zwischen »Populisten« und »Westernizern« zu nennen? Nichts ist bequemer, als sich in einen routinemäßigen Sprachgebrauch mit flexiblem Vokabular zurückzuziehen. Die Beobachter der Renaissance des recht vertrauten politischen Diskurses in den postkommunistischen Gesellschaften scheinen sich mit den alten Klischees von »Slawophilen« und »Westlern« (*Zapadniki*) zufrieden zu geben, die im 19. Jahrhundert in Rußland geprägt wurden und später auf ähnliche normative Spaltungen in den mittelosteuropäischen Staaten der Zwischenkriegszeit übertragen wurden.[2] Offenkundig verloren diese Klischees während der kommunistischen Herrschaft an Relevanz. (Beispielsweise erwies es sich als sehr schwierig, die Kommunisten mit ihrem pseudo-internationalistischen Nationalismus und ihrer veralteten Modernisierungsideologie im Schema Populisten/»Westernizer« zu verorten.) Heute entsteht die Versuchung, diese alte Dichotomie mit Hilfe der sogenannten »Kühlschrank-These« zu reaktivieren. Demnach habe der Kommunismus die alten normativen Konflikte in Osteuropa lediglich auf Eis gelegt, so daß sie nach dem Öffnen der Kühlschranktür im Jahre 1989 wieder voll in Erscheinung treten konnten.

Die These wird gewöhnlich mit dem Horrorbeispiel eines ungezügelten Nationalismus illustriert, der von der russischen *Pamiat*-Bewegung bis hin zu den serbischen *Tschetniks* alles umfaßt. Die sich lang hinziehende und in sich widersprüchliche Wiederbelebung des osteuropäischen Liberalismus paßt offenbar nicht gut zur Kühlschrank-Metapher.[3] Ich fürchte, die postkommunistischen Angelegenheiten sind kaum geeignet für eine Analyse, die auf einfachen dualistischen Schemata beruht. Eine nationalistische bzw. populistische Rhetorik könnte verdecken, daß gewisse Wirtschaftsmaßnahmen streng liberale Züge trugen (Ungarn 1990–1994, Slowakei 1993–1996) und daß auf ihre Liberalität stolze Regierungen im besten populistischen Stil eine Politik der Massenprivatisierung verfolgen (Tschechische Republik). Menschen, die sich in ökonomischen Fragen als liberal bezeichnen, könnten für die Einschränkung der Abtreibungsregelungen stimmen oder sich gegen die Trennung von Kirche und Staat einsetzen (Polen). Vorgeblich westorientierte tschechische oder slowakische Politiker benutzen noch immer quasi-nationalistische Argumente, um die staatliche Trennung zu rechtfertigen, ganz zu schweigen von den Liberalen in den baltischen Staaten. Im Gegensatz zum serbischen Orthodoxismus schreiben viele dem kroatischen Katholizismus einen westlichen Charakter zu, während der slowakische Katholizismus im Vergleich zum tschechischen Protestantismus als »weniger westlich« angesehen wird.

Typischerweise sind die politischen Parteien der Region in eine Anzahl rivalisierender Splittergruppen (und nicht einfach in zwei programmatische Plattformen) aufgeteilt. Die geistesverwandten Gruppierungen schließen sich dabei nicht über Partei- oder Staatsgrenzen hinweg zusammen, um zwei klar unterscheidbare politische Blöcke zu bilden. Gleiches gilt auch für ihre Anhänger in den Akademiker- und Künstlerkreisen. Um ein extremes Beispiel anzuführen: Eine Kooperation zwischen einem serbischen und einem kroatischen Liberalen gegen ihre jeweiligen nationalistischen Opponenten ist beinahe ebenso unwahrscheinlich wie eine Allianz zwischen den Nationalisten selbst. In vielen Ländern gibt es in der politischen und intellektuellen Arena keine bedeutenden liberalen Kräfte. Wenn hier überhaupt eine Spaltung sichtbar ist, so tritt sie zwischen den Repräsentanten eines moderaten und eines radikalen Nationalismus bzw. Populismus auf. Es ist also sehr schwierig, in der Dichotomie von Populisten und »Westernizern« einen Ort für die schnell an Bedeutung gewinnenden Neo-Sozialisten oder die politisch unerwartet schwachen Umweltschützer zu finden.

Auch die semantischen Hindernisse sind gewaltig. Die gegenseitige Stigmatisierung durch die verschiedenen Lager führt zu seltsamen Synonymen (populistisch, nationalistisch und konservativ auf der einen Seite; »Westernizer«, kosmopolitisch, demokratisch und liberal auf der anderen Seite), die oft wie Obszönitäten gegeneinander geschleudert werden. In der Folge werden Hybrid-Lösungen wie christliche Demokratie, christlicher Sozialismus und Sozialdemokratie von vornherein aus der Klassifikation ausgeschlossen. Die Sache wird dadurch noch komplizierter, daß Analytiker wiederholt versuchten, in diesem Kontext die Links-Rechts-Unterscheidung zu verwenden. (So fragen sie zum Beispiel, ob die neuen osteuropäischen Nationalisten eher rechts- oder linksgerichtet sind.) Umfassende Vorstellungen wie Populismus (der sich ursprünglich auf den russischen *narodnitschestwo* bezog und nicht auf eine bestimmte Technik politischer Mobilisierung und Manipulation) und »Verwestlichung« (ein Begriff, der sich auf eine Zukunftsvorstellung gründet, die sich mit dem westlichen Kapitalismus ständig ändert) werden einander gegenübergestellt, als stünde ihre jeweilige Bedeutung eindeutig fest. Manchmal ist es schlicht unsinnig, überhaupt nach einer zusammenhängenden Bedeutung zu suchen (z.B. bei Schirinowskijs »Liberaldemokratischer« Partei in Rußland), weil die sogenannten Neuen Populisten in Osteuropa versuchen, sowohl ihren »prämodernen« Vorläufern als auch ihren »postmodernen« Kollegen im Westen zu folgen.[4]

In der einschlägigen Literatur wurde ein ganzer Katalog von Antagonismen zusammengestellt, um Bestätigungen für eine dichotomische Modellvorstellung von Ost und West zu finden: Tradition versus Modernität, Kollektivismus versus Individualismus, informelle Beziehungen versus formalisierte Institutionen, direkte versus indirekte Demokratie, Egalitarismus versus Meritokratie, Fundamentalismus versus Pragmatismus, Dogmatismus versus Relativismus, Romantizismus versus Realismus, Nation versus Bürger, Religion versus Säkularisierung, Vergangenheit versus Zukunft, Lokalismus versus Universalismus, Dorf versus Stadt, landwirtschaftliche versus industrielle Entwicklung, Natur versus technische Zivilisation, geschlossene versus offene Gesellschaft usw. Solche Begriffspaare könnte man beinahe unbegrenzt auflisten. Wahrscheinlich waren diese Vorstellungen auch ganz hilfreich für das Verständnis der normativen Spaltungen in Osteuropa während des 19. und der ersten Hälfte des 20. Jahrhunderts. Seit damals jedoch erlebten sowohl die östlichen als auch die westlichen Säulen des populistisch-westorientierten Paradigmas substantielle Veränderungen. Heute könnte sich jede dichotomische Struktur als Zwangsjacke erweisen. In dem kommunistischen Kühlschrank könnte sich etwas ereignet haben – vielleicht fiel ab und zu der Strom aus, oder die Tür wurde immer wieder geöffnet, denn einige der alten Konflikte waren 1989 bereits verfault. Doch manche andere überdauerten und konnten sich der veränderten Umwelt anpassen. Um diesen biophysikalischen Unsinn zu vermeiden, ziehe ich eine weniger wissenschaftliche Metapher vor, nämlich die Metapher von den Geistern, denen die kommunistischen Machthaber in regelmäßigen Abständen erlaubten, aus ihren Gräbern zu steigen, damit sie einander erschrecken und sehen konnten, wie sich die Welt inzwischen verändert hatte. Um es vereinfacht auszudrücken: Die Populisten wurden reaktiviert, wenn die kommunistische Elite eine patriotische Legitimation benötigte, während die Westler gerufen wurden, sobald die Nomenklatura beschränkte Reformen des Marktes einleiten und das Land gegenüber dem Westen ein wenig öffnen wollte. Kein Wunder, daß unsere Geister durch dieses jahrzehntelange Verschwinden und Wiederauftauchen zu recht unsicheren Gestalten wurden.

Wettkampf in Entscheidungsschwäche

Ost und West – was bedeutet das? Die Trennung Mitteleuropas von Osteuropa, die Krise Rußlands, das Überleben des Kommunismus in China usw. sind spannende Rätsel, die die ganze Vielfalt von »östlichen« Entwicklungen zeigen. Selbst wenn man die Frage außer acht läßt, was »Osten« nach dem Zusammenbruch des Ostblocks bedeutet: Wer würde es wagen, *die* Vorstellung des »Westens« genauer zu erläutern? Denn der Westen hat – je nach dem Blickwinkel – entweder ein postmodernes Stadium erreicht oder feiert gerade den Triumph des Liberalismus. Für ein gedankliches Experiment wollen wir hier einmal von der letztgenannten Annahme ausgehen. Wenn liberale Ideen die Welt eroberten, welchem Hauptstrom innerhalb des Liberalismus könnte sich Osteuropa anschließen? Im amerikanischen konservativen Denken beispielsweise könnten sowohl osteuropäische Nationalisten als auch Liberale ohne Schwierigkeiten feste Bezugspunkte finden, je nachdem, ob sie von den verschiedenen Theorien die kommunitaristische Botschaft oder die des freien Marktes wählen. Oder nehmen wir das Beispiel des egalitären (kommunitaristischen, multikulturellen) Liberalismus: Würde es sich hier um ein populistisches oder ein westorientiertes Konzept handeln, wenn es von breiten Kreisen der Intellektuellen in Osteuropa akzeptiert würde? Gibt es »jenseits der Aufklärung« noch immer eine Quintessenz westlicher Zivilisation, die postkommunistischen Reformern als universales Ziel dienen könnte? Ob wir den postmodernen Skeptizismus oder die liberale Euphorie akzeptieren oder nicht, die Entscheidungsträger der Transformation müssen sich doch mit beiden Möglichkeiten auseinandersetzen.

Was den realen Kapitalismus angeht, so können die heutigen »Westernizer« mit »Westen« auch Osten (Asien) oder Süden (Europa) meinen, wenn sie Erfolgsgeschichten untersuchen wollen. Mit anderen Worten: Auf dem Marktplatz der Ideen werden sowohl mehr als auch minder liberale Optionen angeboten. Ein heutiger Westler blickt selbst dann auf eine viel buntere Mischung von Formen des Kapitalismus als sein *zapadnik*-Vorläufer am Ende des 19. Jahrhunderts, wenn man ihm den Gedanken eines vereinten Europa als eine fast zwangsläufige Bestimmung des Verwestlichungsprojektes suggeriert. Der am Westen Orientierte wird auch durch die Tatsache verschreckt, daß er im Alltagsgeschehen des westlichen Kapitalismus eine große Zahl »östlicher« Elemente erkennt (französischer Separatismus in Quebec, Religionskonflikt in Nordirland, organisierte Korruption in Italien und Japan, romantischer Antikapitalismus in den europäischen ökologischen Bewegungen, staatlich reglementierte Modernisierung in Südostasien, wieder auftretender rechtsextremer Populismus in Westeuropa, nationale Rivalitäten in der Europäischen Union usw.). Um es ein wenig übertrieben zu formulieren: Unser *»Westernizer«* weiß nur eines mit Gewißheit: daß nämlich die (Wieder-)Eingliederung in den Westen die einzige Garantie sein könnte, seinem Land weiterhin die Zugehörigkeit zur Nordhemisphäre zu sichern. Gleichzeitig fühlen sich selbst die überzeugtesten *»Westernizer«* von den westlichen Politikern ein wenig im Stich gelassen, die 1989 weitere Unterstützung und leichtere »Beitrittsprüfungen« für Osteuropa versprachen.

Der Populist mag angesichts der Inkonsistenz des Verwestlichungsprojektes Genugtuung empfinden, doch steht er selbst noch größeren Schwierigkeiten gegenüber, wenn er die nationalen Traditionen zu definieren versucht, die er gern schützen möchte. Wo ist denn die Bauernschaft (»die Säule der Nation«), die er emanzipieren will? Wo ist das ländliche Idyll, das zu schützen er sich verpflichtet? Was heißt schon nationale Kultur in der Zeit des Internet und des Satellitenfernsehens? Wie kann jemand Isolation und Egalitarismus predigen und sich für soziale Großexperimente einsetzen, nachdem gerade Jahrzehnte kommunistischer Autarkie, sozialer Nivellierung und ständiger Experimente zu Ende gegangen sind? Denn durch das Ancien régime wurden auch staatlicher Paternalismus, Kollektivismus, sozialer Protektionismus usw. teilweise diskreditiert. Antikapitalismus setzt zunächst einmal einen real bestehenden Kapitalismus voraus. Der Gebrauch des Antisemitismus für politische Programme hat sich seit dem Holocaust verändert. Ethnizität und Religion (d. h. die beiden Schwachpunkte der liberalen Standardtheorie) bleiben solange Trumpfkarten in den Händen des osteuropäischen Populisten, bis der Kapitalismus auflebt und Argumente gegen sich selbst liefert. Er könnte allerdings auch darauf vertrauen, daß ein nostalgischer Kommunismus weiterlebt. Nach einer Weile können sich diese drei Quellen vereinen (ethnischer Nationalismus, wiedergeborener Antikapitalismus und frisch übertünchter Kommunismus), und der Populist kann dann seinen Trumpfkarten das Prinzip der sozialen Verantwortung, strenge Moralstandards und den Ruf nach Recht und Ordnung hinzufügen. Angesichts der teilweisen Abwertung des Nationalismus in der Folge des jugoslawischen Krieges und der Kriege in den Staaten der ehemaligen Sowjetunion steht gegenwärtig die Kritik des »Wild-Ost-Kapitalismus« im Zentrum des populistischen Diskurses in Osteuropa. Wird diese neue Verbindung den Populismus retten oder zerstören? Wird der Flirt mit einem nostalgischen Kommunismus in einer tödlichen Umarmung enden? Diese Dilemmata sollten für osteuropäische Analytiker eine Herausforderung darstellen, die alten Dichotomien auf den neuesten Stand zu bringen, abzubauen oder aufzubrechen.

Die Reform unserer konzeptuellen Schemata ist um so dringlicher, als die Populisten und Westler bereits damit begonnen haben, ihre Programme zu reformieren. Dies soll mit einem Beispiel aus der gegenwärtigen Entwicklung ökonomischen Denkens illustriert werden. Im Verlauf der letzten Jahre mußten die liberalen Ökonomen Osteuropas das Paradox akzeptieren, daß der Markt nicht ausschließlich durch den Markt geschaffen wird, daß der Staat als Agent für Deregulierung auftreten kann und daß die Liberalisierung soziale Unterstützung benötigt. Infolgedessen haben sich die Verwestlichungsideale zügig von einem weniger interventionistischen, gelegentlich neoliberalen Kapitalismusmodell zu einem stärker interventionistischen Konzept der Sozialen Marktwirtschaft entwickelt.[5] Gleichzeitig mußten sich die populistisch orientierten Ökonomen damit auseinandersetzen, daß sich aus der nationalen Isolation, dem staatlichen Dirigismus, dem Kleinunternehmertum, dem agrarischen und sozialen Protektionismus und dem Antikonsumismus ernsthafte Einschränkungen in bezug auf die Weltwirtschaft oder auf den europäischen Integrationsprozeß ergaben. Bis heute haben im ehemaligen Ostblock weder neoliberale noch populistische Revolutionen in lateinamerikanischem Stil stattgefunden.[6] Zwar könnte die letztgenannte Version im östlichen Teil der Region jederzeit ausbrechen, doch scheint eine allmähliche Annäherung der Programme beider Lager wahrscheinlicher. Bestimmte Formen des Konservatismus, des kommunitaristischen Liberalismus, des Ökologismus usw. könnten sich als geeignete Felder für eine Zusammenführung erweisen. Möglich wäre es auch, daß sich die Antagonisten angesichts der Schwierigkeiten bei der Formulierung kohärenter populistischer und westorientierter Programme veranlaßt sehen könnten, die großen Ideologien zu ignorieren und mit einer postmodernen Konzeptmischung im Sinne von »Alles ist möglich« zu experimentieren. Heute machen zwei wichtige politische Gruppierungen Anstalten, die alte normative Kluft beiseitezuschieben oder ins Lächerliche zu ziehen: die Neosozialisten und die Neuen Populisten. Diese Geister sind alles andere als unsicher.

Warum Ungarn?

Obwohl es im heutigen Osteuropa recht schwierig ist, die Debatten über das Verhältnis der Tradition zur Moderne, des Nationalismus zum Liberalismus und dergleichen in die Modellvorstellung von Populismus und Westannäherung zu zwängen, gibt es ein Land in der Region, in dem diese Typen normativer Brüche a) in einer klaren dichotomischen Struktur und b) in einer überraschenden historischen Kontinuität beobachtet werden können. Dieses Land ist Ungarn.[7]

In Ungarn sind folgende Entwicklungslinien feststellbar: Starke, aber nur halbwegs erfolgreiche Versuche einer Verbürgerlicherung seit dem frühen 19. Jahrhundert, in deren Folge eine unverhältnismäßig große Intellektuellenschicht entstand, aber die Bauernfrage nicht gelöst werden konnte (d.h., die Truppen waren kampfbereit, und es gab Munition im Überfluß); eine kurze Periode des strengen Kommunismus, gefolgt von dreißig Jahren eines relativ nachgiebigen reformkommunistischen Systems (d.h., den Kriegslüsternen wurde gestattet, aufeinander zu schießen, und manchmal wurden sie auch dazu gedrängt); ethnische Homogenität, große ungarische Minderheiten in den Nachbarländern und eine große jüdische Gemeinde in Budapest (d.h., die Fronten zwischen »ungarischen Nationalisten« und »jüdischen Liberalen« blieben relativ stabil); keine dominante Kirche und ein hohes Maß an Säkularisierung (d.h., keine Religion stand bereit, die Kämpfer zu versöhnen oder über den Konflikt hinweg zu vermitteln). Als Ergebnis dieser Entwicklungslinien lassen sich zwei große Lager von Intellektuellen und Politikern feststellen, die in der Hauptstadt konzentriert sind und die jeweils andere Seite als »Populisten«, »Volkstümler« oder »Nationalpopulisten« bzw. als »Urbane«, »Liberale« oder Westler bezeichnen, wobei manche von diesen Titeln wechselseitig akzeptiert werden. Sie benutzen also noch im Jahre 1996 Begriffe, die im 19. und frühen 20. Jahrhundert geprägt wurden, und werden nicht müde, ihre Konfrontation als regelrechten »Kulturkampf« aufzufassen, der über die konventionellen politischen Auseinandersetzungen hinausgeht.

In diesem Beitrag will ich zu erklären versuchen, warum der Konflikt zwischen Populisten und Liberalen (nachfolgend kurz PL-Konflikt genannt)[8] ein solches Maß an Kontinuität aufweist. Was ereignete sich im »kommunistischen Kühlschrank«? Wie konnte die PL-Kontroverse sogar den Zusammenprall von Kommunismus und Kapitalismus während der Revolution 1989 fast übertreffen? In meinem Beitrag will ich auch untersuchen, warum die Aussöhnung bislang gescheitert ist, und wie sich ein Waffenstillstand in Frieden umwandeln lassen könnte. Schließlich werde ich über die Vermittlungsmöglichkeiten zwischen den beiden Lagern nachdenken. Was wäre das Ziel: gegenseitige Tolerierung oder kulturelle Synthese? Welche Vermittlungsansätze schlugen fehl, und welche könnten erfolgversprechend sein? Kann der PL-Konflikt endgültig beendet werden?

In Ungarn betrachtet man den PL-Konflikt als ehernes Gesetz des gesellschaftlichen Lebens. Die Populisten verfassen tragische Balladen und die Liberalen ironische Untersuchungen über die Frage, warum ihr Konflikt nicht lösbar sein *kann*. Hinsichtlich großer Lösungen bin auch ich skeptisch, deshalb werde ich mich mit bescheideneren Lösungsmöglichkeiten befassen.

2. Populisten und Liberale im Ungarn der 30er bis 90er Jahre

Die Vorkriegsdebatte und die »Erbsünde«

»Garten Ungarn«, »Erhebung der Bauernschaft in die Nation«, »qualitativer Sozialismus«, »Dritter Weg«, »ex oriente lux«, das Aufbrechen des Monopols der Feudalaristokratie, der Katholischen Kirche und des jüdisch-deutschen Kapitalismus, »sündiges Budapest«, »tiefe« im Gegensatz zu »verwässerten« Ungarn usw.: Das waren die Standardslogans der populistischen Terminologie im Zeitraum von den späten 20er Jahren, als die ersten Manifeste[9] von populistischen Ideologen veröffentlicht wurden, bis zu dem Treffen von 1943 in Szárszó, ihrer letzten großen Zusammenkunft vor dem Kriegsende.[10]

Mit wenigen Ausnahmen handelte es sich bei den Populisten um Schriftsteller, manche davon waren hochgebildete Talente. Insgesamt waren es nicht mehr als zwei Dutzend Intellektuelle, die über keine formale Organisation verfügten und nur ein oder zwei literarische Zeitschriften herausgaben. Die Populisten brachten kurzlebige politische Aktionen (so beispielsweise die »Neue Geistige Front« im Jahre 1935 und die Märzfront 1937) und dauerhafte kulturelle Initiativen hervor (Soziologie der ländlichen Gesellschaft sowie eine Art Volkshochschulen), aber keine neuen politischen Bewegungen oder Parteien. Sie verschrieben sich einer Art plebejischem Radikalismus gegen die Aristokratie und die sogenannte christliche Mittelschicht (einschließlich der gehobenen Schichten) und liebäugelten gleichermaßen mit Kommunisten und Proto-Faschisten. Mit anderen Worten: Als Nachfolger der Tradition des Agrarsozialismus (viele von ihnen stammten vom Land) konnten sie sowohl die feudalistische und kapitalistische Ausbeutung kritisieren als auch für eine »Blut-und-Boden«-Lebenskraft eintreten, wobei sie häufig antideutsche, antisowjetische und antisemitische Argumente vortrugen.

Der Dritte Weg, das synthetische Konzept der populistischen Theorie in Ungarn, bedeutete, daß man den westlichen (vor allem den deutschen und jüdischen) Kapitalismus vermeiden wollte, ohne sich für den russischen Kommunismus entscheiden zu müssen. Dieser Vorstellung zufolge gab es in der Mitte eine Art national orientierten Agrarsozialismus, der den besten (und moralisch überlegenen) Weg darstellte, den Feudalismus zu überwinden und die »Bauernfrage« zu lösen, die das entscheidende gesellschaftliche Problem Ungarns darstellte. Die grundlegenden Forderungen des populistischen Programms waren die Landreform und die kulturelle Emanzipation der Bauern. Die Idealisierung nationaler Selbständigkeit, die Gleichsetzung von Nation und Volk sowie von Volk und Bauernschaft, eine antikatholische, protestantisch getönte Rhetorik und gesellschaftliche Verantwortung für die Armen (die »drei Millionen Bettler« von

Ungarn) waren ebenfalls wichtige Komponenten dieser nur auf einen Problempunkt gerichteten Bewegung von volkstümlichen Intellektuellen. Im Gegensatz zur damals vorherrschenden Ideologie war der Nationalismus der Populisten ursprünglich nicht irredentistisch. Statt eines revanchistischen Ansatzes im Hinblick auf den Friedensvertrag von Trianon, durch den Ungarn zwei Drittel seines Territoriums einbüßte, pflegten viele Populisten den aus dem 19. Jahrhundert stammenden Gedanken einer Donau-Konföderation der »reinen jungen Völker« mit ihren autarken Wirtschaftssystemen. Die Populisten waren aber auch nicht dogmatische Antimodernisten; vielmehr traten sie für eine besondere, »organische« Modernisierungsstrategie ein, die von unten, vom bäuerlichen Land ausgehen und sich nicht auf »parasitäre Fremde« stützen sollte, sondern auf die einheimischen Kleinunternehmer, ihre Kooperativen und Banken. Die Industriearbeiter wie auch die städtische Mittelklasse entgingen der Aufmerksamkeit der Populisten.

In diesem Programm wurde eine gnadenlose Kritik des ungarischen Feudalismus mit den Forderungen nach einem romantischen Antikapitalismus verknüpft. Das forderte die liberalen Denker heraus, die sich natürlich auch durch die rassistischen und nationalistischen Argumente der Populisten reizen ließen. Die Liberalen[11] repräsentierten nicht das proto-faschistische Horthy-Regime, das die Zwischenkriegszeit in Ungarn beherrschte. Dennoch wurden sie – das heißt, eine kleine Gruppe von Schriftstellern und Journalisten, die sogar noch weniger organisiert waren als ihre Gegenspieler – Mitte der 30er Jahre zum Ziel der heftigen populistischen Kritik. Schon gegen Ende der 20er Jahre hatte sich genügend intellektueller bzw. ideologischer Zündstoff in der Kontroverse angesammelt, so daß nur noch ein Funken fehlte, um den normativen Konflikt zu entzünden. Diesen Funken lieferte ein Artikel im Jahre 1934, in dem der »Papst« der Populisten, László Németh, erklärte, es sei erforderlich, den Einfluß der Juden auf die ungarische Literatur zu begrenzen. Der Gegenangriff war unvermeidlich: Ein führender Vertreter der Liberalen beschuldigte Németh, ein geistiger Terrorist zu sein. Er reagierte mit der Analogie des Shylock aus dem »Kaufmann von Venedig«, womit sich die Debatte in der Frage nach dem Verhältnis von Juden zu Nicht-Juden festfuhr. Seit jenem Duell hat es keinen dauerhaften Frieden mehr zwischen den Fronten des PL-Konfliktes in Ungarn gegeben.

Die Liberalen fühlten sich durch einen kurzen Annäherungsversuch beleidigt, der 1935 zwischen den populistischen Schriftstellern und dem radikal-nationalistischen Ministerpräsidenten Gyula Gömbös stattfand und durch den die Solidarität innerhalb der Intellektuellengruppen aufgebrochen wurde. Diese Episode wird von den Liberalen als »Erbsünde« angesehen. Selbst wenn es zuvor schon einen rationalen Disput zwischen den beiden Gruppen gegeben hätte, so wäre doch eine Versöhnung angesichts der Tatsache sicherlich ausgeschlossen gewesen, daß die antijüdische, im Stile der Nürnberger Gesetze erfolgende Rechtssprechung im Ungarn der zweiten Hälfte der 30er Jahre durch viele Populisten unterstützt (oder stillschweigend hingenommen) wurde. Dieses ganze Drama spielte sich in Budapest ab, manchmal sogar an benachbarten Tischen desselben Cafés. Es endete mit der physischen Liquidation einer großen Zahl von Liberalen und mit der unheiligen Allianz der Populisten mit dem rechtsradikalen Regime oder seiner kommunistischen Opposition während des Krieges.

Die Liberalen befanden sich während der gesamten PL-Kontroverse in den 30er Jahren in der Defensive. Sie bemühten sich nach Kräften, in den Ebbe-Zeiten des Liberalismus zwischen dem Ende des Ersten Weltkrieges und der Weltwirtschaftskrise vom kapitalistischen Modernisierungsprojekt so viel wie möglich zu retten. In den Reihen der Liberalen befanden sich nur wenige elitäre Liberale. Liberale waren im wesentlichen Sozialdemokraten, die vom kapitalistischen Fortschritt wachsenden Wohlstand für die arbeitenden Klassen (einschließlich der Bauernschaft und der urbanen Mittelschichten) erwarteten, aber ohne starke staatliche Einmischung und sozialen Protektionismus. Sie konnten jedoch keine schnell wirksamen Lösungen für die Probleme der ländlichen Arbeitslosigkeit, Massenarmut, Auswanderung usw. anbieten. Verständlicherweise mangelte es ihnen an klaren ökonomischen Vorstellungen über die unmittelbare Zukunft des Kapitalismus, doch erteilten sie den Populisten Nachhilfeunterricht über die Vorteile der Industrialisierung, des Außenhandels und des Bankenwesens oder richteten ihren Blick auf die Verteidigung der menschlichen und bürgerlichen Freiheiten, die durch das Aufkommen des Nationalsozialismus bedroht waren. Die Liberalen sorgten sich um die drohenden Verbindungen zwischen populistischen und faschistischen Theorien. Deshalb betonten sie die Unterschiede zwischen mythischer und rationaler Abwägung, zwischen ethnischen und politischen Vorstellungen von Nation, zwischen Dekadenz und Zivilisation, zwischen ländlichem Idyll und wirtschaftlichem Fortschritt usw. Und sie blieben ihrem Etikett des »Urbanen« treu, indem sie gegen die »jungfräulichen Provinzen« die Vorstellung von der Stadt und vor allem der kosmopolitischen Metropole verteidigten.

Die Mehrheit der Liberalen stammte aus jüdischen Mittelschichtfamilien. Trotz der politischen Unterschiede innerhalb der Gruppe (unter ihnen gab es Anarchisten, radikale und konservative Liberale, Sozialdemokraten und sogar Kommunisten) herrschte ein starker normativer Zusammenhalt in bezug auf einige Grundfragen des Liberalismus. Ihre Kult-Zeitschrift nannten sie »Nyugat« (Westen) und predigten verzweifelt die »europäischen Werte« der Zivilisation in einer Zeit, in der sich die europäische Identität in einer tiefen Krise befand. Es kann deshalb nicht verwundern, daß sie nicht einmal bei den gemäßigtetsten Populisten Widerhall fanden. Doch im Rückblick läßt sich vielleicht das Terrain lokalisieren, in dem die Kämpfer das Kriegsbeil gemeinsam hätten begraben können. Im Prinzip hätte ein sozialdemokratisches Wirtschaftsprogramm im Stil des *New Deal* mit Akzent auf der Landwirtschaft als Kompromiß dienen können. Der gemeinsame Feind hätte im sogenannten »Neo-Barock«-Regime des Admirals Horthy, im deutschen Faschismus und im sowjetischen Kommunismus gefunden werden können. Doch wenn eine Annäherung zwischen den beiden Seiten stattfand (z.B. in der »Märzfront«), folgte sie statt dessen der Logik populistischer Argumente. Aufgrund der gegenseitigen Stigmatisierungen (»Snobs« und »Bauern«,

»Fremde« und »Antisemiten«) war die jeweilige Gruppensolidarität ausgesprochen stark ausgeprägt. Während der Kontroverse trat kein einflußreicher Vermittler auf, und zwischen den beiden Lagern gab es so gut wie keine Wanderbewegungen (keine Bekehrten, keine Verräter). Die persönlichen Streitigkeiten, die widerlichen Rachezüge, das bösartige Gerede, die Vorurteile und Denunziationen bildeten Bestandteile einer feindlichen Beziehung, die an Stammesfehden erinnerte. Die Rivalität diverser Interessengruppen auf dem intellektuellen Marktplatz und die Intrigen der Regierung (wobei allerdings die Konfrontation nicht in Parteipolitik übergeleitet wurde) mögen weitere Gründe für den mangelnden Versöhnungswillen gewesen sein.

Streit unter kommunistischer Kontrolle

Dienet dem Herrn

Die Nachkriegsjahre waren von einer emotionalen Mischung aus Wiederaufbaueuphorie, Reue und einem demokratischen Neubeginn gekennzeichnet. Diese Konstellation hätte den Frieden in der PL-Konfrontation bewirken können, wenn sich die Kommunisten nicht in den Streit eingemischt hätten. Tatsächlich hatten sich ein paar junge Marxisten schon während der 30er Jahre als Mitglieder der populistischen Bewegung aktiv an der Polemik beteiligt. Als die Kommunisten in der zweiten Hälfte der 40er Jahre eine allmähliche Gleichschaltung der Bauernparteien betrieben, bekehrte sich eine große Zahl von ehemaligen Populisten zum neuen Glauben. Vom Opportunismus ihres Handelns einmal abgesehen, waren sie von der Tatsache sehr angetan, daß die Kommunisten ihre Landreformprojekte und viele ihrer egalitären, sozial-protektionistischen Ideen übernommen hatten. Außerdem schätzten sie die antireaktionäre Rhetorik und den Basisaktivismus der neuen Herrscher. Einige Jahre lang glaubten sie deshalb an die großzügigen Versprechungen der Kommunisten in bezug auf freie landwirtschaftliche Genossenschaften, Agrarbanken usw.

An der Spitze der Kommunisten standen ausnahmslos Juden, die der Moskauer Fraktion der Partei angehörten. Ihr Image war nicht gerade patriotisch. Um den »fremden« Charakter des marxistisch-leninistischen Programms auszugleichen, erfanden sie eine neue, auf der Vorstellung von Volk und Nation gründende Interpretation der ungarischen Geschichte. Nach diesem Ansatz war das kommunistische Regime das Endergebnis einer langen Reihe von Kämpfen um nationale Unabhängigkeit und soziale Gerechtigkeit – der Kommunismus gleichsam als die Verkörperung der plebejischen Wahrheit. Die Bauern wurden zu Agrarproletariern umstilisiert und mit der Arbeiterklasse zusammengefaßt. Damit sollte erreicht werden, daß der Populismus mit der marxistischen Klassenkampftheorie harmonierte. Die beiden Gedankenwelten überlappten sich auch in bezug auf die Idealisierung des »Volkes«. Der Beginn des Kalten Krieges, die heftige Anti-West-Kampagne in der Sowjetunion und der nationalistische Eifer der *Zhdanovschina* stellten ein festes Fundament dieser Koalition dar.

Erstaunlicherweise überlebte die Allianz von Populisten und Kommunisten mehrere problematische Entwicklungen: a) die erzwungene Errichtung des Kolchosesystems und die Verarmung der Dörfer in den späten 40er und frühen 50er Jahren; b) die Niederschlagung des Aufstandes von 1956 und die darauf folgende »sozialistische Konsolidierung«, deren Höhepunkt eine neue Welle umfassender Kollektivierung in der Landwirtschaft darstellte; c) die quasi-liberalen Wirtschaftsreformen unter János Kádár während der 60er und 70er Jahre, die zu Einkommensunterschieden und Verwestlichung von Lebensstil und Konsummustern führten – Entwicklungen also, welche die populistische Ideologie stets verflucht hatte. Zur Erklärung dieses Paradoxons reicht der einfache Verweis auf opportunistisches Verhalten nicht aus. Viele führende Populisten ließen sich durch spektakuläre, aber eher zweitrangige Regierungsämter korrumpieren. Darüber hinaus fühlten sie sich zwischen 1953 und 1956 vom Programm der bauernfreundlichen Fraktion der kommunistischen Partei angezogen, die von Imre Nagy, dem Ministerpräsidenten der Revolutionszeit von 1956, geführt wurde. Später wirkte auch Kádárs pragmatische Agrarpolitik auf die Populisten attraktiv, die auf halbprivatisierten Kooperativen basierte und durch die die Bauernfrage in Ungarn im großen und ganzen gelöst wurde. Bis zu den 80er Jahren hatte sich bei einigen populistischen Radikalen der jüngeren Generation die Überzeugung durchgesetzt, daß die ungarische Nation einen unangemessen hohen kulturellen Preis für das Wirtschaftswachstum in den Provinzen gezahlt habe. Doch statt den Kommunisten endgültig den Rücken zuzuwenden, fanden sie in der kommunistischen Führung in der Person von Imre Pozsgay erneut einen »Paten«. Pozsgay stammte vom Land und war aus eigener Kraft zu einem Parteiintellektuellen aufgestiegen; damals stand er im Wettstreit mit György Aczél, der seit 1956 als Chefideologe Kádárs fungierte und noch dazu seiner sozialen Herkunft nach ein städtischer Jude war.

Welche Rollen wiesen die Kommunisten nach dem Krieg den wenigen verbliebenen Vertretern des städtisch-liberalen Lagers zu? Anders als die Populisten wurden sie nicht als »moralische Unternehmer« verpflichtet. Die Kommunisten mochten zwar an einem Mangel an patriotischer Legitimität leiden, aber nach ihrer Auffassung wiesen sie kein Modernisierungsdefizit auf. Die Kommunisten betrachteten deshalb die Liberalen verächtlich als »bürgerliche Reaktionäre« und begegneten den Sozialdemokraten, die bezüglich der marxistischen Theorie als Rivalen galten, mit Mißtrauen und Unterlegenheitsgefühlen. Keine der städtisch-liberalen Gruppierungen war für das neue Regime von Nutzen. Mit Ausnahme einiger weniger linksgerichteter Sozialdemokraten, die die Kommunisten bei der Vereinigung der beiden Parteien unterstützten, lehnten die Liberalen der 30er Jahre die Zusammenarbeit ab – sie wanderten aus oder wählten den passiven Widerstand. Wer im Land blieb, wurde von Anfang an marginalisiert, nicht selten im Zusammenhang mit antisemitischen Andeutungen – eine Übung in Überkompensation seitens der kommunistischen Führung. Gleichzeitig bedachten die Kommunisten junge Intellektuelle (darunter viele Juden) aus den eigenen Reihen mit den Alltagsaufgaben der »Agitation und Propaganda«. Viele dieser Schriftsteller, Journalisten, Philosophen und Sozialwissenschaftler wurden um 1989 zu den ungarischen Liberalen der alten Generation. Doch auf ihrem Weg zum Liberalismus mußten sie mehrere Phasen des kommunistischen Fegefeuers durchlaufen. Die Populisten sahen in ihnen die natürlichen Erben der Vorkriegs-Liberalen. Ihre eigene »Erbsünde«, den Kommunisten zwischen 1945 und 1953 gedient zu haben, ist bis heute unverziehen.

Anfang der 50er Jahre jedoch zeigte sich, daß das stalinistische Regime in Ungarn nicht in der Lage war, seine eigene Intelligenzija zu zähmen. Ohne es zu wollen, schuf das Regime Raum für sehr viele Intellektuelle, die dem PL-Konflikt neutral gegenüberstanden. So kamen beispielsweise die Mitglieder einer großen Gruppe von Dissentern aus den Reihen jener Landjugendlichen, die in den legendären Volkshochschulen unterrichtet worden waren. Diese Schulen waren von den Kommunisten in den späten 40er Jahren geschlossen worden. Darüber hinaus rekrutierten sich diese Abweichler aus jungen kommunistischen Intellektuellen, die sich jetzt dafür schämten, in langen Artikeln in der Parteizeitung die Auflösung dieser Institutionen gefordert zu haben. Sie wurden zum Kern der revolutionären Generation von 1956. Daß sie gegenüber dem PL-Konflikt immun waren, hatte mehrere Ursachen: a) die gemeinsame Enttäuschung, von der kommunistischen Oligarchie betrogen worden zu sein; b) der weithin akzeptierte Gedanke, den Kommunismus demokratisch und patriotisch zu gestalten; c) die Tatsache, daß die ältere Generation der Populisten und Liberalen auch nach Stalins Tod 1953 weiterhin von der öffentlichen Diskussion ausgeschlossen blieb (mit Ausnahme der Revolutionswochen von 1956); d) die Beteiligung einer großen Gruppe von Sozialwissenschaftlern, Ökonomen, Rechtsanwälten und Ingenieuren an den Debatten; e) das kurzlebige Experiment mit demokratischer Politik im Jahre 1956, das es den wiedergeborenen Parteien nicht ermöglichte, den PL-Konflikt zu verschärfen. Anders ausgedrückt: Das Jahr 1956 bot mehrere Lektionen in Konfliktlösung: Wenn ein gemeinsamer Feind (die kommunistischen *hard-liner*) und eine gemeinsame Ideologie (demokratischer/patriotischer Sozialismus) vorhanden sind, wenn die Protagonisten keine moralischen

Hypotheken aus früheren Disputen mit sich herumschleppen, wenn die Sprache der Debatte zunehmend rational ist (d.h., der Diskurs der neuen professionellen Beteiligten sich nicht so leicht wie die prophetischen Visionen der Schriftsteller in bipolare Schemata zwängen läßt) und wenn es keinen Wahlkampf gibt, ist es tatsächlich möglich, daß die Populisten und die Liberalen ihre normativen Gegensätze für eine Weile überwinden.

Der PL-Frieden von 1953–1956 wurde durch die sowjetische Okkupation und die kommunistische Unterdrückung während der späten 50er und frühen 60er Jahre verlängert. Ein Gefängnis scheint eine geeignete Umgebung zur Förderung eines normativen Zusammenhalts – zumindest bei politischen Gefangenen. Doch erneut wurde die Versöhnung an den PL-Fronten von den Kommunisten gestört. Nach 1956 erwartete das Kádár-Regime nicht nur von den populistischen Patrioten Unterstützung, sondern auch von den Sozialwissenschaftlern und vor allem von den Ökonomen, die Reformprogramme für den Marktsozialismus ausarbeiten sollten[12], um die allgemeine Unzufriedenheit abzubauen. Diese zweifache Strategie setzte voraus, daß beide Lager von Intellektuellen in die, wenn auch kontrollierten, gehobenen Ebenen des politischen Entscheidungsprozesses eingebunden wurden. Kádár und Aczél wandten den klassischen Grundsatz *divide et impera* in der Form der von ihnen so genannten Strategie des »Zweifrontenkampfes« und des »3T-Prinzips« an (der Begriff wurde aus den Anfangsbuchstaben der ungarischen Wörter für Verbot, Tolerierung und Unterstützung gebildet). Die Kommunisten sahen sich selbst im Zentrum der Politik und maßen die Distanz ihrer Entfernung von den imaginären – nationalistischen und liberalen – Extrempositionen, also den »beiden Fronten«, die sie vereinfachend mit »links« und »rechts« bezeichneten. Die Zensur wurde allmählich gelockert, die Toleranz wuchs in dem Maße, in dem Selbstzensur zur Gewohnheit wurde. Sowohl die Liberalen als auch die Populisten erfuhren von Zeit zu Zeit feindosierte Unterstützung.

Die Liberalen, die jetzt aus einer großen Gruppe von vormals kommunistischen Intellektuellen (viele davon aufgrund ihrer Erfahrung im Aufstand von 1956) und einer wachsenden Zahl von nicht der Partei angehörenden Experten bestanden, bewegten sich auf den Sozialliberalismus zu. Der Prager Frühling von 1968, die Solidarnosc-Bewegung von 1980/81 (beide Entwicklungen ließen die Populisten unberührt) und das Auf und Ab der ungarischen Wirtschaftsreformen zwischen 1964 und 1989 waren entscheidende Stadien des Lernprozesses, der vom Neo-Marxismus und Marktsozialismus zum gängigen Liberalismus führte. Zum ersten Mal in der gesamten PL-Kontroverse ging die Gleichung von Liberalismus und Judentum nicht auf. Natürlich stammten nicht wenige Anhänger der Lukács-Schule (Kindergarten und Krippe)[13] wie auch viele der sogenannten Reformökonomen – also die beiden wichtigsten Meinungsführergruppen unter den zukünftigen Liberalen – aus städtischen jüdischen Familien. Dennoch stellten sie nur einen abnehmenden Anteil der zahlenmäßig schnell wachsenden, liberal eingestellten Hochqualifizierten dar (was übrigens als ein Zeichen für die von Kádár eingeleitete Modernisierung betrachtet werden kann).

Die Verlagerung der PL-Debatte in Richtung »jüdisch versus nichtjüdisch« setzte die Amortisierung des von Kádár eingeführten Sozialkontraktes der »kleinen Freiheiten« voraus. Der radikale Flügel der Liberalen (die sogenannte *samizdat*-Gruppe oder Demokratische Opposition) lehnte gegen Ende der 70er Jahre die Selbstzensur ab. Die Populisten hingegen, die noch immer von Schriftstellern geführt wurden, suchten in der herrschenden Elite nach neuen Protektoren, um den relativen Rückgang ihres Einflusses auszugleichen. Die Bedeutungsabnahme war die Folge der Abwertung populistischer Gedanken in den Augen der Kommunisten, die allmählich ihr eigenes – profanes – Prinzip der nationalen Legitimation einführten. Das Prinzip basierte auf dem Stolz, »die lustigste Baracke des kommunistischen Lagers« zu leiten. Diese Aufgabe erforderte eine begrenzte Liberalisierung der Wirtschaft und die Annäherung der Gesellschaft an das westliche Modell; das bedeutete professionelle (liberale) Konzepte anstelle vollmundiger Beschwörungen nationaler Tugenden oder anstelle der Sorgen um Ungarn im Ausland. Die Säkularisierung des Kommunismus stellte eine Bedrohung des nationalen Romantizismus dar: In bezug auf die normative

Kohäsion mochte ein zynischer Kommunist einem Liberalen näher stehen als einem Populisten, oder zumindest würde der Populist selbst das Dreiecksverhältnis so einschätzen. Die Populisten behaupteten, Materialismus, moralischer Relativismus, Kosmopolitismus usw. seien Ergebnisse der kommunistisch-liberalen Verschwörung; es fiel ihnen nicht allzu schwer, diese Theorie zu vervollständigen, indem sie Personen wie Aczél oder Lukács als die obligatorischen jüdischen Intriganten benannten.

In der zweiten Hälfte der 80er Jahre wurde Imre Pozsgay als Nachfolger von Aczél Chefideologe. Pozsgay übernahm einen Teil dieser Kritik, übersetzte den populistischen Diskurs in die Sprache der Kommunisten und trug die grundlegenden Themen (die von sozialer Anomie über kulturelle Kolonisierung bis hin zur Tragödie der ungarischen Minderheiten reichten) in den Machtkampf innerhalb der Partei. Damals stieg das Interesse an den national-romantisierenden Sichtweisen der Populisten bei einigen führenden Kommunisten, die frustriert waren durch die Stagnation und den Verfall des Kádárschen »Wirtschaftswunders« unter einem alternden Führer. So konnten die Populisten ihre Rolle als »geistige Hoflieferanten« teilweise wiedergewinnen; der Lohn jedoch kam spät und war spärlich.

Die Spielregeln

Im ersten Abschnitt war von den Geistern der Populisten und »Westernizer« die Rede, denen die Kommunisten gestattet hatten, aus ihren Gräbern zu steigen – auf jeden Fall ein gefährliches Unterfangen. Wie konnte man ihre irdischen Aktivitäten unter Kontrolle halten? Zwischen 1945 und 1948 wurde das Wiederaufleben des PL-Konfliktes durch die noch frische Erinnerung an den Krieg verhindert. Nicht wenige Populisten bereuten, beim Holocaust wenn auch indirekt mitgewirkt zu haben; sie bedauerten auch, daß sie so kurzsichtig gewesen waren, selbst während der Okkupation Ungarns durch die Nazis mit den Liberalen gestritten zu haben. Es vertrug sich nicht mit ihrer Ehrvorstellung, den Tod oder die Emigration ihrer Gegner als Sieg in dem normativen Konflikt zu betrachten. Auch die neue demokratische Politik vertiefte den PL-Gegensatz nicht, weil es eine große Chance gab, das feudale Erbe der Horthy-Ära mit einer gemeinsamen Anstrengung zu überwinden.

Von 1948/49 an – jedoch mit Ausnahme der Revolutionszeit von 1956 – kontrollierten die Kommunisten die Entwicklung der PL-Konfrontation, indem sie ständig die relative Position der beiden Lager veränderten. Mit Zuckerbrot und Peitsche versuchten sie, die Beziehung zwischen den Nationalpopulisten und den Liberalen auszugleichen; hinter den Kulissen setzten sie alles daran, einen Zusammenschluß beider Lager zu vereiteln. Durch die »Feinabstimmung« der Zensur nach 1956[14] konnten die Kommunisten sowohl die ideologischen Fronten als auch die Hauptakteure, die Themen und die Sprache des PL-Konfliktes bestimmen, bis sich in den späten 70er Jahren die *samizdat*- Bewegung bildete. Während der 60er und 70er Jahre fanden in Ungarn mindestens zwei Dutzend große Debatten statt. Die Beteiligten benutzten gewöhnlich die Adjektive »populistisch« und »urban« bzw. »liberal«, wenn sie im privaten Gespräch den Konflikt interpretierten. (In den 80er Jahren tauchten diese Adjektive erneut in der öffentlichen Diskussion auf.) Was der Außenwelt als Auseinandersetzung zwischen Reform- und orthodoxen Kommunisten, zwischen national orientierten und moskauorientierten Kommunisten oder zwischen konservativen Marxisten-Leninisten und Neo-Marxisten erscheinen mochte, verhüllte häufig auch zugleich einen typischen PL-Konflikt.

Die PL-Kontroverse unter kommunistischer Herrschaft wies eine große Vielfalt von Themen auf, während die Struktur der Debatte relativ stabil blieb. Gewöhnlich forderte jemand (entweder ein Populist oder ein Liberaler) auf eigene Initiative oder auf Anregung »von oben« die Position heraus, die man für die offizielle Parteilinie hielt. Während die kommunistischen Führer miteinander verhandelten, um die Haltung der Partei in dieser Diskussion festzulegen, mobilisierten sie ihre populistische oder liberale Klientel in und außerhalb der Partei, um auf die ursprüngliche Herausforderung zu reagieren. Die Debatten entwickelten sich fast automatisch in allseitige Kämpfe mit vielen Vermittlungsbemühungen, bis die Partei – jetzt öffentlich – eingriff, den unparteiischen Schiedsrichter spielte und die Debatte für beendet erklärte, indem sie die »Wahrheit« zwischen den beiden Extrempositionen bestimmte. Gerade die künstliche Definition der Extrempositionen verlängerte den PL-Konflikt und führte zur Polarisierung des politischen Diskurses. Die Diskussionen endeten gewöhnlich damit, daß die »linken« und »rechten« Protagonisten gleichermaßen gerügt wurden – wobei es gleichgültig war, ob sich die Debatten um »Konsumentensozialismus«, die Subventionierung der Kulturgüter in den 60er Jahren, Geburtenkontrolle oder Alkoholismus in den 70er Jahren, die Schattenwirtschaft oder die wohlfahrtsstaatlichen Reformen in den 80er Jahren drehten.[15]

Das war eine Falle. Wollte man sich aus dem Spiel verabschieden, nahm man das Risiko auf sich, daß sich die kommunistischen Führer der rivalisierenden Intellektuellengruppe zuwenden könnten. Beteiligte man sich jedoch weiter am Spiel, bestand die Chance einer allmählichen Modifizierung der Parteidirektiven zugunsten des eigenen Programms. Beide Lager versuchten, bestimmte Kombinationen auszuschließen. Die Liberalen befürchteten eine Allianz zwischen den Populisten und den orthodoxen Kommunisten, während die Populisten eine Koalition der Liberalen mit den Reformkommunisten vermeiden wollten – eine besondere Version des Gefangenendilemmas. Viele der Beteiligten entwickelten allmählich eine Art Haßliebe zueinander und waren besessen von dieser Art des Politisierens. Dieses Spiel ging so lange weiter, bis einige der Beteiligten erkannten, daß auch außerhalb des von den Kommunisten gesetzten Rahmens Chancen für eine Übereinkunft bestanden und daß der Preis dafür nicht einmal übermäßig hoch war.[16] Ende der 70er Jahre hörten die beiden Lager auf, ausschließlich über die schwächer werdende kommunistische Partei miteinander zu kommunizieren. Einige Jahre lang trat direkte – und manchmal auch öffentliche – Kooperation an die Stelle indirekter Rivalität. Als Brücken zwischen den alten Antagonisten dienten nicht nur die Erinnerung an die Revolution von 1956 und das Werk des Demokratietheoretikers István Bibó (einer der wenigen ungarischen Intellektuellen, die weder als Populisten noch als Liberale galten)[17], sondern auch die gemeinsamen Befürchtungen hinsichtlich der nationalen Unabhängigkeit sowie die ungarischen Minderheiten, der wirtschaftliche Verfall, die Umweltverschmutzung usw. Warum sollten wir keinen Friedensvertrag schließen, begannen sich einige führende Populisten und Liberale zu fragen.

Tatsächlich sprach viel für eine Aussöhnung. Die alte Generation der populistischen Kollaborateure starb allmählich aus. Zwar kamen noch immer viele jüngere Populisten aus den literarischen Kreisen, aber ihre Denkmuster waren weniger abstrakt und archaisch als die ihrer Vorgänger.[18] Andererseits distanzierten sich die liberalen Dissidenten von der obersten ideologischen Klientel der kommunistischen Führung, den »Aczél-Boys«, die während des »Zwei-Fronten-Krieges« der Partei in den Augen der Populisten diskreditiert worden waren. Im Prinzip hätten die nichtkommunistischen Gruppen die Friedensverhandlungen mit einem gemeinsamen Themenplan aufnehmen können, weil ein paar typisch populistische Themen (nationale Selbstbestimmung, Armut unter dem Kommunismus, ländliche Gesellschaftsgliederung, Kritik der kommunistischen Geschichtsschreibung usw.) von den Liberalen selbst weitergeführt oder sogar in die öffentliche Diskussion eingebracht wurden. Die Liberalen waren keine *laissez-faire*-Fundamentalisten, und die Populisten träumten nicht mehr von einem »Garten Ungarn«. Die beiden Lager konnten sich über die Vermittler verständigen (Angehörige der Generation von 1956), die es fertigbrachten, zwei größere Ereignisse zu organisieren, die in der Geschichte des antikommunistischen Widerstandes nach der Revolution einmalig waren: die *samizdat*-Veröffentlichung des Bibó-Gedenkbandes im Jahre 1979 und die Intellektuellentagung von Monor 1985. Man hätte glauben können, der PL-Friede von 1956 würde sich wiederholen.

Doch die kommunistische Kontrolle erwies sich wieder einmal als sehr wirkungsvoll, zum letztenmal vor 1989. Die Populisten wollten ihre Integrität als lose verbundene geistige Bewegung von Dissentern bewahren; sie hielten die Tagung von Monor für einen zu mutigen Schritt bei dem Versuch, antikommunistische Institutionen zu begründen. Um nicht für eingefleischte Regimegegner gehalten zu werden, akzeptierten sie das formale Angebot der Pozsgay-Gruppe in der kommunistischen Führung, die ungarischen Nationalinteressen im In- und Ausland wirkungsvoller zu schützen und bestimmte kulturelle Privilegien (z.B. eine neue Zeitschrift) für die »patriotischen Kräfte« zu gewähren. Durch diese Annäherung lebte in der Diskussion das Motiv von Verrat und Sündenfall wieder auf. Die nichtkommunistischen Gruppen wurden bis zur Revolution von 1989 daran gehindert, die PL-Grenzen zu verwischen. Statt dessen verwischte sich der Gegensatz von Kommunismus und Kapitalismus – eine Tragödie, die die meisten osteuropäischen Übergangsgesellschaften kennzeichnet.

3. Eine alte Bruchlinie in einer neuen Demokratie (1989–1996)

Vom runden Tisch zum Pakt

Westliche Beobachter bezeichnen das Jahr 1989 gerne als *annus mirabilis*. Auch die Dissidenten in Osteuropa waren fasziniert von der unerwarteten Implosion des Kommunismus und dem rapiden Verfall der Nomenklatura. In Ungarn gab es nur einen einzigen Aspekt, der die Oppositionellen noch mehr betörte: die eigene Einheit. Das ungarische Wunder von 1989 war »billig«, die kleine ungarische Revolution forderte keinen Blutzoll, und die kommunistische Herrschaftselite wurde im Gegenzug für ihren friedlichen Abgang informell entschädigt.[19] Es kam auch deshalb nicht teuer zu stehen, weil auch während der sogenannten »konstitutionellen« Revolution aufgrund der Kooperation zwischen den verschiedenen Gruppen der antikommunistischen Opposition (und zwischen ihr und dem reformistischen Flügel der Kommunisten) die politischen Kosten der ersten Stadien des Übergangs minimiert werden konnten. Keine Panzer, keine Streiks, kein konstitutionelles Vakuum.

Seit der Tagung der Dissidenten in Monor im Jahre 1985 waren die Populisten und die Liberalen damit beschäftigt gewesen, ihre eigenen – national-konservativen und liberalen – politischen Bewegungen zu organisieren und ihre eigenen Parteien aufzubauen.[20] Im Verlauf der Verhandlungen am Runden Tisch im Jahre 1989 zeigten die beiden Lager Übereinstimmung in vielen entscheidenden Fragen der neuen Verfassung. Allerdings wurde diese Harmonie durch gegenseitiges Mißtrauen im Stile einer konventionellen PL-Debatte über Radikalismus versus Mäßigung gestört. Die Liberalen neigten zu der Annahme, daß die Nationalkonservativen eine Geheimabsprache mit dem nationalistischen Flügel der Kommunisten getroffen hätten, während die Nationalkonservativen wiederum die militanten Manöver der Liberalen mißtrauisch verfolgten. Sie fürchteten, eine Beschleunigung des revolutionären Prozesses würde dazu beitragen, daß sich die verstreuten Gruppen der Nomenklatura wieder formierten; außerdem könnte ein Vergeltungsschlag Moskaus provoziert werden.

Zwischen den früheren Oppositionellen gab es ernsthafte Konflikte über die Zugeständnisse, die den Kommunisten im Austausch gegen deren Wohlwollen gewährt werden sollten. (Zu den brennenden Fragen gehörten die Auflösung der Geheimpolizei und der Parteimilizen, das Verfahren der Präsidentschaftswahl usw.) Doch die gemeinsame Furcht, die historische Chance für freie Parlamentswahlen zu verpassen, half ihnen, die Ränge zu schließen und die Gespräche am runden Tisch fortzuführen. Hinter der Fassade wiederauflebender gegenseitiger rhetorischer Angriffe schien sich eine einzigartige Gelegenheit für einen PL-Frieden herauszukristallisieren. Die Verfassungsgebung und die Vorbereitungen für die Wahlen brachten professionelle Akteure im Zentrum des politischen Feldes hervor. Nicht nur bei den Kommunisten wurden die Vertreter einer harten Linie im Verlauf der Verhandlungen marginalisiert. Auch bei den Nationalkonservativen wurde die westorientierte, christlich-demokratische (»national-liberale«) Gruppierung zu Lasten der radikal populistischen Gruppe in der Führung gestärkt. Die Liberalen wiederum konnten eine Reihe junger Experten (nichtjüdischer Herkunft) an der Spitze des politischen Verhandlungsprozesses plazieren. Optimistische Beobachter glaubten damals, daß in der PL-Konfrontation entlang der Grundlinien eines liberalen Patriotismus zwischen sozialem (kommunitaristischem) Liberalismus und »dezentem« Nationalismus ein *modus vivendi* existierte. Schon 1989 traten die Liberalen als Pioniere der nationalen Unabhängigkeit gegenüber der Sowjetunion auf und qualifizierten sich als führende Aktivisten in der Umweltbewegung und in der Sozialfürsorge, kokettierten aber gleichzeitig mit kollektivistischen Eigentumsformen. Ein Teil der Nationalkonservativen wiederum war damals bereit, eine Reihe liberaler Forderungen zu akzeptieren, vom Schutz der Menschenrechte bis hin zur Privatisierung. Die Vermutung mußte also nicht als völlig naiv gelten, daß die beiden Gruppen die Erinnerung an den PL-Konflikt verdrängen und auf die gemeinsame Tradition der Verbindung von »Fortschritt« und »Vaterland« zurückgreifen würden, also entweder auf die Revolution von 1956 oder – falls diese als zu sozialistisch orientiert angesehen würde – auf die Revolutionen von 1848 und 1918, bei denen eine Verbindung von kapitalistischer Entwicklung und nationaler Unabhängigkeit in Ungarn versucht worden war.[21]

Die erste Gefährdung der Kooperation zwischen den sich entwickelnden politischen Parteien ergab sich durch das Referendum über das Verfahren bei der Präsidentschaftswahl. Das Referendum war von den Liberalen Ende 1989 initiiert worden, um die Nationalkonservativen daran zu hindern, stillschweigend den kommunistischen Kandidaten, Imre Pozsgay, zu unterstützen. Die Liberalen konnten das Referendum für sich entscheiden, indem sie die anstehenden Fragen geschickt definierten – ein Trick, der von vielen ihrer Gegner als *casus belli* angesehen wurde. Im Frühjahr 1990 wurde der zerbrechliche Friede durch die Parlamentswahlen erneut ernsthaft gestört, bei denen die Rivalität zwischen Populisten und Liberalen zum ersten Mal in der Geschichte Ungarns in einem modernen demokratischen Rahmen ausgetragen wurde. Nachdem die Ex-Kommunisten den Wettbewerb in der ersten Runde verloren hatten, brachten sich die Nationalkonservativen und die Liberalen durch wütende und haßerfüllte Ausbrüche gegenseitig tiefe Wunden bei. Die radikalen Populisten suchten in den Familien der »Vaterlandslosen« liberalen Kandidaten eifrig nach kommunistischen Juden, während manche Liberale die Vertrauenswürdigkeit, die Professionalität und die »europäische Gesinnung« der nationalkonservativen Rivalen in Zweifel zogen. Im Hinblick auf die jeweiligen politischen Programme waren die Nationalkonservativen auf die nationale Befreiung, die ungarischen Traditionen, die christlichen Werte usw. stolz und versprachen einen reibungslosen Übergang der Wirtschaft. Die Liberalen betonten die verfassungsmäßigen Elemente der Revolution (parlamentarische Demokratie, Rechtsstaatlichkeit, Menschenrechte, Privateigentum usw.) und prophezeiten einen holprigen wirtschaftlichen Transformationsprozeß. Die beiden Lager besetzten somit die nationalkonservative bzw. die liberale Hälfte der politischen Arena und beschuldigten einander, jeweils die patriotischen bzw. die demokratischen Botschaften zu monopolisieren oder zu verzerren und außerdem die andere Seite von einem wichtigen Teil des politischen Diskurses ausschließen zu wollen.

Der so angerichtete Schaden wurde teilweise durch das letzte Stück einer antikommunistischen Realpolitik wieder repariert. Das geschah unmittelbar nach den Wahlen, die mit einem Sieg der drei nationalkonservativen Parteien ausgingen. Ein paar prominente Vertreter der beiden führenden Parteien in Regierung und Opposition unterzeichneten *sub rosa* einen Pakt über die Machtverteilung, der die nationalkonservative Regierung gegenüber dem Parlament stärkte, aber die Exekutive der liberalen Überwachung durch den Staatspräsidenten unterstellte – eines Präsidenten, der praktisch von der Opposition ernannt worden war. Es war das erste (und bislang einzige) größere Abkommen zwischen Populisten und Liberalen, das pragmatischen Regeln einer politischen Kooperation folgte.

Die Liberalen erreichten einen Erdrutschsieg bei den Kommunalwahlen im Herbst 1990, so daß sich eine Gelegenheit für eine Machtteilung zwischen der Zentralregierung und den Kommunalverwaltungen ergeben hätte, also zwischen den Nationalkonservativen und den Liberalen. Doch statt dessen entwickelte sich eine Reihe hochgradig emotional geführter Auseinandersetzungen. Die radikalen Populisten, die vor der Unterzeichnung des Paktes nicht konsultiert worden waren, beschuldigten nun die Gemäßigten im eigenen Lager, die demokratischen Wahlen zu hintertreiben, weil sie mit dem Erzfeind hinter den Kulissen gemeinsame Sache gemacht hätten. Sie suchten die eigenen Kollegen zu disziplinieren, indem sie schwere ideologische Angriffe gegen die Liberalen starteten. Dabei wurden die Liberalen in bekannter Manier zum einen als urbane Juden dargestellt, die, statt endlich die eigene Assimilation hinzunehmen, im Gegenteil erfolgreich versuchten, die ungarische Bevölkerung zu assimilieren. Zum anderen wurden die Liberalen als Demagogen bezeichnet, die im Unterschied zu den wirklichen Patrioten keinesfalls für die gesamte Nation sprechen könnten.[22]

Die Liberalen ihrerseits gerieten durch mehrere Entwicklungen in Zugzwang: durch die schnelle Etablierung von Netzwerken einer neuen Klientel unter nationalkonservativer Führung, durch die Zunahme staatlicher Interventionen im Wirtschaftsbereich sowie durch die Ausweitung der Regierungskontrolle in den Medien, im Bildungswesen und im Privatleben der Bürger unter Verwendung autoritärer nationalistischer Slogans, die aus den 30er Jahren stammten. In typischer Überreaktion mochten die Liberalen die Möglichkeit nicht ausschließen, die Regierung durch zivilen Ungehorsam im Verlauf eines nationalen Taxifahrerstreiks im Oktober 1990 zum Rücktritt zu zwingen – ein Streik übrigens, der auch ein gewaltsames Ende hätte finden können, wenn der liberale Staatspräsident nicht den Einsatz von Gewalt durch die Regierung (eine typische Überreaktion auf der anderen Seite) verboten hätte.

Als Folge dieser Entwicklungen waren die Beziehungen zwischen den beiden Lagern des PL-Konfliktes im Winter 1990/91, also ein Jahr nach dem Abschluß der Vereinbarung des Runden Tisches und ein halbes Jahr nach den Parlamentswahlen, bereits wieder durch Skandale gekennzeichnet.[23] Der Einfluß intermediärer Persönlichkeiten schwächte sich ab, und an die Stelle der ausgehandelten Kompromisse trat rhetorische Unnachgiebigkeit. In gewissem Ausmaß wurden die gegenseitigen Beschuldigungen zu *self-fulfilling prophecies*. Wer unter den Nationalkonservativen als Protofaschist beschimpft wurde, näherte sich der politischen Rechten; wer unter den Liberalen als »Liberal-Bolschewik« beschimpft wurde, schloß sich der gemäßigten Fraktion der Neosozialisten in der Demokratischen Charta an, einer lose zusammengefügten Organisation, die von linksgerichteten liberalen Intellektuellen geschaffen worden war, um die autoritäre Degeneration der Revolution zu verhindern. An diesem Punkt kam der PL-Dialog endlich zum Stillstand. Die gemäßigten Nationalkonservativen brachen die Beziehungen zu den radikalen Populisten in den eigenen Reihen zu spät (nämlich 1993) ab, und die Liberalen gestatteten den Neosozialisten zu früh (nämlich 1991), aus der politischen Quarantäne herauszukommen. Und die beiden Lager hörten nicht auf, miteinander zu streiten, selbst als die Truppen der Neosozialisten bereits *ante portas* standen.

Der Durchbruch der Neosozialisten

Die Geburt der Charta markiert nicht nur das Ende der rationalen politischen Strategien zur Überwindung des PL-Gegensatzes durch interne Vereinbarungen. Vielmehr bedeutet sie auch den Beginn einer neuen Art von Rationalität, d.h. einer pragmatischen Strategie zur Umgehung der gesamten Kontroverse. Diese Strategie wurde von den Jungen Liberalen formuliert und von den Neosozialisten übernommen. Ironischerweise zeigte sich der alte Schüler gelehriger als der junge Lehrer. Die Neosozialisten schafften es, sich von der PL-Debatte fernzuhalten und ihre eigenen urban-liberalen und populistischen Sympathisanten zu gewinnen, indem sie mit dem Begriff der Sozialdemokratie flexibel umgingen (sie verstanden darunter etwas, das sowohl europäisch *und* patriotisch, liberal *und* solidarisch, modern *und* traditionell war). Von den Jungen Liberalen hingegen entfremdeten sich zahlreiche Intellektuelle (und eine noch viel größere Anzahl von Wählern), weil sie die gesamte Debatte streng ablehnten, aber gleichzeitig mit beiden Lagern liebäugelten. Sie konnten letztlich nicht verhindern, in den PL-Konflikt hineingezogen zu werden.

Die Jungen Liberalen waren 1989 mit dem klaren Programm in die demokratische Politik eingetreten, im PL-Konflikt neutral zu bleiben. Sie bezeichneten den Konflikt als anachronistisch, tragikomisch und im Zusammenhang mit pragmatischen politischen Entscheidungen als nicht nachvollziehbar.[24] In diesem Sinne distanzierten sie sich häufig von ihren liberalen Verbündeten in der Opposition, sobald sich die Liberalen in einen der ideologischen Kämpfe mit den Nationalkonservativen einließen, bei denen es um nationale Symbole (wie Nationalfeiertage, Staatswappen, Hymne usw.), um die Interpretation der Geschichte (Faschismus und Kommunismus in Ungarn, rückwirkende Rechtsprechung usw.) oder um Menschenrechtsfragen ging. Die Jungen Liberalen hielten die Auseinandersetzung zwischen Kommunisten und Nichtkommunisten für wichtiger als den PL-Konflikt, der sich ohnehin nur in der nichtkommunistischen Hälfte des politischen Spektrums abspielte. Sie zweifelten an der sozialdemokratischen Bekehrung der früheren Kommunisten und näherten sich dadurch den nationalkonservativen Parteien rechts von der Mitte. Heute paßt die Sprache der Jungen Liberalen in vieler Hinsicht recht gut in den Rahmen des PL-Konfliktes (sie identifizieren die Liberalen mit den Neosozialisten und beschuldigen sie, die freie Marktwirtschaft in orthodoxer Sichtweise zu sehen, die Familie, die Kirche und nationale Fragen zu vernachlässigen, die einheimischen Kleinunternehmer zu opfern und die öffentlichen Medien manipulieren zu wollen usw.). Dennoch ist diese Art des Populismus (die Jungen Liberalen bezeichnen sich gegenwärtig als »bürgerliche Demokraten«) liberaler und weniger traditionalistisch als die von den Radikalen im nationalkonservativen Lager vertretene Variante.

Bis heute konnten die Neosozialisten der Versuchung widerstehen, sich in den PL-Konflikt hineinziehen zu lassen. Wie im Falle der Jungen Liberalen war dies auch für die Neosozialisten eine bewußte Strategie, um sich als moderne Pragmatiker darstellen zu können – das einzige Etikett, mit dem sich ihre Schattenseite (ihre historische Beziehung zur früheren Kommunistischen Partei) überdecken ließ. Das erforderte tiefstes Schweigen im Hinblick auf den PL-Konflikt und auf jegliche ideologieträchtige Streitfrage, gleichgültig, ob sie zwischen links und rechts, zwischen Populisten und Liberalen oder zwischen Kapitalisten und Kommunisten angesiedelt war. Andernfalls hätten diese Klassifikationsschemata das Image der Neosozialisten beschädigen können, die sich um ihre Relegitimierung bemühten, aber alle Widersprüche verkörperten, die in diesen Schemata angelegt waren. Ihr Wahlprogramm enthielt folgende Punkte: Reform mit menschlichem Antlitz; Soziale Marktwirtschaft; Kapitalismus mit nationalen Besonderheiten – alles Ziele, die sie (d.h. die liberalen und patriotischen Kräfte der ungarischen Kommunisten) schon seit den 60er Jahren hätten erreichen wollen. Die neosozialistischen Ideologen erklärten, sie würden mit großem Stolz die schwere Aufgabe übernehmen wollen, »den Kapitalismus« in sozialer und nationaler Verantwortung »aufzubauen«. Damit legten sie ihren Pfad schon lange vor ihrem Wahlsieg im Jahre 1994 quer durch den traditionellen PL-Konflikt. Sie sahen sich als die einzigen Garanten dafür, daß die sinnlosen ideologischen Debatten zwischen den Interessengruppen der Budapester Intellektuellen beendet und statt dessen echte Fortschritte im Transformationsprozeß erzielt würden. Wir werden handeln, erklärten sie, nicht nur reden, und wir werden den Mittelweg zwischen liberalem und nationalkonservativem Fundamentalismus finden.

Die Hälfte dieser Vorhersagen traf ein. Die PL-Kontroverse hat in den letzten beiden Jahren stark an Heftigkeit verloren, obwohl dies teilweise auch dem Mangel an den versprochenen »echten Fortschritten« in der Transformationspolitik zuzuschreiben war. Ein wesentlicher Teil des Konfliktes wurde von der neosozialistisch-liberalen Koalition absorbiert. Das liberale Programm ist zu einem amorphen Projekt geworden, da es von den Neosozialisten in der Regierung wiederholt unterdrückt wurde. Zwar kann die bloße Existenz der Regierungskoalition die noch glühende Asche der Konfrontation im Prinzip jederzeit wieder entzünden, aber bislang kamen die Hinweise auf eine »weltweite jüdische Verschwörung der Kommunisten und der Liberalen« hauptsächlich aus außerparlamentarischen Kreisen.

Aufgrund der Schwächung der Radikalen unter den Nationalkonservativen als Folge ihrer Wahlniederlage und des wachsenden Einflusses der Jungen Liberalen in der Opposition kommen die illiberalen Stimmen im Parlament meistens aus den Reihen der Kleinlandwirte, einer Partei von – wie wir sie hier nennen wollen – Populisten postmoderner Prägung. Obwohl diese Partei viel mit der ungarischen Bauernschaft vor dem Zweiten Weltkrieg zu tun hatte, war ihr Programm eines agrarischen Populismus schon immer durchsetzt von der Vision mittelständischer kapitalistischer Betriebe auf dem Land und Unternehmen in den städtischen Gebieten. Nach 1989 entliehen die Kleinlandwirte Teile des radikalen Diskurses bei den Nationalkonservativen; heute würden sie gern die unteren Schichten gegen jedes Establishment repräsentieren. Ihre politischen Manöver sind von keiner intellektuellen Kohärenz gekennzeichnet, und in ihrer Parteiführung gibt es keine visionären Intellektuellen. Die politischen Konstrukteure der Kleinlandwirte verwischen oder verleugnen nicht (wie die Neosozialisten und die Jungen Liberalen) die PL-Konflikte, sondern vertreten abwechselnd oder auch gleichzeitig konfligierende und sogar diametral entgegengesetzte Vorstellungen. Dementsprechend bestehen sie zwar auf einer verallgemeinernden, gegen das Establishment gerichteten Rhetorik und setzen auch alle technischen Instrumente des Populismus ein (übertriebene Versprechungen, Massenmobilisierung, charismatische Führer usw.), ziehen aber zugleich die Grundlagen der PL-Kontroverse ins Lächerliche.[25]

In einem Jahr werden in Ungarn wieder Parlamentswahlen stattfinden. Legt man den Zyklus der PL-Kontroversen zwischen 1990 und 1994 zugrunde, so läßt sich ein baldiges Wiederaufleben der hitzigen Debatten in der politischen Arena voraussagen. Ein wesentlicher Teil der klassischen PL-Argumente ist jedoch inzwischen irrelevant geworden; der Gewinn an Wählerstimmen, der durch eine Verschärfung des PL-Konfliktes erzielt werden könnte, scheint verhältnismäßig gering zu sein. Der Kompromiß zwischen den Liberalen und den Neosozialisten entwertete einige der typischen Beschuldigungen (Mangel an sozialer Verantwortung, Besessenheit von der freien Marktwirtschaft usw.), die den Liberalen von den Nationakonservativen entgegengeschleudert worden waren. Ferner lernten die Liberalen und die Nationalkonservativen aus den Erfolgen der Neosozialisten (dem lachenden Dritten), daß bei einer tiefen Verwicklung in die PL-Kontroverse der Schuß auch nach hinten losgehen könnte. Und schließlich könnte die Gefahr eines postmodernen (unberechenbaren weil prinzipienlosen) Populismus die Gemäßigten in den jeweiligen PL-Lagern gegen den gemeinsamen Feind zusammenführen.

Mit anderen Worten: Der politische Raum in Ungarn wird sich aus drei Segmenten zusammensetzen: einem sozialliberalen, einem gemäßigt konservativen und einem radikal nationalistisch-populistischen Segment. Schon aus rein rechnerischen Gründen bietet ein Spiel mit drei Spielern bessere Möglichkeiten für Kooperation und konfliktübergreifende Verbindungen als ein Zwei-Personen-Spiel mit relativ homogenen Blöcken von Liberalen und Nationalkonservativen. Die Professionalisierung der postkommunistischen Politik, d.h. das Ersetzen von visionären Intellektuellen durch die neuen Parteiangestellten, trägt ebenfalls zur Aussöhnung bei. Die Intellektuellen in beiden PL-Lagern fühlen sich nämlich durch den wachsenden Zynismus der »politischen Karrieristen« in ihren eigenen Parteien verraten; außerdem sind sie angesichts der immer neuen Kompromisse im politischen Spiel und der die Parteigrenzen überschreitenden Korruption frustriert. Die Enttäuschung, die einer ohnehin nicht sonderlich begeisternden Revolution folgte, befreit allmählich die PL-Konfrontation von ihren romantischen Zwischentönen.[26] Die Beteiligten der Kontroverse haben auch erkannt, daß im postkommunistischen Transformationsprozeß und in den komplizierten Verfahrensweisen des demokratischen Entscheidungsprozesses nur sehr enger Spielraum für Manöver gegeben ist und daß sich dadurch die großen ideologischen Distanzen zwischen den Positionen der Populisten und den Liberalen auf winzige Abstände verringern. Die parlamentarischen Diskussionen über die Abtreibungsgesetzgebung, die Reprivatisierung oder den Religionsunterricht in den Schulen (um nur drei Themen der leidenschaftlichen Debatten aus den frühen 90er Jahren anzuführen) lieferten den Beweis für diese Konvergenz in der Legislative. *Business as usual* im postkommunistischen politischen Leben führt zu einer fortschreitenden Ermüdung der an der PL-Konfrontation Beteiligten. Sollte sich also eine Wiederannäherung nur auf Desillusionierung und Ermüdungserscheinungen stützen müssen?

4. Lösung oder Zivilisierung des Konfliktes?

Neue Handlung in alter Szenerie

Das moderne demokratische Staatswesen hat einen traditionellen normativen Konflikt in Ungarn instrumentalisiert – man könnte auch sagen: wiederbelebt, ausgebeutet und teilweise abgemindert. Im PL-Drama spielte die Politik jedoch nicht nur den Übeltäter, sondern auch das Opfer. Bereits 1989 war die Konfrontation zwischen Populisten und Liberalen in der Mentalität der neuen politischen Klasse angelegt. Selbst wenn die ersten nichtkommunistischen Führer direkt vom Mond nach Ungarn gekommen wären, hätten sie dennoch nicht ihre Gefolgschaft unter Intellektuellen auswählen können, die nicht zumindest partiell in den Begriffen des PL-Konfliktes dachten und sprachen, deren Lebensgeschichten nicht von der Erinnerung an die Debatte durchdrungen gewesen und deren soziale Einbindungen und kulturelle Institutionen nicht durch persönliche Verwicklung in den PL-Konflikt geformt worden waren. Auf jeden Fall hatte diese Form der Rekrutierung eine oppositionelle Richtung. Die potentiellen Berater wurden fast über Nacht Politiker. Und genau diese Mitglieder der ungarischen Intelligenz (vor allem Sozialwissenschaftler und Schriftsteller) besetzten die Befehlshöhen im Transformationsprozeß und zogen in das erste frei gewählte »Parlament der Historiker, Dichter und Rechtsanwälte« ein.

Sie brachten ihre Freunde und Kollegen mit (und nicht selten ihre Klienten und Familienmitglieder) und all ihre politischen Präferenzen, Sprachgewohnheiten und Feindbilder. Sie waren Vertreter der Vergangenheit und der Zukunft zugleich. Der typische »Revolutionär« in Ungarn war kein Jungliberaler, der angeblich gegen den PL-Diskurs immun war, sondern ein ehrenwerter Herr der Generation von 1956 oder 1968. Das heißt, es handelte sich um Männer mit Universitätsbildung, zwischen 40 und 60 Jahre alt, keine Dissidenten, sondern im Gegenteil normale Bürger des »Gulaschkommunismus«, frühere kommunistische Parteimitglieder oder – zumindest teilweise – Anhänger kollektivistischer Ideologien (Marxismus, Sozialliberalismus, Nationalismus, autoritärer Konservatismus usw.). Die normativen Werkzeugkästen der neuen politischen Akteure waren also gut gefüllt, so daß sie beim ersten Anschein eines Konfliktes reflexartig zum passenden Instrument greifen konnten. 1989 waren die militanten Strategien der PL-Konfrontation noch frisch, aber nicht deshalb, weil sie im »kommunistischen Kühlschrank« aufbewahrt, sondern weil sie 1948/49 gar nicht eingefroren worden waren.

Unglücklicherweise verstärkte 1989 gerade die Möglichkeit eines Übergangs vom Kommunismus in beiden Lagern den

Glauben an die konventionellen Dichotomien. Auf den ersten Blick schien die gesamte Problematik der Transformation die alten Alternativen der Modernisierung wiederaufzuwerten: Sollte man sich in einem europäischen Rahmen dem westlichen Kapitalismus anschließen oder einen der »Dritten Wege« innerhalb der nationalen Grenzen einschlagen? Ging es um Imitationen oder Experimente? Um Fortschritt oder Vaterland?

Beide Ansätze bedeuteten einen Rückgriff auf die Geschichte, auf der Suche nach »reinen Quellen« aus einer Zeit, in der sie noch nicht von den Kommunisten vergiftet worden waren. Unter dem Schock des unerwarteten Zusammenbruchs des Sowjetsystems und des Druckes, schnell eine neue Identität zu schaffen, hatte die politische Elite nur wenig Zeit, das komplizierte Gewebe von Ähnlichkeiten und Unterschieden zu entwirren, das zwischen den 30er Jahren, 1956 und den 90er Jahren bestand. In der Folge machten sich nur sehr wenige Intellektuelle die Mühe, noch einmal über die Zeitgemäßheit einiger alter PL-Konflikte und über die Annäherung der ursprünglichen Positionen unter dem (und gerade wegen des) Kommunismus nachzudenken.

Dies erklärt auch die unglaubliche Kontinuität der PL-Kontroverse in Ungarn. Nicht nur ein politisches, sondern auch ein rhetorisches Drama trug dazu bei, die alte Debatte zeitlich zu verlängern. »Zurück in die 30er Jahre. Neue Handlung in alter Szenerie« – so würde ich das Stück betiteln.[27] Während die Liberalen ihre Ahnen vor allem in der Revolution von 1956 und in der kurzlebigen Demokratie von 1945–48 suchten, fanden die Populisten ihr goldenes Zeitalter zwischen den beiden Weltkriegen. Wahrscheinlich hätten die 30er Jahre die Liberalen nicht so sehr irritiert, wenn jenes Jahrzehnt nur die plebejische Tradition des Antiliberalismus symbolisiert hätte. Doch die christdemokratischen Verbündeten der Populisten innerhalb der herrschenden Partei fanden ihre Helden in derselben Periode, wobei sie den christlichen, nationalen und Mittelklasse-Charakter des Horthy-Regimes betonten. Diese Kombination plebejischer und elitärer Symbole (übrigens ein historischer Unfug) hätte die Liberalen eigentlich nur zum Lachen bringen müssen. Statt dessen explodierten sie, als sie die altbekannten Schlagwörter hörten: Trianon, die christliche Mittelschicht, jüdischer Kapitalismus, das Heldentum der ungarischen Soldaten im Zweiten Weltkrieg usw. Die Liberalen, die von den Populisten immer beschuldigt worden waren, ahistorisch zu sein, ließen sich jetzt selbst von ihrer Erinnerung leiten.

Die Kulissen des PL-Schauspiels der 30er Jahre wurden schnell wieder aufgebaut, aber es dauerte mehrere Jahre, bis die Darsteller merkten, daß sich die Handlung des Stückes in der Zwischenzeit grundlegend verändert hatte. Die Wirtschaftsprogramme der politischen Parteien konvergierten[28], und die Hauptlinien der liberal-demokratischen Verfassung, welche die Verhandlungsteilnehmer des runden Tisches 1989 formuliert hatten, wurden von den Nationalkonservativen nicht in Frage gestellt. Die Kontroverse der 30er Jahre war letztlich eine prätotalitäre Kontroverse gewesen. In den 90er Jahren, also in einer posttotalitären Phase und in einem westlichen (oder vielmehr globalen) Umfeld erwies es sich als schwierig, utopische, dirigistische oder autokratische Programme zu vertreten, zumindest auf der Ebene praktischer politischer Entscheidungsfindung. Mit anderen Worten: Die Liberalen, wer immer sie auch sein mochten, haben den »Kulturkampf« in Ungarn gewonnen. Die Konvergenz erfolgte eher auf ihrer Hälfte der Bühne und nicht in der Mitte. Doch die Niederlage veranlaßte die radikalen Populisten zu verzweifelten Rückzugsgefechten auf der Ebene der politischen Rhetorik mit dem Ziel, die Bühne zurückzuerobern, bis der Pachtvertrag des Theaters (d.h. des Parlaments) ausläuft.

Im Rückblick betrachtet läßt sich feststellen, daß es sich dabei um typische Stellvertreterkriege handelte, auch wenn sie dazu beitrugen, einige Brücken über die PL-Kluft wieder zu zerstören. Es war jedoch eher unwichtig, ob die Parlamentsmitglieder wochenlang darüber diskutierten, ob die Königskrone in das Staatswappen aufgenommen werden sollte oder nicht, ob ein Politiker einen Kollegen als unpatriotisch bezeichnen durfte, oder ob es richtig gewesen war, die Sowjetunion 1941 anzugreifen. Gleichzeitig schufen die rhetorischen Streitereien eine kulturelle Atmosphäre, in der lebenswichtige Fragen der täglichen politischen Praxis, wie zum Beispiel Privatisierung, wirtschaftliche Stabilisierung, Wohlfahrtsreformen, kommunale Selbstverwaltung usw., nicht mit praktischen Begriffen beantwortet werden konnten, und in der auch ähnlich lebenswichtige Probleme der Menschen- und Bürgerrechte, wie zum Beispiel Abtreibung, die Rechtsstellung der Kirche, Kontrolle der Medien usw., nicht aus einem geeigneten Abstand diskutiert werden konnten. Die Leidenschaften verhinderten einen vernünftigen Kompromiß zwischen den konvergierenden Programmen. Es wurde deutlich, daß die beiden Lager einander auch dann nicht leiden mochten, wenn ein Diktator fehlte, mit dem man anbändeln konnte.

Meditationen über Mediationen

Trotz der rhetorischen Verlängerung der Debatte wurden die leidenschaftlichen Ausbrüche in den beiden vergangenen Jahren seltener. Wenn wir die verschiedenen Lösungsstrategien betrachten, die in den letzten sechs Jahrzehnten im PL-Konflikt angewandt wurden, finden wir keinen einzigen ausgehandelten Friedensvertrag. Vielmehr wurden provisorische Waffenstillstände ohne friedenssichernde Vereinbarungen ausgehandelt. Selbst die jüngste Feuerpause (oder richtiger: »reduzierte Kriegsführung«) ist nur teilweise beabsichtigt: Sie ist zu einem großen Teil Ergebnis der allgemeinen Frustration. Die jüngste Innovation friedensschaffender Maßnahmen im PL-Konflikt besteht darin, die Konfrontation zu leugnen, zu ignorieren oder ins Lächerliche zu ziehen; dies scheint sich als hilfreiche Prävention bei unmittelbaren Krisen zu erweisen. Obwohl die Gefahr eines neosozialistischen Durchbruchs nicht zur Verringerung des Großen Zwiespalts zwischen Populisten und Liberalen führte, hat doch unter dem Druck der parlamentarischen Realpolitik die Überbrükkung kleinerer Kluften zwischen den beiden Lagern begonnen. Auf der einen Seite sind die Liberalen und Neosozialisten, auf der anderen Seite die Jungen Liberalen und die Nationalkonservativen näher zusammengerückt. In der Folge dieser Neuordnung wächst in Ungarn die Überzeugung, daß es im PL-Konflikt keine kulturell-ideologische, sondern »nur« eine zivilisierte, pragmatische Lösung gibt. Der Konflikt läßt sich abmindern, unter den Teppich kehren oder bestenfalls übergehen und vergessen; er ist jedoch nicht zu lösen. Wie ein unterirdischer Fluß kann er jederzeit wieder an die Oberfläche treten.

Die Beteiligten der PL-Debatte haben begriffen, daß eine kompetitive Demokratie kein Allheilmittel darstellt: Sie kann die Konflikte in zyklischen Zeitabständen verschärfen oder aber verhindern, daß sie sich zu einem Kulturkampf auswachsen. Verhinderung würde Selbstverteidigung bedeuten, d.h. einen Konsens, der darauf beruht, daß die potentiell Kriegslüsternen in der politischen Klasse ein elementares Interesse daran haben, die Konfrontationen einzufrieren, hinauszuschieben und so möglicherweise zu überleben. Läßt sich dieser spontane Prozeß durch Vermittlung beschleunigen? Wenn mit Vermittlung eine Art Freudscher Therapie gemeint ist, durch die Vorurteile und unterdrückte Aggressionen artikuliert, Erinnerungen mobilisiert und interpretiert werden sollen, um den »Patienten« zu befreien, wäre hinsichtlich der Ergebnisse der Behandlung wohl eher Skepsis angesagt. Durch die Benennung der verschiedenen Stigmata und Beschuldigungen würden die Feindseligkeiten eher wieder neu belebt, vor allem dann, wenn kein unparteiischer Schlichter zur Verfügung steht. Sprache kann gefährlich sein: In einem Kulturkrieg, der von Zeit zu Zeit mit wirklichen Kriegen in Verbindung gebracht wird, können Worte tödlich wirken. Es könnte auch sein, daß einer der miteinander streitenden Partner die rationale Disputation *ab ovo* als Bestandteil des kulturellen Erbes des Gegners ablehnt. Auf jeden Fall erfordert Vermittlung von den Antagonisten ein gewisses Maß an Nüchternheit, die Fähigkeit, sich in einem Dialog zu engagieren und einen Schiedsrichter zu akzeptieren. Was geschieht, wenn die Patienten gar nicht zum Arzt gehen wollen? »Haßtiraden«, Stigmatisierung und Schuldzuweisungen sind nicht die besten Voraussetzungen für Schlichtung. Selbsternannte Vermittler wie die Revolutionäre von 1956, der Finanzier George Soros oder der Schriftsteller Péter Esterházy (ein liberal eingestellter Aristokrat), die alle in gutem Glauben handelten, waren bislang nicht in der Lage, dauerhafte Ergebnisse zu erzielen.

Wäre es nicht besser, man würde das kollektive Unterbewußtsein so belassen wie es ist, eine klare Sprache vermeiden (»Frag nicht, wer zuerst schoß«, »Nennt das Massaker ein bedauerliches Ereignis«) und eine Art Moratorium im Rahmen der Therapie akzeptieren? Deutschland, Frankreich oder Österreich in der Nachkriegszeit bieten – bessere oder schlechtere – Beispiele dafür, wie sich die Begleichung historischer Rechnungen aufschieben läßt und die Erinnerung durch Vergessen bzw. Gedächtnisverlust ersetzt werden kann.[29] Es ist auch fraglich, ob man zu einem Moratorium im Stil von »Vergessen ist besser als reden« raten kann, nachdem so viele Jahrzehnte lang unter dem Kommunismus ein anderes Moratorium galt, in dem fast dieselben Themen der PL-Kontroverse in Tabus verwandelt wurden. Sollten wir statt dessen Institutionen schaffen, die in der Lage sind, anders als der Psychiater die Vermittlung auf eine unpersönliche Weise durchzuführen? Die westlichen Beobachter neigen dazu, auf die Entwicklung einer Zivilgesellschaft in Osteuropa zu vertrauen. Sie behaupten, deren Institutionen könnten die großen normativen Konflikte lokalisieren, fragmentieren und durchschneiden. Werden sich die Populisten und Liberalen miteinander versöhnen, wenn sie erst einmal demselben Club von Briefmarkensammlern angehören? Das könnte sein, vor allem, wenn man sich andere, quasi-politische Organisationen der Zivilgesellschaft vorstellt, wie zum Beipiel Berufsverbände, Interessenbewegungen oder die Kirche. Unglücklicherweise zeigt die gegenwärtige Erfahrung in Ungarn, daß eine Verdoppelung der zivilen Initiativen und ihre Integration durch die Parteien erfolgt: Wahrscheinlich gibt es also bereits sowohl einen populistischen als auch einen urban-liberalen Club von Briefmarkensammlern. Sollte man sich deshalb also wieder nach einem gemeinsamen Feind sehnen (nach einem imperialistischen Rußland, nach Chauvinisten in der Nachbarschaft, nach dem »guten alten« Kommunismus und postmodernen Populisten im Inland oder – *horribile dictu* – nach einer ultra-zentralistischen Europäischen Union)? Oder sollen wir die jugoslawische Lösung bevorzugen, die darin besteht, die Konfrontation auf die Spitze zu treiben, um sie für alle Zeit zu kompromittieren? Für den Friedensprozeß im PL-Konflikt gibt es hoffentlich weniger schmerzhafte Möglichkeiten.

Seit 1989 hat die Demokratie die Beteiligten der PL-Debatte gelehrt, miteinander zu verhandeln und auch zweitbeste Lösungen im politischen Prozeß anzuerkennen. Sie lernten, daß die Sprache professioneller Politikentscheidungen selten bipolar ist. Die Vielparteienpolitik mit all ihren lobbyistischen Mechanismen trug dazu bei, die PL-Dichotomie aufzubrechen, indem die Konfrontation quer durchschnitten wurde. Konfligierende Normen wurden in konfligierende Interessen übersetzt, wirtschaftliche Gruppierungen betraten die Szene, neue Pufferzonen wurden sichtbar und es stellte sich heraus, daß es *tatsächlich* gemeinsame Lösungen gab. Keine der beiden Gruppen konnte für sich eine »genuine« Wählerschaft finden. Die ungarische Gesellschaft ließ nicht zu, daß sie in zwei Segmente gespalten wurde, etwa in Gewinner und Verlierer der postkommunistischen Transformation, in ein westliches und östliches Ungarn, in Städte und Dörfer usw. Die repräsentative Demokratie zwang die Antagonisten, ihre Programme zu pluralisieren, und diese Pluralisierung bedeutete, daß sich teilweise Überschneidungen der Programme ergaben. Der Parlamentarismus zwang viele Populisten dazu, das Aushandeln als solches zu akzeptieren, die verfassungsmäßigen Verfahrensweisen zu befolgen und die romantische Sprache durch einen professionellen Diskurs zu ersetzen. In ähnlicher Weise wurden die Liberalen zu der Erkenntnis veranlaßt, daß die Populisten nur so lange minderwertige Partner einer rationalen Diskussion sind, bis sie lernen, die Spielregeln zu beachten. Dann jedoch beginnt eine echte Rivalität zwischen den beiden Seiten, und keine Seite kann sich ihrer Überlegenheit in professioneller, ideologischer oder moralischer Hinsicht sicher sein. So viel zur Sonnenseite der Demokratie.

So zynisch es auch klingen mag, würde ich doch auch sehr viel Vertrauen in die Defizite des parlamentarischen Systems und in die Unsicherheiten des *fin de siècle* auf dem Gebiet der politischen Ideologien setzen. Westliche Analytiker zählen gern die

Symptome des Verfalls auf, wenn sie ihre alten Demokratien verbal zu Grabe tragen (allgemeines Mißtrauen gegenüber Institutionen, verbreitete Korruption, überkomplizierte Verfahrensweisen, unfaire Koalitionen, Relativierung politischer Philosophien usw.). Ironischerweise könnten nun gerade diese Symptome in den neuen Demokratien in Osteuropa zu einer allgemeinen Frustration beitragen und so die Versöhnung entlang der PL-Frontlinie herbeiführen. Zwar könnte der Preis dieser Frustration wie im Westen in einer Schwächung des Liberalismus und dem Erfolg eines postmodernen Populismus bestehen. Dennoch arbeiten die Unzulänglichkeiten des demokratischen Systems gegen liberale Selbstzufriedenheit und verringern die Schmach der populistischen Verlierer: Es handelt sich eben nicht um eine Situation, in der der Gewinner alles einstreichen kann. In der Folge könnte sich die Nachfrage nach Prophezeiungen auf beiden Seiten verringern. Im optimalen Fall könnte darauf eine konzentrierte Suche nach nichtutopischen Lösungen folgen, in denen die früheren Antagonisten ein gemeinsames Minimium von demokratischen bzw. liberalen Regeln akzeptieren und in vereinter Anstrengung die Radikalen disziplinieren und die Extremisten aus der parlamentarischen Kommunikation ausschließen.

In gewissem Sinne wurden die »unsicheren Geister« in beiden Lagern durch diesen am Ende des Jahrhunderts auftretenden Demokratiestil noch unsicherer und reduzierten ihre direkten politischen Aktivitäten. Der Exodus der Parteiintellektuellen aus der Politik hat bereits begonnen. Einerseits wurden sie von den Berufspolitikern hinausgetrieben, andererseits konnten sie es nicht mehr ertragen, daß die Parteibürokratie die »geheiligten« Prinzipien ihrer Parteien verriet. Dadurch verringerte sich die Hitze des PL-Disputes. Eine weitere Verringerung ist durch die gegenwärtig stattfindende Marktorientierung der kulturellen Sphäre zu erwarten, eine Marktorientierung, durch die die Unterschiede zwischen den vom Staat subventionierten Intellektuellen und den »Parias« verwischt werden; gemeint sind Populisten oder Liberale, je nachdem, welches Lager gerade an der Regierung beteiligt ist.

Im Jahre 1994 stimmten die ungarischen Bürger für eine Profanierung der Parteipolitik. Sie machten der politischen Klasse klar, daß sie nicht an Symbolen und Erinnerungen interessiert sind. Indem die Wählerschaft die Neosozialisten an die Regierung brachte, wirkte sie zugleich als mächtigste Vermittlungsinstanz in der Geschichte des Kulturkampfes. Berücksichtigt man alle Faktoren, so waren es die Wähler, die den Konflikt »in zivilisierte Bahnen lenkten«, d. h. dazu beitrugen, die Feindseligkeiten wie in fortgeschrittenen westlichen Gesellschaften unter Kontrolle (oder außerhalb des Parlaments) zu halten. Die früheren Feinde fühlen sich allerdings in dieser neuen Atmosphäre parteilicher Toleranz ein wenig unwohl. In einigen Jahren jedoch könnten die wiederholten politischen Kompromisse zwischen ihnen zu einer Art kultureller Synthese von Nationalkonservatismus und sozialem Liberalismus führen.[30] Bis dahin möchte ich nicht von einer Konfliktlösung sprechen.

Bei allem Respekt für die Vorzüge und auch für die Defizite der Demokratie habe ich doch Zweifel, ob sich der Weg vom Waffenstillstand zum Frieden ohne ein ungarisches *Wirtschaftswunder* wesentlich verkürzen läßt und die Geister in ihre Gräber zurückgeschickt werden können. Die Wirtschaftswunder in Deutschland, Japan usw. waren nach dem Krieg von der normativen Vermittlung von außen abhängig (ganz zu schweigen von der großzügigen wirtschaftlichen Aufbauhilfe des Westens). In gewissem Sinne wurden die Verlierer zur Demokratisierung und zur Liberalisierung verurteilt. Im Gegensatz zu diesen »glücklichen« Verlierern erhalten die Verlierer des Kalten Krieges 44 Jahre später verhältnismäßig wenig Wirtschaftshilfe und noch weniger normative Unterstützung. Läßt man einmal die Initiativen einiger ausländischer (vor allem deutscher und amerikanischer) Stiftungen außer acht, die darauf zielen, die streitenden Parteien wieder aufeinander zuzuführen, so traten in Ungarn, einem Budapester Witz zufolge, nur der Internationale Währungsfonds und die Weltbank als externe Vermittler auf. Warum gerade sie? Weil sie mit ihren unvermeidlichen Paketen von *austerity*-Maßnahmen das erreichten, was in der Geschichte des

PL-Konfliktes noch niemand geschafft hatte: die Konvertierung der Hälfte der Liberalen zum Populismus.

Angesichts der Tatsache, daß es weder eine Okkupation durch den Westen noch einen neuen Marshallplan gibt, müssen die Populisten und die Liberalen in Ungarn hart daran arbeiten, von innen heraus eine Art neuer Kohäsion zu schaffen. Gelingt ihnen dies, wird es eine so gewaltige Leistung darstellen, daß selbst die nüchternsten Liberalen vor Nationalstolz glühen werden. Aber wie sollen dann die Nationalpopulisten diese Situation ertragen?

Anmerkungen

1 Der im englischen Kontext geläufige Terminus »Westernizer« wird im folgenden manchmal mit »Westler« übersetzt. Der Gegenbegriff »Populist« wird hier ins Deutsche übernommen, um irreführende Konnotationen (z. B. »völkisch«) zu vermeiden, obwohl das Wort »Volkstümler« das Phänomen bis zum Zweiten Weltkrieg ziemlich genau wiedergibt.

2 In diesen Klischees werden die elitären und mystischen Slawophilen mit den späteren Narodniki gleichgesetzt, den eigentlichen Urvätern der osteuropäischen Populisten, die eher radikale Agrarsozialisten (Anarchisten) waren als überzeugte Nationalisten. Für eine konzeptuelle Klarstellung vgl. Chirot, Daniel, 1989, Ideology, Reality and Competing Models of Development in Eastern Europe Between the Two World Wars. *East European Politics and Societies,* 3; Gellner, Ernest, 1992, *Nationalismus in Osteuropa,* Wien; Gellner, Ernest, 1994, *Encounters with Nationalism,* Oxford; Greenfeld, Liah, 1992, *Nationalism. Five Roads to Modernity,* Cambridge, Mass.; Ionescu, Ghita und Gellner, Ernest, Hg., 1969, *Populism. Its Meanings and National Characteristics,* London; Schöpflin, George, 1994, »Conservatism in Central and Eastern Europe«, in Kovács, J. M., Hg., 1994, *Transition to Capitalism? The Communist Legacy in Eastern Europe,* New Brunswick; Venturi, F., 1972, *Les intellectuels, le Peuple et la Revolution: Histoire du populisme russe,* Paris; Walicki, Andrzej, 1967, *Legal Philosophies of Russian Liberalism,* Oxford; Walicki, Andrzej, 1969, *The Controversy over Capitalism,* Oxford; Walicki, Andrzej, 1975, *The Slavophile Controversy,* Oxford.

3 Siehe hierzu Szacki, Jerzy, 1995, *Liberalism after Communism*, Budapest; Kovács, J. M., Hg., 1991, Rediscovery of Liberalism in Eastern Europe. *East European Politics and Societies,* Winter.

4 Meiner Meinung nach stützen sich postmoderne Populisten in Osteuropa, wie z. B. Vladimir Meciar, Voislav Sheshel, Jozsef Torgyán, Stanislaw Tyminski und Vladimir Schirinowskij, auf einen traditionellen, gegen das Establishment gerichteten Diskurs, das heißt, auf eine im Grunde prämoderne Kritik der kompetitiven Demokratie, während sie gleichzeitig die romantische antikapitalistische Botschaft ihrer Vorläufer relativieren. Zu den Ähnlichkeiten ihrer Programme mit denen von Umberto Bossi, Pat Buchanan, Jörg Haider, Jean-Marie Le Pen oder Ross Perot siehe Kovács, J. M., 1996, »Haider in Hungary. Notizen zum postmodernen Populismus«, in: *Transit* 11.

5 Siehe Kovács, J. M., 1993, »Which Institutionalism? Searching for Paradigms

of Transformation in Eastern European Economic Thought«, in Wagener, Hans-Jürgen, Hg., 1993, *The Political Economy of Transformation,* Heidelberg.

6 Siehe Greskovits, Béla, 1995, Demagogic Populism in Eastern Europe?, *Telos,* Winter.

7 Wahrscheinlich würde eine vergleichende Untersuchung der Tschechischen Republik, Ungarns, Polens und einiger der ehemaligen jugoslawischen Republiken die möglicherweise objektivste Geschichtsdarstellung des Konfliktes zwischen Populisten und Westernizern in Osteuropa ergeben. In Bulgarien, der Slowakei und den ehemaligen Sowjetrepubliken gab es kürzere Perioden einer »Verbürgerlichung« und/oder eine längere Phase eines hard line-Kommunismus. Leider geht im Falle Rußlands ein hochentwickeltes, breites Forschungsfeld und eine höchst bemerkenswerte Konfrontation im 19. Jahrhundert verloren. Im Falle Jugoslawiens werden die Konflikte zwischen Populisten und Westernizern von den wiederauflebenden ethnischen Kämpfen überdeckt (oder ausgesetzt). In der modernen tschechischen Geschichte war die Agrarfrage immer weniger wichtig als in den anderen Ländern der Region; dennoch gewann die populistische Option durch die Verbindung mit den Slawophilen an Bedeutung. Und das Wiederaufleben des hard line-Kommunismus nach dem Prager Frühling verlängerte die Pause in der Kontroverse zwischen Populisten und Westernizern. Im Falle Polens könnte die Hegemonialstellung des Katholizismus die tiefen Bruchlinien verbergen, die zwischen Nationalisten und Liberalen bestehen. Diese konfessionelle Bindung Polens, das auch ständig auf Unabhängigkeit von Rußland beharrte, läßt den polnischen Populismus weniger »östlich« erscheinen.

8 Im folgenden werde ich formal diese Selbstbezeichnungen akzeptieren, sie aber inhaltlich Schritt für Schritt in Frage stellen. Mangels einer geeigneten deutschen Äquivalenz wird hier der etymologisch aufs Lateinische zurückgehende ungarische Begriff »urbánus« meistens mit »liberal« übersetzt, obwohl sich beide Begriffe nur teilweise decken.

9 Die Wurzeln der PL-Debatte in Ungarn gehen bis ins 19. Jahrhundert zurück, obwohl damals Prinzipien wie »Vaterland« und »Fortschritt«, um die Terminologie der damaligen Zeit zu verwenden, von großen Teilen der politischen und kulturellen Elite noch immer als sich gegenseitig ergänzende Begriffe angesehen wurden. Die wesentlichen Gründe, die in den ersten Jahrzehnten des 20. Jahrhunderts zur Trennung der beiden Prinzipien führten, waren vielfältig: der Zusammenbruch der Österreichisch-Ungarischen Monarchie, der Friedensvertrag von Trianon, die massive Assimilation der Juden, die schnell wachsende Zahl der Intellektuellen, die kommunistische Diktatur von 1919, die Nachkriegsstagnation, die Wirtschaftskrise und das Hinauszögern der Agrarreformen in den 20er Jahren.

10 Für eine Darstellung der ersten Runde der PL-Kontroverse siehe Borbándi, Gyula, 1976, *Der ungarische Populismus,* München; Donáth, Ferenc, 1992, *A Márciusi Fronttól Monorig* (Von der Märzfront bis Monor), Budapest; Fejtö, Ferenc, 1990, *Budapesttöl Párizsig* (Von Budapest bis Paris), Budapest; Fejtö, Ferenc, 1990/2, *A zsidóság és a népi-urbánus vita* (Das Judentum und die Debatte zwischen Populisten und Liberalen), Századvég; Juhász, Gyula, 1983, *Uralkodó eszmék Magyarországon, 1939–1944* (Vorherrschende Ideen in Ungarn, 1939–1944), Budapest; Lackó, Miklós, 1988, *Korszellem és tudomány* (Zeitgeist und Wissenschaft), Budapest; Lengyel, András, 1994, *Utak és csapdák* (Wege und Fallen), Budapest; Nagy, Péter

Sz., Hg., 1990, *A népi-urbánus vita dokumentumai*, 1932–1947 (Anthologie der Populistisch-Liberalen Debatte), Budapest; Némedi, Dénes, Hg., 1985, *A népi szociográfia* (Populistische Soziographie), Budapest; Poszler, György, 1993/2, *Görbe tükör és forgatókönyv. Népiek és urbánusok a marxista kritikában, 1937–1943* (Populisten und Liberale in der marxistischen Kritik), Társadalmi Szemle; Salamon, Konrád, 1982, *Utak a Márciusi Front* felé (Wege zur Märzfront), Budapest; Szabó, Miklós, 1989, *Politikai kultúra Magyarországon* (Politische Kultur in Ungarn), Budapest.

11 Das Wort »Populist« (népi, népies) wurde bereits im 19. Jahrhundert geprägt, während die Bezeichnung »Urbane« (urbánus) charakteristischerweise in ihrer lateinischen Version in den späten 20er Jahren dieses Jahrhunderts erstmals auftrat. Die Liberalen benutzten das Wort als Synonym für eine gebildete, moderne, hochentwickelte, »europäische« Weltsicht und als Gegensatz zur ländlichen Rückständigkeit; die Populisten hingegen brachten den Begriff mit Adjektiven wie fremdartig, künstlich, kriminell usw. in Verbindung. (Siehe hierzu Lengyel, 1994.) Der einzige Teilnehmer der Debatte, der Weltruhm erlangte, ist der Pariser Historiker Fançois Fejtö, der der liberalen Gruppe angehörte.

12 Vgl. Konrád, György, und Szelényi, Iván, 1979, *Intellectuals on the Road to Class Power*, New York; Kovács, J. M., 1992, Compassionate Doubts about Reform Economics (Science, Ideology, Politics), in Kovács, J. M., und Tardos, M., Hg., 1992, *Reform and Transformation. Eastern European Economics on the Threshold of Change*, London; Kovács, J. M., »Planning the Transformation? Notes about the Legacy of the Reform Economists«, in: Kovács, Hg., 1994.

13 Siehe Rakowski, Marc (Bence, György und Kis, János), 1978, *Towards an East-European Marxism*, London.

14 Siehe Haraszti, Miklós, 1987, *The Velvet Prison. Artists under State Socialism*, New York.

15 Siehe Csizmadia, Ervin, 1995, *A magyar demokratikus ellenzék (1968–1988)* (Die demokratische Opposition in Ungarn), Budapest; Heller, Mária, u. a., 1990/2, *Népesedési viták* (Debatten über Bevölkerungswachstum), Századvég; A magyar nyilvánosság szerkezetváltozásai a Kádár-rendszerben (Strukturwandel des öffentlichen Lebens in Ungarn unter dem Kádár-Regime), in: Somlai, Péter, Hg., 1992, *Ertékrendek és társadalmi-kulturális változások*, Budapest.

16 Die Verlockungen der kommunistischen Falle wurden durch die philanthropischen Aktivitäten des amerikanischen Geschäftsmannes und gebürtigen Ungarn, George Soros, teilweise neutralisiert. Soros leitete in der Mitte der 80er Jahre ein Hilfsprogramm für Ungarn ein, wobei er die aufrichtige Absicht verfolgte, die Kluft zwischen Populisten und Urbanen aufzufüllen. Neben Aczél und Lukács wurde Soros zum dritten Dämon der neuen antisemitischen Mythologie der 90er Jahre.

17 Siehe Bibó, István, 1990, *Zur Judenfrage. Am Beispiel Ungarns nach 1944*, Frankfurt; Bibó, István, 1992, *Die Misere der osteuropäischen Kleinstaaterei*, Frankfurt; Donáth, 1992.

18 Standeisky, Eva, 1994/10, *A népi irók és a hatalom* (Die populistischen Schriftsteller und die Kommunistische Partei), Holmi; Heller, Mária, u. a., 1991, *»A népies beszédmód alakváltozásai az elmúlt harminc évben«* (Veränderungen des Populistischen Diskurses in den letzten 30 Jahren), Közelitések, Budapest.

19 Hankiss, Elemér, 1990, *Eastern European Alternatives – Are There Any?*, Oxford; Bruszt, László, und Stark, David, 1991, »Remaking the Political Field in Hungary: From the Politics of Confrontation to the Politics of Competition«, in: Banac, Ivo, Hg., 1991, *Eastern Europe in Revolution*, Ithaca; Bozóki, András, 1993, »Hungary's Road to Systemic Change: the Opposition Roundtable«, in: *East European Politics and Societies*, Frühjahr.

20 Die Hauptakteure waren:
National-Konservative:
– Ungarisches Demokratisches Forum
– Christlich-Demokratische Volkspartei
– Unabhängige Partei der Kleinen Landwirte
Liberale:
– Allianz der Freien Demokraten (Liberale)
– Verband der Jungen Demokraten (Junge Liberale)
Neosozialisten:
– Ungarische Sozialistische Partei (Rechtsnachfolgerin der reformerischen Mehrheit der ehemaligen Kommunistischen Partei).
Das Ungarische Demokratische Forum war 1990–1994 die führende Kraft in der nationalkonservativen Regierungskoalition. Seit 1994 ist die Popularität des Forums stark zurückgegangen (1996 kam es zu einer Parteispaltung), während die Partei der Kleinen Landwirte an Popularität gewann. Die Stellung der Christdemokraten blieb unverändert.
Die Freien Demokraten waren 1990–1994 die führende Oppositionspartei. Nach dem Erdrutschsieg der Sozialistischen Partei (der bisher kleinsten Oppositionspartei) bei den Wahlen von 1994 bildeten die Freien Demokraten mit der Sozialistischen Partei zusammen die Regierung. Seither verloren beide Parteien stark an Popularität. Die Jungen Demokraten, die zuvor enge Verbündete der Freien Demokraten gewesen waren, befanden sich nach den Wahlen von 1994 in der Opposition und begannen nun mit den Nationalkonservativen zusammenzuarbeiten. Ihre Popularität wächst.

21 Für Literatur über die PL-Kontroverse nach 1989 siehe Borbándi, Gyula, 1993/4, *A népiségkritika nyomorúsága* (Das Elend der Kritik an den Populisten), Valósag; Bozóki, András, 1994/3, *Vázlat három populizmusról* (Ein Umriß der drei Populismen), Politikatudományi Szemle; Heller, Mária, und Rényi, Agnes, 1996, »Discourse Strategies in the New Hungarian Public Sphere. From the Populist-Urban Controversy to the Hungarian-Jewish Confrontation«, in: Mänicke-Gyöngyösi, Krisztina, Hg., 1996, *Öffentliche Konfliktdiskurse um Restitution von Gerechtigkeit, politische Verantwortung und nationale Identität*, Frankfurt; Kovács, Eva, 1994/6, »Volkstümliche und Urbanisten«, *Österreichische Zeitschrift für Geschichte;* Kende, Péter, 1994/11, *»A lovagi ütközet vége?«* (Wird der Ritterkampf jemals enden?), Mozgó Világ; Lackó, Miklós, 1992/10, *»Népiesség tegnap és ma«* (Populismus Gestern und Heute), 2000; Radnóti, Sándor, 1992/6, *»A populizmusról«* (Über den Populismus), Kritika; Tamás, G. M., 1991, »Farewell to the Left«, *East European Politics and Societies,* Winter; Tamás, G. M., 1992/10, *»Ahogyan az ember forgószélben viselkedik«* (Wie man sich im Wirbelsturm verhalten soll), Valóság.
Siehe ferner die Sonderausgabe der Zeitschrift *Századvég*, 1990/2: »Népiek és urbánusok – egy mitosz vége?« (Populisten und Liberale – Ende eines Mythos?), vor allem die Beantwortung ihres Fragebogens durch András Gergely, András Gerö, Géza Hegedüs, Péter Kende, László Lengyel,

György Litván, György Szabad, Iván Szelényi, Akos Szilágyi, G. M. Tamás und Mihály Vajda.

22 Siehe Csoóri, Sándor, 1991, *Nappali hold* (Mond am Tageshimmel), Budapest; Radnóti, Sándor, 1992/6, »*Etnosz és démosz*« (Ethos und Demos), Holmi.

23 Siehe Csurka, István, 1991, *Uj magyar önépités* (Gedanken über den Systemwechsel), Budapest; Csurka, István, Néhány gondolat a rendszerváltozásról (Neue ungarische Selbsterschaffung), in: *Magyar Fórum*, 20. 8. 1992.

24 Siehe »Népiek és urbánusok« (Populisten und Liberale), Századvég; Gyurgyák, János, 1994/9, »*Valahol megint utat vesztettünk*« (Irgendwo haben wir unseren Weg wieder verloren), 2000.

25 Siehe Kovács, 1996.

26 Die Revolution von 1989 in Ungarn war keine glorreiche Revolution, wenn man ihren pragmatischen Verlauf nicht anerkennt. Der erste Ministerpräsident der neuen Demokratie hatte sich unter den Kommunisten nicht als Dissident hervorgetan, sondern hatte ein Museum geleitet. Der zweite Ministerpräsident arbeitete als typischer Manager in einer sozialistischen Firma. Der dritte (gegenwärtige) Ministerpräsident war Mitglied der kommunistischen Terrorgruppen nach 1956. Der Vorsitzende einer der beiden radikal-populistischen Parteien gestand ein, daß er in den 60er Jahren als Agent der Geheimpolizei tätig gewesen sei; der Vorsitzende der anderen Partei bestreitet eine solche Tätigkeit noch immer.

27 Siehe Kende, 1994; Lackó, 1992, Radnóti, 1992, Tamás, 1992.

28 Siehe Greskovits, Béla, 1996/7, *Populista átmenet-programok Magyarországon,* 2000 (Populistische Übergangsprogramme in Ungarn).

29 Siehe Judt, Tony, 1992, The Past is Another Country, *Daedalus,* d. F. in: Transit 6, 1993.

30 Es ist schwer voraussagbar, ob diese Annäherung auf der Ebene der Parteipolitik erfolgen kann. Heute werden die Liberalen von den Neosozialisten umarmt und die Jungen Liberalen scheinen zwischen den gemäßigten und den radikalen Nationalkonservativen zu schwanken. Auf jeden Fall würde es dem Friedensprozeß nicht schaden, wenn ihm ein »apolitischer Dialog« vorausginge. Siehe Kis, János, 1996, Túl a nemzetállamon (Jenseits des Nationalstaates), *Beszélo,* Nr. 3, S. 4.

Arturo Fontaine Talavera

Revolution von oben und horizontale Vermittlung: der Übergang Chiles zur Demokratie

Chile wurde 17 Jahre lang von einem diktatorischen Regime unter General Pinochet regiert. Aufgrund der tiefen Zerrissenheit der Gesellschaft konnte vermutet werden, daß ein friedlicher Übergang nicht möglich sein würde. Die offenen Wunden, die Verletzungen der Menschenrechte und insbesondere die einander ausschließenden Vorstellungen über die Vergangenheit und die Zukunft führten zu der Annahme, daß sowohl Verhandlungen als auch Übereinkünfte entweder fruchtlos oder zumindest kurzlebig bleiben würden. Dennoch bewegt sich die Nation heute auf dem vereinbarten und unblutigen Weg auf die Demokratie zu. Bei einem Vermittlungsprozeß in einem so intensiven und radikalen Konflikt spielen zahlreiche Faktoren eine Rolle. In der hier vorgelegten Fallstudie soll gezeigt werden, daß Chiles Übergang zur Demokratie nicht einfach die Folge des Wirtschaftswachstums war. Der Beitrag konzentriert sich zunächst auf die Wirkung der ökonomischen und institutionellen Veränderungsprozesse, die vom Pinochet-Regime eingeleitet wurden: die »Revolution von oben«. Im Anschluß daran wird die Wirkung privater sozialwissenschaftlicher Forschungsinstitute untersucht, die in dem Transformationsprozeß eine wichtige Vermittlungsfunktion übernahmen.

1. Von der Spaltung des Marxismus zur Spaltung der Militärregierung

In den frühen 30er Jahren verbreitete sich in Chile wie auch in vielen anderen Gesellschaften die folgende These: Die bürgerliche Gesellschaft, die liberal, demokratisch und kapitalistisch sei, sei dem Tode geweiht und müsse unvermeidlich verschwinden.[1] Marx' Historischer Materialismus war weit verbreitet und stellte eine höchst attraktive und vielversprechende Perspektive dar. Eine weitere bot sich im Faschismus, der jedoch in Chile zu keinem Zeitpunkt zu einer bedeutsamen populären Bewegung wurde. Die dritte Alternative war die *terza via*, die von der katholischen Soziallehre befürwortet wurde. Das Armutsproblem war das dringlichste Problem überhaupt; die Frage war nur, was dagegen getan werden könne. Der gesellschaftliche Zwiespalt erhielt einen sozio-ökonomischen Charakter.

Der Marxismus erlangte an den staatlichen Hochschulen große Popularität. Führende Persönlichkeiten des Kulturlebens, die später wichtige Rollen spielten, fühlten sich zum Marxismus hingezogen. So waren beispielsweise Pablo Neruda und Violeta Parra Kommunisten. Dichtung und Volksmusik fühlten sich der Sache »verpflichtet« und wurden »revolutionär«. Viele Wissenschaftler und Humanisten fühlten sich angemessen interpretiert. Die Gründung der Kommunistischen Partei im Jahre 1917 unter der Führung von Luis Emilio Recabarren gab der intellektuellen Elite die Chance, eine Allianz mit den Gewerkschaftsführern einzugehen. Die Gewerkschaften, die im Dachverband *Federación Obrera de Chile* (FOCH) zusammengeschlossen waren, traten wenig später der internationalen Gewerkschaftsbewegung bei. Von Anfang an konnte sich die chilenische Kommunistische Partei hauptsächlich auf zwei Säulen stützen: auf die Intellektuellen, die nicht selten von europäischen Immigranten abstammten, und auf die Gewerkschaften. Die Größe des kommunistischen Projektes in Chile ließ sich nicht nur am Stimmenanteil bei Wahlen messen. Vielmehr konnte man seinen Einfluß vor allem an seiner indirekten Wirkung auch auf die anderen Parteien ablesen.

Das Auseinanderbrechen der Konservativen Partei und der Aufstieg der Christlich-Demokratischen Partei beispielsweise waren weitgehend das Ergebnis der Bemühungen junger Politiker, dem Kommunismus ein neues Programm entgegenzustellen. Eduardo Frei wurde 1964 mit dem Slogan »Revolution in Freiheit« gewählt; den Gegensatz hierzu bildete die »sozialistische Revolution«, die von Salvador Allende propagiert wurde. Während der Regierung Frei in den 60er Jahren spaltete sich die Christlich-Demokratische Partei, und während der ersten Tage der Regierung Allende kam es erneut zu einer Spaltung, weil sich bestimmte Gruppierungen innerhalb der Partei als sozialistisch bezeichneten. Die Radikale Partei, die das sozialdemokratische Ideal propagierte, war in der Frage des Marxismus gespalten. Ein Teil der Partei vermutete, daß Allendes Version des Marxismus langfristig der Demokratie zuwiderlaufe, und stellte sich deshalb gegen ihn. Ein anderer Teil der Sozialisten schloß sich der Koalition der beiden marxistischen Parteien als Juniorpartner an; die Allianz wurde dann unter der Benennung *Unidad Popular* bekannt. Insgesamt lassen sich also die wichtigsten strategischen Entscheidungen der Parteien in den 40er Jahren nur als Antworten und Reaktionen auf das verstehen, was häufig als »marxistische Bedrohung« wahrgenommen wurde.

Der Marxismus drang sogar in die innere Struktur der Freimaurerlogen ein. Auch der Katholizismus wurde vom Marxismus erschüttert. Während der Verbreitung der Befreiungstheologie und der Basisgemeinden bezeichneten sich viele Priester und Gläubige als Marxisten oder akzeptierten zumindest Marx' soziale und ökonomische Analyse.

Zum Zeitpunkt der Präsidentschaftswahlen von 1964 war die chilenische Gesellschaft in der Frage des Für und Wider der marxistischen Option, die von Salvador Allende repräsentiert wurde, grundlegend polarisiert. Die Atmosphäre des »Kalten Krieges« trug verstärkend dazu bei. So schleuste beispielsweise die CIA beträchtliche Finanzmittel in das Land. Tatsächlich gab die CIA in jenem Jahr pro Wähler in Chile mehr Geld aus als die beiden amerikanischen Präsidentschaftskandidaten Goldwater und Johnson für ihren Wahlkampf, der im selben Jahr stattfand.[2]

Chile war eines der ›Schlachtfelder‹ des Kommunismus und der Freien Welt. Die Chilenen jedenfalls nahmen den politischen Kampf in ihrem Land so wahr. Nachdem Allende 1970 gewählt worden war, verschärfte sich die Polarisierung der chilenischen Gesellschaft rapide. Innerhalb weniger Monate und in praktisch allen Wahlen legten sich die Anhänger und Gegner der marxistischen Parteien miteinander an, selbst bei den Wahlen für die Schülervertretungen in den Grund- und Sekundarschulen. Als der Oberste Gerichtshof und die Mehrheit des chilenischen Kongresses 1973 Salvador Allendes Regierung für verfassungswidrig erklärten, öffneten sie damit der Regierungsübernahme durch das Militär Tür und Tor. Deshalb wurde der Militärputsch von 1973 auch von den wichtigsten Führern der Christdemokraten, Eduardo Frei Montalva und Patricio Aylwin, öffentlich unterstützt.

Während der langen Dauer des Militärregimes erfolgte eine grundlegende gesellschaftliche Transformation; es entstanden dabei weitere Bruchlinien. Das Regime beabsichtigte, »das marxistische Krebsgeschwür herauszuschneiden«, was in erster Linie die Kontrolle der öffentlichen Politik und die Unterdrükkung aller paramilitärischen, parteinahen, gewerkschaftlichen und kulturellen Organisationen der Marxisten bedeutete, nicht zuletzt auch ihrer Medien. Zu diesem Zweck löste die Militärregierung eine gewaltsame Unterdrückungsmaschinerie aus, die tiefe Wunden schlug und später eine schnelle Rückkehr zur Demokratie verhinderte.

Die Zerschlagung der marxistischen Parteiorganisationen und ihrer traditionellen Kommunikationsmittel erwies sich als sehr wirksam, auch wenn die Kommunistische Partei im Untergrund überleben konnte. 1988 beispielsweise versuchte ihre bewaffnete Untergrundorganisation, die als *Frente Manuel Rodríguez* bekannt war, ein Attentat auf General Pinochet, das beinahe glückte. Trotzdem gibt es kaum Zweifel daran, daß es dem Militär 1973 innerhalb kürzester Zeit gelang, die marxistischen Kräfte durch Einschüchterungskampagnen und offenen Terror zu besiegen, d. h., ihren Kampfeswillen zu zerschlagen, obwohl sich die Marxisten auf breite Zustimmung im Volk stützen konnten.

Die Anziehungskraft des Marxismus bestand zum großen Teil in der Tatsache, daß man glaubte, den Marxisten gehöre die Zukunft; daß eine Konfrontation bevorstand, war schon seit Monaten vorhergesagt worden. Worüber sonst hätte Fidel Castro sprechen können, als er sich zwei Monate lang in Chile aufhielt? Das Volk konnte im Fernsehen die Soldaten in Allendes Wohnsitz beobachten, konnten seine vielen Anzüge und seine Vorräte an *Chivas Regal* sehen; es sah Truppen von Soldaten mit zur Tarnung bemalten Gesichtern und bis an die Zähne bewaffnet durch die Straßen patrouillieren, und es hörte von Durchsuchungen und Verhaftungen. All das förderte den Eindruck einer schnellen und vollständigen Niederlage der Linken.

In der Wahrnehmung des Volkes brach die marxistische Bewegung als Inkarnation des versprochenen Sieges der armen Bevölkerungsschichten in sich zusammen. Das gesamte Projekt erschien plötzlich illusorisch. Man muß sich auch vergegenwärtigen, daß trotz der marxistischen Grundannahmen die Trennlinien zwischen den gesellschaftlichen Klassen zu keinem Zeitpunkt mit den politischen Trennlinien übereinstimmten. So verfügte beispielsweise der rechte Flügel des Parteienspektrums immer über ungefähr ein Drittel der Wählerstimmen. Dies bedeutete, daß in jeder gesellschaftlichen Schicht jeder Anhänger Allendes wußte, daß in derselben Straße auch ein Gegner Allendes lebte, der jetzt das Militär unterstützte – mit allen damit möglicherweise verbundenen Folgen.

Das Regime nahm sich des weiteren vor, die überregulierte Volkswirtschaft in eine freie Marktwirtschaft umzuwandeln. Ziel war es, ein schnelles Wirtschaftswachstum herbeizuführen. Dies mußte nicht zwangsläufig die von Fukuyama vor einigen Jahren formulierte politische Theorie[3] bestätigen, daß die ökonomische Entwicklung zur Entwicklung einer stabilen Demokratie führen würde. Die Militärregierung entschloß sich allerdings auch, den zukünftigen institutionellen Rahmen des Landes neu festzulegen und eine neue politische Verfassung sowie für wichtige politische Bereiche eine neue Gesetzgebung zu entwerfen.[4]

Die Militärjunta übernahm die »Ausübung aller Funktionen von Personen und Körperschaften, welche die Legislative und die

Exekutive bilden, folglich die verfassungsmäßige Autorität«. Die Judikative behielt formal ihre Autonomie, aber ihre Funktionen wurden durch verschiedene Verordnungen massiv eingeschränkt. So wurde beispielsweise der »Belagerungszustand« über das Land verhängt (D. L., Nr. 3, 11. September 1973) und von Zeit zu Zeit, bis zu den Wahlen von 1988, verlängert. Der »Belagerungszustand« wurde als »kriegsähnlicher Zustand« definiert, damit Strafen entsprechend den Regeln der Militärgerichtsbarkeit verhängt werden konnten (D. L. Nr. 5). Die beabsichtigte rechtliche Wirkung bestand darin, der Militärgerichtsbarkeit im Kriegszustand die Anhörung von Fällen zu übertragen, die sich aus der Anwendung der Regelungen ergaben, die im »Belagerungszustand« wirksam waren. Trotz der Tatsache, daß bestimmte Juristen diese Maßnahme als verfassungswidrig ablehnten, erklärte der Oberste Gerichtshof am 13. September 1973 und am 21. August 1974, daß Militärgerichte in Kriegszeiten nicht der Kontrolle des Obersten Gerichtshofes unterstünden. Auf diese Weise wurde eine Doppelgerichtsbarkeit etabliert und legitimiert. Die Folgen waren grassierendes Unrecht, der Verlust der Rechtsstaatlichkeit und die zahlreichen, in der internationalen Öffentlichkeit heftig diskutierten Menschenrechtsverletzungen. Nach Schätzungen ging die Zahl der Opfer in die Tausende, und selbst nach offiziellen Angaben gab es 2115 Todesopfer zwischen 1973 und 1990, darunter auch diejenigen, die durch Kriegsgerichtsurteile, bei Demonstrationen, Fluchtversuchen und durch Folter ums Leben kamen, ferner Personen, die seit ihrer Verhaftung als vermißt gelten.[5] Diese Folgen der Militärdiktatur, vor allem die Prozesse über verhaftete und vermißte Menschen, spalten noch heute die chilenische Gesellschaft. Zwei mit der chilenischen Geschichte gut vertraute Sozialwissenschaftler gaben demzufolge ihrem Buch über das Militärregime den Titel »Eine Nation von Feinden«.[6]

Die katholische Kirche wandelte sich schnell zu einer Institution, die der Regierung und ihren Menschenrechtsverletzungen, ihrem kapitalistischen Wirtschaftsprojekt, ihrer sozialen Empfindungslosigkeit und ihrem undemokratischen Wesen kritisch gegenüberstand. Das kirchliche *Vicaría de Solidaridad* registrierte und dokumentierte Menschenrechtsverletzungen, und seine Rechtsanwälte standen den Familien der Opfer zur Seite. Die Christdemokraten, die das Militärregime anfangs unterstützt hatten, gingen allmählich auf Distanz und bildeten schließlich gemeinsam mit dem größten Teil der linksgerichteten Kräfte den Oppositionsblock, der die Anhänger des Militärregimes bei den Wahlen von 1988 und 1989 besiegte. Der gesellschaftliche Zwiespalt jedoch besteht noch immer.[7]

Begriffe man die Militärherrschaft lediglich als eine Konfrontation zwischen dem Regime und einer Zivilbevölkerung, die an der Machtbeteiligung gehindert und unterdrückt wurde, so entstünde eine Interpretation der chilenischen Entwicklung, die eine zu weit reichende Homogenität der chilenischen Gesellschaft unterstellen würde. Eine eher zutreffende Beschreibung würde lauten, daß die zivile Gesellschaft in zwei Blöcke gespalten war, und daß das Militär mit Hilfe des einen Blockes herrschte (Pinochet erhielt 1988 43 Prozent der Stimmen). Auch die Zivilpersonen und Militärs innerhalb des Regierungsblocks standen sich nicht als Untergeordnete und Vorgesetzte gegenüber, sondern agierten in einer Art Arbeitsteilung. Diese führte zu Spannungen, vor allem hinsichtlich des Grades militärischer Mitwirkung am Regime und hinsichtlich der Binnenabgrenzung beider Gruppen.

In Wirtschaftsfragen ließ sich die Militärregierung von einem Team von Volkswirtschaftlern leiten, die größtenteils der *Universidad Católica* angehörten, an der Universität von Chicago ausgebildet worden waren oder zumindest den dort entwickelten Lehrsätzen folgten. Die Diagnose und ein Grundsatzprogramm waren schon lange vor dem Militärregime formuliert worden. Der Basisansatz war in den 60er Jahren, während der Regierung von Eduardo Frei Montalva und während der Präsidentschaftskampagne von Jorge Alessandri (1970), entwickelt worden. Sowohl unter der christdemokratischen Regierung als auch während der rechtsgerichteten Kampagne gab es starke Widerstände gegen die neuen, an der freien Marktwirtschaft orientierten Ideen. Allmählich wurden sie jedoch von Tausenden von Absolventen der Volks- und Betriebswirtschaftsfakultäten der *Universidad Católica* und der mit der *Fundación Adolfo Ibáñez* verbundenen *Business School* übernommen. Hinzu kam, daß diese Ideen seit den 60er Jahren von der sehr einflußreichen Tageszeitung *El Mercurio* verbreitet wurden.[8]

Bei der Propagierung und Konsolidierung der ökonomischen Umstrukturierung bildeten die Volkswirtschaftler, die in der Staatsverwaltung, in den Universitäten, Instituten, Unternehmen und Banken und nicht zuletzt auch bei *El Mercurio* arbeiteten, eine ausgesprochen mächtige Gruppe von Verbündeten. In ihrem politischen Selbstverständnis hatte sich die Regierung schon lange vor dem Militärregime, nach beträchtlichen internen Spannungen, allmählich einer demokratisch-konstitutionellen Sichtweise mit stark präsidialen Zügen zugewandt. Auch in dieser Hinsicht besaß die Allianz zwischen bestimmten Ministern und zivilen Kollaborateuren des Regimes, wiederum in Verbindung mit *El Mercurio*, größte Bedeutung.

In diesem Beitrag soll dargestellt werden, daß sich die Transformation der chilenischen Gesellschaft primär entlang zweier Achsen entwickelte: der von oben nach unten verlaufenden, also vertikalen Achse mit den Vorgehensweisen des Staates (ökonomische und institutionelle Fragen) und einer horizontalen Achse (kulturelle Angelegenheiten). Es ist festzuhalten, daß sich die von oben eingeführten Reformen zugleich auf eine frühere kulturelle Bewegung stützen konnten, nämlich auf den Einfluß der Chicagoer Schule und auf die chilenische Politiktheorie vom Präsidialsystem. Die einflußreichsten Minister und Gefolgsleute des Pinochet-Regimes waren bekannte aktuelle oder frühere Universitätsprofessoren.[9]

2. Die sozialen Auswirkungen der »Revolution von oben«: ökonomische und politisch-institutionelle Reformen

Im Jahre 1985 war die Überzeugung weit verbreitet, daß Chile im Begriff sei, zu einem »zweiten Nicaragua« zu werden. Diese

Diagnose wurde von Beobachtern mit unterschiedlichen Grundhaltungen geteilt.[10] Ein in dem von der *Heritage Foundation* herausgegebenen Journal *Policy Review* veröffentlichter Artikel trug die Überschrift »Pinochet: the Next Somoza«[11], und ein Artikel in *Foreign Policy* fragte: »Is Chile Next?«[12] Amerikanische Diplomaten neigten dieser Auffassung so sehr zu, daß sie es 1985 und 1986 ablehnten, umfangreichen Weltbankkrediten für Chile zuzustimmen. Die Kredite wurden dennoch bewilligt. Die Regierung Reagan rügte Chile wegen der Menschenrechtsverletzungen. Elliott Abrams, stellvertretender Minister für Inter-Amerikanische Angelegenheiten, erklärte, er sei skeptisch, »daß Pinochet irgendeine Form von Übergang herbeiführen wolle«.[13] Dennoch erfolgte im März 1990 Chiles Übergang zur Demokratie. Über Nacht war der chilenische Alptraum beendet, und Chile wurde zu einem Erfolgsmodell. Welche Faktoren ermöglichten die friedliche, ausgehandelte Machtübertragung von einer Militär- auf eine Zivilregierung unter der Führung einer Koalition von Gegnern des autoritären Regimes? Wie kam der Vermittlungsprozeß zustande?

Der Übergangsprozeß wurde ausgehandelt, weil die Projekte sowohl der Anhänger der Regierung als auch der Opposition bis zu einem gewissen Grad zu Frustrationen geführt hatten. Anfang 1982 glaubten die Regierungsanhänger, daß General Pinochet – durch ein 1988 durchzuführendes Referendum legitimiert – bis 1996 im Amt bleiben könne. Danach würde sich ein allmählicher, friedlicher Übergang zur Demokratie ergeben. Die Popularität des Regimes und des Nachfolgesystems würde durch substantielle wirtschaftliche Entwicklung sichergestellt. Die andere Seite war überzeugt, daß das System gestürzt werden müsse, wie es auch mit den Regimen des Shah im Iran und Somozas in Nicaragua geschehen war. Es werde keinen Übergang zur Demokratie und keine Versöhnung geben, solange General Pinochet an der Macht sei. Die von ihm geschaffenen ökonomischen Strukturen müßten erst beseitigt werden, damit ein neues, demokratisches Chile entstehen könne.

Die Frage ist, wie unter diesen Umständen erfolgreiche Verhandlungen stattfinden konnten? Wie wurde der Grundlagenkonsens erreicht, der zum Übergang führte?

Zunächst ist festzustellen, daß viele verschiedene Faktoren eine Rolle spielten. So ist beispielsweise nicht zu leugnen, daß der diplomatische Druck der Vereinigten Staaten entscheidend dazu beitrug, dem Regime die hohen Kosten klarzumachen, die entstünden, wenn eine demokratische Lösung verhindert würde. Wahrscheinlich waren auch die Rechtmäßigkeit der Wahlen und die Freiheiten, die der Opposition bei der Durchführung ihrer politischen Kampagne eingeräumt worden waren, dem Druck der ausländischen Regierungen einschließlich der Vereinigten Staaten zu verdanken; zudem übte eine große Zahl von internationalen Agenturen Druck aus.[14] Auch die Führung der katholischen Kirche setzte sich für diese Entwicklung ein, darüber hinaus wirkten noch viele andere politische, ökonomische und kulturelle Faktoren mit. Welche dieser Faktoren waren besonders entscheidend? In welcher Beziehung standen sie zueinander?

Eine erste mögliche Hypothese betrifft die wirtschaftliche Entwicklung. War es denn nicht so, daß die Menschen, welche die Krise Chiles und eine täglich zunehmende Polarisierung im Land hatten kommen sehen, die positiven Auswirkungen ökonomischen Wohlstandes aus den Augen verloren hatten? Aus ökonomischem Blickwinkel stellt Chile heute einen Musterfall in Lateinamerika dar. Der Großteil der Reformen, durch die die Ökonomie radikal umgewandelt wurde, erfolgte unter der Militärregierung.[15] Lag nicht hier der Schlüssel für den Übergangsprozeß? 1970 war die chilenische Gesellschaft zutiefst gespalten und polarisiert gewesen. 1990 jedoch bestand ein breiter Konsens. Stellt nicht der ökonomische Wohlstand, der nach fast zwei Jahrzehnten Kapitalismus erreicht wurde, die Ursache für den demokratischen Wandel dar?

Fraglos beabsichtigten die eher hellsichtigen Anhänger des Militärregimes von Anfang an, von der Ökonomie auszugehen und, darauf aufbauend, eine Transformation der Politik zu bewirken. Die Vorstellung, den Kommunismus durch die Beseitigung der Armut zu diskreditieren, erschien ausnehmend attraktiv.[16] Es wäre jedoch eine starke Vereinfachung anzunehmen, daß es allein der wirtschaftlichen Entwicklung zugeschrieben werden muß, daß eine Neustrukturierung der Politik erfolgte. Das Regime stieß auch weitreichende Veränderungen von politischem System und Verfassung an. Diese Position, die durch die Medien während der gesamten Militärherrschaft unterstützt wurde, durchdrang Militär und Wirtschaft. Nach dieser Auffassung würden sich die kulturellen und ideologischen Unterschiede und die Disparität der politischen Konzepte, welche die Bruchlinien der Nation in den vergangenen 50 Jahren kennzeichneten, dank des Wirtschaftswachstums und der neuen politischen Institutionen auflösen.

Wie problematisch die Hypothese ist, die den Übergang zur Demokratie als Nebenprodukt des Wirtschaftswachstums zu erklären sucht, zeigt sich darin, daß das reale Pro-Kopf-Einkommen 1987 ungefähr dem von 1970 entsprach. Unter Berücksichtigung der *Terms of Trade* lag das Bruttosozialprodukt pro Kopf 1970 bei 3882 US-Dollar, 1972 bei 4087 US-Dollar, 1987 bei 3821 US-Dollar und 1988 bei 4098 US-Dollar.[17] Im Verlauf von 18 Jahren war das Pro-Kopf-Einkommen um 216 Dollar gestiegen, im Jahresschnitt also um 0,3 Prozent. 1972, mitten in der Hochphase der politischen Polarisierung, war das Bruttosozialprodukt mit dem Bruttosozialprodukt 20 Jahre später vergleichbar (es lag um 11 US-Dollar oder 0,04 Prozent darunter), also zu einer Zeit, als Konsens und Versöhnung propagiert wurden. Ein weiterer Indikator, nämlich der Pro-Kopf-Verbrauch von Kalorien und Proteinen, lag in den Jahren 1981, 1982 oder 1988 sogar niedriger als 1972.[18]

Verschiedene, größtenteils externe Gründe führten Chile 1975 in eine tiefe Rezession, auf die ein mehrere Jahre langes Wirtschaftswachstum (im Durchschnitt um 7 Prozent pro Jahr) folgte; 1982 kam es jedoch erneut zu einer Rezession. Während der beiden Rezessionen ging das Bruttosozialprodukt um 13 bzw. um 14 Prozent zurück. Es dauerte 20 Jahre, bis das Bruttosozialprodukt wieder sein früheres Niveau erreicht hatte; die Bevölkerung hatte demzufolge zwei substantielle Rückgänge des Bruttosozialproduktes mit ihren natürlichen Folgen, Arbeitslosigkeit und Rückgang der Kaufkraft, hinnehmen müssen. Die Arbeitslosigkeit blieb auf einem viel höheren Niveau als im Durchschnitt der vergangenen Periode. 1982 stieg sie auf über 30 Prozent und fiel dann bis 1983 auf 27,7 Prozent. In den folgenden Jahren sank sie kontinuierlich und lag 1986 bei 16,7 Prozent. (Diese Zahlen erfassen auch das Mindestbeschäftigungsprogramm, das Beschäftigungsprogramm für die Ernährer der Familien und die beiden Notbeschäftigungsprogramme mit Mindestlöhnen.) Der private Pro-Kopf-Verbrauch lag 1987 um 9,7 Prozent niedriger als 1970, und 1988, im Jahr des Referendums, lag der Verbrauch um 2,6 Prozent unter dem von 1970. Zwischen 1972 und 1987 fiel der Pro-Kopf-Verbrauch um 21,8 Prozent.[19]

Die Rezession von 1982 war besonders heftig und folgte auf ein mehrere Jahre währendes hohes Wirtschaftswachstum, das die Überzeugung genährt hatte, die Wirtschaft habe jetzt ein für allemal »abgehoben«. Der schwerwiegende Rückgang um 14,09 Prozent im Jahr 1982 erschütterte das Regime und schuf damit zugleich die Voraussetzungen für den Beginn des eigentlichen Übergangsprozesses. Anfang 1984 lag der Pro-Kopf-Verbrauch um 18,3 Prozent niedriger als 1981. Die letzten Jahre der Amtsperiode Hernán Büchis als Finanzminister verzeichneten ein hohes Wirtschaftswachstum und eine rapide Ausweitung der Beschäftigung. Doch die meisten Menschen bekamen die Früchte der Wirtschaftsreformen erst in den ersten Jahren der demokratischen Regierung zu kosten, also nach 1990. Die neue Demokratie erbte demnach wirtschaftliche Strukturen mit den entsprechenden Institutionen für eine kapitalistische Entwicklung und eine technokratisch gesinnte Unternehmerklasse mit den Kenntnissen und der Ausbildung, die nötig waren, um sich den Herausforderungen des Wettbewerbs zu stellen. Natürlich trug dies dazu bei, den Erfolgsdruck auf das politische System während der ersten Jahre der Demokratie zu mildern. Dies darf allerdings nicht zu dem Mißverständnis verleiten, daß die Demokratisierung die logische Folge einer vom Militärregime betriebenen Modernisierung gewesen sei. Ebensowenig darf der Eindruck entstehen, diese Modernisierungsimpulse würden in legitimierender Absicht der Diktatur zugeschrieben. Im Gegenteil, die Mehrheit der Chilenen blieb skeptisch.

Untersuchungen zeigten, daß das Volk mit der Wirtschaftslage und mit General Pinochets diktatorischem Regime und seinem Verhalten in der Menschenrechtsfrage gleichermaßen unzufrieden war. Umfragen von CEP-Adimark ergaben, daß 1988, zum Zeitpunkt des Referendums, das General Pinochet verlor, 56,9 Prozent der Befragten »mit der gegenwärtigen Wirtschaftspolitik nicht einverstanden« waren. Auf die Frage nach den Gründen für ein »Nein« beim Referendum (also für ein Votum gegen den Verbleib Pinochets an der Macht) waren die am häufigsten genannten Gründe ökonomischer Natur: »wirtschaftliche Situation«, »Armut«, »keine Arbeitsplätze«, »Ich stimme der Wirtschaftspolitik nicht zu«. Wider Erwarten spielten Begründungen mit Bezug auf die Menschenrechtsverletzungen eine relativ geringe Rolle. Die Gründe für ein »Ja« (also für Pinochet) waren »Ordnung«, »Ruhe und Frieden«, »Ich will keine Veränderungen«. »Ordnung« und »Ruhe und Frieden« wurden häufiger genannt als die »wirtschaftliche Situation« oder die »Wirtschaftspolitik«.[20] Angesichts der bisherigen Ausführungen wird es nicht verwundern, daß sich in diesen Umfrageergebnissen einmal mehr die Spaltung der chilenischen Gesellschaft widerspiegelt.

Der Weg in die Demokratie wurde also nicht allein durch das Wirtschaftswachstum als solches geebnet. Bedeutet dies nun, daß wirtschaftliche Angelegenheiten in der Politik keine wichtige Rolle spielten? Keineswegs. Es bedeutet nur, daß die Frage etwas komplizierter ist, und die Antwort entsprechend komplex ausfallen muß. Erstens konnte die solide Situation trotz der Arbeitslosigkeit und zweier Rezessionen zumindest in Teilen verbessert werden. Ein Beispiel: Von je 1000 Lebendgeborenen starben 1970 79,3 Kinder, bevor sie das erste Lebensjahr vollendet hatten. 1980 war diese Zahl auf 31,8 Sterbefälle pro 1000 Lebendgeborene gesunken.[21] Diese Veränderung war den Wirkungen von Faktoren wie Wachstum, der Öffnung für den internationalen Handel und einer vom Staat und vom Ausland (beispielsweise von der Weltbank) unterstützten Sozialpolitik zuzuschreiben. Die Maßnahmen umfaßten auch die Verpflegung von Schulkindern und werdenden Müttern während der Schwangerschaft und des ersten Lebensjahres des Kindes. Das Ernährungsprogramm für Schulkinder wurde Privatfirmen übertragen, die Tausende von Kindern direkt in ihren Schulen sehr effizient versorgten. Die massenhafte Abgabe von Bauland, einschließlich der Besitzüberschreibungen, der Versorgungsleitungen für Strom und Wasser und einer Grundausstattung, die Küche und Badezimmer umfaßte, ermöglichte es Haushalten mit niedrigem Einkommen, im Laufe der Zeit ihre Wohnung selbst fertigzustellen, was diesen Menschen eine konkrete Perspektive eröffnete.

Die Größenordnung des Strukturwandels, der in der chilenischen Wirtschaft stattfand, läßt sich möglicherweise am besten anhand der Daten über die relativen Anteile der Ex- und Importe am Bruttoinlandsprodukt (BIP) erkennen. 1970 machten die Exporte 11,5 Prozent des BIP aus, 1988 24,1 Prozent und 1994 36,5 Prozent. Ex- und Importe zusammen ergaben 1970 einen Anteil von 35,5 Prozent des BIP, 1988 52,0 Prozent und 1994 bereits 77,6 Prozent.[22] Wie daraus ersichtlich wird, handelte es sich in der Tat um einen tiefgreifenden Wandel, der sich jedoch in den Wachstumsquoten des Bruttoinlandproduktes nicht in seinem vollen Ausmaß widerspiegelt. Die Reduktion der Einfuhrzölle und das Ende des Protektionismus bedeuteten, daß eine große Zahl von Waren, die Statussymbole darstellen, für viele Menschen erschwinglich wurden. So besaßen 1970 nur 72 von jeweils zehntausend Einwohnern einen Kühlschrank, 1988 aber waren es bereits 958 Einwohner. Weitere Beispiele: Eine Waschmaschine besaßen 52 von je zehntausend Personen (1970), aber schon 871 im Jahre 1988; Telefon: 415 (1970), 735 (1988); Auto: 189 (1970), 790 (1988).[23] Farbfernsehen gibt es in Chile seit 1979. In Groß-Santiago besaßen 1982 42,8 Prozent der Haushalte ein Farbfernsehen; 1992, also zehn Jahre später, lag der Anteil bei 59,8 Prozent. Im selben Jahr verfügten 89,1 Prozent der Bevölkerung Chiles über ein Schwarzweiß- oder Farbfernsehen.[24] Der aus soziologischer Sicht möglicherweise wichtigste Schritt war eine Verordnung, welche die Einfuhr von gebrauchten Kleidungsstücken ermöglichte. Auch sie führte – dank der

Importe – zu neuen Konsummustern und vor allem zu niedrigeren Preisen.

Die makroökonomischen Daten sind jedoch viel zu allgemein, um erkennen zu lassen, wie solche Transformationsprozesse im Detail abliefen. War es nach alledem überhaupt noch möglich, eine Rückkehr zu einer protektionistischen Wirtschaft zu propagieren – mit u.a. einheimischer, aber teurer Kleidung, in Chile hergestellten, aber extrem teuren Fernsehgeräten, die noch dazu von deutlich geringerer Qualität als die japanischen Produkte waren? Die Bevölkerung stand der Wirtschaftspolitik kritisch gegenüber, weil sie die Arbeitslosigkeit verschärfte und zu Lohnkürzungen führte. Doch konnte man von der Bevölkerung erwarten, daß sie deshalb ihre Konsummuster und ihre Erwartungshaltungen aufgab? Man muß sich in Erinnerung rufen, daß die schnelle Ausbreitung des Fernsehens auch eine gleichermaßen schnelle Ausbreitung neuer Konsummuster auslöste. Die Menschen glaubten, daß sie am Lebensstil der reicheren Gesellschaften teilhätten, wenn sie Importgüter kauften – Symbole des Fortschritts.

Auch viele Nebeneffekte wurden sichtbar. So trug die Fernsehwerbung für Isapres (Krankenversicherung) dazu bei, daß medizinische Vorsorgeuntersuchungen und richtige Ernährung während der Schwangerschaft üblich wurden. Veränderungen vollzogen sich auch in den ländlichen Gegenden. Die Militärregierung verteilte an die Landarbeiter das Land, das während der Regierung Allendes enteignet und seither als »gesellschaftliches Gebiet« verwaltet worden war oder das aus praktischen Gründen der staatlichen Liegenschaftsverwaltung unterstellt worden war. Eine effiziente Bearbeitung der meisten Landflächen wurde durch zu scharfe Konkurrenz verhindert; sie wurden deshalb von den früheren Arbeitern an große Agrarunternehmer veräußert. Diese Unternehmer waren von einem neuen Geist erfüllt. Viele von ihnen stammten aus den alten Großgrundbesitzerfamilien. Sie fügten ihren Besitz wieder zusammen, indem sie die neuen Landflächen dem Kernland angliederten, das ihnen nach der Enteignung als »Reserve« geblieben war. Als Agrarunternehmer betätigten sich jedoch auch Ärzte, Agrarwissenschaftler, Buchprüfer, Händler, Notare, Techniker oder Personen, die Landwirtschaftsmaschinen besaßen und nun mehrere Parzellen kauften, um eine Farm aufzubauen. Diese Aktivitäten jedenfalls galten als »modern«, »technisiert« und »ökonomisch«. Durch die Aufteilung des Landes erhöhte sich der Wert der Maschinen; allgemein ausgedrückt: Die Landwirtschaft wurde kapitalintensiver. Die Erinnerung an die Übernahme von landwirtschaftlichen Betrieben in den 60er und frühen 70er Jahren veranlaßte die neuen Farmer, so wenig Arbeitskräfte wie möglich einzustellen.

Der Export eröffnete neue Horizonte. 1973 machte Kupfer 80,1 Prozent des Gesamtexports Chiles aus, 1983 jedoch nur noch 48,9 Prozent. Beim Export frischer Früchte (Trauben, Äpfel, Nektarinen, Kiwis usw.) in die Länder der nördlichen Hemisphäre konnte man die unterschiedlichen Jahreszeiten in den beiden Welthälften nutzen. Der Export beeinflußte den Lebensstil in Chile. Die Landwirtschaft wurde industrialisiert.[25] Ein Teil der Landarbeiter wohnte nicht mehr auf der Farm, sondern kam, wie Industriearbeiter, mit dem Fahrrad zur Arbeit. Die Frauen nahmen Beschäftigungen auf. Während der Erntezeit übten die Frauen vor allem die Tätigkeit aus, die Früchte zu sortieren und in den Packfabriken zu verpacken. In der Folge trugen die Frauen in Familien mit zwei oder mehr Töchtern allmählich mehr zum Jahreseinkommen bei als der Mann. Und nicht nur das: Die Frauen wurden mit Bussen und auf LKW-Anhängern über Felder und durch Dörfer zur Arbeit transportiert. An ihren Arbeitsplätzen in den Packfabriken begegneten sie der Arbeitswelt der Männer. Sieht man all diese Entwicklungen in Verbindung mit der Verbreitung des Fernsehens, so kann nicht verwundern, daß – symbolisch gesehen – der Anorak auch in den ländlichen Gebieten den traditionellen Poncho verdrängte. Die kulturellen Symbole der Linken wurden verdrängt.

Der rapide Anstieg der nicht aus dem Bergbau stammenden Exporte erfüllte die Nation mit Stolz und vermittelte ihr das Gefühl, sich gleichwertig neben die anderen Nationen stellen zu können – beides mächtige Empfindungen in einem kleinen Land, das »am Ende der Welt« liegt. Empfindungen dieser Art sind besonders in den Sektoren der Wirtschaft ausgeprägt, die seit kurzem in den neuen Bereichen des Ex- und Imports aktiv sind, aber auch in den Dienstleistungssektoren. Sie wurden zu den wichtigsten Befürwortern dieser neuen Politik der freien Marktwirtschaft und der Militärregierung, die diese Politik betrieb. Wie nicht anders zu erwarten, gab es eine große Zahl von Gewinnern dieser Wirtschaftspolitik des Regimes. Der Finanzbereich der Banken und Versicherungen erlebte eine starke Expansion. Auch das Gesundheitswesen und die soziale Sicherheit veränderten sich. Eine Anzahl von Privatunternehmen erhielt auf der Grundlage verschiedener Regelungen den Auftrag, die Pflichtbeiträge zu verwalten, die für diese Zwecke monatlich von den Gehältern einbehalten wurden. Die Pensionskassen (AFPs) und die Krankenversicherung (Isapres) wurden zu wichtigen Elementen der neuen chilenischen Wirtschaftsordnung.

In der Arbeitswelt entstanden für das System der Arbeitsbeziehungen nach anfänglich ausschließlicher Repression Ansätze zu einer Neuordnung, auf denen die Demokratie aufbauen konnte. So wurden beispielsweise die Wahl der Gewerkschaftsfunktionäre durch geheime Wahl, die Unkündbarkeit amtierender Gewerkschaftsvertreter sowie das Streikrecht eingeführt. Im Falle eines Streiks hatte der Arbeitgeber jedoch das Recht, Kurzzeitarbeiter zu den Bedingungen einzustellen, die vor dem Streik geherrscht hatten. Kollektivverhandlungen nach Branchen waren nicht erlaubt. Diese Gesetzgebung, der sich die Gewerkschaftsführer anfangs vehement widersetzt hatten, begann bald Wirkung zu zeigen. Aus ökonomischer Sicht wurde das Gesetz flexibler, so daß nunmehr der Wert der Arbeit stärker durch den Markt bestimmt wurde. Aus politischer Sicht trug das Gesetz dazu bei, die großen Gewerkschaften und Dachverbände zu schwächen, die als Mitglieder der nationalen *Central Unica de Trabajadores* (CUT) das Bollwerk der Kommunistischen Partei gebildet hatten. Wenn auch dies die ursprüngliche Absicht gewesen war, schuf das Gesetz zugleich Möglichkeiten für gewerkschaftliche Partizipation, die zwar begrenzt war, aber dennoch viel effektiver funktionierte als während der Zeit der Verbote und Anweisungen in den frühen Jahren des Pinochet-Regimes. In den letzten Jahren des Regimes trug die Arbeitsgesetzgebung zu einem schnellen Beschäftigungsanstieg bei.

Die CUT wurde 1983 – mit internationaler finanzieller Unterstützung – zur treibenden Kraft der damals stattfindenden nächtlichen Demonstrationen, obwohl der Verband nur über schwache oder vielleicht sogar gar keine formalen Repräsentationsstrukturen verfügte. Die CUT konnte zwar keine Streiks organisieren und auch nicht die Produktion lahmlegen, stand jedoch an der Spitze des politischen Protestes. Es traten jetzt auch wieder Politiker öffentlich in Erscheinung, die aus dem erzwungenen oder freiwilligen Exil zurückgekehrt waren oder in Chile abgewartet hatten, bis ihre Zeit wieder gekommen war.

Die neue Klasse der Unternehmer und Manager entwickelte in dem Maße, in dem sie sich konsolidierte, eine langfristige Perspektive. Die Geschäftswelt unterstützte die Militärregierung, doch bezog sich diese Unterstützung primär auf deren Wirtschaftspolitik. Obwohl diese Gruppen versuchten, Pinochets Regierung so lange wie möglich im Amt zu halten, galt ihre Sorge doch vor allem den zukünftigen Institutionen. Die Geschäftsleute erkannten, daß der Erhalt des »Militärstaates«, den viele wünschten, angesichts der demokratischen Tradition Chiles und der in modernen Gesellschaften vorherrschenden Werte auf Dauer nicht möglich war.[26] Ihnen bereitete der Übergangsprozeß ebenso großen Kummer wie die Frage, wie sich sicherstellen ließe, daß die Entscheidungen von morgen, also in der Demokratie, in ihrem Sinne »rational« sein würden. Deshalb unterstützten sie die politisch aktiven Gefolgsleute des Regimes, die mit der Wirtschaftspolitik befaßt waren, bei der Entwicklung von Mechanismen und Institutionen, die zum Ziel hatten, die Errungenschaften bezüglich des Privateigentums und der Wirtschaftsordnung zu sichern und dem Populismus einen Riegel vorzuschieben. Es sollte unter keinen Umständen eine Kehrtwendung geben können. Dies bedeutete, daß eine zutreffende Diagnose der Faktoren nötig war, die zur Expansion des Marxismus und damit zur Regierung Allende geführt hatten. Es ging auch um die Frage, welche politischen Institutionen in Zukunft benötigt würden. Das war der Punkt, an dem sich die Ökonomie mit den politischen und den intellektuellen Interessen der Sozialwissenschaftler traf. Aus unterschiedlichen Zusatzpunkten entstanden Interessen an einer friedlichen Demokratisierung.

Mittlerweile hatten auch die Regimegegner ganz allmählich private Institutionen aufgebaut, die den Sozialwissenschaften und der Kritik des Wirtschaftsmodells verpflichtet waren: CIEPLAN, FLASCO, CIDE, CPU, CED, SUR, ICHEH, CISEC, CERC, VECTOR, CENECA usw. Sie wurden vom Ausland finanziert und genossen daher große Autonomie – im Gegensatz zu anderen Instituten, auf die Druck ausgeübt wurde. Sie fungierten als »Denkfabriken« und Begegnungsorte. Sie produzierten sehr viele Veröffentlichungen und bildeten durch ihre Kurse, Vorlesungen und Seminare einen beträchtlichen Teil der fähigsten Universitätsstudenten wirkungsvoll aus, obwohl diesen Lehrveranstaltungen die universitäre oder staatliche Anerkennung fehlte. Die Institute reichten ihre Forschungsergebnisse und Analysen an die Presse weiter. Diese Ergebnisse konnten die Journalisten nicht ignorieren. Das galt besonders dann, wenn sie – wie im Falle der Ökonomen von CIEPLAN – Daten lieferten, welche die wirtschaftspolitischen Behörden des Regimes der Lüge überführten, beispielsweise bei technischen Fragen wie der Berechnung der Inflation und deren Auswirkungen auf die realen staatlichen Leistungen im sozialen Bereich. Manche dieser Intellektuellen begannen, als Kolumnisten in Magazinen und Zeitungen mitzuarbeiten. Ihre Artikel waren vorsichtig formuliert und sorgfältig redigiert. Die Autoren stützten sich auf ihre akademischen Qualifikationen und auf ihren Ruf – beides hatten sie in der Regel an angesehenen ausländischen Universitäten und durch ihre Veröffentlichungen erworben. Zwar waren sie unerschütterlich der Moderne verpflichtet, doch war offensichtlich, daß sie die wirtschaftlichen Sichtweisen der Militärregierung nicht teilten. Sie kritisierten nicht nur das Wirtschaftsmodell als Ganzes, sondern auch die konkrete Wirtschaftspolitik und die ihr zugrunde liegende Ethik. Auch hinsichtlich der Zukunft vertraten sie deutlich andere Ansichten als das Pinochet-Regime. In diesem Kontext ist zu erwähnen, daß eine Gruppe von Unternehmern 1980 das *Centro de Estudios Públicos* (Zentrum für Politikforschung) gründete. Ihre Absicht war es, intellektuellen Kreisen Belege für die Bedeutung der Marktwirtschaft zu liefern, die sich nicht ausschließlich auf ökonomische Zusammenhänge stützten. Vor allem aber sollte das *Zentrum* auch die konzeptuelle Diskussion über die Gestaltung der zukünftigen Demokratie vorantreiben. Es sollte dazu beitragen, in der demokratischen intellektuellen Welt solchen, gegen das Regime gerichteten Gedanken Geltung zu verschaffen, die in der Gesellschaft entstanden waren: insbesondere dem sogenannten Neoliberalismus, der allerdings nichts anderes war als wiedergeborener klassischer Liberalismus. Das *Zentrum* bewirkte, daß die Werke zahlreicher ausländischer Wissenschaftler in Chile übersetzt und ihre Thesen diskutiert wurden, die damals praktisch unbekannt waren (beispielsweise solche von Hayek, Berlin oder Rawls). Das Zentrum war nicht die einzige Institution dieser Art. Um nur eine weitere wichtige Einrichtung zu nennen: Das *Instituto de la Sociedad Libre* (Institut der Freien Gesellschaft) gab die Zeitschrift *Realidad* heraus und bildete die Basis für die Entstehung einer der beiden heutigen rechtsgerichteten Parteien: die *Unión Democrática Independiente* (UDI).

Insgesamt läßt sich feststellen, daß von den Veränderungen des Wirtschaftssystems zahlreiche Anreize für die Transformation des politischen Systems ausgingen, die schließlich zum vereinbarten Übergangsprozeß führten. Wichtiger als das Wirtschaftswachstum als solches waren jedoch die wirtschaftlichen Institutionen und die um sie herum gruppierten Interessensphären. Hier ist darauf hinzuweisen, daß die Welt des freien Marktes mit ihren Chancen, ihren Konsummustern und Lebensweisen zwar niemanden daran hindert, sozialistisch zu wählen, es jedoch jedem radikalsozialistischen Programm schwer macht zu überzeugen.[27] Zugleich entstanden Anreize und Interessenlagen, die auf eine Demokratisierung des Militärregimes – und sei es gegen dessen ursprüngliche Absicht – hinwirkten. Die neue Gesellschaft des freien Marktes eröffnete Optionen und Möglichkeiten und zeigte neue Wege und neue Verfahrensweisen auf.

Nachdem das Vertrauen in kollektive politische Aktionen verlorengegangen war, wurde es nun dadurch wieder gestärkt, daß sich die Lage des einzelnen verbesserte. Genau dies wurde im Zusammenhang mit dem neuen Wirtschaftssystem immer wieder betont. Neue Perspektiven eröffneten sich.

Im Jahre 1986 führte CEP eine Meinungsumfrage durch, um herauszufinden, wie sich die Bürgerinnen und Bürger persönlichen wirtschaftlichen Erfolg oder Mißerfolg erklärten. Zu den angebotenen Optionen gehörten »wirtschaftlicher Status der Eltern«, »staatliche Wirtschaftsmaßnahmen«, »finanzielle Unterstützung durch den Staat«, »Bildungsabschluß«, »persönliche Initiative«, »verantwortungsvolle Arbeit« usw. Gefragt wurde nach den beiden Hauptfaktoren, so daß sich die Ergebnisse auf mehr als 100 Prozent addieren. 54,5 Prozent gaben »verantwortungsvolle Arbeit« und 45,7 Prozent »persönliche Initiative« als Hauptursache für Erfolg an.[28] Bei der Frage nach den Ursachen für Mißerfolg lauteten die Optionen unter anderem: »staatliche Wirtschaftspolitik«, »Mangel an finanzieller Unterstützung durch den Staat«, »Mißbrauch und Ungerechtigkeit des Systems«, »mangelnde Beschäftigungsmöglichkeiten«, »fehlende Bildung«, »Laster und Alkoholismus« und schließlich »Faulheit und Mangel an Initiative«. Die letztgenannte Option »Faulheit und Mangel an Initiative« wurde am häufigsten angeführt (mehr als 50 Prozent der Antworten), gefolgt von »fehlende Bildung« und »Laster und Alkoholismus«. Die Gruppe der Befragten mit niedrigem Einkommen gab die gleichen Antworten.[29] Daraus läßt sich folgern, daß eine bestimmte Sichtweise internalisiert wurde, nach der ökonomischer Fortschritt und soziale Mobilität mit individuellen Anstrengungen in Verbindung gebracht werden und weniger mit der Erwartung eines strukturellen Wandels. »Die Bevölkerung generell verbindet das Problem der Armut mit Bedingungen, die eher mit dem individuellen Verhalten als mit externen Umständen zu tun haben.«[30] Diese Daten lassen vermuten, daß der Individualismus Boden gewonnen hatte, und der Marxismus und der radikale linke Flügel der Politik im allgemeinen wenig gesellschaftliche Unterstützung genossen. Andererseits entstand durch die Schließung der politischen

Partizipationskanäle während des Pinochet-Regimes ein Vakuum, das durch evangelikale Sekten ausgefüllt wurde.

In Verbindung mit der Wirtschaftsreform machte sich das Militärregime auch daran, die institutionellen Bedingungen der Politik zu verändern. Den Bestrebungen lag die Diagnose zugrunde, daß die Krise der Demokratie, die zu den Ereignissen von 1973 geführt hatte, teilweise das Ergebnis ihrer eigenen Funktionsdefizite gewesen war. Knapp formuliert, sah man diese Defizite darin, daß der Kongreß die Macht besaß, politische Maßnahmen einer gewählten Regierung zu verhindern. Die Bedeutung solcher Ansätze der vertikalen Reform »von oben« muß erst noch gründlich analysiert werden, denn sie wurde erst in jüngerer Zeit, nämlich 1990, sichtbar und ist heute noch sehr umstritten. Tatsache ist jedoch, wie schon oben betont wurde, daß das Regime eine ausgeprägt präsidiale Verfassung sowie einen weitreichenden Gesetzesrahmen für das politische System anstrebte.

So war beispielsweise vorgesehen, daß Kongreßmitglieder nicht das Recht haben sollten, Gesetzesentwürfe einzubringen, die öffentliche Finanzausgaben zur Folge hätten. Dieses Recht stand ausschließlich dem Präsidenten zu. Auch wurden in speziellen Fällen höhere Abstimmungsquoten vorausgesetzt, um zu verhindern, daß besonders wichtige Gesetze, zum Beispiel Arbeits- und Wahlgesetze, leicht verändert werden konnten. Die Wahlbezirke wurden neu festgelegt. Ein neues Wahlsystem wurde entwickelt, das für jeden Bezirk zwei Kongreßmitglieder vorsah, um eine extreme Aufsplitterung der Parteienlandschaft zu verhindern. Die Wirkung dieser Regelung war allerdings, daß die Parteien zu breit angelegten Wahlbündnissen gezwungen wurden, die heute die Nation in zwei große Blöcke spalten. Der Senat wurde um eine Anzahl von Senatoren erweitert, die nicht direkt durch das Volk gewählt, sondern von verschiedenen Institutionen ernannt wurden. Mitglieder des Oberbefehls der Streitkräfte blieben nach ihrer Ernennung für eine weitere Amtszeit in dieser Funktion, sofern sie sich nicht schwerwiegender Verfehlungen schuldig machten. Schließlich wurde auch bestimmt, daß General Pinochet bis 1998 die Armee befehligen solle. Viele andere rechtliche Bestimmungen wurden durch die im Juni 1989 vereinbarte Reform geändert; die oben angeführten Änderungen wurden jedoch beibehalten.

Kurz zusammengefaßt, läßt sich festhalten, daß das Regime den Boden für politische und verfassungsrechtliche Veränderungen bereitete, die zuallererst dem eigenen Machterhalt dienen sollten. Viele dieser Regelungen überdauerten jedoch das Regime und boten dann Chancen für demokratisches politisches Handeln. Die Gegner dieser Institutionen sprachen deshalb von »lock-in laws« (»Einsperrgesetzen«). Die heutige Regierung versucht unablässig, das System zu reformieren, doch werden ihre Versuche von der gegenwärtigen Opposition abgelehnt. So ist festzuhalten, daß Chile noch immer von dieser institutionellen Basis aus regiert wird, und diese Grundlagen das Handeln der politischen Führer und der Parteien in beträchtlichem Maße bestimmen.

Geht man jedoch davon aus, daß diese institutionelle Basis zunächst hohle Form war und erst in der neuen Demokratie richtig zu funktionieren begann, und daß die Wirtschaft eine zwar wichtige, aber doch begrenzte gesellschaftliche Wirkung hatte, müssen andere, ergänzende Faktoren untersucht werden, um den tiefgreifenden Wandel und vor allem die erfolgreichen Aushandlungsprozesse der chilenischen Politik erklären zu können. Dieser Wandel wurde bereits 1986 mit der Unterzeichnung der Nationalen Übereinkunft sichtbar.

3. Ein Beispiel für horizontale Vermittlung: vereinbarter Übergang und private Akademien

Seit 1980 haben in Lateinamerika in etwa 15 Ländern Übergangsprozesse zur Demokratie stattgefunden. In allen Fällen spielten die Führer von Militär, Politik, Wirtschaft und Presse eine wichtige Rolle, ebenso die Diplomatie der Vereinigten Staaten sowie wirtschaftliche Faktoren. Der Fall Chile weist insofern einen einzigartigen Wesenszug auf, als der Übergangsprozeß nicht nur an eine unterbrochene, aber lange demokratische Tradition anknüpfte, sondern auch einen tiefgreifenden Wandel des politischen Stils und neue gesellschaftliche Projekte mit sich brachte. Die plausibelste Erklärung hierfür bietet die Rolle, welche die im Bereich der Sozialwissenschaften tätigen Intellektuellen spielten, die in privaten akademischen Forschungszentren arbeiteten. Über dieses Thema wird zunehmend geforscht.

»Die meisten Analysen konzentrieren sich auf die Darstellung von Initiativen autoritärer Regime, die zum Ziel haben, den Übergang zur demokratischen Herrschaft einzuleiten, und auf die Führungsrolle, welche die Eliten in einem allgemeineren Sinne bei dem Wechsel von autoritären zu demokratischen Werten spielen. Die dabei betrachteten Eliten sind größtenteils militärische, politische oder ökonomische Eliten. Intellektuelle Eliten treten praktisch nie in Erscheinung. Doch unsere Darstellung der chilenischen Erfahrung läßt vermuten, daß Intellektuelle in demokratischen Übergangsprozessen positive Rollen spielen können.«[31] Puryear zufolge ist insbesondere festzustellen, daß »Chiles Übergangsprozeß nicht von einem Querschnitt der Intelligenz des Landes geformt wurde, sondern von einer hochentwickelten Gruppe von im Ausland ausgebildeten Sozialwissenschaftlern«.[32] In einer 1985 veröffentlichten Untersuchung stellte José Joaquín Brunner fest, es gebe »in Chile ungefähr 35 private akademische Zentren mit etwa 470 Beschäftigten. Es wird geschätzt, daß ungefähr 300 von ihnen als vollzeitbeschäftigte Forscher arbeiten, die Forschungsassistenten nicht mitgerechnet«.[33] Und María Teresa Lladser dokumentierte 1986 die Arbeit und die Grundzüge von ungefähr 40 nichtstaatlichen Forschungszentren.[34]

Ein Überblick über die Veröffentlichungen dieser »Denkfabriken« zeigt, daß sie ein breites Spektrum von öffentlichen Fragestellungen bearbeiteten. Unter diesen unterschiedlichen Themen zeichneten sich jedoch spezielle Interessengebiete ab, die vor allem auf die Bestimmung der politischen Ordnung und auf die zukünftige sozio-ökonomische Ordnung gerichtet waren. Ursprünglich erfolgte diese Arbeit in der Abgeschlossenheit der

Institute, wobei keine Kommunikation mit Andersdenkenden erfolgte. Später, als eine gemeinsame Basis entstanden war (was sicherlich nicht immer einfach war), wurden Diskussionsseminare eingeführt.[35]

Im allgemeinen kehrten die marxistischen Intellektuellen aus dem Exil mit sehr viel kritischeren Annahmen darüber zurück, was von einer sozialistischen Revolution zu erwarten sei. Die Repression in Chile hatte auch den eher formalen Institutionen des traditionellen Rechts, beispielsweise dem *habeas corpus*-Prinzip, einen ganz neuen Wert verliehen. Vorliegende Studien ermöglichen es zu rekonstruieren, wie es dazu kam, daß man sich immer stärker auf die Werte und Institutionen der bürgerlichen Demokratie stützte. Bücher wurden ausgetauscht, und man diskutierte über internationale Beispiele und Erfahrungen. In den Zentren begann »die Erneuerung der Linken. Es fand eine ernsthafte Reflexion über unsere Mißerfolge statt, und unsere gesamte Rolle wurde überdacht«.[36]

In den Artikeln und Seminaren wurden immer wieder ganz bestimmte Themen behandelt, so die Beschaffenheit der totalitären Gesellschaft, die Kritik des Leninismus, von dem der Geist der marxistischen Parteien Chiles durchdrungen gewesen war, und die Vorstellung von der Rechtsstaatlichkeit. In diesem Kontext konzentrierte sich eine Debatte beispielsweise darauf, ob eine freie Presse unter einem Regime überhaupt möglich sei, welches das Privateigentum ablehnt oder kommerzielle Werbung verbietet. Die Diskussionen thematisierten auch den Übergang zur Demokratie und die Kosten, die entstehen, wenn doktrinäre Positionen flexibler gestaltet werden. Andere Themen von Interesse waren die Rolle von Kirche und Staat bei der Ausformung einer nationalen Identität, wenn es so etwas überhaupt gebe, und die Frage, ob eine liberale Gesellschaft angesichts des Ethos der chilenischen Gesellschaft überhaupt Wurzeln schlagen könne. Besondere Bedeutung wurde der Frage beigemessen, welches Minimum an sozio-ökonomischer Übereinstimmung erforderlich sei, um die Demokratie trotz ungleicher Verteilung von Eigentum, Einkommen und Macht zu erhalten, und wie man sie konsolidieren könne. Es wurde auch eine tiefgreifende Analyse der Ursachen der Krise der Demokratie unternommen. Entgegen den Erwartungen, zog man die Schlußfolgerung, daß die Delegitimation der Demokratie nicht das Ergebnis ökonomischer oder sozialer Bedingungen sei, sondern im Grunde auf ein kulturelles Phänomen zurückgeführt werden müsse. So argumentierte beispielsweise Tomás Moulián, ein vom Marxismus abgefallener Soziologe, daß »die chilenische Linke in ihrer jüngsten Geschichte die Demokratie in einer doppelten Dimension sah: als Geschenk und als Hindernis«.[37] Nach den Auffassungen von 20 Intellektuellen unterschiedlicher Ausrichtung, wie u. a. Góngora, Moulián, Valenzuela, Garretón und Foxley, war die Radikalisierung und Polarisierung der chilenischen Politik im Grunde das Werk der intellektuellen und politischen Eliten.[38] Die Selbstkritik zeigt, daß ein kultureller Ansatz verwendet wurde, um die Unterminierung der demokratischen Tradition zu erklären. Mario Góngora beispielsweise, ein bedeutender konservativer Historiker, kritisierte die »Totalplanung«, die sich in den Projekten der Christdemokraten in den 60er Jahren, der *Unidad Popular* und des Militärregimes widerspiegele.[39] Wenn das der Fall war, dann hätten die Intellektuellen im Grunde die Pflicht, den öffentlichen Diskurs in einer Weise wiederherzustellen, daß er eine vorurteilsfreie Begegnung mit der Demokratie möglich macht. Die »Denkfabriken« erzeugten also nicht nur die Visionen für die Zukunft, sondern setzten sich auch mit der chilenischen Vergangenheit neu auseinander.

Die auf die freie Marktwirtschaft zielenden Wirtschaftsreformen des Militärregimes riefen zugleich eine grundlegende Transformation der chilenischen Gesellschaft hervor. Gerade die strukturellen Reformen, die das Regime durchführte, stellten eine intellektuelle Herausforderung dar. Das Regime hatte Ansätze zu einer neuen Agenda entwickelt, die der Diskussion Nahrung boten. Diese Fragen waren Gegenstand nicht nur akademischer Forschung, sondern auch unzähliger Seminare und Podiumsdiskussionen, an denen auch viele der Technokraten und Ideologen des Regimes teilnahmen. Bei diesen Begegnungen kristallisierten sich immer deutlicher ein allmählicher Wandel und ein neuer Konsens heraus.

Die Arbeit der Institute wurde durch einen historischen Umstand vorangetrieben. Die Blütezeit der Forschungszentren dauerte von 1982 bis 1986. Wie bereits erwähnt, geriet das Wirtschaftsmodell des Regimes 1982 durch eine schwere Währungskrise in Bedrängnis. Die Regierung behielt sich gegenüber den Banken ein Interventionsrecht vor, ebenso gegenüber den Wirtschaftsgruppen, die den neuen Kapitalismus repräsentierten. 1983 kam es überall zu Massenprotesten, an deren Spitze Gewerkschaftsführer und Oppositionspolitiker standen. Die Stabilität des Militärregimes war bedroht. General Pinochet ernannte einen rechtsstehenden Politiker zum Minister und nahm Gespräche mit den Oppositionsführern auf. Diese wiederum überschätzten ihre Macht und forderten den General zum Rücktritt auf. Die Gespräche scheiterten, die Haltung des Regimes verhärtete sich. Doch die Existenz einer Opposition war auf diese Weise akzeptiert und so legitimiert worden. Damit hatte begonnen, was später als »Öffnung« bekannt wurde.[40]

Die gravierende Rezession von 1982 hatte ernsthafte politische Auswirkungen, da der Erfolg des Regimes, seine *raison d'être*, zu diesem Zeitpunkt von beschleunigtem Wirtschaftswachstum abhing. Die Anfälligkeit des »Wirtschaftsmodells« brachte die Politik und die ideologische Diskussion ins Spiel. Warum sollte die übriggebliebene revolutionäre Linke nicht genügend Kraft sammeln können? Straßenunruhen setzten ein; es kam zu terroristischen Anschlägen. Nächtliche Proteste erfolgten, Sprengsätze wurden an Hochspannungsmasten gelegt, und ganze Bezirke oder ganze Städte versanken in Dunkelheit. Nach zehn Jahren kam es wieder zur Mobilisierung der Öffentlichkeit.

Die Analytiker hatten vermutet, Chile werde ein »neues Nicaragua« und Pinochet ein »neuer Somoza«. Sie fürchteten die Entstehung einer neuen radikalen Linken. Warum konnte sich die Haltung von Führern wie Volodia Teitelboim, der an der Spitze der kommunistischen Bewegung stand, nicht durchsetzen? Der tatsächliche Transitionsprozeß sollte sich – im Gegensatz zu dem vom Regime in der Verfassung von 1980 geplanten – als gemeinsamer Prozeß von Regierung und Opposition vollziehen. Situationen, die im politischen Leben durch »Geben und Nehmen« gekennzeichnet waren, traten immer häufiger auf. Warum also setzte sich die Linke nicht wie früher an die Spitze des Protestes? Was trug zur Mäßigung der neuen Führer bei, was waren die Gründe für ihre sozialdemokratischen Neigungen? Eine Erklärung hierfür ist, daß im bestehenden Institutionennetzwerk sowohl der Marxismus als auch radikale Strategien an Wert verloren. Diese Institutionen filterten die chilenischen historischen Erfahrungen und entwickelten sie neu; ein Vorgang, der auch durch die internationale intellektuelle und politische Atmosphäre erleichtert wurde.

Die Intellektuellen der freien Forschungsinstitute außerhalb der Universitäten konzentrierten ihre Anstrengungen darauf, Aufsätze und Bücher zu schreiben, sie in Seminaren zu diskutieren und Lehrveranstaltungen durchzuführen. Traditionelle Politiker reagierten eher verunsichert; die Hochschulstudenten suchten nach neuen Horizonten, die Geschäftsleute sorgten sich, was nach Pinochet kommen würde, und die Journalisten mußten neue Formen der Berichterstattung und Analyse entwickeln. Es war eine Zeit der großen Debatten, der Ungewißheit, Furcht und Hoffnung.

Hatte diese Arbeit der Intellektuellen irgendwelche politischen Auswirkungen? Die Antwort lautet: ja. Die Arbeit der privaten »Denkfabriken« wirkte sich zuerst in der Presse aus. Die Forschungsarbeiten boten eine Grundlage für die Berichterstattung, und viele Intellektuelle saßen in den Herausgebergremien oder verfaßten selbst Kolumnen. Vor allem die Meinungsumfragen, deren Ergebnisse seit 1986 von CERC, CED-FLACSO und CEP öffentlich vorgelegt wurden, überbrückten die Kluft zwischen Eliten und Bevölkerung. Nach 15 Jahren Diktatur erwiesen sie sich als sehr aufschlußreich und nützlich. Viele Vorstellungen und Vorurteile fielen unter dem Eindruck der Informationen, die von der Sozialforschung gesammelt wurden, in sich zusammen. Die Gesellschaft war weniger polarisiert als die Eliten, was die These stützt, daß die Eliten in der Vergangenheit den politischen Streit radikalisiert hatten.

Die Presse und die politische Führung mußten – oft zu ihrem Erstaunen – feststellen, daß die Mehrheit der Bevölkerung eine gemäßigte Haltung einnahm. Das fand auch in äußeren Symbolen seinen Niederschlag. So gab die Linke ihre Praxis auf, den politischen Kampf u.a. mit Graffiti zu bestreiten. Dies gehörte zu ihrem traditionellen Stil und war, weil es große Aufmerksamkeit erregte, zu einer Art Populärkunst geworden. Von Bedeutung war auch, daß die Mehrheit eher für die Reform der Verfassung von 1980 war als für eine ganz neue Verfassung. Die Umfragen erbrachten keine Anzeichen dafür, daß der »Allende-Mythos«[41] und die Kommunistische Partei wiederbelebt worden wären, wie viele vorausgesagt hatten.

Die im intellektuellen Bereich erzielten Übereinstimmungen wurden in die politische Arena übertragen und nahmen beispielsweise die Form der Nationalen Übereinkunft von 1986 an. Diese Übereinkunft brachte eine große Zahl von rechts- und linksgerichteten Führern zusammen, von Adrés Allamand, dem gegenwärtigen Vorsitzenden der *Renovación Nacional* (einer der Parteien auf dem rechten Flügel) bis hin zu dem Sozialisten Ricardo Lagos, dem Führer der Linken, der als Bildungsminister unter Präsident Aylwin und als Minister für staatliche Betriebe unter Präsident Frei diente. Die Übereinkunft wurde zu einem der wichtigsten Meilensteine des Übergangs. Sie hatte jedoch nicht die beabsichtigte Wirkung, weil sich die Militärregierung der Diagnose nicht anschloß, von der die Übereinkunft ausging. So implizierte die Übereinkunft beispielsweise, daß General Pinochet zuerst zurücktreten müsse, bevor er den Versuch unternehmen könne, sich nach einem Referendum, über das Jahr 1989 hinaus, erneut um das Amt des Präsidenten zu bewerben. Zu diesem Zeitpunkt nahmen die Gefolgsleute des Regimes an, daß General Pinochet das Referendum ohne Verhandlungen oder Kompromisse gewinnen würde. Doch nach der Übereinkunft übernahmen die politischen Führer die neuen Vorstellungen, die Sprache und den Stil der Intellektuellen.

Die konzeptionellen Ursprünge der Nationalen Übereinkunft lassen sich beispielsweise auf die von Edgardo Boeninger herausgegebene Schrift »Orden Económica y Democracia«

(Wirtschaftsordnung und Demokratie) zurückführen. Boeninger entwarf später den Text der Nationalen Übereinkunft und wurde einer der wichtigsten Minister der Regierung Aylwin. Anhand seiner Untersuchung läßt sich die Art des Einflusses darstellen, der sich aus den Aktivitäten der Institute ergab. Das Buch enthält eine Reihe von Papieren und Kommentaren, die 1984 bei einem CED-Seminar vorgestellt worden waren, und die eine Vielfalt von Tendenzen und Sichtweisen umfaßten, von der liberalen bis hin zur sozialistischen Ausrichtung. Boeningers zentrales Argument lautete: »Für die Konsolidierung der Demokratie reicht die Achtung demokratischer Verfahrensweisen nicht aus und ist auch gar nicht möglich, solange ein gewisses Maß an Übereinstimmung im Grundsätzlichen fehlt, vor allem im Hinblick auf die Wirtschaftsordnung, die möglicherweise das Gebiet ist, auf dem sich die größten politischen und gesellschaftlichen Konflikte in Chile ergeben ...« Er lehnte den Gedanken ab, »die notwendigen wirtschaftlichen Einschränkungen und Opfer einseitig aufzuzwingen, was eine neue Form diktatorischer Herrschaft voraussetzen würde«, nämlich eine »politische und gesellschaftliche Konzertierung«. (»Concertación« wurde später der Name der Allianz politischer Kräfte, die Pinochet 1988 und Büchi 1989 besiegten). Sein Fazit war, daß »Chile dringend nach einem grundlegenden politischen Konsens verlangt, der auf der Wirtschaftsordnung basiert«.[42]

Der Gedanke an einen Minimalkonsens ist nicht neu; das Regime trug sich damit von Anfang an. Auch in der Opposition gab es Befürworter dieser Idee.[43] Neu waren jedoch das Verfahren und die tatsächliche Verwirklichung des Vorhabens. Man wollte nicht darauf warten, daß sich der Konsens mehr oder weniger als Nebenprodukt des Wirtschaftswachstums, zukünftiger Rechtsinstitutionen und der ökonomischen und politischen Umgestaltung ergab, und ein wesentlicher Teil der Bevölkerung die Prinzipien anerkennen würde, die von den Anhängern des Regimes propagiert wurden. Vielmehr erwartete man, daß sich der Konsens aus politischen Verhandlungen ergeben würde, bei denen der pluralistische Charakter der chilenischen Gesellschaft anerkannt würde. Dieses Ziel wurde nicht nur vorgeschlagen, sondern man unternahm in einer über 100 Seiten langen Studie den Versuch, die Grundlagen der möglichen Inhalte einer solchen Übereinkunft zu bestimmen. All dies war zugleich eine Übung in kritischer Urteilsfähigkeit, die auf andere, im selben Buch veröffentlichte Papiere angewandt wurde, über die zuvor schon in Seminaren konkret diskutiert worden war. Der Autor zitierte die damals umlaufenden Untersuchungen und Vorschläge. Er lehnte die Haltung der chilenischen radikalen Linken ab, deren Ansatz gegen die Existenz großer Privatunternehmen, großer privater Konzerne und privater Bildung gerichtet sei. Er erklärte, »daß eine Entwicklungsstrategie eine zentralisierte Kontrolle der Gewinne erfordert«.[44] Diese Argumentation besagte, daß sich Chile nur in wenigen Bereichen in relativem Vorteil befinde, die mit den natürlichen Ressourcen zusammenhingen, nämlich Bergbau, Großfischerei, Holz und Pulpe sowie frische Früchte, die allesamt hochgradig kapitalintensive Produktionsformen erforderten. Es gebe zwei Alternativen: Entweder würden die hier erzeugten Überschüsse von vier, fünf oder auch sieben Unternehmensgruppen kontrolliert oder aber vom Staat. Würde die Kontrolle von den Unternehmensgruppen ausgeübt, so würde bald deutlich werden, daß sich die Macht in den Händen einer winzigen Minderheit konzentrieren würde. Nur unter staatlicher Kontrolle könnte eine wahre Demokratie möglich sein, da die Demokratie sonst, wegen der ungleichen Machtverteilung, der Lächerlichkeit preisgegeben würde. Zu einem Zeitpunkt, als die großen Unternehmensgruppen ihre Macht verloren hatten, schien eine solche Position nicht unattraktiv. Der Gedanke war jedoch traditionell vorbelastet und fand deshalb, als er in einer Reihe von Seminaren vorgetragen wurde, in der Elite keinen Rückhalt. Dies ist ein konkretes Beispiel dafür, wie einem Vorschlag der traditionellen Linken die Anerkennung versagt blieb.

Trotz alledem stellte Boeninger fest, daß »die Wirtschaftspolitik des Militärregimes scharf kritisiert worden ist, vor allem das sogenannte ›Chicago-Modell‹, das mit einem totalen Fehlschlag endete«. Der Vorgang läßt ahnen, daß der Eindruck vorherrschte, das Regime sei verwundbar. Auch gegen liberale Positionen wurden Einwände vorgetragen. Die liberalen Haltungen räumen zwar ein, daß der Kampf gegen die Armut und eine Verpflichtung des Staates, sich daran zu beteiligen, sehr dringlich seien, doch wurden alle Ansätze für eine Einkommensumverteilung über die Sicherstellung des Existenzminimums hinaus abgelehnt. Vielmehr wurde die Absicht verfolgt, die Ungleichheiten zu korrigieren und nach einem Idealmaß der in der Gesamtgesellschaft maximal zulässigen Ungleichheiten zu suchen.

Die Untersuchung vereinigte wirtschaftliche, politische und philosophische Elemente. Abgesehen von chilenischen Autoren, Untersuchungen und Berichten bezogen sich die Zitate und die Diskussion auf Experten wie Arrow, Dahl, Duverger, Friedman, Hellbronner, Rawls u.a. Dabei richtete sich jedoch die Aufmerksamkeit stets auf die Probleme Chiles und die spezifischen Ziele, die vorgeschlagen wurden: Erreicht werden sollte »eine wie auch immer geringe Konvergenz im wirtschaftlichen und gesellschaftlichen Bereich zwischen den politischen Vorhaben der verschiedenen ideologischen Bewegungen und politischen Parteien, die nach der Macht streben«. Es galt, die Ansicht auszuräumen, daß Regierungswechsel »eine nicht tolerierbare Bedrohung der Minderheitssektoren« darstellen. Das solle nicht heißen, daß »Utopien oder langfristige Idealvorstellungen« aufgegeben werden müßten.

Zusammengefaßt, schlug der Autor eine *»mixed economy«* vor; er war überzeugt, daß von einer spürbaren Ausweitung der wirtschaftlichen Freiheiten positive Wirkungen auch auf die demokratischen Freiheiten ausgehen würden. Das wiederum sei Voraussetzung für die Entfaltung von Kreativität, und es impliziere, daß »die beherrschende Rolle des Marktes und der konventionellen Formen des Privateigentums« anerkannt würden. Außerdem müsse dem »Wirtschaftswachstum« Priorität eingeräumt werden, um zu verhindern, daß das »Verteilungsproblem [...] zu einem Nullsummenspiel« werde, »das unvermeidlich zur sozialen Konfrontation« führen müsse. Und schließlich müsse ein allmählicher Prozeß unter staatlicher Führung eingeleitet werden, um »extreme Armut zu überwinden und Ungleichheiten zunehmend zu reduzieren.« Bis vor kurzem noch hätte man den Gedanken, daß solche Vorschläge zum Bestandteil eines nationalen Konsenses werden könnten, schlicht als Unsinn bezeichnet. Der chilenischen christlich-demokratischen Partei wäre es sehr schwer gefallen, sich mit solchen Äußerungen überhaupt zu befassen. Die eigentliche Elite des Netzwerks der Institute hatte sich erkennbar zum Liberalismus hinbewegt.

Eine Zusammenfassung solcher Vorstellungen wurde zum *Acuerdo Nacional*, zur Nationalen Übereinkunft, die von Francisco Cardinal Fresno, dem Erzbischof von Santiago, formell vorgeschlagen und vorangetrieben wurde. Die amerikanische Regierung unterstützte den Vorschlag ebenfalls nachdrücklich. Ein wesentlicher Teil des rechten politischen Spektrums wehrte sich jedoch gegen die Nationale Übereinkunft, darunter Politiker (zum Beispiel Jaime Guzmán), wichtige Massenmedien (die Zeitung *El Mercurio*, das Magazin *Economía y Sociedad*) und die meisten Unternehmer. Das Hauptargument der Gegner war, daß die Wirtschaft Zeit brauche, um sich zu erholen. Jedes Anzeichen für eine Übereinkunft oder für Verhandlungen würde als Zeichen der Schwäche gelten und den Kampf gegen Pinochet so lange anheizen, bis der General gestürzt werden könne. Diese Ablehnung hatte allerdings eine tiefere Ursache: das Mißtrauen gegenüber der Oppositionsführung, welche die »Übereinkunft« unterschrieben hatte. In den Fragen von Eigentum und Wirtschaft wurde dies sehr deutlich.[45]

Der Fehlschlag der »Übereinkunft« machte deutlich, daß Vertrauen erforderlich war, wenn man die Demokratie wiederherstellen wollte. Der Verlust gegenseitigen Vertrauens in den chilenischen Eliten ist sicherlich einer der Gründe dafür, daß die Herrschaft des Militärregimes so lange dauern konnte. Das Netzwerk von Kontakten, das durch die Institute aufgebaut worden war, sollte bei der Wiederherstellung des Vertrauens eine Hauptrolle spielen. Im Verlauf dieses Prozesses gewannen die traditionellen liberalen Institutionen innerhalb der früheren Opposition weiterhin an Boden – durch immer mehr Seminare, Publikationen und Debatten. »Das ist die horizontale Penetration des Liberalismus. Würde man das Regime mit einer Art modernem ›aufgeklärtem Despotismus‹ gleichsetzen, so wären die Institute das heutige Gegenstück der ›literarischen Salons‹.«[46]

In den Kreisen der Institute war es vornehmlich zwei wichtigen politischen Entscheidungen staatlicher Instanzen zu verdanken, daß Vertrauen wiederhergestellt werden konnte. Eine Entscheidung wurde vom Verfassungsgericht getroffen und besagte, daß das Referendum von 1988 nach den für normale Wahlen geltenden Verfahrensregeln durchzuführen sei. Das bedeutete, daß das Referendum von dem für Wahlen zuständigen Gerichtshof überwacht werden würde. Es handelte sich um eine überraschende Entscheidung, denn die Frage war durchaus strittig. Das Militärregime hatte das Verfassungsgericht selbst eingesetzt; es hielt sich jedoch an dessen Entscheidung und schränkte damit seine eigene Handlungsfähigkeit ein. Die zweite Entscheidung bestand darin, daß das Innenministerium ein Gesetz zur Überwachung des Abstimmungsprozesses in Kraft setzte, so daß ein Wahlbetrug extrem schwierig wurde. Beide Entscheidungen zusammen sorgten dafür, daß das Referendum als wirklich freie Abstimmung durchgeführt werden konnte.

Obwohl die »Übereinkunft« mit dem Militärregime ein Fehlschlag war, konnte die verbreitete Befürchtung relativ schnell überwunden werden, daß niemand genaue Vorstellungen davon habe, wie eigentlich die Ablösung des Regimes vor sich gehen solle. Bei dem Referendum entschied sich die Mehrheit für ein »Nein«, und noch am selben Abend, am 4. September 1988, gestand der Rechtsanwalt Sergio Fernández, der Innenminister, in einem historischen Fernsehauftritt die Niederlage ein. Das war der Beginn der demokratischen Regierung und der neuen Institutionen, die in diesem Prozeß geschaffen wurden. In dieser Nacht herrschte Ruhe; das Militär zog sich zurück, aber dieser Prozeß hätte auch sehr viel konfliktreicher verlaufen können, hätte nicht bereits ein Minimum an Vertrauen in die von der Führung der Opposition zu erwartende Haltung bestanden. Die Nationale Übereinkunft leistete einen wesentlichen Beitrag dazu, aber natürlich auch die Tatsache, daß das Militär auf den institutionellen Rahmen vertraute, den das Regime geschaffen hatte und über den General Pinochet selbst als Oberbefehlshaber der Armee wachte.

Eine der zentralen Leistungen im Vermittlungsprozeß, die den »Denkfabriken« zuzuschreiben ist, betraf die Reform der Verfassung von 1980, die Anfang 1989 dem Volk in einem Referendum vorgelegt wurde, und die den ausgehandelten Übergangsprozeß regelte. Intellektuelle, die zu den »Denkfabriken« in Beziehung standen, nahmen an den Besprechungen teil, in denen über die Reformen verhandelt wurde. Die Hauptkollaborateure des Militärregimes, einschließlich der Gegner der Nationalen Übereinkunft, drängten auf Konzessionen und verlangten, die Verfassung solle durch ein Referendum bestätigt werden. Hier fand eine vertikale Vermittlung statt, also ein Prozeß, der die politischen Institutionen erfaßte.

Gab es – abgesehen von den bereits diskutierten – noch weitere Elemente, die es den Forschungszentren ermöglichten, eine Vermittlungsrolle zu übernehmen? Während der Diktatur wurden die Forschungszentren zu Treffpunkten der Elite. Selbst Jahre nach dem Staatsstreich vermieden die Gefolgsleute und Gegner des Militärregimes jede Begegnung miteinander. Sie hatten sich buchstäblich »nichts zu sagen«. Die Institute, mit ihren kleinen Ritualen – den Aufsätzen, den Kommentaren und den Podiumsdiskussionen –, ermöglichten es den Bürgern, sich zu äußern. Wie oft in solchen Fällen, wurden die wichtigsten Fragen gar nicht gestellt. In den Gesprächen klangen schmerzliche Themen an, die jedoch nicht öffentlich angesprochen wurden. Der Zweck oder das eigentliche Ziel beschränkte sich darauf, eine Form von Kommunikation aufrechtzuerhalten, so unzureichend und unvollständig sie auch sein mochte. Diese Zurückhaltung war notwendig und diente dazu, das Mitgefühl der anderen zu erwecken, wie man es in Anlehnung an Adam Smith formulieren könnte. Die Folge war ein gewisser Seelenfrieden. Die wirkungsvollste Vermittlung erfolgte nicht nach außen, also zwischen zwei ideologischen Sektoren, sondern nach innen. Die sozialwissenschaftlichen Institute schufen die Bedingungen, welche die Entwicklung von Ideen, Geschichten und Erfahrungen wieder ermöglichten. Politiker, Unternehmer, Klerus, Gewerkschaftsführer, ausländische Intellektuelle fanden in diesen Zentren eine entspannte Atmosphäre für ihre Denkarbeit.

Ein weiterer Faktor war der ideologische Charakter der chilenischen politischen Tradition. Durch die hohe Wertschätzung von politischen und sozio-ökonomischen Lehrsätzen sowie von Denkströmungen und -richtungen war es in Chile möglich, ein Gegengewicht zum Geist des *caudillismo* zu finden, der in anderen lateinamerikanischen Gesellschaften vorherrschte. Der Preis hierfür bestand allerdings darin, daß Chile als eine Art Versuchslabor für die eine oder andere Doktrin herhalten mußte. Die chilenische Gesellschaft ist bemerkenswert offen für politische Idealvorstellungen; sie sammelt sich relativ schnell an den Polen des Handelns und der sozialen Mobilisierung.

Ein weiterer entscheidender Faktor war, daß bereits Gruppen von hochqualifizierten Sozialwissenschaftlern mit universitärer Tradition vor Ort waren. Die Universitätszentren (beispielsweise CEREN und CIPLAN an der Katholischen Universität, und das älteste Zentrum, das *Centro de Estudios Internacionales* an der Universität von Chile) waren die Vorläufer jener Forschungszentren gewesen, die während des Militärregimes entstanden.[47] Es gab auch Studienzentren, die privat finanziert wurden, so beispielsweise CESEC, das in den späten 60er Jahren gegründet worden war. Die Institute wiederum arbeiteten in hohem Maße mit Akademikern aus den Universitäten zusammen. Man muß sie als Pole für Einfluß und Koordination sehen, die in ein viel umfassender angelegtes Kultursystem integriert waren, in dem die Universitäten die grundlegenden Institutionen darstellten. Mit anderen Worten: Ohne ein qualitativ hochstehendes, lebendiges Hochschulsystem wäre die Arbeit der Forschungszentren nicht möglich gewesen.

Ein weiterer Faktor war die internationale finanzielle Unterstützung von Seiten europäischer und amerikanischer Stiftungen, die erkannt hatten, welche Bedeutung die intellektuelle Elite für den Übergang Chiles zur Demokratie haben könnte. Es erfolgte keine wesentliche Finanzierung von privater Seite, mit Ausnahme des CEP und ein oder zwei weiterer Institute. Dadurch gewannen die Institute ihre Autonomie. Anfangs wurden viele von der katholischen Kirche unterstützt. Auch internationale Erfahrungen spielten eine Rolle, vor allem die der sozialdemokratischen Regierung in Spanien unter Felipe González.

Von sehr großer Bedeutung war die Presse. Obwohl das autoritäre Regime Mittel besaß und nutzte, die Presse zu überwachen, ließ es den Medien doch gewisse Freiräume, so daß es möglich war, auch oppositionelle Auffassungen zu verbreiten. Außerdem beharrten Tageszeitungen wie *El Mercurio, La Segunda, Las Ultimas Noticias und La Tercera* auf einem gewissen Maß an Autonomie und Kritikfähigkeit. *El Mercurio* lieferte ständig reichhaltige Informationen und brachte Herausgeberkolumnen zu aktuellen öffentlichen Fragen. Der dem Regime freundlich gegenüberstehende Teil der öffentlichen Meinung sammelte sich um diese Zeitung, aber ihr Einfluß ging weit darüber hinaus. Andere, wie beispielsweise *La Segunda*, gingen sogar so weit, auf eine politische Öffnung zu drängen. Die Regierung behielt jedoch durch die Ernennung der Universitätsrektoren eine gewisse Kontrolle über das Fernsehen, denn die Universitäten waren nach der damaligen Rechtslage die einzigen Institutionen, die Fernsehkanäle besitzen und betreiben durften.

Dieses System brach zusammen, als das Militärregime einen Monat vor dem Referendum den Fernsehanstalten die Auflage machte, jeder der beiden im Referendum miteinander konkurrierenden Seiten kostenlose Wahlkampfspots von 15 Minuten Dauer zu ermöglichen. Die Entscheidung sollte sicherstellen, daß der Wahlkampf fair verlief und die Opposition Zugang zu den Medien bekam. Spätere Analysen zeigten, daß sich in der Tat die meisten Wähler, die mit »Nein« gestimmt hatten, bei ihrer Entscheidung von den Fernsehspots hatten leiten lassen. Die Konzepte für diese Botschaften und ihre Aneignung durch die Oppositionsführer waren, wie wir heute wissen, das Werk der Forschungszentren.[48] Die »Nein«-Kampagne beim Referendum machte deutlich, daß innerhalb der Oppositionsführung große politische Veränderungsprozesse stattgefunden hatten.

Wie bereits erwähnt, gewannen im Laufe der Zeit die Grundgedanken der freien Marktwirtschaft in den Kreisen der Intellektuellen an Bedeutung. Das politische Denken ist in Chile zu den Freiheitstraditionen zurückgekehrt, von denen das Land im

19. und frühen 20. Jahrhundert geprägt gewesen war. Bedeutende Intellektuelle wurden als Minister für Finanzen, Haushalt und Kommunikation in die Regierung Aylwin berufen, und in diesen Funktionen zeichneten sie sich dadurch aus, daß sie die Marktwirtschaft innerhalb ihrer jeweiligen politischen Koalitionen verteidigten. Die Institute bemühten sich zu vermitteln, trugen aber zugleich auch zum Entstehen der neuen politischen Eliten bei.[49] Seit der Rückkehr zur Demokratie betrug das Wirtschaftswachstum pro Kopf und Jahr 5,4 Prozent, und die Privatinvestitionen lagen höher als unter dem Regime General Pinochets.

Es zeigt sich, daß die zunächst in systemstabilisierender Absicht und gegen sozialistische Perspektiven gesellschaftlicher Entwicklung gerichteten institutionellen Veränderungen, die das Regime Pinochet eingeleitet hatte, weiterreichende Wirkungen hatten als beabsichtigt. Sie lösten nicht nur einen Prozeß wirtschaftlicher Modernisierung aus und schufen neue verfassungsrechtliche Bedingungen, sondern sie führten auch zu einer Neuausrichtung der gesellschaftlichen Interessenlagen und Wertvorstellungen in Chile. So war das Ergebnis der Diktatur nicht etwa eine Homogenisierung der gesellschaftlichen Zukunftsvorstellungen, sondern in einer Art dialektischen Prozesses die Entstehung neuer Bruchlinien. Es entwickelten sich dabei Impulse für eine Demokratisierung, die weit über das Pinochet-Regime hinausreichten und die Voraussetzungen für den Übergangsprozeß schufen.

Im Umgang mit diesen Bruchlinien erwies sich die große Bedeutung sozialwissenschaftlicher Forschungsinstitute, die als Foren der Aushandlung neuer Zukunftsvorstellungen dienen konnten. Zwar darf nicht der Eindruck entstehen, als hätte die intellektuelle Elite Chiles die Diktatur hinweggeschrieben oder -diskutiert, doch bestanden hier Möglichkeiten, Entwürfe vorzuschlagen, die gesellschaftliche Spaltungen überwinden helfen konnten. Zugleich zeigte sich, daß viele der Architekten des neuen Chile nach der Demokratisierung politische Ämter übernehmen und an der Verwirklichung der Neuordnung mitwirken konnten. Als Ergebnis dieses Prozesses gewannen Zukunftsvorstellungen an Bedeutung, die sowohl die sozialistische Utopie als auch die Hinterlassenschaften der Diktatur überwinden halfen.

Doch wäre es nicht denkbar, daß diese Institutionen selbst radikalisierend gewirkt und dazu beigetragen haben könnten, in diesen Konflikten zu polarisieren? In der Tat unternahmen einige Institute Versuche in diese Richtung. Die Erfahrungen zeigten jedoch, daß eine Kerngruppe von Intellektuellen im Falle eines radikalen Konfliktes sehr wohl einen vermittelnden Einfluß ausüben kann, obwohl das natürlich nicht zwangsläufig so sein muß. Doch im Falle Chiles wurden die Institute zu den Stätten, von denen aus das kollektive Bewußtsein einer von traumatischen Erlebnissen gezeichneten Gesellschaft in Freiheit neu begründet werden konnte.

1 Furet, François, 1995, *Le passé d'une illusion*, Paris.
2 Valenzuela, Arturo, 1978, *The Breakdown of Chilean Democracy*, Baltimore und London, S. 35 und Anm. 21, S. 118.
3 Fukuyama, Francis, 1992, *Das Ende der Geschichte. Wo stehen wir?*, München. Siehe auch Diamond, Larry, und Plattner, Mark F., Hg., 1993, *Capitalism, Socialism and Democracy Revisited*, Baltimore und London. Das Thema bezieht sich natürlich auf das klassische Werk von Lipset, Seymour Martin, 1959, *Political Man: The Social Bases of Politics*.
4 Zum Gründungscharakter des Regimes siehe De Castro, Sergio, u. a., *El Ladrillo*. Diese Schrift wurde in Vervielfältigungen vor dem Militärcoup in Umlauf gebracht und 1993 vom Centro de Estudios Públicos, der Zeitschrift *Economía y Sociedad* (vor allem die erste Fassung) dem Magazin *Realidad* erneut veröffentlicht. Eine kritische Analyse findet sich bei Garretón, Manuel Antonio, 1983, *El proceso político chileno*, Santiago, und Kommentare bei Gallagher, David, 1984, in *Estudios Públicos*, Nr. 13.
5 »Informe de la Comisión Nacional de Verdad y Reconciliación«; auszugsweise in *Estudios Públicos* Nr. 41, Verano 1991.
6 Constable, Pamela, und Valenzuela, Arturo, 1991, *A Nation of Enemies: Chile under Pinochet*, New York.
7 Talavera, Arturo Fontaine, 1995, »Significado del eje derecha-izquierda«, *Estudios Públicos*, Nr. 58, Santiago.
8 Siehe Valdés, Juan Gabriel, 1993. La escuela de Chicago, operación Chile, Buenos Aires, und Sunkel, Guillermo, 1983, *El Mercurio: 10 años de educación político-ideológica 1969–1979*, Santiago. Siehe ferner Talavera, Arturo Fontaine, 1993, »Acerca del pecado original de la revolución cpaitalista chilena«, in Levine, Barry B., 1993, *El Desafio Neoliberal*, Bogotá.
9 So beispielsweise die Männer, die den Kurs der Wirtschaftspolitik bestimmten, wie die Minister Jorge Causas, Sergio De Castro, Pablo Baraona und Sergio de la Cuadra; im politischen und institutionellen Bereich sind die Juraprofessoren Sergio Fernández (zweimaliger Innenminister) und Jaime Guzmán (politischer Berater) zu nennen.
10 So Falcoff, Mark u. a., 1988, *Chile: Prospects for Democracy*, New York.
11 Flacoff, Mark, 1985, »Pinochet: the Next Somoza«, *Policy Review*, 34, Herbst.

12 Constable, Pamela, und Valenzuela, Arturo, 1986, »Is Chile Next?«, *Foreign Policy*, 63, Sommer.
13 Constable und Valenzuela, 1991, S. 291.
14 Die National Endowment for Democracy (NED) war wichtig, 1) weil sie die unabhängigen CEP- und CED-Flacso-Umfragen finanzierte, die nach fast zwei Jahrzehnten Diktatur die ersten Brücken zwischen den Bürgern und der Führung herstellten; 2) weil sie Finanzmittel beitrug und Erfahrungen einbrachte, wie man die Bürger mobilisieren könne, sich ins Wahlregister eintragen zu lassen und dann auch zu wählen; 3) weil sie die Wahl selbst überwachte, sowohl was die Wahlgesetze und -verordnung betraf als auch die tatsächliche Stimmenauszählung. Eine Erhebung ausgewählter Wahlbezirke erlaubte eine genaue Schätzung der Ergebnisse, die über den Rundfunk verbreitet werden konnte, bevor noch das amtliche Endergebnis feststand. Fest steht außerdem, daß die mit der Weltbank und dem Internationalen Währungsfonds ausgehandelten Kredite die Technokraten und Geschäftsleute zwangen, den politischen Variablen mehr Aufmerksamkeit zu widmen, die sie bislang eher hatten mißachten können.
15 Für eine ökonomische Analyse dieser Reformen vgl. Edwards, Sebastian, und Cox, Alexandra, 1991, *Monetarism and Liberalization*, Chicago; Fontaine, Juan Andrés, 1993, »Transición económica y política en Chile«, *Estudios Públicos*.
16 Siehe hierzu beispielsweise Piñera, José, 1976, »Hacia un neuvo modelo político«, *Economía y Sociedad*, Nr. 2, April; Guzmán, Jaime, 1979, »El camino político«, *Realidad*, Nr. 7. Piñera war einer der wichtigsten Minister der ökonomischen Ära unter General Pinochet, zuständig für wichtige Reformen im Bereich Arbeit und soziale Sicherheit. Guzmán war der wichtigste politische Berater General Pinochets und übte beträchtlichen Einfluß auf die Formulierung der Verfassung von 1980 sowie den Zeitplan für den Übergang aus, der damals festgelegt wurde.
17 Summer, A., und Heston, R., *World Press Tables,* NBER, Version 5.6.
18 Balassa, Bela, 1984, »Experimentos de política económica en Chile«, *Estudios Públicos*, Nr. 14, Oktober, S. 80. Zahlen für 1980: Banco Mundial, 1992, *Informe de Desarrollo Humano 1992*, Washington. Den Zahlen liegt der Dollarkurs von 1985 zugrunde.
19 Die Zahlen wurden auf der Grundlage der Daten geschätzt, die enthalten sind in Banco Central, *Informe económico y social 1960–1988.*
20 Méndez, Roberto, u. a., 1989, »¿Por qué ganó el NO?«, *Estudios Públicos,* Nr. 33, Santiago.
21 Castañeda, Tarsicio, 1984, »Contexto socioeconómico y causas del descenso de la mortalidad infantil en Chile«, *Estudios Públicos,* Nr. 16, Frühjahr.
22 Balassa, 1984, S. 80.
23 Balassa, 1984. Die Zahlen für Telefone für 1988 stammen aus Banco Mundial, 1992, *Informe de desarrollo humano 1992*, Washington. Die Angaben zu den Autos stammen aus Instituto Nacional de Estadísticas, 1993, *Compendio estadístico 1991*, Santiago. Die Angaben zu den Waschmaschinen und Kühlschränken finden sich in *Censo de Población 1992.* Angenommene Einkommenselastizität: 1,5; Bevölkerungselastizität: 1.
24 Gallup, 1982, *Indice Gallup de opinión y mercado*, Santiago, S. 0, sowie *Censo Nacional de población y vivienda,* Santiago, 1994.
25 Auch die traditionellen Anbauformen wurden modernisiert. 1970 belief sich die Produktion von Weizen und Mais pro Hektar Land auf 13,9 bzw.

31,1 metrische Quintals [1 Quintal = 100 kg, A. d. Ü.]; 1988 auf 24 bzw. 75,3 metrische Quintals. Siehe Véliz, Héctor, 1989, »La agricultura chilena y los indicadores sectoriales internacionales«, *Estudios Públicos*, Nr. 30.

26 Siehe Fernández, Sergío, 1984, *Mi lucha por la democracia*, Santiago.

27 Siehe Fontaine Talavera, Arturo, 1984, »Riqueza y estabilidad«, *Economica y Sociedad*, Nr. 24, April.

28 Centro de Estudios Públicos, 1987, »Estudio social y de Opinión Pública en la Población de Santiago«, *Documento de Trabajo*, Nr. 83.

29 Centro de Estudios Públicos, *Documento de Trabajo*, 1988, Nr.102, und 1991, Nr. 151.

30 Irarrázaval, Ignacio, 1993, »Una mirada diferente al estrato socioeconómico bajo«, *Estudios Públicos*, Nr. 43.

31 Puryear, Jeffrey, 1994, *Thinking Politics*, London, S.161.

32 Puryear, 1994, S.164.

33 Brunner, José Joaquín, 1985, *Estudios Públicos*, Nr. 19, Winter, S.166.

34 Lladser, María Teresa, 1986, *Centros Privados de Investigación en Ciencias Sociales en Chile*, Santiago.

35 In der Literatur über diese Seminare finden sich auch Bücher, die von CED und *Estudios Públicos* veröffentlicht wurden.

36 Brunner, José Joaquín, zitiert in Constable und Valenzuela, 1991, S.252. Brunner gehört der gegenwärtigen Regierung an.

37 Moulián, Tomás, 1986, »Estabilidad Democrática en Chile: Una Mirada Histórica«, CIEPLAN, *Democracia en Chile: Doce Conferencias*, Santiago.

38 Puryear, 1994, S.25–32.

39 Góngora, Mario, 1986, *Ensayo Histórico sobre la Nación de Estado en Chile en los Siglos XIX y XX*, Santiago (Erstausgabe 1981).

40 Siehe Hunneus, Carlos, 1985, »La política de la apertura y sus implicancias para la inauguración de la democracia en Chile«, *Revista de Ciencia Política*, Band VII, Nr. 1.

41 Eine CEP-Umfrage von 1988 ergab beispielsweise, daß 14 Prozent der Befragten wünschten, daß »die politischen, ökonomischen und sozialen Gedanken des nächsten Präsidenten« den Gedanken von Präsident Allende näher stünden. Centro de Estudios Públicos, 1988, *Documento de Trabajo*, Nr. 102, Santiago.

42 Boeninger, Edgardo, u.a., 1985, *Orden Económico y Democracia*, Santiago, S.23 und S.85.

43 Siehe beispielsweise Foxley, Alejandro, 1982, »Algunas condiciones para una democracia estable: el caso de Chile«, *Colección Estudios Cieplán*, November; und Foxley, Alejandro, 1983, »Después del monetarismo«, *Reconstrucción Económica para la democracia*, Cieplán, Editorial Aconocagua. Siehe ferner Foxley, Alejandro, u.a., 1984, *El futuro democrático de Chile: 4 visiones*, Santiago.

44 Diese Sichtweise wurde u.a. vorgetragen von García, Eduardo, 1984, »Papel de estaado como promotor y regulador del proceso de desarrollo económica«, *Chile económico.*. Siehe auch Taller de industrias de la agrupación de economistas socialistas, 1984, »Una estrategia de industrialización«, Santiago.

45 Eine Diskussion der »Übereinkunft« mit den hauptsächlichen Befürwortern und Gegnern findet sich in Avetikian, Tamara, 1986, »El Acuerdo Nacional y la democracia«, *Estudios Públicos*, Nr. 21.

46 Siehe hierzu Fontaine Talavera, 1993. Dieser Text enthält eine detailliertere Darstellung der Untersuchungen, Artikel und führenden Personen des Netzwerks der Forschungszentren.

47 CEREN beispielsweise wurde nach dem Staatsstreich von der Katholischen Universität geschlossen. Mehrere Forscher des Instituts kehrten später nach Chile zurück und wurden von Flasco aufgenommen.

48 Das wurde reichlich dokumentiert. Siehe Tironi, Eugenio, 1989, *La campaña del no vista por sus creadores*, Santiago, 1989, und Sunkel, Guillermo, 1992, »El uso político de las encuestas de opinión púbulica«, *Documento de Trabajo,* Nr. 18, Serie Educación y cultura,. Santiago: Flasco.

49 Besonders hinzuweisen ist hier auf Alejandro Foxley, Finanzminister und früherer Direktor von CIEPLAN; Edgardo Boeninger, Minister und ehemaliger Direktor des CED, und sein engster Mitarbeiter, Angel Flisfish, politischer Analytiker bei Flasco; Eugenio Tironi, Unterstaatssekretär für Kommunikation, ehemaliger Direktor von SUR; René Cortázar, Arbeitsminister, CIEPLAN-Ökonom, und José Pablo Arellano, Budgetdirektor.

Ann Bernstein

Südafrika: Normative Konflikte, soziale Kohäsion und Vermittlungsinstitutionen[1]

Südafrika im Jahre 1996: eine Gesellschaft, die sich in einem tiefgreifenden Transformationsprozeß befindet. Diese Transformation erfaßt alle Aspekte des südafrikanischen Lebens und bringt ausgesprochen nachhaltige Wirkungen mit sich. In manchen gesellschaftlichen Bereichen verlief der Übergang in eine nichtrassistische und demokratische Gesellschaft für die Betroffenen schnell und (bislang) verhältnismäßig wenig traumatisch. In anderen Bereichen beginnen sich erst jetzt erste Wirkungen des Wandels abzuzeichnen; hier sind die Folgen in ihrer Gesamtheit noch nicht deutlich sichtbar. Der vorliegende Beitrag befaßt sich also mit einer Gesellschaft, die sich in einer umfassenden – aber ausgehandelten und vereinbarten – Revolution befindet. Diese Tatsache erschwert es, wie noch zu zeigen sein wird, einen in Vergangenheit und Gegenwart sowie voraussichtlich in der Zukunft wichtigen normativen Konflikt in Südafrika zu bestimmen und zu analysieren. Deshalb ist dieser Beitrag etwas anders strukturiert als die anderen Länderberichte in diesem Buch.

Der Beitrag beginnt mit einer Beschreibung des historischen und zentralen Konfliktes in Südafrika: die Apartheid mit ihren Auswirkungen auf alle Aspekte des südafrikanischen Lebens in den vergangenen 45 Jahren. Dieser fundamentale, alles übergreifende normative Konflikt über das Wesen und die Zukunft des Landes trug zur Entstehung einer Reihe wichtiger strategischer, politischer und letztlich auch normativer Gegensätze bei, die zwischen den Gegnern der Apartheid (im In- wie auch im Ausland) über die Frage bestanden, wie man sich gegen dieses System stellen solle. Ich werde diese verschiedenen normativen Konflikte beschreiben und definieren; sie enthalten zahlreiche Annahmen über die Beschaffenheit des Wandels in einer sich entwickelnden Gesellschaft und über die Beziehung zwischen Mitteln und Zielen im Kampf um die Transformation Südafrikas und um die Schaffung eines besseren Regierungssystems. All diese verschiedenen Ansätze zur Beantwortung der Frage, wie man dem Apartheidsystem gegenübertreten und es verändern könne, betreffen Probleme, die bereits auftraten und gewiß auch im System der Postapartheid wieder sichtbar werden.

Im Anschluß daran wird der Beitrag einen Blick auf den bemerkenswerten politischen Übergangsprozeß werfen, der in den vergangenen fünf Jahren in Südafrika stattgefunden hat. Die Einschätzung und das Verständnis vieler Beobachter in bezug auf diesen einzigartigen Transitionsprozeß konzentrierten sich häufig nur auf die dramatischen und offenkundigen politischen Entwicklungen seit der Ankündigung des Staatspräsidenten, das Verbot des Afrikanischen Nationalkongresses ANC, der Südafrikanischen Kommunistischen Partei SACP und anderer Bewegungen werde aufgehoben und Nelson Mandela aus der Gefangenschaft entlassen. In dem vorliegenden Beitrag wird argumentiert, daß bei dieser bislang erstaunlich erfolgreichen Transformation zwei miteinander verwandte, aber sehr unterschiedliche und sehr wichtige Komponenten wirksam waren. Diese Aspekte werden zum einen als »Stille Revolution« – *de facto*-Desegregation und Machtzuwachs der farbigen Bevölkerung –, zum anderen als »kleines Wunder« bezeichnet – politische Verhandlung und verhältnismäßig friedliche Einführung der Demokratie zum ersten Mal in der südafrikanischen Geschichte. Im Anschluß daran wird die Bedeutung der Wirtschaft als vermittelnde Institution untersucht, vor allem die Rolle der Wirtschaft während der Apartheid und während des Übergangs zu einer neuen, demokratischen Ordnung.

Der Beitrag wird sich dann der Untersuchung der neuen normativen Konflikte und der wichtigsten Fragen zuwenden, vor denen Südafrika heute steht. Bei der Darstellung von potentiellen Gegensätzen und Konflikten, mit denen das »neue Südafrika« konfrontiert ist, wird sich der Beitrag vor allem auf eine bestimmte Herausforderung konzentrieren: die Wiedereinführung rechtsstaatlicher Prinzipien. In diesem Kontext werden die mediatisierende Rolle des Rechtssystems und die dramatischen Folgen langjähriger Vernachlässigung der strafrechtlichen Behandlung von Rechtsverstößen zu untersuchen sein. Der letzte Abschnitt schließlich wird sich allgemein mit Vermittlungsinstitutionen befassen.

1. Der südafrikanische Konflikt

Bis 1994 gab es einen zentralen normativen Konflikt, der alles andere in und um Südafrika beherrschte und überschattete: die Apartheid. Das System bestand aus einer Vielzahl von Werten und Handlungsweisen, die eine sehr ausgeprägte normative Position umfaßten und die von einer kleinen Gruppe jedem anderen Gesellschaftsmitglied aufgezwungen wurden. Bei diesen Normen handelte es sich um die grundlegenden Fragen des nationalen Lebens: Wer gilt als südafrikanischer Bürger, welche Rechte stehen den Menschen zu, und in welcher Beziehung stehen sie zum Staat und zueinander? Seit Jan van Riebeek, 1652 aus Holland kommend, in Südafrika landete und eine Siedlung am Kap der Guten Hoffnung gründete, waren die meisten Weißen in Südafrika überzeugt, den schwarzen Südafrikanern überlegen zu sein und das Herrschaftsrecht über die immer größeren Gebiete zu besitzen, die sie unter ihre militärische Kontrolle bringen konnten.

Schon um die Mitte des 20. Jahrhunderts zeigte sich, daß die vorherrschende weiße Ideologie der Überlegenheit, Segregation und Diskrimination gegenüber den farbigen Südafrikanern allmählich unterminiert und erodiert wurde. Auslösende Momente dieser Entwicklungen waren die im Umfeld der Städte erfolgende Industrialisierung sowie weltweite Entwicklungen und Veränderungen der Grundhaltungen, die sich seit dem Zweiten Weltkrieg unaufhaltsam ausbreiteten. Obwohl sich auf dem gesamten Kontinent ähnliche Trends abzeichneten, beschleunigte sich dieser Prozeß in Südafrika nicht weiter; vielmehr wurde der Prozeß einer allmählichen Lockerung der Rassensegregation nach der Machtübernahme durch die von den Afrikaandern[2] beherrschte National Party wieder umgekehrt. Von 1948 an brachte die als Apartheid bekanntgewordene Politik die Segregation zu ihrer logischen Vollendung. Die politischen Strategien und Programme der Apartheid waren systematischer und unilinearer angelegt und wurden sehr viel rücksichtsloser durchgesetzt als frühere Segregationsansätze. Ende der 50er und Anfang der 60er Jahre hatte sich diese neue und eher formale Ideologie der Rassendiskrimination in ein hochkomplexes System politischer, sozialer und ökonomischer Regeln entwickelt, die mit rassistischen Normen und Vorstellungen verbunden waren und das gesamte Land beherrschten.

Im Mittelpunkt des Apartheid-Gedankens stand die Suche nicht nur nach einem System, sondern im Grunde auch nach einer Vernunftlösung des zentralen südafrikanischen Dilemmas, wie es Mitglieder der National Party (NP) definieren würden. Dieses Land am Südzipfel Afrikas wurde von vielen verschiedenen Rassen- und Stammesgruppen bewohnt. Den Vorstellungen der Nationalisten zufolge zeigte die internationale Erfahrung, daß so unterschiedliche Gruppen nicht glücklich und erfolgreich zusammenleben konnten, und Gewalt sogar unweigerlich folgen mußte, wenn sie dies versuchten. Daraus entwickelte sich das komplexe System der Apartheid mit seinem abenteuerlichen Plan, Teile des Landes als *»homelands«* den verschiedenen Stammesgruppen der Farbigen in Südafrika zuzuweisen (meistens handelte es sich um die ärmsten und rückständigsten Gebiete). 1970 gingen die Planer der Apartheid sogar so weit zu erklären, daß es im Laufe der Zeit gar keine schwarzen südafrikanischen Bürger mehr geben würde. Diese erstaunliche Vorstellung basierte auf der Behauptung, später würden alle schwarzen Menschen Bürger ihrer *home-*

lands sein, selbst wenn sie noch nie dort gewesen waren, die Sprache nicht beherrschten und dort auch gar nicht leben wollten.

In vielerlei Hinsicht kann man die Apartheid als eine außerordentlich kompexe Politik begreifen, die darauf zielte, die natürlichen und unvermeidlichen politischen und sozialen Wirkungen des Wirtschaftswachstums zu verhindern. Der Grundsatz, daß die Farbigen nicht Bürger des Gesamtstaates Südafrika seien, sondern nur ihrer jeweiligen Landesreservate (alle neun *homelands* zusammen umfaßten nur etwa 13 Prozent der Gesamtfläche), diente den Apologetikern der Apartheid als Rechtfertigung, der schwarzen Bevölkerung das unbegrenzte Aufenthaltsrecht in den aufblühenden städtischen Gebieten und den kommerziellen Landwirtschaftsgebieten der Weißen zu verwehren. Schwarze Südafrikaner durften zwar in den Städten und auf den Farmen für die Weißen arbeiten, aber als ihre eigentliche Zukunft und Heimat wurden die ländlichen Reservate oder Bantustans angesehen, und nur dort durften sie auch ihre politischen Rechte wahrnehmen. Zur Verwirklichung und Durchsetzung dieser Politik wurden beträchtliche staatliche Mittel investiert. Millionen von Menschen wurden zwangsweise aus ihren Häusern oder von ihrem Land umgesiedelt. Hunderttausende von Bürokraten, Polizisten, Inspektoren, Soldaten und letztlich auch unzählige Waffen wurden benötigt, um die Apartheidpolitik auf Kurs zu halten und jede Opposition zu unterdrücken. Durch die Apartheid entstanden kleine, absurd überbevölkerte Landreservate mit geringen wirtschaftlichen Perspektiven, und noch geringer waren die Erwartungen hinsichtlich der Infrastruktur, der Bildung oder der sozialen Einrichtungen. Die wachsende Verarmung, die Entbehrungen und die Verzweiflung, die in diesen Gebieten herrschten, wirkten als »*push*«-Faktoren und veranlaßten die Menschen, in die Zentren mit ihren Chancen und ihrem wirtschaftlichem Wachstum abzuwandern – also gerade in die Städte, welche die Apartheidpolitik den Weißen »vorbehalten« wollte. Als Folge der Politik entstanden Diskrimination und Verarmung. Weil die Schwarzen in den Städten keinerlei Bürgerrechte besaßen und unter entsetzlichen

Bedingungen leben mußten, wuchsen gerade dort die Gewalt und die Unruhe, welche die Ideologen dieser Politik zu verhindern gehofft hatten.

Schon seit langem war die wachsende, moderne und in aller Regel städtische Wirtschaft von vielen Gegnern des Apartheidgedankens in der weißen und farbigen Bevölkerung Südafrikas als wichtigste mediatisierende Institution angesehen worden, die es den vielen verschiedenen Völkern Südafrikas ermöglichen würde, ein gemeinsames Land aufzubauen und eine gemeinsame Identität zu entwickeln. Diesem Verständnis zufolge fungiert die Marktwirtschaft als entscheidender Anziehungspunkt für die verschiedenen Völker in Südafrika (und im südlichen Afrika), der einen für alle verbindlichen Gemeinschaftszweck und eine gemeinsame Kultur ermöglichen würde. Mit diesem Thema wird sich dieser Beitrag später befassen. Zunächst sollen die normativen Konflikte dargestellt werden, die als Antwort auf die Verhängung der Apartheid durch eine kleine (aber militärisch und politisch mächtige) Minderheit über die große Mehrheit der Bevölkerung entstanden.

Wie man sich vorstellen kann, riefen die Normen und Wirkungen der Apartheidpolitik eine gewaltige Gegenreaktion hervor, die ihrerseits zu weiteren gleichermaßen aufgeheizten und alles durchdringenden normativen Gegensätzen führte. Seit ihrer Inkraftsetzung wurde in weißen Kreisen und noch sehr viel heftiger in der schwarzen Politik hitzig über die verschiedenen Möglichkeiten der Opposition diskutiert. Die vielschichtige Debatte über die Frage, wie auf die Apartheidpolitik geantwortet werden könne, wie damit zu leben sei und wie man gegen sie vorgehen könne, führten zu vielen unterschiedlichen Ansichten. Hier sollen die verschiedenen Oppositionsformen untersucht werden, da sie selbst wichtige normative Fragen aufwerfen und Probleme beleuchten, die vielen Aspekten der heutigen südafrikanischen Politik zugrunde liegen.

Die Antwort auf die Apartheid brachte fünf verschiedene Reaktionstypen hervor. Der erste Typ kennzeichnet den vom ANC eingeschlagenen Weg der »gewaltsamen Opposition«. Am Beginn der Apartheid, als der ANC noch nicht verboten war, organisierte er intern den Widerstand gegen die Gesetze und ihre Inkraftsetzung. Die kleine Organisation hatte niemals mehr als eine Million Mitglieder; sie war nicht in der Lage, die Durchsetzung der Apartheidgesetze durch friedlichen internen Widerstand zu verhindern. Der Staat reagierte auf ihre Aktionen mit Repressalien und der Gefangennahme ihrer Führer. Nach zwölfjähriger Herrschaft der NP wurde der ANC als Organisation verboten; er ging ins Exil und bildete eine Guerillabewegung.

Damals ging die Rede, der ANC verfüge über die am wenigsten wirksame Militärmacht des ganzen Kontinents, sei aber entschlossen, sich mit dem stärksten Staat des Kontinents auf dessen stärkstem Gebiet, der Militärmacht, anzulegen. Im Exil jedoch erwies sich der ANC in der Welt der internationalen Diplomatie als weit erfolgreicher; im Laufe der Zeit konnte er sich als einzige legitime Stimme aller schwarzen Südafrikaner und rechtmäßiger Nachfolger des Apartheidregimes verstanden wissen. Der ANC beeinflußte das Denken und Handeln der westlichen Welt in der Südafrikafrage, vor allem in den letzten Stadien des Regimes während der 80er Jahre. Im Zentrum dieser Oppositionspolitik stand die Überzeugung, daß der rigide autoritäre Staat, den die NP aufgebaut hatte, nur durch eine Strategie bekämpft werden könne, welche die verschiedenen Formen gewaltsamer Opposition mit einer völligen internationalen Isolierung des »rassistischen Regimes« und einem Wirtschaftsboykott zur Schwächung der »weißen Volkswirtschaft« verband. Bei dieser Strategie ging man von der Annahme aus, daß das Land von einem unbeweglichen Regime beherrscht werde und eine sogenannte »totale Revolution« anzustreben sei. Insgesamt könne die Strategie einen wirksamen Mechanismus darstellen, um Südafrika grundlegend zu verändern.

Der zweite Reaktionstypus bestand in der Gründung innenpolitischer Massenorganisationen. Diese Phase begann in den 70er Jahren und hielt bis in die 80er Jahre hinein an. Die Massenbewegungen traten eher für eine Art »Revolution der kleinen Schritte« und weniger für einen gewaltsamen, von außen ausgelösten und einmaligen Umsturz ein. Mit dem Wachstum der südafrikanischen Wirtschaft und der zunehmenden Zahl von Farbigen, die in der Industrie und in den städtischen Gebieten arbeiteten, entwickelten sich zunächst Gewerkschaften und dann auch städtische Gemeinschaftsorganisationen, die zu mächtigen Akteuren in der Innenpolitik des Landes wurden. Sie legten auf demokratische Entscheidungsprozesse innerhalb ihrer Organisationen besonderen Wert, traten für einen repräsentativen Führungsstil ein und gestalteten so die Grundzüge der Opposition aus dem Innern heraus. In vielerlei Hinsicht waren sie die effektivsten und mächtigsten Gegner des Apartheid-Regimes. Ihre Beziehungen zum ANC im Exil waren kompliziert. Emotional betrachteten sich viele der im Inland verbliebenen Widerstandskämpfer als dem ANC zugehörig, aber in ihren strategischen Überlegungen zu dem Veränderungsprozeß und in ihren Einstellungen zum herrschenden Regime unterschieden sie sich vom ANC. Da sie im Inland wohnten, vertraten sie eine viel pragmatischere Grundhaltung, die man mit dem Satz »Wenig ist besser als gar nichts« umschreiben könnte. Obwohl viele dieser Menschen den ANC bei seinem geheimen bewaffneten Kampf unterstützt haben dürften, waren die meisten doch sehr viel stärker mit dem komplizierten inneren Widerstand gegen die Apartheidgesetze und die darauf fussenden konkreten Praktiken in den Betrieben oder in den Kommunen befaßt. Der Südafrikanische Gewerkschaftskongreß (*Congress of South African Trade Unions*, Cosatu) und die Ansammlung von bürgerlichen und Gemeinschaftsorganisationen, aus denen die *United Democratic Front* (UDF) bestand, waren vollkommen mit der komplizierten und mühevollen Aufgabe beschäftigt, ein im südafrikanischen Kontext funktionierendes System der Arbeitsbeziehungen aufzubauen oder in den vielen Städten und Gemeinden im Land für den Grundsatz »Eine Stadt – eine Volkswirtschaft« einzutreten.

Der dritte Reaktionstypus auf die Apartheid betraf einen ganz andersartigen innenpolitischen Akteur. Dabei handelte es sich um Gegner der Apartheid, die jedoch durch ihre jeweiligen Lebens- und Arbeitsbedingungen, aus Opportunitätserwägungen oder aufgrund ihrer Identität oder Stellung gezwungen waren, das System von innen heraus zu bekämpfen. Ein Beispiel für diese Reaktionsform sind Chief Buthelezi und seine *Inkatha*-Bewegung (die in den 90er Jahren eine politische Partei wurde, die *Inkatha Freedom Party*). Chief Buthelezi weigerte sich in den 70er und 80er Jahren, die Unabhängigkeit der *KwaZulu-Homelands* zu akzeptieren. Das Apartheid-Regime wurde auf diese Weise daran gehindert, den etwa sechs Millionen Südafrikanern des Zulu-Volkes die südafrikanischen Bürgerrechte zu verweigern. Die Bedeutung dieses Vorgangs bestand darin, daß viele in der herrschenden NP gezwungen wurden, die Prämissen der »großen Apartheidstrategie«[3] – »keine schwarzen Bürger Südafrikas« – noch einmal zu überdenken. Ein weiteres Beispiel für einen Akteur, der dem System von innen her mit kleinen Schritten entgegentrat, war die weiße oppositionelle *Progressive Party*. Die Pionierrolle dieser kleinen liberalen Partei wurde rund 13 Jahre lang nur durch eine einzige Abgeordnete – Helen Suzman – wahrgenommen. Die Partei bekämpfte jedes einzelne Apartheidgesetz von ihrer parlamentarischen Basis aus und benutzte den Schutz und die Privilegien, die sich daraus ergaben, um sich faktische Informationen über die Wirkungen der Apartheidpolitik auf die Gesellschaft als Ganze und auf die Millionen Betroffenen zu verschaffen, die unter den furchtbaren Wirkungen dieser Politik zu leiden hatten. Die Partei klärte weiße (und schwarze) Südafrikaner über die Folgen der Apartheidgesetzgebung auf und trug dazu bei, in der Öffentlichkeit demokratische und nichtrassistische Ideale lebendig zu erhalten.

Die vierte Reaktionsform auf die Apartheid stellten jene Menschen dar, die den Kopf senkten und ihr Leben weiterlebten. Für viele (meistens weiße) Menschen bedeutete dies eine relativ normale Existenz; andere (meistens schwarze Südafrikaner) mußten als Folge der Apartheidpolitik größtes Leid ertragen (Zwangsumsiedlungen in städtischen und ländlichen Gebieten; Verweigerung der Möglichkeit zum Besuch von Schule oder Universität oder Benachteiligung am Arbeitsplatz).

Der fünfte Reaktionstypus betrifft die große Anzahl von

Menschen, von denen angenommen werden kann, daß sie sich dem System anschlossen und in der einen oder anderen Weise mit ihm kollaborierten. Häufig wird übersehen, daß es eine beträchtliche Zahl von schwarzen Südafrikanern gab, die aus dem Apartheidsystem einen Nutzen zogen, Karriere machten und verhältnismäßig reich wurden. Das war möglich, indem sie sich an dem von den Apartheidgesetzen vorgesehenen Feigenblatt einer politischen Repräsentation der schwarzen Bevölkerung beteiligten. Manche dieser Menschen erschlossen für sich auch wirtschaftliche Möglichkeiten in den Nischen der Segregation oder im Verlauf der allmählichen Erosion der Rassentrennung.

Angesichts dieser so verschiedenartigen Reaktionsformen auf die Apartheid entwickelten sich auch signifikante normative Unterschiede zwischen den zahlreichen Akteuren. In konzeptioneller Hinsicht betrafen diese Unterschiede eine Reihe allgemeiner und grundlegender Fragen: die Beziehung zwischen Apartheid und Kapitalismus in Südafrika; gewaltsame Revolution versus gewaltlosen graduellen Wandel, die Endziele des Wandels und die zu verfolgende Strategie, auch in bezug auf die Veränderungsprozesse in modernen, sich industrialisierenden Gesellschaften; die Frage, ob zu einem »neuen Utopia« nur ein Weg führe, oder ob es vielschichtige Ansätze für die Veränderung eines großen und komplexen Gesellschaftssystems gäbe; die Einstellung zur Gewalt und ihre Wirkungen auf das Regime und innerhalb der Gemeinden; das Wesen des südafrikanischen Staates und die Frage, wie man am besten seinen wunden Punkt finden, gegen seine Politiken eintreten und Fortschritte auf dem Weg zu einer nichtrassistischen Gesellschaft erzielen könne. Die verschiedenartigen Sichtweisen umfaßten nicht nur die Frage, wie man gegen die Apartheid opponieren könne, sondern auch, wie der Übergang zu einer neuen politischen Ordnung zu bewerkstelligen sei. Eine wichtige Frage lautete, welche neue Art von Gesellschaft an die Stelle der alten Apartheidordnung treten solle – eine konstitutionelle, auf den Menschenrechten basierende Verfassung oder ein sozialistischer Staat im Stil des Ostblocks? Insgesamt läßt sich feststellen, daß der Anspruch auf Macht die zentrale Bruchlinie zwischen dem Apartheidregime und seinen verschiedenen Opponenten darstellte, und daß diese Ansprüche verbunden waren mit sehr verschiedenartigen Vorstellungen über die Normen und Werte, die der südafrikanischen Gesellschaft zugrundegelegt werden sollten.

In diesem Zusammenhang ist festzuhalten, daß der in den 80er Jahren herrschende Konflikt zwischen den Befürwortern der Opposition zum Apartheidregime nicht auf die konzeptionelle Ebene beschränkt war. ANC-Funktionäre lieferten sich brutale Auseinandersetzungen mit den Gefolgsleuten von Chief Buthelezi, und dieser Kampf setzt sich in den blutigen Konflikten fort, welche die Provinz KwaZulu/Natal bis heute heimsuchen. In dieser Region hat es seit September 1987 keinen friedlichen Monat mehr gegeben; zwischen Januar 1991 und Dezember 1994 kamen bei den Kämpfen über 5000 Menschen ums Leben.[4] Die Region ist ein einziges Arsenal tödlicher Waffen, darunter viele Sturmgewehre, die unter Geheimhaltung von der *South African Defence Force* nach Renamo in Mosambique geliefert worden waren und von dort über die Grenze in das Land zurückkamen. Andere Waffen stammen aus geheimen Waffenlagern, die von der *Umkhonto we Sizwe* angelegt worden waren, nachdem der ANC den Guerillakrieg gegen die weiße Minderheitsherrschaft ausgesetzt hatte.

2. Südafrikas ausgehandelte Revolution

Der politische Übergang im Südafrika der 90er Jahre stellt ein bemerkenswertes Ereignis dar. Die Entwicklungen begannen in der Gefängniszelle Nelson Mandelas mit seinen Versuchen seit der Mitte der 80er Jahre, Verhandlungen über einen friedlichen Übergang in Südafrika einzuleiten. Ergänzend dazu, fanden in britischen und Schweizer Hotels Unterredungen zwischen Mitgliedern des verbannten ANC und Führern ihrer »terroristischen« Streitkräfte zunächst mit Afrikaander-Akademikern und später mit Mitgliedern der Geheimdienste des Landes statt. Dieser verblüffende, »hinter den Kulissen« ablaufende Prozeß wurde 1990 publik, als der Staatspräsident ein politisches Pokerspiel mit hohem Einsatz einleitete. Im »weißen« Parlament verkündete er die Freilassung Nelson Mandelas und gleichzeitig die Aufhebung des Verbotes des ANC und der mit ihm verbündeten Organisationen. Nachdem die Befreiungsbewegung und ihre Führungen jahrzehntelang als ein Feind gebrandmarkt worden waren, der von »Terroristen« und »Kommunisten« beherrscht werde, kann man die Bedeutung dieser Entwicklung kaum überschätzen. Neun Tage später verließ Nelson Rohlilahla Mandela das Victor-Verster-Gefängnis als freier Mann. Er war wegen Sabotage und Umsturzverschwörung gegen die weiße Minderheitsregierung zu lebenslanger Freiheitsstrafe verurteilt worden; seine Gefangenschaft hatte 27 Jahre, 6 Monate und eine Woche gedauert. Die historische Haftentlassung Mandelas kennzeichnete den Beginn eines Verhandlungsprozesses, der schließlich, vier Jahre später, in einer neuen Verfassung für Südafrika und in Mandelas Amtseinführung als Präsident am 10. Mai 1994 seine Höhepunkte fand.

In den Straßen der Städte im ganzen Land feierten die Menschen Mandelas Entlassung. Den Berichten zufolge »benahmen« sich die meisten gut, aber »ein paar Schwarze (in Johannesburg) verspotteten Weiße und schrien: ›Die Freiheit kommt. Weiße haut ab.‹«[5] Aber nicht alle waren glücklich. Eine Gruppe von ungefähr 2000 Angehörigen der *Afrikaner Weerstandbeweging* (AWB) und eine Gruppe von Gefolgsleuten der Neo-Nazis marschierten durch das Stadtzentrum von Pretoria, um gegen die Reforminitiative des Staatspräsidenten zu protestieren. Für sie war es ein Schockerlebnis, daß die Nationalisten-Regierung Verhandlungen mit »Terroristen« auch nur in Erwägung ziehen konnte. Die Demonstranten schrien »Hängt Mandela!« und führten Plakate mit der Aufschrift »Reformen stinken« mit sich; ein Mann hatte eine schwarze Puppe an eine Schnur gebunden und schrie: »Das ist Mandela«. Der Führer der AWB, Eugene Terreblanche, und der Führer der *Boerestaat Party* versuchten, den führenden Mitgliedern der NP 30 Silberlinge und einen weißen Sarg zu überreichen. Als diese ablehnten, warf man den Geldbeutel auf den Sarg.[6]

Die Übergangsperiode war eine Zeit großer Gefahr und Unsicherheit für die Gesellschaft. Sowohl Mandela als auch de Klerk wurden rechts und links von Extremisten bedrängt; immer wieder kam es zu krisenartigen Entwicklungen, meistens in Form von Gewaltausbrüchen in dem einen oder anderen Segment der großen und heterogenen Bevölkerung. Viele Akteure und Institutionen trugen dazu bei, die Verhandlungen im Gleis zu halten und in den Krisen zu vermitteln. Zu diesen »Vermittlungsakteuren« gehörten ausländische Regierungen, die den Prozeß auf verschiedene Weise beobachteten und förderten. Dazu gehörte ferner die Kirche in Südafrika, die bei allen relevanten Parteien eine Rolle spielte, und schließlich auch einzelne Persönlichkeiten wie Professor Okumu aus Kenia, der wesentlich an der Entscheidung der *Inkatha* mitwirkte, sich an den Wahlen zu beteiligen. Bevor die Vermittlungsrolle der Wirtschaft untersucht wird, ist eine kurze Beschreibung des Verhandlungsprozesses erforderlich.

Die erste Verhandlungsphase läßt sich als »Gespräche über die Gespräche« bezeichnen. Bis zum Beginn der eigentlichen Verhandlungen in der *Convention for a Democratic South Africa* (CODESA) ging es bei den Vorgesprächen hauptsächlich um die Klärung der Bedingungen, unter denen die Hauptverhandlungen stattfinden sollten. Im Mai 1990 leitete Mandela die erste Runde der offiziellen Verhandlungen mit der Regierung in Groote Schuur, der Residenz des Präsidenten. Dabei wurde ein Abkommen über einen friedlichen Verhandlungsprozeß geschlossen, das unter der Bezeichnung »Protokoll von Groote Schuur« bekannt wurde. Das Abkommen ermöglichte die Entlassung politischer Gefangener, die Rückkehr der Exilanten und eine Gesetzesänderung über die innere Sicherheit. All diese Schritte waren erforderlich, damit der ANC im Inland aktiv werden konnte. Der nächste wichtige Schritt der Verhandlungen erfolgte durch die Unterzeichnung des Protokolls von Pretoria, wonach der ANC seinen bewaffneten Kampf aufgab. Die

Vorbereitung des Landes auf die Verfassungsverhandlungen beanspruchte den größten Teil des Jahres 1991. Im Mai 1991 setzte der ANC die Verhandlungen mit der Regierung aus und beschuldigte sie der Mittäterschaft bei politischen Gewaltakten. Doch bereits im September wurde der *National Peace Accord* (NPA) unterzeichnet, der das Fundament für Vielparteienverhandlungen darstellte. Der NPA war durch wichtige Mitglieder der Kirche und der Wirtschaft vermittelt worden. Etwa einen Monat später begannen die Verhandlungen über eine neue südafrikanische Verfassung. Es war die Geburtsstunde der CODESA.

An den Verhandlungen waren insgesamt 18 Organisationen beteiligt. Auffällig war die Abwesenheit des rechten Flügels der Weißen und einiger linksgerichteter Gruppen des ANC. Bis zum Abbruch der CODESA im Juni 1992 wurden wichtige Übereinkommen erzielt. So traf man eine Entscheidung über die Form einer Interimsregierung, die aus einer Nationalversammlung und einem Senat bestehen und auf der Grundlage spezifischer Mehrheiten und breit angelegter Verfassungsprinzipien fungieren sollte. Doch die Gegensätze zwischen den Hauptprotagonisten – dem ANC und der Südafrikanischen Regierung (SAG) – erwiesen sich als zu tiefgreifend, um bereits bei diesem ersten Verhandlungsforum große Fortschritte erzielen zu können. Der ANC strebte nach einem schnellen Übergang zur Mehrheitsherrschaft, während die Regierung an der Vorstellung eines langsameren Übergangs festhielt, in dessen Verlauf zwar bindende Entscheidungen getroffen würden, aber die Minderheitenparteien die Verfassungsprinzipien entscheidend beeinflussen könnten. Beide Seiten brauchten mehr Zeit. Die Unterhändler mußten sicherstellen, daß ihre Parteien den dynamischen Prozeß unterstützten, der sich durch die Verhandlungen ergab. Viele mußten erkennen oder daran erinnert werden, daß »die Alternative zu entsetzlich wäre, um sie ernsthaft in Erwägung zu ziehen«, wenn die Gespräche abgebrochen würden. Doch CODESA legte das Fundament für die erfolgreichen Verhandlungen von 1993.

Als 1993 die neue Verhandlungsrunde begann, war sowohl

dem ANC als auch der Regierung klargeworden, daß Verhandlungen der einzige geeignete Weg waren. Beide Parteien hatten ihre Zukunft mit dem Erfolg dieser Verhandlungen verknüpft. In der stürmischen See, der Südafrika mitten im Übergangsprozeß von der alten zur neuen Ordnung glich, waren de Klerk und Mandela aufeinander angewiesen, um sicher an das andere Ufer zu gelangen. Die Ironie des südafrikanischen Übergangsprozesses ist teilweise auch seine große Stärke. Die Schlüsselprotagonisten des südafrikanischen Dramas – die Afrikaander und die afrikanischen Nationalisten – mußten jetzt zusammenwirken und gemeinsam einen lebensfähigen Kompromiß aushandeln. Dieser Kompromiß war die einzige Waffe, die beide Seiten besaßen, um mit den radikaleren Kräften fertig zu werden, die gegen ein praktikables Abkommen eintraten. Innerhalb von neun Monaten erarbeitete man eine neue Verfassung, und das Land konnte sich auf die ersten demokratischen Wahlen vorbereiten, die 1994 stattfinden sollten.

Im Vorfeld der ersten nichtrassistischen Wahlen ließen sich 29 politische Parteien registrieren. Auffallend war, daß die IFP zunächst fehlte; erst eine Woche vor der Wahl stimmte ihr Führer, Chief Mangosuthu Buthelezi, der Teilnahme an der Wahl zu. Nach den drei Wahltagen vom 26. bis zum 29. April stand der ANC als Sieger fest; er hatte 62,6 Prozent der Stimmen und bis auf zwei alle Provinzen gewonnen – ein Erdrutschsieg. Die NP erhielt 20,4 Prozent, und zur Überraschung vieler kam die IFP auf 10,5 Prozent; sie gewann außerdem die Wahl zu der KwaZulu-Gesetzgebungskammer mit 50,3 Prozent der Stimmen, während der ANC in dieser Provinz auf 32,2 Prozent kam. In der Folge der Wahl wurde die Regierung der Nationalen Einheit (GNU) gebildet, der die meisten politischen Parteien angehörten. Der Führer der NP, de Klerk, wurde zu einem der beiden Vizepräsidenten gewählt. (Siehe Schaubild: Chronologie des Übergangsprozesses in Südafrika.)

Chronologie des Übergangsprozesses in Südafrika auf einen Blick[7]

1990

Februar	de Klerk hebt das Verbot von ANC, PAC, SACP und anderer Organisationen auf und gibt die Freilassung Mandelas aus dem Gefängnis bekannt.
April	ANC-Führer kehren aus dem Exil nach Südafrika zurück und nehmen Gespräche mit der Südafrikanischen Regierung (SAG) auf.
Mai	ANC und SAG unterzeichnen das Protokoll von Groote Schuur, das die Freilassung politischer Gefangener und die Rückkehr der Exilanten ermöglicht.
Juni	Der Ausnahmezustand wird überall – mit Ausnahme der Provinz Natal – aufgehoben.
August	ANC und SAG unterzeichnen das Protokoll von Pretoria, das den bewaffneten Kampf des ANC für beendet erklärt.

1991

April	ANC beschuldigt SAG der Mittäterschaft an gewaltsamen Aktionen und droht mit Rückzug aus den Verhandlungen.
Mai	ANC zieht sich aus Verhandlungen mit SAG zurück und kündigt Aktionskampagnen der Bevölkerungsmassen an.
September	Alle wichtigen Akteure unterzeichnen *National Peace Accord*, mit Ausnahme des rechten Flügels.
Dezember	Verhandlungen über Verfassung beginnen mit der Bildung von CODESA.

	1992
März	Referendum der weißen Bevölkerungsminderheit erteilt de Klerk Unterstützung für Reformprozeß.
Mai	CODESA endet in Pattsituation, nachdem Arbeitsgruppe für Verfassungsentwurf keine Ergebnisse hervorbringt.
Juni	ANC setzt Verhandlungen mit SAG aus und beginnt mit Aktionskampagne der Bevölkerungsmassen *(»rolling mass action campagin«).*
September	ANC und SAG unterzeichnen *Record of Understanding*: Bestimmte politische Gefangene werden freigelassen; Stillstand der CODESA II-Verhandlungen wird überwunden; manche Wohnheime werden eingezäunt; Mitführen herkömmlicher Waffen wird verboten.
Oktober	Gründung der *Concerned South Africans Group* (Cosag), der IFP, der rechtsstehende Führer und die Führungen der Ciskei, von Bophuta Tswana und KwaZulu angehören.
	1993
April	Wiederaufnahme der Verhandlungen als Vielparteienverhandlungen.
Juni	IFP und CP sind mit Sprachregelung »hinreichender Konsens« bei Entscheidungen nicht einverstanden und ziehen sich aus Verhandlungen zurück.
November	Verfassungsverhandlungen enden mit Abkommen über eine Interimsverfassung.
	1994
März	29 politische Parteien melden sich zur Wahl im April an. Der Führer der *Afrikaaner volksfront*, Constand Viljoen, registriert *Freedom Front* sehr spät und spaltet den rechten Flügel.

	Verhandlungen werden durch internationale Vermittlungsfrage über die Rolle des Zulu-Königs Goodwill Zwelithini belastet.
April	Buthelezi meldet IFP in letzter Minute zur Wahl an. Erste nationale Wahl in Südafrika.
	ANC geht als Sieger aus Wahlen für die Nationalversammlung hervor, gewinnt alle Provinzen außer KwaZulu/Natal und dem Western Cape.
Mai	Regierung der Nationalen Einheit (GNU) wird gebildet; sie soll Südafrika in den nächsten fünf Jahren führen.

Ein charakteristisches Beispiel für die zerbrechliche neue Einheit Südafrikas gaben zwei Sportereignisse, die – angesichts des hohen Stellenwertes, den der Sport bei vielen (farbigen und weißen) Südafrikanern genießt – sehr wichtig sind. Das erste Ereignis fand Ende 1994 statt. Zum ersten Mal wurden in Südafrika die Spiele um den Rugby-Weltmeisterschaftspokal ausgetragen; es war dies das erste sportliche Großereignis, bei dem das Land seit seiner Wiederaufnahme in die Staatengemeinschaft Gastgeber sein durfte. Rugby ist traditionell ein »weißer« Sport und wird mit der Vorherrschaft der Afrikaander, mit Schikane und Macht in Verbindung gebracht. Zum ersten Mal identifizierten sich schwarze und weiße Südafrikaner mit der Nationalmannschaft, obwohl diese zum großen Teil aus Weißen bestand. Die Berichterstattung in den Medien konzentrierte sich auf Interviews mit schwarzen Kabinettsmitgliedern der neuen Regierung für Nationale Einheit und auf gewöhnliche schwarze Bürger, vor allem mit Blick auf ihre Reaktion, da sie zum ersten Mal ein Rugbyspiel sahen und außerdem zum ersten Mal eine südafrikanische Nationalmannschaft anfeuerten. In den meisten Berichten kam Erstaunen über das Neuartige und Aufregende dieses ungewöhnlichen Erlebnisses zum Ausdruck. Das andere Sportereignis war die Afrikanische Fußballmeisterschaft, das wichtigste Fußballereignis auf dem Kontinent, das ebenfalls erstmalig in Südafrika ausgetragen wurde. Zum ersten Mal seit 30 Jahren durfte Südafrika wieder an diesem Wettkampf teilnehmen. Fußball wird in Südafrika traditionell als »schwarzer« Sport angesehen. Dieses Ereignis fand bald nach der Rugby-Meisterschaft statt, die das südafrikanische Team gewonnen hatte und die ein bemerkenswertes gemeinsames Nationalgefühl hervorgerufen hatte. Deshalb war es für die neu vereinte Nation wichtig, Fußball nicht als ärmeren Vetter des »weißen« Rugby erscheinen zu lassen. Politiker, weiße Sportjournalisten und öffentliche Kommentatoren riefen nach Kräften die Weißen dazu auf, denselben Nationalgeist für das Fußballteam zu zeigen, den die Schwarzen für das Rugbyteam gezeigt hatten. Die Wirtschaft war in ihren Werbekampagnen bemüht zu beweisen, daß man sich diesem hauptsächlich »schwarzen Sport« genauso verpflichtet fühle wie dem Rugby. Auch schwarze Politiker gaben sich große Mühe, sich dem Geist der Versöhnung und vor allem dem Nationalgefühl anzuschließen, das bei der Unterstützung des südafrikanischen Rugbyteams durch die schwarzen Bevölkerungsteile zum Ausdruck gekommen war. Jetzt setzten sie alles daran, die weißen Landsleute zu ähnlichem Verhalten gegenüber dem Fußballteam zu bewegen. Der Erfolg zeigte sich beispielsweise darin, daß das hauptsächlich weiße Rugbyteam beim Fußballturnier auftrat und auf einem großen Spruchband seine Unterstützung für die südafrikanische Fußballnationalmannschaft zum Ausdruck brachte. Dieser kurze Einblick in das heutige Südafrika macht nicht nur deutlich, wie sehr die Apartheidpolitik die Gesellschaft gespalten hatte, sondern zeigt auch, wie zerbrechlich die Stimmung der Versöhnung und das »Gefühl der Zusammengehörigkeit« der »Regenbogennation« noch sind.

3. Südafrikas »Stille Revolution«

Viele Kommentatoren des südafrikanischen Übergangsprozesses konzentrieren sich primär auf die dramatischen und deutlich sichtbaren politischen Entwicklungen seit 1990, die mit der heute berühmten Rede de Klerks am 2. Februar 1990 begannen. Diese bemerkenswerte Periode, die gekennzeichnet war von Verhandlungen, Konflikten, Verhandlungsabbrüchen und letztlich erfolgreichem und relativ friedlichem Übergang, stellt jedoch nur einen Teil der südafrikanischen Revolution dar. In diesem Abschnitt soll das »kleine Wunder« der politischen Transition in den Kontext der »Stillen Revolution« gestellt werden, wie John Kane-Berman in seinem gleichnamigen Buch die Entwicklungen der Desegregation, des Wirtschaftswachstums und der Integration nannte. Diese Entwicklungen fanden in Südafrika in den vergangenen 15–20 Jahren statt – trotz Apartheidpolitik und häufig im Gegensatz zu ihr.

Während die formalen Gegner der Apartheid laut und lange darüber diskutierten, wie furchtbar die Apartheidpolitik sei, und was man tun müsse, um sie zu Fall zu bringen, liefen in Südafrika grundlegende Veränderungsprozesse ab. Diese Veränderungen wirkten dahingehend, daß die Begründung, die Bedeutung und der Grundgedanke der Apartheidgesetze unterminiert und von der entstehenden neuen Gesellschaft verdrängt wurden. Seit den 70er Jahren und zunehmend während der gesamten 80er Jahre fanden außerhalb der (noch immer rassengetrennten) formalen Machtkonstellationen Entwicklungen von tiefgreifender Bedeutung statt.

Die Ideologen der Apartheid wußten schon immer, daß das segregierte Südafrika einem Paradox gegenüberstand. Seit der Entdeckung von Diamanten und Gold im späten 19. Jahrhundert lag die Zukunft des Landes in der Entwicklung einer blühenden und zunehmend diversifizierten Volkswirtschaft. Die Zielvorstellung setzte zunächst schwarze Arbeiter voraus, dann gelernte schwarze Arbeiter und schließlich auch schwarze Manager. Wie dies zu erreichen war, während doch zugleich in Politik, Gesellschaft, Bildung und Ökonomie die Segregation erzwungen wurde, stellte natürlich ein Problem dar. Das Dilemma kam in einem vom rechten Flügel (d. h. rechts von der NP) formulierten Slogan in den 60er Jahren treffend zum Ausdruck: »Die Entscheidung ist einfach: arm und weiß oder reich und gemischt.« Die Geschichte Südafrikas während der vergangenen hundert Jahre zeigt, wie die Marktwirtschaft die Menschen nahezu unerbittlich und übermächtig in eine einheitliche, städtische, sich industrialisierende und modernisierende Wirtschaft hineinzog. In gewisser Hinsicht ist also der Markt als die mächtigste und wichtigste mediatisierende Institution Südafrikas anzusehen – trotz der Apartheidgesetze, die diese Funktion oft genug behinderten und das Wachstum erschwerten.

In den späten 20er Jahren hatte sich in der Wirtschaft die Rassenschranke verfestigt. Schwarze konnten demnach nur bestimmte Arbeiten in der Industrie ausführen. In den beiden ersten Jahrzehnten der Apartheidpolitik mußte diese Begrenzung jedoch (wenn auch widerwillig) ein wenig gelockert werden, als, dem wachsenden Bedarf der Wirtschaft entsprechend, immer mehr Farbige in Ausbildungsberufe drängten. Der industrielle Sektor erlebte durch die Kriegsbedingungen in den 40er Jahren einen Aufschwung, überholte Mitte der 60er Jahre den Primärsektor (Bergbau und Landwirtschaft) und wurde wichtigster Wirtschaftsbereich. Diese neue Führungsposition des Industriesektors erforderte eine Verlagerung von hauptsächlich ungelernten Wanderarbeitern zu gelernten, technisch kompetenten und besser gebildeten Arbeitern. Die staatliche Wiehan-Kommission stellte 1977 fest: »Es gab einfach nicht genügend gelernte Arbeiter, um die offenen Stellen zu besetzen (...) mit dem Ergebnis, daß immer mehr ungelernte und angelernte Arbeiter, vor allem Schwarze, für höher qualifizierte Arbeiten weitergebildet werden mußten.«[8] 1965 betrug der Anteil der Schwarzen an den Beschäftigten in mittleren Positionen 20 Prozent; 20 Jahre später hatte er sich auf 40 Prozent verdoppelt. Im selben Zeitraum erhöhte sich der Anteil der Schwarzen in höher qualifizierten Stellen von 25 auf 32 Prozent. 1968 berichtete die größte Bank des Landes, daß ein Prozent ihrer Angestellten Schwarze seien; 1983 lag der Anteil bereits bei 23 Prozent. Ein großes Industrieunternehmen berichtete 1988, daß in den zurückliegenden zehn Jahren der Anteil seiner gelernten schwarzen Beschäftigten von 0,4 auf 16,5 Prozent gestiegen sei. 1990 übten im Bergbau 5000 Schwarze Tätigkeiten aus, die früher für Weiße reserviert gewesen waren.[9] Die Wirtschaft mußte sich zunehmend auf qualifizierte schwarze Arbeitnehmer stützen, was deren Verhandlungsposition verbesserte. Außerdem entstand dadurch Druck auf das segregierte Bildungswesen, da auch für die Schwarzen ein wirksameres Bildungssystem erforderlich wurde, das der Nachfrage nach qualifizierten Arbeitskräften entsprach.

Mit dem Einsatz farbiger Arbeitnehmer in qualifizierten Berufen hängt auch der Zuwachs farbiger Studenten an weißen Universitäten zusammen, der in den 70er Jahren deutlich wurde: Ihre Zahl verdoppelte sich zwischen 1974 und 1980. Hatten 1974 nur 309 farbige Studenten von der Regierung die Zulassung zum Studium an diesen Universitäten erhalten, so lag ihre Zahl 1980 bereits bei 788.[10] Im Jahre 1983 gestand die Regierung ein, daß das Zulassungssystem zusammengebrochen sei. 1986 hatten sich bereits 3428 Studenten an englischsprachigen, »weißen« Universitäten eingeschrieben, und 1990 waren etwa 22 Prozent der Studenten an diesen Universitäten Farbige (einschließlich der Asiaten). Im Schulwesen verlief die Entwicklung sogar noch dramatischer.

In den frühen 70er Jahren mußte die herrschende Elite eingestehen, daß der Mangel an qualifizierten Arbeitnehmern das stetige Wirtschaftswachstum bedrohe und daß sich etwas ändern müsse. Damals gab die Regierung für einen weißen Schüler ungefähr 18mal so viel Geld aus wie für einen farbigen Schüler. Im Verlauf der nächsten 18–20 Jahre erhöhten sich die staatlichen Ausgaben für die Bildung der afrikanischen Bevölkerung um nahezu 6000 Prozent, nämlich von 70 Millionen Rand auf 4097 Millionen Rand. Im Ergebnis dieses großen Umverteilungsprozesses zugunsten der afrikanischen Schüler fiel die rassenspezifische Vergleichsquote bis 1987/88 auf 4,6 : 1.

Auch die rassenspezifische Einkommensverteilung begann sich in den 70er Jahren zu verändern. Nach Kane-Berman fand damals eine Umverteilung von (relativ) reichen Weißen zu armen Schwarzen statt. Dieser Trend setzte sich auch in den 80er und frühen 90er Jahren fort. Zwischen 1980 und 1986 stieg das real verfügbare Einkommen der schwarzafrikanischen Bevölkerung an, wenn auch nur sehr mäßig (um 0,8 Prozent), doch das der Weißen ging um fast 16 Prozent zurück. Jüngere Untersuchungen des *Centre for Development and Enterprise* ergaben, daß zwischen 1985 und 1995 das durchschnittliche Pro-Kopf-Einkommen aller Gruppen zunahm – mit Ausnahme der Weissen, die einen geringen Rückgang hinnehmen mußten. Die Tabelle zeigt diese Entwicklungen.

Rassenspezifische Anteile des persönlichen Einkommens (in Prozent)[11]

	1985	1990	1995
Weiße	*58,7*	*54,0*	*51,7*
Farbige	*8,2*	*8,8*	*9,2*
Asiaten	*4,3*	*4,7*	*5,0*
Schwarze	*28,8*	*32,5*	*34,1*

Die Apartheidpolitik beruhte ursprünglich auf der Vorstellung, »die Städte seien die Schöpfung des weißen Mannes« und, die Schwarzen seien an der städtischen Wirtschaft nur als Wanderarbeiter beteiligt, oder wenn die Bedürfnisse der Weißen dies erforderten. Diese destruktive und abstruse Auffassung begann, sich aber schon seit den frühesten Siedlungsgründungen in Südafrika aufzulösen. Als in der Mitte des 20. Jahrhunderts die NP an die Macht kam, wurde das System der Zuwanderungskontrolle verschärft. Durch diese Kontrollen sollten die Abwanderung der Schwarzen verstärkt und allgemein die Wanderbewegungen in und aus den Städten überwacht werden. In den späten 70er Jahren gab es bereits zahlreiche Hinweise darauf, daß das System nicht mehr funktionierte. Nicht weniger als 17,12 Millionen Menschen wurden entsprechend der Paßgesetze zwischen 1916 und 1981 verhaftet – im Durchschnitt waren das 721 Verhaftungen pro Tag während der gesamten Periode von 65 Jahren.[12] Trotz des enormen staatlichen Aufwandes ganzer Heerscharen von Bürokraten und Polizisten für Festnahme, Anklage, Gefängnisstrafe und Deportation von Menschen, die gegen die Paßgesetze verstoßen hatten, wuchs die farbige Bevölkerung in den südafrikanischen Stadtgebieten immer weiter. Das Wachstum wurde teilweise dadurch gefördert, daß die Menschen »mit ihren Füßen abstimmten« und die Verbote bezüglich der Migration und der Stadtbezirke ignorierten. Doch immer stärker wirkte sich auch die Tatsache aus, daß die städtische Bevölkerung auf natürliche Weise zunahm.

Die Volkszählung von 1985 zeigte, daß in den »weißen Stadtgebieten« von Südafrika bereits mehr Schwarze lebten (ungefähr sieben Millionen) als Weiße im ganzen Land (etwa fünf Millionen). Die Hochrechnungen über die Zunahme dieser Zahlen reichten völlig aus, um den Traum von »unabhängigen farbigen *homelands*« als schlechten Scherz erscheinen zu lassen. Die von der Wirtschaft finanzierte *Urban Foundation* stellte 1990 fest, Südafrika befinde sich in einer Periode des »grundlegenden Übergangs zu großen, vorwiegend farbigen Stadtgebieten«.[13]

Der *Group Areas Act,* nach dem die Wohn- und Geschäftsbezirke der Städte und Gemeinden strikt nach Rassen getrennt werden mußten, hatte schon einige Zeit vor seiner Aufhebung im Jahre 1991 an Wirkung verloren. Schätzungen zufolge lebten am Ende der 80er Jahre mindestens 150000 Schwarze illegal in weißen Bezirken. In einem Zeitungsartikel hieß es damals: »Das Gesetz ist in solchem Ausmaß wirkungslos geworden, daß eine Immobilienmaklerin berichtet, ein Konservativer habe ihr mit einem Gerichtsprozeß gedroht, weil sie ein Haus in einem weißen Bezirk an einen Inder verkauft habe. Die Maklerin erklärte, der Mann würde wohl das gesamte Ellis Park Rugby Stadion mieten müssen, wenn er alle diese Fälle vor Gericht bringen wolle.«[14]

Es gibt viele andere Beispiele dafür, daß die unerbittlichen Kräfte des Marktes und der Verstädterung die rechtlichen Strukturen der Apartheid untergruben. Hier muß auch das Wachstum der farbigen Gewerkschaftsbewegung erwähnt werden, vor allem im Bergbau und in der Industrie. Die Bewegung erreichte eine Million Mitglieder und übte beträchtlichen Einfluß aus. Ein weiterer Faktor war die wachsende Macht der farbigen Konsumenten, die immer stärker entscheidende Marktsektoren beherrschten. Schließlich ist auch die Branche der Minibus-Taxis zu erwähnen, die außerhalb des geltenden Gesetzes agierte und sich in Konkurrenz zum staatlich subventionierten Bustransportsystem befand. Der Anteil der Minibus-Taxis am Nahverkehrsaufkommen der schwarzafrikanischen Bevölkerung in den Stadtbezirken stieg in den 80er Jahren innerhalb eines Jahrzehnts auf 44 Prozent. In den 90er Jahren trugen die Minibus-Taxis ungefähr zwei Milliarden Rand pro Jahr zum Umsatz von vier Motorfabriken bei, repräsentierten Investitionen in Höhe von ungefähr drei Milliarden Rand und schufen rund 300 000 Arbeitsplätze.[15] Erst seit 1983 dürfen die Wirte der *shebeens* (illegale Bars in farbigen Stadtbezirken) eine Alkohollizenz beantragen. 1993 schätzte man, daß bereits etwa 45 Prozent des in Südafrika gebrauten Bieres in den *shebeens* ausgeschenkt wurde.[16]

Parallel zu diesen »konkreten« Entwicklungen änderten sich auch die Ansichten der Schwarzen und Weißen übereinander und über die Zukunft. In zwei wichtigen Untersuchungen, die in den 70er Jahren durchgeführt wurden, stellte man fest, daß sich drei Viertel der befragten Schwarzen eine wirtschaftliche Verbesserung wünschten; für zwei Drittel hat dieser Wunsch oberste Priorität. Zum gleichen Zeitpunkt hatten etwa 80 Prozent der Weißen im Prinzip akzeptiert, daß den Schwarzen höhere Löhne und ein besserer Lebensstandard zustünden; zwei Drittel akzeptierten das Prinzip »gleicher Lohn für gleiche Arbeit«, unabhängig von der Rasse. Die Mehrheit der Weißen war damals noch nicht bereit, den Farbigen die volle Chancengleichheit in bezug auf den Arbeitsplatz zu gewähren, doch wurden die Einstellungen zu dieser Frage im Verlauf des Untersuchungszeitraums immer offener. 1974 waren nur 13 Prozent der Afrikaander und 44 Prozent der englischsprachigen Bürger bereit, unter einem schwarzen Vorgesetzten zu arbeiten; 1977 lagen diese Anteile bereits bei 24 bzw. bei 55 Prozent. 1974 war ein Drittel der Weißen bereit zu akzeptieren, daß der Lohnunterschied zwischen Schwarzen und Weißen beseitigt würde, selbst wenn dadurch die Inflation anstieg.[17]

Obwohl zu diesem Zeitpunkt sowohl der ANC als auch die meisten politischen Gruppierungen der Farbigen für ein sozialistisches oder sogar kommunistisches System eintraten, ergab die erwähnte Untersuchung, daß die große Mehrheit der Schwarzen die freie Marktwirtschaft akzeptierte. »Die Schwarzen wollen eine bessere und angemessenere Stellung im bestehenden Wirtschaftssystem. Wäre das nicht der Fall – wenn also beispielsweise die Mehrheit der Schwarzen eine Form von Staatswirtschaft oder ein sozialistisches Wirtschaftssystem bevorzugte –, dann würde der wirtschaftliche Konflikt viel grundsätzlicher und es wäre sehr viel schwieriger, ihn durch Verhandlungen zu lösen.«[18] Der Untersuchung zufolge zeigten die Schwarzen »ungewöhnlich viel Toleranz (...) gegenüber der wirtschaftlichen Rolle der Weißen und Inder in einer angenommenen zukünftigen Gesellschaft«. Schwarzen Menschen ist die Nützlichkeit der Weißen für die Funktionsfähigkeit der südafrikanischen Ökonomie sehr bewußt. »Sie wollen die weißen und indischen Firmen nicht enteignen, sondern sie wollen ihre eigenen Geschäfte und einen Anteil an den Früchten einer blühenden Ökonomie.«[19] Dies alles macht deutlich, daß die Schwarzen in der Frage des wirtschaftlichen Konfliktes von den Weißen Offenheit erwarteten. »Die Abschaffung von Verwaltungs- und Rechtsdiskriminierung, die Verwirklichung von Chancengleichheit und der Abbau von Ungleichheit sind Ziele eines friedlichen Wandels, der keinen fundamentalen Konflikt zwischen Schwarzen und Weißen hervorrufen würde.«[20]

Derselben Untersuchung zufolge war für die weißen Menschen die Frage der gesellschaftlichen Segregation von herausragender Bedeutung. Fast 60 Prozent der Weißen standen einem friedlichen Wandel im Bereich der gesellschaftlichen Beziehungen ablehnend gegenüber, und etwa 30 Prozent waren bereit, höchstens geringfügige Veränderungen zu akzeptieren. Nur 10 Prozent bekundeten die Bereitschaft, eine zwangsweise Abschaffung der gesellschaftlichen Segregation hinzunehmen. Diese Haltungen veränderten sich zwischen 1974 und 1977 nicht wesentlich. Ein wichtiges Ergebnis der Untersuchung war, daß die Diskrimination durch die Weißen keine rassistischen Reaktionen der Schwarzen ausgelöst hatte – ein für Südafrika glücklicher Umstand. Die Autoren der Studie stellten fest, daß städtische Schwarze in der Tat bereit waren, »den weißen und indischen Minderheiten gegenüber in einer zukünftigen Gesellschaft eine bemerkenswerte Toleranz entgegenzubringen«. Die schwarzen Menschen empfanden zwar die institutionalisierte Segregation als beleidigend, doch nur 10 Prozent betrachteten ihre Abschaffung als eine vordringliche Angelegenheit.

In dieser Hinsicht sind auch die Ergebnisse von Untersuchungen interessant, bei denen die Ansichten junger Schwarzer erfaßt wurden. Nach einem weit verbreiteten Vorurteil war man bislang davon ausgegangen, daß junge städtische schwarze Teenager und die etwas älteren schwarzen Jugendlichen, die bei den internen Widerständen und Unruhen während der 80er und Anfang der 90er Jahre an vorderster Front gestanden hatten, die größte Bedrohung für den Übergangsprozeß und für die Stabilität des neuen Systems darstellen würden. Umfassende Forschungen zeigten nun, daß diese Furcht ebenso unangebracht und übertrieben war wie die Furcht vor einem virulenten schwarzen Rassismus.

Allgemein wird anerkannt, daß »zweifellos die Jugendlichen – Hochschulstudenten, Schulkinder und Arbeitslose – die Speerspitze des politischen Radikalismus der 80er Jahre darstellten«.[21] Die »politisch unter Dampf stehenden« Jugendlichen, die einst als tapfere Fußsoldaten des Befreiungskampfes angesehen wurden, die nach ihren eigenen Regeln handelten und keiner Autorität gehorchen mochten, schienen nun ein großes Problem für die Stabilisierung der Gesellschaft darzustellen. Der südafrikanische Korrespondent der *Washington Post* stellte fest:

»Eine demographische Zeitbombe – nämlich die schwarzen Jugendlichen, die unter den Befreiungsslogans der 80er Jahre volljährig wurden – tickte weiter und wurde zur verlorenen Generation von kriminalitätsanfälligen jungen Erwachsenen. Sie haben keine Bildung, keine Qualifikationen, keine Aussichten auf einen Arbeitsplatz – aber sie haben jede Menge Schußwaffen.«[22]

Dr. Gomolemo Mokae von der Azapo (einer kleinen, linksgerichteten politischen Intellektuellenpartei) erklärte 1992: »Wir erleben jetzt die Nachwirkungen der Ära von 1985–86, als den Jugendlichen im Namen der Befreiung die Lizenz zum Töten ausgestellt wurde. Man brachte ihnen bei, daß es richtig sei, wenn sie das Gesetz in die eigene Hand nähmen.«[23]

In den frühen 90er Jahren wurde sehr viel über die »verlorene Generation« geredet – über die jungen Menschen in den Städten, die zu schlecht gebildet, aber hochgradig politisiert und radikalisiert waren. Als Folge der Kampagne des ANC, die auf Unregierbarkeit und gegen die staatliche Unterdrückung gerichtet war, beachteten oder respektierten diese Jugendlichen überhaupt keine Autoritätspersonen mehr. Sie wurden deshalb häufig als »wilde Karte« im südafrikanischen Übergangsprozeß zu einer die gesamte Nation umfassenden Regierungsform angesehen.[24] Doch als ernsthafte Untersuchungen durchgeführt wurden, um herauszufinden, was die jungen Menschen in den Städten empfanden und wollten, waren die Kommentatoren von den Ergebnissen überrascht. Drei verschiedene Untersuchungen wurden durchgeführt. Eine Studie verglich die Ansichten junger Schwarzer (16–24 Jahre) mit denen älterer Menschen. Im Rahmen der zweiten Untersuchung wurde eine Stichprobe von 2200 Menschen aller Rassen zwischen 16 und 30 Jahren in allen Landesteilen interviewt. In einer dritten Studie wurden weiße und schwarze Jugendliche in Großstadtbezirken interviewt. Die Ergebnisse aller drei Untersuchungen widersprachen der Vorstellung von einer »verlorenen Generation«, die den Übergangsprozeß und die zerbrechliche neue Demokratie bedrohen könnte.

So stellte man beispielsweise fest, daß junge Südafrikaner Religionsfragen ernst nehmen. Der Stichprobenuntersuchung zufolge besuchen 56 Prozent der jungen Frauen den Gottesdienst mindestens einmal pro Woche. Junge Männer gehen weniger häufig zum Gottesdienst, immerhin liegt ihr Anteil aber bei 37 Prozent. Nur 9 Prozent aller jungen Menschen gehen nie zum Gottesdienst. Von der jüngeren Alterskategorie (16–20 Jahre) besucht mehr als die Hälfte (53 Prozent) den Gottesdienst mindestens einmal pro Woche. Viele junge Südafrikaner sehen Bildung als einen Weg zu einer sicheren Zukunft. Eine der Umfragen zeigte, daß 80 Prozent der Meinung waren, in der Schule und zu Hause solle mehr Disziplin herrschen. Von den jungen Leuten, die ihre Schulausbildung abgebrochen hatten, nannten nur 2 Prozent »die Politik« als Ursache für die nicht abgeschlossene Ausbildung. Diese Aussage erfolgte bei »farbigen« Jugendlichen mit 10 Prozent sehr viel öfters als bei afrikanischen Jugendlichen (1 Prozent). Nur 12 Prozent der jungen Menschen sind Mitglieder in politischen Organisationen; hier lag der Anteil bei Männern sehr viel höher als bei Frauen; bei afrikanischen Jugendlichen lag der Anteil bei 15 Prozent. Überraschend viele der Befragten waren in Kirchen, Chören (38 Prozent) und Sportvereinen (32 Prozent) aktiv.[25]

Beim Vergleich der Einstellungen junger Menschen zu älteren Südafrikanern stellte man fest, daß die Jugendlichen die Südafrikanische Kommunistische Partei (SACP) nicht in höherem Maße unterstützen als die älteren und anscheinend auch nicht dazu neigten, sich vom ANC ab- und radikaleren Organisationen wie Azapo oder PAC zuzuwenden. Die Jugendlichen fühlten sich stärker als die älteste Gruppe der Stadtbewohner dem ANC und der Regierung de Klerk verbunden. (Diese Ergebnisse werden in der nachstehenden Tabelle zusammengefaßt.) Bei jungen Menschen liegt die Bereitschaft zur Unterstützung von Boykotts, Arbeitsverweigerung, zu Demonstrationen und Protestmärschen nur geringfügig höher als bei älteren Bürgern. Ihre Unterstützung von Gewalt und bewaffnetem Kampf ist nicht stärker ausgeprägt als bei älteren Menschen, und im gleichen Maße wie diese unterstützen sie Verhandlungen mit der Regierung. Einer der führenden Sozialwissenschaftler Südafrikas erklärte: »Die stereotype Vorstellung von einer ›verlorenen Generation‹ beruht auf der Haltung und den Aktionen einer hochgradig mobilisierten aktivistischen Minderheit und auf dem Verhalten einer antigesellschaftlichen Minderheit.«[26]

Identifikation mit Organisationen[27] in Prozent

	16–24 Jahre	25–34 Jahre	35–49 Jahre	50 Jahre u. älter
Fühlt sich »sehr eng« oder »eng« verbunden mit:				
Kirche	75	70	65	69
Arbeitgeber	34	47	51	39
Straßenkomitee	38	44	47	28
Bürgerinitiative	43	49	48	33
SACP	36	45	38	23
PAC	17	24	24	13
de Klerk-Regierung	66	64	62	53
ANC	67	71	62	57
Stichprobe (Anzahl)	*281*	*244*	*217*	*163*

Aus den von Hanf u. a. 1981 veröffentlichten Ergebnissen der allgemeinen Untersuchung zogen die Autoren den Schluß, daß Weiße »in der Frage ökonomischer Konzessionen eine sehr viel offenere Haltung aufweisen als bei der Initiierung friedlicher Veränderungen im Bereich der gesellschaftlichen Beziehungen«. Ein Blick auf die möglichen Gründe hierfür ist aufschlußreich. Im ökonomischen Bereich kamen die Weißen ständig in Kontakt mit der schwarzen Bevölkerung, mehr oder weniger auf einer gleichen Ebene. Sie waren in vielerlei Hinsicht voneinander abhängig und wußten, daß die Wirtschaft ohne die Beteiligung von Schwarzen *und* Weißen nicht wachsen könne. In zunehmendem Maße trugen Persönlichkeiten des öffentlichen Lebens aus Wirtschaft, Medien und später auch aus der Politik Argumente für den ökonomischen Fortschritt vor und prägten in diesen Fragen die öffentliche Meinung. All diese Faktoren wirkten sich auf die Haltung der Weißen aus. Im gesellschaftlichen Bereich jedoch war es noch immer möglich, ein weitgehend segregiertes Leben zu führen und dies als völlig legitimen und praktikablen Weg zu betrachten, die sozialen Angelegenheiten zu regeln. Diese Einstellungen begannen sich erst zu ändern, als sich Widersprüche und Brüche zwischen den Alltagsereignissen und den Haltungen der Weißen zeigten, und als sich die Einstellungen auch der Politiker änderten. Das bemerkenswerte Phänomen der Veränderungen in der staatlichen Politik und in den politischen Rechtfertigungen, aus denen wiederum eine Haltungsänderung der weißen Bevölkerung folgte, zeigte sich beispielsweise bei der Aufhebung der *»Lift Apartheid«* in den 70er Jahren, bei der Einwanderungskontrolle von 1986 und der Aufhebung des *Group Areas Act* im Jahre 1990. All diese Ereignisse waren ein gutes Omen, das dem Staatspräsidenten 1990 eine entschiedene politische Führung ermöglichte und ihm die Zuversicht gab, daß die Mehrheit seiner Anhänger seine Entscheidungen und seine Führungsrolle unterstützen würde.

Im Kontext dieser sogenannten »Stillen Revolution«, die eine Veränderung in der Realität und in den Haltungen der weißen Bürgerinnen und Bürger darstellte, müssen auch die dramatischen politischen Entwicklungen der 90er Jahre gesehen werden. Die wichtigsten Stützen des Apartheidsystems wurden durch die Realitäten systematisch ausgehöhlt: durch eine wachsende einheitliche Wirtschaft, durch die Integration von Arbeitsplätzen und Konsummärkten und durch das Verhalten gewöhnlicher Menschen, die sich bemühten, in schwierigen Umständen zu überleben und die Gelegenheiten dazu zu ergreifen, wann immer sie sich boten. In diesem Prozeß entstanden die Bausteine für eine neue und ganz andere Art von Gesellschaft.

4. Die südafrikanischen Unternehmen – eine ungewöhnliche Vermittlungsinstitution

Die südafrikanischen Unternehmen haben entscheidend dazu beigetragen, die Irrationalität der Apartheidpolitik aufzuzeigen. In diesem Abschnitt wird es darum gehen, den Unternehmenssektor als eine Institution zu beschreiben, die im Kampf gegen die Apartheid und beim Übergang zu einer neuen politischen und gesellschaftlichen Ordnung eine ungewöhnliche und bemerkenswerte Rolle spielte. Dabei sollen drei verschiedene Aspekte beleuchtet werden: die wachsende Opposition der Unternehmen gegen die Apartheidgesetze, das Verhältnis der Unternehmen zum politischen Verhandlungsprozeß und das Verhältnis der Unternehmen zum Friedensprozeß.

Vor jeder Erörterung des Unternehmenssektors als »Institution« muß zunächst einmal klargestellt werden, was unter dem Begriff »Unternehmen« zu verstehen ist. Im südafrikanischen Kontext (wie auch in vielen anderen Ländern) wird das Wort mit recht verschiedenartigen Bedeutungen verwendet. Der Begriff kann sich auf zwei verschiedene Gegebenheiten beziehen: Zum einen auf die eigentliche Firma in der Bedeutung von Individuen und Organisationen, die auf die Produktion von Gütern oder Dienstleistungen gerichtet sind und nach Gewinn streben. Die zweite Bedeutung des Begriffs erfaßt die Verbandsstruktur der Unternehmen: ihr freiwilliger Zusammenschluß zu Handels- oder Industriekammern auf der Basis von Branchen, Unternehmensarten oder geographischen Regionen. In einer weiteren, etwas mißverständlichen Bedeutung wird der Begriff »Unternehmen« auch für die Beschreibung der Aktivitäten oder Ansichten des nur vage definierten Kollektivs sogenannter »Tycoons« verwendet – also für die Eigentümer und Spitzenmanager der größten Unternehmensgruppen. Zu diesen analytischen Unterscheidungen müssen drei weitere Faktoren hinzugefügt werde, die häufig die präzise Bestimmung des Wortes »Unternehmen« beeinflussen. Der erste Faktor ist die Ethnizität. In Südafrika beispielsweise wird die große Mehrheit der Körperschaften und

Unternehmen von weißen Menschen kontrolliert und geführt. Der zweite Faktor bezieht sich auf die Größe. Die Wirtschaft Südafrikas wird von sechs sehr großen Unternehmen beherrscht, die zahlreiche Tochterunternehmen besitzen. Der dritte Faktor betrifft die Eignerschaft und die Frage, ob sich ein Unternehmen im Besitz von ständigen Bewohnern des jeweiligen Landes oder aber von Ausländern befindet. Diese Frage stellt in Südafrika kein Problem dar, weil sich die Mehrheit der großen Unternehmen im Besitz von (weißen) Inländern befindet.

Während der Apartheidära in Südafrika war die Rolle des Unternehmenssektors sehr komplex. Im allgemeinen läßt sich feststellen, daß sich die Unternehmen während des größten Teils der Periode mit der vorherrschenden Apartheidpolitik arrangierten. Erst in den 80er Jahren zeigten sich die negativen Wirkungen auf die unmittelbaren Interessen vieler Körperschaften; die Unternehmensführer begannen, systematisch gegen die Regierung Stellung zu beziehen und ihre Handlungsweise direkt gegen die Apartheidpolitik auszurichten. Während der früheren Periode ließen die Unternehmensorganisationen immer wieder erkennen, daß sie sich zur Regierungspolitik in Opposition befanden, da sich diese auf die Arbeitsbeziehungen und auf die wirtschaftlichen Fragen auswirkte; dann allerdings ging man wieder zur Tagesordnung über. Die Beziehungen zwischen der Regierung und dem Unternehmenssektor waren immer gespannt, was sich beispielsweise auch daran zeigte, daß der wichtigste Unternehmer Südafrikas, Harry F. Oppenheimer, niemals mit P. W. Botha zusammentraf, der während der turbulenten 80er Jahre Staatspräsident war.

Unternehmen, Apartheid und die Urban Foundation

Im Jahre 1976 gründeten südafrikanische Unternehmen die *Urban Foundation*. Harry F. Oppenheimer, der Vorsitzende des größten südafrikanischen Konzerns, der *Anglo-American Corporation of South Africa*, erklärte bei der Gründungskonferenz der *Urban Foundation*: »Wir gehen in Südafrika durch eine sehr schwierige Zeit. Unter all den Problemen, denen wir gegenüberstehen, ist die Lebensqualität in unseren städtischen Bezirken eines der schwierigsten, wenn nicht sogar das schwierigste Problem überhaupt. Die Unternehmer spielen eine sehr wichtige Rolle, und diese Konferenz ist einberufen worden, um es den Unternehmern zu ermöglichen, sich zu organisieren.«[28]

Während der nächsten 15 Jahre spielte die *Urban Foundation* eine bemerkenswerte und einzigartige Rolle. Für die englischen Unternehmen und die Unternehmen der Afrikaander gibt es verschiedene Verbände. Einer der ungewöhnlichen Aspekte der *Urban Foundation* war die Tatsache, daß sich zum ersten Mal englische und Afrikaander-Geschäftsleute in einer Organisation zusammenschlossen. So spielte die Stiftung indirekt eine »Vermittlungsrolle« zwischen diesen historisch entfremdeten und manchmal antagonistischen Gruppen.

Die *Foundation* war ursprünglich gegründet worden, »um die Lebensqualität in den städtischen schwarzen Gemeinden zu verbessern«. Doch schon bald wuchs die Rolle der Stiftung weit über dieses Ziel hinaus. Ende der 80er Jahre war die Organisation bereits zur führenden Entwicklungsinstitution geworden. Durch praktische und innovative Projekte zeigte sie neue Wege auf, wie die gewaltigen Herausforderungen bewältigt werden könnten, vor denen eine Regierung stehen würde, die sich der Wohnungsfrage, der Bildung und dem Dienst an allen Bürgern des Landes verpflichtet fühlte. Die Organisation führte auch den Widerstand des Unternehmenssektors gegen die wichtigsten Apartheidgesetze an. Sie informierte die Unternehmensführer über die negativen Auswirkungen der städtischen Zuwanderungskontrollen auf die Wirtschaft und auf alle Südafrikaner; sie ermutigte internationale und nationale Forschungsaktivitäten und sammelte Belege und Argumente, die gegen die staatliche und konservative Überzeugung gerichtet waren, daß die Kontrollen über die Zuwanderung der Schwarzen in die Städte aufrechterhalten werden müßten. Die *Foundation* mobilisierte die Ressourcen der Unternehmen und ihren Einfluß, um die Regierung zu bewegen, die Kontrollen abzuschaffen. Sie machte öffentlich ihren Einfluß geltend und brachte andere dazu, sich der Kampagne anzuschließen. Als die Stiftung schließlich die prinzipielle Zusage der Regierung erhalten hatte, daß diese Säule des Apartheidsystems abgeschafft würde, sorgte sie dafür, daß die Gesetzesänderung so schnell wie möglich im Parlament eingebracht wurde und daß sie tatsächlich in jeder Hinsicht in der Abschaffung der Kontrollen resultierte. Nachdem die *Foundation* diesen Sieg errungen hatte, leitete sie eine Fünf-Jahres-Kampagne zur Information und Mobilisierung der Unternehmen ein, die auf die Abschaffung weiterer zentraler Säulen des Apartheidsystems gerichtet war, so vor allem auf die Gesetze über den Landbesitz (die Frage der ländlichen Segregation), den *Group Areas Act* und die Regelungen bezüglich der segregierten Kommunalverwaltung.

Die Stiftung wurde durch ihre Arbeit in der Ära der südafrikanischen Apartheid zu einer Institution, die einen offenen und konstruktiven Rahmen bot, in dem sich schwarze und weiße Südafrikaner begegnen und über Fragen von nationalem Interesse diskutieren konnten. Hier konnten Projekte initiiert und von schwarzen Südafrikanern gemeinsam mit dem Stiftungspersonal durchgeführt werden. Mit Unterstützung wichtiger Unternehmer und ihrer Organisationen spielte die *Foundation* bei der Entwicklung neuer Gedanken, Programme und politischer Strategien eine führende Rolle. Sie unterstützte Werte, die in ihrer logischen Konsequenz gegen die Werte der Apartheid gerichtet waren, und wirkte in der Welt des weißen Establishment als Brückenkopf für ein neues Südafrika, das nicht mehr auf der Ungleichheit der Rassen gründet. Möglicherweise ebenso wichtig war die Tatsache, daß die Stiftung einen Ort bot, an dem viele Aktivisten und Hochqualifizierte über die Entwicklungsfragen und die immer dringlicher werdenden Erfordernisse, die sich einer neuen Regierung in einem neuen Südafrika stellten, kreativ nachdenken konnten. Mit Hilfe von Statistiken und soliden in- und ausländischen Forschungsarbeiten konnte die *Foundation* auch emotional belastete Probleme (wie beispielsweise die Rassentrennung im Bildungswesen) aufgreifen und in einem eher technischen und neutralen Umfeld bearbeiten. Auf diese Weise wurden diese Probleme einer rationalen Diskussion und Behandlung zugänglich. Von der Mitte bis in die späten 80er Jahre spielte die *Foundation* eine einzigartige Vermittlungsrolle zwischen den Werten und Besorgnissen der Unternehmen, den Interessen der städtischen Gemeinschaften und jenen Kräften innerhalb der Regierung, die sich von der rigiden Apartheidpolitik lösen wollten.

Unternehmen, Verhandlungen und das Consultative Business Movement[29]

In den späten 80er Jahren befand sich Südafrika fast ständig im Ausnahmezustand. Er war für die Regierung die einzige Möglichkeit, die zunehmende Militanz und Unruhe in vielen Landesteilen und vor allem in den städtischen Gebieten einzuschränken. In diesem Umfeld fanden sich einige Teile des Unternehmenssektors zusammen und gründeten eine Organisation, die sie *Consultative Business Movement* (CBM) nannten. Die Bewegung spielte ursprünglich eine Moderatorenrolle, denn sie schuf nicht nur für die Unternehmer im ganzen Land die Voraussetzungen für ihren Zusammenschluß, sondern auch für die Führungen der internen und zunehmend auch externen politischen Bewegungen der Schwarzen. Diese informellen Zusammenkünfte trugen dazu bei, die weiße Elite auf die Periode der politischen Verhandlungen vorzubereiten. Zu diesem Zeitpunkt war dem Unternehmenssektor die Wirkung der Apartheidpolitik auf ihr wirtschaftliches Umfeld bereits sehr deutlich bewußt. Um es kurz zu sagen: Die Politik der Regierung stellte für die unternehmerischen Sektoren der Volkswirtschaft eine Katastrophe dar. Die Wirtschaft war durch die kurzsichtige und dumme Politik in eine Zwangsjacke gezwängt worden, z. B. dadurch, daß die angemessene Qualifikation der Arbeitnehmer und die Entwicklung der schwarzen Wohngebiete behindert wurden. Es erwies sich als wichtig, daß die internationalen Sanktionen und Boykotte Wirkung zu zeigen begannen, so daß einige Sektoren der Wirtschaft stark darunter litten. Die internationalen Investitionen, die für Südafrikas Wirtschaftswachstum schon immer wesentlich gewesen waren, kamen zum Stillstand; es wurden sogar bereits getätigte Investitionen wieder abgezogen. Innere Stabilität schien jetzt eine Illusion zu sein, und die herrschende Politik bot keinen Weg aus dem Abwärtstrend in Wirtschaft und Politik.

Die CBM wurde 1989 gegründet mit dem Ziel, »ein besseres Verständnis zwischen dem Unternehmensbereich und den verschiedenen politischen und ökonomischen Akteuren zu schaffen«. In einer Zeit, die durch sich zuspitzende Konflikte und Entfremdung gekennzeichnet war, übernahm die CBM durch ihre Workshops und Diskussionsveranstaltungen eine Brükkenfunktion zwischen den verschiedenen politischen und ökonomischen Bereichen. Ende 1991 wurde die CBM von einer Reihe politischer Parteien mit der Durchführung und den Sekretariatsaufgaben der CODESA-Verhandlungen beauftragt. Die staatlichen Institutionen waren schwach, agierten ineffektiv und hatten hinsichtlich ihrer Effizienz und Neutralität das Vertrauen der meisten gesellschaftlichen Gruppen verloren. In dieser Situation wurde die vom Unternehmensbereich getragene CBM als die neutralste »Verwaltungsstruktur« für die Verhandlungen angesehen, die zur Verfügung stand. Die CBM übernahm in der Folge und bis zum Abschluß der Verhandlungen die Funktionen eines Sekretariats. In dieser Position war die Organisation mitunter in der Lage, die Unternehmensführer über gefährliche Phasen des Prozesses zu informieren und mit ihnen gemeinsam Auswege aus diesen Schwierigkeiten zu entwickeln.

Diese wichtigen Funktionen des Unternehmensbereichs setzten sich auch fort, nachdem ein politisches Abkommen erzielt worden war und die Vorbereitungen für die ersten nationalen Wahlen anliefen. Aufgrund der Legitimitätsprobleme bestehender Institutionen wurde eine neue Institution (die *Independent Electoral Commission*, IEC) geschaffen, welche die Wahlen für 20 Millionen Wahlberechtigte, die größtenteils Erstwählerinnen und -wähler waren, strukturieren und durchführen sollte. Die Kapazitätsprobleme dieser Institution stellten auch ein Wahlkampfthema dar. Bemerkenswert ist vor allem die wichtige Funktion der Unternehmen, als es darum ging, für Millionen von Wählern sicherzustellen, daß sie ihr Wahlrecht am Arbeitsplatz wahrnehmen konnten. Ferner ging es der IEC darum, Wahlinformationsveranstaltungen für buchstäblich alle Beschäftigten durchzuführen, wichtige Voraussetzungen des Wahlvorgangs, wie beispielsweise die Einrichtung von Wahllokalen, zu ermöglichen und sich auch in kritischen Augenblikken zu engagieren, wenn die Wahl selbst oder die Stimmenauszählung zusammenzubrechen drohte.

Der Unternehmensbereich und der National Peace Accord

Als sich die politischen Verhandlungen 1990 bereits am Horizont abzeichneten, wurden weitere Fortschritte wie auch die wirtschaftlichen Aktivitäten durch die eskalierenden Spannungen und die Gewalttätigkeiten zwischen den verschiedenen Gemeinden bedroht. In diesem Kontext wurden Unternehmensorganisationen auf lokaler Ebene wie auch Unternehmensführer auf nationaler Ebene in die Debatte über die politische Gewaltaktivität einbezogen, um den geordneten Übergangsprozeß aufrecht zu erhalten. Die wachsende Gewalttätigkeit bedrohte nicht nur die Fähigkeit und den Willen des ANC, am damaligen Verhandlungsprozeß weiterhin teilzunehmen, sondern zeigte auch, daß es notwendig war, zusätzlich zu den Politikern auch andere Persönlichkeiten einzubeziehen.

Südafrikas »kleines Wunder«, der Verhandlungserfolg, muß mit der Wirklichkeit des gewaltsamen Konfliktes in Beziehung gesetzt werden. Was bzw. wer die Ursachen und Urheber der Gewalt in Südafrika während der Übergangsjahre waren, wird sehr kontrovers diskutiert. Die folgende Tabelle vermittelt einen Eindruck vom Ausmaß der »politischen« Gewalt im Zeitraum zwischen 1984 und Dezember 1994:

Todesopfer durch politische Gewalt in Südafrika[30]

	1985	1986	1987	1988	1989	1990	1991	1992	1993	1994
Januar	4	105	40	211	126	210	187	139	135	239
Februar	35	112	22	107	95	283	129	238	148	259
März	76	179	40	62	89	458	351	348	143	537
April	46	145	40	48	99	283	270	300	212	436
Mai	66	221	33	58	89	208	318	230	339	207
Juni	45	212	36	76	38	150	150	324	309	119
Juli	96	122	39	94	96	247	164	278	547	136
August	163	76	35	112	104	698	184	331	430	106
September	69	40	73	108	135	417	282	298	376	109
Oktober	86	16	93	90	116	162	218	229	361	103
November	101	37	89	85	129	316	283	246	351	80
Dezember	92	33	121	98	287	267	170	141	285	103
Gesamt	**879**	**1278**	**661**	**1149**	**1403**	**3699**	**2706**	**3102**	**3706**	**2434**

Die Gewalttätigkeit kam teuer zu stehen. So wurden beispielsweise die Kosten, die der Wirtschaft durch die politische Gewalt in der Provinz Transvaal entstanden, für die erste Jahreshälfte 1991 auf drei Milliarden Rand geschätzt. Zu beklagen waren 1800 Tote. Die genannten Kosten beziehen sich auf die Zerstörung von 2000 Geschäften und Fabriken sowie Produktionsausfälle durch nationale und regionale Streiks als Protest gegen die Tötungen und die Ausgaben für die Sicherheitskräfte. In der Provinz Natal ließen sich potentielle Investoren offenbar durch die Zahl der Toten, die Boykotte und die mit der Gewalt zusammenhängenden Streiks abschrecken.[31] Der Konflikt beeinträchtigte manche Unternehmen direkt, so daß sich einzelne Unternehmer oftmals zum Handeln gezwungen sahen. Der Geschäftsführer eines großen Unternehmens im südafrikanischen Industriegürtel in der Nähe von Johannesburg engagierte sich im Friedensprozeß, nachdem einige seiner Arbeiter bei politischen und ethnischen Zusammenstößen in ihren Wohnheimen ums Leben gekommen waren.

Anfang Juni 1991 erklärten Unternehmensführer, daß sie sich den Kirchenführern anschließen wollten, um Gewalt und Angstterror zu beenden. Es wurde ein gemeinsames Komitee gebildet mit dem Ziel, die politischen Führer zusammenzubringen, um sich »mit den Problemen der Gewalt und des Angstterrors in Südafrika« auseinanderzusetzen. Das Komitee wollte sich »nur als im Hintergrund wirkender Katalysator betätigen, um die Führer zusammenzubringen«. Als Ergebnis dieser Initiative unterzeichneten die Führer aller wichtigen politischen Parteien den *National Peace Accord*. Das Abkommen umfaßte einen Verhaltenskodex für die politischen Parteien, die Polizei und die Armee und legte Grundregeln für freie politische Betätigung fest. Außerdem wurde in dem Abkommen der Auftrag für eine Untersuchungskommission (unter dem Vorsitz eines Richters des Obersten Gerichtshofs) formuliert, die Fälle öffentlicher Gewalt, einschließlich der relevanten Gesetze und Regeln, untersuchen sowie einen Ombudsmann für Beschwerden über das Vorgehen der Polizei einsetzen sollte. Der *Accord* umfaßte auch Empfehlungen für die Errichtung von Friedenskomitees auf nationaler, regionaler und lokaler Ebene, die öffentliche politische Aktivitäten (Demonstrationen, Versammlungen usw.) überwachen und erleichtern, in Krisen eingreifen und in Streitfällen über Gewalt und potentielle Gewalt schlichten sollte. Die Komitees sollten sich darüber hinaus auch beim sozio-ökonomischen Wiederaufbau und in der Entwicklungsarbeit engagieren. Das übergreifende Ziel der Friedenskomitees bestand darin, Kommunikation zwischen den Führern der Konfliktparteien zu ermöglichen und sich als »Feuerwehr« zu betätigen. Ende 1993 gab es im ganzen Land bereits elf regionale und 120 örtliche Friedenskomitees.

Die Rolle des Unternehmenssektors wurde in dem Übereinkommen durch die Bestimmung hervorgehoben, daß der Vorsitzende oder der Stellvertretende Vorsitzende des *National Peace Committee* aus dem Unternehmensbereich kommen müsse. Während der gesamten Zeit, in der das Komitee bestand, wurde der Vorsitz durch einen führenden Manager eines der großen Industrieunternehmen des Landes wahrgenommen. Der Unternehmensbereich verlieh dem Prozeß nicht nur Form und Energie, sondern stellte auch Personal und Ressourcen zur Verfügung. Dazu gehörten Konferenzräume, Ausbildungseinrichtungen, Verpflegung und Getränke, Rechtsbeistand, Werbung,

Druckmöglichkeiten und Fahrzeuge für die Friedensbeobachter. Aber der Unternehmenssektor brachte nicht nur materielle Ressourcen ein. Vielmehr fanden Geschäftsleute auch die Zeit, in den regionalen Friedenskomitees den Vorsitz zu übernehmen und bei der Konfliktschlichtung mitzuwirken. Aufgrund ihres Ansehens in der weißen Bevölkerung begegnete man den Interventionen der Geschäftsleute in Konfliktsituationen mit größerem Respekt, als er den Interventionen schwarzer Aktivisten von der weißen Polizei und den Lokalbehörden entgegengebracht wurde. Die Unternehmer konnten auch zerstrittene Parteien wieder an einen Tisch bringen, weil sie als Vermittler angesehen wurden, die keiner politischen Gruppe verpflichtet waren. Dies erwies sich angesichts des Ausmaßes der Polarisierung und des Mißtrauens in der südafrikanischen Gesellschaft besonders in Krisenzeiten als sehr wichtig. Die Unternehmer brachten ihre Fähigkeit, die Dinge voranzutreiben, in den Prozeß ein. »Die meisten der örtlichen Friedenskomitees wurden von Geschäftsleuten geleitet, die wußten, wie man eine konfliktgeladene Sitzung leitet und wie die Pläne umgesetzt werden konnten (...). Fähigkeiten, die in den Townships oft fehlten.«[32]

Seit 1991 brachten Teile des Unternehmenssektors Ressourcen, Führung und Autorität in den Aufbau und die Operation nationaler, regionaler und lokaler Friedensstrukturen ein. Der Sektor spielte eine Vermittlerrolle, die dazu betrug, Foren für Gespräche zwischen den Konfliktparteien zu schaffen und diese zu leiten, und er spielte eine stabilisierende Rolle, indem er die Fortsetzung des Prozesses trotz nur beschränkter finanzieller Unterstützung durch den Staat und trotz gewalttätiger Auseinandersetzungen sicherte. Durch die Intervention des Unternehmensbereichs wurde den feindseligen Beziehungen zwischen den Konfliktparteien nicht nur die Spitze genommen, sondern der *National Peace Accord* trug auch dazu bei, das geeignete Klima für die Fortsetzung der Verhandlungen zu schaffen.

5. Übergang wohin? Neue normative Konflikte in Südafrika

Der in Südafrika ausgehandelte Übergang zu einer demokratischen und nichtrassistischen Gesellschaft fand in den erfolgreich durchgeführten Wahlen von 1994 seinen Höhepunkt und beseitigte die langen und dunklen Schatten der Gesetze, Politik und Grundsätze der Apartheid, die Südafrika so lange Zeit beherrscht hatten. An ihrer Stelle entwickelt sich eine sehr viel komplexere Gesellschaft als jene des »schwarz-weißen« Moralitätenschauspiels der Vergangenheit. Im Rahmen der bemerkenswerten und außerordentlich schnell ablaufenden Veränderungen, die jede Facette und jeden Baustein dieser Gesellschaft berühren, beginnen sich erste Wahrnehmungen dessen abzuzeichnen, was Südafrikaner trennt und eint. Es ist darauf hinzuweisen, daß nach dem Wegfall der Scheuklappen der Apartheid eine Gesellschaft sichtbar wurde, die gerade damit beginnt, sich selbst ein wenig aufrichtiger zu betrachten. Es ist mehr Zeit erforderlich, um die verschiedenen Gruppen, Klassen, Probleme und Interessen besser zu verstehen, die so lange hinter den alles umfassenden und alles überdeckenden Begriffen »schwarz« und »weiß« versteckt geblieben oder unter der Oberfläche gehalten worden waren.

In der neuen und »im Entstehen begriffenen« Demokratie ist die politische Situation noch immer im Fluß. Demokratische Kommunalwahlen wurden erst im November 1995 und in zwei großen Landesteilen sogar erst im Mai und Juni 1996 abgehalten. Die Südafrikaner werden von einem beeindruckenden Präsidenten geführt (dessen Person selbst eine Vermittlungsinstitution darstellt) und sind noch immer mit dem grundlegenden und wichtigen Prozeß beschäftigt, ihr gemeinsames Land und die – trotz der jahrzehntelangen Apartheid gemeinsamen – Interessen und Normen zu entdecken. Die neue Interimsverfassung und die Gesetze über die Grundrechte bieten nicht nur eine Definition, sondern auch einen Rahmen, in dem sich diese Entdeckung entfalten kann.

Es gibt viele Bereiche, für die gewaltige Konflikte vorhergesagt wurden, bei denen sich aber jetzt, im tatsächlichen Prozeßverlauf, eine friedliche und relativ reibungslose Entwicklung abzeichnet. Bei der Polizei, in der Armee, im Verkehrsministerium und in allen Abteilungen der öffentlichen Verwaltung arbeiten Weiße auch unter der Leitung von Schwarzen. Die Schulintegration schreitet gut voran. Die öffentlichen Einrichtungen stehen jetzt allen Bürgern offen. Die Umstrukturierung der Kommunalverwaltungen wurde auf den Weg gebracht. Die Integration der Südafrikanischen Verteidigungsmacht und der früheren Guerillatruppen verläuft erfolgreich. Dies sind nur einige Beispiele für den Transformationsprozeß, in dem sowohl die Führer als auch die Bürger endlich die zahlreichen Gemeinsamkeiten entdecken, die sie als gleiche Bürger in ihrem Land verbinden.

Vor diesem Hintergrund wollen wir uns nunmehr den neu hervortretenden normativen Konfliktfeldern im »neuen Südafrika« zuwenden. Es mag ein Zeichen für die zunehmende Normalität in diesem Land sein, daß sich viele der vor den Südafrikanern liegenden Fragen auch in anderen Ländern stellen und daß diese nicht alle von den ethischen Problemen beherrscht werden. Doch das Erbe der Apartheid in seinen verschiedenen Formen wirkt natürlich stark auf die neue Gesellschaft ein.

Ein erstes großes Thema, um das sich zweifellos viele Meinungsverschiedenheiten bilden werden, betrifft die grundlegende Beschaffenheit der südafrikanischen Demokratie. Die Strukturen der neuen Demokratie werden sich entweder aus den alten segregierten Institutionen entwickeln müssen, oder es müssen völlig neue Institutionen aufgebaut werden. Von der Legislative, über alle Zweige der Exekutive bis hin zur rechtsprechenden Gewalt müssen komplizierte Fragen über das Wesen des Staates und die Beziehungen zwischen seinen drei Gewalten erörtert und beantwortet werden. Ein Problem, über das gegenwärtig mit zunehmender Energie und Erregung diskutiert wird, betrifft die Machtverteilung zwischen der zentralen Ebene und den provinziellen staatlichen Ebenen sowie die Funktionen der Hauptstadt: Wie föderalistisch soll Südafrika werden? Gleichzeitig muß sich die frühere partizipative demokratische Kultur der internen Widerstandsbewegung den Zwängen einer repräsentativen parlamentarischen Demokratie und, hoffentlich, im Laufe der Zeit auch der Kultur der Toleranz anpassen, die der Vorstellung einer Vielparteiendemokratie zugrunde liegt. Drittens muß auch der »demokratische Zentralismus« der früher im Untergrund oder im Exil wirkenden Widerstandsbewegungen seinen Platz in einer »neuen, transparenten und offenen demokratischen Kultur« finden. Eine zwar relativ tolerante und friedfertige, aber dennoch nationalistische Bewegung, die jetzt die Regierung stellt, muß sich mit einem sehr komplexen Land und mit der Unvermeidbarkeit von politischen Unterschieden und von Opposition abfinden.

Ein weiterer, neu entstehender Aspekt dieses ersten Themenfeldes betrifft die Sozialpolitik und die Abwägung zwischen direkten Volksabstimmungen und den von gewählten Repräsentanten getroffenen Entscheidungen. Zur Frage der Todesstrafe beispielsweise nimmt der ANC eine ablehnende Haltung ein, die jetzt auch von der Regierung geteilt wird. Die oppositionelle NP fordert nunmehr hierüber ein Referendum, in dem die Bürger ihre Meinung zu dieser Frage direkt zum Ausdruck bringen können. Es gibt kaum Zweifel daran, daß die Todesstrafe in Südafrika wieder eingeführt würde, wenn es zu einem solchen Referendum käme. Eine kürzlich erstellte nationale Erhebung ergab, daß die meisten Südafrikaner (nämlich 62 Prozent) die Todesstrafe im Prinzip befürworten. Der ANC steht damit vor der Frage, wieviel Demokratie er zwischen den Wahlen ermöglichen will, und wen die Parteifunktionäre eigentlich vertreten.

Ein zweites großes Themenfeld, in dem sich viele Differenzen entwickeln werden, betrifft die Spannungen, die sich aus der praktischen Umsetzung der Demokratie ergeben werden. Die Entwicklungsaufgaben, vor denen die Regierung der Nationalen Einheit steht, sind gewaltig.[33] Hinsichtlich der staatlichen Dienstleistungen und der Infrastruktur muß sie die durch Vernachlässigung und Versagen verursachte Rückständigkeit aufholen. Einige Beispiele hierfür sollen das Ausmaß dieser Herausforderung verdeutlichen. Fast 40 Prozent der südafrikanischen Haushalte leben unterhalb der Armutsschwelle; etwa zwölf Millionen Menschen (oder 30 Prozent der Bevölkerung) haben keinen Zugang zu sauberem Wasser; 70 Prozent der Bevölkerung haben keine Stromversorgung und ein Viertel der Gesellschaft deckt den Energiebedarf mit Holz. Mehr als sieben Millionen Menschen leben in »informellen« Wohnstrukturen wie Hütten, Hinterhofschuppen, Garagen usw. Das wichtigste Krisenfeld jedoch ist in der Arbeitslosigkeit zu sehen, von der etwa 40 Prozent der Erwerbsbevölkerung betroffen sind. Die Regierung übernahm auch eine demoralisierte Beamtenschaft, der die Befähigung fehlt, eine leistungsfähige Nation aufzubauen.

Gleichzeitig steht die Regierung in der Pflicht, relativ schnell eine Art »positive Diskriminierung« einzuführen, um sicherzustellen, daß die Zusammensetzung der Beamtenschaft deutlicher das demographische Profil des Landes widerspiegelt. Der große normative Testfall auf Mikroebene wird dann eintreten, wenn die Regierung nicht mehr ständig zwischen endlosen Beratungen mit »der Gemeinschaft« nach Ausgleich suchen muß, sondern tatsächlich konkrete Projekte in Angriff nehmen kann. Auf der Makroebene tritt der Testfall dann ein, wenn die Regierung nicht im erwarteten Maße Erfolge vorweisen kann und wenn der Druck ansteigt, bei bestimmten Maßnahmen auch zu weniger demokratischen Verfahrensweisen greifen zu müssen, um die öffentliche Unzufriedenheit zu bekämpfen. Es ist festzuhalten, daß das Land davon gegenwärtig noch weit entfernt ist. Dennoch steigt die Spannung hinsichtlich solcher Probleme bereits an, vor allem in bezug auf Fragen von »Recht und Ordnung«.

Ein drittes Themenfeld betrifft die Beziehungen zwischen dem neuen südafrikanischen Staat, dem einzelnen Bürger und den unabhängigen Organisationen. Hierbei geht es um zwei Aspekte: Erstens geht es um die Frage, ob Südafrika ein Land werden will, in dem den Menschen gleiche Chancen geboten werden und in dem die Bürger aufgrund ihrer Befähigungen miteinander in fairem Wettbewerb stehen. Oder soll sich der Staat den Forderungen bestimmter Gruppen nach besonderen Zuwendungen und Privilegien unterwerfen? Bei der Debatte um die »positive Diskriminierung« geht es darum, wie diese Politik im Staat, in den Bildungsinstitutionen und im Privatsektor umgesetzt werden kann. Wird man zulassen, daß sich die Rassenzugehörigkeit in diesem Land erneut als entscheidendes Auswahlkriterium für Stellen und Chancen erweist? Wird es möglich sein, einen nicht an der Rassenfrage orientierten Staat auf der Grundlage einer nichtrassistischen Verfassung aufzubauen, wenn gleichzeitig durch die positive Diskriminierung auch weiterhin bestimmten Menschen allein aufgrund ihrer Rassenzugehörigkeit besondere Privilegien eingeräumt werden? Zweitens: Wird die Regierung unabhängigen Organisationen erlauben, ihre Aktivitäten fortzusetzen, auch wenn sie die Politik der Regierung kritisieren? Inwieweit wird die Regierung Dissens tolerieren? Trifft es zu, daß eine der Ursachen der Gewalt in der Region KwaZulu/Natal darin zu sehen ist, daß der ANC sich nicht an den Gedanken einer anderen mächtigen politischen Partei der Schwarzen gewöhnen will? Wird jede zukünftige Kritik an der Regierungspolitik gleich als Wiederaufleben des weißen Rassismus ausgelegt werden? Wird man die Kritiker als »Apartheidmarionetten« oder als neue Feinde des demokratischen, nichtrassistischen Projekts ansehen? Drittens: Wird es der Staat den Südafrikanern ermöglichen, ein ungehindertes Marktsystem zu entwickeln? Und in welchem Ausmaß wird es der Staat den schwarzen Unternehmern und der Mittelklasse erlauben, die zentralen Fragen in diesem Bereich zu regeln?

Der möglicherweise wichtigste normative Konflikt, vor dem das Land gegenwärtig steht und der zunehmend eine Herausforderung für die neue und noch fragile Demokratie darstellt, betrifft die gesamte Frage der Ordnung. Das Land gleitet in vielen Lebensbereichen auf eine Form der Anarchie zu. Das Phänomen hat verschiedene Komponenten, und jede dieser Komponenten weist eigene historische Ursachen und Begründungen auf. Es gibt jedoch nur geringe Zweifel daran, daß die neue Regierung Schwierigkeiten hat, Recht und Ordnung herzustellen. Ein im Übergang begriffener Staat, wie ihn Südafrika im Zeitraum zwischen der folgenträchtigen Ankündigung des Staatspräsidenten im Februar 1990 bis hin zum Amtsantritt des neuen Präsidenten im Mai 1994 darstellte, wird ein gewisses Maß an Autorität einbüßen. Verbindet man diese Erwartung mit den im folgenden aufgelisteten weiteren Konfliktpotentialen, so ist es erstaunlich, daß das heutige Südafrika der Post-Apartheid eine solche soziale Stabilität aufweist. Die Konfliktpotentiale sind:

- ein hohes Niveau an Gewaltaktivität, allgemeinen Unruhen und Störungen, gekoppelt mit Loyalitätsdefiziten bei den staatlichen Sicherheitskräften, die dazu beitragen, den Transitionsprozeß zu unterminieren;
- die Existenz von Gebieten, in denen sich die Staatsbeamten unter ständigem Belagerungszustand befanden, und in denen es beinahe zu der Probe gekommen wäre, ob die Polizeikräfte oder ihre Opponenten in den schwarzen Townships mehr und bessere Waffen besaßen;
- die Rückkehr von früheren ANC-Anhängern und bewaffneten Teilen anderer schwarzer Befreiungsbewegungen nach Südafrika, die in vielen Fällen noch immer unter Waffen standen;
- die ungehinderte Lieferung von billigen Waffen aus Moçambique;
- enttäuschte weiße Angehörige oder frühere Mitglieder der Sicherheitskräfte, die Zugang zu großen Waffenarsenalen haben.

Doch die neue Regierung muß sich noch mit einem sehr viel stärker wirksamen Problemkomplex auseinandersetzen, als es die nach dem Übergang ererbte Situation darstellte. Denn vier weitere Faktoren sind wirksam, einige der grundlegenden Regeln des gesellschaftlichen Zusammenhaltes außer Kraft zu setzen. Der erste Faktor ist der Zustand des südafrikanischen Strafrechtssystems. Es widerspricht wahrscheinlich jeder Überzeugung, wenn festgestellt werden muß, daß die Polizeikräfte in Südafrika – »im ehemaligen Polizeistaat der Apartheid« – personell zu schwach ausgestattet sind. In Südafrika kommt ein Polizist auf 358 Menschen: eine der niedrigsten Quoten in der entwickelten Welt. In den großen und wachsenden Städten des Landes ist die »dünne blaue Kette« der Polizisten zu schwach und außerdem demoralisiert und zu schlecht ausgestattet, um ihre Aufgaben angemessen erfüllen zu können. Gewalttätigkeit bleibt aufgrund fehlender Mittel allzu oft ungeahndet. Dies wiederum führt dazu, daß die Kriminellen in hohem Maße auf ihre Fähigkeit vertrauen, der Verhaftung zu entgehen oder sich gegen die Strafverfolgung erfolgreich wehren zu können. 1994 »löste die Polizei weniger als die Hälfte aller schwerwiegenden Verbrechen (...). Bei den Fahrzeugdiebstählen, die stärker als jede andere Straftat zugenommen haben, liegt die Aufklärungsquote der Polizei nur bei 16 Prozent«.[34]

Straftaten stellen in Südafrika ein schweres Problem dar. Forschungsergebnissen zufolge kamen 1994 von je 100000 Menschen 45 durch Mord ums Leben (der Durchschnittswert im internationalen Vergleich von 122 Ländern liegt bei 5,5 Ermordeten), und 840 wurden Opfer von Überfällen mit Gewaltanwendung (der internationale Durchschnitt liegt bei 142). In den 72 Ländern, für die alle erforderlichen statistischen Daten über Straftaten verfügbar sind, machen Mord und gewaltsame Überfälle durchschnittlich 3 Prozent der erfaßten Straftaten aus; in Südafrika liegt dieser Anteil bei 16 Prozent.[35]

In Südafrika

- wird alle 54 Minuten ein Fahrzeug entwendet, insgesamt 27 Diebstähle täglich;
- wird alle 30 Minuten ein Mord verübt, insgesamt 48 Morde täglich, und
- erfolgt alle 18 Minuten eine Vergewaltigung, insgesamt 80 Vergewaltigungen täglich.[36]

Im Zeitraum von 1983 bis 1992 stieg die Mordquote um 135 Prozent an, die Quote der Diebstähle um 109 Prozent, der Hauseinbrüche um 71 Prozent, der Fahrzeugdiebstähle um 64 Prozent und der gewaltsamen Überfälle um 13 Prozent.[37]

Diese sich ausbreitende »Wildwest-Atmosphäre« und die zu geringe Zahl der Polizeipatrouillen führen dazu, daß die Weißen den Schutz ihrer Häuser und zunehmend auch ihrer Straßen und Wohnbezirke privaten Sicherheitsfirmen übertragen. Das könnte ein Anzeichen dafür sein, daß sie sich »auf die Polizei als Schutzmacht« nicht mehr verlassen wollen. In den schwarzen

Townships setzen die Menschen auf andere Maßnahmen. Sie organisieren Gruppen zur Selbstverteidigung, Straßenpatrouillen zum Schutz der Gemeinden und spontane »Volksgerichte« zur Bestrafung von Übeltätern. Ein weiterer Aspekt in diesem Zusammenhang ist die mangelnde Wirksamkeit des Strafverfolgungssystems. Die Gefängnisse sind überfüllt, und nach der Strafverbüßung sind die ehemaligen Gefangenen noch besser für ein Verbrecherleben geschult als zuvor. Im Zuge der Amnestie für politische Aktivisten wurden auch Straftäter entlassen. Neuerdings werden selbst Verurteilte entlassen, weil in den Gefängnissen kein Platz mehr zur Verfügung steht.

Der zweite Faktor, der einen Zusammenbruch der Wirksamkeit gesellschaftlich anerkannter Gesetze kennzeichnet, sind die Mieten, Dienstleistungen und die Boykottierung von Schuldendiensten in den Townships. Ursprünglich waren diese Boykotte Mitte der 80er Jahre als Bestandteil der »Unregierbarkeitsstrategie« des ANC eingeführt worden. Die Maßnahmen waren sehr populär, weil die meisten Menschen ohnehin nicht in den Genuß ordnungsgemäßer Dienstleistungen kamen und Zahlungsverpflichtungen angesichts der steigenden Arbeitslosigkeit immer schwerer zu erfüllen waren. Die Rückstände belaufen sich heute auf mehrere Milliarden Rand. Der Regierung fällt es jetzt sehr schwer, die Bürger wieder zur Zahlung von Schulden zu veranlassen, so daß sie sich veranlaßt sah, im Oktober 1994 ein nationales Programm unter der Bezeichnung »*Operation Masakhane*« (Selbstvertrauen) einzuleiten. Ende 1995 mußte man öffentlich eingestehen, daß sich das Programm als Fehlschlag erwiesen hatte. Die *Financial Mail*, eine wirtschaftliche Wochenzeitschrift, stellt fest: »Selbst der ANC und die populistischen Organisationen gestehen ein, daß für Boykottmaßnahmen kein Anlaß mehr besteht. Das Problem ist jedoch, daß die Strategie allzu gut funktionierte: Die Townships wurden noch weniger regierbar, und sie sind es in vielen Fällen auch heute noch. Es wird nicht leicht sein, die Achtung einer staatlichen Autorität wieder einzuführen (wenn es diese Achtung je gegeben hat).«[38]

Der zweite Aspekt des Boykottproblems betrifft die Tilgung von Hypotheken in den Townships. Schätzungen zufolge befindet sich ein Drittel aller 30000 Hypotheken, die afrikanischen Familien seit 1986 gewährt wurden, im Zahlungsrückstand. Diese Situation hat dazu geführt, daß der Präsident der *Association of Mortgage Lenders* erklärte, das Risiko der Hypotheken für einkommensschwache Haushalte sei inzwischen so hoch, daß es nicht »ratsam« sei, diesen Familien Geld zu leihen. Wenn eine Bank versucht, das Haus beschlagnahmen zu lassen und an einen Interessenten zu verkaufen, wird entweder der Einzug der neuen Eigentümer von den örtlichen Aktivisten verhindert oder der Familie wird das Leben im neuen Heim schwer oder gar unmöglich gemacht.

Der dritte Faktor, der zu einem gesetzlosen Zustand beiträgt, ist das allgemeine Ausmaß der Korruption im Staat und in den früheren *homelands*. Während der fast 40jährigen faktischen »Einparteienregierung« breiteten sich Nepotismus und Ämtermißbrauch in der Apartheid-Verwaltung aus. Die Kaffverwaltungen in den meisten der *homelands* schufen das System einer schwarzen »Aufkäufer«-Klasse und der Korruption. In den letzten Tagen der Apartheid wurden viele Maßnahmen eingeleitet (von denen einige aufgedeckt wurden), die es den Bürokraten ermöglichten, sich so viele staatliche Ressourcen wie möglich zu sichern. Wie sich herausstellte, verfügten viele Führer der *homelands* über Liegenschaften und stattliche Bankguthaben in Westeuropa, und Beamte besaßen Pfründe in unerhörtem Ausmaß.

Auch der vierte Faktor stellt ein heimtückisches Erbe der Apartheid dar. Viele der Farbigen hatten sich ihr Leben lang daran gewöhnt, sich den Apartheidgesetzen zu entziehen, die ungerecht waren und in ihr Leben eingriffen. Sie entfremdeten sich vom Staat und von den völlig undemokratischen Gesetzgebungsprozessen und verspürten deshalb auch keine Verpflichtung, Steuern, Verkehrsstrafen oder andere Rechnungen zu bezahlen. Jetzt mag es zwar ein »neues Südafrika« und einen Präsidenten Mandela geben, aber alte Gewohnheiten sind schwer aufzugeben.

Die fünfte Komponente dieser Litanei von Problemen ist eine Folge der wachsenden Verstädterung des Landes und folglich der raschen Ausbreitung der Städte. Große Städte brauchen strenge Gesetze und Stadtverwaltungen, die sie durchsetzen können. Die Verkehrsabteilungen müssen Verkehrsregeln erlassen, deren Befolgung ständig überwacht werden muß. Die südafrikanischen Städte befinden sich in einem Übergangsprozeß – von kleinen, geordneten und weißen Ortschaften zu großen, aus vielen Rassen und Kulturen zusammengewürfelten Konglomeraten, in denen die Regeln häufig mißachtet werden. Manche der Regeln werden – je eher desto besser – abgeschafft werden müssen. Solange es jedoch keine strenge Durchsetzung von Regeln im Verkehrsbereich, bei den Sanitär- und anderen Gesundheits- und Sicherheitsstandards gibt, wird die Stadt nicht zu wirtschaftlichen Investitionen einladen oder einen angenehmen Wohn- und Arbeitsort darstellen.

Hier wurde eine Reihe von Faktoren angeführt: das mit seinen Aufgaben kämpfende Strafverfolgungssystem, die Miet- und Hypothekenboykotte, die Korruption von Beamten und Institutionen des früheren Apartheidregimes, die vom alten System ererbte Entfremdung der Bürger von den Gesetzen des Landes, die Umgehung bestimmter Regeln wie auch die Aufgabe der städtischen Verwaltungsspitzen, sich der gewachsenen Bevölkerung und den komplexer werdenden Umständen anzupassen. All diese Faktoren stellen in der Summe eine echte Bedrohung der ökonomischen und politischen Perspektiven der neuen Demokratie dar. Sie unterstreichen die Bedeutung einer Vermittlungsinstitution, die in den meisten westlichen Gesellschaften als selbstverständlich angesehen wird. Wenn eine Gesellschaft keine Einigkeit darüber erzielen kann, wie Gesetze gemacht und durchgesetzt werden können und wie bei Gesetzesübertretungen zu verfahren ist, wird es ihr sehr schwerfallen, die sozialen Systeme funktionsfähig zu erhalten.

6. Vermittlungsinstitutionen

Die Schilderung der südafrikanischen Konfliktsituation und des Übergangs zur Demokratie sollte auch deutlich machen, daß es eine Reihe von Vermittlungsinstitutionen gibt. Aus der folgenden Liste solcher Institutionen wird ersichtlich, daß es dabei um eine interessante Mischung recht unterschiedlicher Phänomene handelt:

- In Südafrika existiert eine integrierte moderne Volkswirtschaft, die (unbeabsichtigt) daran mitwirkte, die Begründung und die Fundamente der Apartheid sowie das große Projekt der unabhängigen *homelands* zu untergraben. Durch die Arbeit in den Firmen, Unternehmen und Konzernen einer sich industrialisierenden Wirtschaft entstanden Beziehungen zwischen den Südafrikanern, die immer weniger von der Rassenzugehörigkeit bestimmt wurden. Die funktionalen Beziehungen am Arbeitsplatz (so sehr sie auch durch Diskrimination behindert gewesen sein mochten) bauen auf ganz anderen Vorstellungen vom Menschen auf als die der traditionellen Stammesgesellschaften oder des weißen Rassismus.
  Im neuen Südafrika könnte der ökonomische Motor auf ganz andere Weise zu arbeiten beginnen, wenn Maßnahmen wie »positive Diskriminierung« (nach Rasse und Geschlecht) auch am Arbeitsplatz eingeführt würden.
- Die (schwarzen und weißen) Führer wirkten in entscheidenden Augenblicken in der Geschichte des Landes als wichtige Vermittlungsinstitutionen. Als sich weiße Persönlichkeiten mit Autorität endlich gegen die Segregations-Gesetzgebung aussprachen und erklärten, die Interessen der Weißen hingen von der Abschaffung der Rassendiskrimination ab, folgte ihnen die öffentliche Meinung in bemerkenswerter Geschwindigkeit. Nelson Mandela spielte aufgrund seines Handelns und seiner Erklärungen eine phänomenal wirkungsvolle Rolle bei der Vermittlung zwischen schwarzen und weißen Südafrikanern und schuf ein Bewußtsein von Gemeinschaft und Nationalität. Daß diese führenden Politiker so mächtig und

effektiv werden konnten, ist teilweise der Tatsache zuzuschreiben, daß sie die Alltagswirklichkeit der meisten Südafrikaner aufgriffen und reflektierten: die alltägliche Abhängigkeit voneinander (in den Häusern der Weißen durch die Abhängigkeit von schwarzen Hausangestellten; in öffentlichen Institutionen wie Bussen, im Telefonsystem und im Postwesen usw.) und die Beteiligung an einer gemeinsamen Volkswirtschaft und an der sozialen Welt der Arbeit und des Arbeitsplatzes. Die Politiker griffen auch auf die den Weißen und den Schwarzen gemeinsamen Grundhaltungen zurück, so beispielsweise auf christliche Werte, die für die große Mehrheit der Südafrikaner sehr wichtig sind.

- Der Unternehmenssektor spielte im wirtschaftlichen Leben in den vergangenen 20 Jahren eine ungewöhnliche Rolle. Durch die von den Unternehmen finanzierten und unterstützten Institutionen leistete der Sektor (wenn auch verspätet) einen entscheidenden Beitrag zum Kampf gegen die Apartheidgesetze, vor allem in den Bereichen, in denen sie das ökonomische Wachstum und die Beziehungen zu den internationalen Handelspartnern des Landes behinderten. Der Sektor war außerdem maßgeblich daran beteiligt, im weißen Establishment das Klima für politische Verhandlungen zu schaffen, und er erleichterte schließlich diese Verhandlungen, indem der das Sekretariat finanzierte und unterstützte (das im wesentlichen eine Übergangsverwaltung darstellte). Die Unternehmen wurden bei diesen Aufgaben von ihren ökonomischen Sorgen und von den negativen Wirkungen auf ihre materiellen Interessen geleitet, welche die durch die Apartheid bedingten Restriktionen, die konsequente Opposition, die Unruhen und die internationale Abscheu hervorriefen. Doch viele führende Unternehmer und Manager waren auch aus ethischen Motiven über die Entwicklung des Landes besorgt und gewillt, Zeit und Arbeit für ihre »außerplanmäßigen« Aktivitäten aufzuwenden, weil sie nur in diesem Land ihre Zukunft sahen und auch als Bürger dazu beitragen wollten, den Wandel herbeizuführen.

Die Unternehmen hatten schon immer nach ihren eigenen In-

teressen gehandelt (oder nach dem, was sie als ihre Interessen wahrnahmen) und werden dies auch in Zukunft tun. Da nun Südafrika eine Demokratie mit legitimer Regierung ist, wird sich auch die Rolle des Unternehmenssektors als »sozialer Akteur« verändern. Im Rahmen einer pluralistischen und in sich vielfältigen Demokratie wird der Sektor zunehmend zu einer Interessengruppierung neben anderen Gruppierungen werden. Er wird über die Rolle des anscheinend neutralen Vermittlers in der Transformationsperiode hinaus- und in eine neue Herausforderung als Teilnehmer an der öffentlichen Debatte hineinwachsen. In diesem Prozeß wird auf einem offeneren Ideenmarkt um den Ausgleich von Interessen gekämpft. Das »Wirken hinter den Kulissen«, das die Intervention des Unternehmenssektors im autoritären Regime kennzeichnete, wird notwendigerweise durch die öffentliche Rolle ersetzt werden, in deren Rahmen die Unternehmen ihre Sicht der politischen Aufgaben in Begriffen des nationalen Interesses vertreten und sehr unterschiedliche Politiker von dieser Sichtweise überzeugen müssen. Dabei wird der Unternehmenssektor auf Verbündete angewiesen sein, welche die Werte des Kapitalismus und einer am Wettbewerb orientierten Allokation der Ressourcen teilen.[39]
- Die Verfassung und das Rechtssystem zur Regelung von Wettbewerb, Streitfällen und Konflikten zwischen den Bürgern stellen auf einer grundlegenden Ebene zwei der wichtigsten Vermittlungsinstitutionen der Gesellschaft dar. Ohne Recht und Ordnung gleiten Gesellschaften in die Anarchie; wirtschaftliches Wachstum wird dann immer schwieriger und die Umverteilung des Wachstums auf Individuen, Unternehmen und Regierungen bleibt immer stärker dem Zufall überlassen. Im Falle der langwährenden nachholenden Entwicklung Südafrikas zu einer »Zivilgesellschaft« hat die Herstellung von Recht und Ordnung überragende Bedeutung. Die Möglichkeit, zum ersten Mal in der Geschichte des Landes die Gleichheit aller Bürgerinnen und Bürger vor dem Gesetz zu verwirklichen, wird durch den Aufbau einer effektiven Polizei und eines umfassenden Strafverfolgungssystems

abgesichert werden müssen. Der Wert des Gehorsams gegenüber ordnungsgemäß formulierten und legitim zustande gekommenen Gesetzen muß der Bevölkerung vermittelt und durchgesetzt werden, wenn dieser in einer modernen Gesellschaft grundlegende intermediäre Prozeß gut funktionieren soll. Das wird bedeuten, daß die Regierung strenge Maßnahmen ergreifen und dabei ihre in hartem Kampf gewonnene demokratische Legitimität zur Geltung bringen muß, um die »Wildwestkultur« zu beseitigen, die in vielen Teilen des Landes noch vorherrscht.

- Eine weitere intermediäre Institution, die in diesem Beitrag nicht genügend berücksichtigt werden konnte, ist politischer Natur. Südafrika war, als sich die Gelegenheit für eine Verhandlungslösung des historischen Konfliktes ergab, in der äußerst glücklichen Situation, daß der Regierung eine Oppositionsbewegung gegenüberstand, die stark genug war, um von ihr als Partner anerkannt werden zu müssen. Die vom ANC geführte Allianz ist eine sehr breite Bewegung, die sehr verschiedenartige Grundhaltungen – von überzeugten Katholiken über Muslime, Atheisten, Kommunisten, Sozialisten und zügellose Kapitalisten bis hin zu militanten Gewerkschaftern – umfaßt. Der Bewegung gehören Weiße mit starken Schuldgefühlen wegen der Vergangenheit an, heimliche schwarze Rassisten und überzeugte afrikanische Nationalisten. Das Bindemittel, das diese breite Koalition bislang zusammenhielt, war die gemeinsame Opposition gegen die Apartheid. In gewisser Weise war dies für das Land ein sehr glücklicher Umstand. Statt einer Vielzahl von verschiedenartigen oppositionellen Gruppierungen bot der ANC eine mächtige Führung und eine organisatorische Struktur, die dazu beitrugen, Südafrika von der Apartheid weg in eine demokratische Ära zu führen. In der Regierung steht der ANC sehr vielfältigen Herausforderungen gegenüber; seine breite gemeinsame Front und die Verschiedenartigkeit der Zusammensetzung der Organisation sind bedroht. Um in einem Entwicklungsland mit mittlerem Einkommen ein wirksames Wirtschaftswachstum zu erzielen, werden einige harte Entscheidungen notwendig sein. Der ANC wird der Gewerkschaftsbewegung gegenübertreten müssen (die zwar nur einen kleinen Teil der Bevölkerung repräsentiert, aber gut organisiert ist). Es gibt jedoch auch noch andere Kräfte in der ANC-Allianz, die es immer schwieriger finden, mit einer in der politischen Mitte angesiedelten sozialdemokratischen Regierung zu leben. So wird sich auch die Rolle des ANC als Vermittlungsinstitution wandeln, die er zu einem entscheidenden Zeitpunkt in der Geschichte des Landes zu spielen vermochte.

Anmerkungen

1 Bei der Abfassung dieses Beitrags erwies sich die Unterstützung durch Judi Hudson, Forschungskoordinatorin am *Centre for Development and Enterprise*, als sehr hilfreich.
2 Afrikaander bzw. Afrikaner: die Afrikaans sprechenden, in Südafrika geborenen Weißen, besonders die Buren; Anm. d. Übers.
3 In Südafrika wurde zwischen der »großen« und der »kleinen Apartheid« unterschieden. Die »große Apartheid« umfaßte die Einrichtung von *Townships* für die nichtweißen Bevölkerungsteile in den Städten und von *Bantuhomelands* für die schwarzafrikanische Bevölkerung im ganzen Land, wobei die räumliche Trennung durch strenge Paßgesetzgebung und Ausweisezwang kontrolliert wurde. Die «kleine Apartheid» betraf die Trennung der Rassen in den Bildungsinstitutionen, Krankenhäusern, Verkehrsmitteln usw., ebenso das Verbot von Ehen und von Geschlechtsbeziehungen zwischen Angehörigen verschiedener Ethnien; Anm. d. Übers.
4 Hudson, J., 1995, *The Hidden War: Violence in KwaZulu/Natal,* Vorlesung am King's College, Universität London, 14. März 1995, S. 10.
5 *The Star*, 12. Februar 1990.
6 *Sunday Times,* 11. Februar 1990; *Business Day*, 16. Februar 1990.
7 Zusammengestellt nach *Mail and Guardian*, 15. April 1994.
8 Wiehan Commission *Report 1982*, S. 1, zitiert in Price, R., 1991, *Apartheid State in Crisis: Political Transformation in South Africa 1975–1990*, New York, S. 31.
9 Siehe Kane-Berman, J., 1990, *South Africa's Silent Revolution*, Johannesburg, S. 9.
10 Price, 1991, S. 109.
11 Bernstein, A., Hg., 1995, »Post-Apartheid Population and Income Trends«, *CDE Research*, Nr. 1, Center for Development and Enterprise, Johannesburg, S. 16.
12 Kane-Berman, 1994, The (white) lie of the NP's election campaign, in *Mail and Guardian* 4, März 1994.
13 *Private Sector Council,* Nr. 1, S. 24.
14 *The Weekly Mail,* 10. Februar 1989.
15 Cooper, C., u. a., 1992, *Race Relations Survey*, South African Institute of Race Relations, Johannesburg, S. 175.

16 Sidiropoulos, E., 1993, »Black Economic Empowerment«, *Spotlight*, South African Institute of Race Relations, Nr. 2, September, S. 29.
17 Siehe Hanf. T., u. a., 1981, *South Africa: The Prospects of Peaceful Change – An empirical enquiry into the possibility of democratic conflict regulation*, London.
18 Hanf u. a., 1981, S. 369.
19 Hanf u. a., 1981, S. 369.
20 Hanf u. a., 1981, S. 371.
21 Lodge, T, und Nassan, B., 1991, *All Here and Now: Black Politics in the 1980s*, Kapstadt, S. 38.
22 *Washington Post*, 4. September 1992.
23 *City Press*, 30. August 1992.
24 Schlemmer, L, 1991, »Black township residents amidst protest, violence and negotiation«, *Research Report* Nr. 15, Center for Policy Studies, Johannesburg, S. 16.
25 Siehe Everatt, D., und Orkin, M., Hg., 1993, »Growing up tough: A national survey of South African Youth«, Community Agency for Social Enquiry, Johannesburg.
26 Schlemmer ,1991, S. 23.
27 Schlemmer, 1991, S. 17.
28 Ansprache Harry F. Oppenheimers bei der Gründungskonferenz der *Urban Foundation*, November 1976.
29 Diese Ausführungen beruhen auf einem Interview mit Colin Coleman, dem Stellvertretenden Direktor der *Consultative Business Movement*, am 12. Dezember 1995 in Johannesburg.
30 *Race Relations News* 1994, S. 10, und Cooper, C., u. a., 1995, S. 438.
31 *Financial Mail*, 14. Juni 1991.
32 Charney, C., 1994, *Political violence, local elites and democratic transition: Business and the peace process in South Africa*, unveröffentlichtes Manuskript im Auftrag des Development Strategy and Policy Unit, Urban Foundation.
33 Hier muß jedoch angemerkt werden, daß die Größe dieser Aufgabe von den Medien übertrieben wird.
34 *Financial Mail*, 2. Dezember 1994.
35 *Saturday Star*, 11. November 1995.
36 *Saturday Star*, 11. November 1995.
37 *Fast Facts*, Nr. 3, 1993, S. 3.
38 *Financial Mail*, 2. Dezember 1994.
39 Bernstein u. a., 1996, »Business and Democracy: Cohabitation or contradiction?«, *Development and Democracy* Nr. 10, Center for Development and Enterprise, Johannesburg.

Serif Mardin

Anmerkungen zu normativen Konflikten in der Türkei

Zwei Vorbemerkungen sollen diese Untersuchung normativer Konflikte in der Türkei einleiten: Erstens gibt es für die Untersuchung normativer Konflikte keinen genau bestimmbaren Weg und keinen Methodenkanon, und dies gilt für jede Gesellschaft. Zweitens müssen im Falle der Türkei die Probleme berücksichtigt werden, die mit dem Übergang von einem *»ancien régime«*, nämlich vom Osmanischen Reich, zu einer »modernen« nationalstaatlichen Gesellschaft zusammenhängen.

Die erste der vorstehenden Bemerkungen bezieht sich auf die Vielfalt konzeptueller Ansätze, die für die Untersuchung normativer Fragestellungen angewandt werden können. Dieser Aspekt läßt sich möglicherweise am besten durch eine Beschreibung des Übergangsprozesses in der Türkei belegen. Doch zunächst gilt es, einige der Grundzüge des osmanischen *»ancien régime«* in Erinnerung zu rufen, denn dabei lassen sich die Ursachen der großen normativen Konflikte der Gegenwart aufzeigen.

1. Grundlagen des osmanischen Systems

Die sozialpolitische Formel des Osmanischen Reiches war eine ausgeklügelte Verfeinerung eines unter den Begriffen Patrimonialismus bzw. Sultanismus bekannten Systems.[1] Die Macht des

Zentrums wurde nicht, wie häufig angenommen wird, von der Macht des Sultans als Oberhaupt der muslimischen Gemeinschaft abgeleitet (d.h. von seinem Status als Kalif), sondern von einer komplizierten Militär- und Verwaltungsmaschinerie, deren Personal aus vorbürokratischen »Sklaven«-Beamten des Sultans bestand, ein System, das gewisse Überschneidungen mit den islamischen Institutionen aufwies.[2] Die osmanische Gesellschaft, die für sich in Anspruch nahm, der letzte Fackelträger des Islam zu sein, durchzog also eine inoffizielle Bruchlinie, ein ständig von Reibungen gekennzeichneter Bereich zwischen dem Verwaltungspersonal des Sultans und dem muslimischen klerikalen Establishment (*ulema*). Die Geschichte der Türkei seit dem 19. Jahrhundert kann als ein Prozeß gesehen werden, in dessen Verlauf sich diese dichotomische Struktur entfaltete und in die Zukunft projizierte – während in immer schnellerem Tempo neue Ideen und Institutionen des Westens kopiert wurden. Aus den Facetten dieses Entfaltungsprozesses lassen sich viele Konfigurationen erarbeiten, die möglicherweise zu der Untersuchung des hier zu behandelnden Problems passen.

Erstens ist ein allgemeiner Prozeß der Zentralisation und Säkularisation festzustellen, der ursprünglich von den Sultanatsbeamten und später von den Gründern der türkischen Republik (1923) gefördert wurde. Dargestellt werden außerdem die verschiedenen normativen Probleme, die sich paradoxerweise aus der relativ erfolgreichen Durchführung dieses Projektes ergaben.

Zweitens wollen wir uns in groben Zügen mit der geographischen Verortung dieser Reformpolitik befassen, die vor dem Ersten Weltkrieg auf dem Balkan stattfand, aber nach 1918 auf die vorderasiatische Türkei (Anatolien) begrenzt war. Hier begegnen wir noch immer einer von West nach Ost abgestuften »Entwicklung«, wobei »Modernisierung« bzw. ökonomische Entwicklung als Kennzeichen des Westens, dagegen »Traditionalismus« bzw. Unterentwicklung als Charakteristikum der östlichen Region erscheinen. Diese beiden Begriffe umfassen auch die Polarität von »modernen« und konservativ-islamischen (oder lokalistischen) *Werten* und damit eine Subkategorie des normativen Konfliktes. Eine generelle Untersuchung dieser Subkategorie bestünde in ihrer Zuordnung zu den ländlich-städtischen Unterschieden. Doch dies würde die Dichotomie vereinfachen, denn die eigentliche Aussage lautet, daß der Lokalismus durch eine lange Geschichte lokaler Macht und Machtgruppen strukturiert wurde, die den Gedanken des zentralisierten Staates in Frage stellten.

Eine abstraktere Version dieser Dichotomie, von der wir bereits zwei Varianten nannten, ist die sogenannte osmanische Bruchlinie zwischen Zentrum und Peripherie, wobei sich sowohl das Zentrum als auch die Peripherie an gegensätzlichen Wertesystemen orientieren. Der Kontrast zwischen Zentrum und Peripherie ist viel deutlicher mit den Machtverhältnissen verwoben. Diese besondere Polarität besteht nun schon so lange, daß sie als eine der Hauptachsen moderner türkischer Politik fungiert. Eine der heutigen Ausprägungen entstand während der Kommunalwahlen im März 1994. Damals repräsentierte die (islamische) Wohlfahrtspartei die politische und kulturelle Peripherie, die »Provinz« und auch den Islam, während die Sozialdemokratische Volkspartei das Zentrum, die Machtkonzentration im Staat und den Säkularismus der staatlichen Politik vertrat. Diese Ausrichtung zeigte sich auch bei der nationalen Wahl am 24. Dezember 1995.

Eine weitere Dyade, ähnlich wie die Beziehung zwischen Zentrum und Peripherie, ist das Verhältnis zwischen Universalismus und Partikularimus. Diese Beziehung gewann in der Türkei in der Folge der umfassenden Migration von ländlichen Gebieten in die städtischen Bezirke an Bedeutung. Die demographischen Veränderungen förderten eine Form des Partikularismus, die den Werten der Väter der Türkischen Republik entgegensteht. Das neue demographische Bild aktivierte den partikularistischen Teil der Polarität, so daß neue Bereiche für den Aufbau gesellschaftlicher Identität und damit auch neuer normativer Dissenz entstanden.

Einen konkreteren Fokus für ähnliche normative Auseinandersetzungen stellen die Restbestände der Verwandtschaftsgruppen, Stammeszugehörigkeiten und Mitgliedschaften religiöser Sekten dar. Es handelt sich um Kollektive, die sich auf Mitgliedschaft und Solidarität gründen. Die Türkische Republik versuchte, diese Art der Bindung durch den Gedanken einer türkischen Staatsbürgerschaft zu ersetzen, aber dieser Prozeß ist noch nicht abgeschlossen.

Eine Überschneidung mit dem Typus verwandtschaftlicher Beziehungsstrukturen tritt im Übergang von der patriarchalischen zur Kernfamilie auf. Stammesgruppen und Sekten werden von ihren »Ältesten« geführt und beruhen auf der Achtung einer etablierten Autorität, so daß sich, wenn es zu Modernisierungsprozessen kommt, der Sohn gegen den Vater stellt, die heutigen Absolventen säkularer Gymnasien und Universitäten gegen die Älteren, die jungen politischen Aktivisten gegen Persönlichkeiten in Autoritätspositionen usw.[3] Ein hervorragendes Beispiel dieses Zwiespalts stellt die Arbeit eines 26jährigen religiösen Funktionärs von niedrigem Rang und kurdischer Abstammung dar, die in den 60er Jahren verfaßt wurde. Das Buch war die erste aus der Sicht »von unten« verfaßte »populistische« Analyse und Kritik des Systems der Hegemonie von Honoratioren und Stammesführern, das in der (kurdischsprachigen) östlichen Türkei vorherrscht (Doguda Agalik-Seyhlik).

In der wirtschaftlichen Sphäre bewegte sich die Türkei allmählich von einer osmanischen Gesellschaft, die durch Konsumentenprotektion, Preisbindung und Monopole gekennzeichnet war, hin zu einer zunehmend freien Marktwirtschaft. Die »etatistischen« wirtschaftlichen Züge der frühen Türkischen Republik waren teilweise ein Überbleibsel des Reiches. Die strukturellen Konflikte, die sich während der wirtschaftlichen Transformation ergaben, sind den Kennern der heutigen Türkei wohlbekannt, so beispielsweise die eingeschränkte Rolle des Militärs und der Zivilbeamtenschaft in der Marktwirtschaft und die von ihnen ausgelösten revolutionären Folgen. Aber dieser strukturelle Zusammenstoß von Unternehmern und Bürokraten hatte auch eine wertbezogene Komponente, nämlich das falsche (dem Eigeninteresse dienende) Bewußtsein der Beamtenschaft als Träger der Werte des eine Umverteilung anstrebenden populistischen modernen jakobinischen Kemalismus.[4] In diesem Bereich gibt es neuere Urteile von höheren Gerichten. Die Richter des Obersten Gerichtshofes wie auch die Richter des

Staatsrats (eines Verwaltungsgerichts) betrachten sich als Hüter des Kemalismus und kämpfen gegen das, was sie als Verletzungen des Kemalistischen Sozialpakts ansehen, beispielsweise gegen die Privatisierung staatlicher Betriebe.

Dieser Beitrag konzentriert sich auf eine für diesen Zweck entworfene Neuordnung der eingangs umrissenen normativen Konflikte:

(1) Staat, Zentrum, Bürokratie und die ihnen zugrunde liegenden Werte *versus* Peripherie, Provinz und »personalistische« Netzwerke;
(2) Säkularismus *versus* Religion;
(3) traditionelle Verwandtschaftsbeziehungen, Patriarchat und Familie, Familie und Frauen.

Die Beschreibung der hier untersuchten normativen Konflikte umfaßt zunächst die unterschiedlichen Sichtweisen der Wählergruppen oder sonstigen Gruppierungen, doch wie sich anhand einiger Beispiele zeigen wird, gibt es bei diesem Ansatz zwei Varianten. Erstens können Konflikte in einem bestimmten sozialen Rahmen angesiedelt, also einem dichotomischen *System* zuzuschreiben sein. Stellen wir uns eine Wohnung mit zwei »Gesellschaftszimmern« vor, einem europäischen »Salon« und einem traditionellen osmanischen Gastraum. Benutzt eine Familie je nach dem gesellschaftlichen Ereignis abwechselnd den einen oder den anderen Raum, so ist leicht vorstellbar, welches Ausmaß an kultureller Verwirrung daraus folgen wird. Zweitens können Konflikte in einem bestimmten Individuum oder einem Akteur angelegt sein, der zwischen konfligierenden Werten hin- und hergerissen wird. Eine vorläufige Beschreibung dieser Phänomene wird am Ende des Beitrags versucht.

Zu den Gesellschaftstheorien ist anzumerken, daß sich die Gesellschaft und der soziale Wandel in der Türkei nicht einfach von einem strukturellen Standpunkt aus verstehen lassen. Auch die normativen Konflikte, die hier aufgedeckt werden sollen, können als eigenständiger Forschungsbereich nicht einfach in einem wertfreien Raum angesiedelt werden.

2. Kulturelle Unterschiede

Diesem Beitrag liegt die These zugrunde, daß kulturelle Unterschiede wirkliche, d.h. real existierende Unterschiede sind. Die kulturellen Verschiedenartigkeiten sind nicht nur in den Zwischenräumen von Sprache und Lebensstilen angelegt, sondern auch in bestimmten Ausprägungen der Privatsphäre, die sich dem annähern, was im Westen als »Zivilgesellschaft« beschrieben wird, und die sich in den materiellen Lebensbedingungen widerspiegeln. Das heißt nicht, daß Kulturen völlig unübersetzbar sind; gemeint ist vielmehr, daß die Instrumente der westlichen Sozialwissenschaften für diese Aufgabe schlecht geeignet sind. Im folgenden werden einige Überlegungen zu diesem Sachverhalt angestellt.

Eine zusammenfassende, an den westlichen Sozialwissenschaften orientierte Evaluation der wichtigsten Aspekte meiner Beschreibung der Wertkonflikte würde besagen, daß sich die türkische Gesellschaft von einer dicht gewobenen (oder geschlossenen) zu einer recht verwirrenden Struktur verändert hat, in der solche Verbindungen nicht mehr im Mittelpunkt stehen. Doch mit einer solchen Analyse würde eine Reihe wichtiger Elemente vernachlässigt. Eines dieser Elemente ist die vielfältige Rolle der Religion in der »traditionellen« prärepublikanischen türkischen Gesellschaft. Man gerät leicht in Versuchung, in ihr eine Vermittlungsfunktion im Tocquevilleschen Sinne zu sehen. Eine bessere Beschreibung der Rolle würde jedoch lauten, daß sie ein Netz von vermittelnden Mechanismen darstellt, die im Rahmen des Islam wirksam sind. Auf einen weiteren Umstand wurde schon oft hingewiesen, so zuletzt von Giddens: Durch die Fragen, die sich auf die Veränderungen des Vertrauens während der Modernisierung beziehen, nimmt die Nachfrage nach diesem diffusen Typ von Intermediation nicht etwa ab, sondern vielmehr zu.[5]

Kulturelle Elemente ermöglichen es den Menschen, in ihrem Alltagsleben Unterscheidungen zu treffen. Größere Veränderungen treten während der Modernisierung in dem Maße auf, in dem Kultur wirksam wird, aber das kulturelle Grundmuster bleibt aufgrund der Bandbreite der von ihm bestimmten Funktionen bestehen. Das spezifische Muster der Kulturelemente, also die Ausprägung einer Kultur, ist ein einer ständigen Neuformulierung unterworfenes dynamisches Prinzip, das von französischen Gesellschaftsforschern als »*imaginaire*« bezeichnet wurde, so u.a. von Cornelius Castoriadis.[6] Castoriadis' Definition des »*imaginaire*« ist zwar nicht immer klar, aber das folgende Zitat aus seinem Buch zeigt, wie es in diesem Kontext gemeint war:

»Wenn der Theoretiker in bezug auf eine gegebene traditionelle oder archaische Gesellschaft zwischen einem religiösen Aspekt und einem rechtlichen Aspekt unterscheidet, zwischen denen die Gesellschaft selbst nicht unterscheidet, so ist dies nicht dem Wissensfortschritt oder der Reinigung oder Verfeinerung der Vernunft zuzuschreiben, sondern der Tatsache, daß die Gesellschaft, in welcher der Theoretiker lebt, ihre eigenen rechtlichen Kategorien seit langem als relativ klar unterscheidbar erklärt hat.«[7]

Die Bedingungen, unter denen Menschen die »Sichtweisen von sich, von anderen und von der Welt, in der sie leben«[8] organisieren, bringt eine zweite Dimension der Dynamik des »*imaginaire*«[9] in die Diskussion ein: den Trieb, eine Geschichte zu rekonstruieren oder zu erzählen, in der man eine zentrale Rolle spielt.

»Wir gewinnen unsere persönlichen Identitäten und Selbstvorstellungen, indem wir narrative Konfigurationen benutzen, und vergrößern unsere Existenz in ein Ganzes, indem wir begreifen, daß sie Ausdruck einer einzigen sich entfaltenden und entwickelnden Geschichte ist. Wir stehen im Mittelpunkt unserer Geschichten und sind nicht sicher, wie sie enden werden. Wir müssen ständig die Handlung in dem Maße überarbeiten, in dem neue Ereignisse in unserem Leben auftreten.«[10]

Richard Kearney drückt denselben Gedanken wie folgt aus: »Individuelle oder gemeinschaftliche Subjekte gewinnen ein Bild und die Kenntnis von sich selbst durch die Geschichten, die sie über sich selbst erzählen.«[11] Die vorstehenden Zitate sollen auf die weiter gefaßten Beiträge von Paul Ricoeur und Jerome Bruner hinweisen, auf die ich mich hier stütze.

In einigen Fällen werde ich »personalistische« Beziehungen beschreiben. Dadurch soll in meiner Darstellung die Überzeugung oder Sichtweise mancher Osmanen von der Gesellschaft in den Vordergrund gerückt werden, wonach die Gesellschaft aus Einzelpersonen besteht, etwa im Sinne von Max Schelers Konzept der »Gesamtpersonen«.[12] Diese Sichtweise stellt eine Alternative zu der von den Sozialwissenschaften sogenannten kollektiven Identität dar; in der osmanischen Gesellschaft wirkt sie mit dem Konzept der korporativen Persönlichkeit zusammen, dessen Gebrauch jedoch stark eingeschränkt ist. Durch die Verbreitung dieser Sichtweise des »Individuums in der Gesellschaft« wird es möglich, ein Zugehörigkeitsgefühl zu begründen – ein Konzept, das in der modernen Gesellschaft durch die Vorstellung von einer mechanistischen Beziehung zwischen »Mitgliedschaft/Bürgerschaft« und Kollektiv ersetzt wird.

Ein weiteres Erklärungsschema, auf das ich mich beziehen werde, wurde von Victor Turner vorgetragen. Er faßt seine Sichtweise wie folgt zusammen:

»Aufgrund von Feldstudien und Lektüre in Kunst und Humanwissenschaften bin ich überzeugt, daß ›sozial‹ nicht identisch ist mit ›sozio-strukturell‹. Es gibt noch weitere Modalitäten der sozialen Beziehungen (...). Communitas ist eine Beziehung zwischen konkreten, historischen, idiosynkratischen Individuen. Diese Individuen sind nicht nach Rolle und Status segmentiert, sondern stehen einander in der Weise von Martin Bubers ›Ich und Du‹ gegenüber. Neben dieser direkten, unmittelbaren und totalen Konfrontation menschlicher Identitäten steht in der Regel das Modell einer Gesellschaft als eine homogene und unstrukturierte Communitas.«[13]

Die herausragende Tatsache in bezug auf den Wertekonflikt in der Türkei ist, daß das Land heute in einer neuen Mischung zweier Kulturen lebt: auf der einen Seite der Westen, der den Traum oder das *Telos* darstellt; auf der anderen Seite die osmanische islamische Kultur mit ihren eigenen Richtungsvorstößen, der seit dem 19. Jahrhundert nicht gestattet wurde, sich zu entwickeln, und die heute mehr oder weniger aus Bruchstücken besteht.

Das heutige Gemenge von Werten in der Türkei (westliche, islamische, konsumorientierte, ökonomische, puritanische Werte) führt dazu, daß sich ein Teil der Bevölkerung nach einer Rückkehr zu einer solchen, nach ihrer Vorstellung nahtlosen islamischen Gesellschaft sehnt – eine Bevölkerung, die geographisch ohnehin bereits durch die Wanderung in die Städte in den letzten 50 Jahren teilweise entwurzelt wurde. Die Betonung liegt hier auf der »Vorstellung«, die sich auf einen nostalgischen Wunsch der Wiederkehr von »realen«, quasi-strukturellen Aspekten der osmanischen Gesellschaft bezieht, die den Vermittlungsprozeß zwischen Staat und Gesellschaft leisteten, aber im Verlauf der Modernisierung verschwanden.

3. Staat versus inter-personelle Netzwerke

Aus der Perspektive der beiden letzten Jahrhunderte gibt es in der Türkei keine Frage der soziopolitischen Organisation, die von einer solchen zentralen und konfliktgeladenen Bedeutung wäre wie die Zentralisation des Staates. Dieses Problem verlief parallel zum Pauschalimport westlich-europäischer Institutionen und zur gesellschaftlichen Säkularisierung »von oben nach unten«. Der Beginn dieses Prozesses wird gewöhnlich mit einer Serie von Niederlagen des Osmanischen Reiches zwischen 1699 und 1720 angesetzt. Das Ziel, staatsähnlicher zu werden, bedeutete eine zunehmende Verlagerung der Ressourcen aus der traditionellen Überschneidung von Religion und Staat (eine Struktur, die im osmanischen Staat mehr Gewicht besaß als in den übrigen Ländern des islamischen Kulturbereichs) hin zum Staat selbst. Die destabilisierende Wirkung dieser Verlagerung läßt sich nur in Beziehung zu dem verstehen, was als ursprüngliche Dreiecksorganisation des osmanischen Staates bezeichnet werden könnte: In diesem Strukturmuster war die Zentralgewalt für

Fragen der Militärorganisation, der Verwaltung und der Steuereintreibung zuständig. Der Klerus und die Gelehrten des islamischen Rechts (*ulema*) besetzten die Positionen von Richtern, Professoren, Verwaltungsbeamten für Teilbereiche der Verwaltung, Gebetsführern, Theologen. Den dritten Bereich bildeten die Orden der Sufi, die sich um den Alltag von Handwerkern und Bürgern der verschiedenen nicht-offiziellen Statuszuordnungen kümmerten.

Die organische Verbindung des *ulema* zum Zentrum des osmanischen Staates erfolgte durch die staatliche Kontrolle der Präbenden, der in der Hierarchieordnung höchstgestellten Personen. Dies bedeutete, daß die theoretischen Ressourcen des Klerus für den Aufbau einer Struktur genutzt wurden, die eigentlich einem »Verwaltungsislam« gleichkam. Im Gegensatz dazu richteten sich die Sufi, ein diesen Bereich teilweise überlagernder Zweig des religiösen Establishments, weniger auf eine offizielle als vielmehr auf eine populäre Klientel. Die Sufi-Orden bildeten die dritte Säule der osmanischen Politik und konnten Funktionen im Bereich der sozialen Dienstleistungen und der Bildung wahrnehmen. Sie befriedeten auch die heterodoxen Trends, indem sie diese in sich aufnahmen. Die Sufi-Orden fungierten als Netzwerke ihrer Mitglieder; sie sahen die gesellschaftlichen Beziehungen in einem anderen Licht als der osmanische Staat. Ihrer Auffassung nach bestand die Gesellschaft aus Beziehungen zwischen Personen – eine recht verbreitete Sichtweise. Nachdem die Republik die Sufi-Orden 1925 verboten hatte, wurde ihre Gesellschaftssicht von frommen Muslims wiederbelebt, die sie nun allerdings für das einzige gültige Prinzip hielten, nach dem die osmanische Gesellschaft geregelt werden sollte – ein Prinzip, das sie gerne der modernen türkischen Gesellschaft eingepflanzt hätten. Dieser Prozeß einer ideologischen Neuformulierung spielt noch heute eine wichtige Rolle.

Im Osmanischen Reich bildeten der Palast und die Sufi-Orden die beiden Zentren, von denen aus der Typus einer osmanischen/islamischen bürgerlichen Verhaltensweise (*adab*) verbreitet wurde. *Adab*[14] war nicht nur einfach die Oberfläche des bürokratischen Lebens und des Sufi-Lebens, sondern muß als konstitutives Element der osmanischen Gesellschaft gesehen werden, als Bestandteil eines gesellschaftlichen Gleichgewichtes, das auf der grundlegenden Nutzung persönlicher Beziehungen basierte und als sozialstrukturierendes Element den einzelnen in die Lage versetzte, das offizielle Handeln in Frage zu stellen, wenn nicht gar, sich ihm zu widersetzen.

Der osmanischen Dreiecksstruktur entsprachen drei Wertetypen: erstens die Ideologie des Dienstes am Staat, vermischt mit der Idealvorstellung des Höflings in den staatlichen Kanzleien; zweitens der offizielle orthodoxe Islam, und drittens eine latitudinarische Grundhaltung der Sufi, die häufig sowohl folkloristische Motive als auch Ironie in ihre Weltanschauung aufnahmen. In der modernen Türkei sind Reste aller drei Typen vorhanden. Die Wertekonflikte, die mit ihnen in Verbindung gebracht werden, bestehen vor allem in ihrer andauernden Rivalität mit den Werten der Moderne. Aber auch hier muß betont werden, daß beim Neuaufbau der Gesellschaft nicht nur der Verlust alter Werte eintritt, sondern oft auch eine Verbindung und gegenseitige Durchdringung alter und neuer Werte. Der »Verlust« läßt sich auch weiter beschreiben mit Verweis auf den Verlust von stillschweigenden Übereinkünften in bezug auf den osmanischen Gesellschaftsvertrag, die zwar informell blieben, aber dennoch einen Teil der *Struktur* der Gesamtgesellschaft bildeten.[15]

Insgesamt ist also anzunehmen, daß der osmanische Islam die Fähigkeit besaß, das religiöse Recht und rituelle und praxisorientierte Institutionen wie die Sufi-Orden mit den staatlichen Mechanismen in ein gleichgewichtiges Verhältnis zu bringen. Der osmanische Islam kann daher als Quelle der »Zivilgesellschaft« auch außerhalb des osmanischen Staates gesehen werden. Die Einführung des Buchdrucks (1727–1729) erfolgte zum Vorteil der Bürokraten in der Form eines staatlichen Unternehmens und zielte darauf, die Macht der Beamten zu steigern; dies war ein typisches Beispiel für die Art und Weise, wie neue Institutionen das osmanische System unterminierten. Dadurch wurden die Grundlagen der osmanischen gesellschaftlichen Beziehungen beschädigt, die auf zwischenmenschlichen Beziehungen und einem religiösen Legitimationsdiskurs beruhten. Hier spielte die mündliche wie auch die schriftliche Überlieferung eine grundlegende Rolle. Die Moderne schuf ein Feld von nur noch in der »Vorstellung« existierenden Beziehungen, d.h. eine ferne, unpersönliche und religionslose »Öffentlichkeit«, die mit der neuen Kollektivitätsidee zusammenhing. Die Menschen sollten Teil dieser Vorstellung sein, aber ohne die Vermittlung durch die frühere osmanische »Zivilgesellschaft«. Die Moderne brachte deshalb, langfristig (d.h. vom 18. bis zum 20. Jahrhundert) betrachtet, mehr als nur einen Import andersartiger Institutionen mit sich. Sie bewirkte auch, daß die spezifischen Ausgleichsmechanismen der osmanischen Gesellschaft unterminiert wurden.

Die Sprache im Sinne eines »Diskurses« (nicht in der von Foucault benutzten Begrifflichkeit, sondern in der ursprünglichen Bedeutung des »Redens«) war Bestandteil dieser Mechanismen gewesen. Die »Sprachreform«, die in der türkischen Republik in den 30er Jahren durchgeführt wurde, stellte deshalb eine weitere die Kohäsionsmechanismen der osmanischen Gesellschaft zerstörende Kraft dar. Die Reform bestand darin, daß Wörter mit arabischen oder persischen Wurzeln aus der Schriftsprache systematisch entfernt und durch Neologismen ersetzt wurden, die man den »echttürkischen«, nämlich den zentralasiatischen Turksprachen entnahm. Als Folge dieser »Sprachreinigung« wurden das osmanische, vorrepublikanische soziopolitische Vokabular und die entsprechende Rhetorik eliminiert. Wer über die gesellschaftlichen Grundlagen diskutieren wollte, mußte also ganz neue Formulierungen und Frageweisen hinsichtlich einer idealen »guten Gesellschaft« erlernen – oder er mußte sich zu den politisch Stummen gesellen, was viele taten.

4. Alaturca – Alafranga

In diesem Kapitel werden die durch die religiös-säkulare Dyade aufgeworfenen normativen Konflikte unter Verwendung von Begriffen diskutiert, die von einer kosmopolitischen Leserschaft verstanden werden können. Die örtlichen Konzeptualisierungen dieser Angelegenheiten jedoch und der Konflikt, der aus ihnen entsteht, werden auf Türkisch ausgedrückt. Die Wörter, die benutzt werden, um die Polarität darzustellen, stammen aus der Kulturgeschichte der Türkei. Es geht darum, die Wirkung dieser türkischen Begriffe darzulegen, denn sie transportieren die Diskussion auf eine etwas andersartige Ebene als die in diesem Beitrag erfolgte Übersetzung in eine andere Sprache. In der Türkei erfolgen Dispute über das religiös-säkulare Verhältnis unter der Überschrift »Musluman«/»Yabanci« (muslimisch-ausländisch) oder in einem breiteren Kontext unter Verwendung des Wortpaares »alaturca«/»alafranga«. Bei dem letztgenannten Wortpaar erhält die Dissonanz eine kulturelle Wertigkeit, da nicht nur Religion, sondern auch Lebensstil, Musikstil und rituelle Reinheit erfaßt werden. »Alaturca«-»alafranga« stellt eine der am weitesten reichenden normativen Bruchlinien in der modernen Türkei dar, die zwar verschwommen sein mag, aber reich an Nebenbedeutungen ist.

Sencer Ayata, ein türkischer Soziologe, untersuchte die Instabilität innerhalb einer Familie, die infolge der Mischung von »alaturca« und »alafranga« im Alltagsleben auftritt. Er stellte fest, daß der »Salon«, ein neuer Typus von Wohnraum in türkischen Haushalten, den eher »westlichen« Beschäftigungen vorbehalten blieb – mit einem Gläserschrank, Flaschen mit Bananenlikör und Teeservice mit Kuchen. Dagegen hatte der karg möblierte (d. h. osmanische) Aufenthaltsraum eine sehr viel entspanntere Atmosphäre; hier wurden nichtalkoholische Getränke und traditionelle Süßspeisen gereicht und man konnte sich dort im Pyjama aufhalten.[16] Der Autor geht in seiner Untersuchung vor allem auf das Gefühl der Desorientierung ein, das durch das Pendeln zwischen den beiden Räumen entsteht. Diese Desorientierung ergibt sich übrigens nicht nur aus dem ständigen (physischen) Hin und Her zwischen den beiden Räumen, sondern auch aus dem türkischen »alaturca«/»alafranga«-Vokabular, das in jedem der beiden Räume anders verwendet wird.

Die Niederlagen auf den Schlachtfeldern und die Neuordnung des Militärs (18. und 19. Jahrhundert) bedeuteten, daß sich der Prozeß der Ressourcenumverteilung zugunsten des Aufbaus eines reformierten osmanischen Staates beschleunigte. Diese Reformen wurden durch den europäischen aufgeklärten Despotismus und seine theoretische Version, d. h. den Kameralismus inspiriert. Eine parallele Komponente dieses historischen Trends war die zunehmende und asymptotisch verlaufende Schwächung der Religion im osmanischen Staat im Verlauf des 19. Jahrhunderts. Der Trend verlief insofern »asymptotisch«, als es mehr als ein Jahrhundert dauerte, bis sichtbar wurde, daß die islamischen Institutionen aufgegeben worden waren, so daß von ihnen schließlich nur noch eine äußere Hülle übrigblieb.

Wie sich dieser Prozeß des Aufbaus eines modernen Staates beschleunigte, wurde in dem lange dauernden Reformprojekt des Osmanischen Reiches besonders deutlich, das mit dem Begriff *Tansimat* (1839–1876) bezeichnet wird. Die *Tansimat*-Reformen wurden von den Beratern in den Kanzleien des Sultans durchgeführt, die um 1840 aus praktischen Gründen die Regierung in die eigenen Hände genommen hatten. Es handelte sich hierbei um eine recht beachtliche Gruppe von Zivilbeamten, die auch konsultative Verfahrensweisen einführten, welche im gesamten 19. Jahrhundert an Bedeutung gewannen. Paradoxerweise schufen sie mit ihrem Reformprojekt schließlich eine Art neuer Opposition. Denn das Projekt hing davon ab, daß eine neue Klasse von westlich inspirierten Trägern der Kommunikationsprozesse gefördert wurde, beispielsweise Journalisten, die sich einen eigenen Kompetenzbereich schufen. Hier konnten sie erstmals eine moderne Kritik an der Zentralisierung und ihre Unterstützung für parlamentarische Regierungformen und Demokratie äußern.

Elite versus Masse

Die osmanische Beamtenschaft und die Literaten gestanden ihre Elitenzugehörigkeit nicht gerne ein. Der Islam erforderte, daß sie den Menschen als ein Wesen nach dem Bild Gottes ansahen, aber nur wenige der Beamten und Literaten griffen in kultureller Hinsicht auf diese Vorstellung zurück. Ihre Haltung wurde von den Vätern der Republik übernommen, aber mit einem andersartigen Schwerpunkt: Es gilt als sicher, daß Sorel und Gustave LeBon, zusammen mit dem verbreiteten Interesse an präfaschistischen Gedanken und Ideen des späten 19. Jahrhunderts in Europa, Faktoren darstellten, durch die eine bereits vorhandene Basis für Elitismus überbetont wurde.[17] Das erste umfassende und detaillierte moderne Werk über den totalen Krieg war Colmar von der Goltz' Buch *Das Volk in Waffen* (1885); der Autor wurde später Goltz-Pascha genannt. Das Buch begründete die Ideologie moderner Kriegsführung für die Jungen Türken.[18] Ihre Erben, die Väter der Türkischen Republik, unterstrichen immer wieder, daß das Volk der Souverän sei, daß aber ihre wichtigste Aufgabe darin bestehe, die Mittel zu finden, um die Türken in Massen zu mobilisieren. Deshalb müßten sie die Rolle der Vorhut des Volkes übernehmen. Der Kemalismus, seine Ideologie und die Vorstellung, daß die gebildeten Schichten das Recht hätten, »für, aber auch gegen« das Volk zu herrschen, überlebte noch lange Zeit, nachdem die Macht der Einheitspartei, die in der Türkei bis 1950 herrschte, eingeschränkt worden war. Diese Haltung entzweit noch immer die kemalistischen Jakobiner und jene Bürger, die auf die türkische Demokratie im gegenwärtigen System setzen.

Einer der kemalistischen Eingriffe in das System war – wie bereits erwähnt – die Suche nach einer »reinen« türkischen Sprache. In der Türkei waren viele Jahre lang politischer Radikalismus, Marxismus und Sozialismus wie auch der Kemalismus automatisch gleichbedeutend mit der Unterstützung einer Sprachreform gewesen. Dies ist noch heute eine umstrittene

Frage, wie kürzlich eine Debatte in der Tageszeitung *Cumhuriyet* bewies. Die letzte militärische Intervention im Jahre 1980 hatte eine Säuberung aller staatlichen Institutionen zur Folge, in denen linguistische Puristen, d. h. Radikale, d. h. angebliche Linke, Sozialisten und Marxisten leitende Funktionen innehatten. Auch in den 90er Jahren führen radikale säkularistische Kemalisten eine Kampf für die Durchsetzung des »reinen« Türkisch, während eine weniger puritanische Haltung zur Sprachenfrage von Gruppen mit eher zentristischen oder konservativen Haltungen vertreten wird. Obwohl über die Frage in der türkischen Gesellschaft kaum in diesen Begriffen diskutiert wird, ist sie durchaus präsent.

Universalismus versus Partikularismus

Die republikanische Reform in der Türkei unterstrich die Bedeutung des Universalismus in seiner politischen Ausprägung (entsprechend der Verfassung von 1924). Die Bevölkerung von Anatolien, dem Territorium, das den Türken nach dem Zerfall des Reiches verblieb, sollte nicht mehr als Lasen oder Kurden bezeichnet werden, wie das vor 1918 der Fall gewesen war, sondern als türkische Bürger. Die Gründungsväter betrachteten alle türkischen Bürger als integrale Bestandteile der Entfaltung einer allgemeinen, nicht mit Stammesbezeichnungen zu versehenden »Zivilisation« (gemeint war die westliche Zivilisation) und der »Humanität« im Sinne Comtes.

Für die osmanischen Türken hatte der Partikularismus als abstrakter Begriff keine Bedeutung, denn ihre eigenen partikularistischen Begriffe, wie Lasen usw., waren ethnische Bezeichnungen. Das anpassungsfähige osmanische System ließ diese Subeinheiten relativ ungestört bestehen; um örtliche Angelegenheiten kümmerten sich autonome Gemeindeorganisationen. In der modernen Türkei nach 1946 änderten sich die sozialen Bedingungen; durch die strukturelle Entwicklung und die Migrationsbewegungen vom Land in die Städte wurde die Entstehung partikularistischer Identitäten befördert und das Konzept des Partikularimus in die politische Debatte eingeführt. Diese gesamte Entwicklung nutzten die »Universalisten«, um ihre Befürchtungen hinsichtlich eines gesellschaftlichen Wandels zu begründen.

Doch der soziale Wandel hatte bereits das gesellschaftliche Gleichgewicht beeinflußt, das die Republik anstrebte. Die Islamisten bestritten nunmehr, daß universalistische Abstraktionen wie Zivilisation oder Humanität irgendeine Bedeutung hätten. Sie stellten den Universalismus der frühen Republik in Frage, indem sie sich auf »unsere« Zivilisation bezogen, d. h. auf die Zivilisation des Islam als Zivilisation der Türken.

Eine weitere Entwicklung war weniger ideologischer und mehr struktureller Natur und bestärkte – wenn auch nur marginal – die islamische Kritik des republikanischen Universalismus. Seit 1950 erfolgte in der Türkei eine außergewöhnlich starke Migration von den ländlichen Gebieten in die großen städtischen Zentren. Die Großstadt Istanbul hatte in den frühen 1950er Jahren 950000 Einwohner; heute wird ihre Zahl auf 12 Millionen geschätzt. Man schätzt ferner, daß täglich 3000 Menschen nach Istanbul ziehen, um dort auf Dauer zu wohnen. Dadurch entstanden Wahlbezirke, in denen sich die Neubürger zu jenen Gruppen bereits früher Zugezogener gesellen, die aus denselben Provinzen, Dörfern oder Gemeinden stammen. In diesen Bezirken entwickelte sich ein besonderer Lokalismus: Die informellen Netzwerke in diesen Bezirken verfügen über Ressourcen, die den neuen Migranten außerordentlich praktische und wirksame Möglichkeiten für die Entwicklung einer sozialen Identität bieten. Aus diesem Grunde kann sich in den Wahlbezirken keine politische Partei den Wählern stellen, ohne eine Person auf dem Stimmzettel zu führen, die aus der bestimmten Ortschaft in der Provinz stammt, die im jeweiligen Wahlbezirk am stärksten vertreten ist. Die Stimmenanteile der aus Polen stammenden Bürger in Chicago zeigen, daß vergleichbare Situationen auch in anderen Ländern bestehen. In der Türkei jedoch ist diese Lage aus mehreren Gründen verworrener als anderswo.

Zum einen wird das Bild durch die politischen Fragen unklarer. Ohne Zweifel denkt ein Teil der zugewanderten Menschen aus den Provinzen an eine Mitgliedschaft der Türkei in der Europäischen Union, wenn sie Parteien wählen, die für einen Beitritt sind. Der normative Konflikt jedoch zeigt sich in anderen politischen Entscheidungen. Cem Boyner, ein reicher Industrieller, ist Gründer einer neuen politischen Partei, der Neuen Demokratischen Partei (Dezember 1994) und ein politischer Liberaler mit populistischen Neigungen. Dennoch wird er in diesen Siedlungen kaum beachtet. Man ist der Meinung, daß er zwar ein ehrenwerter Mann sei, aber nicht genügend »Landluft« geschnuppert habe. In der Tat wird heute von allen Politikern ein gewisses Maß an Vertrautheit mit dem »örtlich-provinziellen« Hintergründen erwartet.

Die moderne säkulare Intelligenz in der Türkei bleibt bei ihrem Universalismus und beweist dies durch die Energie, die sie für ihre Beschäftigung mit der Entwicklung »globaler« Trends aufwendet. Sie befaßt sich auch aufmerksam mit dem, was sie für die Erfordernisse einer globalen Zivilisation hält, aber sie entfernt sich zunehmend von der Bevölkerung der breiten Armutsgürtel um Istanbul.

Militär versus Zivilbevölkerung

Eine Subkategorie der Beziehungen zwischen Eliten und Bevölkerungsmasse könnte in der Bruchlinie zwischen militärischer und ziviler Herrschaft gesehen werden. Die türkische Armee sah sich schon immer als Hüterin grundlegender Prinzipien der Republik – Prinzipien, die besagen, daß die Republik »*une et indivisible*«, populistisch, etatistisch, laizistisch und revolutionär sei. Vor allem jedoch suchte das Militär Staat und »*raison d'Etat*« zu schützen.[19]

Seit 1950 begann eine neue politische Partei, die Demokratische Partei (DP), das Einparteienregime in Frage zu stellen, das bis 1946 bestanden hatte. Man rechnete damit, daß die DP bei den ersten freien Wahlen, an denen sich mehrere Parteien beteiligen konnten, das gesamte System auf den Kopf stellen würde. Der Hauptslogan der DP lautete »Es reicht!« und stellte einen Angriff auf das autoritäre Einparteiensystem dar. Die Armee befürchtete, daß die Koalition von Grundbesitzern, Unternehmern und »Provinzstämmigen« mit starken muslimischen Wertemustern die republikanische Ordnung unterminieren würde. In der Tat stellte die antimilitaristische Haltung einiger Gefolgsleute der DP einen starken, wenn auch nicht direkt artikulierten Antriebsfaktor der Partei dar. Dieser Haltung zufolge war Kemalismus in Verbindung mit Militarismus gleichzusetzen mit Etatismus und der dadurch bedingten eingeschränkten Entwicklungsmöglichkeiten. Präsident Ismet Inönü, ein früherer General, hielt das Militär davon ab, die Wahlen von 1950 für nichtig zu erklären. Nach einem Militärputsch gegen die DP, dessen Ursache wieder diese Prinzipien waren, verhinderte Inönü 1961, daß die Militärherrschaft noch länger andauerte. 1971 griff das Militär erneut ein, was mit dem linksorientieren »Anarchismus« in den Universitäten begründet wurde. Zu diesem Zeitpunkt waren aber die zivilen Reaktionen bereits stark genug, um schon 1973 freie Wahlen zu erzwingen.[20]

Im Jahre 1980 putschte die türkische Armee erneut – zu einem Zeitpunkt, zu dem die nationalistische Rechte und eine Vielzahl marxistischer Gruppen in tägliche Kleinkriege verwickelt waren. Das außerordentlich utopische Projekt der Militärs, ein System von drei »gezähmten« Parteien – Linke, Mitte, Rechte – zu schaffen, endete mit einem Fiasko. Vor kurzem erklärte ein Militär und Mitglied des Türkischen Nationalen Sicherheitsrats bei einer Sitzung des Gremiums, daß die Möglichkeit einer militärischen Intervention bestünde, falls die (islamische) Wohlfahrtspartei aus den Parlamentswahlen am 24. Dezember 1995 als Siegerin hervorgehen sollte. Die jüngsten Gerüchte über solche Äußerungen wurden jedoch von der türkischen Presse sofort angeprangert. Ein großer Teil der türkischen Bevölkerung versteht unter »Zivilgesellschaft« eine tatsächlich »zivile« Gesellschaft mit entsprechenden demokratischen Institutionen. Eine Militärherrschaft wird von allen abgelehnt, die für sich selbst im gegenwärtigen System eine Möglichkeit zu politischer Partizipation sehen. Doch die kemalistische Furcht vor dem Islam überwältigt manchmal ihre demokratischen Neigungen. In der Zeit zwischen der Wahl im Dezember 1995 und der Bildung einer Mitte-Rechts-Koalition wurden die Zeitungen in Istanbul nicht müde zu beklagen, daß das Ergebnis eine Regierung sei, in der auch die Wohlfahrtspartei (die eine Mehrheit der Stimmen erhalten hatte) vertreten ist.

Säkularimus versus Religion

Hier sollen nicht die Details des Säkularisierungsprozesses der türkischen Gesellschaft seit 1923 rekapituliert werden; sie wurden an anderer Stelle beschrieben.[21] Es handelt sich dabei um Entwicklungen wie die Abschaffung des Sultanats und des Kalifats, die Monopolisierung des Bildungswesens durch den Staat, die Abschaffung des Ministeriums für Religionsangelegenheiten, die Übernahme des Schweizerischen Zivilgesetzbuches, die Latinisierung der Schrift, die Beseitigung eines Satzes in der Verfassung der Republik, daß der Islam die Religion der Türken sei, und die Abschaffung der Sufi-Orden.

Diese Schritte stellten einen Brennpunkt für eine neue türkische gesellschaftliche und nationale Identität und einen Weg in eine zukünftige Demokratie dar. Viele moderne Kritiker sind überzeugt, daß die damaligen Vorstellungen von einer türkischen Demokratie nur rhetorischen Charakter hatten.[22] Das wichtigste Reformprojekt der Republik, die Säkularisation, setzte sich in der ländlichen Türkei nicht durch. In der Folge entstand ein struktureller Konflikt zwischen der Säkularisierung einer kemalistischen Elite und dem islamischen Alltagsleben in den Provinzen und Dörfern. Für letztere stellten gemeinschaftliches Handeln und die Konstruktion des Selbst noch immer Funktionen des Islam dar. Für die Elite jedoch bestand hier ein Vakuum, in dem islamische Werte in Wirklichkeit zwar als selbstverständlich hingenommen, aber nicht bewußt anerkannt wurden. Für die säkularistisch-aktivistischen Gründungsväter boten diese Wertemuster einen im Unterbewußtsein wirksamen moralischen Rahmen, den sie jedoch für einen auf schwachem Fundament ruhenden Restbestand der osmanischen Kultur hielten. In einer marktförmigen Gesellschaft würden diese nicht fest verankerten Werte rasch untergraben; in späteren Generationen würden Verwirrung oder Zynismus entstehen, wie das seit den 1960er Jahren bei den jungen türkischen Marxisten der Fall war.

Tief in der positiven Einstellung der Türken gegenüber dem republikanischen Regime und gegenüber seinem Kult der Volkssouveränität liegen gewisse Probleme verborgen, die im Gefolge der heutigen Re-Islamisierung wieder zum Vorschein kommen und von einigen islamischen Radikalen an die Öffentlichkeit gebracht werden. Eine dieser Fragen betrifft die Grundlagen der Legitimität der Republik. Nach islamischer Auffassung wird jedes politische System durch Gott und seine Herrschaft legitimiert. Doch im Falle der türkischen Republik wird das System letztlich vom »Volk« und nicht von Gott legitimiert. In der türkischen öffentlichen Meinung findet jedoch eine auf dieser Analyseebene vorgetragene islamische Theorie keinen starken Widerhall. Das vorherrschende Schweigen ist vielmehr ein Zeichen dafür, daß die türkische Demokratie in ihrer gegenwärtigen Form bei den Türken in allen Gesellschaftsschichten populär ist und akzeptiert wird.

In den 50er Jahren traten als Folge des Vielparteiensystems neue Kräfte in Erscheinung, welche die ländliche Türkei zu mobilisieren suchten und die bestehenden islamischen Netzwerke und Werte nutzten (oder zwangsläufig nutzen mußten), um ihrer jeweiligen Parteiorganisation den Erfolg zu sichern. Es müssen jedoch drei weitere Dimensionen dieser Wiederbelebung berücksichtigt werden, die weniger direkte politische Konsequenzen hatten. Erstens förderte die bereits mobilisierte und sich modernisierende Gesellschaft die weitere individuelle vertikale und geographische Mobilität. Dadurch traten in Gesellschaft und Parlament Personen aus der kulturellen (d.h. islamischen) Peripherie in den Vordergrund. Zweitens begannen viele der in den säkularen Universitäten der Republik ausgebildeten Menschen die Werte des Kemalismus als zu oberflächlich in Frage zu stellen. Drittens begannen viele Menschen vor dem Hintergrund ihrer Alltagserfahrungen in der modernen Gesellschaft zunehmend bewußt nach festen Verankerungen der Werte zu suchen, die jedoch der Kemalismus nicht aufzeigen konnte. Langfristig betrachtet mußten alle Elemente der türkischen Gesellschaft akzeptieren, daß das islamische Erbe der Türkei zentraler Bestandteil des Lebens in der Türkei war. Die Kontroverse jedoch geht weiter darum, in welchem Maße diese Werte zur Bildung der türkischen Gesellschaft beitragen sollten. Dies betrifft die zentrale Fragestellung des in diesem Buch dargestellten Projektes. Eines der wichtigsten Probleme, bei denen sich Wertekonflikte entwickeln, ist die oft beschriebene »Kopftuchfrage«. 1980 begann eine Anzahl von Studentinnen an den Universitäten, Kopftücher und knöchellange Kleider zu tragen.[23] Sie wollten damit andeuten, daß sie gläubige Musliminnen seien und das Gebot des Koran ernst nähmen, »ihre Reize nicht zur Schau zu stellen«.[24] Diese sogenannte »Turbanfrage« wurde von den Kemalisten sofort als »Provokation« aufgefaßt, die darauf abziele, Religionssymbole an den Schulen wieder einzuführen. Weitere Forschungsarbeiten belegten, daß einige der Studentinnen dieses zutiefst islamische Symbol dazu benutzten, um sich von der patriachalischen Autorität eines *säkularen* Vaters abzugrenzen.[25] Gerade durch solche »Rädchen im Räderwerk« wird die Erforschung der türkischen Gesellschaft zu einer Herausforderung.

Säkularismus versus Religion im Bildungswesen

Die Kemalisten erheben den Vorwurf, daß die »Imam-Hatip«-Schulen (Sekundarstufen-»Seminare«) heute einen beträchtlichen Teil des staatlichen Bildungsbudgets beanspruchen. Tatsächlich wird damit jedoch eine Bildung für die Armen in den ländlichen Regionen gefördert, die ihnen der Staat seit Jahren verweigert hatte. Diese Verweigerung ist natürlich in keinem Dokument niedergelegt, sondern ist die Folge der Privilegien, welche die Söhne der säkularen Elite genießen. Diese Personen werden schon durch ihre Geburt zur privilegierten Teilnahme am modernen Sektor bestimmt, d. h., ihre Väter haben Bücher und Lexika in den Schränken stehen. Der Konflikt zwischen säkularen und religiösen Schulen ist eindeutig struktureller Art, tritt jedoch als Wertekonflikt auf und wird auch als solcher ausgetragen. Viele meiner eigenen Universitätsstudenten in der Türkei hatten keinerlei Kenntnis von bestimmten Elementen der modernen islamischen Religiosität wie beispielsweise die

Mitgliedschaft in Sekten und religiösen Ortsvereinen. Sie glaubten, daß es sich dabei um Erscheinungen handle, die hauptsächlich auf rückständige Menschen beschränkt seien, die ihre veralteten Sichtweisen bald aufgeben würden.[26] Dies kennzeichnet die Schwelle, an der Wertekonflikte zwischen der kemalistischen Weltsicht und der Realität des türkischen Islam entstehen.

Eine interessante Folge der unterschiedlichen Wertemuster zeigt sich in den Lebenserwartungen und -strategien »säkularer« und »religiöser« Türken. Die Absolventen muslimischer Seminare erwarten, in eine Gesellschaft einzutreten, die auf persönlichen Netzwerken und dem *Diskurs* (nostalgische Sehnsucht nach den alten Mechanismen der osmanischen Zivilgesellschaft?) beruht, während die türkische Gesellschaft längst auf der Grundlage von *Institutionen* funktioniert.[27] Der Kontrast zwischen diesen naiven Erwartungen der Seminarabsolventen und der realen institutionellen Ausrichtung der türkischen Gesellschaft läßt die Absolventen zu Gefangenen einer modernen *Staatsdynamik* werden, die sie nicht begreifen können. Religiös erzogene Menschen, die in der Politik Karriere machen, neigen deshalb häufig dazu, ihren Einfluß auf eine bestimmte Klientel zu beschränken und sind wenig geeignet, Institutionen eines neuen Typus aufbauen zu helfen. Im Gegensatz dazu sind sie gewöhnlich sehr viel erfolgreicher, wenn sie wirtschaftliche Verbindungen mit kommunalen, kleinbürgerlichen oder religiösen Stiftungen eingehen, die sich zu qualitativ andersartigen, wohlhabenden und umfassenden Sphären von Wirtschaftsunternehmen und -verbänden weiterentwickeln, wie beispielsweise die islamische Unternehmervereinigung MUSIAD.

Die stärksten Kräfte für die Fortsetzung des in diesem Abschnitt besprochenen Konfliktes sind in der Weigerung einiger Säkularisten zu sehen, Religion als ein soziologisch und deshalb auch für die Bildung relevantes Phänomen anzuerkennen. Das Beispiel der Geschichte des Bildungswesens in Frankreich scheint ihnen dies noch nicht bewußt gemacht zu haben.

In der türkischen Republik beruhen die darstellenden Künste und die Kunst im allgemeinen auf der Zurückweisung der osmanischen Kunst. Zwei Beispiele sollen dies verdeutlichen. Die darstellende Kunst mit der Kalligraphie als ihrer kanonischen Form wurde im Verlauf des 19. Jahrhunderts teilweise und seit der Gründung der Republik vollständig von westlichen, »fortschrittlichen« bildhaften Darstellungen verdrängt. Überraschenderweise wurden die unzureichenden Kopien der westlichen Malerei Anfang des 19. Jahrhunderts relativ schnell durch die Werke technisch kompetenter Maler verdrängt. Das war jedoch die Leistung einer Elite. Moderne türkische Malerei ist an den Wänden provinzieller Wohnungen nicht zu finden, wohl aber islamische Kalligraphie.

Der Bürgermeister von Ankara, der 1994 auf der Liste der Wohlfahrtspartei (d.h. der islamistischen Partei) gewählt wurde, versicherte, er werde viele öffentlich aufgestellte Skulpturen des »Proletengenres« – halbnackte Männer, die halbnackten Frauen mit Fackeln den Weg leuchten, also allgegenwärtige Symbole der republikanischen Dynamik – beseitigen lassen. Die Aktdarstellung ist zwar seit dem späten 19. Jahrhundert ein Motiv westlich orientierter türkischer Malerei, doch für strenggläubige Muslime noch immer zutiefst schockierend. Das Genre inspiriert jedoch weiterhin den modernistischen Kunstsektor. Möglicherweise wird sich in bezug auf die Werte in der Kunst in dem Maße eine Annäherung der Hauptströmungen ergeben, in dem der abstrakte Expressionismus als Inspiration für türkische Maler (!) zu einer modischeren Quelle wird.

In der Musik verlief die geschichtliche Entwicklung ähnlich. Atatürk versuchte, »den musikalischen Geschmack der Massen von oben zu formen«[28] und gab westlicher Musik die volle öffentliche Unterstützung. Der Fehlschlag dieser Bewegung wird in den hitzigen Debatten deutlich, die seit 15 Jahren von Bürokraten und Intellektuellen über eine neue, »degenerierte« Musikform namens *Arabesk* (die Imitation arabischer Musik) geführt wird. Der türkische Staat versuchte, Zensur auszuüben, um das Aufkommen dieser musikalischen Kunstform zu kontrollieren und einzuschränken. Die Musik wurde von den nationalen staatlichen Radio- und Fernsehsendern ignoriert. Die lokalen Radiosender und die Filmindustrie haben jedoch entscheidend zu ihrer beispiellosen Popularität beigetragen, die durch die Kreativität eines sich ständig ausweitenden Netzes von »Starinterpreten« des Musikstils Arabesk zustande kam.[29] Die türkischen modernistischen Musikexperten sind gewöhnlich sehr empfänglich für finanzielle Erfolge; sie schufen nicht nur den neuen und profitablen Stil des Arabesk-Rock, sondern gingen auch dazu über, den Arabesk-Musikstil in die etablierte Volkskultur zu intergrieren.

Frauen: Das Patriarchat, das kemalistische Ideal und die Feminismusbewegung in der Türkei

Wie russische Matroschka-Puppen fügen sich in der Türkei drei Problembereiche mit sich überschneidenden normativen Fragen ineinander, die sich unter einer gemeinsamen Überschrift darstellen lassen: die Frage der Stammes- oder Ortszugehörigkeit, die mit patriarchalischen Beziehungen zusammenhängenden Fragen und der Status der Frauen in der Gesellschaft. All diese Bereiche sind mit Konflikten verbunden, in denen überlieferte Vorstellungen von sozialen Rollen mit neueren Ansichten über diese Rollen zusammenprallen.

Eine der Strukturen, welche die moderne Türkei vom Osmanischen Reich übernahm, betrifft die Gesellschaftstruktur. Die Forscher vergleichen sie häufig mit einem Mosaik. Die Struktur umfaßt eine Vielzahl von Formationen: Stämme, heterodoxe Varianten der wichtigsten Religionsgemeinschaften, geographische, von der Geschichte vergessene Enklaven.

Die bestehenden Stammesformationen in der Türkei – ob nomadischer oder nicht-nomadischer Art – beruhen auf »Landkarten«, auf denen väterliche Abstammungslinien nachgezeichnet sind, die aber häufiger »imaginär« als »real« sind. Dennoch beziehen sie sich auf die Vorstellung eines Vorfahren und seiner männlichen Nachkommen und formen auf dieser Grundlage die gesellschaftlichen Beziehungen. Der Handlungsrahmen ist in zweifacher Hinsicht patriarchalisch: in bezug auf die Vorstellung eines Gründers, dessen männliche Nachkommen sein Charisma erben, und im Alltagsleben in bezug auf seine Machtausübung über den Stamm als Ganzes. Die Tatsache, daß die den Stammesgemeinschaften angehörenden Frauen gewöhnlich weder bewegliche noch unbewegliche Besitztümer erben (das ist das Ergebnis nicht rechtlich fixierter »Absprachen«), gibt der patriachalischen Herrschaft noch eine besondere Bedeutung.[30]

Das System bringt eine Legitimation der hierarchisch-autoritären-paternalistischen Rollen mit sich, die seit der Gründung der Republik als mit dem kemalistischen Menschenbild unverträglich angesehen wurden. Der Kemalismus setzte voraus, daß der Mann sich von allen Bindungen löst, die seine Funktionsfähigkeit als Bürger der Republik beeinträchtigen. In der Praxis allerdings verwickelte sich die türkische Republik in einige bedeutsame Widersprüche, die im folgenden beschrieben werden sollen. Das hindert jedoch die heutigen Wächter des Kemalismus – also Lehrergruppen, Intellektuelle und Bürokraten – nicht daran, alles zu bekämpfen, was sie für »feudalistische Überbleibsel« halten. Im Mittelpunkt dieser Abwehr steht die Figur des »Agha«, d. h. des traditionellen Stammesoberhauptes bzw. Großgrundbesitzers, ein örtlich-provinzieller Führer, oder die Vorstellung von den »Vätern« (Babas), ein den Führern der heterodoxen Alevi-Gemeinschaft verliehener Titel. Das recht eindimensionale Bild der bedrückenden Präsenz der Aghas in der ländlichen Türkei wird ständig als zentraler Aspekt angeführt, wenn es darum geht, die patriarchalisch-patrimoniale Herrschaft zu verurteilen.

In vielerlei Hinsicht wiederholt sich diese patriarchalische Stammesstruktur in den Rollen des Mannes und des Vaters in der Familie. Obwohl es in dieser Hinsicht zahlreiche Abstufungen gibt, stellen die heutigen Forscher in ihren Arbeiten über die türkische Familie diesen Aspekt in den Mittelpunkt ihrer Analysen.[31]

Die ständige Hintergrundspräsenz des Patriarchats wird durch die Alltagsbeziehungen in der Türkei bestätigt. Nach

Auffassung eines Taxifahrers, mit dem ich mich vor einigen Jahren unterhielt, sind die Zeichen für den Verfall der türkischen Gesellschaft offenkundig: »Mein Sohn hört nicht mehr auf mich.« Das ist ein Aspekt des Wandels der Familie, der schon vor Jahren von M. Kiray dargestellt wurde.[32]

Die widersprüchliche Haltung der Väter der Republik in bezug auf das Patriarchat in der Familie hinderte sie nicht daran, Reformen einzuleiten, die eindeutig gegen das Patriarchat gerichtet waren, so vor allem die Säkularisierung des Familienrechts (1926). Die Widersprüche, in die sich die Gründungsväter verwickelten, werden nur durch eine detaillierte Darstellung der Geschichte der kemalistischen Einstellung zur Frau und ihrer Rolle in der Gesellschaft sichtbar.

Die Rolle der Frau in der Gesellschaft ist einer der Bereiche, in denen normative Unterschiede in der heutigen Türkei eine zentrale Bedeutung haben. Frauen waren eine von der kemalistischen Ideologie bevorzugte Ikone. Das von den Jungen Türken 1917 vorgeschlagene Familienrecht hatte zum Ziel, eine Reihe von Rechten für Frauen einzuführen. Das Türkische Bürgerrecht (vom 4. Oktober 1926; es stellt eine freie »Übertragung« des Schweizerischen Bürgergesetzbuches dar) regelte folgende Fragen: Monogamie, beidseitige Zustimmung bei Scheidung, Gleichstellung bei Zeugenaussagen, Gleichheit als Grundlage des Ehevertrags, Gleichstellung des elterlichen Sorgerechts für die Kinder, freie Wahl des Ehepartners, Legitimierung der Ehe durch Rechtsvertrag, Festlegung des Mindestalters bei Heirat. Auch dieses Recht ging jedoch noch immer von der Vorstellung aus, daß der Mann Oberhaupt der Familie sei, daß der Familienname des Mannes von der Frau angenommen werden müsse, daß diese für den Haushalt zuständig sei und die Zustimmung des Mannes einholen müsse, wenn sie außerhalb des Haushaltes arbeiten wolle. Mit dem Städtewahlgesetz von 1930 erhielten Frauen über 18 Jahre das aktive Wahlrecht und das Recht, für Funktionen wie Bezirksleiter (*muchtar*) oder Bürgermeister zu kandidieren. 1934 erhielten Männer und Frauen über 22 Jahre das Wahlrecht bei nationalen Parlamentswahlen; das passive Wahlrecht wurde gleichzeitig auf 30 Jahre festgelegt.

In welchem Ausmaß diese Werte noch immer im Mittelpunkt des Konfliktes in der Türkei stehen, läßt sich an folgendem Beispiel zeigen: Das türkische Verfassungsgericht erklärte in einem Urteil die Regel für rechtswidrig, wonach die Frau bei einer Arbeitsaufnahme außerhalb des Haushalts den Ehemann um Erlaubnis bitten müsse. Die türkische Nationalversammlung jedoch entfernte die Regel nicht aus dem Bürgergesetzbuch. Einige der Grundlagen der Konflikte gehören eindeutig zur Erbschaft des Osmanischen Reiches.

Die der Frau von der osmanischen Gesellschaft zugewiesene Rolle markierte zugleich die Grenze zwischen privatem und öffentlichem Bereich. Die Privatsphäre war durch die Präsenz der Frau im Haushalt gekennzeichnet. Der öffentliche Bereich wurde von Männern besetzt: Straße, Arbeitsplatz und Läden, wobei letztere als recht gefährlich galten und von der Polizei überwacht wurden. In einem vor langer Zeit verfaßten Artikel versuchte ich aufzuzeigen, daß die Republik mit dem Bau von Parks diese Dichotomie zu durchbrechen suchte. Der gegenwärtige Bürgermeister von Teheran versucht mit etwas größerer Vorsicht, eine ähnliche Politik zu verwirklichen.[33] In der heutigen Türkei wird der normative Konflikt noch immer im Zusammenprall der widersprüchlichen Werte bei der Einschätzung der Frau sichtbar: als »Straßenbesen« (ein alter türkischer Ausdruck für Frauen, die sich ständig auf der Straße aufhalten) und als »Hausfrau«.

Dieser Konflikt entwickelt sich zwischen realen Akteuren, wobei die emanzipierte, westlich orientierte Frau von konservativ eingestellten Männern und Frauen kritisiert und manchmal sogar beleidigt wird. Die Konstanz dieses Konfliktes hängt mit einem Eckpfeiler der türkischen patriarchischen Gesellschaft zusammen: dem Konzept von *seref* (Ehre) und *namus* (Reinheit). Aber auch in diesem Falle müssen einige interessante gegenläufige Entwicklungen berücksichtigt werden. In einem kürzlich erschienenen Artikel beschreibt eine Türkin die Karriere der Redakteurin einer islamischen Wochenzeitschrift:

»Sie erwarb Abschlüsse an der Ataturk Kiz Lisesi (einer bekannten säkularen Oberschule für Mädchen in Istanbul) und an der Business School der Universität von Istanbul. Nach eigener

Darstellung stammt sie aus einer »modernen Familie«; doch was heißt schon modern? An der Universität stellte sie zusammen mit einigen Freundinnen die Bedeutung von Modernität in Frage und diskutierte darüber, was »Gottes Weg« sei. Die Gruppe beschloß, sich nicht zu einer Imitation des Westens verleiten zu lassen. Sie lehnten Blue Jeans und tiefausgeschnittene Kleider ab und kleideten sich in traditioneller Weise. Ihre Familien reagierten heftig auf ihre Kleidung, aber die Töchter blieben hartnäkkig. Mit der traditionellen Kleidung wollte die Redakteurin nicht mehr außerhalb des Büros arbeiten, weil sie fürchtete, wegen ihrer Kleidung belästigt zu werden; ihren Arbeitsplatz hielt sie für besser geeignet.«[34]

Zahlreiche Frauen haben sich mit der kemalistischen Reform identifiziert, unterstützen die Rolle der Frauen, wie sie in diesen Reformen umrissen wird, und sind in hochqualifizierten oder politischen Positionen tätig. Das Beispiel der türkischen Ministerpräsidentin ist allgemein bekannt. Die Frauen sind im allgemeinen auf diesem Gebiet außerordentlich erfolgreich, auch wenn es große Hingabe und Entschlossenheit voraussetzt, diese Rollenmuster aufrechtzuerhalten. Aber türkische Feministinnen weisen auch darauf hin, daß solche Rollen einer Selbstbegrenzung unterliegen:

»Die unverschleierte »neue Frau« der Republik verkörperte eine Gesetzmäßigkeit und Sprache, die neue Grenzmarken setzten; Kostüme, einfache, kurze Frisuren und das Fehlen von Make-up waren nicht einfach die Vorrechte der berufstätigen Frau, die für Frivolitäten keine Zeit hatte, sondern fungierten auch als mächtige symbolische Ausrüstungen. Selbst Arats relativ neue Studie über Politikerinnen zeigt den unablässigen Druck auf, der auf Frauen in öffentlichen Rollen ausgeübt wird, die sich vermeintlich als »ehrenhalber zum Mann ernannte Wesen« aufführen und ihre Geschlechtsidentität verleugnen.«[35]

Das ist ein plausibles Argument; dennoch muß hinzugefügt werden, daß der türkische Feminismus eine über hundert Jahre alte Geschichte aufweist, angefangen mit Themen, die in der osmanischen Literatur des späten 19. Jahrhunderts auftreten, und fortgesetzt in den feministischen Aktivitäten nach der Revolution der Jungen Türken im Jahre 1908. In der jüngsten Vergangenheit trat die erste organisierte feministische Bewegung von Bedeutung im Rahmen der Proteste gegen den Militärputsch von 1980 auf.

Nach der Wiedereinführung des parlamentarischen Systems im Jahre 1983 wurde der Feminismus wirklich aktiv.

»Im Jahre 1983 arbeiteten feministische Gruppen mit der Wochenzeitschrift Somut zusammen. Sie gestalteten eine Seite der Zeitschrift, in der sie der Öffentlichkeit neue Erkenntnisse über Frauenfragen mitteilten (...). 1986 organisierten feministische Gruppen in Istanbul und Ankara gemeinsam eine Petitionskampagne, mit der die Regierung aufgefordert wurde, die UN-Konvention über die Abschaffung aller Diskriminierungen gegen Frauen (1979) zu befolgen (...). Ungefähr 7000 Frauen unterzeichneten die Petition.«[36]

Im Jahre 1990 wurden in Istanbul zwei wichtige Institutionen zum Schutz von Frauen gegründet: das »Lila Schutzdach«, eine Stätte für mißhandelte Frauen, und eine Bibliothek mit Informationszentrum für Frauen.

Die Sache der Frauen wird durch das geltende türkische Recht zur Vereinigungsfreiheit wie auch durch die aufgeschlossene Haltung der großen Massenmedien weiterhin Unterstützung erfahren. Selbst die islamische Wohlfahrtspartei mußte ihre weiblichen Mitglieder als Stimmenwerber im Wahlkampf einsetzen. Die Tatsache, daß auf den Wahllisten der islamischen Wohlfahrtspartei keine Frauen aufgeführt sind, löste unter den Frauen selbst, die sich für die Partei aktiv einsetzten, Kritik aus. Außerdem ist auch der Massenpresse nicht entgangen, daß Frauen in der Partei aktiv wurden. Eine kürzlich erschienene Karikatur in der Tageszeitung *Sabah* zeigt eine Frau in traditioneller muslimischer Kleidung, die ihren Mann zur Wahlkabine trägt. Die Dinge sind heute stärker denn je in Bewegung geraten, aber einige der hier untersuchten Probleme sind allenfalls latent oder gar nicht sichtbar. Deshalb ist es schwierig, aus den vorstehend erörterten Aspekten ein Gesamtbild zu gewinnen.

5. Epilog

Die wichtigste Schlußfolgerung aus den obigen Ausführungen lautet, daß ein zentrales normatives Problem in der Türkei, nämlich Religion versus Säkularimus, alle anderen Probleme überschattet. In der Tat kreuzen sich viele der Konflikte, die hier aufgezählt wurden – beispielsweise Zentrum versus Peripherie, Elite versus Bevölkerungsmasse usw. –, mit dem Konflikt Islam versus republikanischer Laizismus. Die historischen Ereignisse der letzten 150 Jahre zeigen in allen Einzelheiten, wie sich diese grundlegende Dualität entfaltet hat. Sie zeigen ferner, daß das Verschwinden der verschiedenen osmanischen »Vermittlungsprozesse« einen Hauptfaktor für das fluidale soziale Gleichgewicht darstellte, das hierbei gegenwärtig vorherrscht. Die osmanischen Vermittlungsprozesse bestanden aus den Sufi-Orden, der Fähigkeit einzelner, sich auf die Unterstützung der Sufi-Orden oder anderer örtlicher Institutionen dann zu verlassen, wenn der Staat oder seine Repräsentanten fehlten oder mit Unterdrückung reagierten. Sie umfaßten ferner die Möglichkeit, sich auf das religiöse Recht zu berufen, wenn der Verwaltungsstaat Druck ausübte. Die osmanische Vermittlung förderte nicht nur eine Sichtweise der Gesellschaft, die auf Personen und einem Zugehörigkeitsgefühl beruhte, sondern auch den Diskurs, der es erst ermöglichte, diese Strategien zu verfolgen.

Die Republik unternahm den Versuch, eigene intermediäre *Institutionen* zu schaffen, beispielsweise Volkshäuser, Klubs, kulturelle Vereine und nicht zuletzt die Republikanische Volkspartei, die Einheitspartei bis zum Jahre 1946. Aber diese Institutionen handelten nach Prinzipien, die im Alltag der Türken auf dem Lande völlig fremd erschienen. Und möglicherweise war sogar noch bedeutsamer, daß diese republikanischen Institutionen keinen Widerhall in der vertrauten Mythologie hatten, daß sie über kein Vokabular für die Sorgen des einzelnen verfügten und keine praktischen Elemente für die Konstruktion des Selbst oder des einzelnen in der Gesellschaft im ländlichen Raum anbieten konnten.

Ein Wandel dieser Situation trat erst ein, als das Vielparteiensystem eingeführt wurde, die laizistischen Kampagnen gemäßigter auftraten, und die Parteien auf den Kandidatenlisten Personen aufstellten, die sich zum islamischen Lebensstil bekannten. Diese Personen übernahmen nun Funktionen in der Politik und als Abgeordnete im Parlament. »Traditionelle« Türken, deren kulturelle Prämissen verletzt worden waren, glaubten, daß sich durch die neuen Wahlmöglichkeiten auch die alten intermediären Prozesse wiederherstellen ließen. Doch das war ein Irrtum. Die alten personalistischen Netzwerke – die einst mit dem religiösen Diskurs verknüpft und gleichgeschaltet worden waren – traten nun in der Form eines institutionalisierten, mechanischen Klientelsystems wieder in Erscheinung. Der Islam gewann eine neue ideologisch-politische Dimension. Doch auf der Seite der Laizisten gab es noch weitere Entwicklungen, die das Drängen intensivierten, islamische Institutionen wieder zu etablieren. Die Väter der Republik stammten aus den gebildeten, kosmopolitischen Schichten des Osmanischen Reiches. In den 40er Jahren wurde ihre eher komplexe Weltsicht durch eine simplizistische, pedantische und gouvernantenhafte Version des Kemalismus verdrängt, die in vielen Bereichen bis heute überlebt hat. Offensichtlich hatte sich durch Veränderungen auf beiden Seiten der Gleichung auch das Wesen der Polarität verändert. In beiden Fällen ist den heutigen islamischen Akteuren gar nicht bewußt, daß sie eine Neuformulierung des Vergangenen verwenden, daß also die einzelnen Bestandteile des früheren Diskurses vielfach als unverbundenes Durcheinander wieder auftreten. Für die Mehrheit der Bevölkerung wird die Unordnung noch lange bestehen bleiben. Das ist die pessimistische Sicht dieses Sachverhalts.

Die optimistische Sichtweise soll im folgenden kurz erläutert werden. Beide Seiten haben ihre Wissensbestände über diese Problemstellung beträchtlich ausgeweitet. Der Gedanke, daß über antagonistische Meinungen öffentlich diskutiert werden kann, ist der Infiltration der »amerikanischen« Kultur zuzuschreiben, die früher in den Missionsschulen und heute durch das türkische Fernsehen verbreitet wird. Das türkische Fernsehen strahlt eine Reihe von Diskussionssendungen aus und erreicht damit eine große Zuschauerschaft; die Sendungen dauern manchmal bis 5 Uhr morgens. Es gibt eine stattliche Gemeinde islamischer Intellektueller, die Artikel auf der Grundlage der Lektüre von Arbeiten der westlichen Philosophie und Soziologie verfassen und Bücher veröffentlichen, die eine wissenschaftliche Auffassung der Rolle des Islam in der türkischen Gesellschaft zum Ausdruck bringen. Auch das islamische Wissen hat durch die Veröffentlichung islamischer Klassiker und der Übersetzung ausländischer islamischer Literatur exponentiell zugenommen. Ob all dies den Aufbau einer einheitlicheren Kultur befördert, bleibt abzuwarten. Ich glaube, daß man sich noch immer von der Sichtweise W. Kornhausers inspirieren lassen kann, der in seinem Werk *The Politics of Mass Society* (1960) den Verfall der intermediären Institutionen in Europa beklagte und anmerkte: »Diese Bedingungen des modernen Lebens bringen sowohl die zunehmende Möglichkeit sozialer Entfremdung mit sich als auch bessere Möglichkeiten für die Schaffung neuer Vereinigungsformen.«[37] In gewisser Hinsicht läßt sich dies auch schon anhand der relativ kurzen Machtausübung (März 1994 bis heute) religiöser Kräfte in der Stadt Istanbul beobachten.

Die islamische Refah- (Wohlfahrts-) Partei, die in Istanbul seit 1994 herrscht, förderte eine Reihe von Aktivitäten, die auch die eher säkularen politischen Bewegungen widerwillig bewundern. Die Stadtverwaltung widmet sich beispielsweise den städtischen Dienstleistungen mit ungewöhnlicher Hingabe. Sie sorgte nicht nur dafür, daß die Müllabfuhr mit noch nie dagewesener Zuverlässigkeit funktioniert (will sie etwa sogar die »Bahnen genau nach dem Fahrplan fahren lassen«?), sondern engagiert sich auch für die Verschönerung der Stadt, indem sie 50000 Bäume pflanzen ließ. Insbesondere das Bezirksbürgermeisteramt von Kagithane fördert eine Lokalversion direkter Demokratie: Dort werden »Stadtversammlungen« durchgeführt, in denen die Bürger regelmäßig aufgefordert werden, Kritik in bezug auf Fehlleistungen der Stadtverwaltung sowie eigene Vorschläge vorzutragen. Kagithane organisiert Seminare über das Stadtleben und Kulturprogramme wie beispielsweise die »Sowjetische Filmwoche«. In Berichten werden vor allem zwei Aspekte dieser Aktivitäten hervorgehoben: der hohe Anteil junger, kopftuchtragender Frauen unter den Seminarteilnehmern und das hohe intellektuelle Niveau der angebotenen politisch-kulturellen Kost (Habermas, Gellner).

Hier haben wir es erneut mit eindeutig unvorhergesehenen Folgen des »fundamentalistischen« Verhaltens zu tun, einem Anzeichen für die Entstehung einer neuen »diskursiven Sphäre« innerhalb des Islam. Ein Aspekt der Fragestellung im Rahmen des in diesem Buch dargelegten Projektes wäre, diese Aktivität daraufhin zu überprüfen, ob sie Elemente für die Lösung von Wertekonflikten enthält.

Die vorangegangenen Ausführungen stellten im wesentlichen eine Beschreibung der normativen Konflikte dar, die im sozialen Verhalten von Gruppen sichtbar werden. Doch viel bedeutsamer als Konflikte zwischen Gruppen sind die dem System der Modernität in der Türkei inhärenten Widersprüche. Und ebenso bedeutsam sind die Konflikte, die in der »Psyche« moderner Türken verortet werden können. Beide Aspekte erfordern sorgfältigere Untersuchungen, als ihnen bislang zugestanden wurden. Die folgenden Ausführungen sollten diesen Problemsachverhalt unterstreichen.

Istanbul: Ein Beispiel für Dissonanzen in einem städtischen System

Istanbul ist eine kosmopolitische Stadt. Damit ist ihre Weltoffenheit gemeint. Andererseits ist die Stadt räumlich in ein islamisches »Istanbul« und eine »westliche«, säkulare Stadt, Beyoglu, das im 19. Jahrhundert Pera hieß, geteilt. Das Goldene Horn trennt geographisch die beiden Welten. Das konservative Istanbul wird durch fünf eindrucksvolle Moscheen repräsentiert: die Hagia Sophia, die Moscheen der Sultane Mehmed II. und Bajesid II., die Fatih-Moschee und die Suleymaniye (Moschee Suleimans I.). Diese Zentren üben alltäglich prägende Kraft auf den Alltag der Bevölkerung aus. Die kleineren Kuppeln der Bazare und der religiösen Stiftungen ahmen die Form einer Moschee nach. Öffentliche, längst ausgetrocknete Brunnen – für Trinkwasser oder für Waschungen – vermitteln einen Eindruck von der Großzügigkeit der muslimischen Herrscher. Verschleierte Frauen eilen durch die Straßen; die Restaurants schenken keinen Alkohol aus. Ganz anders Beyogly mit den anhängenden Stadtteilen Levent, Sisli und Bebek. Hier wohnten früher die Franken und Levantiner. Der Bezirk wird heute durch Boutiquen, Bierkneipen und Restaurants geprägt, und hier wird auch der hochprozentige *raki* ausgeschenkt. In Beyogly wohnt auch die ›Dame‹, die im Jahr 1994 die (in der Stadt und im ganzen Land) die höchste Einkommenssteuer zu zahlen hatte, und deren verschiedene »Häuser« mehr als nur türkischen Kaffee anbieten. Yenikoy, das heute ein Bezirk Beyoglus ist, kann sich eines dreistöckigen Night Clubs rühmen. Der erste Stock schließt um 1 Uhr; der zweite bietet bis 3 Uhr psychedelische Tanzvergnügungen, und der dritte Stock wird von der »weißen« *Jeunesse dorée* bis 6 Uhr morgens besucht.

In den auflagenstärksten türkischen Tageszeitungen werden europäische, amerikanische und – zunehmend – türkische Modelle in einer »Hüllenlosigkeit« abgebildet, die selbst in den Vereinigten Staaten Erstaunen auslösen würde. Die Zeitungen vertreten die in Beyoglu vorherrschende Sicht der Welt, werden aber ironischerweise im Istanbuler Teil der Stadt gedruckt.

Zwischen Istanbul und Beyoglu herrscht dichter Verkehr, früher wie auch heute. Nur nachts, wenn die Einwohner beider Stadtteile in ihre Häuser zurückgekehrt sind, lassen sie sich voneinander unterscheiden. Istanbul hat das Leben in Beyoglu immer abgelehnt und stellt auch den höchsten Anteil der Wählerstimmen für die den Islam repräsentierenden Parteien. Im März 1994 gewann die islamische Wohlfahrtspartei die Stadtratswahlen in Istanbul, eine Folge der Tatsache, daß sich im Stadtbezirk Beyoglu viele neue Siedlungen etablieren konnten. Es gibt heute zahlreiche Pläne, Beyoglu zu einem stärker islamisch orientierten Bezirk zu machen. Die heftigste Diskussion löste der Plan aus, am Taksim-Platz eine große Moschee zu bauen. Der Taksim-Platz ist das traditionelle Zentrum Beyoglus und wurde bislang von einer großen griechisch-orthodoxen Kirche aus dem 19. Jahrhundert, dem Atatürk-Kulturzentrum und von einer Anzahl Edelhotels beherrscht. Das Projekt könnte nun, da die islamische Wohlfahrtspartei nach den Wahlen im Dezember 1995 die Führung übernahm, weitergetrieben werden und eine potentiell explosive Entwicklung heraufbeschwören.

Dieser Bereich innerer systemischer Widersprüche ist eindeutig von größter Bedeutung, da er sich mit dem spezifischen Fokus unserer Untersuchung überschneidet. Das hier dargestellte Beispiel illustriert lediglich eine der vielen Problemstellungen, die weiter zu untersuchen wären.

Das Dilemma eines jungen islamischen Meinungsführers

In Istanbul erschien 1993 ein Buch mit dem Titel »Mizraksiz Ilmihal« (sinngemäß etwa: »Das Brevier der Ohnmacht«). Das Buch wurde unter dem Pseudonym Mehmed Efe veröffentlicht, den Angaben zufolge ein 23jähriger ehemaliger islamischer Intellektueller und Jugendführer, der seine Führungsfunktionen aufgab und nunmehr als Publizist arbeitet. Mit dem Titel spielt der Autor auf eines der bekanntesten türkischen Breviere an, das »Brevier mit der Lanze«.[38] Efes Buch ist ein autobiographischer Roman und dreht sich um eine kurze platonische Beziehung zwischen dem Autor, der damals noch ein junger islamischer Führer war, und einem gleichaltrigen Mädchen. Vor diesem Hintergrund werden zugleich die Zweifel beschrieben, die ihn schließlich bewegten, sich von der islamischen Studentenbewegung abzuwenden. Das Buch ist im Studentenjargon verfaßt, und diese Sprache trägt besonders zu seiner Aussagekraft bei.

Der Autor beginnt seine Hochschulausbildung an der Fakutät für Kommunikationswissenschaften der Universität Istanbul. Er ist das erste Mitglied einer Bauernfamilie, das dieses Bildungsniveau erreicht. Seine Zulassung zur Universität fällt mit einer staatlichen Maßnahme zusammen, die in den frühen 80er Jahren erfolgte: dem Erlaß, daß Frauen, die aufgrund islamischer Vorschriften darauf bestehen, das Kopftuch zu tragen, von der

Universität ausgeschlossen werden. Diese Politik rief heftige Proteste hervor, an denen sich auch Efe beteiligt und die er am Anfang seines Buches in Erinnerung ruft:

»Der Staat sagt, entweder du vergißt, was du glaubst, oder du wirst von der Schule verwiesen. Wenn du an dem festhältst, was du glaubst, wirst du also zum Bürger zweiter Klasse (...). Gibst du deinen Glauben auf, kannst du an der Schule bleiben (...). Wir schlossen uns zusammen und entdeckten, daß wir auch von Leuten unterstützt wurden, die sich noch nie die Zeit genommen hatten, irgendeine Gruppe zu unterstützen. Das Verbot gab uns die Möglichkeit, alles zu praktizieren, was wir gelesen hatten, alles, was wir zusammengetragen hatten [beispielsweise den Freiheitsgedanken, wie er dem Autor in den Schulen der Republik vermittelt worden war]. Dann kamen die Proteste, Aktionen, Foren, Diskussionen, Reden, Versammlungen, Verhaftungen, Gerichtsverhandlungen, Zeitungs- und Zeitschriftenberichte usw.«[39]

Im Laufe der Zeit verstören ihn jedoch gewisse Widersprüchlichkeiten, die er in der Gruppe feststellt, der er sich angeschlossen hatte:

»Ich hatte einen Freund namens Hayrettin, der im selben Haus wohnte. Er sagte immer: »Es ist Sünde, mit Mädchen zu sprechen« (...). Eines Tages sah ich ihn mit einem Mädchen mit Kopftuch auf einer der Bänke bei der Schule sitzen und hörte zufällig, daß er jetzt etwas anderes sagte: »Frauen sind für mich Mütter, Kämpferinnen für die Sache, Symbole für Reinheit, Jungfräulichkeit und Schönheit.« Später verlobten sie sich, trennten sich aber innerhalb eines Monats wieder. Als ich ihn nach den Gründen fragte, antwortete er: »Diese Mädchen sind bis ins Innerste verdorben. Das hat die Schule gemacht. Ich werde ein Mädchen in meinem Dorf suchen.«[40]

Im Roman findet Efe im Tagebuch seiner Freundin folgenden Eintrag, der aber im Grunde seine eigene Sichtweise ausdrückt:

»Wir lesen die Texte hervorragender Schriftsteller in den Romanen und Magazinen oder die gelehrten Ausführungen von Freud oder Erich Fromm, um darin die Wahrheiten zu finden, die uns vom Islam längst aufgezeigt worden sind... Ich vergesse

nie, wie sich unser Freund, der Psychologiestudent, bei einer Podiumsdiskussion über »Die Selbstkonstruktion der Identität des Muslims« auf Fromms Auffassung über die Früherziehung bezog und keine Ahnung davon hatte, daß wir aus den Lehrsätzen und Überlieferungen des Koran genau dieselben Erkenntnisse lernen konnten.«[41]

Efes abschließende Einschätzung läßt erkennen, daß er auch seine eigene Rolle als Aktivist in Frage zu stellen beginnt:

Wir behaupten, daß diese Zeit schlecht sei, daß die religiösen Pflichten unseren muslimischen Brüdern gar nicht bewußt seien. Wir leben in einem Land, in dem der Erzfeind an der Macht ist; was also können wir tun? Das System als solches ist verdorben.

Das System verdirbt auch uns, der Fürst der Dunkelheit entzweit uns, und doch sind es die Unwissenden, die uns zum Ausgang führten. Das sind die Umstände. Was also können wir tun?

Verkündigt den Glauben!

In Ordnung, laßt uns das System, die etablierte Ordnung zerstören, verkündigt den unwissenden Muslimen die Wahrheit, so daß ihr Bewußtsein wächst.

Wie werden wir dies tun können?

Wir müssen uns vereinen, organisieren und Stiftungen gläubiger Muslime gründen, »islamische Arbeit« verrichten, Zeitschriften veröffentlichen, Nachtwachen organisieren, Versammlungen und revolutionäre Demonstrationen.

Aber was wird sich dann ereignen?

Alles, was wir gelernt haben, verwandelt sich in Munition. Wir lesen Bücher, um die Mittel zu erhalten, das Bewußtsein der Menschen zu fördern, und wir fördern ihr Bewußtsein, um sie in eine Organisation hereinzuholen, unsere Organisation, die für uns errichtet wurde, damit wir uns von unserem inneren Selbst verabschieden können.«[42]

Dieser Text ist nur eine Variante der inneren Konflikte, vor denen die Jugend der Türkei steht. Schon die Tatsache, daß der junge muslimische Führer ein Buch wie »Das Brevier der Ohnmacht« schreiben konnte, wäre vor ein paar Jahrzehnten noch undenkbar gewesen. Ideologische Fragen werden in dem Buch insgesamt fair behandelt. Es erreicht in der Türkei hohe Verkaufszahlen und kann als Produkt einer Gesellschaft erscheinen, in der die öffentliche Diskussion von wichtigen Fragen in immer breiteren Kreisen geführt wird. Diese Art der »Vermittlung« wird hoffentlich das Gewaltpotential von Konflikten entschärfen, das den modernen Türken eigen ist.

6. Schlußwort über nicht wertebezogene Konflikte

Die gegebenen Wertekonflikte in der Türkei scheinen sich zu einer neuen, gefährlichen strukturellen Bruchlinie weiterzuentwickeln, die sich im Anwachsen eines extremen linken Radikalismus unter den Jugendlichen in den Armutsbezirken Istanbuls abzeichnet. Der Radikalismus wurde bei den Unruhen am 1. Mai 1996 deutlich. In diesen gewaltigen Ballungsräumen, deren Bebauung heute nicht mehr aus Wellblechhütten, sondern aus baulich schwachen, häßlichen Wohnblocks aus Beton besteht, lebt eine Jugend, die sich in subreligiösen (Alevi-)Gruppen zunehmend politisiert. Die Jugend in diesen Vororten wird mit Fernsehprogrammen bombardiert, die ihnen ein Leben vorgaukeln, das sie sich niemals werden leisten können, und die ihnen die Korruption derjenigen zeigt, die nach ganz oben aufsteigen. Eine kürzlich durchgeführte Untersuchung zeigte, daß in diesem Kontext der wichtigste Wert »Gewalt« heißt: die Gewalt, die manche Bewohner anwenden müssen, um Land oder den Anschluß an das Stromnetz oder an die Wasserversorgung zu bekommen (indem sie einfach vorhandene Leitungen »anzapfen«). Gewalt ist also in diesen Bezirken zum Lebensinhalt geworden. Eine mögliche Lösung könnte darin bestehen, daß die nationalen und internationalen Organisationen in der Situation dieser »Betonbarackenstädte« endlich einen dringenden Handlungsbedarf erkennen. Die Konferenz »Habitat II«, die im Juni 1996 in Istanbul stattfand, könnte zur Lösung des Problems beitragen.

Anmerkungen

1 Zum Patrimonalismus siehe Kalberg, Sveren, 1994, *Max Weber's Comparative-Historical Sociology*, Chicago, S. 96–98.
2 Diese Sicht der osmanischen Institutionen verdankt der Autor Professor Halil Inalcik. Siehe auch sein Buch, 1973, *The Ottoman Empire: The Classical Age 1300–1600*, London, S. 70–104, 163–173, 186 ff.
3 Siehe Yalcin-Heckmann, Lale, 1991, *Tribe and Kinship Among the Kurds*, Frankfurt.
4 Kemalismus ist die allgemeine Rubrik, unter der die Reformideologie der Väter der Türkischen Republik erfaßt wird. Siehe Lewis, Bernard, 1968, *The Emergence of Modern Turkey*, London.
5 Giddens, Anthony, 1991, *Modernity and Self-Identity*, Stanford, S. 207.
6 Siehe Castoriadis, Cornelius, 1987, *The Imaginary Institution of Society*, Cambridge; Le Goff, Jacques, 1985, *L'Imaginaire Medieval*, Paris, »Preface«, S. I-XXI.
7 Castoriadis, 1987, S. 237–238.
8 Bruner, Jerome, 1990, *Acts of Meaning*, Cambridge, Mass., und London, S. 137.
9 Bruner, 1990, S. 112–113.
10 Polkinhorne, Donald, 1988, *Narrative Knowing and the Human Sciences*, Albany, S. 150, zit. in Bruner, 1990, S. 115–116.
11 Kearney, Richard, 1995, »Narrative Imagination between Ethics and Poetics«, *Philosophy and Social Criticism*, 21, S. 182.
12 Mir ist bewußt, daß das zu lösende Problem in bezug auf die Person bei Scheler ein ontologisches Problem darstellt. Es gibt allerdings bei Scheler ein Argument, daß die endgültige Rettung der Person völlig unabhängig von ihrer Beziehung zum Staat ist, und dieses Argument kommt dem nahe, was ich hier meine. Siehe Scheler, Max, 1973, Formalism in Ethics and Non-Formal Ethics of Values, Evanston, S. 512–519. Dieses Argument dient auch bekannten islamischen Denkern als Hauptargument und bildet die Moral in osmanischen Volksmärchen. Doch dies scheint ein schwaches Element für die Vergleichbarkeit von Kulturen zu sein. In der Tat bewirkt der strukturalistische Bias der westlichen Gesellschaftstheorie eine unmittelbare Verzweigung. Die Person, nicht das Kollektiv, ist das Hauptelement der osmanischen Folklore, wenn sie eine Geschichte auf-

greift, die den Staat betrifft.

13 Turner, Victor, 1969, *The Ritual Process: Structure and Anti-Structure*, Chicago.

14 »Edeb«, *Osmanli Tarih Deyimleri ve Terimleri Sozlugu*, Istanbul, Milli Egitim Basimevi, 1971, S. 501. In einem kurzen Abschnitt wird der Sinn eines Wertes unterstrichen, »den richtigen Pfad für einen Beamten oder privaten Akteur« zu bestimmen.

15 Zu diesem Vertrag siehe meine Schrift »Freedom in an Ottoman Perspective«, in Heper, Metin, und Evin, Ahmed, Hg., 1988, *State, Democracy and Military: Turkey in the 1980s*, Berlin und New York, S. 23–35.

16 Ayata, Sencer, 1988, »Statu Yarismasi ve Salon Kullanimi«, *Toplum ve Bilim*, Nr. 42, S. 5–25.

17 Siehe Mardin, Serif, 1964, *Jon Turklerin Siyasi Fikirleri*, Ankara, passim.

18 Hanioglu, M. Sukru, 1995, *The Young Turks in Opposition*, New York und Oxford, S. 211.

19 Siehe Hale, William, 1994, *Turkish Politics and the Military*, London und New York.

20 Hale, 1994, S. 216 f.

21 Zurcher, Erik Jan, 1993, *Turkey: A Modern History*, London und New York.

22 Tuncay, Mete, 1981, *Turkiye Cumhuriyetinde Tek-Parti Yonetiminin Kurulmasi (1923–1931)*, Ankara.

23 Saktanber, Ayse, 1994, »Becoming the ›Other‹ as a Muslim in Turkey: Turkish Women vs Islamist Women«, *New Perspectives in Turkey*, Nr. 11, Herbst, S. 99.

24 Koran, 24:30–31.

25 Gole, Nilufer, 1992, *Modern Mahrem*, Istanbul.

26 Die Türken benutzen hierfür den neuen Begriff »schwarze Türken«, d. h. provinziell, muslimisch, ländlich, im Gegensatz zu den gebildeten, städtischen und westlich orientierten »weißen Türken«.

27 Zur Bedeutung des hier benutzten Begriffs siehe Poggi, Gianfranco, 1990, *The State, Its Nature, Development and Prospects*, Stanford, S. 75: »Das Prinzip besteht darin, daß solche Aktivitäten von Individuen nicht als Individuen, sondern in ihrer Eigenschaft als Amtsinhaber ausgeführt werden.«

28 Markhoff, Irene, 1994, »Popular Culture, State Ideology and National Identity in Turkey: the Arabesk Polemic«, in Mardin, S., und Brill, E. J., Hg., 1994, *Cultural Transitions in the Middle East*, Leiden, S. 227.

29 Markhoff, 1994, S. 225.

30 Yalcin-Heckmann, Lale, 1995, »Gender Roles and Female Strategies among the Nomadic and Semi-nomadic Kurdish Tribes of Turkey«, In Tekeli, Sirin, Hg., 1995, *Women in Modern Turkish Society*, London und New Jersey, S. 220.

31 Kandiyoti, Deniz, »Patterns of Patriarchy: Notes for an Analysis of Male Domination in Turkish Society«, in Tekeli, 1995, S. 306–318.

32 Kiray, M., 1976, »Changing Roles of Mothers: Changing Intra-family Relations in a Turkish Town«, in Peristiany, J., Hg., 1976, *Mediterranean Family Structures*, Cambridge.

33 Siehe Adelkah, Fariba, 1995, »Quand les Impots Fleurissent a Teheran: Taxes Municipales et Formation de l'Espace Public«, *Cahiers da CERI*, Nr. 12.

34 Arat, Yesim, 1995, »Feminism and Islam: Considerations on the Journal *Kadin ve Aile*«, in Tekeli, 1995, S. 73–74.
35 Kandiyoti, 1995, S. 315.
36 Tekeli, Sirin, »Introduction«, in Tekeli, 1995, S. 14.
37 Kornhauser, William, 1960, *The Politics of Mass Society,* London, S. 237.
38 Efe, Mehmet, 1993, *Mizraksiz Ilmihal*, Istanbul.
39 Efe, 1993, S. 15.
40 Efe, 1993, S. 19.
41 Efe, 1993, S. 67.
42 Efe, 1993, S. 159.

Robert William Hefner

Islamische Toleranz: Der Kampf um eine pluralistische Ethik im heutigen Indonesien

Betrachtet man Indonesien aus der Distanz, zeigt es sich als eines jener Länder der modernen Welt, die am wenigsten für die Entwicklung einer zivilen und toleranten politischen Kultur geeignet erscheinen. Diese Nation besteht schließlich aus mehr als 300 ethnischen Gruppen, die auf ungefähr 6000 bewohnten Inseln leben und historisch durch ausgeprägte religiöse, sprachliche und kulturelle Unterschiede getrennt waren. Obwohl sich ungefähr 88 Prozent der Indonesier offiziell als Muslime bezeichnen, ist die muslimische Gemeinschaft selbst hinsichtlich ihrer theologischen Orientierung und der politischen Ideologie zutiefst zerrissen. Während der 50er und 60er Jahre heizte die Unzufriedenheit der Muslime in mehreren Teilen des Archipels sezessionistische Aufstände an, zu deren Zielen unter anderem die Errichtung einer islamischen Republik gehörte. Die Republik sollte unabhängig sein von der von Javanern beherrschten und damals linksorientierten Zentralregierung. Doch während die Aufstände noch andauerten, stellte sich die Hälfte der Muslime auf der Insel Java, wo ungefähr 60 Prozent der Gesamtbevölkerung leben, hinter säkulare Parteien, gewöhnlich entweder hinter die Indonesische Nationalpartei (PNI) oder die Kommunistische Partei (PKI). In den frühen 60er Jahren bestand in diesem vorwiegend muslimischen Land die größte kommunistische Partei der nichtkommunistischen Welt.

Die Feindseligkeiten zwischen den Befürwortern eines islamischen Staates und ihren kommunistischen und nationalistischen Gegenspielern schürten die sezessionistischen Tendenzen auf den äußeren Inseln Indonesiens. Diese und andere Ereignisse trugen wiederum zu den Spannungen bei, die zu dem furchtbaren Blutbad von 1965/66 führten, einem der schlimmsten Beispiele ziviler Gewalt im 20. Jahrhundert. In den auf einen fehlgeschlagenen Staatsstreich der Linken folgenden Monaten schlossen sich die bewaffneten Streitkräfte und die muslimischen Organisationen zusammen. Gemeinsam trieben sie die kommunistische Führung und Hundertausende ihrer Gefolgsleute zusammen und exekutierten sie. Die meisten der verurteilten Linken waren natürlich auch nominale Muslime. Während der darauffolgenden Jahre zogen ungefähr zwei Millionen nominal muslimische Javaner die Konsequenzen aus dieser von ihren muslimischen Glaubensbrüdern verübten Gewalt und konvertierten zum Christentum oder zum Hinduismus.[1]

Die normativen Bruchlinien innerhalb der muslimischen Gemeinschaft wurden durch die Gegensätze zwischen Muslimen und Nichtmuslimen weiter vertieft. Die nationale ideologische Charta, die sogenannte *Pantscha Sila* (»Fünf Prinzipien«), verpflichtet alle Indonesier, sich zu einer der fünf Religionen zu bekennen, die von der indonesischen Regierung anerkannt wurden: Islam, protestantisches Christentum, Katholizismus, Hinduismus oder Buddhismus. Mit einem Anteil von etwa 6 Prozent der Gesamtbevölkerung bilden die protestantischen Christen die größte Minderheit, gefolgt von den Katholiken (etwa 3 Prozent), den Hindus (2 Prozent) und den Buddhisten (1 Prozent). Obwohl Protestanten und Katholiken zahlenmäßig nicht sehr stark sind, sind sie in den Mittelschichten und in den hochqualifizierten Berufen überproportional vertreten und ebenso im Militär – ein keineswegs unwichtiger Aspekt. Dieses Ungleichgewicht ist darauf zurückzuführen, daß die Christen in der Kolonialzeit in bezug auf die Bildung bevorzugt wurden; das Mißverhältnis bietet noch heute immer wieder Anlaß für soziale Spannungen.

Die religiöse Landschaft wird durch die Unterteilungen nach Ethnizität und Klasse weiter kompliziert. Die meisten chinesischen Indonesier bekennen sich zu einer Minderheitenreligion, in der Regel entweder zum Christentum oder zum Buddhismus, obwohl einige auch zum Islam konvertierten.[2] Noch wichtiger ist, daß die chinesischen Indonesier, obwohl sie nur knapp 3 Prozent der Gesamtbevölkerung ausmachen, schätzungsweise 75 Prozent der mittelgroßen und der Großunternehmen besitzen. Man vermutet, daß sie einen noch größeren Anteil der Aktien halten, die an der kürzlich errichteten Börse von Jakarta gehandelt werden. Die chinesische Wirtschaftsdominanz geht auf vorkoloniale und koloniale Zeiten zurück. Die damaligen Regierungsbeamten zogen es vor, wirtschaftliche Konzessionen an die ökonomisch versierten – und politisch zahmen – Chinesen zu vergeben und nicht an einheimische Unternehmer. Trotz einer Reihe von staatlichen Programmen zur Korrektur dieses Ungleichgewichtes hat die ökonomische Dominanz der Chinesen seit der Unabhängigkeit (also nach 1945) eher noch zugenommen, so daß sich die normative Kluft zwischen Chinesen und Muslimen vertiefte. Insbesondere seit der Mitte der 60er Jahre durchläuft der in muslimischem Besitz befindliche Unternehmenssektor eine steile Abwärtsentwicklung, während chinesische Firmen einen Aufschwung erleben. Dies ist teilweise der gegenseitigen Begünstigung chinesischer Geschäftsleute und indonesischer Politiker zuzuschreiben.[3]

Angesichts dieser Geschichte, die durch religiöse Spannungen, ökonomische Segmentierung, ethnische Rivalitäten und gelegentlich ausbrechende Gewalttätigkeit der Bevölkerungsmassen geprägt ist, mag es erstaunlich klingen, daß Indonesien heute das Zentrum einer der weltweit größten und einflußreichsten Bewegungen für einen demokratischen und pluralistischen Islam darstellt. Ein Schlüsselelement dieser Bewegung besteht in der Entwicklung normativer Sanktionen für Demokratie und religiöse Toleranz. Ein weiteres Element dieses muslimischen Projektes ist es, die Vorstellung zurückzuweisen, daß der Islam einen islamischen Staat zur Voraussetzung habe. Statt dessen treten diese »zivilen Muslime« dafür ein, jenen Werten umfassende Geltung zu verschaffen, die sie als zentrale Bestandteile des Islam ansehen: Gleichheit, Freiheit und soziale Gerechtigkeit. Diese Werte sollen durch die Stärkung der Zivilgesellschaft und des Verfassungsstaates verwirklicht werden.

Wenn sich diese Bewegung durchsetzen kann, stellt sie als Typus eines politisch reformistischen Islam einen bemerkenswerten Versuch dar. Noch größere Bedeutung kommt ihr aufgrund der Tatsache zu, daß Indonesien das nach der Bevölkerungszahl viertgrößte Land der Welt ist und zugleich die weltweit größte Gesellschaft mit einer muslimischen Mehrheit. In den letzten Jahren beobachteten andere muslimische Länder die Entwicklungen in Indonesien mit großer Aufmerksamkeit, nicht zuletzt deshalb, weil das Land mit einem jährlichen Wachstum des Bruttoinlandprodukts von 6 Prozent im Durchschnitt der letzten 25 Jahre eine Verbindung von sozialer Stabilität und Wachstum erreichte, die dem größten Teil der übrigen muslimischen Welt schmerzlich fehlt. Aus all diesen Gründen sind die muslimischen Erfahrungen in Indonesien weit über die Ufer des Inselstaates hinaus von Interesse.

Im folgenden werde ich die gesellschaftlichen und historischen Hintergründe der erwähnten Bewegung für einen demokratischen und pluralistischen Islam näher untersuchen. Darüber hinaus werde ich einige der Herausforderungen analysieren, vor denen die Bewegung heute steht. Eine Ironie des jetzigen Erfolges der Bewegung ist, daß durch die fortschreitende Islamisierung der indonesischen Gesellschaft soziale Kräfte auftreten, die den Bemühungen der Bewegung entgegenstehen, islamische Sanktionen für Demokratie und zivile Toleranz zu entwickeln. Diese Art von Spannung ist nicht auf Indonesien beschränkt, sondern charakteristisch für viele Teile der modernen muslimischen Welt. Wie noch darzulegen sein wird, haben die gegenwärtig auftretenden Spannungen sehr viel mehr mit dem politischen System Indonesiens zu tun als mit dem Wesen des Islam als solchem.

In einer Zeit, in der manche westlichen Beobachter von einem potentiellen »Kampf der Kulturen« zwischen dem Islam und dem Westen sprechen[4], bietet das indonesische Beispiel eine räumlich begrenzte Illustration einer allgemeinen Tatsache: Überall in der muslimischen Welt bemühen sich Intellektuelle und Aktivisten, einen islamischen Rahmen für demokratischen Pluralismus und Toleranz zu entwerfen. Das indonesische Beispiel unterstreicht auch die wichtige Tatsache, daß – wie zu einem früheren Zeitpunkt im christlichen Westen – das Ergebnis dieser Anstrengungen nicht nur durch die guten Absichten und die theologische Gelehrsamkeit der religiösen Akteure determiniert wird (obwohl diese wirklich von großer Bedeutung sind), sondern durch die übergreifende Balance der gesellschaftlichen und politischen Kräfte, mit denen diese Akteure sich auseinandersetzen müssen.

1. Islam und nationale Integration

Einer der schärfsten normativen Konflikte im modernen Indonesien betrifft seit langem die Meinungsverschiedenheiten über die Rolle, die der Islam im rechtlichen und konstitutionellen System des Landes spielen soll. Die erste Großorganisation für bürgerliche Rechte, *Sarikat Islam*, wurde 1912 gegründet und gewann im Archipel schnell eine Massengefolgschaft, vor allem auf der Insel Java.[5] *Sarikat Islam* war ursprünglich zur Verteidigung der Interessen muslimischer Händler gegründet worden. Bald bildete sich eine interne Bruchlinie zwischen den Mitgliedern, die sich den ursprünglichen islamischen Prinzipien der Organisation verpflichtet fühlten, und jenen Mitgliedern, die dem Marxismus und einem säkularen Nationalismus zuneigten. Die linksorientierte Mitgliedschaft der Organisation setzte durch, daß die Verhandlungen des dritten Nationalkongresses im Oktober 1918 von sozialistischen Themen beherrscht wurden. 1921 erreichten die Rivalitäten zwischen den muslimischen und marxistischen Gruppierungen ihren Höhepunkt, und die Kommunisten wurden aus der Organisation ausgestoßen. Im Verlauf der nächsten fünf Jahre kämpften Linke und Muslime um die Kontrolle der zahlreichen Ortsvereine von *Sarikat Islam*. Bei gleichzeitig zunehmender staatlicher Repression wurde die Organisation durch diese Rivalität zerstört und die indonesische Bewegung für Unabhängigkeit geriet in Unordnung. Der Konflikt bildete die Basis für eine normative

Spannung zwischen Muslimen und säkularen Nationalisten, die bis heute andauert.

In den letzten Jahren des niederländischen Kolonialismus ging die Führung des nationalistischen Kampfes von *Sarikat Islam* in die Hände der Indonesischen Nationalpartei PNI über. Die PNI wurde 1927 unter Führung des jungen Ingenieurs Sukarno gegründet. Die Partei folgte dem Grundsatz, daß nicht die Religion oder eine Ethno-Religiosität, sonder ein multi-ethnischer Nationalismus (*kebangsaan*) die Grundlage eines unabhängigen Indonesien werden müsse. Sukarno war zwar seit seiner Jugend mit der islamischen Doktrin vertraut, hatte jedoch seine höhere Schulbildung im multi-ethnischen und multi-religiösen Umfeld der Kolonialschulen erworben. Anders ausgedrückt, war er ein fast typisches Beispiel für einen »kreolischen Funktionär«, also jenes Typus, den Benedict Anderson in seiner Untersuchung der Ursprünge und Genesis des Nationalismus als Träger des postkolonialen Nationalismus identifizierte.[6] Sukarno erhielt seine Ausbildung zu einem Zeitpunkt, als der Kolonialstaat einen wachsenden Bedarf an einheimischen Funktionären hatte. Er lernte Niederländisch und wurde von den modernistischen Gedanken des europäischen Liberalismus tief berührt. Doch die Bildung machte ihm – wie vielen anderen einheimischen Intellektuellen – lediglich die Kluft zwischen liberalen Idealen und kolonialen Realitäten noch deutlicher bewußt. Und wie viele andere seiner Landsleute wurde auch Sukarno durch seine bildungsmäßige Pilgerreise letztlich dazu inspiriert, sich in besonderem Maße mit der Vorstellung eines indonesischen Nationalismus jenseits von Ethnizität, Region und Religion zu befassen.

Sukarnos Überzeugungen wurden durch seinen Glauben verstärkt, daß der »historische Islam« der modernen Welt von den ursprünglichen islamischen Idealen abgewichen sei. Er glaubte, daß der Islam in diesem Prozeß die Rückständigkeit der muslimischen Welt nur verschärft habe. Sukarno wurde durch die Gedanken der nationalistischen Reformatoren in der Türkei und im Nahen Osten beeinflußt. Er argumentierte, die Einheit von Staat und Religion in der klassischen islamischen Herrschaftsweise sei der Hauptgrund für die Stagnation der muslimischen Welt; so wäre es möglich gewesen, daß der Islam für repressive Zwecke mißbraucht wurde.[7] Im Gegensatz dazu könnte die Trennung des Islam vom Staat bedeuten, daß der Islam von der staatlichen Vormundschaft befreit würde. Als Sukarno dieses Argument vortrug, hob er besonders eindringlich hervor, daß er zwar die formale Einheit von Islam und Staat ablehne, aber der Meinung sei, die Trennung der Religion vom Staat könne und *solle* zu einer wesentlichen Bewußtmachung islamischer Werte in der Gesellschaft beitragen.

In den Augen vieler muslimischer politischer Denker stellte jedoch der Nationalismus eine allzu seichte Basis für den Aufbau einer neuen politischen Ordnung dar. Ein kleines Segment der einheimischen Bevölkerung hatte zwar das Privileg einer westlichen Bildung genossen, doch sehr viel größere Bevölkerungsteile waren ganz andere Bildungswege gegangen – durch ein Netzwerk von Moscheen und Religionsschulen, das sich über die westlichen und zentralen Teile des indonesischen Archipels erstreckte. Die Geschwindigkeit, mit der durch dieses Netzwerk die reformistischen Ideen des Nahen Ostens in der zweiten Hälfte des 19. Jahrhunderts verbreitet wurden, liefert den schlagenden Beweis für die Effektivität des Netzwerks als ein Vehikel für gesellschaftliche Integration und antikolonialistische Aspirationen.[8] Zwar standen das hinduistische Bali, die fernen inneren Gebiete einiger großer Inseln und die entsetzlich armen Inseln des östlichen Indonesien außerhalb des muslimischen Kreises; der Einfluß des Islam erstreckte sich jedoch tief in alle anderen zentralen Territorien des Archipels. Es kann daher kaum überraschen, daß viele der länger anhaltenden Kämpfe gegen die Europäer in der frühen kolonialen Ära unter dem Banner des Islam stattfanden.

Im Licht dieses historischen Präzedenzfalles waren viele muslimische Intellektuelle davon überzeugt, daß der Islam und nicht der Nationalismus den richtigen Boden darstellte, von dem der Unabhängigkeitskampf ausgehen sollte. Diesen Denkern erschien der Nationalismus im Stile Sukarnos lediglich als moderne Version der stammesbezogenen und ethnischen Bruchlinien (*asabiyah*), welche die Araber in präislamischen Zeiten gespalten und über die sich Mohammed selbst empört hatte.[9] Würden die Indonesier durch die Adaption dieser fremden Ideologie nicht von ihren muslimischen Brüdern zu einem Zeitpunkt getrennt, an dem sich ein zunehmendes pan-islamisches Bewußtsein zeigte?[10] War also nicht der Islam als Boden für nationale Integration viel bedeutsamer als die vom Westen hergeleitete Vorstellung des Nationalismus? Außerdem, so argumentierten viele muslimische Führer, sei der Islam nicht nur eine Sache der individuellen Frömmigkeit und der inneren Überzeugung, wie etwa das moderne Christentum. Vielmehr sei er eine Zivilisation und eine Gesellschaftsordnung, und dies bedeute ein vollständiges und unabhängiges System. Diese Vorstellung vom Islam als einer vollständigen Gesellschaftsordnung (*al-nizam al-islami*) stellt in der islamischen Politik überall in der muslimischen Welt ein immer wiederkehrendes Thema dar und ist bis heute eine in der indonesischen islamischen Gemeinschaft umstrittende Frage.[11]

Doch Sukarno war nicht der einzige muslimische Meinungsführer, der sich von den modernistischen und progressiven Idealen des Nationalismus mehr angesprochen fühlte als von pan-islamischen Gedanken. Viele der frühen Befürworter des nichtkonfessionellen Nationalismus waren eigentlich überzeugte Muslime.[12] Einige fühlten sich aus rein praktischen Gründen zu den nationalistischen Vorstellungen hingezogen, weil sie erkannten, daß die noch junge Nation wieder auseinanderbrechen könne, wenn sie zu einem islamischen Staat erklärt würde. Die Nichtmuslime machten zwar nur etwa zehn Prozent der indonesischen aus, doch lebten sie nicht in den leicht kontrollierbaren Städten und waren auch nicht über die gesamte Bevölkerung verteilt, wie etwa die christlichen Minderheiten in Ländern wie Ägypten oder Syrien. Vielmehr konzentrierten sie sich in entlegenen Regionen, vor allem im östlichen Indonesien, wo die staatliche Verwaltung schwach war, und wo die junge Republik von einer starken sezessionistischen Bewegung hätte in Frage gestellt werden können.

Die politische Attraktivität des nichtkonfessionellen Nationalismus wurde durch die Tatsache verstärkt, daß sogar einem substantiellen Teil der indonesischen Meinungsführer muslimischer Herkunft der Gedanke an einen islamischen Staat nicht geheuer war. Das galt vor allem auf der dicht bevölkerten Insel Java. Die ethnischen Javaner machten 75 Prozent der Inselbevölkerung aus (und etwa 45 Prozent der indonesischen Gesamtbevölkerung). Die Javaner teilten sich, wie allgemein bekannt war, in die orthodoxen Muslime (*santri*) und die in ihren religiösen Pflichten eher nachlässigen Bevölkerungsteile (*abangan*), die ihr Glaubensbekenntnis mit einer Vielzahl javanischer ritueller und ästhetischer Traditionen vermischten.[13] Seit den Anfängen der nationalistischen Bewegung stellten sich die *santri*-Javaner hinter die islamischen politischen Parteien, während sich die andere Gruppe, die sogenannten Javanisten oder *abangan*, eher mit nationalistischen und kommunistischen Haltungen identifizierten. Im Verlauf des Unabhängigkeitskampfes kam es mehrfach vor, daß muslimische Politiker ihre eigene Stärke überschätzten und die Ernsthaftigkeit dieser normativen Bruchlinie unter den javanischen Muslimen nicht erkannten.

Vor diesem historischen Hintergrund dürfte kaum verwundern, daß in der frühen Unabhängigkeitszeit jeder Versuch fehlschlagen mußte, einen ausgeprägten islamischen Staat zu schaffen. So gab es beispielsweise in den Wochen vor der indonesischen Unabhängigkeitserklärung am 17. August 1945 heftige ideologische Debatten über die rechtlichen und konstitutionellen Grundlagen des neuen Staates. Ein paar Monate zuvor, also in den letzten Tagen der Besatzungszeit, hatten die Japaner der indonesischen Bevölkerung gestattet, ein Komitee zur Vorbereitung der indonesischen Unabhängigkeit einzusetzen. Die Versammlung konnte Übereinstimmung hinsichtlich der Umrisse des neuen Staates in allen Punkten erzielen – mit Ausnahme der zukünftigen Rolle des Islam. Sukarno versuchte, die Pattsituation aufzubrechen, indem er fünf Prinzipien als philosophische Basis des Landes vorschlug; diese Prinzipien wurden später *Pantscha Sila* genannt. Zu den Prinzipien gehörte auch *ketuhanan* (der Glaube an Gott), eindeutig ein Zugeständnis an die Befürworter eines islamischen Staates. Angesichts des nicht nachlassenden Drucks von seiten dieser Gruppe weitete später ein kleines Komitee dieses Prinzip aus, so daß es nunmehr lautete: »Glaube an Gott *mit der Verpflichtung für die Gläubigen, das islamische Recht [shariah] zu befolgen.*« Das Prinzip wurde unter der Bezeichnung »*Jakarta Charta*« bekannt; viele Jahre lang bildete es den Streitpunkt zwischen Islamisten und Nichtkonfessionalisten.[14]

Einen Tag nach der Unabhängigkeitserklärung am 17. August 1945 gab Sukarno schließlich den Appellen der Christen, Hindus und Nichtkonfessionalisten nach. Er überging die Empfehlungen des Vorbereitungsausschusses und strich die *Jakarta Charta* aus der Präambel der indonesischen Verfassung. Als Zugeständnis für die muslimische Führung fügte er dem ersten Prinzip der *Pantscha Sila* eine Klausel hinzu, so daß nicht mehr nur der »Glaube an Gott« gefordert wurde, sondern der »Glaube an einen einzigen Gott« (*ketuhanan yang Maha Esa*). Mit dieser revidierten Fassung näherte sich die *Pantscha Sila* den muslimischen Vorstellungen von der Einheit Gottes (*tauhid*). Außerdem hatte die Änderung die sehr tiefgreifende Wirkung, daß animistische und polytheistische Bekenntnisse für die Bürger des unabhängigen Indonesien zu illegitimen religiösen Optionen wurden. Seit der Unabhängigkeit sahen sich die meisten Animisten gezwungen, zum Christentum oder zum Islam zu konvertieren. Buddhisten und Hindus mußten ihre Überzeugungen so umformulieren, daß sie, zumindest offiziell, mit den monotheistischen Gottesvorstellungen übereinstimmten – für den Hinduismus keine einfache Aufgabe.[15]

Auf jeden Fall schien dieser Kompromiß während der ersten Jahre der nachrevolutionären Unabhängigkeit im normativen Konflikt zwischen Muslimen und säkularen Nationalisten einen hinreichenden Vermittlungsprozeß darzustellen. Zwischen 1950 und 1957, ein Zeitabschnitt, der heute als Blüte der parlamentarischen Demokratie angesehen wird, wurden drei der sieben Regierungen von der modernistischen muslimischen Partei, *Masyumi*, geführt. Obwohl die Führer dieser Partei zu den einflußreichsten Befürwortern eines islamischen Staates zählten, unternahmen sie, als sie an der Macht waren, nichts, um den in den ersten Tagen der Unabhängigkeit ausgearbeiteten Kompromiß zu beseitigen. Mehr noch: Sie zeigten sich als gewissenhafteste Befürworter des konstitutionellen Rechts und der parlamentarischen Verfahrensweisen.[16]

In den Nachwehen der ersten nationalen Wahlen (1955) verfiel das politische System des Landes schnell in eine Art präsidialen Autoritarismus, dem eine heftige Dreiecksrivalität zwischen der Kommunistischen Partei, den muslimischen Parteien und dem Militär folgte. Zur Überraschung vieler Beobachter brachten die Wahlergebnisse keinen eindeutigen Sieg der Muslime, sondern eine labile Feuerpause zwischen den muslimischen Parteien und ihren nationalistischen oder kommunistischen Rivalen. Nach der Wahl im selben Jahr wurde auch eine Verfassunggebende Versammlung geschaffen, deren Aufgabe darin bestand, eine Verfassung für die junge Republik auszuarbeiten. (Die beiden bereits vorgelegten Verfassungen waren als »Arbeitsversionen« betrachtet worden.) Die Machtverhältnisse in der Verfassunggebenden Versammlung waren, wie im Parlament, mehr oder weniger gleich zwischen nichtkonfessionellen Nationalisten und Anhängern eines islamischen Staates aufgeteilt. Die Versammlung schaffte es, eine Übereinkunft zwischen den nichtkonfessionellen Nationalisten und Befürwortern eines islamischen Staates zu begründen. Die Versammlung erreichte Übereinkünfte hinsichtlich der meisten wichtigen Angelegenheiten, geriet aber in eine Pattsituation hinsichtlich des Ausmaßes, in dem der Islam in die rechtlichen und politischen Strukturen des Staates eingebettet werden sollte.[17] Der normative Konflikt zwischen Muslimen und säkularen Nationalisten schien so groß wie immer.

Präsident Sukarno empfand Frustration angesichts dieser unlösbaren Situation; er war überzeugt, daß er der einzige Garant für einen anhaltenden Revolutionsprozeß in Indonesien sei. Nun nutzte er diese Krise und verkündete eine Rückkehr zur Verfassung von 1945, wobei gleichzeitig eine »Gelenkte Demokratie« geschaffen wurde. In diesem neuen politischen System wurde die Macht vom Parlament in die Hände des Präsidenten verlagert. Obwohl die Führungen der Nationalisten und der Kommunisten schließlich die Initiative des Präsidenten akzeptierten, wandte sich die größte der muslimischen Parteien, die modernistische *Masyumi*, scharf gegen den Plan. Die heftige Opposition durch die *Masyumi* verärgerte den Präsidenten; er ignorierte daraufhin das von der Verfassung vorgeschriebene Verfahren, löste die Verfassunggebende Versammlung auf und verkündete die Rückkehr zur die Exekutive stärkenden Verfassung von 1945. Ein Jahr später wurde das Land von regionalen Aufständen erschüttert, und Sukarno holte zu Schlägen gegen seine heftigsten Kritiker aus, die muslimische *Masyumi* und die (sozialdemokratische) Sozialistische Partei Indonesiens (PSI). Er verbot beide Parteien und begründete dies damit, daß sich die Parteiführungen von den Aufständen nicht distanziert hätten. Kurz danach ließ er zur Verärgerung der Muslime und der Sozialdemokraten den größten Teil ihrer Führer verhaften und ins Gefängnis werfen. Die Verfassungstreue der Muslime und Sozialdemokraten hatte bittere Früchte getragen.

In den Jahren, in denen die Gegner des Präsidenten auf diese Weise an den Rand des Geschehens gedrängt wurden, entwickelte sich die Kommunistische Partei zur mächtigsten Partei des Landes. Ihr kam die wachsende Unterstützung durch Präsident Sukarno zugute. Sukarno war zwar der »Vater« der Nationalen Partei Indonesiens (PNI), aber in seinen letzten Amtsjahren befand er sich in einem ständigen Machtkampf mit den Streitkräften, die seiner Wirtschaftspolitik und seiner freundlichen Haltung gegenüber Beijing (Peking) kritisch gegenüberstanden. Sukarno, der von dieser Opposition der Militärs enttäuscht war, wandte sich deshalb den Kommunisten zu. Bei der kommunistischen Gefolgschaft hoffte er den Massenrückhalt zu finden, den er brauchte, um seine Gegner in den Streitkräften zu umgehen.

Die Kommunistische Partei konnte ihren Rückhalt in der Bevölkerung festigen, weil sie es besser als ihre Gegner verstand, den steilen Niedergang der Volkswirtschaft für sich zu nutzen und die verarmten ländlichen Bevölkerungsschichten zu mobilisieren, vor allem auf Java. Ende 1963 leitete die Partei eine Kampagne ein, die zum Ziel hatte, die Gesetze über Bodenreform und Landpacht von 1959/60 zu verwirklichen. Je weiter die Kampagne fortschritt, desto stärker wurde der Widerstand der Großgrundbesitzer und, vor allem im Osten Javas, der gläubigen Moslems. Viele der Muslime waren den ständigen PKI-Aktionen sehr viel stärker ausgesetzt als ihre nationalistischen oder kommunistischen Gegenspieler. Bei mehreren Gelegenheiten eskalierte die Kampagne zu heftigen Kämpfen zwischen Kommunisten und Muslimen und erzeugte Spannungen, die bald darauf auch die Gewalttätigkeiten von 1965/66 anheizten.[18] Die normative Bruchlinie zwischen Muslimen und säkularen Nationalisten hatte eine neue und gefährliche Form angenommen.

Am Ende eskalierten die politischen Spannungen so weit, daß linksorientierte Offiziere der niedrigeren Ränge am 30. September 1965 in Jakarta einen Putsch durchführten, angeblich, um einem – wie sie behaupteten – geplanten Putsch konservativer Generäle zuvorzukommen. Die Führer des Putsches verpatzten zwar ihr Vorhaben, ermordeten jedoch fünf führende Generäle und schmiedeten ein Bündnis mit zumindest einem Teil der Führung der PKI. Damit lieferten sie ihren Gegnern den Vorwand für einen massiven Gegenangriff auf die kommunistische Linke. Von Oktober 1965 bis März 1966 versuchte Präsident Sukarno verzweifelt, die schwer angeschlagene Partei zu retten. Doch eine komplizierte (und je nach Region andersartige) Allianz von Militär, muslimischen und sogar hinduistischen und christlichen Organisationen schlug mit fataler Wirkung zurück, zerstörte den riesigen Parteiapparat und ermordete Zehntausende von Parteimitgliedern. Im März 1966 mußte Präsident Sukarno sein Amt dem militärischen Führer der antikommunistischen Kräfte, General Suharto, übergeben. Die Ära der »Neuen Ordnung« hatte begonnen.

2. Die Verdrängung des Islam

Es kann nicht das Anliegen dieses Beitrags sein, einen detaillierten Bericht über den normativen Konflikt zwischen dem Islam und dem säkularen Nationalismus im System der »Neuen Ordnung« zu geben. Statt dessen soll der Bedeutungszuwachs des hier sogenannten »zivilen pluralistischen« Islam beschrieben werden. Zuvor jedoch soll kurz der ungewöhnliche Verlauf der Ereignisse nachgezeichnet werden, die auf die Zerschlagung der Kommunistischen Partei und auf den Beginn der Regierungsform der »Neuen Ordnung« folgten.

Während der ersten vier Jahre des Regimes der »Neuen Ordnung« verschlechterten sich die bislang guten Beziehungen zwischen den Muslimen und dem Staat. Die muslimischen Führer hatten zunächst erwartet, zur Belohnung für die Hilfe beim erzwungenen Abgang Präsident Sukarnos und bei der Zerschlagung der Kommunistischen Partei an der Regierung beteiligt zu werden oder zumindest eine aktive Rolle bei den nächsten allgemeinen Wahlen spielen zu können. Die muslimischen Aktivisten – und anscheinend auch einige Militärführer – waren überzeugt, daß die muslimischen Parteien, nachdem die Kommunisten zerschlagen und die Nationale Partei diskreditiert war, über die Wahlen den Weg zur Macht finden könnten.

Es dauerte jedoch nicht lange, bis die von den Militärs beherrschte Regierung erkennen ließ, daß sie keine Absicht hegte, frühe nationale Wahlen durchzuführen oder, wenn endlich Wahlen stattfänden, den muslimischen Organisationen sehr viel organisatorischen Freiraum zuzugestehen. Sprecher des Regimes erklärten erneut, daß sie gegen alle Bemühungen seien, die *Jakarata Charta* wiederzubeleben, jenes Dokument von 1945, das den Staat verpflichtete, das Islamische Recht als für alle Muslime verbindliches Recht zu erklären. Es war dies das erste Anzeichen einer merklichen Abkühlung auf Seiten der Regierung gegenüber den muslimischen Organisationen. Wenig später lehnten die Vertreter des Regimes die Forderungen nach einer Rehabilitierung der ehemals größten islamischen Partei, der *Masyumi*, ab, die vor ihrem Verbot im Jahre 1960 erbitterte Gegnerin Präsident Sukarnos gewesen war. Die Regierung versuchte, diese bittere Pille dadurch zu versüßen, daß sie die Gründung einer neuen islamischen Partei zuließ. Aber sie machte bald klar, daß diese Konzession eng begrenzt war, denn sie gestattete nicht, daß ehemalige Funktionäre der *Masyumi* führende Positionen in der neuen Partei übernahmen.

All dies war Teil einer größeren Anstrengung seitens der militärischen Führung Indonesiens, eine Wiederholung der von den Massen getragenen politischen Kämpfe der 50er Jahre zu verhindern. Auch das Militär sorgte sich über die normativen Risse und folgerte, daß sich diese am besten durch die Demobilisierung der politisierten Gesellschaft kitten ließen. Im Zentrum dieser Strategie stand der Plan, die gesamte indonesische Gesellschaft in staatlich kontrollierten Körperschaftsgruppen neu zu organisieren, die mit dem Begriff »Funktionsgruppen« (*golkar* oder *golongan karya*) bezeichnet wurden. Obwohl dieses System nationale Wahlen ermöglichte, sollten die Wahlkämpfe auf die Tage unmittelbar vor den Wahlen beschränkt werden; ansonsten sollten politische Parteien (mit der ausdrücklichen Ausnahme der Regierungspartei) auf dem Land nichts zu suchen haben. Anders als in der revolutionären Mobilisierung der Ära Sukarno, wurde die Bevölkerung nunmehr eher als eine »mobile Masse« angesehen, die sich vor allem um die praktische Arbeit der wirtschaftlichen Entwicklung kümmern sollte.

Von Anfang der 70er bis Mitte der 80er Jahre durchlief diese Strategie der politischen »Eindämmung« mehrere Stadien. Vor den Wahlen von 1971 verkündete die Regierung die Politik der »einzigen Loyalität« (*monoloyalitas*). Angehörigen der Streitkräfte und vielen Beamten wurde untersagt, Mitglied in einer politischen Partei (mit Ausnahme der Regierungspartei *Golkar*) zu werden. Im Verlauf des Wahlkampfes von 1971 gab es zahlreiche Berichte über die Einschüchterung von Wählern, um die Unterstützung für *Golkar* zu erhöhen. *Golkar* gewann schließlich die Wahlen mit 63 Prozent der Stimmen. Zwei Jahre später verkündete die Regierung noch strengere Maßnahmen gegen die politischen Parteien und fügte die neun überlebenden Parteien zu zwei Dachorganisationen zusammen. Eine dieser Organisationen war nominell islamisch, die andere ein unhandliches Gemisch von Christen, Hindus, demokratischen Sozialisten und Nationalisten. Es braucht kaum hinzugefügt zu werden, daß dieser erzwungene Konzentrationsprozeß die Autonomie der

Parteien zerstörte, welche die Gewalttätigkeiten von 1965/66 überlebt hatten. Die Maßnahme verschaffte der Regierung neue Möglichkeiten, sich in die Parteiangelegenheiten einzumischen. Staatsbeamte nahmen nunmehr das Recht in Anspruch, die Kandidatenlisten für die Wahlen zu überprüfen, die Wahl der Parteiführer zu beeinflussen und die endgültigen Formulierungen der Wahlprogramme zu genehmigen.[19]

Der entscheidende Schlag gegen die letzten Bastionen der muslimischen Parteimacht erfolgte jedoch 1983 mit der Ankündigung der Regierung, daß von 1985 an alle politischen Organisationen die *Pantscha Sila* als einzige Basis (*asas tunggal*) ihrer jeweiligen Ideologien akzeptieren mußten. Die Christen lehnten diese neue Verordnung zwar ebenfalls ab, doch das eigentliche Ziel waren die muslimischen Organisationen, denn die Verordnung bedeutete im Grunde, daß sie jedem Gedanken an die Errichtung eines islamischen Staates abschwören mußten. Obwohl diese Frage die Mitgliedschaft der muslimischen Organisationen tief entzweite, akzeptierten schließlich alle Organisationen außer einer einzigen die Verordnung der Regierung. Die traditionalistische Muslimorganisation *Nahdlatur Ulama* – eine der mächtigsten politischen Parteien Indonesiens, heute nur noch eine Teilgruppe der konsolidierten islamischen Partei – akzeptierte die Verordnung, zog sich aber zugleich aus der formellen Politik zurück.[20] Bis Mitte der 80er Jahre schien das Regime vollständig in der Lage zu sein, die Bedingungen der nationalen Politik zu bestimmen, während in den Reihen der politischen Opposition völlige Unordnung herrschte. Weit weniger klar wurde bei diesen Prozessen, wie noch zu zeigen sein wird, daß der normative Konflikt zwischen säkularen und muslimischen Nationalisten wirklich gelöst worden war.

Es hatte schon immer muslimische Aktivisten gegeben, die Kritik daran geäußert hatten, daß sich ihre Gemeinschaft so sehr mit Machtpolitik befaßte. Während der turbulenten 60er Jahre, als das Überleben der muslimischen Organisationen auf dem Spiel zu stehen schien, waren die Stimmen der muslimischen Organisationen von den Politikern übertönt worden. Doch angesichts der restriktiven Haltung des Regimes in parteipolitischen

Angelegenheiten begannen manche muslimischen Führer, die Strategie neu zu überdenken, die so ausschließlich auf die Politik des Staates gerichtet war. In den späten 60er Jahren, als viele der muslimischen Politiker ihre Hoffnungen auf eine bedeutsamere politische Rolle schwinden sahen, gewannen diese einst marginalen Gedanken in den Kreisen der Muslime wieder an Bedeutung. Eine Anzahl junger islamischer Meinungsführer kritisierte die in der Führung vorherrschende Beschäftigung mit Parteipolitik. Sie riefen dazu auf, sich wieder stärker auf die Bindungen an den Islam zu besinnen, jedoch nicht durch politische Parteien und den Staat, sondern durch Reformprogramme für Gesellschaft und Bildungswesen. Die Aufrufe führten schließlich zu einer mächtigen neuen Initiative für muslimischen Pluralismus und für die Wiederbelebung ziviler Tugenden, die als »Erneuerungsbewegung« (*pembaruan*) bezeichnet wurde. Diese islamische Bewegung wollte den Versuch unternehmen, die normativen Konflikte in Indonesien ein für allemal zu bewältigen.

3. Auf dem Weg zu einem zivil-pluralistischen Islam?

Die Vorstellung, daß Parteipolitik kein Hauptanliegen der Muslime sein könne und daß eine Hinwendung zu einem pluralistischen und neu belebten Islam erfolgen müsse, wurde von Aktivisten entwickelt, die in verschiedenen Zentren islamischer Gelehrsamkeit tätig waren. Einige der einflußreichsten Personen hatten sich jedoch der mächtigen Verbindung Islamischer Studenten (HMI, *Himpunan Mahasiswa Islam*) angeschlossen, die 1947 als Dachorganisation für muslimische Studenten gegründet worden war und die primär modernistische theologische Standpunkte vertrat.

Aus vergleichender islamischer Perspektive ist die HMI eine interessante Organisation, weil sie ein hervorragendes Beispiel für jene vieldiskutierte Spezies islamischer Organisationen darstellt, die sich in den 50er Jahren in der muslimischen Welt ausbreiteten und in den 70er Jahren zu einer wichtigen Kraft der islamischen Politik wurden. Im indonesischen Kontext verkörpert also die HMI in organisatorischer Hinsicht jene Gruppe *par excellence*, die in der Islamforschung als die »neuen muslimischen Intellektuellen« bezeichnet wird.

In Indonesien wie auch im Nahen Osten traten die neuen muslimischen Intellektuellen im Zusammenhang mit der Expansion des Bildungswesens auf, das sich immer stärker für die Bevölkerungsmassen öffnete. Das war eine Entwicklung, die in den meisten muslimischen Ländern erst in den 50er Jahren konsequent einsetzte. Die Sozialisation einer großen Anzahl junger Menschen fand demnach im abstrakten und relativ offenen Umfeld der Universität statt. (»Relativ« bezieht sich hier auf den Vergleich mit den traditionellen Institutionen muslimischer Gelehrsamkeit.) Die sich für die breite Bevölkerung öffnende höhere Bildung brachte der muslimischen Jugend eine neue Denkweise in bezug auf die Einschätzung und Verarbeitung von Wissen nahe. In vielen muslimischen Ländern, auch in Indonesien, kamen strenggläubige muslimische junge Menschen dadurch auch in Kontakt mit nationalistischen, sozialistischen und marxistischen Aktivisten. Der Bildungsprozeß ermutigte sie also dazu, ihre religiösen Überzeugungen mit den Einstellungen ihrer ideologischen Gegner zu vergleichen. Im Ergebnis dieses Vergleichs begannen sie, den Islam als objektives System zu begreifen, das sich mit anderen Ideologien vergleichen und ihnen gegenüberstellen ließ.[21] Diese Objektivierung und Ideologisierung des Islam sollte zwar dazu beitragen, seine traditionelle Autorität zu verteidigen, stellt jedoch zugleich eine eindeutig moderne Art dar, Religion zu verstehen und zweckgebunden zu nutzen.

Durch das Auftreten dieser Schicht gebildeter Aktivisten wurden die Autoritätsmuster innerhalb der muslimischen Gemeinschaft aufgebrochen. Die Beschreibung der Beschaffenheit dieses Wandels, die Dale F. Eickelman für Oman erarbeitete, findet in Indonesien eine direkte Parallele:

»Oman bietet ein jüngeres Beispiel für eine allgemeine Verlagerung hin zu einem religiösen Aktivismus, der die Autorität der

traditionellen Führer marginalisiert (...). In diesem Transformationsprozeß verlagert sich die Autorität von den elitären Spezialisten, die als gelehrte Hüter religiöser Texte und häufig unzugänglicher rhetorischer Formen anerkannt werden, hin zu politischen Aktivisten, die offene religiöse Diskussion und Aktion herbeizuführen suchen und deren Autorität auf Überzeugungsarbeit und auf der Auslegung von Texten beruht, die für jeden zugänglich sind.«[22]

Die HMI war ein Vehikel für diese Ausbreitung religiöser Autorität. In dem Maße, in dem sie an Bedeutung gewann, sahen sich die traditionellen und modernistischen Führer in ihrer öffentlichen Autorität durch universitär gebildete Intellektuelle herausgefordert, die einem aktivistischen Religionsverständnis folgten.

Tatsächlich stehen die neuen muslimischen Intellektuellen in manchen Ländern im Ruf, islamische Fundamentalisten zu sein.[23] Es mag deshalb auf den ersten Blick unwahrscheinlich scheinen, daß die HMI als Quelle demokratischer pluralistischer Gedanken fungieren konnte. Dieses Paradox ist vor dem Hintergrund der politischen Geschichte dieser Organisation in den letzten Jahren des Sukarno-Regimes noch erstaunlicher. Damals wurde diese kleine Organisation zum Ziel einer erbitterten Kampagne der mächtigeren Kommunistischen Partei und auf diese Weise zu einer zunehmend militanten Haltung gedrängt. Die PKI war, wie sich zeigen sollte, zu Recht davon überzeugt, daß einige ihrer geschicktesten muslimischen Feinde in den Reihen der HMI und der zu ihrer Schule gehörenden Organisationen standen. Nach dem 1960 von Präsident Sukarno verhängten Verbot der *Masyumi* (der modernistischen Muslimpartei) versuchte die PKI durch eine scharfe Kampagne zu beweisen, daß die HMI »konterrevolutionär« sei, um zu erreichen, daß sie für illegal erklärt würde. Präsident Sukarno widerstand diesem Druck, offenbar, weil sich unter seinen Beratern mehrere Anhänger der HMI befanden. Die Organisation überlebte und blieb während der frühen 60er Jahre eine der wirksamsten Stimmen der muslimischen Kritik an der PKI.

Angesichts dieser Geschichte kann kaum überraschen, daß

die HMI eine der ersten Organisationen war, die auf den Putschversuch vom 30. September 1965 reagierten. Schon am ersten Tag des Putsches nahm die HMI-Führung Kontakt mit antikommunistischen Militärführern auf. Als der Putschversuch scheiterte, erarbeiteten die HMI-Führer eine Strategie für einen breiteren Angriff auf die kommunistische Macht. Durch Demonstrationen und in einigen Fällen durch direkte Angriffe auf Einrichtungen der PKI arbeitete die Organisation mit antikommunistischen Militäroffizieren zusammen, um Präsident Sukarnos Machtbefugnisse einzuschränken und insbesondere seine Bemühungen zu unterlaufen, die Kommunistische Partei zu retten. Als Präsident Sukarno Anfang 1966 versuchte, seine Gefolgsleute erneut hinter sich zu scharen und seine ins Wanken geratene Macht wieder zu festigen, stellte sich die HMI gemeinsam mit anderen Studentenorganisationen, die sich in der »indonesischen Studentischen Aktionsgruppe« (KAMI) zusammengeschlossen hatten, an die Spitze einer Kampagne, um den Vorstoß des Präsidenten abzublocken. Im März 1966 wurde durch diese Kombination von militärischem Druck und studentischen Demonstrationen der Machtwechsel von Sukarno zu General Suharto und dem Militär erzwungen. Kurz danach wurde die bereits dezimierte Kommunistische Partei verboten und die linksgerichteten Staatsbeamten entlassen oder ins Gefängnis geworfen.[24] Die Rolle der HMI in diesem Prozeß war von Provinz zu Provinz verschieden, aber Segmente der HMI beteiligten sich auch an den »Säuberungskampagnen«, die von Ende 1965 bis Ende 1966 gegen ländliche PKI-Organisationen durchgeführt wurden.[25]

Angesichts der Rolle der HMI in den Kampagnen gegen Sukarno und gegen die Kommunisten würde man kaum erwarten, daß die Organisation zu einem der Zentren ziviler pluralistischer Ideale werden konnte. Aber genau dies ereignete sich. Die Ursachen für diese Entwicklung bleiben eines der großen Rätsel der Politik in der Frühzeit der »Neuen Ordnung«. Ein Teil der Erklärung ist der, daß die HMI selbst auf dem Höhepunkt ihres Kampfes gegen die PKI Heimat einer großen Vielfalt politischer Akteure war. In den 50er Jahren beispielsweise gehörten bestimmte HMI-Aktivisten zu den ersten und einzigen muslimischen Führern, die erklärten, daß die *Pantscha Sila,* mit ihrer Vision einer nichtkonfessionellen Republik, mit dem Islam zu vereinbaren sei. Obwohl viele Persönlichkeiten der HMI direkte Verbindungen zur *Masyumi* unterhielten, legte die HMI als Organisation Wert darauf, ihre Parteiunabhängigkeit zu wahren. Ein Teil der HMI-Führung stellte sich sogar ausdrücklich hinter Präsident Sukarno.

So entwickelte die HMI von Anfang an eine grundsätzliche Haltung, die von ideologischer Vielfalt und politischer Unabhängigkeit geprägt war. Diese Einstellung beeinflußte in entscheidendem Maße die Reaktion der HMI-Führung auf den unerwarteten Verlauf der Ereignisse während der ersten Jahre der »Neuen Ordnung«.[26] In den auf den Zusammenbruch des Sukarno-Regimes folgenden Monaten waren viele der »Generation von 1966«, wie sie bald bezeichnet wurden, nicht nur von ihren Erfolgen berauscht, sondern auch von der Empfindung einer neuen Freiheit, in der sie Meinungen artikulieren konnten, die nur wenige Monate zuvor illegal gewesen waren. Viele waren auch überzeugt, eine neue und wahrhaft demokratische Ära sei angebrochen. Adnan Buyung Nasution, ein bekannter Aktivist jener Zeit, der heute als geachteter und freimütiger Direktor des führenden indonesischen Bürgerrechtszentrums arbeitet, beschrieb den Rausch des Triumphs jener Zeit wie folgt:

»Wenn ich auf diese Zeit zurückblicke, erscheint sie mir wie ein Traum. Ich war naiv und verstand die damalige Politik nicht. In meiner Vorstellung sah ich mich selbst als jemanden, der im Begriff war, sich gegen das Sukarno-Regime aufzulehnen. Ich glaubte, daß er das Land seiner verfassungsmäßigen Garantien beraubt hatte und daß er sich, wie er behauptete, auf indonesische Ideale berief, um die Herrschaft des Rechts und der Demokratie einzuschränken. Aber ich verstand nicht die Machtpolitik, um die es ging.«[27]

Nasution war nicht Mitglied der HMI, aber Gründer der Aktionsgruppe der Postgraduierten KASI (*Kesatuan Aksi Sarjana Indonesia*). Bei den Kampagnen gegen die Kommunistische Partei und gegen Sukarno arbeitete er eng mit HMI-Aktivisten zusammen.[28] Überrascht mußte er erkennen, daß die »Neue Ordnung« einen undemokratischen Weg einschlug; er überprüfte daraufhin sein früheres Verhalten und wurde schließlich zu einem der mutigsten indonesischen Sprecher für eine auf Verfassung und Recht gegründete Herrschaft.

Ähnlich wie Nasution erlebten viele andere HMI-Führer einen politischen Bewußtseinswandel, auch wenn sich ihre praktischen Ansätze auf unterschiedliche Bereiche richteten. Nur zwei Jahre nach der Errichtung der »Neuen Ordnung« begannen viele Mitglieder dieser muslimischen Organisation privat Zweifel am politischen System zu äußern, an dessen Aufbau sie mitgewirkt hatten. Sie kritisierten nicht nur die neuen, von der Regierung verhängten Beschränkungen für politische Aktivitäten, sondern auch die nach ihrer Auffassung sichtbar werdende Tendenz der muslimischen Führung, auf diese Situation mit den alten, abgenutzten Strategien der Konfrontation und Mobilisierung zu reagieren. Einige der jungen Muslime begannen sich zu fragen, ob die Zeit nicht reif sei für einen neuen Ansatz in der indonesischen Politik und für ihre Erneuerung.

Aus den posthum veröffentlichten Tagebüchern von Ahmad Wahib wissen wir beispielsweise, daß zu diesem Zeitpunkt HMI-Mitglieder in der mächtigen Ortsgruppe von Yogyakarta über die Beziehung des Islam zur Parteipolitik nachdachten. Wahib starb 1973 bei einem Motorradunfall; er war ein junger und sehr originell denkender Intellektueller, der in der Ortsgruppe der javanischen Stadt Yogyakarta aktiv war. In einer islamischen Diskussionsgruppe befaßten er und seine Freunde sich ausführlich mit der Frage, wie eine Erneuerung islamischer Kultur und Politik erreicht werden könne.[29] Zusammen mit Erneuerungsdenkern wie Djohan Effendi und Dawam Rahardjo, und mit toleranter Förderung durch Mukti Ali, einem Professor der Islamischen Universität, der später Religionsminister wurde, brachten Wahib und seine Freunde ihre Enttäuschung darüber zum Ausdruck, daß ihrer Auffassung nach der islamische Modernismus in Stagnation verfallen sei. Der islamische Modernismus war als kühne und dynamische Antwort auf die Moderne entstanden; Wahib war jedoch der Meinung, daß er nunmehr zu einer Orthodoxie degeneriert sei, die freie Meinungsbildung verhindere. Für diese Stagnation machte er weitgehend die Unterordnung des Islam unter die Parteipolitik verantwortlich. Indem die Parteipolitik im Verhältnis zur kulturellen Erneuerung in so einzigartiger Weise überbetont worden sei, habe die muslimische Führung den Islam ideologisiert und die Fähigkeit der Muslime unterminiert, einen freien und modernen Islam zu schaffen.

Es war kein Zufall, daß Wahib und seine Kollegen in Yogyakarta schon Mitte des Jahres 1967 durch solche Argumente zu der Auffassung gelangten, die HMI solle den Gedanken an einen islamischen Staat zurückweisen und sich statt dessen – als Zeichen ihrer Verbundenheit mit der Idee eines pluralistischen und toleranten Islam – der *Pantscha Sila* zuwenden. Als sie diese Meinung 1968 und 1969 öffentlich aussprachen, verurteilte die HMI-Ortsgruppe in Jakarta diese Auffassung in scharfer Form und beschuldigte die Yogyakarta-Gruppe, säkularistischen und »sozialistischen« Gedanken anzuhängen.[30]

Doch der nationale Vorsitzende der HMI, Nurcholish Madjid, war damals zu einer ähnlichen Schlußfolgerung gelangt wie die Gruppe von Yogyakarta. Madjid war für zwei Amtsperioden, von 1966 bis 1971, Vorsitzender der HMI und wurde in der modernen muslimischen Gemeinschaft weithin als aufsteigender Stern angesehen. Als Präsident der Union Südostasiatischer Islamischer Studenten (1967–1969) und als Stellvertretender Generalsekretär der Internationalen Islamischen Föderation der Studentenorganisationen (1968–1971) hatte er sich internationale Anerkennung erworben. Insgeheim jedoch beobachtete Madjid besorgt, daß die Beziehungen zwischen der muslimischen Gemeinschaft und der Regierung zum Stillstand gekommen waren. Ihm war klar, daß ein Teil der Schuld für diese Situation in den Einstellungen der Beamtenschaft zu sehen war. Zugleich glaubte er aber auch, daß die muslimische Gemeinschaft von Parteipolitik besessen und zu sehr auf die Errichtung eines islamischen Staates fixiert sei. So sei eine Lage des »alles oder nichts« entstanden, die es den Muslimen unmöglich machte, auf die Herausforderungen der Zeit angemessen zu reagieren. Madjid war der Meinung, die muslimischen

Politiker hätten die weltlichen und rein instrumentellen Fragen mit den wesentlichen Fragen des Islam verwechselt.[31]

Im Januar 1970 gelangten Madjids Vorbehalte an die Öffentlichkeit, nachdem eines seiner Positionspapiere der Presse zugespielt worden war. In dem Papier beklagte er die fortgesetzte Beschäftigung der Muslime mit parteipolitischen Angelegenheiten und rief zu einem kühnen neuen Programm für eine intellektuelle und gesellschaftliche Erneuerung auf. Madjid erklärte, eine »Säkularisation« (*sekularisasi*) der islamischen Gedanken müsse zentraler Aspekt der Erneuerung sein, und dies bedeute eine prinzipientreue und konsistente Anstrengung, in der islamischen Tradition zwischen dem zu unterscheiden, was dauerhaft und heilig sei, und dem, was lediglich weltlich und temporär sei. Madjid behaupetete, nichts geringeres als das am höchsten angesehene islamische Prinzip, *tauhid* – die Bestätigung der absoluten Einheit Gottes –, erfordere diese Arbeit einer Entheiligung. *Tauhid*, so argumentierte Madjid, verpflichte die Muslime, bloße Politik von göttlichen Geboten zu unterscheiden. Nur die göttlichen Gebote seien absolut; im Gegensatz dazu sei das menschliche Verständnis der Gebote Gottes relativ und unvollständig. Insbesondere müsse die Idee eines islamischen Staates und sogar die Notwendigkeit einer islamischen Partei von der Religion weggeführt und durch ein dauerhaftes Bekenntnis zu intellektueller Offenheit und politischem Pluralismus ersetzt werden.[32] Mit der Veröffentlichung dieser Arbeit Madjids wurde die Erneuerungsbewegung von einem privaten Dialog in den öffentlichen Diskurs übergeleitet.

Madjids Artikel rief sofort einen Sturm der Entrüstung hervor. Seine Kommentare erschienen unmittelbar, nachdem die Regierung Restriktionen gegen politische Organisationen verhängt hatte, und wurden deshalb von vielen älteren muslimischen Politikern als opportunistischer Versuch gewertet, die Gunst der Regierung zu gewinnen. Madjid wurde prompt und erbittert von muslimischen Koryphäen wie Hamka, Muhammad Natsir (ein früherer Parteivorsitzender der *Masyumi*) und H. M. Rasjidi angeprangert.[33] Seltsamerweise betraf die bissigste Kritik nicht etwa Madjids Reflexionen über die Regierung oder die politischen Parteien, sondern seinen Aufruf zur Säkularisierung muslimischer Denktraditionen. Obwohl Madjid sorgfältig darauf geachtet hatte, bezüglich seiner Haltung die *Säkularisation* von der antireligiösen Ideologie des *Säkularismus* abzugrenzen, warfen ihm seine Gegner vor, ein Säkularist und »Westernizer« zu sein.

Madjid gesteht heute in privaten Gesprächen ein, daß die Benutzung des Begriffs »Säkularisation« nicht »effizient« gewesen sei, weil der Begriff geradezu einlade, falsch gedeutet zu werden.[34] Er betont jedoch nach wie vor, daß die Muslime das, was in ihrer Religion wesentlich und heilig sei, von dem unterscheiden müßten, was nur weltlich und temporär sei.[35] Nach Madjids Auffassung zählt der Gedanke, daß ein formeller islamischer Staat entweder unabdingbar oder jedenfalls gut für den Islam sei, zu den letztgenannten Werten. Seine Kritiker entgegnen, daß ein solches Argument einem »christlichen« Verständnis des Islam gleichkomme. Madjids Ansichten würden an die Stelle des Wirkens und der Worte des Propheten treten (die *Sunna*), welche das Verständnis von Religion ethisch »verinnerlicht« habe. Der Islam, so betonen sie, sei ein »System« und eine alles umfassende Lebensweise und die staatliche Politik bilde darin ein lebenswichtiges Element.

In seiner Antwort auf diese Argumente bestreitet Madjid nicht, daß der Islam die Wahrnehmung aller Aspekte des Lebens beeinflusse; er betont jedoch, daß die Vollkommenheit des Islam nicht in einer ein und für allemal gültigen Formel bestehe, sondern darin, daß er der gesellschaftlichen Kultur und Politik dauerhafte Werte vermittle. Im Gespräch mit mir verglich Madjid seine Position mit der vieldiskutierten Rolle der Religion in Amerika[36]: »Ich glaube, daß die eigentliche Rolle des Islam ähnlich beschaffen sein sollte wie die der Zivilreligion in Amerika. Nicht eine staatliche Struktur ist erforderlich, sondern ein allgemeiner Ethos der Gerechtigkeit und der universalen Würde, der sich über die gesamte Gesellschaft erstreckt.« Madjid und viele gleichgesinnte Indonesier sehen in der Erfahrung des Propheten Mohammed in Medina den Präzedenzfall für einen solchen Ansatz und entsprechen damit weitgehend der islamischen Überlieferung. In Medina hätten Muslime, Juden und Polytheisten in einem pluralistischen Umfeld zusammengewirkt, in dem es jedoch keinen formell etablierten islamischen Staat gegeben habe.[37]

In diesem und in anderen Beispielen zeigt Madjids Argumentationsstil – mit dem er unbewußt Parallelen zwischen westlicher und islamischer Geschichte zieht – jene Offenheit, die im allgemeinen für die indonesischen demokratisch-pluralistischen Muslime charakteristisch ist. Dazu gehören auch viele Muslime in wichtigen Organisationen wie *Nahdlatul Ulama* und *Muhammadiyah*.[38] Wie Dawam Rahardjo, Ahmad Wahib, Djohan Effendi, Adurrahman Wahid in der *Nahdlatul Ulama* oder Abdul Munir Mulkhan und Ahmad SyafIndonesien Maarif in der *Muhammadiyah* bedient sich auch Madjid begierig der westlichen und islamischen Quellen, um die intellektuellen Ressourcen zu entdecken, die auf die Herausforderungen der modernen Zeit angewandt werden können. Der bewußte und kritische Eklektizismus unterscheidet diese Männer von den traditionell ausgebildeten Rechtsgelehrten der islamischen Jurisprudenz, der *ulama*, von denen viele darauf beharren, daß theologisch überzeugende Argumente nur direkt aus den anerkannten Quellen in der islamischen Überlieferung abgeleitet werden könnten.[39] In dieser Hinsicht zumindest erinnert der Ansatz der indonesischen Schriftsteller an die neuen muslimischen Intellektuellen in vielen anderen muslimischen Ländern. Sie alle beziehen sich auf eine große Vielzahl intellektueller Quellen, in der Regel einschließlich der westlichen Philosophie und Gesellschaftstheorie sowie der Texte aus der islamischen Überlieferung.

In zwei wichtigen Punkten jedoch unterscheiden sich die indonesischen Denker grundlegend von zumindest einigen ihrer Kollegen im Nahen Osten. Erstens berufen sie sich auf die westliche Gelehrsamkeit ohne jene Apologetik oder Polemik, die unter den nahöstlichen Gelehrten so verbreitet sind. Sie zitieren nicht westliche Werke, um eine schärfere Abgrenzung zwischen dem Islam und dem Westen ziehen zu können, sondern diese Denker neigen dazu, die Universalität der menschlichen Erfahrung und insbesondere die Gemeinsamkeit der Probleme hervorzuheben, denen die Menschheit in der modernen Zeit gegenübersteht. Der indonesische Titel des jüngsten Buches von Madjid zeigt diesen Stil: *Islam, die Religion der Menschheit* (*Islam, Agama Kemanusiaan*).

Das zweite Charakteristikum, das die indonesischen Gelehrten von vielen ihrer Kollegen im Nahen Osten unterscheidet, betrifft die Tatsache, daß sie nicht nur an den Slogans, sondern auch an der praktischen Funktionsfähigkeit der Demokratie und des zivilen Pluralismus interessiert sind. Jeder der Autoren hat natürlich einen anderen intellektuellen Hintergrund, und dies spiegelt sich in ihren Argumentationsstilen wider. Ahmad Wahib war Romantiker und freier Existentialist. Nurcholish Madjid trägt seine Argumente gerne mit breit angelegten Vergleichen der westlichen und der islamischen ethischen Philosophie vor. Dawam Rahardjo ist ein Kenner westlicher ökonomischer und Politiktheorie und stellt diese mit bemerkenswertem Geschick neben die islamische Tradition. Bei Schriftstellern aus der modernistischen *Muhammadiyah*-Organisation, wie beispielsweise Ahamad Syafii Maarif und Abdul Munir Mulkhan, verbindet sich islamische Gelehrsamkeit mit westlicher politischer Theorie. Abdurrahman Wahid ist einer der Führer der *Nahdlatur Ulama*, einer rund 30 Millionen Menschen umfassenden Bewegung. Bei seinen Reden vor großen Menschenmengen trägt er seine politischen Ansichten zwar sehr wirklichkeitsnah und oft auch humorvoll vor, sieht sich aber zu starken Vereinfachungen gezwungen. Er propagiert einen demokratischen Kapitalismus und engagiert sich sehr intensiv für die praktische Förderung von Kleinunternehmen. So gründete er beispielsweise *Joint Ventures* mit chinesischen Indonesiern und arbeitet unablässig daran, die Spannungen zwischen chinesischen und muslimischen Indonesiern abzubauen. Er war auch Gründungsmitglied des Demokratischen Forums, einer Diskussionsgruppe, die sich Demokratisierung und multireligiösen Pluralismus als Ziele gesetzt hatte.

Hier sei darauf verwiesen, daß die Kommentare all dieser Schriftsteller keine jener Eigenschaften aufweisen, die Olivier Roy in seiner Untersuchung »*Der Fehlschlag des politischen Is-*

lam« den neuen islamischen Intellektuellen im Mittleren Osten zuschreibt.[40] Auffällig ist, daß bei diesen Schriftstellern bestimmte Themen nicht vorkommen: die Behauptung, alles menschliche Wissen sei im Koran festgehalten (moderne Wissenschaft wäre demnach nichts Neues); die Betonung und Ideologisierung der unmittelbaren und verbindlichen Wahrheit des Koran und die Ablehnung der Humanwissenschaften zugunsten einer mechanistischen Anwendung der Lehren des Islam. Anstelle dieser Themen finden sich tiefschürfende Gedanken über die komplexe Herausforderung der Moderne, über die Universalität der menschlichen Erfahrungen und über die Notwendigkeit, für andere kulturelle und religiöse, aber auch politische Perspektiven offen zu sein.

4. Das Dilemma des Erfolges

An anderer Stelle wurde die Erneuerung des Islam beschrieben, welche die indonesische Gesellschaft, vor allem die städtischen Mittelschichten, in den 80er und frühen 90er Jahren veränderte.[41] Hier sollen nur zwei Aspekte vorgetragen werden, die diese Erneuerung und ihre Wirkung auf die Bemühungen betreffen, einen pluralistischen und demokratischen Islam zu schaffen.

Der erste Aspekt bezieht sich auf die Beschaffenheit der soziopolitischen Allianz, die mit der Re-Islamisierung in Verbindung gebracht wird. In der indonesische Presse wird mitunter die Auffassung verbreitet, der islamische Erneuerungsprozeß werde von den Befürwortern eines zivilen Islam beherrscht. Tatsächlich jedoch war an dieser Entwicklung eine komplex strukturierte und instabile Allianz verschiedener Gruppierungen beteiligt. Außer den Befürwortern des zivilen Islam wurde die Re-Islamisierung beispielsweise auch von bestimmten Staatsbeamten unterstützt, vor allem von hochrangigen Beamten im Religionsministerium. Zahlreiche nichtstaatliche muslimische Organisationen wie die *Muhammadiyah* und die *Nahd-*

latul Ulama spielten ebenfalls eine bedeutsame Rolle. Zu diesen Gruppen gehörte auch ein Zweig der alten modernistischen muslimischen Führungsschicht der *Masyumi*. Die meisten dieser Personen neigten einem eher konventionellen und sogar konservativen Verständnis von Islam und Politik zu. Da jede dieser Gruppen in der heutigen muslimischen Gemeinschaft um Einfluß kämpft, ist es erforderlich, hier ihre jeweiligen Interessen und Fähigkeiten kurz zu erläutern.

Die »Neue Ordnung« wurde von westlichen Gelehrten oft als ideologischer Monolith dargestellt. Ein Charakteristikum dieser monolithischen Struktur sei darin zu sehen, daß sich die herrschende Elite eher einer mystisch-javanischen (und aus islamischer Perspektive ausgeprägt heterodoxen) Spiritualität und weniger dem Islam verpflichtet fühle. Es ist zwar kaum zu bezweifeln, daß sich Angehörige der herrschenden Elite für verschiedene Formen des javanischen Mystizismus interessieren[42], doch wird bei einer solchen Beschreibung die zentrale Tatsache übersehen, daß einige Staatsbeamte schon im Frühstadium der »Neuen Ordnung« dem Islam zutiefst verbunden und deshalb über die Spannungen zwischen Regierung und Muslimen besorgt waren. Leise und geduldig arbeiteten diese Staatsdiener daran, die Beziehungen zwischen dem Staat und der muslimischen Bevölkerung zu verbessern. Einige der einflußreichsten dieser Beamten arbeiteten im Religionsministerium. Das Ministerium ist (nach der Zahl der Beschäftigten) das zweitgrößte aller Regierungsressorts; es ist für eine große Zahl von Bildungs- und Sozialprogrammen zuständig und spielte bei der Re-Islamisierung eine Hauptrolle.[43]

Selbst in den 70er Jahren, als sich die öffentlichen Beziehungen zwischen der Regierung und den muslimischen politischen Organisationen verschlechterten, wirkten die Beamten des Religionsministeriums hinter den Kulissen für die muslimischen Ziele. Wie bei den zivilen Pluralisten, stand auch für sie nicht die Parteipolitik im Vordergrund, sondern das langfristige Bemühen um die Verbesserung der Lebensbedingungen der Muslime. Es ging ihnen auch darum, den Staat stärker auf ein pluralistisches Verständnis islamischer Werte auszurichten. Zwei der prominentesten dieser Beamten waren der damalige Religionsminister Mukti Ali, der schon vor seiner Ernennung zum Minister die »Limited Group« in Yogyakarta gefördert hatte, und Munawir Sjadzali, der während der entscheidenden Übergangszeit von 1983–1993 Religionsminister war.[44]

Langsam begannen die Bemühungen dieser und anderer Beamter, »innerhalb des Systems« zu wirken, Früchte zu tragen. Ihr Erfolg wurde in mehreren Vorgängen sichtbar: in der Verordnung Nr. 70 (1978) des Religionsministeriums, mit der die Aktivitäten der christlichen Missionare eingeschränkt wurden[45]; in der enormen Ausweitung der staatlichen Förderung für die Staatlichen Islamischen Institutsschulen (IAIN) während der 70er und 80er Jahre; in der Zunahme der Zahl der Moscheen in Zentral- und Ostjava um fast 75 Prozent und in dem ehrgeizigen Programm einer von der Regierung finanzierten religiösen Bekehrungsinitiative (*dakwah*).[46] In den späten 80er und frühen 90er Jahren schwoll dieser Strom staatlicher Konzessionen für die muslimische Gemeinschaft zu einer Flut an. Ein neues Bildungsgesetz stärkte 1988 die religiöse Erziehung in allen Schularten und -stufen; 1989 wurde die Zuständigkeit der islamischen Gerichte auf Eheangelegenheiten, Scheidung und Erbschaft ausgeweitet, und 1991 nahm die Regierung die Arbeit an einer islamischen Gesetzessammlung auf, um die rechtlichen Verfahrensweisen in allen Provinzen zu koordinieren. Im selben Jahr förderte die Regierung das erste islamische Kulturfestival (*Festival Istiqlal*), widerrief eine Verordnung, die den Hochschulstudentinnen das Tragen religiöser Kopfbedeckungen verbot (*jilbab, hijab*) und errichtete die erste islamische Bank des Landes. In den späten 90er Jahren gestattete die Regierung die Gründung des Verbandes der Indonesischen Muslimischen Intellektuellen (ICMI). Während der folgenden fünf Jahre entwickelte sich dieser Verband zu einer der wichtigsten Interessengruppen in der Regierung und zugleich zur wichtigsten Karriereleiter zu höheren Machtpositionen.[47] Im weiteren Verlauf der 90er Jahre mußten sogar scharfe Kritiker der Regierung anerkennen, daß das System der »Neuen Ordnung« die staatliche Politik gegenüber dem Islam grundlegend geändert habe.[48]

Tatsächlich jedoch stellen die Intensität der Re-Islamisierung wie auch das Werben der Regierung um die Gunst der muslimischen Führung für die Befürworter eines zivilen und demokratischen Islam ein Dilemma dar. Pioniere der Re-Islamisierung waren wiederum zahlreiche Organisationen mit unterschiedlichen Interessen. Allen gemeinsam war das Bemühen um die Festigung islamischer Werte und Institutionen in der Gesellschaft. Aber die Organisationen unterschieden sich grundlegend in ihren Auffassungen darüber, was diese Werte und Institutionen langfristig bewirken sollten. Einige Befürworter der Re-Islamisierung sahen darin eine Möglichkeit, ein für allemal mit dem »Fetischismus« eines islamischen Staates aufzuräumen (wie dies ein Aktivist mir gegenüber ausdrückte) und die endgültige Hinwendung zu zivilen, pluralistischen und demokratischen Werten anzuregen. Doch andere sahen in der Festigung der islamischen Kultur eine Übergangsstrategie, die letztlich darauf gerichtet sei, die muslimischen Verbände zu stärken, damit die staatlichen Bereiche direkt mit Muslimen besetzt werden könnten. Die Anhänger dieser letztgenannten Auffassung waren staatlich orientierte Islamisten, die inzwischen gelernt hatten, daß es nicht mehr sinnvoll war, die *Pantscha Sila* in Frage zu stellen oder offen die Errichtung eines islamischen Staates zu fordern. Einige hatten in der Tat sogar gelernt, mit der *Pantscha Sila* zu leben. Sie hielten dies zwar für keine sonderlich zwingende Ideologie, sahen darin aber auch kein wesentliches Hindernis für eine stärker am Islam orientierte Staatsform. Doch wenngleich manche von ihnen mit der *Pantscha Sila* leben konnten, so mochte sich doch keiner dieser entschiedenen Islamisten der Vorstellung eines zivil-pluralistischen Islam nähern, wie sie etwa von Nurcholish Madjid, Dawam Rahardjo, Abdurrahman Wahid oder Djohan Effendi vorgetragen wurde. In den Augen konservativer Islamisten hatten diese Denker die Verheißungen des Islam und sein Gebot verraten, ein alles umfassendes islamisches »System« zu schaffen.

Die potentiellen Konflikte zwischen diesen Gruppen und ihre unterschiedlichen Visionen des Islam werden am Beispiel des folgenden Zwischenfalls deutlich: Am 31. März 1995 veröffentlichte das offizielle Organ des Verbandes Indonesischer Muslimischer Intellektueller (ICMI), die Zeitung *Republika*, einen zweiseitigen Artikel, in dem das Werk des Ahmad Wahib gewürdigt wurde. Wie erwähnt, war Wahib Autor eines posthum veröffentlichen Tagebuchs, das in den 80er Jahren zu einem Bestseller wurde. Das Tagebuch wurde berühmt, weil es eine existentialistisch orientierte Infragestellung des Glaubens (auch wenn am Ende dieser Glaube im wesentlichen bestätigt wird) und eine ausdrucksvolle Kritik der Führung der muslimischen Gemeinschaft enthielt. Obwohl die in den Tagebüchern vorgetragenen Gedanken nicht so weit entwickelt waren wie die Einstellungen seiner ihn überlebenden Freunde, wurde Wahib doch zu einer populären Symbolfigur des zivilen Islam. Der Artikel über Wahib in der *Republika* war von zwei gescheiten jüngeren Journalisten der Zeitung geschrieben worden; er enthielt einen Überblick über Wahibs Leben und Gedanken und pries in zurückhaltender Weise seine Hinterlassenschaft.

Drei Tage nach der Veröffentlichung des Artikels erschienen etwa 70 Demonstranten vor dem Gebäude der *Republika*. Unter wütenden Rufen »Gott ist groß« forderten sie die Entlassung oder sogar die Verhaftung der verantwortlichen Journalisten. Die Demonstranten beschuldigten Wahib, ein Zionist und Agent der amerikanischen Central Intelligence Agency gewesen zu sein. Sie erklärten, als Student in Yogyakarta habe Wahib in einem katholischen Wohnheim gewohnt und seine religiösen Ansichten seien im wesentlichen christianisiert worden. Sie präsentierten eine Zusammenstellung von 31 Textpassagen aus Wahibs Tagebüchern, aus denen deutlich werde, daß Wahib den Islam, den Propheten und den Koran verunglimpft habe. Unter den Zitaten befand sich eine Anzahl der tiefschürfenden Überlegungen Wahibs, so beispielsweise Äußerungen wie »der Islam ist statisch«, »die Religion ist tot«, »der Koran enthält viele Verse, die heute nicht mehr benutzt werden« und »Ich suche nach einem anderen Gott, nicht nach einem, der sich im Widerspruch zur Menschheit befindet«.

Im Verlauf der Demonstration wurden die Rufe heftiger, und einige der Beschäftigten der *Republika* flüchteten in die hinteren

Räume des Gebäudes. Schließlich stürmten die Demonstranten in den Empfangsraum und verlangten die Herausgeber der Zeitung zu sprechen. Der Anführer, der einen roten Turban trug, schrie die Vertreter der Zeitung an: »Ich habe viele rote Turbane!« Ein roter Turban gilt als traditionelles Kleidungsstück muslimischer Kämpfer, wenn sie sich für das Märtyrertum vorbereiten. Die Zeitungsleute, die befürchteten, daß sie angegriffen und das Gebäude niedergebrannt werden könnte, taten ihr Bestes, die Menge zu beruhigen. Sie versprachen, die Angelegenheit zu untersuchen und disziplinarische Maßnahmen zu ergreifen, wenn es erforderlich sei.

Doch dieses Ereignis war nur der Auftakt zu einem noch größeren Drama. In den Tagen nach der Demonstration stellte sich auch Informationsminister Harmoko auf die Seite der Demonstranten. Er bestellte die Herausgeber der *Republika* zu sich und verlangte die Entlassung der für die Wahib-Story verantwortlichen Journalisten. Er nutzte aber auch die Gelegenheit, Fragen nach der Einstellung der Belegschaft der *Republika* zur »nationalen Stabilität« zu stellen und wies darauf hin, daß die Zeitung für Artikel verantwortlich sei, welche »die religiöse muslimische Gemeinschaft [*ummat*] verwirren«. Parni Hadi, der Chefherausgeber der *Republika,* war durch diesen Meinungsaustausch zutiefst verstört. Parni war ein ruhiger, anständiger Mann, der lange und auf freundschaftlicher Basis mit Harmoko kooperiert hatte. Er hatte in früheren Jahren für die regierungsnahe indonesische Presseagentur Antara gearbeitet. Als Informationsminister hatte Harmoko beträchtliche Kontrollmöglichkeiten über die Agentur. Parnis Ernennung zum Herausgeber der *Republika* war von Regierungsbeamten arrangiert worden, die befürchteten, daß die neue muslimische Zeitung, die teilweise aus staatlichen Mitteln unterstützt wurde, unter einem unabhängigeren Herausgeber eine widerspenstige Haltung einnehmen könnte. (Dawam Rahardjo – ein enger Freund Nurcholish Madjids und Kollege Ahmad Wahibs – hatte früher als wahrscheinlichster Kandidat für die Herausgeberschaft gegolten.) Parni hatte als Herausgeber einen zurückhaltenden Führungsstil gepflegt und sich für Meinungsvielfalt unter den Journalisten der Zeitung eingesetzt. Ihm fehlte jedoch ein unabhängiger Rückhalt im Militär oder in der Staatsverwaltung; außerdem war er von der Gunst Harmokos abhängig. Parni war sich deshalb der Grenzen seiner Autorität sehr bewußt und warnte sein Team immer wieder, Artikel zu schreiben, welche die Politik der Regierung herausforderten.

Schließlich ergriffen hochrangige Funktionäre des Verbandes Indonesischer Muslimischer Intellektueller (ICMI) Partei für die Zeitung und verteidigten ihr Recht, den Artikel über Ahmad Wahib zu veröffentlichen. Dawam Rahardjo und Nurcholish Madjid – zivile Pluralisten, die, obwohl sie mit dem ICMI in Verbindung standen, sorgfältig darauf achteten, von direkter staatlicher Kontrolle unabhängig zu bleiben – spielten eine führende Rolle bei der Mobilisierung der Unterstützung für die Zeitung. Die beiden Verfasser der Wahib-Story wurden nicht entlassen, wurden aber, als kleines Zugeständnis an die Demonstranten, in weniger exponierte Positionen in der Rechercheabteilung der Zeitung versetzt.

Dennoch war die Botschaft angekommen: Die Regierung verlangte von der *Republika*, die Artikel vor der Veröffentlichung genauer zu überprüfen und Artikel zu vermeiden, welche die Regierung provozieren oder »Verwirrung in der *ummat*« säen könnten. Ein paar Wochen später wurde erneut eine ähnliche Botschaft übermittelt, als die *Republika* einen Artikel veröffentlichte, in dem sich ein Journalist damit auseinandersetzte, wie wichtig die »Deregulation« im politischen und ökonomischen Bereich sei. In einer Kabinettssitzung sollen mehrere Minister den Vorsitzenden des ICMI, Dr. B. J. Habibie, einen angesehenen Staatsminister, nachdrücklich wegen des Inhalts dieses Artikels kritisiert haben. Die Angelegenheit brachte Habibie in Verlegenheit; angeblich habe daraufhin einer seiner Mitarbeiter die Zeitung angerufen und gedroht, daß die gesamte Belegschaft bis hinauf zum Chefherausgeber entlassen würden, falls zukünftig noch weitere solche Artikel veröffentlicht würden.

Dies war jedoch nur eines von mehreren Ereignissen zwischen 1992 und 1995, mit denen sich die Bruchlinien zwischen den zivilpluralistischen und den weniger toleranten Muslimen und die Empfänglichkeit bestimmter islamischer Institutionen für politischen Druck belegen lassen. Die Demonstranten vor dem Gebäude der *Republika* waren konservative Islamisten und Gegner des zivilen Islam. Sie stammten aus drei Gruppen: aus nahegelegenen Koranschulen, die für ihre erzkonservativen Ansichten bekannt waren; aus einer Untergruppe der *Dewan Dakwah Islamiyah,* einer Neubekehrten-Gruppe, die von ehemaligen Mitgliedern der *Masyumi*-Partei nach deren Verbot im Jahre 1960 gegründet worden war, und aus mehreren Mitgliedern der HMI-Führung, die sich in jüngerer Zeit den zivilpluralistischen Ideen von Nurcholish Madjid und anderen HMI-Jüngern zu widersetzen begonnen hatten. Zu allen drei Gruppierungen gehörten auch Personen, die in Ägypten oder Saudi-Arabien – viele davon mit saudischen Stipendien – studiert hatten und sich zu den konservativen Gedanken der Islamischen Bruderschaften hingezogen fühlten.

Die gemeinsame Gedankenbasis all dieser Menschen ist die Vorstellung, daß der Islam selbst ein alles umfassendes soziopolitisches System darstelle und daß aus Vermittlungsprozessen hervorgegangene Kompromisse, wie sie Ahmad Wahib, Nurcholish Madjid oder Abdurrahman Wahib vorschlugen, gar nicht erforderlich seien. Diesen Kritikern des zivilen Islam zufolge müssen die Grenzen der muslimischen Gemeinschaft befestigt und nicht verwischt werden. Für diese Aufgabe sei vor allem eine deutlichere formale Verbindung zwischen Islam und Staat erforderlich.

Dieses Spannungsverhältnis soll hier mit einem weiteren Zwischenfall illustriert werden. Am 21. Dezember 1992 führten Nurcholish Madjid und einige seiner Mitarbeiter eine Versammlung im *Taman Ismail Marzuki,* dem Kulturzentrum von Jakarta, durch. Die Veranstaltung war als Antwort auf eine Serie von Zwischenfällen organisiert worden, die früher im Jahr stattgefunden hatten. Dazu gehörten die zunehmende Kritik muslimischer Führer aus der Provinz an den Übertritten zum Protestantismus und einige unangenehme Vorkommnisse im Zusammenhang mit großen Demonstrationen, in deren Verlauf protestantische Kirchen angezündet worden waren. Die Zwischenfälle ereigneten sich direkt nach dem Beginn der Annäherung zwischen Regierung und muslimischer Führung; sie wirkten auf die christlichen und andere Minderheiten wie Schockwellen. Man befürchtete, daß die Regierung in dem Maße, in dem sie ihre Verbindung zu den Muslimen intensivierte, ihre Verpflichtung zur religiösen Toleranz lockern könnte.

Bei der Veranstaltung im Dezember präsentierte Madjid ein Argumentationspapier, in dem er mehrere kühne Äußerungen darüber machte, daß nach seiner Auffassung der Islam Begründungen für Toleranz zwischen den Religionen enthalte. Die möglicherweise erstaunlichste dieser Thesen lautete, daß der Begriff *Islam* nicht verstanden werden dürfe, als beziehe er sich auf eine abgrenzbare religiöse Gemeinschaft, sondern als eine Haltung zu Gott, die nicht auf Muslime beschränkt sei, vielmehr bei allen Menschen gefunden werde könne, die guten Glaubens seien. Dieses Argument gründete Madjid auf seiner Auslegung eines Verses aus dem Koran (3:19), in dem festgestellt wird, daß die wahre, von Gott anerkannte Demutshaltung die absolute Unterwerfung unter die göttliche Wahrheit sei.[49] Im wörtlichen Sinne bedeute Islam soviel wie »Ergebung in Gottes Willen«. Madjid behauptete, die geistige Qualität dieser Handlung werde nicht allein dadurch gewährleistet, daß man sich zu dieser Religion bekenne. Auch sei dieser entscheidende Akt der Ergebung nicht auf Menschen beschränkt, die sich als Muslime bezeichnen. Madjid begründete sein Argument mit weiteren Einzelheiten, die zeigen sollten, daß seine Sichtweise mit der islamischen Tradition übereinstimme. Aber im wesentlichen ging es ihm darum, die überhebliche Haltung jener Menschen in Frage zu stellen, die überzeugt sind, daß der Mensch schon durch den einfachen Akt der Zugehörigkeit zum Islam dem göttlichen Willen treu ergeben sei.

Madjids Kritiker übersahen nicht die mit diesem Argument verbundenen Implikationen, so komplex sie auch sein mochten. Sie erwiderten diesen Aufruf mit einer Schmähkampagne in der Presse, wie sie seit Madjids »Erneuerungsrede« vom Januar 1970 nicht mehr vernommen worden war. Madjid wurde von seinen Kritikern als Gotteslästerer, Christianisierer und Zionist angegriffen. Im Jahr darauf veranstalteten seine Gegner ein »Scheingerichtsverfahren« gegen Madjid, das ebenfalls im Kulturzentrum von Jakarta durchgeführt wurde. Im Verlauf dieser Veranstaltung wurde Madjid so scharf verurteilt, daß die Organisatoren den Ausbruch von Gewalttätigkeiten befürchteten und die Veranstaltung vorzeitig beendeten. Der Kampf um einen zivilen Islam wurde also mit Rufen nach einem Gerichtsverfahren und nach Gefängnisstrafen für einen seiner einflußreichsten Vertreter beantwortet.

5. Schlußfolgerungen

Die Stärke des konservativen Islamismus in Indonesien soll hier nicht übertrieben werden. Tatsächlich ist das Land auch weiterhin das wichtigste Zentrum eines liberal orientierten zivilen Islam in der gesamten muslimischen Welt. Wenn Indonesien seine außergewöhnliche wirtschaftliche Expansion, seine eindrucksvollen Leistungen im Bildungswesen und – obwohl dies weniger gewiß erscheint – seine langsam fortschreitende Demokratisierung weiterführen kann, könnte das Land zu einem Leuchtfeuer der Hoffnung für die gesamte muslimische Welt werden.

Es wäre aber auch ein Fehler, die Herausforderungen zu ignorieren, denen Indonesien und die indonesischen Muslime gegenüberstehen. Die muslimische Gemeinschaft wurde in der Frühzeit der »Neuen Ordnung« in bezug auf die Machtverhältnisse marginalisiert. In den 70er Jahren billigte die muslimische Gemeinschaft eine Strategie, um sich der staatlichen Macht zu nähern, und diese Strategie unterschied sich wesentlich von der in den 50er Jahren gewählten Vorgehensweise. Die Konzentration lag jetzt auf Bildung, der Verbreitung religiösen Gedankengutes und auf der Stärkung der sozialen Institutionen, um den Einfluß der Muslime auf die breitere Gesellschaft zu vertiefen. Dieser Ansatz wurde in der zweiten Dekade der ökonomischen Expansion unter der »Neuen Ordnung« angewandt und fiel mit dem

Aufstieg einer neuen, gebildeten muslimischen Mittelschicht zusammen. In dieser Periode traten strenggläubige Muslime in immer höherer Zahl in Industrie und Staatsverwaltung ein. Viele ihrer Führer bezogen sich auf die pluralistischen Ideen eines zivilen Islam, um den besorgten Militärführern und den Regierungsbeamten zu zeigen, daß der Islam ein verläßlicher und friedlicher Partner im Projekt des Aufbaus einer Nation sein könne. Ihre Anstrengungen trugen Früchte, denn die höchsten Ränge in der Regierung – die am Beispiel Algeriens gelernt hatten, was es heißt, einen wiedererweckten Islam in die Oppositon zu führen – änderten ihre Politik und kanalisierten selbst größere Ressourcen in die islamische Opposition.

Doch gerade der Erfolg dieser Kulturpolitik bestärkt gewisse Segmente der muslimischen Gemeinschaft in ihrer Skepsis hinsichtlich der langfristigen Relevanz von Pluralismus und Toleranz. Aufgrund der Intensität der Re-Islamisierung wird manch einem bewußt, daß sich das grundlegende Machtgleichgewicht verändert hat oder jedenfalls im Begriff ist, sich zu verändern – auf eine Weise, die jetzt auch Forderungen nach einer formalen Verbindung zwischen Islam und Staat ermöglicht. Diese Menschen lassen sich von der Überzeugung leiten, daß der Islam ein integrales und alles umfassendes System sei; sie sind ferner überzeugt, daß jede Äußerung, die diese Grundauffassung nicht bestätigt, die zentrale Wahrheit des Islam leugnet.

Im Augenblick scheint offenkundig, daß es sich bei dieser letztgenannten Ansicht um die Sichtweise einer Minderheit handelt und daß die Mehrheit der Muslime einer pluralistischen und zivilen Vision ihrer Religion folgt. Leider ist die große Unbekannte in diesem sich entfaltenden historischen Experiment nicht in den verschiedenen Akteuren der muslimischen Gemeinschaft zu sehen, sondern in gewissen Gruppierungen innerhalb der Regierung. Wie das Beispiel der *Republika* zeigte, haben manche Personen in der Regierung entdeckt, daß die Zusammenarbeit mit konservativen Islamisten für sie vorteilhafter sein kann als die Kooperation mit demokratischen Pluralisten. Muslimischen Konservativen sind die Argumente der zivilen Pluralisten nicht geheuer. Sie sind der Auffassung, daß so liberale Vorstellungen wie Pressefreiheit, Menschenwürde und die rechtliche Gleichstellung der Religionen wenig mit dem Islam zu tun haben. Diese Sichtweise verträgt sich gut mit den Ansichten zumindest eines Teils der herrschenden Elite. Die Sorge dieser Beamten gilt vor allem jeder Infragestellung ihrer Autorität und ihres Wohlstandes; sie ziehen einen klar abgrenzbaren »Islam« der umfassenden Einführung der Demokratie, der Rechtsstaatlichkeit und des zivilen Pluralismus vor.

Zum Vergleich ist festzuhalten, daß diese Einstellung der Machtinhaber an die Grundhaltungen der herrschenden Eliten in den Ländern des Nahen Ostens erinnert. Dort standen die Eliten in den 70er und 80er Jahren wachsenden Herausforderungen seitens einer islamistischen Opposition gegenüber. Viele Angehörige der Eliten kleideten sich rasch in die Gewänder muslimischer Frömmigkeit und versuchten, die Opposition dadurch zu spalten, daß sie einen Teil der muslimischen Gemeinschaft auf ihre Seite zogen.[50] Natürlich hatte diese »Teile-und-herrsche«-Taktik weniger mit dem Islam *per se* als vielmehr mit der Logik der Machterhaltung zu tun. Die Ironie dieses Vergleichs besteht jedoch darin, daß die islamische Opposition in vielen dieser Länder den Idealen des zivilen Pluralismus und der Demokratie viel weniger verpflichtet ist als in Indonesien. Hier könnte eine solche Regierungspolitik die eindrucksvollen Schritte in Richtung auf einen zivilen Islam in das Gegenteil verkehren.

Das Beispiel enthält noch eine weitere, wichtigere Lehre. Der sich entfaltende Kampf in Indonesien ist Teil eines langen und noch nicht abgeschlossenen Übergangsprozesses des Regimes. In den Anfangsjahren der »Neuen Ordnung« führte die muslimische Gemeinschaft umfassende Selbstanalysen durch, so daß sich der bereits bestehende Prozeß der reflektiven Selbstkritik bei den muslimischen Pluralisten vertiefte. Der Stillstand der Beziehungen zwischen Staat und Islam schuf für diese aktivistischen Intellektuellen die Möglichkeit, sich von der Machtpolitik zu distanzieren und ihre islamische Tradition auf neue Erkenntnisse und Werte hin zu durchleuchten. Als Muslime fühlten sie sich zutiefst verpflichtet, religiöse Sanktionen für zivile Werte zu ermöglichen. Als Anwälte des Pluralismus und der Rechte religiöser Minderheiten jedoch fühlten sie sich gezwungen, diese Werte so umzuformulieren, daß sie den Erfordernissen der modernen Zeit entsprachen.

Eine der Lehren, die aus diesem Beispiel gezogen werden können, ist weit über Indonesien hinaus von Bedeutung: die Tatsache nämlich, daß in der islamischen Überlieferung ein großer Materialreichtum zu finden ist, mit dem sich ein normativer Diskurs konstruieren ließe, der mit den pluralistischen Erfordernissen der modernen Zeit kompatibel ist. Im Gegensatz zu manchen gegenwärtig modischen postmodernistischen Behauptungen oder zu der These eines nicht wiedergutzumachenden »Kampfes der Kulturen« sind die Begriffe dieses Diskurses keineswegs so gänzlich »andersartig«, daß nichts mehr von ihnen abgeleitet werden könnte. Vielmehr sind sie mit ein wenig Anstrengung auch westlicher Perspektive durchaus zugänglich. Wie die westliche Tradition des zivilen Republikanismus beispielsweise betont auch der zivile Islam, daß die Tugend eine lebenswichtige öffentliche, aber auch private Ressource darstellt. Und wiederum wie einige Varianten des modernen westlichen Republikanismus behauptet auch der zivile Islam, eine Möglichkeit, eine tugendhafte Lebensweise zu fördern, bestehe darin, die Rolle der Religion in der Gesellschaft zu stärken, aber gleichzeitig die Errichtung eines formalen konfessionellen Staates abzulehnen. Nichts von alledem ist identisch mit einer einzigen Version des westlichen Republikanismus[51] und noch weniger mit jenen hyper-individualistischen Varianten des westlichen Liberalismus, die zu der seltsamen Schlußfolgerung gelangten, daß Zivilität und Toleranz nicht möglich seien, solange die Religion nicht aus dem öffentlichen Leben verdrängt worden sei. Doch wie eine Reihe von Gesellschaftstheoretikern kürzlich feststellte, gibt es keine intellektuelle oder soziologische *Notwendigkeit* für eine solche privatisierte Religion. Die Privatisierung der Religion im modernen Westen, soweit sie sich überhaupt ereignete, spiegelt ein historisches Ereignis wider, das insbesondere unserer Region (genaugenommen sogar nur einem Teil dieser Region) eigen ist und nicht unbedingt auf den modernen Pluralismus zutrifft.[52]

Das Beispiel Indonesiens könnte zeigen, daß ein reiches Vorkommen an muslimischen Materialien vorhanden ist, die für die moderne Zivilität gewonnen werden können, und daß es einige mit dem Aufbau eines entsprechenden Systems befaßte Personen gibt, die sich sehr bemühen, diese Materialien ans Tageslicht zu fördern. Trifft dies zu, dann ist das Beispiel Indonesiens auch zugleich ein Beleg für den weitaus problematischeren Sachverhalt, daß diese Bemühungen allein nicht ausreichen, um sicherzustellen, daß eine politische Zivilität wirklich geschaffen werden kann. Sind die Grundstoffe erst einmal gewonnen, und ist die Systematisierung erfolgt, dann bleibt noch immer die Aufgabe, diese Werte in einem Staat zu institutionalisieren, der sich verpflichtet fühlt, sie zu verwirklichen.[53]

Genau in dieser Hinsicht erscheint die Situation Indonesiens ungewiß. Denn zum einen haben manche Muslime und ihre Gegenspieler sehr unterschiedliche Auffassungen davon, was in der muslimischen ethischen Tradition als wesentlich und was als marginal anzusehen ist. Und zum anderen sind gewisse Akteure in Staat und Gesellschaft der Meinung, daß es in ihrem eigenen Interesse liege, die Bemühungen um eine breitere Institutionalisierung ziviler Werte innerhalb eines offenen und konstitutionellen Regierungssystems zu behindern. Diese Opposition hat größtenteils mit dem Islam überhaupt nichts zu tun. Sie verfügt jedoch über ein erschreckend großes Potential, das Meinungsklima in der muslimischen Gemeinschaft zu stören und ihren außergewöhnlichen Fortschritt umzukehren. Es wäre ausgesprochen bedauerlich, wenn dies geschähe, denn es würde genau in dem Augenblick eintreten, in dem sich der zivile Islam in Indonesien anschickt, für die Nation und möglicherweise sogar für den internationalen Islam seinen nachhaltigsten Beitrag zu leisten.

Die staatlichen Akteure bevorzugen Absprachen hinter den Kulissen mit einer begrenzten Gruppe von Mitspielern. Sie verstärken damit den von Patronage gekennzeichneten Autoritarismus, der jeder Bemühung abträglich ist, einen neuen normativen Rahmen für Zivilität und Demokratie zu entwickeln. Ihre politischen Aktionen schränken die Optionen der anderen Akteure ein und zwingen alle Mitspieler (sofern sie überhaupt mitspielen wollen), sich an die Regeln eines Geheimspiels zu halten, das die Bemühungen untergräbt, eine öffentliche Rechenschaftspflicht und die Rechtsstaatlichkeit einzuführen. Die muslimische Führung war mehr als 30 Jahre lang an den Rand des Herrschaftssystems gedrängt worden; die Versuchung ist verständlicherweise groß, den Widerstand aufzugeben und sich mit den zugeteilten Karten am Spiel zu beteiligen. Bemerkenswert ist jedoch, daß so viele muslimische Führer bislang das Angebot ausgeschlagen haben und sich für umfassende Veränderungen einsetzen.

Die größere Lehre, die aus dem Fall Indonesien für das Verständnis der Vermittlung normativer Konflikte zu ziehen ist, betrifft die Tatsache, daß im modernen Kampf für die Verwirklichung von Zivilität kein Weg am Staat vorbeiführt. So sehr wir uns in unserem Enthusiasmus für Menschenwürde und zivile Freiheiten auch etwas anderes wünschen, müssen wir doch eingestehen, daß liberale Werte allein noch keine Zivilgesellschaft ausmachen. Die Zivilgesellschaft setzt einen *zivilisierten* Staat voraus, und umgekehrt. Die gute Nachricht lautet, daß ein solcher Staat mit seiner Festlegung auf das Recht und auf konstitutionelle Sicherheiten in einer Vielzahl von Traditionen leicht *vorstellbar* ist – und zu diesen Traditionen gehört auch der Islam. Die objektive Praktikabilität jedoch hängt davon ab, daß jene Werte in wirksamen politischen Strukturen institutionalisiert und von einem breit angelegten Machtgleichgewicht in der Gesellschaft gestützt werden, das dazu beiträgt, die dauerhafte Funktionsfähigkeit zu sichern. Die zivilen Muslime in Indonesien kämpfen gegenwärtig um eine solche Gesellschaftsordnung. In ihrem und in unserem eigenen Interesse sollten wir ihre Bemühungen anerkennen und auf ihren Erfolg hoffen.

Anmerkungen

1 Siehe Lyon, Margaret L., 1977, »Politics and Religious Identity: Genesis of a Javanese-Hindu Movement in Rural Central Java«, Dissertation, Berkeley; Hefner, Robert W., 1993a, »Of Faith and Commitment: Christian Conversion in Muslim Java«, in Hefner, Robert W., Hg., 1993a, *Conversion to Christianity: Historical and Anthropological Perspectives on a Great Transformation*, Berkeley; Hefner, Robert W., 1985, *Hindu Javanese: Tengger Tradition and Islam*, Princeton.

2 Früher war eine signifikante Zahl der chinesischen Einwanderer im indonesischen Archipel in der Tat moslemischen Glaubens gewesen; es gibt sogar Hinweise darauf, daß die Chinesen zu den ersten Gruppen gehörten, die den Islam in diese Region brachten. Doch im 19. und 20. Jahrhundert, als die große Mehrheit der chinesischen Indonesier in das Land kam, bekannten sich nur wenige von ihnen zum Islam. In der Republik nach 1945 bemühten sich Teile der chinesischen Gemeinschaft um die Anerkennung des Konfuzianismus als offizielle Religion. Beamte im Ministerium für Bildung und Kultur unterstützten mitunter diese Bemühungen, doch das mächtige Religionsministerium, das von Muslimen beherrscht wurde, widersetzte sich. Deshalb müssen sich, zumindest offiziell, alle chinesischen Indonesier zu einer der fünf anerkannten Religionen bekennen.

3 Zur Rolle der Chinesen in der Wirtschaft seit dem Beginn der Neuen Ordnung siehe Robison, Richard, 1986, *Indonesia: The Rise of Capital*, Sydney, vor allem S. 271–322; Schwarz, Adam, 1994, *A Nation in Waiting: Indonesia in the 1990s*, Boulder, S. 98–132; Mackie, Jamie, 1992, »Changing Patterns of Chinese Big Business in Southeast Asia«, in McVey, Ruth, *Southeast Asian Capitalists*, Ithaca, S. 161–190.

4 Besonders berühmt ist die Darstellung des Gedankens eines Kampfes der Kulturen zwischen der westlichen und der muslimischen Welt durch Huntington, Samuel P., 1993, »The Clash of Civilizations?« *Foreign Affairs* 72, 3, Sommer, S. 22–49. [Dt. Huntington, Samuel P., 1996, Kampf der Kulturen – The Clash of Civilizations, München.]

5 Siehe Kahin, George Mc T. Kahin, 1952, *Nationalism and Revolution in Indonesia*, Ithaca, S. 65–77; Benda, Harry J., 1983, *The Crescent and the Rising Sun: Indonesian Islam under the Japanese Occupation, 1942–1945*, Dordrecht, S. 42–47.

6 Anderson, Benedict R., 1983, *Imagined Communities: Reflections on the Origin and Spread of Nationalism*, London, S. 105.

7 Sukarno trug seine Ansichten 1964 in einem Essay vor: »Apa Sebab turki Memisah Agama dari negara« [Warum erfolgte in der Türkei die Trennung von Religion und Staat?], Sukarno, 1964, in *Dibawah Bendera Revolusi* [Unter dem Banner der Revolution], Jakarta, S. 404–407.

8 Die Geschwindigkeit, mit der sich reformistische Gedanken in der Region ausbreiteten, stellt auch Benedict Andersons Behauptung in Frage, daß die muslimischen Religionsschulen »immer örtlich begrenzte und persönliche Unternehmen waren« – »in völligem Gegensatz« zu den staatlichen Schulen, in denen »kreolischen Funktionären« eine nationalistische Haltung anerzogen wurde; siehe Anderson, 1983, S. 111. Die Geschwindigkeit, mit der sich reformistische Ideen ausbreiteten, und die Einförmigkeit der damit verbundenen Vision – die typischerweise eine heftige Zurückweisung des europäischen Kolonialismus einschloß – lassen vermuten, daß der Gegensatz keineswegs so ausgeprägt war. Zur Ausbreitung reformistischer Ideen im muslimischen Indonesien im späten 19. Jahrhundert siehe Bowen, John R., 1993, *Muslims through Discourse: Religion and Ritual in Gayo Society*, Princeton, S. 39–73; Woodward, Mark R., 1989, *Islam in Java: Normative Piety and Mysticism in the Sultanate of Yogyakarta*, Tucson, S. 134–148. Bowens Arbeit illustriert auch die festgefügten nationalistischen Elemente in vielen islamischen Reformansätzen.

9 Zu den verschiedenen Bedeutungen von *'asabiyah'* im traditionellen und im modernen islamischen politischen Diskurs siehe Baali, Fuad, 1995, »'Asabiyah«, in Esposito, John L., Hg., *The Oxford Encyclopedia of the Modern Islamic World*, New York.

10 Für eine Darstellung der muslimischen Argumente gegen den Nationalismus in der spätkolonialen Zeit siehe Noer, Deliar, 1973, *The Modernist Muslim Movement in Indonesia, 1900–1942*, Kuala Lumpur, S. 259–266.

11 Zur Attraktivität dieser Auffassung des Islam als *nizam* (»Ordnung«, »System«) für islamistische Radikale siehe Moussalli, Ahdmad S., 1992, *Radical Islamic Fundamentalism: The Ideological and Political Discourse of Sayyid Qutb*, Beirut, S. 69–70 und S. 87; Mitchell, Richard P., 1969, *The Society of the Muslim Brothers*, New York, S. 234–245.

12 Das möglicherweise beste Beispiel für eine solche Person war einer der Verkünder der indonesischen Unabhängigkeit und der erste Vizepräsident des Landes, Mohammad Hatta. Er war ein strenggläubiger Muslim aus der Region Minangkabau auf der Insel Sumatra. Hatta, ein früher Anhänger der Nationalistischen Partei, vertrat auch die Auffassung, daß die Muslime ihre politischen und ökonomischen Vorstellungen erneuern müßten. Siehe Rose, Mavis, 1987, *Indonesia Free: A Political Biography of Mohammad Hatta*, Ithaca.

13 Die klassische, wenn auch jetzt etwas veraltete Studie dieser normativen Konflikte im javanischen Islam ist Geertz, Clifford, 1960, *The Religion of Java*, New York. Eine Kritik findet sich bei Woodward, 1989, und Hefner, Robert W., 1987, »Islamizing Java: Religion and Politics in Rural East Java«, *The Journal of Asian Studies*, 46, 3, August, S. 533–554.

14 Zu den Begleitumständen bei der Formulierung der Charter siehe Boland, B. J., 1982, *The Struggle of Islam in Modern Indonesia*, Den Haag, S. 25–33.

15 Zu den Herausforderungen, die diese Erfordernis für die indonesischen

Hindus darstellte, siehe Hefner, 1985, und Bakker, F. L., 1993, *The Struggle of the Hindu Balanese Intellektuals*, Amsterdam.

16 Die herausragende Quelle über diese Periode ist noch immer Feith, Herbert, 1962, *The Decline of Constitutional Democracy in Indonesia,* Ithaca.

17 Siehe Nasution, Adnan Buyung, 1992, *The Aspiration for Constitutional Government in Indonesia: A Socio-legal Study of the Indonesian Konstituante 1956–1959*, Jakarta. Eine Diskussion dieser Auseinandersetzungen in bezug auf die Jakarta Charta findet sich bei Boland, 1982, S. 85–99.

18 Eine Übersicht über die Kampagne bietet Moritmer, Rex, 1974, *Indonesian Communism under Sukarno: Ideology and Politics, 1959–1965*, Ithaca.

19 Eine Illustration der staatlichen Einmischung in die Parteiangelegenheiten findet sich bei Ward, Kenneth E., 1974, *The 1971 Election in Indonesia: An East Java Case Study*, Clayton.

20 Siehe Feillard, Andree,1993, »Les Oulemas indonesiens aujourd'hui: de l'-opposition à une nouvelle legitimité«, *Archipel*, 46, S. 89–110.

21 Zu den bildungsmäßigen Ursprüngen dieser »systemischen« Sichtweise siehe Eickelman, Dale F., 1992, »Mass Higher Education and the Religious Imagination in Contemporary Arab Societies«, *American Ethnologist*, 19, 4, November, S. 643–655. Zu ihrem Einfluß auf die Gedanken von Sayyid Qutb (einem der Gründungsväter des modernen islamistischen Radikalismus) siehe Shepard, William E., 1992, »Islam as a ›System‹ in the Later Writings of Sayyid Qutb«, *Middle Eastern Studies*, 25, S. 31–35. Ein etwas weniger generalisierbares Modell des Einflusses dieser Erfahrungen auf das Wachstum des islamischen Radikalismus siehe Roy, Olivier, 1994, *The Failure of Political Islam*, Cambridge, S. 89–106.

22 Eickelman, 1992, S. 652.

23 Siehe Roy, 1994, für eine besonders überzeugende Aussage zu dieser These. Festzuhalten ist jedoch, daß Roy sein Modell nicht auf Indonesien ausweitet.

24 Dieser Abschnitt beruht teilweise auf meinen Gesprächen mit HMI-Vertretern in den Sommermonaten 1993 und 1995. Einen Überblick über die Frühzeit der »Neuen Ordnung« bietet Schwarz, 1994, S. 24–28, und ein ungewöhnlich tiefgründiger Insider-Kommentar der Rolle der HMI während dieser Zeit findet sich bei Sulastomo, 1989, *Hari-Hari Panjang: 1963–1966* [Die Langen Tage: 1963–1966], Jakarta.

25 Für eine Analyse der Gewalttätigkeiten siehe Young, Kenneth R., 1990, »Local and National Influences in the Violence of 1965«, in Robert Cribb, Hg., 1990, *The Indonesian Killings, 1965–1966: Studies from Java and Bali*, S. 63–99; ferner Hefner, Robert W., 1990, *The Political Economy of Mountain Java: An Interpretive History*, Berkeley,S. 193–227.

26 Interviews des Autors mit HMI- und anderen muslimischen Aktivisten während der Sommermonate 1993 und 1995.

27 Interview, 4. Juli 1993. Seit Ende 1968 übte Nasution regelmäßig Kritik an der Regierung in Fragen der Menschenrechte und der Rechtsstaatlichkeit; schließlich wurde er ins Gefängnis geworfen, weil er die bürgerlichen Freiheiten verteidigt hatte.

28 Zu den Beziehungen zwischen den vorherrschenden islamischen Studentengruppen in der Anti-Sukarno-Kampagne siehe Crouch, Harold, 1978, *The Army and Politics in Indonesia*, Ithaca, vor allem S. 158–220, und May, Brian, 1978, *The Indonesian Tragedy*, Singapur, S. 129–159.

29 Wahibs Tagebücher wurden acht Jahre nach seinem Tod veröffentlicht. Sie

wurden zu einem Bestseller und sind auch heute noch recht populär. Wie dargestellt, riefen die Tagebücher jedoch auch eine weitgehende Verurteilung durch die eher konservativen Kreise hervor, die Wahibs Infragestellung islamischer Autoritäten als Angriff auf den Islam selbst betrachteten. Eine Diskussion des Vermächtnisses Wahibs findet sich bei Johns, Anthony H., 1987, »An Islamic System or Islamic Values? Nucleus of a Debate in Contemporary Indonesia«, in Roff, William R., *Islam and the Political Economy of Meaning*, London, S. 254–280; ferner Barton, Greg, 1995, »Neo-Modernism: A Vital Synthesis of Traditionalist and Modernist Islamic Thought in Indonesia«, *Studia Islamika: Indonesian Journal for Islamic Studies,* 2:3, S. 1–75.

30 Interview mit Dawam Rahardjo, Juli 1993; siehe auch Barton, 1995, S. 27–28.

31 Für eine Diskussion des politischen Kontextes der Überlegungen Madjids siehe Hefner, Robert W., 1993b, »Islam, State, and Civil Society: ICMI and the Struggle for the Indonesian Middle Class«, *Indonesia*, 56, Oktober, S. 1–36.

32 Der Originaltext von Madjids Artikel mit dem Titel »Keharusan Pembaruan Pemikiran Islam dan Masalah Integrasi Umat« [Die Notwendigkeit einer Erneuerung des islamischen Denkens und das Problem der Integration der religiösen Gemeinschaft] wurde erneut abgedruckt in Madjid, Nurcholish, 1987, *Islam, Kemodernan, dan KeIndonesiaan* [Islam, Modernität, und Indonesier], Bandung. Eine englischsprachige Übersetzung des Artikels findet sich in Anhang A in Hassan, Muhammad Kamal, 1982, *Muslim Intellectual Responses to »New Order« Modernization in Indonesia*, Kuala Lumpur.

33 Hassan, 1982, S. 121–123, diskutiert die Angriffe einiger dieser führenden Personen aus einer weitgehend parteilichen Perspektive. Ein ausgewogenerer Bericht findet sich bei Ali, Fachry, und Effendy, Bahtiar, 1986, *Merambah Jalan Baru Islam: Rekonstruksi Pemikiran Islam Indonesia Masa Orde Baru* [Die Öffnung eines neuen islamischen Wegs: Die Rekonstruktion des indonesischen islamischen Denkens in der Ära der Neuen Ordnung], Bandung, S. 134–143.

34 Interview, 19. Juni 1993.

35 Interessanterweise ist festzustellen, daß eine auffallende Ähnlichkeit besteht zwischen dem hier von Madjid vorgetragenen Argument bezüglich der religiösen Erneuerung in der Moderne und der Haltung einiger religiös orientierter Gesellschaftstheoretiker im Westen. Siehe beispielsweise Berger, Peter L., 1992, *A Far Glory: The Quest for Faith in an Age of Credulity*, New York.

36 Eine frühe Formulierung des Gedankens der zivilen Religion in Amerika findet sich bei Bellah, Robert N., 1975, *The Broken Covenant: American Civil Religion in Time of Trial*, Chicago. Für eine jüngere und kritische Darstellung des Konzeptes siehe Casanova, Jose, 1994, *Public Religions in the Modern World*, Chicago, S. 135–166.

37 Serjeant, R. B., 1981, »The ›Constitution of Medina‹«, in Serjeant, R. B., 1981, *Studies in Arabian History and Civilization*, London, S. 3–16, enthält eine Besprechung der Erfahrungen von Medina in englischer Sprache sowie die Charta, mit deren Hilfe der Prophet und seine Gefolgschaft diese pluralistische Politik organisierten.

38 Aus soziologischer Perspektive ist die Erneuerungs- oder *pembaruan-*

Gruppe weniger als »Bewegung«, denn vielmehr als lockeres Netzwerk von Menschen mit pluralistischen Vorstellungen zum Wesen des Islam und der Gesellschaft organisiert. Nicht alle Menschen, die konventionell mit dieser Gruppe identifiziert werden, identifizieren sich selbst als *pembaruan*, teilweise deshalb, weil dieser Begriff so sehr mit dem »neo-modernistischen« Denken von Nurcholish Madjid, Ahmad Wahib und Djohan Effendi in Zusammenhang gebracht wird. So weigert sich beispielsweise Abdurrahman Wahid, der einflußreiche Führer der *Nahdlatul Ualama*, als *pembaruan* bezeichnet zu werden; ebenso verhält sich Dawam Rahardjo. Doch beide Männer vertreten eine unbeugsame Haltung zugunsten einer starken zivilen Gesellschaft und eines proaktiven pluralistischen Islam. Wahids Ansichten werden in seinem kurzen, aber aufschlußreichen Artikel in englischer Sprache deutlich: Wahid, Abdurrahman, 1990, »Indonesia's Muslim Middle Class: An Imperative or a Choice?« in Tanter, Richard, und Young, Kenneth, Hg., 1990, *The Politics of Middle Class Indonesia,* Clayton (Australien), S.22–24.

39 Eine Besprechung über die Art und Weise, in der moralische Argumente aus dem traditionellen islamischen Recht abgeleitet werden können, findet sich bei Coulsen, N. J., 1978, *The Army and Politics in Indonesia*, Edinburgh, vor allem S.182–225. Für eine Darstellung einiger der Debatten über die rechtliche Argumentation in Indonesien siehe Jamil, Fathurrahman, 1995, »The Muhammadiyah and the Theory of Maqasid al-Shariah«, *Studia Islamika: Indonesian Journal for Islamic Studies*, 2, 1, S.53–68.

40 Roy, 1984, S.89–106.

41 Hefner, 1983b.

42 Eine aufschlußreiche Untersuchung der Rolle des Mystizismus in der javanischen Gesellschaft findet sich bei Stange, Paul Denison, 1980, »The Sumarah Movement in Javanese Mysticism«, Dissertation, Madison.

43 Natürlich gab es auch in anderen Abteilungen der Regierung Befürworter einer solchen Vermittlungsrolle, darunter auch die höheren Ränge des Militärs, das von manchen westlichen Beobachtern häufig in unzutreffender Weise als einheitlich anti-islamisch dargestellt wurde. Einer der frühesten und freimütigsten Vertreter eines solchen Arrangements war Generalleutnant Sayidiman Suryohadiprojo. In jüngster Zeit (vor allem seit 1990) versuchte das Militär, seine Beziehungen zu den muslimischen Organisationen zu verbessern, wobei Sayidiman eine wichtige Rolle spielte.

44 Zur Rolle Munawir Sjadzali bei der Re-Islamisierung siehe Effendy, Bahtiar, 1995, »Islam and the State in Indonesia: Munawir Sjadzali and the Development of a New Theological Underpinning of Political Islam«, *Studia Islamika: Indonesian Journal for Islamic Studies*, 2, 2, S.97–121.

45 Siehe Pranowo, M. Bambang Pranowo, 1990, »Which Islam and Which Pancasila? Islam and the State in Indonesia: A Comment«, in Budiman, Arief, Hg., 1990, *State and Civil Society in Indonesia*, Clayton, S.479–502. Er stellt fest: »Die islamischen Gruppen hießen diese Entscheidungen begeistert willkommen, denn sie waren vor allem auf die christlichen Missionare gerichtet, die ihre religiöse Propaganda in der muslimischen Gemeinschaft durchführten.« (S.493)

46 Siehe Hefner, 1993 b; ferner Labrousse, .Pierre, und Soemargono, Farida, 1985, »De l'Islam comme morale du developpement: L'Action des Bureaux de Propagation De La Foia (Lembago Dakwah) Vue de Surabaya«, *Archipel*, 1985, 30, S.219–228.

47 Siehe Hefner, 1993b.

48 Man muß sich nur die Inhalte der ersten Ausgabe der eindrucksvollen muslimischen Zweiwochenzeitschrift *Ummat* ansehen, mit dem Umschlagsbild, das Präsident Suharto vor der Headline zeigt, »Die Neue Ordnung verändert sich!« [»Ordre Baru Berubah«]. Beispiele für die muslimische Meinung über die Tiefe dieses Wandels finden sich in *Ummat*, 1,1, 10. Juli 1995, zusammen mit einem überzeugenden Sample muslimischer Meinungen über die Intensität des Wandels.

49 Der indonesische Text des Papiers von Madjid findet sich in Madjid, 1993.

50 Siehe beispielsweise Roy, 1994, S. 125.

51 Für ein Beispiel dieser Art des ethisch proaktiven (im Gegensatz zum prozeduralen) Liberalismus, der hier gemeint ist, siehe Taylor, Charles, 1989, »Cross-Purposes: The Liberal-Communitarian Debate«, in Rosenblum, N., Hg., 1989, *Liberalism and the Moral Life*, Cambridge.

52 Casanova, 1993, bietet eine Kritik der privatisierten Sichtweise der Religion in einer modernen Zivilgesellschaft. Zu den Bemühungen, Ressourcen in der muslimischen Tradition wiederzuentdecken, die mit den Erfordernissen der modernen Zivilität kompatibel sind, siehe Eickelman, 1993, und Norton, Augustus Richard, 1995, *Civil Society in the Middle East*, Leiden.

53 Ein damit zusammenhängendes Argument in bezug auf die allgemeinen Theorien der Zivilgesellschaft wird vorgetragen in Hall, John A., 1995, »In Search of Civil Society«, in Hall, John A., Hg., 1993, *Civil Society: Theory, History, Comparison*, Cambridge, S. 1–31.

André Béteille

Der Konflikt von Werten und Normen in der heutigen indischen Gesellschaft

1. Normen, Werte und Interessen

Konflikt und Wandel sind universelle Merkmale moderner Gesellschaften. Sie können als etwas Normales und innerhalb gewisser Grenzen auch als etwas Förderliches angesehen werden. Doch die Grenzen werden rasch überschritten. Folglich sind die Mitglieder einer jeden Gesellschaft beständig hin und her gerissen zwischen der Angst vor gänzlicher Stagnation und der Angst vor schrankenloser Unordnung. Vor fünfzig Jahren, als Indien unabhängig wurde, fürchtete man Stagnation als Folge des Niedergangs der alten Ordnung. Heute werden all die Spannungen erkennbar, die mit einem tiefgreifenden sozialen Wandel einhergehen, und nun erscheint die Unordnung als die größere Bedrohung. Allerdings können beide Ängste auch nebeneinander bestehen.

Der rasche Umbruch, der im heutigen Indien allgegenwärtig ist, wird oft mit dem Niedergang moralischer Werte oder ihrer Verdrängung durch enge persönliche oder gruppenspezifische Interessen in Verbindung gebracht. Wie ein Refrain wird die Klage erhoben, in der Politik, im staatsbürgerlichen Leben, im Beruf und in der Erziehung gebe es einfach keine Werte mehr. Dieser Werteverfall wird individuellem Gewinnstreben auf Kosten des Gemeinwohls angelastet.

Wenn Menschen mit unterschiedlichen Positionen in der Gesellschaft nach denselben knappen Gütern streben, entstehen zwangsläufig Interessenkonflikte, die häufig alle anderen Konflikte überlagern. Im Mittelpunkt des vorliegenden Beitrages steht nicht ein Interessenkonflikt sondern ein Normenkonflikt: der Konflikt darüber, was Menschen als richtig, angemessen und wünschenswert ansehen und was als rechtlich und moralisch bindend. Die Konkurrenz von Normen und Werten ist etwas anderes als der Konflikt von Interessen, aber ein Eindruck von der Dynamik ersterer ist schwer zu vermitteln, ohne daß man letzteren mit einbezieht.

Die hier vorgelegte Darstellung der normativen Ordnung in einem umfassenden Sinne geht von einer Unterscheidung zwischen Werten und Normen aus, die sich an der von Parsons und seinen Mitarbeitern entwickelten Terminologie orientiert.[1] Parsons hat den Unterschied so formuliert[2]: »Auf der normativen Seite können wir zwischen *Normen* und *Werten* unterscheiden. Werte – im Sinne von Mustern – betrachten wir als das wichtigste Verbindungselement zwischen dem sozialen und dem kulturellen System. Normen hingegen sind in erster Linie der sozialen Sphäre zuzurechnen.« Dem vorliegenden Beitrag liegt Parsons Feststellung zugrunde, daß das Rechtssystem den strukturellen Fokus von Normen darstellt.[3] Allerdings muß auch dies in einem umfassenden Sinn verstanden werden.

Im Anschluß an Parsons hat Smelser[4] Werte als die für eine Kultur charakteristischen »generalisierten Ziele« beschrieben und Normen als die in der betreffenden Gesellschaft vorherrschenden »Durchführungsregeln«. Wie wir sehen werden, ist ein Grund dafür, daß sich Durchführungsregeln in den gegenwärtigen staatlichen Institutionen in Indien nicht durchsetzen können, in der Tatsache zu suchen, daß sie häufig mit bestimmten, in der indischen Kulturtradition tief verwurzelten generalisierten Zielen zusammenprallen.

Die Differenz von Normen und Werten hängt zum einen mit konfligierenden Interessen zusammen, zum anderen mit der sozialen Morphologie. Eine Gesellschaft ist nicht einfach nur eine Ansammlung von Individuen, sondern eine differenzierte Struktur aus Gruppen, Klassen und Schichten. Die Ideen und

Werte des Individuums werden zum Teil von seinem Platz innerhalb dieser differenzierten Struktur bestimmt. Wo einheitliche Regeln existieren, werden sie durch die soziale Morphologie gebrochen mit der Folge, daß unterschiedliche Gruppen der Gesellschaft sie unterschiedlich wahrnehmen und anwenden.

Gesellschaften sind nach Größe und Komplexität sehr verschieden. In Indien leben rund 950 Millionen Menschen, die sich nach Sprache, Region, Religion, Sekten-, Kasten- und Stammeszugehörigkeit, nach Besitz, Tätigkeit, Erziehung und Einkommen unterscheiden. Indien ist aber auch ein Nationalstat mit einer formalen rechtlichen und administrativen Struktur, die ein bestimmtes Maß an Einheitlichkeit gewährleisten soll, ohne die unterschiedlichen Lebensstile der wichtigsten religiösen und kulturellen Gruppen zu beeinträchtigen. Die Inder meinen – ob zu Recht oder zu Unrecht, sei dahingestellt –, daß Toleranz gegenüber Verschiedenheit ein zentraler Wert der indischen Tradition sei und daß die Tradition darum einen wichtigen Beitrag zur Entwicklung der pluralistischen Demokratie leisten könne.

Toleranz gegenüber Verschiedenheit kann Konflikte über Normen und Werte bis zu einem gewissen Punkt auffangen. Die politisch Verantwortlichen in Indien betrachten solche Konflikte als eindeutige Zeichen von Unordnung und drohender Auflösung. Der vorliegende Beitrag geht von einer anderen Position aus. Zunächst einmal gibt es keinen Wandel, ohne daß einige Normen und Werte durch andere verdrängt werden. Und es enden keineswegs alle Konflikte über Normen und Werte mit der Zerstörung der Gesellschaft; nicht selten führt gerade die Unterdrückung solcher Konflikte zu diesem Ergebnis. Vielmehr ist es wichtig anzuerkennen, daß solche Konflikte existieren und sogar notwendig sind. Dann müssen Institutionen errichtet und erhalten werden, in denen die Konflikte verhandelt werden. Es kann keine Lösung sein zu wünschen, die Konflikte wären nicht da, oder eine konfliktfreie Zukunft herbeizusehnen.

2. Die indische Kultur: Erscheinungsbild und Morphologie

Indien ist eine Gesellschaft mit einer langen Vergangenheit. Viele unterschiedliche Elemente sind in die ethischen Vorstellungen und die Denktraditionen eingeflossen. Der Gerechtigkeit halber muß freilich angemerkt werden, daß die wesentlichen Strukturprinzipien des sozialen Lebens aus dem Hinduismus stammen; die meisten Inder waren in der Vergangenheit und sind in der Gegenwart in der einen oder anderen Weise Hindus.

Die hinduistische Religion kennt viele Götter und Göttinnen, und jede Gottheit hat viele verschiedene Erscheinungsformen. Weiterhin hat die ethische und intellektuelle Tradition – wie der bekannte Anthropolge und Schriftsteller Irawati Karve anmerkte[5] – viele neue Glaubens- und Verhaltenselemente aufgenommen, während alte fortbestanden, ohne daß man deshalb die Kohärenz gefährdet sah. Die Integration offenkundig fremdartiger Glaubenselemente ist von jeher ein zentrales Merkmal der indischen Kultur gewesen.

Gesellschaft und Kultur Indiens wurden weiterhin stark vom Islam geprägt. Der Islam in Indien blickt auf eine lange Geschichte zurück, weite Teile des Landes standen jahrhundertelang unter muslimischer Herrschaft. Auch nach der Teilung im Jahr 1947 leben in Indien immer noch mehr Muslime als in jedem anderen Land der Welt mit Ausnahme von Indonesien. Der Einfluß des Islam schlug sich auf vielen Gebieten nieder: in der bildenden Kunst, der Architektur, Musik, Literatur und in der Sprache. Der Islam beeinflußte auch die religiösen Glaubensinhalte und die religiöse Praxis, vor allem durch synkretistische Bewegungen und Sekten, die im Mittelalter entstanden; Sekten gab es in Indien allerdings auch schon in vorislamischer Zeit.

Die Muslime beherrschten zwar über Jahrhunderte hinweg weite Gebiete Indiens politisch, aber sie zerstörten die Struktur der hinduistischen Gesellschaft nicht, sondern paßten sich ihr eher an.[6] Der Islam ist eine Religion der Gleichheit, der Hinduismus die Religion einer hierarchischen Ordnung. Bis zu einem gewissen Grad milderte der Islam die hierarchischen Unterschiede in der indischen Gesellschaft, indem er die Legitimität der hinduistischen *varna*-Ordnung ein wenig schwächte. Aber die Muslime fanden sich schließlich – wie im großen ganzen auch die Christen – mit zugeschriebenen sozialen Ungleichheiten genauso ab wie die Hinduisten.

Die Unterschiede in den Denk-, Glaubens- und Verhaltensweisen wurden durch das Wertesystem begünstigt, und die Toleranz gegenüber den Unterschieden hatte ihre ethische Basis im Hinduismus. In den klassischen Rechtstexten oder *smritis* werden eine Reihe idealer Verhaltensregeln formuliert, aber es heißt auch, daß immer dann, wenn die Regeln von lokalen Gewohnheiten *(deshachar)* oder volkstümlichen Gepflogenheiten *(lokachar)* abweichen, letztere den Vorrang haben sollen. Von Yajnyavalka, einem der bedeutendsten Verfasser von *smritis*, ist die Maxime überliefert, »man soll nichts tun, was von der *smriti* befohlen, aber von den Menschen verurteilt wird«.[7] Dharma, was im allgemeinen mit »Religion« übersetzt wird, aber eigentlich »richtiges Verhalten« bedeutet, zerfällt in *varnashramadharma* oder Regeln für bestimmte Stadien und Abschnitte im Leben, und in *sadharanadharma* oder Regeln für alle; ersteren wird weitaus mehr Bedeutung zugemessen als letzteren.[8] Die klassischen Texte legen keinen großen Wert auf einen einzigen, einheitlichen normativen Maßstab für alle Bereiche der Gesellschaft.

Moderne Inder argumentieren zuweilen, die Tatsache, daß Offenheit für Verschiedenheit einen zentralen Wert der indischen Kultur darstelle, erleichtere den Indern den Aufbau einer demokratischen Gesellschaft. Dagegen ist einzuwenden, daß zwar die Gesellschaft als ganze die unterschiedlichsten Gepflogenheiten vieler verschiedener Gruppen tolerierte, der einzelne Mensch jedoch nur sehr wenig Spielraum hatte, in der Arbeit, in der Religion oder selbst in seiner Freizeit eigene Lebensvorstellungen zu verwirklichen. Die klassischen Gesetzestexte betonen Pflichten viel stärker als Rechte[9], und der einzelne übernimmt als wichtigste Pflicht, die Lebensweise der Gruppe fortzuführen, in die er hineingeboren worden ist. Dem einzelnen blieb nur ein legitimer Weg, dem ihm zugewiesenen Platz im Leben den Rükken zu kehren: Er mußte sich ganz von der Welt abwenden und Asket werden.[10]

Als gesellschaftlicher Wert zählte nicht die individuelle Entscheidung, sondern die von jeher bestehende Tradition, welche die Lebensführung einer jeden Gruppe bestimmte. Gedanken, Überzeugungen und Verhaltensweise waren keineswegs unveränderlich, aber sie veränderten sich langsam, unmerklich und im allgemeinen nicht durch das gezielte Handeln eines einzelnen. Entweder nahm die Gruppe als Ganze eine neue Lebensweise an oder, was häufiger vorkam, ein Teil der Gruppe, und die Veränderung wurde damit begründet, daß dies eigentlich die traditionelle Lebensweise sei, von der man in jüngster Zeit ungewollt und zufällig abgewichen sei.

Ebensowenig wie Toleranz gegenüber Verschiedenheit mit individueller Autonomie einherging, ging sie mit Gleichheit einher. Die unterschiedlichen Lebensweisen galten als legitim in ihrer jeweiligen Sphäre, aber sie wurden keineswegs alle gleich geachtet. Die jeweiligen Gruppen hatten ihren festen Platz in der Gesellschaft, manche in ihrem geheiligten Zentrum oder nahe beim Zentrum, andere an der Peripherie oder sogar jenseits davon.

Als ideologische Rechtfertigung der sozialen Hierarchie diente die Gegenüberstellung von Reinheit und Unreinheit. Diese Denkweise ist ein zentrales Element der hinduistischen Tradition, aber andere religiöse Gruppen, Christen und Muslime etwa, konnten sich ihrem Einfluß nicht entziehen. Die beiden Pole der sozialen Hierarchie waren am einen Ende die Brahmanen im Besitz der höchsten Reinheit und am anderen Ende die Unberührbaren, bei denen sich alle Arten von Unreinheit konzentrierten. Aber selbst die traditionelle Gesellschaftsordnung war differenzierter, als sich in der Gegenüberstellung von Reinheit und Unreinheit ausdrücken ließ. Sie beruhte auf extremen Ungleichheiten in der Verteilung der wirtschaftlichen und politischen Macht, das heißt in der Kontrolle über Dinge und Menschen. Die Verteilung der Macht verändert sich nicht automatisch mit dem Wandel von Glaubensüberzeugungen und -praktiken, und die indische Gesellschaft der Gegenwart ist immer noch von einer großen materiellen Ungleichheit gekennzeichnet.

Eine Erörterung der Konflikte in der heutigen indischen Gesellschaft muß mit den gesellschaftlichen Veränderungen beginnen, die sich in den letzten 150 Jahren und insbesondere seit der Unabhängigkeit vollzogen haben. Von heute aus betrachtet, ist die bedeutendste Veränderung der Übergang von einer hierarchischen zu einer auf dem Gleichheitsprinzip gegründeten normativen Ordnung: Gleichheit vor dem Gesetz, gleicher Schutz durch die Gesetze, Status- und Chancengleichheit.

Die traditionelle hinduistische Gesellschaft wurde 2000 Jahre vom Rechtskodex des Dharmashastra regiert, dessen Einfluß weitreichend und allesdurchdringend war. Das Dharmashastra im allgemeinen und die Manusmriti im besonderen sind die umfassendste, am besten ausgearbeitete Beschreibung einer hierarchischen Gesellschaftsordnung, die aus der gesamten Menschheitsgeschichte überliefert ist. Im Jahr 1950 gab sich Indien eine neue Verfassung. Darin nehmen Bestimmungen über die Gleichheit einen herausragenden Platz ein. Es sind keine zwei gegensätzlicheren Grundgesetze einer sozialen Ordnung denkbar als diese beiden Texte. Dr. B. R. Ambedkar, der als der Vater der heutigen indischen Verfassung gilt, verbrannte nicht umsonst öffentlich die Manusmriti, weil sie in seinen Augen der Inbegriff von Ungerechtigkeit und Unterdrückung waren.

Doch mit der Annahme einer radikal neuen Verfassung ändert sich nicht das gesamte Leben einer Gesellschaft. Zwar treten neue Gesetze in Kraft, aber die alten Sitten und Gepflogenheiten existieren weiter. In Indien stehen sie oft im Widerspruch zu den Gesetzen, und man kann nicht davon ausgehen, daß die Gesetze in jedem Fall verbindlicher sind als Sitten und Gepflogenheiten. Beziehungen, die auf Verwandtschaft, Kastenzugehörigkeit und Zugehörigkeit zu einer bestimmten Gruppe gründen, sind zwar nicht mehr dasselbe wie früher, aber sie haben sich nicht bis zur Unkenntlichkeit verändert. Für die Identität und für die Abgrenzung von anderen spielen sie nach wie vor eine große Rolle. Sie sind weiterhin ein herausragendes Merkmal der sozialen Landschaft.

Zwei Züge der traditionellen gesellschaftlichen Morphologie verlangen besondere Aufmerksamkeit, denn sie sind im heutigen Indien nach wie vor gegenwärtig. Das ist zum einen der Vorrang der kollektiven vor der individuellen Identität und zum zweiten die ungleiche Verortung von Individuen und Gruppen innerhalb der Gesellschaft. Jawaharlal Nehru schrieb dazu[11]: »Diese Struktur gründete auf drei Begriffen: der autonomen Dorfgemeinschaft, der Kaste und der erweiterten Familie. In allen drei Fällen zählt in erster Linie die Gruppe, und der einzelne ist zweitrangig.«

Die traditionelle indische Sozialordnung war in der hinduistischen Gesellschaft am weitesten verwirklicht, aber bis heute hat sie in der gesamten indischen Gesellschaft ihre Spuren hinterlassen. Ihr herausragendes Merkmal ist das Kastenwesen. Die Kaste kann entweder als *varna* verstanden werden, als Ausdruck der hinduistischen Gesellschaftsvorstellung, oder als *jati*, als Ausdruck von Unterschieden, die im Alltagsleben wirksam werden. *Varna* und *jati* waren nie vollkommen deckungsgleich.[12] Heute sind die *varna* anachronistisch[13], *jati* hingegen ist nach wie vor von Bedeutung. Nur Hindus hatten *varna* im eigentlichen Sinn des Wortes, *jati* gab und gibt es auch bei den Muslimen, Christen und anderen Gruppen.[14]

Nach dem Konzept der *varna* bestand die hinduistische Gesellschaft aus vier Stufen: Brahmanen, Ksatriya, Vaisya und Sudra (ursprünglich Priester; weltliche Herrscher, Adlige und Krieger; Bauern, Händler und Viehzüchter; Diener und Leibeigene; A. d. Ü.). Diese Unterteilung war die einzige und im Prinzip allumfassende. In den klassischen Texten heißt es: »Brahmanen, Ksatriya, Vaisya, Sudra, das sind die vier *varna*, und es gibt keine fünfte.« Tatsächlich gab es etliche Gruppen mit einem Zwischenstatus, einem marginalen Status oder einem Status, der ganz aus dieser Ordnung herausfiel: sektiererische Gruppen, Eingeborenenstämme, »fremde« Kasten und andere. Sie alle wurden in gewisser Weise als *jati* betrachtet, in ihrer Struktur den *jati* vergleichbar, die das Fundament der traditionellen hinduistischen Gesellschaft darstellten.

Das System der *jati* war nicht so klar und eindeutig wie die

Ordnung der *varna*. Es gab nur vier *varna*, aber unzählige *jati*. Darüber hinaus erkannten zwar alle Hindus dieselbe unwandelbare *varna*-Ordnung in derselben hierarchischen Stufenfolge an, aber jede Region hatte ihren eigenen Bestand an *jati*, wenn auch das Muster ihrer Abgrenzung und Abstufung im wesentlichen überall gleich war. Aus der historischen Überlieferung geht hervor, daß alte *jati* verschwanden und neue auftauchten, entweder durch Spaltung oder durch die Absorption von zugewanderten oder eingeborenen Gruppen. Zwar wurden die *jati* überall in einer Stufenfolge geordnet, aber die Rangfolge war nirgends ganz fest; vor allem auf den mittleren Rängen wechselten die *jati* ihre Plätze und stiegen oder fielen regelmäßig im Verlauf der Zeit.

Über die Jahrhunderte hinweg wurden viele Stämme von der hinduistischen Gesellschaft absorbiert.[15] Im Prozeß der Absorption gaben die Stämme manche Bräuche auf, auch religiöse und sprachliche Riten, fühlten sich aber weiterhin als Gruppe mit einer unveränderbaren Identität. Wenn nun ein Stamm zu einer Kaste wurde, umfaßte er in gewisser Weise noch dieselbe Gruppe wie vorher, aber in einem anderen Gewand, und er suchte sich eine Nische im lokalen System der *jati*. Ebenso bedeutete der Übertritt zum Islam – oder zum Sikhismus oder zum Christentum – einen Wechsel der Religion, aber nicht notwendigerweise einen Wechsel der Kaste. Manchmal findet man die Kaste der Ahir, Jat oder Rajputen auch bei den Hindus, Muslimen und Sikhs – mit ungefähr dem gleichen Status in allen drei Religionen.[16]

Das System der *varna* hat heute viel von seiner Kohärenz und Legitimität eingebüßt, die *jati* jedoch, die eigentlichen Bausteine der Gesellschaft, sind bei Hindus, Muslimen, Sikhs, Christen und anderen weiter wirksam. Die Differenzierung nach Kasten wird überlagert von Differenzierungen nach Sprache und Religion. Nicht für alle ist das hierarchische Prinzip oder auch nur das Prinzip einer sozialen Abstufung in einem breiteren Sinne anwendbar. In manchen Zusammenhängen können Menschen, die bengalisch oder tamilisch sprechen, unter den Kategorien von *jati* betrachtet werden, aber das impliziert keine Rangordnung; das gleiche gilt bis zu einem gewissen Grad für die wichtigsten religiösen Gruppen. Es kommt auch vor, daß alle Gruppen um dieselben knappen Ressourcen konkurrieren. Dann gleicht ihr Verhalten dem ethnischer Gruppen, wie es in der soziologischen Literatur wohlbekannt ist.[17]

Schließlich werden alle diese auf Sprache, Religion, Sekte, Kaste und Stamm basierenden Unterschiede von Differenzierungen nach Besitz, Einkommen, Beruf und Bildung oder von Klassenunterschieden im herkömmlichen Sinn überlagert. Und letztlich wird die Verwirrung dadurch komplett, daß es heute in Indien sowohl im Rechtswesen wie in der Politik üblich ist, die Differenzierungen nach Kaste und Gruppe in der Begrifflichkeit von Klassenunterschieden auszudrücken.

3. Positive Diskriminierung

Die Einstellung der indischen Intelligenz gegenüber der hierarchischen Gliederung der Gesellschaft begann sich um die Mitte des letzten Jahrhunderts zu verändern.[18] Der Prozeß vollzog sich langsam, schrittweise und traf auf viele unvorhergesehene Hindernisse. Bis heute ist er nicht abgeschlossen. Die britische Kolonialherrschaft wirkte zwar als ein wichtiger Katalysator, aber die Inder suchten aus eigenem Antrieb bei ihren kulturellen Traditionen Unterstützung für das Ideal der Gleichheit. Mit der Unabhängigkeit vollzog sich ein grundlegender Einstellungswandel. Das Kastensystem galt allgemein als die Hauptursache der Ungleichheit und Gespaltenheit der hinduistischen Gesellschaft.

Am Vorabend der Unabhängigkeit schrieb Jawaharlal Nehru[19]: »Der Zeitgeist ist für die Gleichheit, auch wenn die Alltagspraxis der Gleichheit fast überall zuwiderläuft.« Und er fügte hinzu, »der Zeitgeist wird triumphieren«. Der Widerspruch zwischen dem von Nehru so bezeichneten Zeitgeist und sozialem Verhalten, das von anderen Voraussetzungen ausgeht, ist heute noch eine der wichtigsten Quellen für Konflikte in Indien. Der Zeitgeist hat nicht triumphiert, zumindest nicht in dem Sinn und dem Umfang, wie Nehru es wünschte und hoffte; besiegt ist er jedoch auch nicht.

Die indische Verfassung ist eines der umfangreichsten Dokumente ihrer Art. In der kurzen Zeit ihres Bestehens wurde sie bereits rund achtzigmal ergänzt. Die Länge und die Zahl der Ergänzungen sind gute Indikatoren für Zwiespältigkeit, Unsicherheit und Konflikte im Umgang mit bestimmten Normen in der heutigen indischen Gesellschaft. Die Verfassung enthält gewichtige Vorkehrungen zum Schutz der Gleichheit, einige davon mußten allerdings verändert werden. Ein indischer Jurist urteilte einmal über diese Gleichheitsgarantien: »Alles in allem reicht die Garantie in der indischen Verfassung weit über die Garantien hinaus, die in der englischen und der amerikanischen Verfassung einzeln und zusammengenommen gegeben werden.«[20] Festzuhalten ist noch, daß Zahl und Art der Gleichheitsgarantien selbst zu Quellen von Debatten und Dissens geworden sind, denn dem Gedanken der Gleichheit werden unterschiedliche Implikationen zugesprochen, die nicht immer miteinander harmonieren.

Die wichtigsten Vorkehrungen zum Schutz der Gleichheit sind in Teil III über Grundlegende Rechte und in Teil IV über Leitlinien der Staatlichen Politik enthalten. Als erstes muß darauf hingewiesen werden, daß die Bestimmungen in Teil III gerichtlich einklagbar sind, die Bestimmungen in Teil IV jedoch nicht; allerdings haben die Bestimmungen in Teil IV in den letzten Jahren erheblich an Gewicht gewonnen und sich insofern Teil III angenähert.[21] Die Bestimmungen in Teil III betreffen die Gleichheit vor dem Gesetz (Art. 14), das Verbot von Diskriminierung aufgrund von Religion, Rasse, Kaste, Geschlecht oder Herkunft (Art. 15) und die Chancengleichheit bei der Bewerbung um eine Stelle im Staatsdienst (Art. 16). Gleichheit wird in diesem Zusammenhang als ein Recht gesehen, dessen Träger einzelne Staatsbürger sind. In Teil IV geht es um die Verteilung materieller Ressourcen (Art. 39) und die Förderung der »Registrierten Kasten« (SC: Scheduled Castes), »Registrierten Stämme« (ST: Scheduled Tribes) und anderer schwächerer Glieder der Gesellschaft (Art. 46). Hier beschreibt der Begriff Gleichheit eine bestimmte Art von Politik angesichts der Unterschiede zwischen Klassen und Kasten. Es wird zu zeigen sein, daß die Regelungen der Verfassung eine Reihe von Spannungen in sich bergen, und zwar erstens zwischen unterschiedlichen Konzeptionen von Gleichheit und zweitens zwischen den Rechten von Individuen und den Ansprüchen von Gruppen.[22]

Den politischen Führern des unabhängigen Indien war fraglos klar, daß eine neue Verfassung allein noch keine Garantie für wirkliche Gleichheit darstellt. Viele alte Unterschiede zwischen Gruppen blieben bestehen, neue Ungleichheiten zwischen Individuen tauchten auf. Es wurden Anstrengungen unternommen, um die Ungleichheiten durch demokratische Politik auf nationaler, regionaler und lokaler Ebene sowie durch ökonomische Planung zu beseitigen oder wenigstens zu verringern. Im folgenden sollen am Beispiel der positiven Diskriminierung einige der Spannungen aufgezeigt werden, welche die Förderung der Gleichheit im modernen Indien mit sich gebracht hat.

Indien hat eines der ältesten und umfassendsten Programme für positive Diskriminierung. Es ist seit jeher eine Quelle gesellschaftlicher Auseinandersetzungen und politischer Zwietracht gewesen, im Jahr 1990 stürzte darüber die Regierung des Landes. Die Gerichte haben in entsprechenden Fällen unterschiedlich entschieden, ihre Urteile sind oder erscheinen widersprüchlich.[23] In unserem Zusammenhang ist festzuhalten, daß Befürworter wie Gegner des Programms der positiven Diskrimiminierung ihre Argumente im Namen der Gleichheit vortragen.

Grundlage der positiven Diskriminierung ist das Prinzip der Entschädigung: Es versucht eine Wiedergutmachung der in früheren Generationen entstandenen Verwerfungen, um mehr Gleichheit zu erreichen. Weiter oben wurde ein Überblick über solche Verwerfungen gegeben, und es wurde ausgeführt, wie sie sich heute in Indien auf die Verteilung der Lebenschancen der verschiedenen gesellschaftlichen Gruppen auswirken. Die unterprivilegierten Gruppen werden allgemein als »Benachteiligte Klassen« bezeichnet, und das Anliegen der positiven Diskriminierung ist es, eine Reihe von Vorkehrungen zu ihren Gunsten zu treffen, um so zu mehr Gleichheit in der Gesellschaft insgesamt zu kommen.

Um zu verstehen, welche Konflikte durch die positive Diskriminierung entstanden sind, muß zunächst kurz darauf eingegangen werden, welche Vorteile sie bringt, und wer deren Nutznießer sein sollen. Gedacht ist das Programm für die benachteiligten Klassen. Genaugenommen sind es keine Klassen im üblichen soziologischen Sinn, sondern bestimmte Stämme, Kasten und andere Gemeinschaften.[24] Die Förderinstrumente decken eine große Bandbreite ab. Am wichtigsten und auch am umstrittensten ist eine Quotenregelung für politische Körperschaften, Stellen im Staatsdienst und für das Bildungswesen; tatsächlich wurde das Programm der positiven Diskriminierung unter der Bezeichnung »Quotenregelung« bekannt.

Die sozial benachteiligten Klassen sind eine große, heterogene Kategorie. Drei Großgruppen lassen sich zusammenfassen: die Registrierten Stämme, die Registrierten Kasten und die Übrigen Benachteiligten Klassen (OBC: Other Backward Classes). Die beiden erstgenannten Gruppen haben einige gemeinsame Merkmale, und die verfassungsmäßigen Bestimmungen zur Verbesserung ihrer Situation sind klarer und eindeutiger als jene für die Gruppe der Übrigen Benachteiligten Klassen. Zu den Registrierten Stämmen zählen 7,75 Prozent der Bevölkerung, zu den Registrierten Kasten 15,75 Prozent, beide zusammen umfassen über 200 Millionen Menschen. Die traditionelle hierarchische Ordnung benachteiligte sie in vielfältiger Weise, unter vielen Benachteiligungen leiden sie bis heute, erstere durch Isolierung, letztere durch Ausgrenzung. Insofern Chancengleichheit nicht nur von der Abwesenheit von Hindernissen abhängt, sondern auch vom Vorhandensein von Möglichkeiten, könnte man sagen, Ziel der positiven Diskriminierung sei es, Möglichkeiten zu schaffen.

Die Verfassung verlangt, daß im Unterhaus der Indischen Union und den unteren Kammern der Bundesstaaten eine bestimmte Zahl von Sitzen den Registrierten Stämmen und den Registrierten Kasten vorbehalten bleibt (Art. 330, 332). Grob entspricht diese Zahl ihrem Anteil an der Gesamtbevölkerung: Das ist eine politische Quote. In Artikel 335 heißt es dazu: »Die Forderungen der Angehörigen von Registrierten Kasten und Registrierten Stämmen sollen bei der Vergabe von Stellen und Ämtern im Zusammenhang mit Angelegenheiten des Gesamtstaates oder eines Bundesstaates in einer Weise Berücksichtigung finden, daß das effektive Funktionieren der Verwaltung nicht gestört wird.« Das betrifft die Vergabe von Stellen nach einer Quotenregelung. Die Bestimmungen für die Reservierung von politischen Mandaten und für die Reservierung von Stellen sind etwas unterschiedlich formuliert, aber die verschiedenen Zweige der Regierung führen sie zunehmend gleich aus. Schließlich gibt es noch Quoten im Bildungsbereich: Eine bestimmte Anzahl von Plätzen in allen, auch in medizinischen und technischen Ausbildungseinrichtungen, ist Schülern und Studenten der genannten Gruppen vorbehalten.

Die Autoren der indischen Verfassung waren sich sehr wohl bewußt, daß die Fixierung einer Vielzahl von Sonderregelungen, sei es bezogen auf bestimmte Vorteile oder bezogen auf bestimmte Nutznießer, das Prinzip der Chancengleichheit aufgeweicht hätte, für das sich die Verfassunggebende Versammlung prinzipiell ausgesprochen hatte. Wenn einzelnen Gruppen besondere Chancen vorbehalten sind, kann dies, auch wenn es dem kurzzeitigen Abbau sozialer Ungleichheiten dient, nur bis zu einem gewissen Grad mit dem Grundsatz der Chancengleichheit für alle in Einklang gebracht werden. B. R. Ambedkar, der Vorsitzende des Redaktionsausschusses, stellte fest: »Wir müssen zwei Dinge beachten, nämlich einmal das Prinzip der Chancengleichheit, und zugleich müssen wir den Forderungen bestimmter Gruppen Rechnung tragen, die bislang auf staatlicher Ebene nicht vertreten sind.«[25] Ambedkar sprach sich dafür aus, Sonderregelungen in einem gewissen Umfang aufzunehmen, aber so, daß dadurch der Grundsatz der Chancengleichheit nicht »aufgezehrt« würde. Dementsprechend gibt es Sonderregelungen in der Verfassung nur für die Registrierten Kasten und Stämme; die symbolische Repräsentation, die der sehr kleinen anglo-indischen Gruppe zugesprochen wurde, einmal ausgenommen.

In der Verfassunggebenden Versammlung setzte sich die Ansicht durch, bestimmte Regelungen zur sozialen und ökonomischen Förderung sollten nicht nur den Registrierten Kasten und Stämmen zugute kommen, sondern auch anderen benachteiligten Gruppen der Gesellschaft. In Art. 340 wurde verankert, daß eine Kommission eingesetzt und beauftragt werden sollte, »die Lebensbedingungen sozial und bildungsmäßig benachteiligter Klassen zu untersuchen« und Vorschläge für ihre Förderung zu unterbreiten. Tatsächlich hatte bereits die Kolonialregierung Quoten bei der Vergabe von Arbeits- und Ausbildungsplätzen für diese Übrigen Benachteiligten Klassen vorgesehen. In einigen Bundesstaaten waren sie noch wirksam, als die neue Verfassung verabschiedet wurde. Diese Bestimmungen, die überdies nicht einheitlich angewendet wurden, erschienen im Licht der Verfassung zwiespältig.[26] Der Präsident ernannte 1953 eine Kommission (die Kalelkar-Kommission), doch deren Empfehlungen, die zwei Jahre später vorlagen, konnten wegen gravierender Meinungsverschiedenheiten der Kommissionsmitglieder nicht umgesetzt werden. Im Jahr 1978 wurde eine neue Kommission ernannt (die Mandal-Kommission). In ihrem Bericht aus dem Jahr 1980 empfahl sie umfängliche Quotenregelungen im Bildungs- und Beschäftigungssystem für die Übrigen Benachteiligten Klassen über die Regelungen hinaus, die für die Registrierten Kasten und Stämme galten. Im Jahr 1990 versuchte die Zentralregierung diese Regelungen zum Teil umzusetzen, doch dagegen erhob sich massiver Protest, und die Regierung mußte zurücktreten.

Die Übrigen Benachteiligten Klassen sind sozial, ökonomisch und politisch noch weitaus weniger homogen als die beiden anderen Gruppen. Wieder handelt es sich nicht um Klassen im soziologischen Sinn, sondern um eine Mischung von 3743 Kasten und Gruppen. Wie stark ihr Anteil an der Bevölkerung ist, läßt sich schwer sagen, aber schätzungsweise gehören 50 Prozent zu dieser Kategorie. Manche sind in niederen Positionen und stehen auf der sozialen Leiter kaum über den Registrierten Kasten, andere befinden sich trotz ihres niedrigen Status in der traditionellen religiös-rituellen Hierarchie politisch in einer dominierenden

Position. Die Angehörigen dieser Kategorie unterscheiden sich sehr stark nach Einkommen, Beruf und Ausbildung, sehr viel stärker als die Angehörigen der Registrierten Kasten und Stämme. Nach der gegenwärtigen Rechtslage sind bis zu 27 Prozent der Stellen im Regierungsapparat für Angehörige dieser Kategorie reserviert, in einigen Bundesstaaten wird die Quote weit überschritten. In einigen, aber nicht in allen Bundesstaaten gilt für sie auch eine Quotenregelung im Ausbildungsbereich, aber es gibt keine Quotenregelung für die Sitzverteilung im Parlament des Gesamtstaates und den Legislativen der Einzelstaaten.

Der landesweite politische Aufruhr im Zusammenhang mit der Reservierung von Stellen für die Übrigen Benachteiligten Klassen illustriert auf dramatische Weise den Konflikt zwischen Gleichheit als Recht und Gleichheit als politischer Strategie, zwischen formaler und materialer Gleichheit. Lange vor der Unabhängigkeit hatte die Kolonialverwaltung in einigen Teilen des Landes Quotenregelungen bei Ausbildungs- und Arbeitsplätzen eingeführt. Nach der Unabhängigkeit betrachtete die Kongreßpartei diese Regelungen eher als Elemente der politischen Spaltung denn als Schritte in Richtung auf mehr soziale Gleichheit. Darüber hinaus war die Kolonialregierung bei der Umsetzung ihrer Politik nicht durch eine Verfassung eingeschränkt, die Chancengleichheit im öffentlichen Dienst als ein fundamentales Recht enthielt. In die Verfassung mußten auf dem Wege von Verfassungsergänzungen Bestimmungen aufgenommen werden, die trotz des Diskriminierungsverbotes und trotz der Verankerung der Chancengleichheit Quoten im Ausbildungs- und Erziehungssystem ermöglichten. Wie diese unterschiedlichen Regelungen dann ausbalanciert wurden, hing bis zu einem gewissen Grad davon ab, wie insbesondere die mittlere Entscheidungsebene auf aktuelle politische Konstellationen reagierte. Der Oberste Gerichtshof drängte anfänglich auf eine restriktive Anwendung der Quoten. In einem wichtigen Urteil aus dem Jahr 1962 schlug das Gericht die recht großzügige Quotenregelung zugunsten der Übrigen Benachteiligten Klassen, die im damaligen Bundesstaat Mysore in Südindien gültig war, als »verfassungswidrig« nieder. Spätere Urteile fielen konzilianter aus und gründeten auf der Prämisse, Grundrechte könnten nicht isoliert von politischen Grundentscheidungen des Staates gesehen werden.[27]

Der Bericht der zweiten Kommission über die Lage der Benachteiligten Klassen, der zur Charta der Befürworter von Quotenregelungen für diese sozialen Gruppen geriet, hielt fest, die wahre »Feuerprobe« sei Gleichheit im Ergebnis, nicht das rein formale Prinzip der Gleichheit von Ausgangschancen.[28] Fortschritte bei der Verwirklichung von Gleichheit müßten nach dieser Sicht daran ablesbar sein, daß alle Klassen gleichmäßig in angesehenen, verantwortlichen Positionen in öffentlichen Institutionen vertreten wären. Nachdrücklich wies die Kommission darauf hin, daß die Realität davon noch weit entfernt sei. Im Gegensatz dazu argumentieren die Gegner von Quotenregelungen, es stelle eine schwere Verletzung des Gleichheitsgrundsatzes dar, wenn besser qualifizierte Bewerber aus höheren Kasten für geringer qualifizierte aus niedrigeren Kasten zurückstehen müßten, insbesondere wenn, wie es häufig der Fall sei, die Vorteile der Quotenregelungen den relativ bessergestellten und nicht den am meisten benachteiligten Mitgliedern jener Gruppen zugute kämen. Grundsätzlich kann man die Frage stellen, ob proportionale Vertretung in Verwaltungsinstitutionen genauso erforderlich ist wie in legislativen Körperschaften.

Ein zweiter Normenkonflikt, der mit dem ersten eng zusammenhängt, resultiert aus der Kollision von Gruppenansprüchen mit individuellen Ansprüchen. Basis der indischen Verfassung sollten Gleichheit und Individualrechte sein, aber Ungleichheit und Gruppenidentitäten haben als hartnäckige Gegebenheiten auch im unabhängigen Indien überlebt. Einige Mitglieder der Verfassunggebenden Versammlung, insbesondere Anhänger Gandhis, wollten das Dorf als kleinste Einheit der neuen Gesellschaftsstruktur verankern mit der Begründung, das Dorf habe in der traditionellen sozialen Ordnung die zentrale Position innegehabt. Ambedkar, ein unermüdlicher Anwalt der Ansprüche der Registrierten Kasten und Stämme, widersetzte sich diesem Modell: »Ich bin froh, daß der Verfassungsentwurf nicht vom Dorf, sondern vom Individuum als kleinster sozialer Einheit ausgeht.«[29] Die Kastenordnung wurde offiziell aufgehoben, kehrte aber gleichsam durch die Hintertür im Namen von Gleichheit und sozialer Gerechtigkeit wieder zurück.[30]

Als Indien unabhängig wurde, hoffte man, die Demokratie werde die Kastenstruktur in dem Maße unterhöhlen, wie sich als Folge politischer Entscheidungen eine liberalere, auf Gleichheit gegründete Gesellschaft entwickeln würde. Statt dessen bekam das Kastensystem durch die Politik neuen Auftrieb, denn es erwies sich als eine praktische Basis für die Mobilisierung von Unterstützung im politischen Prozeß.[31] Die Politik gegenüber den Kasten in Indien ist der Politik gegenüber ethnischen Gruppen in Amerika vergleichbar, aber in Indien geht es um sehr viel mehr Menschen, und die Politik greift sehr viel tiefer ein.[32] Die traditionelle religiös-rituelle Basis der Kastenordnung besteht heute nicht mehr. Niemand kann jedoch bestreiten, daß die Kasten in der gegenwärtigen indischen Politik immer noch ein aktive Rolle spielen. Es stimmt, daß die Politik das Erscheinungsbild der Kasten verändert, aber umgekehrt verändern auch die Kasten das Erscheinungsbild der Demokratie in Indien.

Die gleiche Wirkung wie von der Demokratie erwartete man auch von der wirtschaftlichen Entwicklung. Das Credo der indischen Intellektuellen besagte, das Kastenwesen sei die gesellschaftliche Grundlage einer stagnierenden, rückständigen, feudalen oder semi-feudalen Wirtschaft, und mit der Entfaltung wirtschaftlicher Dynamik werde es verschwinden. Inzwischen hat es in Indien in gewissem Umfang wirtschaftlichen Fortschritt gegeben, der allerdings bislang begrenzt blieb. Heute bewegt viele die Frage, wie die Früchte des Fortschritts verteilt werden oder verteilt werden sollten. Allem Anschein nach würden es immer mehr Menschen gerne sehen, wenn die Verteilung nicht nur pro Kopf oder pro Haushalt erfolgte, sondern wenn dabei auch Kasten und Gruppen als gesellschaftliche Einheiten, die sie ihrer Meinung nach sind, berücksichtigt würden. Dies führt zumindest auf kurze Sicht nicht zu einer Schwächung des Kastenbewußtseins, sondern zu seiner Stärkung.

Der amerikanische Jurist Owen M. Fiss unterschied in einer Untersuchung über Maßnahmen zur Beseitigung und Verhütung von Diskriminierung bestimmter Gruppen in Amerika das Prinzip der »Nicht-Diskriminierung« und das Prinzip der »Gruppen-Bevorzugung« als zwei Wege, zu mehr Gleichheit zu gelangen.[33] Fiss wies darauf hin, daß in Amerika das Prinzip der Nicht-Diskriminierung sehr deutlich bevorzugt werde; in Indien hingegen beobachten wir eine ausgeprägte Tendenz sowohl in der Politik wie auch im Rechtssystem, das Prinzip der Gruppen-Bevorzugung in den Vordergrund zu stellen. Im Bericht der wichtigen Kommission für die Benachteiligten Klassen im Bundesstaat Karnataka argumentierte der Kommissionsvorsitzende L. G. Havanur, in Indien müsse erst die Gleichheit der Kasten erreicht sein, bevor man etwas für die Gleichheit der Individuen tun könne. Er unterbreitete eine eher überraschende als überzeugende Interpretation der Verfassung: »Die Verfassung verlangt die *Anerkennung der Kasten, um zur Gleichheit der Kasten zu gelangen.«*[34] (Hervorhebung im Original; A. B.)

Havanur setzt offensichtlich als selbstverständlich voraus, daß immer da, wo in der Verfassung von »sozial und bildungsmäßig benachteiligten Klassen« oder von den »schwächeren Gliedern der Gesellschaft« die Rede ist, Kasten oder Gruppen gemeint sind. Manche Inder, auch manche indische Richter, mögen diese Sicht zwar teilen, doch keineswegs alle. Kaka Kalelkar, der Vorsitzende der ersten Kommission, die sich mit der Situation der Benachteiligten Klassen im Lande befaßte, sah sich außerstande, die Kategorie »Kaste« als Kriterium für die Definition der Übrigen Benachteiligten Klassen zu empfehlen. Bei der Aushändigung des Berichtes an den Präsidenten formulierte er seine Bedenken gegen die Verwendung des Kastenbegriffs in diesem Zusammenhang: »In einer Demokratie ist immer der einzelne (nicht einmal die Familie) die kleinste Einheit. Die Demokratie gedeiht am besten, wenn wir einerseits das Persönlichkeitsrecht des einzelnen anerkennen und respektieren und andererseits das Wohlergehen der gesamten Nation im Auge behalten.«[35] Kalelkar sprach eine Ansicht aus, die vielleicht ebenso verbreitet ist wie die von Havanur. In der Tat ist ein moderner, gebildeter Inder in seinem Inneren zutiefst gespalten zwischen Respekt vor dem Individuum und Respekt vor der Kaste.

4. Säkularismus

Es kommt durchaus häufig vor, daß Befürworter wie Gegner von kastenbezogenen Quotenregelungen behaupten, sie wünschten sich ein Ende des Kastenwesens. Die Befürworter argumentieren, das Kastenwesen könne so lange nicht überwunden werden, wie massive Ungleichheiten in der Gesellschaft fortbestünden. Sie sind der Überzeugung, daß die Verminderung der Ungleichheiten durch positive Diskriminierung auf lange Sicht unweigerlich die Kasten schwächen werde. Die Gegner von Quotenregelungen sagen, in der Weise, wie Quoten in Indien eingesetzt würden, hätten sie nur die Wirkung, das Kastenbewußtsein zu stärken, und darum verhinderten sie das natürliche Absterben der Kasten.

Wenn wir das Fortbestehen kollektiver Identitätsgefühle in Indien untersuchen, dürfen wir uns nicht auf die Kasten beschränken, sondern müssen auch die Religionen mit einbeziehen. Es ist denkbar, daß jemand sich nur widerstrebend zur Loyalität gegenüber seiner Kaste bekennt, aber sehr viel seltener wird jemand Loyalität gegenüber seiner Religion bestreiten. Wie die Kaste verbindet die Religion heute Menschen nicht nur, sondern trennt sie auch. Wie die Kaste hat die Religion mit sozialer Identität zu tun, aber in deutlichem Gegensatz zur Kaste geht es bei der Religion darüber hinaus auch um Glaubensinhalte. Die Menschen begründen ihre Loyalität gegenüber einer bestimmten Religionsgemeinschaft nicht nur damit, daß sie in sie »hineingeboren« sind und an bestimmten »uralten Traditionen« festhalten, sondern auch mit den Glaubensinhalten.

Das Gespenst der »Zersplitterung in Gemeinschaften« trieb auf dem Subkontinent sein Unwesen, als Indien 1947 unabhängig wurde. Das Land wurde geteilt, um eine Lösung für das Problem der sozialen Gruppen zu schaffen, aber damit verschwand das Gespenst nicht. Der Teilung lag die Überlegung zugrunde, daß Pakistan ein Land der Muslime werden, Indien aber die gemeinsame Heimat von Hindus, Muslimen, Christen und anderen Religionen bleiben sollte. In der Folge wurde Pakistan zwar ein muslimischer Staat, Indien aber hat es zumindest bis heute abgelehnt, ein hinduistischer Staat zu werden. Wie bereits erwähnt, gibt es in Indien mehr Muslime als in Pakistan. Hindus und Muslime lebten seit Jahrhunderten zeitweise harmonisch, zeitweise im Streit auf dem Subkontinent zusammen. Aber im modernen säkularen Nationalstaat sind neue normative Konflikte des Zusammenlebens aufgetaucht, die mit den Rechten religiöser Minderheiten im säkularen Staat zusammenhängen.

Der säkulare Charakter des Staates wird in einem Zusatz zur Präambel der indischen Verfassung ausdrücklich betont. Zugleich aber trägt die Verfassung religiösen Ansprüchen Rechnung. So garantiert sie »das Recht, sich zu einer Religion zu bekennen, sie zu praktizieren und zu verbreiten« (Art. 25) als ein Grundrecht. Wie kann man gleichzeitig die »Säkularisierung« fördern und das Recht zur Verbreitung einer Religion schützen?

Beobachter aus dem In- und Ausland haben immer wieder registriert, daß die Religion eine sehr große, ungeschwächte Bedeutung für die Menschen in Indien besitzt. Im 19. Jahrhundert und zu Beginn des 20. Jahrhunderts interpretierten die Europäer dies so, daß die Inder Sklaven ihres Aberglaubens seien, einige wenige betrachteten es auch damals schon als Zeichen der spirituellen Überlegenheit. In allen alten Agrarkulturen durchdringt die Religion sämtliche Bereiche des Lebens – Familie, Verwandtschaft, Arbeit und Freizeit –, und für den Hinduismus trifft dies womöglich mehr zu als für jede andere Weltreligion. Ende des 19. Jahrhunderts setzte ein erster, diffuser Prozeß der Säkularisierung ein, ohne daß die Religion prinzipiell ihre Dominanz im Alltagsleben verlor. Vor 30 Jahren hat M. N. Srinivas auf das Eindringen säkularer Ideen hingewiesen, aber auch angemerkt, daß es Gegenströmungen gebe, und der Prozeß der Säkularisierung in den unterschiedlichen Segmenten der indischen Gesellschaft unterschiedlich verlaufe. »Die Hindus waren stärker von Säkularisierungsprozessen betroffen als die anderen Religionsgemeinschaften«, schrieb Srinivas, und weiter: »Unterschiedliche Gruppen innerhalb der hinduistischen Glaubensgemeinschaft sind in unterschiedlichem Grad davon betroffen.«[36]

Wir müssen unterscheiden zwischen Säkularisierung als Ergebnis der Wirkung einer Fülle technischer, ökonomischer und sonstiger Kräfte in der Gesellschaft, und Säkularisierung als bewußter Weltanschauung oder Lebensentwurf. Gegenstand einer Diskussion über den Konflikt von Normen muß vor allem die Säkularisierung als Weltanschauung sein, weniger der umfassende Prozeß der Säkularisierung. Die Mitglieder der Verfassunggebenden Versammlung gingen im großen und ganzen von der Prämisse aus, daß Indien eine säkulare Verfassung bekommen sollte. Im Grunde blieb ihnen auch gar keine andere Wahl, nachdem sie sich einmal zu dem Grundsatz bekannt hatten, daß niemand wegen seiner Religionszugehörigkeit diskriminiert werden dürfe. In den ersten 20 bis 30 Jahren nach der Unabhängigkeit bestand unter den Intellektuellen weithin Konsens, daß die Ausbreitung säkularer Ideen und Institutionen sowohl notwendig als auch wünschenswert für die Modernisierung der indischen Gesellschaft sei. Dieser Konsens erscheint heute weniger festgefügt als damals, es wird mehr danach gefragt, was Säkularisierung als Weltanschauung bedeutet.[37] Einer der bekanntesten indischen Intellektuellen hat sogar ein Manifest gegen die Säkularisierung veröffentlicht.[38]

Eine wichtige Quelle von Meinungsunterschieden und damit potentiell auch von Konflikten ist die Frage, welche Rolle der Staat bei der Förderung der Säkularisierung spielen soll. Es ist nützlich, an dieser Stelle eine zumindest grobe Unterscheidung zwischen den Begriffen »säkulare Gesellschaft« und »säkularer Staat« einzuführen. Der Unterschied läßt sich gut am Vergleich von Großbritannien und Indien verdeutlichen. In Großbritannien ist die Säkularisierung als allgemeiner gesellschaftlicher Prozeß weit fortgeschritten. Die Gesellschaft ist in stärkerem Maße säkular geprägt als die indische, in der religiöse Überzeugungen und Praktiken das Leben der Menschen sehr viel mehr bestimmen. Dennoch ist Großbritannien kein säkularer Staat, denn es hat eine Staatskirche, und deren Bischöfe sind qua Amt Mitglieder im Oberhaus. Indien ist demgegenüber ein säkularer Staat, ohne Staatskirche und ohne Vertretung einer Religion in den staatlichen Institutionen.

Wie weit kann ein säkularer Staat bei der Förderung der Säkularisierung in einer Gesellschaft gehen, die so tief wie die indische von religiösen Überzeugungen und Praktiken durchdrungen ist? Ist es legitim, wenn die herrschende Elite, und sei es mit noch so guten Absichten, ihre Wertvorstellungen einer Bevölkerung aufzuzwingen versucht, deren Wertvorstellungen sich denkbar stark von den Vorstellungen der Elite unterscheiden? Kann der Staat tatsächlich die Säkularisierung fördern, ohne die Religionsausübung des Volkes zu behindern? Kann er dies überhaupt tun, ohne den in der Verfassung garantierten Grundsatz der Religionsfreiheit zu verletzen?[39] Die Briten begriffen nach einigen falschen Schritten, daß sie sich besser nicht in die religiösen Gepflogenheiten ihrer indischen Untertanen einmischen sollten. Sollte ein souveräner, unabhängiger Staat im Umgang mit seinen Staatsbürgern nicht mehr Verantwortungsgefühl, vielleicht auch mehr Mut an den Tag legen? Srinivas bezog sich genau auf diese größere moralische Verantwortung, als er ausführte, daß die Abschaffung der Unberührbarkeit, bei der traditionelle Glaubensüberzeugungen und Verhaltensweisen sich untrennbar mischen, durch einen staatlichen Akt erst nach der Unabhängigkeit erfolgen konnte, keinesfalls davor.[40]

Das indische Staatsschiff muß zwischen der Norm der Säkularisierung und der Norm des religiösen Pluralismus lavieren. Es wird immer deutlicher, daß es zwei verschiedene, vielleicht sogar unvereinbare Auffassungen von Säkularisierung gibt. Nach der einen Auffassung bedeutet Säkularisierung Loslösung von der Religion, nicht von dieser oder jener bestimmten Religion, sondern von der Religion an sich. Dies scheint die allgemein akzeptierte westliche Vorstellung von Säkularisierung zu sein, die auch einige Anhänger in Indien besitzt. Aber es gibt noch eine zweite Auffassung, die wohl besser im Einklang mit der indischen Tradition steht. Demnach bedeutet Säkularisierung, daß alle Religionen in gleicher Weise toleriert, womöglich sogar gefördert werden; dabei liegt die Betonung auf Gleichbehandlung und Gerechtigkeit.

Diese beiden Auffassungen von Säkularisierung – als Loslösung von jeglicher Religion und als Gleichbehandlung aller Religionen – bestanden in Indien eine Zeitlang nebeneinander. Nur wenige schienen an ihrer Unvereinbarkeit Anstoß zu nehmen, oder vielleicht nahmen sie Anstoß, glaubten aber, daß ihnen als Indern die Quadratur des Kreises gelingen würde. Auf jeden Fall wurden diese Fragen nicht Gegenstand einer breiten Debatte und schienen auch nicht die Gefahr einer Spaltung heraufzubeschwören. Aus verschiedenen Gründen, die viel mit Entwicklungen der indischen Politik zu tun haben, sind mittlerweile Spaltungen aufgebrochen, und es ist keine Lösung für ihre Überwindung in Sicht.

Um zu verstehen, warum sich Indien beim Thema Säkularisierung in einer besonderen Zwangslage befindet, müssen wir uns die vielfältige kulturelle Tradition, aber auch die gegenwärtige demographische Entwicklung vor Augen halten. In Anbetracht der Existenz großer, vielköpfiger religiöser Minderheiten kann man sich ein stabiles soziales Arrangement nur schwer ohne einen gewissen Grad an religiöser Toleranz und eine gewisse Unabhängigkeit der öffentlichen Sphäre von religiösen Belangen vorstellen. Säkularisierung in der einen oder anderen Form ist Indiens Bestimmung geworden, wie schwer es auch den heutigen Politikern fallen mag, damit umzugehen.

Gegen die vom Staat vorangetriebene Säkularisierung wird sich Widerstand von verschiedenen Seiten regen. Soweit es das Bestreben ist, religiöse Exzesse zu neutralisieren, wird der Widerstand von Gläubigen kommen und den Vorwurf beinhalten, die Säkularisierung untergrabe die Moral. Soweit es das Bestreben ist, eine bedrängte religiöse Gruppe zu schützen oder gar zu fördern, werden andere Gläubige den Vorwurf der Parteilichkeit erheben. In jüngster Zeit ist vor allem die zweite Behauptung zu hören, denn die Regierungen saßen nie fest genug im Sattel, als daß sie es sich hätten erlauben können, einen Teil ihrer Wähler dadurch zu verprellen, daß sie den Anschein erweckten, sie würden deren Glauben untergraben.

Tatsächlich hatten mehrere Regierungen hintereinander mit den inneren Angelegenheiten bestimmter religiöser Gruppen zu tun, mit der Verwaltung und Erhaltung von Kultstätten und anderer religiöser Einrichtungen. Sie kümmerten sich aus vielen unterschiedlichen Motiven darum. Ein Impuls war immer die tatsächliche oder zumindest erhoffte politische Unterstützung. Öffentlich bekunden alle größeren politischen Parteien, daß Religion und Politik im beiderseitigen Interesse auseinandergehalten werden sollten, und von diesem Geist scheint auch die indische Verfassung geprägt zu sein. Aber in einer Gesellschaft, in der nur ein Heiliger der Versuchung widerstehen könnte, durch den Appell an religiöse Gefühle politische Unterstützung zu mobilisieren, ist das leichter gesagt als getan.

Die Religionsgemeinschaften in Indien unterscheiden sich sehr stark nach ihrem Besitz. Einige sind unermeßlich reich, andere so arm, daß sie ohne Hilfe nicht zurechtkommen. Es gibt durchaus gute Gründe dafür, daß eine Regierung die finanziellen Angelegenheiten der reichen im Auge behalten und den armen ein finanzielles Polster zukommen lassen will. Freilich setzt sie sich damit dem Vorwurf der Einmischung im einen Fall und im anderen Fall dem Vorwurf der Begünstigung aus. Auch die religiösen Einrichtungen selbst sind nicht schuldlos an dieser Entwicklung. Sie wollen keine Einmischung der Regierung, aber sie möchten sich auch die vielen Gelegenheiten staatlicher Subvention nicht entgehen lassen. In dieser Hinsicht scheinen sie sich viele öffentliche Einrichtungen, einschließlich der Universitäten, zum Vorbild genommen zu haben, die seit jeher die Regierung um Geld angehen und ihr im selben Atemzug vorwerfen, sie verletze ihre Autonomie. Ist eine religiöse Institution groß und wohlhabend, sind interne Streitereien an der Tagesordnung, und die eine oder andere Abteilung der Regierung muß die Rolle des Schiedsrichters spielen.

Religion und Staat geraten nicht nur in der Verwaltung, sondern auch im Rechtswesen miteinander in Kontakt. Als die Briten im 19. Jahrhundert mit der Reform des Rechtswesens begannen, sahen sie sich mit einer verwirrenden Vielzahl von Gesetzen konfrontiert. Das Strafrecht gestalteten sie einigermaßen einheitlich um, beim Zivilrecht aber waren sie sehr vorsichtig. Thomas Babington Macauly, der als Mitglied des Obersten Rates der Kolonialverwaltung nach Indien kam, schrieb: »Wir gehen nach dem einfachen Grundsatz vor: Einheitlichkeit, wo sie möglich ist, Vielfalt, wo sie erforderlich ist, aber auf jeden Fall Rechtssichterheit.«[41] Von der Zeit Macaulys bis zur Unabhängigkeit Indiens wurden viele Reformen im Rechtsbereich durchgeführt, aber das indische *personal law* (im Ehe-, Familien- und Erbrecht die Anknüpfung des Rechtsstatus an die Religionszugehörigkeit einer Person; A. d. Ü.), enthielt zu dem Zeitpunkt, als die Verfassung entstand, immer noch eine riesige Fülle unterschiedlicher Regelungen.

In Art. 44 der Verfassung heißt es: »Der Staat ist bestrebt, dafür zu sorgen, daß für alle Bürger auf dem gesamten indischen Staatsgebiet einheitliche zivilrechtliche Regelungen gelten.« Damit ist freilich nur eine allgemeine Leitlinie für staatliches Verhalten formuliert und kein gerichtlich einklagbares Recht, doch unerwartet hat dieser Artikel in jüngster Zeit große politische Bedeutung erlangt. Heute drängen nicht so sehr die Befürworter der Säkularisierung auf ein einheitliches Zivilrecht, sondern die Verfechter der kulturellen Hegemonie des Hinduismus (Hindutva). Die Befürworter der Säkularisierung innerhalb wie außerhalb der Regierung hat diese Entwicklung auf dem falschen Fuß erwischt.

Zentraler Streitpunkt sind heute die Ehegesetze einschließlich der Gesetze, die den Unterhalt für geschiedene Frauen regeln. Wie sattsam bekannt ist, erlauben sowohl das islamische wie das hinduistische Recht die Polygamie, anders als bei den Muslimen gibt es bei den Hindus keine Beschränkung hinsichtlich der Zahl der Ehefrauen. Die hindustischen Gesetze zu Ehe, Erbfolge, Adoption und Vormundschaft wurden 1955/56 grundlegend reformiert, dagegen regte sich Widerstand der orthodoxen Hindus. Heute ist den Hindus die Polygamie nicht länger erlaubt, aber bei den Muslimen ist sie immer noch gang und gäbe. Die *personal laws* der Muslime erweisen sich in Indien wie auch in anderen Ländern resistenter gegen Veränderungen als die der Hindus. Die Hindutva-Partei wirft nun der Regierung und den »selbsternannten Säkularisierern« vor, sie würden mit zweierlei Maß messen: Gegen Polygamie bei Hindus gingen sie streng vor, bei den Muslimen hingegen seien sie großzügig.

Die Verfechter der Säkularisierung innerhalb wie außerhalb der Regierung sehen sich in der Zwickmühle zwischen zwei konfligierenden Normen: der Norm religiöser Toleranz und der Norm gleicher Rechte von Mann und Frau. Heute gibt es eine präsente und aktive Frauenbewegung in Indien, allerdings noch auf Frauen aus der städtischen, westlich orientierten Mittel- und oberen Mittelschicht beschränkt. Diese Frauen sind ganz und gar liberal und säkular eingestellt, womöglich sogar mehr als die Männer der entsprechenden Schicht, und ihr Dilemma ist nicht schwer zu verstehen. Sie sind der Sache der Gleichheit ehrlich, oft leidenschaftlich verbunden, haben aber zugleich großes Verständnis für die Minderheiten und würden es nicht gerne sehen, wenn Minderheitengruppen von militanten Hindus, die bestrebt sind, die Muslime zu demütigen, bestimmte *personal laws* aufgezwungen würden.

Die Meinungsverschiedenheiten über die Säkularisierung lenken das Augenmerk auf das komplexe Zusammenspiel von Ideen und Interessen in einer Gesellschaft. Die Menschen haben sehr verschiedene Auffassungen davon, was Toleranz und Gleichheit bedeuten, und darüber, wie weit religiöse Toleranz beim Ausgleich von Ungleicheiten im Geschlechterverhältnis gehen kann. Das Bekenntnis zu einer bestimmten Position ist nicht nur Ausdruck des Glaubens an eine bestimmte Lehre, sondern auch Ausdruck der Loyalität gegenüber der Gruppe, in die jemand hineingeboren ist. Die Loyalität gegenüber der Gruppe kann sogar stärker werden, während der Glauben schwindet. Sowohl bei den Hindus wie bei den Muslimen werden die am wenigsten kompromißbereiten Positionen oft von Menschen vertreten, die der Religionsausübung eher fern stehen.

5. Die bürgerliche Gesellschaft und ihre Einrichtungen

Indien hat eine demokratische Verfassung, die Gleichheit, Freiheit und die Herrschaft des Rechts in einem säkularen Rahmen betont. Aber hat Indien auch eine Gesellschaft, die zu einer solchen Verfassung paßt? In diesem Kapitel geht es um die Frage, wie es angesichts der in den vorausgehenden Kapiteln skizzierten Konflikte über Normen, Werte und Interessen möglich ist, eine bürgerliche Gesellschaft zu errichten und zu erhalten.

Das Konzept der bürgerlichen Gesellschaft ist reizvoll, aber uneindeutig. Ohne an dieser Stelle eine Definition zu geben, soll auf drei für das Verständnis des folgenden wichtige Aspekte hingewiesen werden: a) Staat, b) Staatsbürgerschaft, c) vermittelnde Institutionen. Staat und bürgerliche Gesellschaft werden oft als Gegensätze beschrieben, doch es ist schwierig, eine Darstellung der bürgerlichen Gesellschaft zu geben, ohne den Staat mit zu bedenken. Natürlich ist nicht der Staat an sich gemeint, sondern die Variantes des modernen Verfassungsstaates, für den sich Indien – wie oben ausgeführt – entschieden hat.

»Staatsbürgerschaft« ist auf den ersten Blick ein einfaches Konzept, doch der Eindruck täuscht. In der heutigen Welt scheint sie eine universelle Idee zu sein, tatsächlich ist sie das Endprodukt einer langen geschichtlichen Entwicklung. Teil I der indischen Verfassung ist mit dem Begriff »Staatsbürgerschaft« überschrieben, aber Staatsbürger als autonome moralisch und politisch handelnde Individuen schafft man nicht dadurch, daß man ihre Existenz in eine Verfassung hineinschreibt. Theodore Zeldin, der Chronist des modernen Frankreich, hat ausgeführt, daß sich noch 1864 die Bauern in entlegenen ländlichen Gebieten Frankreichs keineswegs als Franzosen fühlten[42]: Allem Anschein nach wußten sie nicht einmal genau, ob sie Franzosen, Engländer oder Russen waren. Sie fühlten sich als Bauern oder Handwerker, als Mitglieder einer Familie oder Verwandtengruppe oder Angehörige einer Pfarrei und nicht als Bürger der französischen Republik.

Festzuhalten ist, daß der Bauer in keinem Land der Welt über Nacht zum Staatsbürger wird. In den entlegenen ländlichen Gebieten Frankreichs war dieser Wandel fast hundert Jahre nach der Französischen Revolution noch nicht weit fortgeschritten. Die indische Verfassung ist noch nicht einmal fünfzig Jahre alt, und man kann kaum erwarten, daß sich alle Inder – auf dem Land und in der Stadt, Bauern und Angestellte, Analphabeten und Gebildete – als Staatsbürger von Indien fühlen.

Über Jahrhunderte hinweg fühlte der typische Inder sich vor allem als Angehöriger einer Sippe, einer Dorfgemeinschaft, Kaste, Sekte oder Religionsgemeinschaft und nicht als Angehöriger einer großen Gesellschaft oder Kultur. Die meisten hatten kaum eine Vorstellung davon, was jenseits ihres unmittelbaren geographischen und sozialen Horizontes lag. Natürlich gab es Begegnungen mit der äußeren Welt, etwa auf Märkten und bei Pilgerfahrten oder auch, wenn eine fremde Armee plündernd in das Dorf einfiel. Doch solche Begegnungen erfolgten zu selten, als daß sie dem Dorfbewohner das Gefühl hätten vermitteln können, die Beziehungen zur äußeren Welt seien eine wesentliche Komponente seiner sozialen Existenz. Die Staatsbürgerschaft fügt der Identität eine neue Komponente hinzu, aber das geht nicht ohne eine Umordnung oder gar Verdrängung der alten Komponenten vonstatten.

Der Weg vom ersten Auftauchen der Idee der universellen Staatsbürgerschaft bis zu dem Punkt, da alle Menschen die staatsbürgerlichen Rechte erreicht haben werden, ist lang und noch nicht vollendet. Die britischen Soziologen haben sich sehr gründlich mit diesem Thema befaßt, angefangen mit den Arbeiten von T. H. Marshall.[43] Marshall zeigte, wie das Konzept der Staatsbürgerschaft schrittweise ausgeweitet wurde von bürgerlichen über politische bis zu sozialen Rechten. Marshalls Nachfolger haben dargelegt, daß die volle Staatsbürgerschaft immer noch ein vages, unbestimmtes Ziel ist, und wir wissen heute, daß die staatsbürgerlichen Ansprüche nicht nur ausgeweitet, sondern auch geschmälert werden können.

Wie bereits erwähnt, verlangt die Verwirklichung der Staatsbürgerschaft in einem gewissen Umfang nach gesellschaftlicher Umordnung. Zwischen dem einzelnen und der Gesellschaft, zu der er gehört, stehen viele intermediäre Strukturen. Sie unterscheiden sich sehr stark von Gesellschaft zu Gesellschaft, und im Verlauf der Entwicklung einer jeden Gesellschaft verändern sie sich. Manche Strukturen sind tatsächliche oder potentielle Hemmnisse für die Herausbildung einer bürgerlichen Gesellschaft, andere sind für ihren Fortbestand und ihr Gedeihen notwendig und wünschenswert.

Einige säkulare Nationalisten vertreten die extreme Position, daß Indien nur gedeihen und sich weiterentwickeln könne, wenn nichts Drittes mehr zwischen dem einzelnen als Staatsbürger und der Nation oder dem Staat stünde. Eine solche Position ist nicht haltbar. Ein Bewohner Indiens ist heute deshalb Inder, weil er Staatsbürger von Indien ist; aber die Staatsbürgerschaft alleine würde wenig bedeuten, wenn die vielen Bande nicht existierten, durch die er mit bestimmten Personen und bestimmten Orten verbunden ist. Wie würde die Gesellschaft aussehen, wenn es nur 950 Millionen Inder auf der einen Seite und den Staat Indien auf der anderen Seite gäbe und dazwischen nichts? Keine Instanz würde den einzelnen vor der Willkür des Staates schützen. Und der Staat hätte den Menschen mit Blick auf Verschiedenheit, Reichtum, Lebenssinn und Lebensziele wenig zu bieten.

Hier soll ein Konzept der bürgerlichen Gesellschaft vorgetragen werden, das die Existenz einer Vielzahl von Instanzen und Institutionen auf unterschiedlichen intermediären Ebenen zwischen dem Individuum und dem Gesamtstaat vorsieht. Diese Instanzen und Institutionen ermöglichen es den Individuen, in Beziehungen untereinander und zur Gesellschaft als Ganzer zu treten. Zwei Merkmale der Insitutionen seien besonders hervorgehoben: Sie sollen von unterschiedlicher Art sein, und innerhalb ihrer jeweiligen Sphäre soll eine jede im Verhältnis zu den anderen und zum Staat ein bestimmtes Maß an Autonomie besitzen. Nach dieser Vorstellung ist die bürgerliche Gesellschaft genuin pluralistisch und läßt sich weder vom Staat noch von der Religion vereinnahmen.

»Institution« bedeutet in diesem Zusammenhang mehr als die Art informeller Netzwerke und Beziehungen zwischen Personen, die in jeder Gesellschaft beständig neu entstehen und sich wieder auflösen. Der Begriff umfaßt auch mehr als den freiwilligen Zusammenschluß zu einer eingetragenen Gruppe ohne aktive, kontinuierliche soziale Existenz. Eine Institution hat eine differenzierte interne Struktur; sie hat eine spezifische Identität, die für ihre Angehörigen wie für Außenstehende klar erkennbar ist; und sie existiert über einen Zeitraum, der länger dauert als die Lebensspanne jedes einzelnen Angehörigen. Eine Institution ist eine Körperschaft von der Art, über die Henry Maine sagte: »Körperschaften *sterben nie*.«[44] (Hervorhebung im Original; A. B.) Ein Tempel und ein Kloster sind Institutionen ebenso wie städtische Einrichtungen und Universitäten. Die Börse von Bombay ist eine Institution, jedoch auch eine etablierte Zeitung wie *The Times of India*. Nicht alle Vereine sind Institutionen, aber ein Verein kann zu einer Institution werden, nachdem er eine spezifische Organisationsform angenommen und eine eigene Tradition erlangt hat.

Die hier mehr oder weniger zufällig aufgezählten Institutionen decken ein breites Spektrum ab. Traditionelle religiöse Institutionen wurden einbezogen, denn sie dürfen unseres Erachtens nicht außerhalb der Grenzen der bürgerlichen Gesellschaft angesiedelt werden. Gleichwohl verrät in Ländern wie Indien die Tatsache, ob sich offene, säkulare Institutionen behaupten können, mehr über das erfolgreiche Funktionieren einer bürgerlichen Gesellschaft als das Vorhandensein rigider, hierarchischer Institutionen, wie sie für die Vergangenheit typisch waren. Verfügt die indische Gesellschaft über die erforderlichen Ressourcen, um solche neuen Institutionen hervorzubringen und zu bewahren?

Seit der Mitte des 19. Jahrhunderts entstanden in Indien, angeregt durch die Kolonialmacht, viele verschiedene neue Institutionen – höhere Schulen, Krankenhäuser, Banken und so weiter. Die Rekrutierung für diese Institutionen erfolgte auf einer anderen sozialen Basis als die Rekrutierung für die traditionellen Institutionen; die neuen Institutionen waren zumindest im Prinzip offen für Angehörige aller Kasten und Religionen. Ihre innere Struktur und Funktionsweise waren ebenfalls anders, denn sie wurden nach säkularen und nicht nach religiösen Grundsätzen geleitet. Die neuen Institutionen veränderten nicht über Nacht das Erscheinungsbild der traditionellen indischen Gesellschaft, aber sie eröffneten neue Bereiche.

Rückblickend erscheint es bemerkenswert, wie rasch die neuen Institutionen sich ihren Platz in einer Gesellschaft eroberten, deren Grundstruktur und soziale Morphologie in diametralem

Gegensatz zu ihnen stand. Vielleicht enthielt die hinduistische Kultur in ihrer Vielgestaltigkeit ein Element, das die Übernahme neuer sozialer und kultureller Bestandteile ermöglichte, ohne sie indes vollkommen zu assimilieren. Darüber hinaus wurden die neuen Institutionen von einem veränderten Bildungs- und Beschäftigungssystem getragen, das ehrgeizigen Menschen aus den höheren Kasten Wege zu wirtschaftlichem Aufstieg bahnte. Eine Schlüsselrolle bei diesen Entwicklungen spielte eine sich herausbildende neue Mittelschicht mit einer neuen Lebenseinstellung.

Moderne Institutionen sind, wie bereits gesagt, offene Institutionen, und das bedeutet, daß der Zugang offen für alle ist, unabhängig von Kaste, Religion und Geschlecht. Im Prinzip trifft das für alle öffentlichen Institutionen in Indien zu. Doch obwohl sie de jure offen sind, zeigt sich, daß die Chancen für einen Aufstieg zu angesehenen und verantwortlichen Positionen an einen bestimmten sozialen Hintergrund gebunden sind. Die Folgen früherer Ungleichheiten zwischen einzelnen Familien schlagen sich heute in den Zugangschancen selbst besonders offener Institutionen nieder; das gilt in unterschiedlichem Ausmaß für alle Gesellschaften. In Indien versucht man, dies durch die Politik der positiven Diskriminierung auszugleichen, doch dabei wurden Kasten- und Gruppenzugehörigkeit als Kriterien für den Zugang zu öffentlichen Institutionen wiedereingeführt.

Dahinter steht der Gedanke, daß die verschiedenen Kasten und Gruppen in allen öffentlichen Institutionen – im öffentlichen Dienst, den Unversitäten, medizinischen und technischen Ausbildungseinrichtungen – repräsentativ vertreten sein sollen, jede Institution wäre somit gewissermaßen ein verkleinertes Abbild der indischen Gesellschaft. Selbst unter denjenigen, die dem Gedanken im Prinzip zustimmen, herrscht Uneinigkeit darüber, welcher Weg der richtige ist. Massiver politischer Druck, um soziale Gerechtigkeit durch gleiche Repräsentation zu erreichen, verändert mehr als nur die soziale Zusammensetzung öffentlicher Institutionen; er verändert auch ihre innere Struktur und den Schwerpunkt ihrer Tätigkeit. Spannungen zwischen Kasten und Gruppen werden in die Institutionen hineingetragen und beeinträchtigen nicht nur die Effizienz ihrer Arbeit, sondern unter Umständen auch das Vertrauen und den guten Willen, die für das reibungslose Funktionieren einer jeden Institution unerläßlich sind.

Dies ist nur ein Beispiel, welcher Art von Druck moderne Institutionen in Indien standhalten müssen. Darüber hinaus gibt es andere Arten von tatsächlichem wie potentiellem Druck, die gleichfalls berücksichtigt werden müssen; doch allein sie aufzuzählen würde den Rahmen des vorliegenden Beitrages sprengen. Ein kurze Bemerkung sei noch zur Säkularisierung gemacht. Es wurde bereits gesagt, daß die für die bürgerliche Gesellschaft typischen und für ihr Wohlergehen entscheidenen Institutionen ihrem Wesen nach offen und säkular sind. Die weiter oben erwähnten modernen Institutionen sind im Grundsatz säkular; sie handeln auch insoweit säkular, als sie sich nicht nach religiösen Regeln oder religiösen Autoritäten richten. Wahrscheinlich hängt diese relative Immunität mit dem spezifischen Charakter der hinduistischen Religion zusammen. Der Hinduismus kennt weder eine einheitliche Lehre noch eine zentrale Autorität, durch die religiöse Regeln ohne Schwierigkeiten säkularen Institutionen aufgezwungen werden könnten. Aber zugleich sind die Institutionen offen für das Eindringen unterschiedlicher religiöser Werte, und deren langfristige Wirkungen lassen sich nur schwer abschätzen.

Die Abkehr von hierarchischen Strukturen ist in Indien nicht mehr aufzuhalten, auch wenn das Ende der Entwicklung nicht absehbar ist. Es gibt keinen Grund anzunehmen, daß der Verfall der Hierarchien automatisch zu einer Verringerung der Ungleichheiten in der Einkommensverteilung führen wird. Die Erfahrungen westlicher Länder im 19. Jahrhundert deuten vielmehr darauf hin, daß der Abbau der Hierarchien in der Gesellschaft zumindest eine Zeitlang mit einem Anwachsen der Ungleichheiten in der Einkommensverteilung einhergeht.[45] Diese Entwicklung ist zwar keineswegs unvermeidlich, dennoch muß darauf hingewiesen werden, daß die Versuche der Regierung, auf politischem Weg die Einkommensunterschiede zu reduzieren, bislang kaum Erfolge gezeitigt haben.

Im politischen Bereich führt der Abbau von Hierarchien

nicht zwangsläufig zur Festigung der Demokratie, er kann ebensogut zur Folge haben, daß Populismus die Oberhand gewinnt. Die Demokratie ist auf die Institutionen der bürgerlichen Gesellschaft angewiesen, ein populistisches Regime nicht. Populismus verlangt vielmehr nach einer direkten, ungebrochenen Beziehung zwischen einem charismatischen Führer und dem Volk ohne vermittelnde Institutionen; vermittelnde Institutionen sind in einem populistischen Regime eine Belastung sowohl für den Führer wie für das Volk. Die Nagelprobe für die gesamtgesellschaftliche Integration in Indien wird es sein, inwieweit es den neuen vermittelnden Institutionen gelingt, ihren offenen, säkularen Charakter zu bewahren und ihren Einfluß auszuweiten.

6. Fazit: Folgerungen für die Politik

Die normative Struktur einer Gesellschaft soll Interessenkonflikte zwischen Gruppen, Klassen und Schichten regeln, die konstitutive Bestandteile der Gesellschaft sind. Aber wodurch werden die der normativen Struktur inhärenten Konflikte kanalisiert? Wir haben gesehen, daß die vorherrschenden Werte der modernen indischen Gesellschaft oder die als gesellschaftlich wünschenswert erachteten Ziele oft miteinander in Konflikt geraten. Das Bekenntnis zur Gleichheit ist Teil des modernen Erscheinungsbildes der Gesellschaft, aber die Verbundenheit mit den hierarchischen Strukturen der traditionellen Ordnung ist unterhalb der Oberfläche immer noch stark ausgeprägt. Die Anerkennung der Autonomie des Individuums und der Respekt vor dem Individuum sind zentrale moderne Werte, aber sie stehen im Widerspruch zu dem ausgeprägten Gefühl der Verbundenheit mit der Gruppe, in die der einzelne hineingeboren wird.

Toleranz gegenüber Verschiedenheiten auf der Ebene der Werte und der allgemeinen Ziele ist eines, etwas ganz anderes ist das gleichzeitige Existieren von Normen oder Verfahrensregeln, die unklar und uneindeutig sind und sich gegenseitig widersprechen. Während die Unterschiedlichkeit der allgemeinen Ziele die Gesellschaft als Ganze durchdringt, manifestiert sich der Konflikt der Verfahrensregeln am deutlichsten in bestimmten institutionellen Bereichen. Heute herrscht große Besorgnis angesichts einer Vielzahl von Problemen innerhalb der öffentlichen Institutionen: mißbräuchliche Verwendung von Geldern, fehlende Disziplin, hohe Fehlzeiten, Arbeitsniederlegungen, Streiks und so weiter. All diese Probleme hängen in der einen oder anderen Weise mit dem Versagen der Durchführungsregeln zusammen. Vorwürfe wegen der Verletzung von Regeln sind an der Tagesordnung, neue Regeln werden gefordert und dann ihrerseits verletzt.

Die Gerichte spielen bei der Auslegung und Harmonisierung der verschiedenen, für die Arbeit der übrigen Institutionen geltenden Verfahrensregeln eine herausragende Rolle. Das indische Rechtswesen, insbesondere der Oberste Gerichtshof und die anderen Obergerichte, genießen seit der Unabhängigkeit ein ungebrochen hohes Ansehen als integre, gerechte Einrichtungen. Man kann wohl zu Recht sagen, daß der Justiz größeres Vertrauen entgegengebracht wird als der staatlichen Legislative und Exekutive. Darum ist die erste Bedingung dafür, daß Konflikte über Normen bestimmte vernünftige Grenzen nicht überschreiten, die Erhaltung der Integrität und Autonomie der Gerichte.

Die Justiz zeigte sich in der jüngsten Vergangenheit immer aktiver in dem Bemühen, der weitverbreiteten Verletzung von Regeln Einhalt zu gebieten, insbesondere in hohen öffentlichen Ämtern. Dies führte dazu, daß in der Presse und an anderer Stelle über die Möglichkeiten und Grenzen richterlicher Einflußnahme in der Demokratie diskutiert wurde.[46] In einem klugen öffentlichen Vortrag lenkte der Oberste Richter von Indien die Aufmerksamkeit darauf, daß das Versagen von Legislative und Exekutive die Gerichte veranlaßte, eine aktivere Rolle zu übernehmen. Aber er fügte auch eine weise Warnung hinzu: »Es gilt zu berücksichtigen, daß es in der gegenwärtigen Situation um die Korrektur von Fehlentwicklungen geht, aktive richterliche Einmischung muß eine vorübergehende Erscheinung bleiben.«[47]

Eine neue Entwicklung, die zur Folge hatte, daß die Gerichte eine aktivere Rolle spielten, wie der Oberste Richter in seinem Vortrag ausführte, ist die Ausweitung der sogenannten *public interest litigation* (Grundrechtsbeschwerden im öffentlichen Interesse, heute über den engeren Grundrechtsbereich ausgedehnt auf Fragen des Umweltschutzes und der Justizorganisation; A. d. Ü.). Mittlerweile hat die Rechtssprechung in Fragen des allgemeinen sozialen Interesses ein solches Ausmaß erreicht, daß der Staat sie bei seinen Maßnahmen gegen die grobe Verletzung seiner eigenen Normen durch seine offiziellen Vertreter mit berücksichtigen muß. Aber solche Verfahren können auch zu einer unerträglichen Belastung für die Gerichte werden, die jetzt schon mit ungeheuren Zahlen anhängiger Prozesse überlastet sind. Die Gerichte, die mit *public interest*-Klagen zu tun haben, vertreten unterschiedliche Interessen und handeln mit unterschiedlichen Absichten. Sie haben einige Erfolge beim Vorgehen gegen den Machtmißbrauch korrupter Beamter vorzuweisen, aber der entscheidende Test wird sein, ob es ihnen gelingt, in der breiten Öffentlichkeit ein Bewußtsein für den Wert der staatsbürgerlichen Rechte zu wecken.

Die Bildung einer verantwortungsbewußten öffentlichen Meinung ist eine mühsame und ambitiöse Aufgabe und kann nicht allein der *public interest litigation* oder einem anderen Zweig der Rechtssprechung überlassen bleiben, der sie zu seinem besonderen Anliegen macht. Die öffentliche Meinung in Indien ist fragmentiert, unsicher und unbeständig mit der Tendenz, von einem Extrem ins andere zu verfallen. Die Gerichte beziehen sich direkt auf Verfahrensregeln und nur indirekt – überdies nicht immer – auf die übergreifenden Ziele, die jene Regeln zum Ausdruck bringen sollen. Viele Regeln sind relativ neu, und manche stehen im Widerspruch zur Tradition. Neue Regeln sind erst dann verbindlich, wenn sie in einem intensiven Prozeß der Erziehung im umfassendsten Sinne bedeutungsvoll gemacht wurden.

Erziehung zu echter, wirksamer Partizipation in einem demokratischen sozialen und politischen System ist ihrer Natur nach ein vielschichtiger und langwieriger Prozeß. Viele verschiedene Agenten, Organisationen und Institutionen sind daran beteiligt. Sie leisten unterschiedliche Beiträge und zielen nicht alle in dieselbe Richtung. Letzten Endes gehört es zum Wesen der Demokratie, daß Institutionen wie Zeitungen, Verlage und sogar Schulen unterschiedliche, möglicherweise einander widersprechende Standpunkte formulieren und vertreten. Zugleich ist ihr fortgesetztes Wirken von entscheidender Wichtigkeit für die größtmögliche Verbreitung der Werte, auf denen eine offene, säkulare Gesellschaft gründet.

Indien besitzt eine der ältesten intellektuellen Traditionen in der Welt und blickt auf große intellektuelle Leistungen zurück. Aber in sozialer Hinsicht und im Hinblick auf das Wissen, das vermittelt wurde, war es auch eine der elitärsten Traditionen der Welt. Größere Veränderungen in Inhalt und Organisation des intellektuellen Lebens in Indien erfolgten zu Anfang des 19. Jahrhunderts.[48] Die Briten führten ein neues Bildungssystem mit neuen Grundschulen, weiterführenden Schulen und Hochschulen ein. Von der traditionellen intellektuellen Elite wurde das im großen ganzen positiv aufgenommen. Rückblickend ist die *soziale* Kontinuität zwischen der traditionellen und der modernen Bildungsschicht bemerkenswert, die vor allem bei den Hindus das gesamte 19. Jahrhundert hindurch bestand, ungeachtet bedeutender Veränderungen bei den Bildungsinhalten und dem Aufbau der Bildungseinrichtungen. Die neue Mittelschicht wurde zur Trägerin der neuen sozialen Werte, bei denen die Bildung weit oben rangiert. Diese Schicht wächst stetig, macht aber bis heute nur einen kleinen Teil der Bevölkerung aus.

Hundert Jahre lang stieg die Zahl der Menschen, die in den Genuß von Bildung kamen, nur langsam, nach der Unabhängigkeit schoß die Kurve nach oben. Die Bildungseinrichtungen vermehrten sich im unabhängigen Indien allerdings sehr uneinheitlich, was Bildungsplaner und Politiker mit zunehmender Besorgnis erfüllt.[49] Etwas vereinfachend könnte man sagen, daß die Zahl der Oberschulen auf Kosten der Grundschulen gewachsen ist und die Zahl der Universitäten auf Kosten der Oberschulen. Das hat eine Reihe von Gründen. Zunächst einmal erfordert der Aufbau einer guten Elementarbildung weitaus mehr materielle Ressourcen und Arbeitskraft als die Errichtung einer kleinen Zahl von Universitäten und Forschungseinrichtungen. Zweitens machen sich die Erfolge einer guten Elementarbildung nur indirekt und langfristig bemerkbar, während Universitäten und Forschungseinrichtungen in viel kürzeren Zeitspannen spektakuläre Ergebnisse in Form von Promotionszahlen und wissenschaftlichen Publikationen vorweisen können. Besonders deprimierend ist aber ein anderer Faktor: die konservative Orientierung der indischen Planer ebenso wie der indischen Gesellschaft und Kultur, die etablierte Kasten und Klassen begünstigt.

Die Vernachlässigung der Elementarbildung ist möglicherweise die wichtigste Einzelursache dafür, daß die Ergebnisse der Entwicklungsplanung in Indien bislang so unbefriedigend geblieben sind. Sie hat weitreichende Auswirkungen auf Wirtschaft und Politik, und inzwischen werden auch Auswirkungen auf die höhere Bildung spürbar. Die Zahl der höheren Schulen und Universitäten wurde rasch vergrößert, aber sie haben schwer mit dem Problem zu kämpfen, daß die Schüler, die zu ihnen kommen, ein beklagenswert niedriges Bildungsniveau mitbringen, was im übrigen auch für die Lehrer gilt, die sie unter dem wachsenden zahlenmäßigen Druck einstellen und befördern müssen.

Als 1951, kurz nach der Verabschiedung der Verfassung, die erste Volkszählung im unabhängigen Indien durchgeführt wurde, zeigte sich, daß die Alphabetisierungsrate mit 20 Prozent der Gesamtbevölkerung sehr niedrig lag, in einigen Staaten mit einer erschreckend niedrigen Alphabetisierungsrate der Frauen lag die Rate der Gesamtbevölkerung noch deutlich unter 20 Prozent. Art. 45 der Verfassung formuliert als ein Staatsziel: »Der Staat bemüht sich, dafür zu sorgen, daß innerhalb eines Zeitraums von zehn Jahren vom Inkrafttreten dieser Verfassung an die Schulpflicht für alle Kinder bis zum 14. Lebensjahr verwirklicht ist.« Mittlerweile sind die wirtschaftlichen und politischen Folgen der Tatsache, daß der Staat bei der Erfüllung dieses Versprechens gescheitert ist, schonungslos deutlich geworden.

In den ersten 30 Jahren nach der Unabhängigkeit stieg die Alphabetisierungsrate nur sehr langsam an, dann schnellte sie in die Höhe. Im Jahr 1991 war im Bundesstaat Kerala in Südindien eine Alphabetisierungsrate von praktisch 100 Prozent erreicht. Kerala ist in vieler Hinsicht ein Modellfall. Der Bundesstaat hat unter anderem eindrucksvolle Erfolge bei der Kontrolle des Bevölkerungswachstums vorzuweisen; inzwischen ist es allgemein akzeptiert, daß zwischen niedrigen Geburtenraten und einer hohen Alphabetisierungsrate vor allem der Frauen ein Zusammenhang besteht.[50] Die Regierung wandte sich dem Ziel, den Analphabetismus endgültig zu beseitigen, entschlossener zu und stockte die finanziellen Mittel für ihr Alphabetisierungsprogramm deutlich auf.

Daß jeder im Land lesen und schreiben kann, ist nur ein erster Schritt auf dem Weg zur Entwicklung staatsbürgerlichen Verantwortungsbewußtseins. Die Erhaltung eines funktionstüchtigen Systems der Elementarbildung erfordert viel mehr Aufwand an Zeit und Geld als die Beseitigung des Analphabetentums. Zwar hat sich die Zahl der Grund- und weiterführenden Schulen seit der Unabhängigkeit deutlich vergrößert, doch auch die Unterschiede hinsichtlich der Qualität der Bildung sind größer geworden. Die guten Schulen sind hervorragend ausgestattet, aber sie sind sehr teuer und für die Mehrheit der Bevölkerung unerschwinglich. Die Mehrzahl der Grund- und auch der weiterführenden Schulen sind nicht teuer, aber dort fehlt es oft an allem. Die teuren Schulen sind privat finanziert, werden privat geleitet und hauptsächlich von Kindern aus der städtischen Mittelschicht und oberen Mittelschicht besucht. Die übrigen Schulen sind von staatlicher Finanzierung abhängig, die nur spärlich und sporadisch fließt, das Geld wird oft schlecht verwendet und nicht selten veruntreut.

Eine mehr oder weniger zufällige, unzulängliche Bildung bringt keine verantwortungsbewußten Staatsbürger hervor. Sie lockert vielleicht den Zwang der traditionellen Wertvorstellungen, aber sie scheitert an der Aufgabe, ein neues kohärentes Wertesystem zu vermitteln. Ein Teil der bei der städtischen Jugend zu beobachtenden mutwilligen Mißachtung von Normen ist auf das Versagen der Bildungseinrichtungen in Indien zurückzuführen. Es hilft sicherlich, die Situation zu klären, wenn man solchen Erscheinungen mehr Aufmerksamkeit widmet, aber dann fehlen immer noch die immensen finanziellen Mittel, um gute Ausbildung für alle zugänglich zu machen. Private Finanzierung wird nur in Einzelfällen ein Ausweg sein, und die Kluft zwischen einigen wenigen teuren Privatschulen und Schulen für alle wird auch in Zukunft bestehen bleiben. Aber es gibt keinen Grund, warum es nicht möglich sein sollte, die Kluft zu verringern, anstatt sie immer mehr zu vergrößern.

Da an dieser Stelle die Bedeutung einer guten Ausbildung für die Entwicklung einer bürgerlichen Gesellschaft so sehr betont wurde, sollen zumindest am Schluß auch noch die Grenzen von Bildung und Ausbildung angesprochen werden. Die Wirkungen einer guten Ausbildung sind nicht eindeutig zu messen, sondern sind diffus. Darüber hinaus gibt es in einer pluralistischen Gesellschaft keine Möglichkeit, darauf Einfluß zu nehmen, welche Werte durch die Schulen vermittelt werden. Ein im technischen Sinn effektives Schulsystem, was Indien zum gegenwärtigen Zeitpunkt allem Anschein nach besonders dringend braucht, ist keine Garantie dafür, daß die Schüler mit liberalen, säkularen Vorstellungen die Schule verlassen. Es wäre ein Wunder, wenn die Vielzahl der Schulen in einem riesigen Land wie Indien ihren Schülern ein und dieselben Wertvorstellungen mitgeben würde. Das gilt bis zu einem gewissen Grad auch für die Presse, die ebenfalls sehr heterogen ist. Nicht alle Zeitungen in Indien propagieren die liberale, säkulare Weltsicht der Verfassung, manche vertreten Ideen, die sie dem Geist, wenn auch nicht dem Buchstaben nach offen verletzen.

Es ist schwierig zu entscheiden, wie der Verbreitung von Werten, die den Normen der Verfassung widersprechen, in der Schule, in der Presse oder an anderer Stelle begegnet werden kann. Auch hier spielen die Gerichte wieder eine herausragende, wenngleich schwierige Rolle. Sie müssen handeln, wenn Normen eindeutig verletzt werden, aber sie dürfen nicht jede Form von Widerspruch sanktionieren oder bei jedem abweichenden Gedanken bereits eine Normenverletzung unterstellen.

Anmerkungen

1 Parsons, Talcott und Shils, Edward A., Hg., 1951, *Towards a General Theory of Action,* Cambridge/Mass.
2 Parsons, Talcott, 1966, *Societies: Evolutionary and Comparative Perspectives*, Englewood Cliffs, S. 18.
3 Ebenda.
4 Smelser, Neil J., 1962, *Theory of Collective Behavior,* New York, S. 24.
5 Karve, Irawati, 1968, *Hindu Society: An Interpretation,* Poona, 2. Aufl.
6 Bose, N. K., 1975, *The Structure of Hindu Society,* Delhi (Übersetzung der bengalischen Ausgabe von 1949).
7 Kuppuswami, Alladi, Hg., 1991, *Mayne's Treatise on Hindu Law and Usage,* New Delhi, 13. Aufl., S. 44.
8 Kane, P. V., 1974, *History of Dharmashastra,* Poona, S. 3.
9 Ebenda, vgl. ferner Karve 1968.
10 Dumont, Louis, 1970, *Religion, Politics and History in India,* Paris, S. 33–60.
11 Nehru, Jawaharlal, 1961, *The Discovery of India,* Bombay (Erstveröffentlichung 1946), S. 247–248.
12 Srinivas, M. N., 1962, *Caste in Modern India an Other Essays,* Bombay, S. 63–69.
13 Béteille, André, 1996, Caste in Contemporary India, in: Fuller, C. J., Hg., *Caste Today,* Delhi.
14 Ansari, Ghaus, 1959, *Muslim Caste in Uttar Pradesh,* Lucknow; Ahmad, Imtiaz, Hg., 1973, *Caste and Social Stratification among the Muslims,* New Delhi; Caplan, L., 1980, Caste and Castelessness among South Indian Christians, *Contributions to Indian Sociology,* Bd. 14, Nr. 2, S. 213–238; Godwin, C. J., 1972, *Change and Continuity: A Study of Two Christian Village Communities in Suburban Bombay,* Bombay.
15 Bose 1975.
16 Smith, R. S., 1996, *Rule by Records,* Delhi.
17 Béteille 1996; Schermerhorn, R. A., 1978, *Ethnic Plurality in India,* Tucson.
18 Ganguli, B. N., 1975, *Concept of Equality: The Nineteenth Century Indian Debate,* Simla.
19 Nehru 1961, S. 521.
20 Tripathi, P. K., 1972, *Some Insights into Fundamental Rights,* Bombay, S. 47.

21 Sivaramayya, B., 1984, *Inequalities and the Law,* Lucknow.
22 Béteille, André, 1987a, Equality as a Right and as a Policy, *LSE Quaterly,* Bd. 1, Nr. 1, S. 75–98.
23 Galanter, Mark, 1984, *Competing Equalities,* Delhi.
24 Béteille, André, 1991, *Society and Politics in India: Essays in a Comparative Perspective,* London.
25 Verfassunggebende Versammlung, 1948, *Constituent Assembly Debates: Official Report,* New Delhi, Bd. VII, S. 702.
26 Béteille 1991.
27 Sivaramayya 1984.
28 Regierung von Indien, 1981, *Report on the Backward Classes Commission,* New Delhi, S. 22.
29 Verfassunggebende Versammlung 1948, Bd. VII, S. 39.
30 Béteille 1987b, *The Idea of Natural Inequality and Other Essays,* Delhi, 2. Aufl.; Béteille 1991.
31 Srinivas 1962.
32 Kothari, Rajni, Hg., 1969, *Caste in Indian Politics,* Delhi.
33 Fiss, O. M., 1977, ›Groups and the Equal Protection Clause‹, in: M. Cohen, T. Nagel and T. Soanlon (eds.), *Equality and Preferential Treatment,* Princeton, N. J., pp. 84–154.
34 Karnataka Backward Classes Commission, 1975, *Report,* Bangalore.
35 Regierung von Indien, 1955, *Report on the Backward Classes Commission,* New Delhi, S. xiv.
36 Srinivas, M. N., 1966, *Social Change in Modern India,* Berkeley, S. 119.
37 Béteille, André, 1994, Secularism and the Intellectuels, *Economic and Political Weekly,* Bd. XXIX, Nr. 10, S. 559–566.
38 Nandy, Ashis, 1985, An Anti-Secularist Manifesto, *Seminar,* Nr. 314, S. 14–24.
39 Madan, T. N., 1987, Secularism in its Place, *Journal of Asian Studies,* Bd. 46, Nr. 4, S. 747–759.
40 Srinivas 1966.
41 Zitiert bei Stokes, Eric, 1959, *The English Utilitarians and India,* Oxford, S. 219–220.
42 Zeldin, Theodore, 1977, *France: 1848–1945,* Oxford, Bd. 2, S. 3.
43 Marshall, T. H., 1977, *Class, Citizenship, and Social Development,* Chicago.
44 Maine, Henry Sumner, 1931, *Ancient Law,* London (Erstveröffentlichung 1861), S. 104, Hervorhebung im Original.
45 Kuznets, S., 1955, ›Economic Growth and Income Inequality‹, *American Economic Review,* vol. XLV, no. 1, pp. 257–87.
46 Béteille 1995; Baxi, Upendra, 1996, *On Judicial Activism, Legal Education & Research in Globalizing India,* New Delhi.
47 Ahmadi, A. M., 1996, Judicial Activism-I, *The Times of India,* Delhi, 27. Februar.
48 Shils, Edward A., 1961, *The Intellectual between Tradition and Modernity: The Indian Situation,* Den Haag.
49 Karlekar, Malavika, 1983, Education and Inequality, in: Béteille, André, Hg., *Equality and Inequality,* Delhi, S. 182–242.
50 Sen, Amartya, 1994, Population: Delusion and Reality, *The New York Review of Books,* 22. September, S. 62–71.

Seizaburo Sato

Normative Konflikte in Japan

Dieser Beitrag unternimmt den Versuch, die wichtigsten normativen Konflikte in Japan zu beleuchten; zu analysieren, auf welche Weise sie vermittelt oder nicht vermittelt werden, und zu prüfen, wie sie sich in der Zukunft entwickeln könnten. Dieser Analyse wird ein allgemeiner Überblick vorangestellt, der die wichtigsten normativen Konflikte in der sich ändernden Perspektive seit der Mitte des 19. Jahrhunderts – also seit dem Beginn eines bewußten Modernisierungsprozesses in Japan – zum Gegenstand hat. Der Rückblick ist deshalb notwendig, weil die heute in Japan vorherrschenden normativen Konflikte untrennbar mit dem Modernisierungsprozeß und der wirtschaftlichen Entwicklung der japanischen Gesellschaft verknüpft sind.

1. Normative Kernkonflikte und ihre Vermittlung während der Modernisierung Japans vor 1945

Modernisierung wird hier verstanden als der umfassende Prozeß des sozialen Wandels, in dessen Zentrum die Industrialisierung steht. Der Begriff umfaßt jedoch auch die politischen, ökonomischen, kulturellen und psychologischen Veränderungen, welche die Industrialisierung beförderten. Die Industrialisierung begann in England in der zweiten Hälfte des 18. Jahrhunderts; in ihrem Verlauf erweiterte sich die menschliche Fähigkeit, die Natur zu beherrschen, beträchtlich, indem wissenschaftlich begründete Technologien systematisch und kumulativ auf die Produktionsprozesse angewandt wurden. Dies führte zu revolutionären Veränderungen im Alltagsleben und in den menschlichen Gesellschaften. Zwischen den Ländern, die eine erfolgreiche Industrialisierung durchliefen, und jenen, denen dies nicht gelang, entwickelte sich eine tiefe Kluft in bezug auf Macht und Lebensstandard. Die Länder, die sich nicht industrialisierten, blieben der Herrschaft der industrialisierten Länder unterworfen, bis sich der Nationalismus weltweit ausbreitete und die Prinzipien der nationalen Selbstbestimmung weithin anerkannt wurden.

In den nichtwestlichen Gesellschaften stellte die Industrialisierung selbst nicht nur eine schwierige Aufgabe dar, sondern der gesamte Prozeß war in dem Maße von Spannungen gekennzeichnet, in dem die Modernisierung von einer Reihe tiefgreifender gesellschaftlicher Veränderungen begleitet wurde. Die Modernisierung nahm in Westeuropa ihren Anfang, und zumindest bis vor kurzem standen alle Gesellschaften, die eine erfolgreiche Modernisierung durchliefen, weitgehend unter dem Einfluß der westlichen Zivilisation. Aus diesem Grunde bedeutet Modernisierung für nichtwestliche Gesellschaften zugleich Verwestlichung, d. h. den Prozeß einer umfassenden Übernahme der Technologien und Institutionen, die in Gesellschaften mit einer fremdartigen kulturellen Tradition entwickelt und hervorgebracht worden waren.

Die japanische Modernisierung bildete hier keine Ausnahme. Es ist allgemein bekannt, daß die nationale politische Integration in Japan schon in der zweiten Hälfte des 18. Jahrhunderts weit vorangeschritten war. Es bestand bereits ein gut organisiertes staatliches Verwaltungssystem, und der nationale Gründungsprozeß hatte im wesentlichen eingesetzt. Die Alphabetisierung hatte schon damals ein Niveau erreicht, das etwa mit den heutigen westlichen Ländern vergleichbar ist.[1] Der Handel breitete sich im ganzen Land aus, und ein einheitliches Währungssystem durchdrang das gesamte Wirtschaftsleben. So läßt sich feststellen, daß

Japan hinsichtlich der notwendigen Vorbedingungen im Vergleich zu den anderen nichtwestlichen Ländern außerordentlich gut darauf vorbereitet war, die eigene Industrialisierung einzuleiten. Dennoch entspräche es nicht den Tatsachen zu behaupten, daß die Modernisierung in Japan ein ungestört und ohne Probleme und Verwirrungen verlaufender Prozeß gewesen sei. In der Tat handelte es sich um eine drängende Aufgabe; die Unabhängigkeit der Nation hing von ihrem Ergebnis ab. Es war ein schmerzhafter Prozeß, der grundlegende Veränderungen der traditionellen Institutionen und Verfahrensweisen erforderlich machte. Außerdem brachte die Modernisierung unvermeidlich Lernprozesse nach dem Prinzip von Versuch und Irrtum mit sich, denn letztlich ging es darum, einer ausländischen und für Japan völlig fremdartigen Kultur nachzueifern und sie zu übernehmen – und in dieser Hinsicht fehlte dem Land jede Erfahrung. Im Jahre 1877, neun Jahre nach Beginn der Meiji-Restauration von 1868, kam der deutsche Mediziner Erwin von Baelz als Berater der japanischen Regierung nach Japan, um die Lehr- und Forschungsaktivitäten im Fach Medizin an der Tokio Universität zu leiten. Er faßte die Unruhen und das Chaos im Japan der frühen Meiji-Ära in den Worten zusammen, daß Japan »einen Salto mortale« bei dem Versuch unternehme, eine atemberaubende Kulturrevolution durchzuführen.[2]

Die normativen Konflikte, mit denen das sich modernisierende Japan konfrontiert wurde, drehten sich vor allem um die Frage, wie das Land im Prozeß der Modernisierung (oder Verwestlichung) vorgehen sollte. Die Haltungen gegenüber der Modernisierung lassen sich in vier funktionale Hauptpositionen unterscheiden, die in Abbildung 1 dargestellt werden. Es handelt sich dabei um eine Kombination zweier Faktoren: Auf der horizontalen Achse kommt zum Ausdruck, ob man für oder gegen die Einführung westlicher Technologien, Institutionen und Kultur ist (oder umgekehrt, ob man für oder gegen den Erhalt der traditionellen Kultur ist). Auf der vertikalen Achse wird ausgedrückt, wie weit und mit welcher Geschwindigkeit Japan die Verwestlichung vorantreiben solle.

Abbildung 1

Verwestlichung	Zurückweisung	Annahme
eklektisch	(2) Konservative	(1) Liberale
total	(3) Reaktionäre	(4) Radikale

Eine totale Verweigerung der Verwestlichung kam nicht in Frage, solange die Modernisierung als unvermeidliche Vorbedingung für den Erhalt der nationalen Unabhängigkeit erschien, und die Modernisierung wiederum ließ sich ohne Übernahme westlicher Technologien, Institutionen und Kultur nicht erreichen. In Japan – das im Verlauf seiner langen Geschichte seit uralten Zeiten den Kulturen Chinas und Indiens nacheiferte – gab es verhältnismäßig wenig Widerstand gegen den Gedanken, eine ausländische Kultur zu akzeptieren und zu übernehmen, solange sie als »weiter fortgeschritten« betrachtet wurde. Folglich bildeten die Reaktionäre (Gruppe 3 in Abbildung 1), die eine Verwestlichung völlig ablehnten, nur eine kleine Minderheit. Auch die radikalen »Westernizer« (Gruppe 4 in Abbildung 1), von denen einige sogar beispielsweise die Abschaffung der japanischen Sprache und die Einführung des Englischen befürworteten, blieben auf eine Handvoll Intellektuelle begrenzt. Der Grund war offensichtlich: Der völlige Austausch der eigenen Kultur gegen eine fremde Importkultur war in der Praxis absolut unmöglich; ein solcher Plan würde bestenfalls ungeahntes gesellschaftliches Chaos hervorrufen und in der Folge ein ernsthaftes Hindernis für die Industrialisierung darstellen. Deshalb gehörten damals die meisten Japaner den beiden übrigen Gruppen an, also entweder den Liberalen (1) oder den Konservativen (2).

Ein Aspekt war diesen beiden Gruppen gemeinsam: Sie waren der Auffassung, daß Japan die westliche Zivilisation weder total übernehmen noch völlig ablehnen dürfe; vielmehr müsse ein arbeitsfähiger Kompromiß zwischen der westlichen Zivilisation und der eigenen traditionellen Kultur gefunden werden. Der Unterschied zwischen den beiden Gruppen war nur gradueller Art. Die Konservativen wollten die Verwestlichung auf das notwendige Minimum begrenzen, während ihr die Liberalen grundsätzlich positiv gegenüberstanden und diesen Prozeß so weit wie nur möglich vorantreiben wollten. Die Bemühungen Japans, die Wirkungen der Verwestlichung auf die Übernahme wissenschaftlicher Technologien und der Verwaltungs- und Rechtsinstitutionen zu begrenzen – ein berühmter Slogan lautete: »Westliche Technologie und östliche Moral« –, spiegelte die typische Position der erstgenannten Gruppe wider. Doch weder die Technologien noch die Institutionen ließen sich ohne weiteres von der Kultur trennen, die sie hervorgebracht hatte. Solange die Nachahmung westlicher Technologien und Institutionen unvermeidlich damit verbunden war, daß Japaner in direkten Kontakt mit Menschen aus dem Westen kamen und von ihnen lernten, war es praktisch nicht zu verhindern, daß die den Technologien und Institutionen zugrundeliegenden westlichen Werte in die japanische Gesellschaft eindrangen.

Darüber hinaus führten die Fortschritte in der Industrialisierung und die Wirkungen der Verwestlichung erwartungsgemäß zu Arbeitskämpfen und zu verbreiteten Forderungen nach größeren demokratischen Mitwirkungsrechten. Im modernen Japan lebten deshalb die Konservativen – wie heute die Führungen in Beijing und Pjöngjang – in der ständigen Furcht, daß die traditionelle Ordnung zusammenbrechen könnte. Die Liberalen wiederum erkannten, daß zwar eine totale und schnelle Verwestlichung unmöglich war, doch waren sie zutiefst frustriert darüber, daß das sich modernisierende Japan mit den zählebigen Resten der eigenen traditionellen Kultur belastet war – einer Kultur, die der westlichen so völlig fremd war. In ihren Augen war das Land in seiner ökonomischen und technologischen Entwicklung noch nicht genügend gereift. Dies und den insgesamt fragilen Zustand der neu etablierten liberalen Demokratie betrachteten sie als Zeichen der »Rückständigkeit« Japans und als »Verwerfungen« im Modernisierungsprozeß des Landes. So spielten sich die normativen Konflikte in der Frage der Verwestlichung nicht nur zwischen den Konservativen und den Liberalen ab, sondern auch innerhalb der beiden Gruppen bestanden unversöhnliche normative Konflikte.

Damals mußten selbst die Konservativen und die Reaktionäre zugeben, daß in Wirklichkeit die westlichen Mächte ökonomisch und technologisch sehr viel weiter entwickelt waren als das verspätet in diesen Prozeß eintretende Japan und daß sie über beachtliche militärische Schlagkraft verfügten. Das bedeutete, daß sich im japanischen Volk in bezug auf den Westen ein allgemeines Unterlegenheitsgefühl ausbreitete, das ganz unabhängig war von den persönlichen Einstellungen der einzelnen Japaner in der Frage der Verwestlichung. Die normativen Konflikte erhielten durch dieses Gefühl der Unterlegenheit eine tiefere Bedeutung; sie trieben die Bemühungen des Landes voran, die Westmächte »einzuholen und zu überholen«. Letztlich wurden diese Empfindungen auch zum Brutkasten eines »antiwestlichen« Nationalismus, der sich während und nach den 30er Jahren zu einer wichtigen Kraft in Japan entwickelte.

Während der 30er Jahre entstand einerseits eine neue Welle anti-westlichen Nationalismus, die sich häufiger in ausdrücklichen Formen einer Asienideologie manifestierte. Andererseits spaltete sich das Vorbild des Westens, dem Japan nacheifern sollte, in die angelsächsische Form liberaler Demokratie, den Totalitarismus Nazideutschlands und den Kommunismus sowjetischen Stils. In der Zeit nach der Weltwirtschaftskrise von 1929 schienen Hitlers Deutschland (nach 1933) und Stalins Sowjetunion deutliche Fortschritte zu machen, während der westliche Kapitalismus weiterhin mit einer ernsten Krise kämpfte. Dieser scharfe Gegensatz war dafür verantwortlich, daß das westliche Modell gespalten wahrgenommen wurde. Wie sich die entsprechenden normativen Konflikte zu dieser Zeit gestalteten, stellt Abbildung 2 dar. Die Geister der gemäßigt Konservativen (1) und der Konservativen (2) schieden sich entlang der Linie, daß die einen sich grundsätzlich, wenn auch nicht so deutlich wie die erklärten Liberalen, zur Idee der liberalen Demokratie bekannten, während die anderen den Standpunkt einnahmen, daß Japan von einer realpolitischen Position aus seine Sicherheit besser gewährleisten könne durch eine Allianz mit Großbritannien und/oder den USA. Die Konservativen nahmen diese letztgenannte Haltung ein, obwohl sie von einer grundsätzlich antiwestlichen Einstellung ausgingen. Für die Radikalen (4) bestand das Vorbild des Westens vor allem in dem nationalsozialistischen oder dem marxistisch-leninistischen System, womit sie in den schärfsten Gegensatz zu den Liberalen und gemäßigt Konservativen (1) gerieten, denen vor allem Westeuropa und die USA als vorbildlich galten. Im Gegensatz dazu waren die Reaktionäre (3) japanische Nationalisten oder Anhänger einer Asienideologie, die die westlichen Werte von Grund auf ablehnten. Es zeigte sich, daß während der gesamten 30er Jahre die Reaktionäre (3) an Macht gewannen, um schließlich Japan in den totalen Krieg gegen den Westen zu stürzen.

Abbildung 2

	anti Westen	pro Westen
pro liberale Demokratie/ pro Amerika	(2) Konservative	(1) Liberale und gemäßigt Konservative
pro Totalitarismus	(3) Reaktionäre	(4) Radikale

Wie wurden diese normativen Konflikte in Japan vermittelt? Drei wichtige institutionelle Faktoren spielten eine besonders wirksame Vermittlungsrolle: Der erste Faktor war ein stark wachsender Nationalismus, der zweite Faktor ein hartnäckiger Traditionalismus. Der dritte (und keineswegs weniger wichtigere) Faktor verdankte sich der Tatsache, daß die japanischen Unternehmen, die sich im Prozeß der Industrialisierung rapide vermehrten, ein einzigartiges Managementsystem entwickelten, das gemeinschaftliche Werte mit organisatorischen Charakteristika verband. Dies wurde später als »japanisches System der Unternehmensführung« oder einfach als »japanisches Managementsystem« bekannt.

Wie die meisten anderen großen ethnischen Gruppen ist auch das Volk von Japan in einem langen historischen Prozeß aus einer Vermischung verschiedener ethnischer Subgruppen entstanden. Doch seit sich in Japan vor etwa 1500 Jahren eine einheitliche Herrschaftsform entwickelte, hat kein größerer Zustrom fremder Menschen in das Land mehr stattgefunden. Wie schon bei der Übernahme von chinesischen Zivilisationselementen, war auch die Verwestlichung Japans nicht das Ergebnis einer militärischen Eroberung oder Kolonisierung, sondern die Initiative ging vom japanischen Volk selbst aus und erfolgte als Prozeß des Lernens vom Westen. Vor diesem Hintergrund blieb Japan (wie auch Korea) eine im Vergleich zu anderen Gesellschaften mit großen Bevölkerungen ausgesprochen homogene Gesellschaft, sowohl in ethnischer als auch in kultureller Hinsicht.

Da Japan auch nie dem chinesischen Reich einverleibt wurde, entwickelte sich zu einem frühen Zeitpunkt seiner Geschichte das Bewußtsein einer nationalen Identität als einzigartige politische und kulturelle Einheit. Dem Land war jedoch seit langem die Dominanz der entwickelten Großmacht China bewußt. Die westlichen Länder unterschieden sich kulturell und ethnisch grundlegend von China, und die von ihnen ausgehenden Bedrohungen verstärkten das nationale Bewußtsein Japans und führten zu einer neuen Welle von Nationalismus. Der Nationalstolz Japans wurde noch dadurch verstärkt, daß Japan als einzige der nichtwestlichen Gesellschaften eine erfolgreiche Industrialisierung durchlief, während andere Länder nacheinander von den Westmächten kolonisiert wurden. Der Kolonisierungstrieb des Westens bot Japan einen ausgezeichneten Vorwand für die eigene externe Expansion, die als »Befreiung Asiens« (und auch der nichtwestlichen Gesellschaften) bezeichnet wurde; auch dies verstärkte den japanischen Nationalismus. Selbst die liberalen Intellektuellen, die an einer Ambivalenz zwischen Bewunderung und Minderwertigkeitsgefühlen gegenüber der westlichen Zivilisation litten, besaßen ein klares Bewußtsein der Zugehörigkeit zu Japan als Angehörige einer »einzigartigen« politischen und kulturellen Einheit. Unbestreitbar trug der zunehmende Nationalismus dazu bei zu verhindern, daß sich als Folge der normativen Konflikte tiefgreifende gesellschaftliche Bruchlinien in der Frage der Westorientierung entwickelten.

Zweitens existierten vor dem Zweiten Weltkrieg noch immer

sehr lebensfähige traditionelle Gemeinschaften, so beispielsweise die ländlichen Dorfgemeinschaften und die Institution »Familie«, die alle eine nicht zu vernachlässigende Rolle bei der Aufrechterhaltung der bestehenden Gesellschaftsordnung spielten. Die Mehrheit der Japaner lebte damals in Dörfern auf dem Lande. Obwohl dort zwischen den Grundbesitzern und ihren in manchen Gebieten in Armut lebenden Pächtern angespannte Beziehungen herrschten, trugen die ländlichen Gemeinschaften insgesamt dazu bei, die traditionelle gegenseitige Unterstützung zu erhalten. Auch das japanische Familiensystem spielte als grundlegender gesellschaftlicher Baustein in ländlichen Gemeinschaften wie auch in den städtischen Gebieten eine wichtige Rolle. Vor allem in den Familien der Schichten oberhalb der Mittelklasse herrschte das Bewußtsein vor, daß das Oberhaupt eines *ie*-Haushaltes verantwortlich war für die Kontinuität und die Entwicklung einer wohlhabenden *ie*. In diesem Zusammenhang ist anzumerken, daß sich das japanische System der *ie* weitgehend von den Verwandtschaftssippen in China und Korea unterschied.

Im vormodernen China und in Korea beruhte die Gemeinschaft auf Großfamilien (die oft mehrere hunderttausend Mitglieder umfaßten). In Japan lösten sich solche Clans spätestens seit dem 13. Jahrhundert auf, so daß Blutsverwandtschaft nicht mehr von entscheidender Bedeutung war. Exogamie ist in China und Korea die Regel, und Adoptionen müssen innerhalb der eigenen Verwandtschaftsbeziehungen (und außerdem in der unmittelbar folgenden Generation) erfolgen. In Japan jedoch wurde allgemein Endogamie praktiziert, und Adoptionen von Nichtverwandten waren häufig zulässig. Vor allem in den Familien der Kaufleute und Handwerker wurden aus Gründen der Kontinuität des Geschäfts oftmals fähige Angestellte adoptiert, wenn die eigenen Söhne als unfähig angesehen wurden, das Familiengeschäft zu übernehmen. In Japan hielt man ein dauerhaftes Gedeihen des Familienunternehmens für wichtiger als die Kontinuität der Familienlinie. Unter Verwendung der berühmten Dichotomie von Ferdinand Tönnies läßt sich sagen, daß die japanische *ie* (wie sie vorstehend beschrieben wurde) eigentlich eher als *gesellschaftliche Gemeinschaft* bezeichnet werden könnte. Nach dem Zweiten Weltkrieg wurde das bürgerliche Gesetzbuch nach Anweisungen der amerikanischen Besatzungsbehörden überarbeitet, wobei die rechtlichen Stützen des *ie*-Systems beseitigt wurden. Auf die Frage, »Wenn Sie kein eigenes Kind hätten, würden Sie jemanden adoptieren, der mit Ihnen nicht blutsverwandt ist, um die Kontinuität ihrer *ie* sicherzustellen?«, antworteten noch 1953 74 Prozent der Befragten mit »ja«. Nur 16 Prozent beantworteten die Frage mit »nein«.[3]

Vor dem Hintergrund dieses spezifisch japanischen Familiensystems führte der Fortschritt der Industrialisierung dazu, daß sich im Unternehmensbereich ebenfalls ein spezifisch japanisches System entwickelte, das durch ein starkes Zugehörigkeitsgefühl und die Loyalität der Beschäftigten gegenüber ihrem Arbeitgeber und dem Unternehmen gekennzeichnet ist. Westliche Experten umschreiben dies häufig mit dem Begriff »Unternehmensfamilie«. Die Entstehung dieses sogenannten japanischen Managementsystems läßt sich bis zum Beginn dieses Jahrhunderts zurückverfolgen; es entwickelte sich in den folgenden Jahrzehnten. Während des Zweiten Weltkriegs wurde das System von verschiedenen Unternehmenstypen übernommen; die Kriegsregierung ermutigte auch die übrigen Unternehmen, das Managementsystem einzuführen, da es den Erfordernissen der allgemeinen Mobilmachung entsprach.

Nach verbreiteter westlicher Auffassung beruht eine *Gesellschaft* oder ein vergleichbarer Zusammenschluß auf dem freien Willen des einzelnen oder mehrerer Individuen, die damit bestimmte Ziele verfolgen. Die Gesellschaft unterscheidet sich somit grundlegend von der *Gemeinschaft*, bei der ein freier Wille ausgeschlossen ist und die den unterschiedlichsten Zwecken dienen kann. Doch die japanische *ie* und die japanischen Unternehmen weisen Grundzüge sowohl der Gesellschaft als auch der Gemeinschaft auf. Solche Gruppen bilden die Bausteine der japanischen Gesellschaft; man behauptet, daß Individualismus und Kollektivität in einer sich gegenseitig verstärkenden Beziehung stünden und nicht, wie im Westen, durch Opposition und

Spannung gekennzeichnet seien. In China werden andererseits Geschäftsbeziehungen aufgrund der sehr starken Familienbindung traditionell und verbreitet auf der Grundlage der Blutsverwandtschaft geknüpft.[4] Der Verfasser ist überzeugt, daß diese organisatorischen Charakteristika eng mit der historischen Tatsache zusammenhängen, daß Japan seit dem Ende des 19. Jahrhunderts bis zum frühen 20. Jahrhundert eine im Vergleich zu den übrigen nichtwestlichen Gesellschaften außerordentlich erfolgreiche Industrialisierung durchlief. In dieser Periode erfolgte der Übergang vom frühen Familienkapitalismus zum organisierten Kapitalismus. Auch die Tatsache, daß die Gesellschaftsordnung trotz der rapiden Fortschritte in der Industrialisierung verhältnismäßig stabil blieb, ist in nicht geringem Maße der Funktion und der Rolle des japanischen Managementsystems zuzuschreiben.

2. Die Auswirkungen der Kriegsniederlage und der Einfluß der Nachkriegsreformen

Japans Niederlage im Zweiten Weltkrieg bedeutete für die Japaner einen viel ernsteren Verlust als verlorene Schlachten (so entsetzlich diese auch sein mochten), die Zerstörung des Landes und der Verlust der Kolonien und des Volksvermögens. Die Ursachen und Grundzüge des Zweiten Weltkrieges sind nicht einfach darstellbar, und die Historiker diskutieren noch immer über unterschiedliche Interpretationen. Die siegreichen Alliierten definieren den Weltkrieg als Kampf gegen die Aggressionen totalitärer Systeme (wobei häufig übersehen wird, daß die Sowjetunion trotz ihrer Zugehörigkeit zu den Alliierten ein totalitärer Staat war). Diese Interpretation der Alliierten wurde von den meisten Japanern unbesehen übernommen. In Deutschland und Italien war die Situation ähnlich. Mit anderen Worten: Die Achsenmächte erlitten nicht nur eine eindeutige militärische, sondern auch eine moralische Niederlage.[5]

Für Japan stellten die Niederlage in einem auswärtigen Krieg sowie die Zerstörung des Landes und seine Okkupation durch fremde Mächte eine im Verlauf seiner gesamten Geschichte völlig neuartige Erfahrung dar. Die Wirkungen waren besonders weitreichend und erschütterten die Grundlagen der traditionellen Ordnung und der Legitimität des Staates. Außerdem erwiesen sich der »American way of life« und der damit verbundene Überfluß sowie die »American democracy«, die den Japanern durch die amerikanische Militärregierung nahegebracht wurden, als atemberaubende Versuchung für das japanische Volk, das in den Jahrzehnten vor und während des Kriegs in Armut und Unterdrückung gelebt hatte.

So drückt zum Beispiel eine Schriftstellerin, die in den frühen 60er Jahren ein Teenager war, ihre Bewunderung für den amerikanischen Lebensstil, den sie durch das Fernsehen intensiv kennengelernt hatte, folgendermaßen aus:

»Ich habe den amerikanischen Lebensstil im Fernsehen kennengelernt... Ich sagte mir, daß es großes Vergnügen bereiten müsse, in Amerika zu leben. Seitdem habe ich getan, was ich konnte, um meinen Lebensstil dem amerikanischen anzupassen... Ein großzügiger Garten mit Rasen, weißem Zaun und Garage. Mein Drehbuch bestand aus dem leuchtenden Beispiel des amerikanischen middle-class Familienlebens.«[6]

Für die Japaner der frühen Jahre nach der Kriegsniederlage, während der das Leben sich viel schwieriger gestaltete als in den frühen 60er Jahren, repräsentierte der amerikanische Lebensstil, wie ihn die Besatzungsmächte, Zeitungen und Zeitschriften bekannt machten, einen unglaublichen Wohlstand und besaß für die meisten Japaner eine unwiderstehliche Anziehungskraft. Verglichen mit der Unterdrückungserfahrung der Kriegszeit, bedeutete die alliierte Besatzung unter amerikanischer Führung für die meisten Japaner, daß sie Freiheit zum ersten Mal in ihrem Leben kennenlernten. Dies war exakt der Grund dafür, daß sie sich als »befreit« empfanden, obwohl ihr Land durch die Alliierten besetzt worden war. Solche Formen der Bewunderung führten zweifellos dazu, eine kritische Einstellung der japanischen Menschen gegenüber den traditionellen Werten ihrer eigenen Kultur zu fördern.

Gleichzeitig entwickelte auch eine große Zahl von Japanern, die zum ersten Mal dem durch die moderne Kriegsführung hervorgerufenen Elend ausgesetzt waren, eine ausgeprägt pazifistische Grundhaltung. Sie waren der Auffassung, daß sich ein solcher Krieg niemals wieder ereignen dürfe. Viele Japaner hatten bislang in partriotischem Eifer hart gearbeitet, angetrieben von der Losung »Opfere Dich im Interesse Deines Staates«. Nach dem Krieg jedoch neigten sie nicht nur zu pazifistischen Einstellungen, sondern standen dem Staat zunehmend ablehnend gegenüber. Die Interpretation des Krieges, die von den Alliierten und der amerikanischen Militärregierung verbreitet wurde, lautete: »Die wirklich Schuldigen des Zweiten Weltkrieges waren eine Anzahl von Militärs und die japanische Regierung oder der Staat, den diese Männer repräsentierten. Das gemeine Volk von Japan war das Opfer ihrer Propaganda.«[7] Diese Sichtweise wurde in Japan weithin akzeptiert, weil sie vielen Japanern eine günstige Gelegenheit bot, sich von ihrer eigenen Verantwortung im Krieg freizusprechen, und trug ebenfalls zur Ablehnung des Staates bei. Auch die Tatsache, daß das politische System der Vorkriegs- und der Kriegszeit in Japan nicht demokratisch gewesen war, erleichterte in psychologischer Hinsicht diese Selbstentschuldigung. Ein 1936 geborener Schriftsteller beschreibt das Image der Demokratie im Nachkriegsjapan als »Muster eines Denkens und Handelns, das aus der Vorstellung resultierte, daß dem Individuum das höchste Ansehen zusteht und daß es über dem politischen System, der Gesellschaft oder der Organisation stehen muß.«[8] Die Präambel der japanischen Verfassung, zu der die amerikanische Militärregierung Richtlinien vorgegeben hatte, beginnt mit einem Artikel, wonach das japanische Volk entschlossen sei zu verhindern, daß durch das Handeln des Staates jemals wieder ein Krieg über das Land gebracht werden könne. Der Artikel stellt einen eindrucksvollen Beweis für eine mit Pazifismus verbundene Antistaatlichkeit dar.

Die Besatzungspolitik in Japan war in der ersten Phase primär auf die Demokratisierung und Demilitarisierung Japans gerichtet. Die Militärregierung setzte mit großem Nachdruck verschiedene Reformen mit diesem Ziel in Kraft, die im Schnellverfahren durchgesetzt wurden. So wurden beispielsweise die japanischen Kriegsführer verhaftet und aus den öffentlichen Ämtern entfernt; eine neue, auf Volkssouveränität, Anerkennung der Menschenrechte und Pazifismus beruhende Verfassung wurde verabschiedet; die undemokratischen Institutionen (wie beispielsweise das kaiserliche Militär und der Adel) wurden abgeschafft; eine Agrarreform wurde durchgeführt, die auf die Entmachtung des Großgrundbesitzes hinauslief, und eine auf Demokratisierung zielende Wirtschaftsreform sah die Entflechtung der riesigen *zaibatsu* (Konglomerate) und anderer großer Wirtschaftskombinate sowie die Stärkung der Gewerkschaften vor. Doch mit dem Beginn des Kalten Krieges, vor allem aber mit der Entstehung eines kommunistischen China und dem Kriegsausbruch in Korea, erfuhr die Besatzungspolitik eine neue Ausrichtung: Statt um Demokratisierung und Demilitarisierung ging es jetzt darum, gesellschaftliche Stabilität und den wirtschaftlichen Aufschwung in Japan herbeizuführen. Das Bild Japans in den Vereinigten Staaten (wie auch im westlichen Lager insgesamt) veränderte sich vom gefährlichen, kriegslüsternen Staat hin zum wichtigsten asiatischen Verbündeten im Kalten Krieg.

Aufgrund der Niederlage im Krieg und der Nachkriegsreformen sowie der Neuorientierung der Besatzungspolitik im Kalten Krieg unterschieden sich die normativen Konflikte im Nachkriegsjapan deutlich von den Konflikten, die in der Zwischenkriegszeit vorgeherrscht hatten. Im Unterschied zur Vorkriegszeit traf es jetzt nicht mehr zu, daß sich die normativen Orientierungen im Hinblick auf die Einstellungen des einzelnen zur Modernisierung gravierend unterschieden. Vielmehr ging es jetzt primär um die Haltung des einzelnen zur Frage der Nachkriegsreformen und zum Staat – Aspekte, die von zentraler Bedeutung für die Definition der normativen Konflikte der Nachkriegszeit waren. Abbildung 3 versucht, die neuen normativen Konflikte im Nachkriegsjapan vereinfacht darzustellen.

Abbildung 3

	Revision der Nachkriegs-reformen	Förderung der Nachkriegs-reformen
Pro-Staatlichkeit/ Realismus	(2) Konservative und gemäßigte Reaktionäre	(1) Radikale
Anti-Staatlichkeit/ Pazifismus	(3) Reaktionäre	(4) gemäßigte Radikale und Liberale

Erstens ist darauf hinzuweisen, daß es – wenn überhaupt – nur sehr wenige Japaner gab, die eine Rückkehr zum Vorkriegsregime befürworteten und die Nachkriegsreformen rundweg ablehnten. Den meisten Menschen war klar, daß das Japan der Nachkriegszeit freier, demokratischer und friedlicher war als das Regime vor dem Krieg. Mit Ausnahme einiger Gruppen in der privilegierten Klasse – beispielsweise des japanischen Adels – wurden die Nachkriegsreformen deshalb von den meisten Japanern gutgeheißen. Die allgemeine Zustimmung verstärkte sich in dem Maße, in dem das Chaos der unmittelbaren Nachkriegszeit unter Kontrolle gebracht wurde, die wirtschaftliche Entwicklung durchzustarten begann, und es offensichtlich wurde, daß der allgemeine Lebensstandard kontinuierlich anstieg. Dementsprechend gering war die Zahl der Menschen, die der Gruppe (3) in Abbildung 3 zuzuordnen waren, und auch diese Zahl ging im Laufe der Zeit noch weiter zurück. Die gemäßigten Reaktionäre in der Gruppe (2) blieben bei ihrer kritischen Einstellung gegenüber den Nachkriegsreformen, während die Konservativen gewöhnlich eher bereit waren, die Konsequenzen der Reformen zu akzeptieren. Die Unterschiede zwischen den beiden Subgruppen waren jedoch nur gradueller Art.

Es erwies sich als unvermeidlich, daß die in der frühen Besatzungszeit verfügten Reformen früher oder später korrigiert werden mußten. Sie waren unmittelbar nach dem Krieg überstürzt durchgeführt worden, als die amerikanische Militärregierung entschlossen war, im besiegten Japan eine Demokratie nach amerikanischem Muster einzuführen. Den Reformen fehlte jedoch jedes Verständnis für die Funktionsmechanismen der japanischen Gesellschaft. Vor allem wurde in dem Maße offenkundig, in dem sich der Kalte Krieg verschärfte, wie unrealistisch die Demilitarisierungspolitik in Japan war. Wollte man auch weiterhin Realist bleiben, hatte man die durch die Nachkriegsreformen verursachten Veränderungen zu akzeptieren. Die Position (1), die in der frühen Besatzungszeit noch gültig gewesen sein mochte, mußte daher früher oder später ihre Gültigkeit zwangsläufig verlieren.

Zweitens verstärkten sich nach dem Ausbruch des Kalten Krieges und der Neuorientierung der Besatzungspolitik in Japan die Verbindungen zwischen der antistaatlichen Einstellung und dem Pazifismus, so daß die Gruppe (4) in der Abbildung 3 über einen längeren Zeitraum hinweg einen bedeutsamen politischen Einfluß ausüben konnte. Gleichzeitig veränderte die Militärregierung ihre Politik. Hatte ihr Schwerpunkt bislang darin gelegen, ehemalige Angehörige der japanischen Kriegsführung aus öffentlichen Ämtern zu entfernen, so unterstützte man jetzt die Nachkriegspolitiker in ihren Ämtern (2), zu denen jedoch nicht wenige zählten, die in der Vorkriegs- und in der Kriegszeit bereits öffentliche Positionen bekleidet hatten. Außerdem entschied sich die Besatzungsmacht auch für eine Veränderung der Demilitarisierungspolitik: Die japanische Regierung wurde angewiesen, eine eigene Verteidigungsstreitmacht aufzubauen. Dieser abrupte politische Kurswechsel wurde von der Gruppe (4) in Abbildung 3 als Akt der Willkür gegenüber der neuen verfassungsmäßigen Ordnung interpretiert, die auf den beiden Säulen Pazifismus und Demokratie beruhte, so daß faktisch die von der Besatzungsmacht unterstützte japanische Regierung als Nachfolgerin der staatlichen Macht in der Vorkriegs- und Kriegszeit anzusehen sei. Im Gegensatz zu den deutschen Erfahrungen wurde außerdem der Eindruck einer Kontinuität zwischen dem Vorkriegs- und dem Nachkriegsjapan dadurch verstärkt, daß Kaiser Hirohito weiterhin auf dem Thron saß – trotz der neuen konstitutionellen Bestimmungen, die seine Position als Souverän und, zumindest dem Titel nach, oberstem Herrscher des Landes auf den Status eines rein integrativen Staatssymbols ohne echte Macht reduzierten. Ferner wurde die neue Verfassung, die auf grundlegend andersartigen Prinzipien als die alte beruhte, im Nachkriegsjapan unter Benutzung von aus der alten Reichsverfassung stammenden Verfahren zur Verfassungsänderung eingeführt. Diese Tatsache bot der Gruppe (4) in Abbildung 3 Anlaß, den Machthabern vorzuwerfen, sie wollten die Zeit bis zum Vorkriegsregime zurückdrehen (»Umkehrkurs«, wie es damals genannt wurde). Die Politik der japanischen Regierung bestand damals darin, Teile der unter der Militärregierung eingeführten Reformen zu ändern, wenn man annahm, daß sie den neuen Bedingungen nicht entsprachen.

Die Vereinigten Staaten, die in der Ost-West-Konfrontation das eine Lager anführten, befürworteten die Wiederbewaffnung Japans, die von den Realitäten des Kalten Krieges diktiert wurde. Damit gaben sie zugleich dem Antiamerikanismus der Liberalen und Radikalen (4) Auftrieb. In der Folge konzentrierte sich die politische Grundposition dieser Gruppe darauf, die japanisch-amerikanische Allianz abzulehnen und auf einem bedingungslosen idealistischen Pazifismus zu beharren, d.h. auf einer Politik der »unbewaffneten Neutralität«. Es ist in der Tat eine Ironie der Geschichte, daß gerade diese Gruppen, die fast blindlings die Nachkriegsreformen der Militärregierung begrüßt hatten, schließlich eine antiamerikanische Grundhaltung entwickelten. Japan wurde nicht geteilt – im Gegensatz zu Deutschland, das in zwei Staaten, in ein östliches und ein westliches Segment aufgeteilt wurde – und nun an der Frontlinie des Ost-West-Gegensatzes lag. Außerdem war Japan durch Meere sowohl von der Sowjetunion als auch von China getrennt, und die Vereinigten Staaten behielten eine starke Präsenz von Marine- und Luftstreitkräften in dieser Region bis in die 70er Jahre bei. Solange es also eine vertrauenswürdige amerikanische Garantie für Japan gab, blieb die Sicherheit des Landes in vollem Umfang gewährleistet, auch wenn es selbst nur über eine kleine Streitmacht verfügte. Das relativ günstige internationale Umfeld trug dazu bei, daß auch innerhalb des Landes dauerhafte pazifistische Grundhaltungen bestehen konnten. In diesem Sinne läßt sich feststellen, daß die Position (4) der Abbildung 3 praktisch durch die amerikanische Sicherheitsgarantie für Japan unterstützt wurde. Doch in der Ost-West-Konfrontation mußte eine antiamerikanische Einstellung unweigerlich zu freundlichen Beziehungen zum östlichen Lager führen. In der Tat wuchsen die Anhänger der Position 4 allmählich in eine große Koalition hinein, der sowohl Vertreter eines idealistischen Pazifismus als auch Anhänger verschiedener politischer Ideologien – vom Sozialismus bis zum Kommunismus – angehörten.

Bis in die jüngste Vergangenheit bewahrte im Japan der Nachkriegszeit der Marxismus-Leninismus seinen starken Einfluß auf die Sozialisten. Sie hätten eigentlich eher zu Kategorie (1) oder (2) als zu Kategorie (4) gehören müssen, weil ihr Parteiprogramm vorsah, die Staatsmacht zu übernehmen und in Japan einen sozialistischen Staat aufzubauen, der die Nachkriegsreformen überwinden sollte, die die Demokratisierung des Landes zum Ziel gehabt hatten. In der Zwischenzeit gab es jedoch praktisch niemanden unter ihnen, der eine sozialistische Verfassung gefordert oder das unrealistische Prinzip der unbewaffneten Neutralität aufrechterhalten hätte. Zugleich war es für sie, die im politischen Kontext des Kalten Kriegs für die sowjetische Seite votierten, eine taktisch bequeme Position, sich mit denjenigen zu verbünden, die in Kategorie (4) fielen und für ihren rigiden Anti-Amerikanismus bekannt waren. Daher neigten die meisten Anhänger des Marxismus-Leninismus Position (4) zu, unabhängig von ihren wahren inneren Überzeugungen. Dies zeigt, wie mächtig der Einfluß des Denkens und der Einstellungen blieb, die in Kategorie (4) erfaßt werden.

Im Vergleich zu den Jahrzehnten vor dem Zweiten Weltkrieg erfolgte also in der Nachkriegszeit eine stärkere Polarisierung der normativen Konflikte in Japan. Das sogenannte »Regime von 1955« war die politische Konsequenz dieser polarisierten normativen Konflikte. Es funktionierte im Rahmen der Konfrontation zwischen der Liberaldemokratischen Partei (LDP), die in unserer Abbildung 3 der Position (2) zuzuordnen ist, und der Japanischen Sozialistischen Partei (JSP) sowie der Kommunistischen Partei Japans, die zu Position (4) zu zählen sind. Auffallend ist, daß die JSP zwar sehr stark unter dem Einfluß des Marxismus-Leninismus stand, sich aber von einem relativ lokkeren und offenen Organisationsprinzip leiten ließ und parteiintern kein Kontrollsystem im kommunistischen Stil durch eine mächtige zentrale Führung einführte. Deshalb repräsentierte die Kommunistische Partei aber auch nichts weiter als eine unbedeutende Minderheit. Die Sozialistische Partei beharrte weiterhin auf der unbewaffneten Neutralität und favorisierte innerhalb der Machtdynamik der Ost-West-Konfrontation das östliche Lager. Die JSP war deshalb völlig unfähig, der LDP die Macht streitig zu machen, so daß die LDP ununterbrochen an der Macht bleiben konnte, weil sich die meisten Japaner für den Verbleib im westlichen Lager aussprachen. Trotzdem konnte sich die JSP noch immer auf die Unterstützung durch etwa ein Drittel der japanischen Bevölkerung stützen, weil die Sozialisten, obwohl sie unter dem Einfluß des Marxismus-Leninismus blieben, die Position (4) wirksam vertreten konnten, indem sie – im Gegensatz zu den Kommunisten – ihre Organisation für breitere Bevölkerungskreise offenhielten.

Das Regime von 1955 spiegelte in gewissem Sinne die japanische Innenpolitik im Kontext der internationalen Ost-West-Konfrontation wider. Möglicherweise war die Situation der Kommunistischen Partei in Italien ähnlich geprägt. Wie Japan war auch Italien im Zweiten Weltkrieg besiegt und besetzt worden; das Land hielt eine wichtige strategische Position inne, lag jedoch nicht an der Bruchlinie der Ost-West-Konfrontation. Die Kommunistische Partei Italiens war zwar in der Nachkriegszeit ebenfalls dem Marxismus-Leninismus verpflichtet, gestaltete ihre Position jedoch flexibler als die Schwesterparteien in den meisten anderen Ländern und wurde zur größten Oppositionspartei Italiens. Dies führte zu einer Serie von in der Mitte angesiedelten Koalitionsregierungen zwischen den Christdemokraten (DC) als festem Bestandteil und verschiedenen Splittergruppen, so daß die Regierung manchmal nach rechts, manchmal nach links neigte. Der wichtigste Unterschied zwischen Italien und Japan bestand jedoch darin, daß die antikommunistischen politischen Gruppierungen in Italien sehr viel stärker als in Japan dazu neigten, sich in Splitterparteien aufzuspalten. Dadurch wurde es ihnen unmöglich, eine größere Partei wie die japanische LDP zu bilden, und ihre organisatorischen Grundlagen blieben instabil.

Die in den normativen Konflikten vermittelnden Institutionen waren in der Folge des Zweiten Weltkrieges ebenfalls weitreichenden Veränderungsprozessen unterworfen. Insbesondere zwei der drei Institutionen, die bei der Vermittlung der normativen Konflikte in der Vorkriegszeit noch besonders wichtige Rollen gespielt hatten, nämlich der Nationalismus (in Verbindung mit dem Patriotismus gegenüber dem Staat) und die traditionellen Gemeinschaften, verloren in der Nachkriegszeit an Einfluß. Die Empfindung, einem ganz besonderen kulturellen und politischen Gebilde namens Japan anzugehören, war jedoch noch immer verbreitet und ist auch durch die gesamte Nachkriegszeit bis zum heutigen Tage erhalten geblieben – eine Folge der langen Geschichte und der gesellschaftlichen Homogenität Japans. Doch die Loyalität der Bevölkerung gegenüber dem Staat wurde weitgehend zerstört, weil die Parole »Aufopfernde Hingabe im Interesse des Staates« in Kriegszeiten zu sehr strapaziert worden war. Die japanische Lehrergewerkschaft, die eine Machtbasis der JSP bildet, war bis vor kurzem dagegen, daß selbst in den Grund- und Mittelschulen des Landes die Nationalhymne gesungen und die Staatsflagge aufgezogen werden durfte. Weder die Hymne noch die Flagge waren seit der Niederlage Japans verändert worden; diese Staatssymbole waren deshalb bei den Anhängern der Position (4) in Abbildung 3 umstritten, riefen sie doch die Erinnerung an den Krieg, an die japanischen Aggressionen im Ausland und an die Unterdrückung im Inland wach.

In diesem Sinne wurde in der Nachkriegsperiode die Vorstellung von Japan als Nation sehr wirksam von der Vorstellung Japans als Staat getrennt. Hinzu kam, daß diese beiden Vorstellungen häufig als Gegensätze gesehen wurden.

Das folgende Beispiel zeigt den Konflikt auf, der zwischen den beiden Konzepten besteht. Bei der Entgegennahme des Nobelpreises für Literatur wurde Kenzaburo Oe, einer der Intellektuellen, die die Position (4) repräsentieren, mit den Worten zitiert: »Diese Ehrung bedeutet, daß dem hohen Niveau der modernen japanischen Literatur endlich weltweite Anerkennung zuteil wird.« Die Feststellung spiegelt Oes starkes persönliches Zugehörigkeitsgefühl zu Japan wider. Derselbe Autor verweigerte jedoch die Entgegennahme eines Ordens, mit dem die japanische Regierung kulturelle Leistungen auszeichnet, mit der Begründung: »Ich glaube an die Nachkriegsdemokratie. Deshalb kann ich unmöglich eine solche Ehrung annehmen, die mir von der japanischen Regierung gewährt wird.« Oes Erklärungen sind ein beredtes Beispiel für die auch in Position (4) reflektierte Sichtweise im Japan der Nachkriegszeit, derzufolge die Nation völlig vom Staat getrennt sei, ja ihm gegenüberstehe. So wurden Nationalismus und Patriotismus in der Nachkriegszeit zutiefst geschwächt; sie wurden fast synonym mit der Sichtweise der Reaktionäre (2) und sind zur Vermittlung der neuen normativen Konflikte nicht mehr geeignet.

Die Nachkriegsreformen und die darauf folgende ökonomische Entwicklung fungierten auch bei der Auflösung der traditionellen Gemeinschaften als mächtige Agenten. Durch die von der amerikanischen Militärregierung eingeleitete Agrarreform wurde der Großgrundbesitz abgeschafft und das enteignete Land an die Pachtbauern verteilt, die auf den bisherigen Großgütern gearbeitet hatten. In der Folge kam es in den ländlichen Gemeinschaften zu einem tiefgreifenden strukturellen Wandel. In den 50er Jahren hatte ein rapides und dauerhaftes Wirtschaftswachstum eingesetzt; es trug dazu bei, daß die ländliche Bevölkerung (vor allem die jüngeren Menschen) in großer Zahl in die städtischen Zentren abwanderte. Die ländliche Bevölkerung hatte bei Kriegsende noch annähernd 50 Prozent der Gesamtbevölkerung ausgemacht, aber ihr Anteil ging bis zum Ende der 60er Jahre auf etwa 10 Prozent zurück. Hinzu kommt die schnell fortschreitende Motorisierung, die es einer beträchtlichen Zahl der auf dem Lande verbliebenen Bewohner ermöglichte, ihre landwirtschaftliche Arbeit aufzugeben und neue Arbeitsplätze in den nahegelegenen Städten zu suchen. Als Ergebnis dieser Faktoren läßt sich feststellen, daß die ländlichen Gemeinschaften ihre traditionelle Funktion der gegenseitigen Unterstützung weitgehend verloren haben.

Auch das Familiensystem war grundlegenden Veränderungen unterworfen, deren Ursache darin zu sehen ist, daß das bürgerliche Recht reformiert wurde, und sich in der Folge dieser Maßnahmen die öffentliche Wahrnehmung des Familienlebens änderte. Auch die Bevölkerungsstruktur war von einem rapiden Wandel gekennzeichnet, der von dem dauerhaften Wirtschaftswachstum angetrieben wurde. Folgende Aspekte verdeutlichen diese Prozesse: Wie bereits erwähnt, bejahten bei der Meinungsumfrage von 1953 74 Prozent der Befragten die Frage, »Wenn Sie kein eigenes Kind hätten, würden Sie dann jemanden adoptieren, der mit Ihnen nicht blutsverwandt ist, um die Kontinuität ihrer *ie* sicherzustellen?« Nur 16 Prozent verneinten die Frage. Ende der 60er Jahre wurde die Frage von 43 Prozent der Befragten bejaht und von 41 Prozent verneint. Bei der letzten Umfrage in den frühen 80er Jahren bejahten nur noch 27 Prozent diese Frage, während sie mehr als 50 Prozent verneinten.[9] Die Ergebnisse der Erhebung lassen darauf schließen, daß immer mehr Japaner der Auffassung zuneigen, Kinderlose müßten sich nicht unbedingt verpflichtet fühlen, ein Kind zu adoptieren, um die Kontinuität der *ie* zu sichern. Diese Antworten stellen im Grunde die Ablehnung des Familiensystems dar, in dem die Kontinuität der *ie* von höchster Bedeutung war.

Von allen Institutionen, die bei der Vermittlung normativer Konflikte in der Vorkriegszeit eine maßgebliche Rolle spielten, überstand nur eine einzige die Nachkriegsjahrzehnte und konnte überdies auch ihre Vermittlungsfunktion erweitern: das japanische Managementsystem. Die Kriegsniederlage und die Nachkriegsreformen hatten der traditionellen Autorität schwere Schäden zugefügt. Die amerikanische Militärregierung unterstützte die Organisation und Entwicklung der Gewerkschaften im Nachkriegsjapan.

Der wachsende Einfluß des Marximus-Leninismus trug zur Radikalisierung der Arbeiterbewegung in den unmittelbaren Nachkriegsjahren bei; die Beziehungen zwischen Arbeitnehmern und Arbeitgebern waren damals von Spannungen gekennzeichnet und relativ störungsanfällig. Doch allmählich verebbte das Nachkriegschaos; die Regelungen der Besatzungszeit wurden von den verschiedenen nachfolgenden Regierungen wieder aufgehoben, die die Position (2) in der Abbildung 3 repräsentierten, und die japanische Wirtschaft trat in eine Periode anhaltenden Wachstums ein. Vor diesem Hintergrund wurde das japanische Managementsystem, wie wir es heute kennen, zur allgemeinen Praxis. Das System gründete auf drei Säulen: lebenslange Beschäftigung im Unternehmen, Lohnanstieg und Beförderung nach Dienstalter und Gewerkschaften mit ausgeprägtem Zugehörigkeitsgefühl sowie entsprechender Loyalität gegenüber dem Unternehmen.

Die Gewerkschaften waren unter dem Einfluß der Besatzungsmacht dem amerikanischen Modell nachgebildet worden. In diesem Zusammenhang ist das Phänomen von größter Bedeutung, daß die Gewerkschaften schließlich eine neue Organisationsform hervorbrachten, die sogenannte »Unternehmensgewerkschaft«. Unerwarteterweise führte die Stärkung der Rechte der Arbeitnehmer in dieser gewerkschaftlichen Organisationsform dazu, daß sich bei den Beschäftigten ein viel stärkeres und intensiveres Zugehörigkeitsgefühl zu dem Unternehmen entwickelte, für das sie arbeiteten. Das hohe Wirtschaftswachstum trug zum Arbeitskräftemangel in Japan bei. In der Folge verbesserten sich die Beziehungen zwischen Management und Beschäftigten, doch die Mobilität auf dem Arbeitsmarkt erhöhte sich nicht. Die Verbesserung der Beziehungen zwischen Management und Arbeitnehmern wiederum führte dazu, daß die Praxis der lebenslangen Arbeitsplatzgarantie weiter gefestigt wurde. Als Ergebnis läßt sich festhalten, daß durch diesen besonderen Stil die Rolle der japanischen Unternehmensführung als Vermittlungsinstitution normativer Konflikte in der Nachkriegszeit beträchtlich ausgeweitet wurde.

Aufmerksamkeit verdient ferner die Tatsache, daß diese Praxis der Arbeitsplatzgarantie dem Temperament und den Werten der meisten Japaner entsprach. Dies wird durch eine sehr interessante Meinungsumfrage belegt:

»Frage: Nachstehend werden zwei Abteilungsleiter beschrieben. Wenn Sie sich einen von ihnen als Vorgesetzten aussuchen könnten, für welchen würden Sie sich dann entscheiden?

Manager A zwingt Sie selten dazu, Arbeiten außerhalb Ihrer normalen Zuständigkeiten zu erledigen, bringt jedoch Ihren persönlichen, von Ihrer Tätigkeit unabhängigen Problemen wenig Aufmerksamkeit entgegen.

Manager B befiehlt Ihnen von Zeit zu Zeit, Arbeiten außerhalb Ihrer normalen Zuständigkeiten zu erledigen, aber er/sie widmet Ihren persönlichen Problemen sehr viel Aufmerksamkeit, selbst wenn sie mit Ihrer Tätigkeit nicht viel zu tun haben.«

Seitdem die Befragung 1953 zum ersten Mal durchgeführt wurde, haben sich die Antworten nicht verändert: Der Anteil derjenigen, die sich für Manager B entschieden, belief sich auf ungefähr 80 Prozent (auch bei der letzten Befragung 1993). Der Anteil blieb stabil, unabhängig von persönlichen Faktoren wie Alter, Geschlecht, Bildungsabschluß, Beruf oder Stellung.[10] Die Ergebnisse zeigen, daß das oben beschriebene japanische Managementsystem und der japanische Arbeitnehmer sehr gut zusammenpassen. Die japanischen Arbeitnehmer bevorzugen diese Art der Beziehung zu ihren Vorgesetzten am Arbeitsplatz.

Doch es gibt noch weitere Vermittlungsinstitutionen im Japan der Nachkriegszeit. Zu ihnen zählt auch der Mechanismus der Einkommensumverteilung, der auf hohem, dauerhaftem Wirtschaftswachstum, der Bildung einer *de facto*-Kooperation zwischen der herrschenden Partei, der Opposition unter dem Regime von 1955 und der Ausbreitung neuer religiöser Organisationen beruhte, welche die Garantie der zu Lebzeiten erworbenen Vorteile in den Mittelpunkt ihrer religiösen Lehren stellten.

Wie erwartet werden kann, wird das Wirtschaftswachstum in den verschiedenen Sektoren unterschiedlich sein. Bleibt also das Wirtschaftswachstum völlig dem Diktat der Marktkräfte überlassen, wird es unweigerlich zu zunehmenden Ungleichheiten in der Einkommensverteilung führen und könnte, wenn dieser Prozeß unkontrolliert verläuft, die gesellschaftliche Stabilität bedrohen. Sowohl die Politik der Regierung zur Umverteilung des Einkommens als auch die Tarifverhandlungen zwischen Management und Arbeitnehmern sollen verhindern, daß diese Möglichkeit zur Realität wird.

Im Falle Japans waren, nachdem in den 50er und 60er Jahren ein hohes Wirtschaftswachstum vorherrschte, sowohl die Politik der Einkommensumverteilung als auch die Tarifverhandlungen zwischen Arbeitgebern und Arbeitnehmern von intensiver Koordination geprägt. Neben der Etablierung des Regimes von 1955 wurde auch ein neues Tarifverhandlungssystem entwickelt und eingeführt, dessen Bedeutung weit über die jeweiligen Wirtschaftssektoren hinausging. (Dies wurde unter dem Begriff »Frühjahrsoffensive« bekannt, da die Verhandlungen jedes Jahr im oder um den April herum stattfanden, dem Beginn des japanischen Finanzjahres.) Als Folge dieser einheitlichen Lohnverhandlungen durften die Lohnsteigerungsraten für die meisten Wirtschaftssektoren auf einheitlicher Höhe festgelegt werden, obwohl das Niveau der Rentabilität der einzelnen Sektoren und Unternehmen sehr unterschiedlich war. Hinzu kam, daß die Gehälter der Staatsbeamten wie auch die der Angestellten des öffentlichen Dienstes entsprechend den Ergebnissen der Frühjahrsoffensive steigen durften, was zu Einkommensverbesserungen der Beschäftigten in diesen Bereichen beitrug. Besonders den Bauern und Kleinunternehmern wurden großzügige Subventionen und Steuervorteile eingeräumt, die oft von wahlstrategischem Kalkül diktiert waren. Dank dieses Mechanismus einer abgestimmten Einkommensumverteilung konnte Japan die Ungleichheit der realen Einkommensverteilung auf ein Minimum beschränken, obwohl weithin das japanische Managementsystem praktiziert wurde, das eine geringe Beweglichkeit auf den Arbeitsmärkten zur Folge hatte. Der Mechanismus der Einkommensumverteilung hing jedoch von anhaltendem und rapidem Wirtschaftswachstum und von der Realisierbarkeit des progressiven Besteuerungssystems ab. Veränderten sich diese Bedingungen abrupt, mußte die Funktionsfähigkeit des Mechanismus unweigerlich in Schwierigkeiten geraten.

Wie bereits erwähnt, war das Regime von 1955 die politische Konsequenz der normativen Konflikte im Nachkriegsjapan. In diesem System konnte die Macht nicht ohne weiteres von einer Partei auf die andere übergehen. Stünden sich also auf Dauer die herrschende Partei und die Opposition aufgrund unterschiedlicher politischer Prinzipien gegenüber, würde ein solches Parteiensystem die normativen Konflikte nur verschärfen, statt in ihnen zu vermitteln. Doch in Westdeutschland bildeten CDU/CSU und SPD die Große Koalition, und in Italien gingen die Christdemokraten den Historischen Kompromiß mit der Kommunistischen Partei ein. In ähnlicher Weise bildete sich in Japan zwischen der LDP und den Oppositionsparteien (vor allem der JSP, der größten Oppositionspartei, aber ohne Beteiligung der Japanischen Kommunistischen Partei) trotz aller öffentlich dargestellten Konfrontation der Rahmen für Kompromisse und Kooperation heraus. Diese *de facto*-Arbeitsbeziehung wurde möglich, weil die LDP, die das Machtmonopol besaß, gewillt war, eine flexible Position beizubehalten, um den Forderungen der Opposition so weit wie möglich entgegenzukommen. Die Opposition wiederum entschied sich dafür, durch Verhandlungen mit der LDP Konzessionen für ihre eigene Wählerklientel zu erreichen. Diese Beziehung entsprach funktionell den Tarifverhandlungen der Gewerkschaften in den Frühjahrsoffensiven.

Durch diese funktionale Transformation wandelte sich das Regime von 1955 in eine Institution zur Vermittlung normativer Konflikte. Der Rahmen für eine *de facto*-Kooperation zwischen Regierungspartei und Opposition wurde möglich, weil trotz aller ideologischen und politischen Differenzen eine stillschweigende, aber weitreichende Übereinkunft zwischen ihnen bestand, dem Wachstum der Binnenwirtschaft höchste Priorität einzuräumen und Japans militärische Verpflichtungen dadurch auf dem niedrigstmöglichen Niveau zu halten, daß Japan außenpolitisch nur eine geringe Rolle spielte. Die Tatsache, daß ein solches Abkommen bestand und daß die japanische Gesellschaft in hohem Maße homogen war, trug entscheidend dazu bei, daß eine weitere Verschärfung der normativen Konflikte verhindert werden konnte.

Auf der Grundlage mehrerer Meinungsumfragen stellte der angesehene Statistiker Chikio Hayashi fest: *»In der japanischen*

Gesellschaft wird die Mehrheitsentscheidung immer als offene Konfrontation wahrgenommen und ist daher als solche nicht tauglich für produktive Entscheidungsfindung. Die japanischen Menschen neigen der Ansicht zu, daß die größte Aussicht auf sinnvolle Entwicklung besteht, wenn «wa» (Harmonie) und «chuyo» (Positionen der Mitte) sowie der Suche nach arbeitsfähigen Kompromissen besondere Bedeutung beigemessen wird. Nichts wird das Leben für Japaner unangenehmer gestalten als die Aussicht, in einer Welt leben zu müssen, in der die Mehrheitsentscheidung darüber befindet, was sie zu tun oder zu lassen haben.«[11]

Japans politische Kultur ist nicht durch den Gedanken der Mehrheitsentscheidung geprägt, und es ist für stabile politische Entscheidungsfindung besonders wichtig, Minderheitsmeinungen ernsthafte Aufmerksamkeit zu widmen.[12] Das Regime von 1955, das durch eine stabile LDP-Mehrheit geprägt, aber jederzeit bereit war, die Ansichten der Oppositionsparteien, wie etwa der JSP, so weit wie möglich aufzugreifen, stellte eine Lösung dar, die mit diesen besonderen Werthaltungen der japanischen Gesellschaft vereinbar war. Aus diesem Grunde hatte die LDP-Regierung trotz gravierender Konfrontationen mit der Opposition an der Oberfläche Bestand für einen sehr langen Zeitraum, und diese Methode der Entscheidungsfindung bewährte sich zugleich als Vermittlungsinstanz für Wertekonflikte.

Ab der zweiten Hälfte der 60er Jahre veränderte sich allerdings die Struktur der politischen Konfrontation unter dem Regime von 1955 signifikant. Erstens waren in den Jahren nach der Wiederherstellung der japanischen Unabhängigkeit im Jahre 1952 die Teile der Nachkriegsreformen korrigiert worden, die überhaupt nicht zu den tatsächlichen Bedingungen in Japan paßten. Dies führte dazu, daß die grundsätzliche Richtung der Nachkriegsreformen, nämlich das Bemühen um Demokratie und Frieden, von einer überwältigenden Mehrheit der japanischen Bevölkerung akzeptiert wurde. Konflikte, die sich um die Nachkriegsreformen drehten, verloren in den frühen 60er Jahren daher völlig ihre Bedeutung. Zweitens führte die japanische Wirtschaftsentwicklung bei anhaltend hohen Wachstumsraten und daraus resultierenden wachsenden Verteilungsspielräumen der Einkommen dazu, daß sich der japanische Lebensstandard während des gesamten Zeitraumes deutlich verbesserte. Mitte der 60er Jahre begann die Umweltverschmutzung, eine neue Gefährdung des Lebens in Japan darzustellen. Zugleich stellte sich heraus, daß sich inzwischen das Niveau der Erwartungshaltungen in der Bevölkerung deutlich erhöht hatte, so daß eine starke Nachfrage nach verbesserten Systemen des Wohlfahrtsstaates im Bereich der medizinischen Versorgung und der Altersversorgung entstand. Solange die Konfrontation des Kalten Kriegs andauerte, mußten die traditionellen Wahrnehmungsmuster allerdings Bestand haben. Sie kreisten um die Konfrontation zwischen den Realisten, die mit Rücksicht auf die nationale Sicherheitspolitik die US-Japan-Allianz unterstützten, und den Idealisten, die auf unbewaffneter Neutralität bestanden. Unter dem Regime von 1955 entwickelten sich die Beziehungen zwischen diesen verschiedenen Gruppen zu dem in Abbildung 4 dargestellten Konfliktmuster.

Abbildung 4

	Bündnis mit den USA	unbewaffnete Neutralität
Wachstums-orientiert	(2) Konservative	(1) Liberale
Umwelt- und wohlfahrts-orientiert	(3) Konservative	(4) Liberale und Radikale

Unter diesen Bedingungen nahm nahezu niemand die Position (1) ein. Liberale zeichneten sich dadurch aus, daß sie der Stärkung des Umweltschutzes und der Wohlfahrt größere Bedeutung beimaßen als dem Wirtschaftswachstum. Aufgrund ihrer gegen Mehrheitsentscheidungen eingestellten Grundhaltung und einem ausreichenden Maß an Flexibilität, um Anforderungen der Opposition in die eigene politische Programmatik zu übernehmen, reagierte die LDP sehr schnell, wo immer steigende Nachfrage der Bevölkerung nach speziellen Umweltschutz- oder Wohlfahrtsmaßnahmen erkennbar wurde. Während die Opposition einseitig mehr Umweltschutz und verbesserte Wohlfahrtseinrichtungen einforderte, versuchte die LDP den Ausgleich zwischen diesen Aufgaben und dem Wirtschaftswachstum. Als Ergebnis dieses Bemühens wurden 1972 ein Umweltamt eingerichtet und eine Vielzahl von Umweltschutzmaßnahmen ergriffen, während im Jahre 1973 ein ausgedehntes Programm zur Reform des Wohlfahrtsstaates in Gang gebracht wurde. Es war folglich ein kleines Wunder, daß die flexible LDP-Regierung sich weiterhin ihrer außerordentlich langen Amtsdauer rühmen konnte. Als Ergebnis des Bündnisses mit den Vereinigten Staaten konnte Japan schließlich stabile Sicherheit zu relativ niedrigen Kosten genießen, so daß die LDP-Regierung für ihre Sicherheitspolitik weit größere Unterstützung in der Bevölkerung finden konnte als die Opposition.

Das japanische Managementsystem war in der Nachkriegszeit sehr verbreitet, aber nicht alle japanischen Arbeitnehmer kamen in den Genuß seiner Vorzüge und seines Schutzes. Die Menschen, die im Verlauf des hohen Wirtschaftswachstums in die städtischen Zentren wanderten, konnten sich teilweise nicht unter den Schutzschirm eines Unternehmens stellen; dies galt vor allem für die Beschäftigten kleinerer Firmen. Insbesondere Frauen blieben häufig außerhalb des Schutzschirms der Unternehmen. Hinzu kam, daß die älteren Generationen in den Dörfern auf dem Lande allein zurückblieben, während die jüngeren Einwohner in aufeinanderfolgenden Wellen ihre ländliche Heimat verließen und in den Städten nach Arbeit suchten.

Die neuen Religionen unterschieden sich von den traditionellen religiösen Institutionen (den Tempeln, Schreinen und Sekten); sie spielten eine nicht zu unterschätzende Rolle, wenn es darum ging, diesen »verlorenen Seelen« das Gefühl der persönlichen Zufriedenheit und der gegenseitigen Solidarität zu vermitteln. In der Tat sind seit den unmittelbaren Nachkriegsjahren und im Verlauf der darauffolgenden chaotischen Periode sowie seit dem Beginn der Wachstumsperiode sehr viele neue Religionen entstanden. Die Zahl der eingetragenen religiösen Organisationen lag 1947 nur bei 3000; 1960 jedoch gab es bereits 180 000 religiöse Organisationen.[13] Im Mittelpunkt der Lehren vieler dieser neu gegründeten Sekten stand der Gedanke der Errettung von irdischen Leiden wie Armut oder Krankheit durch den Glauben, und dies zeigt deutlich die gesellschaftliche Funktion, die diese neuen Religionen im Japan der Nachkriegszeit spielen sollten.[14]

3. Schlußbetrachtung: Japans Transformation zu einer Wirtschaftsgroßmacht und die zukünftigen Perspektiven

Bis Ende der 70er Jahre, ein Vierteljahrhundert nach der Niederlage Japans im Zweiten Weltkrieg, durchlief die japanische Gesellschaft tiefgreifende Veränderungsprozesse. Im Zusammenhang mit diesem Wandel veränderten sich auch die normativen Konflikte grundlegend im Vergleich zu den Konflikten, die unmittelbar nach dem Krieg bestanden hatten. Erstens etablierte sich, wie bereits dargestellt, die japanisierte Version der liberalen Demokratie in dem Maße, in dem die mit den Nachkriegsreformen verbundenen Probleme durch schrittweise staatliche Maßnahmen im Verlauf der 50er Jahre korrigiert wurden. Die alte Konfrontation, die sich über die Nachkriegsreformen entzündet hatte, verlor ihre frühere Bedeutung. Die Tatsache, daß die heiß umkämpften Fragen der 50er Jahre – beispielsweise die Verfassungsänderung und die japanisch-amerikanische Allianz – Ende der 60er Jahre keine politischen Probleme mehr darstellten, ist ein klarer Beweis für den Transformationsprozeß, der in der Zwischenzeit stattgefunden hatte. Als Konsequenz des Übergangs etablierte sich das Regime von 1955 endgültig; die Regierungspartei und die Opposition traten in eine Phase des *de facto*-Kompromisses und der Kooperation ein, obwohl sie nach außen den Anschein der Konfrontation wahrten. Das Auftreten von in der sogenannten Mitte angesiedelten Parteien in den 60er Jahren war jedoch ein Hinweis darauf, daß sich eine Verlagerung hin zu einer neuen Konfrontation abzeichnete. Diese Parteien beanspruchten für sich eine Position zwischen den Sozialisten und den Kommunisten (welche die Position (4) der Abbildung 4 repräsentieren) auf der einen Seite und den Liberaldemokratien, die für Position (2) und (3) von Abbildung 4 eintraten, auf der anderen Seite.

Zweitens stieg Japan aufgrund des anhaltenden Wirtschaftswachstums in den 70er Jahren zu den führenden Wirtschaftsmächten auf. Insbesondere nachdem das Land im Vergleich mit den anderen entwickelten Ländern die Wirkungen der Ölkrisen am geschicktesten überwunden hatte, wurde Japan zur weltweit größten Gläubigernation mit dem größten Handelsbilanzüberschuß. Diese Veränderung der Stellung Japans in der internationalen Staatengemeinschaft führte im Volk zu neuem Selbstvertrauen und zu dem Bewußtsein, daß das Land eine wichtigere Rolle in der internationalen Politik übernehmen müsse. Bei einer Meinungsumfrage wurde gefragt: »Glauben Sie, daß die Japaner den Menschen im Westen überlegen sind?« 1953 antworteten noch 30 Prozent, »Wir sind ihnen unterlegen«; 20 Prozent hielten sich für »überlegen« und 14 Prozent für »vergleichbar«. Bei einer 1983, also genau 30 Jahre später durchgeführten Umfrage erklärten rund 52 Prozent, Japaner seien »überlegen«; nur 8 Prozent hielten sich für »unterlegen« und 12 Prozent für »vergleichbar«. Doch dieses sehr ausgeprägte Selbstbewußtsein, das geradezu an Arroganz grenzte, milderte sich im weiteren Verlauf der 80er Jahren wieder, als die japanische Wirtschaft wie eine »Seifenblase« platzte. Bei der Umfrage von 1993 war der Anteil der sich »überlegen« fühlenden Japaner auf 41 Prozent zurückgegangen; für »vergleichbar« hielten sich nunmehr 27 Prozent. Doch der Anteil derer, die sich für »unterlegen« hielten, betrug jetzt nur noch 6 Prozent.[15] Dieses letzte Ergebnis zeigt zwar, daß das exzessive Selbstvertrauen weiter abnehmen könnte, daß aber das Gefühl der Unterlegenheit, das die Japaner seit dem 19. Jahrhundert empfanden, nicht mehr wiederaufleben wird. Andererseits läßt sich nicht leugnen, daß dieses Selbstvertrauen, welchen Quellen es auch entspringen mag, die Japaner in ihrer Überzeugung bestärkt, daß ihr Land eine internationale Rolle spielen sollte, die seiner wirtschaftlichen Leistungskraft angemessen ist.

Das Ende des Kalten Kriegs und insbesondere die Erfahrung des Golfkriegs wirkten sehr stark auf das japanische Volk ein. Das Interesse an einer neuen und bedeutenderen internationalen Rolle nahm zu. Es ist jedoch heftig umstritten, ob die Rolle Japans auf die nichtmilitärischen Bereiche beschränkt bleiben oder so ausgeweitet werden sollte, daß sie auch militärische Aufgaben umfaßt. In dieser Hinsicht ist die alte Nachkriegs-Konfrontation zwischen Pazifismus (unbewaffneter Neutralität) und politischem Realismus (Bündnis mit den USA) in einem veränderten Kontext noch immer spürbar. Obwohl heute öffentlich nach einer Änderung des Verfassungsartikels 9 gerufen wird (ein solches Thema galt lange Zeit buchstäblich als Tabu), gibt es auch weiterhin eine starke Opposition gegen eine solche Änderung. Daß diese Opposition vorhanden ist, zeigt deutlich, daß es auch heute noch an einem nationalen Konsens in dieser Frage mangelt.

Das Ende des Kalten Kriegs und der Zusammenbruch der Sowjetunion trugen ironischerweise mit dazu bei, daß diese alte Konfliktlinie sich auflöste, weil sich die Unterstützung in Japan für das amerikanisch-japanische Bündnis – mit der einzigen Ausnahme der kommunistischen Partei – ausbreitete. Es gab außerdem noch einen passiven Grund, weshalb sich die Unterstützung für das Bündnis zwischen Japan und den USA genau zu dem Zeitpunkt ausweitete, als die allgegenwärtige, gemeinsame Bedrohung durch die Sowjetunion verschwand: Offenkundig bestanden nicht länger Befürchtungen, daß Japan in einen Krieg mit der Sowjetunion gezogen werden könnte, falls es sich in einem Bündnis mit den Vereinigten Staaten befände, und daher entfiel die Rechtfertigung für die Forderung nach einer Politik unbewaffneter Neutralität. Es bestand jedoch auch ein manifester Grund in der Weise fort, daß Konfliktzonen hoher politischer Spannung in Fernost, wie die koreanische Halbinsel und die Straße von Taiwan, weiter Bestand hatten, und darüber hinaus Länder wie China oder Nordkorea, die Nuklearwaffen besaßen oder sie entwikkeln wollten, nicht gerade freundlich gegenüber Japan eingestellt waren. Die JSP vollzog in der Frage nationaler Sicherheit einen 180-Grad-Schwenk und nahm eine Position ein, die sich nicht grundsätzlich von jener der LDP unterschied. Auf dieser Grundlage ging sie sogar so weit, mit der LDP, gegenüber der sie in der Vergangenheit einen scharfen Konfrontationskurs gefahren war, eine Koalitionsregierung zu bilden. Mindestens oberflächlich betrachtet, führte all dies dazu, daß das Regime von 1955 offenkundig seine politische Daseinsberechtigung verloren hatte. Bei den Parlamentswahlen von 1993 verlor die LDP ihre parlamentarische Mehrheit und somit die Macht, allerdings nicht, weil sie in den Wahlen geschlagen worden war, sondern weil sie kurz vor den Wahlen eine große Spaltung der Partei erlitten hatte. Der Grund für diese Spaltung war, daß die LDP-Splittergruppe wußte, daß der Wandel der JSP-Sicherheitspolitik bereits sehr vorhersehbar war, und daher eine Wiedergewinnung der Macht durch eine Allianz mit der noch immer mächtigen JSP und anderen kleinen Parteien möglich war. Bei Lichte besehen, entstand nach den Wahlen von 1993 eine Koalitionsregierung, die nicht von der LDP geformt wurde, bei der sich aber andere Minderheitsparteien um die LDP-Abspaltung gruppierten.

Auf diese Weise wurde die politische Konfrontation zur Frage der japanischen Allianz mit den Vereinigten Staaten schließlich gelöst, wenn auch die Sicherheitspolitik selbst weiterhin ein umstrittener Gegenstand bleibt, weil es noch immer weit auseinanderliegende Ansichten und Positionen gibt. Dies gilt vor allem dann, wenn Detailfragen zur Sprache kommen, wie etwa, was Japan zur Erhaltung des Bündnisses mit den USA unter den Bedingungen der deutlich geänderten internationalen Lage tun sollte.

Japans wirtschaftlicher Erfolg beförderte auch kritische Einstellungen in bezug auf die Priorität, die dem Wirtschaftswachstum eingeräumt wurde. Wie bereits angemerkt, manifestierte sich diese Haltung in der öffentlichen Besorgnis über die Umweltzerstörung, die aus dem Wirtschaftswachstums folgte. Das öffentliche Interesse am Umweltschutz nimmt seit dem Ende der

60er Jahre kontinuierlich zu. Der neue Trend läßt sich anhand einer Reihe von Meinungsumfragen belegen. Die Umfragen zeigen, daß der Gedanke, »Wir müssen die Natur beherrschen, um eine glückliche Zukunft zu schaffen«, heute immer weniger akzeptabel erscheint – eine Aussage übrigens, die in den vorhergehenden Jahrzehnten immer stärker bejaht worden war.[16] 1972 wurde das Umweltamt eingerichtet, eine Regierungsbehörde, die direkt dem Kabinett zugeordnet ist – ein Beleg dafür, daß die öffentliche Sorge über Umweltangelegenheiten direkt auf die Politik einwirkte. In den 70er und 80er Jahren setzten sich auch Elemente der Lebensqualität wie *yutori* (ein Raum für Entspannung) und *uruoi* (Anmut) immer mehr als erstrebenswerte Aspekte eines neuen Lebensstils durch. Hatten die in den 50er und 60er Jahren neu entstandenen Religionen vor allem hervorgehoben, daß sie ihren Anhängern bei der Überwindung irdischer Leiden wie Armut und Krankheit behilflich sein wollten, so verlagerte sich der Fokus der religiösen Aktivitäten der noch jüngeren Bewegungen der 70er und 80er Jahre darauf, Empfindungen wie Hilflosigkeit und Langeweile zu überwinden und dem Leben eine neue »Bedeutung« zu verleihen.

Abbildung 5

	Bejahung einer internationalen Rolle	Ablehnung einer internationalen Rolle
Überwindung des Pazifismus	(2) Neokonservative	(1) Alte Konservative
Festhalten am Pazifismus	(3) Neoliberale	(4) Alte Radikale

Der Zusammenbruch des Regimes von 1955 spiegelt den Zustand des politischen Systems des Landes wider – zu einem Zeitpunkt, als die hauptsächlichen normativen Konflikte der Nachkriegszeit zunehmend vieldeutiger geworden waren. Der Zusammenbruch war auch ein Anzeichen für die Tatsache, daß die beiden grundlegenden Formen des Konsens, auf die sich das

Regime gestützt hatte – also die Beschränkung Japans auf eine Minimalrolle in der Weltpolitik und die Betonung des Wirtschaftswachstums –, unwiederbringlich verloren waren. Im Ergebnis hatten sich schon in den 80er Jahren die vorherrschenden normativen Konflikte in der Weise verändert, die in den Abbildungen 5 und 6 dargestellt wird. In beiden Abbildungen geht es hauptsächlich um die Auseinandersetzung über die internationale Rolle Japans. Abbildung 5 stellt die Konfrontation mit Blick auf die Frage des Pazifismus dar, während Abbildung 6 die Einstellungsunterschiede in der Frage des Wirtschaftswachstums aufzeigt.

Die Auswertung beider Abbildungen legt nahe zu erwarten, daß der Einfluß der Positionen (1) und (4) in der nächsten Zukunft aus folgenden Gründen an historischer Bedeutung verliert: Seit dem Ende des Kalten Krieges bewegen wir uns unaufhaltsam auf eine multipolare Welt zu. Es ist in diesem Zusammenhang nur allzu offensichtlich, daß dem langfristigen Nationalinteresse Japans schlecht gedient wäre, wenn das Land, ein Wirtschaftsriese, weiterhin eine passive Rolle in der internationalen Staatengemeinschaft spielen würde, wie das in der unmittelbaren Nachkriegszeit der Fall war. Abbildung 5 macht deutlich, daß es höchst unwahrscheinlich ist, daß sich in der absehbaren Zukunft eine negative Einstellung zum Wirtschaftswachstum entwickeln wird. Eine solche Haltung (die während der 80er Jahre bereits recht deutlich hervortrat) hätte in der Tat vermutet werden können, wenn man annahm, daß die Japaner ein kontinuierliches Wirtschaftswachstum als Selbstverständlichkeit ansahen, oder, daß die Japaner auch ohne weiteres Wachstum ein bequemes Leben genießen könnten. Doch in den 90er Jahren sank Japan tief in die langanhaltende und bislang schwerste Rezession nach dem Zweiten Weltkrieg. Zugleich wurde die Wirtschaft durch die wiederbelebte Wirtschaft der USA und die anderen schnellwachsenden asiatischen Ökonomien herausgefordert. Daher wirkt diese negativistische Annahme nicht mehr sehr überzeugend. Zwar trifft zu, daß die öffentliche Sorge bezüglich der Umweltprobleme nicht einfach von der politischen Bühne verschwinden wird. Doch für einen angemessenen Umweltschutz ist die Entwicklung neuer Technologien erforderlich. Technologische Entwicklungen erfordern wiederum eine angemessene Finanzierung von Forschung und Entwicklung, die aus den Erträgen des Wirtschaftswachstums zu erfolgen hat. Vor diesem Hintergrund können nicht einmal die streitbarsten Umweltschützer einen Frontalangriff auf die wirtschaftliche Entwicklung einleiten. Auch die Vermutung, daß sich die Aufmerksamkeit des einzelnen vom Wirtschaftswachstum zur Lebensqualität verlagern könnte, träfe nur dann zu, wenn es gelänge, die materiellen Grundlagen des Alltagslebens sicherzustellen, ohne Arbeitslosigkeit befürchten zu müssen. Als jedoch der Wirtschaftsboom in den frühen 90er Jahren zusammenbrach, begann die japanische Arbeitslosenrate zu steigen. Als ein Ergebnis der japanischen Managementtradition sind Unternehmen sehr zurückhaltend, bei ihrer Restrukturierung Personalkürzungen einzuplanen. Im Ergebnis bleibt daher die Arbeitslosenrate im Vergleich zu der in Westeuropa relativ niedrig. Es ist jedoch auch richtig, daß mehr und mehr Japaner feststellen, daß ihre Arbeitsplatzsicherheit einer wachsenden Bedrohung ausgesetzt ist.

Abbildung 6

	Bejahung einer internationalen Rolle	Ablehnung einer internationalen Rolle
positive Einstellung zum Wirtschaftswachstum	(2) Neokonservative	(1) Altkonservative
negative Einstellung zum Wirtschaftswachstum	(3) Neoliberale	(4) Neoradikale

Es ist daher sehr verständlich, daß sich in den Konflikttableaus von Abbildung 5 und 6 die meisten Japaner seit dem Beginn der 90er Jahre für Position (2) entscheiden. Dieser Trend bedeutet jedoch nicht, daß normative Konflikte im zukünftigen Japan verschwinden werden. Im Gegenteil: Als Ergebnis des Zusammenbruchs des breiten gesellschaftlichen Konsens, der bis in die 60er Jahre bestand, verschärft sich die chaotische Situation im Hinblick auf die persönlichen Wertsetzungen. Die Menschen werden auch weiterhin ihr Leben unterschiedlich gestalten und nach neuen Sinngebungen für das Leben suchen. In der nächsten Zukunft jedoch wird diese Suche kaum zu klar definierten und gegenseitig abgrenzbaren normativen Orientierungen führen, die sich aus einer konfrontationsorientierten Koexistenz ergeben.

Mit den oben beschriebenen Aspekten hängt auch die Situation der Vermittlungsinstitutionen zusammen, die während der Nachkriegsperiode wichtige Rollen spielten. Das Regime von 1955 ist bereits zusammengebrochen, und die Mechanismen der Einkommensumverteilung sind aufgrund der anhaltenden Rezession und der daraus folgenden Finanzkrise nicht mehr in der Lage, ihre früheren Funktionen zu erfüllen. Das japanische Managementsystem ist zwar nach wie vor lebensfähig und trägt dazu bei, die Arbeitslosigkeit zu verringern. Doch das System wird offensichtlich in eine Krise geraten, wenn seine Existenz von zwei Seiten bedroht wird: durch die ständig steigenden japanischen Direktinvestitionen im Ausland (durch die in Japan Arbeitsplätze vernichtet werden) wie auch durch die zunehmend um sich greifende Verschlankung und Umstrukturierung der japanischen Wirtschaft. Die Verschlankungsstrategie breitet sich mit der Zunahme des internationalen Wettbewerbs und der anhaltenden Rezession immer weiter aus. In der Tat wachsen sogar bei manchen japanischen Wirtschaftsführern Zweifel an den Überlebenschancen des japanischen Managementsystems. Wenn die normativen Konflikte der Nachkriegszeit mehrdeutig werden, sind die Institutionen, die früher in diesen Konflikten vermittelten, dazu bestimmt, auseinanderzufallen und zu verschwinden.

Im Hinblick auf normative Konflikte entstanden in Japan während der zweiten Hälfte der 90er Jahre einige bemerkenswerte Phänomene. Allgemein formuliert, gehört dazu ein wachsender Trend, die eigene Identität sowohl im kollektiven wie im individuellen Zusammenhang in Frage zu stellen. Die Suche nach kollektiver Identität wird bei dem Versuch am deutlichsten, die Bedeutung der japanischen Nationalität für die Gesellschaft zu identifizieren. Als Ergebnis der Niederlage im Zweiten Weltkrieg erlitt Japans Nationalstolz schweren Schaden. Dies führte zu einem verletzten Sinn für die eigene Nation. Schon seit langem besaß für Japan das Problem tiefgreifende latente Bedeutung, wie die neue nationale Identität definiert werden solle. Bis vor kurzem blieb diese Frage jedoch durch konkretere und dringendere normative Konflikte verdeckt. Als gegen Ende der 80er Jahre die bis dahin wichtigen Wertekonflikte jedoch ihre reale Bedeutung verloren, trat dieser fundamentalere Konfliktgegenstand an die Oberfläche.

Kurz vor den Parlamentswahlen von 1996 entstand die Demokratische Partei Japans (DPJ) aus einer Gruppe von Dissidenten sowie einer beachtlichen Zahl ehemaliger JSP-Mitglieder in ihrer Mitte. Die Partei schlug sich in den Wahlen relativ gut und wurde drittgrößte Partei. Interessanterweise weigert sich die Partei bewußt, das Wort »kokumin« (Volk) zu benutzen und verwendet statt dessen die Formulierung »shimin« (Bürger). Die Parteiführer begründen dies damit, daß der Begriff Bürger, wie etwa in der Formulierung »Weltbürger«, einen weitreichenderen Gebrauch auch jenseits der nationalen Grenzen zuläßt, während der Ausdruck »kokumin« eng verbunden mit territorialen Grenzen und Nationalität ist. Die Partei sucht nach kollektiver Identität in einem kosmopolitischen Sinn, die die Mitglieder der Gesellschaft über ihre nationalen Grenzen und ihre Nationalität hinausblicken läßt. Mit fortschreitender Globalisierung verlieren offenkundig die Rollen an Wirkungsmacht, die einst als Domäne des souveränen Nationalstaats angesehen wurden. Dennoch werden souveräne Staaten weiterhin eine entscheidende Rolle in den internationalen Beziehungen der absehbaren Zukunft spielen. Es läßt sich daher für die nahe Zukunft die Möglichkeit ausschließen, daß das Bemühen, die kollektive Identität der Nationen in kosmopolitischer Weise zu verstehen, ein dominierender Trend in Japan werden könnte. Die Tatsache, daß eine politische Partei mit einem solchen Programm eine nicht zu vernachlässigende Zahl von Sitzen im Parlament erhielt, ist zugleich jedoch Beweis genug, daß Japan ein neues Stadium in seiner Suche nach kollektiver Identität erreicht hat. Wie Japans eigene Geschichte vom 19. Jahrhundert bis zum Zweiten Weltkrieg angemessen interpretiert und vor allem wie sie in den Geschichtsbüchern beschrieben werden sollte, ist zum Gegenstand einer heißen Debatte in Japan geworden. Dies mag nur als weiterer Beweis dafür gelten, daß ein neuer normativer Konflikt um die Frage der zukünftigen nationalen Identität ausgebrochen ist.

Die Suche nach individueller Identität manifestiert sich am deutlichsten im Aufstieg neuer religiöser Bewegungen. Wie schon erwähnt, konzentrierten sich diese in der Nachkriegszeit der 50er Jahre entstandenen neuen Religionen darauf, das Evangelium der Freiheit von Armut und Krankheit zu predigen. Dieses Evangelium zielte vor allem auf diejenigen, die ihre sicheren Positionen im Leben aufgrund der Nachkriegsumstürze und der sozialen Umwälzungen in der Folge des Wirtschaftswachstums verloren hatten. Von diesen »Neuen Religionen« der 50er Jahre müssen noch einmal diejenigen neo-religiösen Strömungen unterschieden werden, die während und nach den 80er Jahren entstanden. Wichtigstes Unterscheidungsmerkmal der »Neo-Religiösen« ist es, daß sie diejenigen den Sinn des Lebens lehren, die an persönlicher Einsamkeit und geistiger Leere leiden.[17] Diese neo-religiösen Gruppen schließen radikale Sekten wie etwa die Aum Shinrikyo (höchste Wahrheit) ein, deren Ziel es ist, das bestehende politische System gewaltsam zu zerstören, um die »ideale Gesellschaft« auf der Grundlage ihres eigenen Glaubens aufzubauen.[18] Zugleich gibt es jedoch einige Anhaltspunkte, daß diese religiösen Gruppierungen als Vermittler in normativen Konflikten wirken, die aus der Suche nach individueller Identität entstehen. Gegenwärtig gehört es allerdings noch zu den ungelösten Problemen, ob in den normativen Konflikten um kollektive oder individuelle Identität jemals vermittelt werden kann und wenn ja, in welcher Weise, durch welche Institutionen und in welchen Formen.

Anmerkungen

1. R.P. Dore, Education in Tokugawa, London 1965, Kap. 10.
2. Dies ist eine Formulierung in Baelz' Tagebuch, das in Auszügen unter dem deutschen Titel *Das Leben eines deutschen Arztes im erwachenden Japan*, Stuttgart 1931, publiziert wurde. Aufgrund offensichtlicher Kürzungen ist das Zitat hier von der japanischen Übersetzung des Gesamttextes abgeleitet. Toku Baelz, Hrsg., *Baelz no Nikki* (Dr. Baelz' Tagebuch), Bd. 1, Tokio 1979, S. 45–46.
3. Tokei Suri Kenkyujo (Institut für Statistische Forschung), Hrsg., *Nihonjin no Kokuminsei* (Japanischer Nationalcharakter), Bd. 5, Tokio 1992, S. 104.
4. F. Fukuyama, Trust: the Social Virtues and the Creation of Prosperity, New York 1995, Kap. 8.
5. Die Achsenmacht Italien war den Alliierten vor der deutschen und japanischen Kapitulation beigetreten und befindet sich daher in einer etwas anderen Lage, weil sie sich als Mitglied der Alliierten betrachten kann.
6. Seizaburo Sato, *Amerikanizumu to ajiashugi* (Amerikanismus versus Asianismus im heutigen Japan), Hatsugensha (Monatliches Meinungs-Magazin), Nr. 9, S. 24.
7. Vgl. Das Potsdamer Abkommen (26. Juli 1945).
8. Mamoru Sasaki, *Sakaki Mamoru Shinario Shu* (Ausgewählte Szenarios), Tokio 1984, S. 5.
9. Tokei Suri Kenkyujo, Hrsg., S. 104.
10. Ebd., S.113–115. Vgl. auch Chikio Hayashi, *Suji karamita Nihonjin no Kokoro* (Statistische Analyse japanischer Einstellungen), Tokio 1995.
11. Ebd., S. 216–218.
12. P.J. Katzenstein, *Cultural Norms and National Security: Police and Military in Postwar Japan*, Ithaca und London 1996, S. 16.
13. Monbusho (Ministerium für Erziehung, Wissenschaft, Kultur und Sport), Hrsg., *Shukyo Nenkan* (Jahresberichte Religiöser Organisationen), 1948 und 1961.
14. Vgl. Kenya Numata, *Gendai Nihon no Shinshukyo* (Neue Religionen im modernen Japan), Tokio 1988.
15. Tokei Suri Kenkyujo, S. 183–184. Chikio Hayashi, S. 91–94.
16. Tokei Suri Kenkyujo, S. 75–76. Chikio Hayashi, S. 163–164.
17. Zum Übergang von den »neuen Religionen« zu den »neo-neuen Religio-

nen«, vgl. Susumu Shimazono, *Shin Shin Shukyo to Shukyo Buum* (Neo-neue Religionen und eine neue Welle religiöser Aktivitäten), Tokio 1992.

18. Für die Lehren und die Bewegung derAum Shinrikyo-Sekte, vgl. Masachi Osawa, *Kyoko no Jidai no Hate* (Am Ende des fiktiven Zeitalters), Tokio 1996.

Hsin-Huang Michael Hsiao

Normative Konflikte im heutigen Taiwan

1. Einführung

Dieser Beitrag behandelt die beiden herausragenden normativen Konflikte im heutigen Taiwan und ihre Vermittlungschancen im Übergangprozeß zur Demokratie, der in den 80er Jahren einsetzte. Bei diesen normativen Konflikten geht es zum einen um die Kontroverse über die nationale Identität, zum anderen um das Spannungsverhältnis zwischen Wachstum und Umwelt. Damit soll nicht gesagt werden, daß die taiwanische Gesellschaft nur in diesen beiden Bereichen kollektive Wertekonflikte durchlebt. Wie in vielen anderen modernen Gesellschaften im politischen Übergang tritt auch in Taiwan eine Vielfalt unterschiedlicher Sichtweisen und öffentlicher Debatten und Diskurse über die »Neubestimmung« des normativen Charakters der heutigen und der zukünftigen taiwanischen Gesellschaft auf.

Im Gegensatz zu anderen Konflikten, die durch divergierende Klasseninteressen, politische Bestrebungen oder ethnische Animositäten entstehen, werden bei normativen Konflikten Differenzen und Kontroversen virulent, welche die normative Beschaffenheit der gesamten Gesellschaft betreffen. Zwar werden zwischenmenschliche Konflikte, die sich aus »normativen« Bruchlinien ableiten, häufig mit den erwähnten sozialen Bruchlinien in einen Zusammenhang gebracht, doch weisen sie klar bestimmbare eigene Grundzüge auf. In diesem Beitrag werden normative Konflikte in Taiwan nach folgenden Kriterien identifiziert: Erstens sollte es sich um Konflikte handeln, welche die normative Bestimmung der taiwanischen Gesellschaft in ihrer Gesamtheit betreffen; zweitens sollten sie eine Neuorientierung der kollektiven Wahrnehmung und Bedeutung der Vergangenheit und eine Vision der Zukunft Taiwans nach sich ziehen; drittens sollten klar bestimmbare, konkurrierende Gruppen oder Institutionen vorhanden sein, welche den mit dem Konflikt befaßten öffentlichen Diskurs oder die politische Agenda vertiefen oder mobilisieren, und viertens sollte es Raum für Vermittlung, Verhandlung und möglichst auch Lösung in der Zivilgesellschaft oder in politischen Institutionen geben. Mit anderen Worten: Dieser Beitrag unternimmt den Versuch, im Verlauf einer grundlegenden soziologischen Darstellung normativer Konflikte in Taiwan Licht auf das soziologische Verständnis der Konfliktvermittlung zu werfen.[1]

Konflikte über die nationale Identität und die Umwelt sowie andere, weniger zentrale normative Konflikte werden in bestimmten Kontexten sichtbar und intensivieren sich. Sie haben wiederum in den drei großen soziopolitischen Transformationen ihre Ursprünge: in der Klassentransformation und dem Aufstieg der Mittelschichten, im Aufkommen sozialer Bewegungen und in der Entstehung der Zivilgesellschaft sowie in der politischen Demokratisierung. Mit anderen Worten: Die normativen Konflikte in der taiwanischen Gesellschaft wurden buchstäblich von den sich seit den 80er Jahren wandelnden Beziehungen zwischen Staat und Gesellschaft ausgelöst; sie sind eine Folge dieser Prozesse. Angesichts dieses beispiellosen Wandels kann der Staat nicht mehr länger die Zuständigkeit für sich allein beanspruchen, die Normen der taiwanischen Gesellschaft zu bestimmen. Der autoritäre Staat der Kuo-min-tang wurde in den frühen 80er Jahren von zwei politischen Kräften herausgefordert. Zum einen waren dies die organisierten politischen Oppositionsgruppen und die sozialen Bewegungen, die sich unter der Führung der Mittelschichten für eine Liberalisierung einsetzten. Diese Bewegungen befaßten sich mit Konsumentenschutz, Gleichberechtigung der Geschlechter und Umweltschutz. Sie spielten während der ersten Phase der taiwanischen Liberalisierung eine instrumentelle Rolle, als es darum ging, die autoritäre Herrschaft zu unterminieren und einen politischen Raum sowie die Möglichkeit für die weitere Mobilisierung anderer sozialer Gruppen in der Zivilgesellschaft zu schaffen. Die sozialpsychologische Wirkung war damals gewaltig, als die Stimme der Zivilgesellschaft endlich zu hören war, und ihre Forderungen ohne politische Repressalien ernstgenommen wurden. Die sozialen Kräfte hatten erstmals den Staat unter Druck gesetzt, damit nach zwei Jahrzehnten ungehemmter kapitalistischer Entwicklung neue Prioritäten für Taiwan bestimmt und festgelegt würden.

Der Druck auf den autoritären Staat wurde durch die Gründung einer quasi-parteilichen Organisation und, später, der ersten taiwanischen Oppositionspartei, der Demokratischen Fortschrittspartei im Jahre 1986 weiter intensiviert. Das Regime war gezwungen, darauf mit einem Liberalisierungsprogramm zu reagieren, um seine politische Legitimität zurückzugewinnen. Die herrschende Elite wählte die Option der Liberalisierung zur Lösung der sozialen und politischen Streitfragen, und diese Entscheidung wurde im wesentlichen durch die Überzeugungsarbeit und die Vermittlungsfähigkeit der neuen Mittelschicht der Hochqualifizierten und liberalen Intellektuellen möglich. Die Strategie, welche die von der Mittelschicht ausgelösten sozialen Reformbewegungen wählten, wurde in mehr oder weniger entpolitisierter Weise formuliert, um den Staat nicht zu repressiven Reaktionen zu provozieren. Dem Regime wurde deutlich gemacht, daß die Bewegungen soziale Reformen und nicht politische Macht anstrebten. Das kollektive Verlangen nach Veränderungen interpretierte der Staat als eine von den aufsteigenden Mittelschichten ausgehende, gegen die Legitimität des Staates gerichtete Herausforderung; Konzessionen schienen ihm unvermeidlich, wollte er die Unterstützung der Mittelschicht wiedergewinnen.

Andererseits spielten die liberalen Intellektuellen eine ganz entscheidende Vermittlungsrolle, indem sie den Staat der Kuomin-tang dazu veranlaßten, einem offenen Dialog mit der neuen

Oppositionspartei zuzustimmen. Die Versöhnungshaltung des Staates wurde von vielen Mittelschichten begrüßt, weil auf diese Weise eine potentielle politische Krise vermieden und im Juli 1987 der Weg für die Aufhebung des Notstandsrechts freigemacht wurde. Die Aufhebung des Kriegsrechts stellt die Wasserscheide im politischen Liberalisierungsprozeß Taiwans dar und bereitete den Boden für den darauffolgenden Übergang zur Demokratie.

Bei ihrem Eintritt in die Phase der demokratischen Transition wurde die Zivilgesellschaft noch weiter mobilisiert durch andere soziale Bewegungen und durch die für die Demokratie eintretende Allianz von Studenten, Hochschullehrern, liberal eingestellten Journalisten und Juristen. Anfang der 90er Jahre waren im Rahmen der taiwanischen Zivilgesellschaft bereits die im folgenden aufgezählten 20 sozialen Bewegungen aufgetreten, die den Antrieb für die Transformation der Grundzüge und des Verhaltens des Kuo-min-tang-Staates aufrechterhielten: die Konsumentenbewegung (seit 1980), die Umweltschutzbewegung (seit 1980), die Naturschutzbewegung (seit 1982), die Frauenbewegung (seit 1982), die Bewegung zum Schutz der Bürgerrechte der eingeborenen Bevölkerung (seit 1983), die Studentenbewegung (seit 1986), der Kirchenprotest des Neuen Testaments (1986–1990), die Arbeiterbewegung (seit 1987), die Bauernbewegung (seit 1987), die Lehrerbewegung (seit 1987), die Wohlfahrtsbewegung der Behinderten und Benachteiligten (seit 1987), die Wohlfahrtsbewegung der Kriegsveteranen (1987–1990), die Bürgerrechtsbewegung für politische Gefangene (1987–1992), die Bewegung für Heimatbesuche auf dem Festland (1987–1989), die taiwanische Heimkehrbewegung (1988–1992), die Anti-Atomkraftbewegung (seit 1988), die Hakka-Kulturbewegung (seit 1990) und die Bewegung für unabhängige Massenmedien (seit 1993). Von den fünf Bewegungen abgesehen, die nicht mehr bestehen, weil ihre unmittelbaren Ziele erreicht wurden oder weil ihre Zwecke in der politischen Reaktion des Staates aufgingen, bestehen heute noch 15 soziale Bewegungen mit zahlreichen zivilgesellschaftlichen Organisationen, die sich für die Verwirklichung ihrer jeweiligen Ziele einsetzen.[2]

Die seit den 80er Jahren erfolgte Mobilisierung der taiwanischen Zivilgesellschaft, die in den oben aufgelisteten 20 sozialen Bewegungen zum Ausdruck kommt, stand hinsichtlich der Definition und Neubestimmung der Normen, Werte und Ziele des gegenwärtigen und zukünftigen Entwicklungskurses Taiwans in ständiger Konkurrenz zum sich demokratisierenden Staat. Offenbar war der Staat Hauptadressat für fast alle sozialen Bewegungen, wenn sie ihre jeweiligen Forderungen nach »wünschenswerten« sozialen oder politischen Veränderungen durchsetzen wollten. Obwohl verschiedene soziale Bewegungen ihre Gegner auch außerhalb des Regimes ausmachten, wird der Staat dennoch als mächtigster Akteur angesehen. Nur durch notwendige Veränderungen in der sozialen und politischen Programmatik des Staates lassen sich neue soziale Prioritäten und Ziele legitimieren und erreichen. Die organisierten sozialen Bewegungen unternehmen große Anstrengungen, beispielsweise in Form von Demonstrationen, Protesten, öffentlichen Dialogen und Debatten. Vor diesem Hintergrund gewinnen in den verschiedenen Sektoren der Zivilgesellschaft neue Vorstellungen immer mehr Unterstützung, so beispielsweise Menschenrechtsfragen, Gleichstellung der Geschlechter, Überlebensfragen von Kulturen, soziale Fürsorge, Umweltqualität und nachhaltige Entwicklung.

Die aufgezählten Konflikte werden durch den normativen Charakter des Diskurses zwischen den verschiedenen Seiten besonders markant. Die Gegner leiten sich nicht einfach aus realen Interessengegensätzen ab. Von den erwähnten normativen Konflikten weist die Kontroverse Umwelt versus Wirtschaftswachstum den größten Organisationsgrad auf. Die daran beteiligten Streitparteien versuchen, den Staat und identifizierbare, miteinander in Wettstreit stehende gesellschaftliche Klassen und Gruppen einzubeziehen. Auf der Seite der sozialen Bewegungen haben sich seit den 80er Jahren drei klar unterscheidbare Gruppierungen der Zivilgesellschaft für Fragen des Umweltschutzes organisiert: die örtlichen Protestbewegungen gegen Umweltverschmutzung (seit 1980), die Naturschutzbewegung (seit 1982) und die Anti-Kernkraftbewegung (seit 1988). Diese drei Bewegungen bilden zugleich die Hauptströmungen der taiwanischen Umweltbewegung. Jede der drei Strömungen verfügt über eine eigene theoretische und praktische Agenda, eine eigene gesellschaftliche Basis und eigene Führungszirkel. Gemeinsam ist diesen drei anscheinend unterschiedlichen Bewegungen jedoch die Besorgnis um die Umwelt in ihren Wirkungen auf die Lebensqualität in Taiwan jetzt und in der Zukunft. Die normativen Konflikte zwischen Umwelt und Wirtschaftswachstum werden wegen ihrer Größenordnung und Intensität in diesem Beitrag näher analysiert.

In dem breiteren Kontext von politischer Liberalisierung und Demokratisierung wird erstmals in der öffentlichen Debatte auch die Frage nach der Bestimmung der taiwanischen nationalen Identität aufgeworfen. Die konfligierenden Ansichten über dieses Problem werden in Verbindung mit ethnischen Aspekten in der taiwanischen Zivilgesellschaft schon seit langem artikuliert, beispielsweise von der Minderheit der den Staat beherrschenden Festlandschinesen auf der einen Seite und der taiwanischen ethnischen Bevölkerungsmehrheit auf der anderen. Doch unter der autoritären Herrschaft wurden so sensible Fragen in der öffentlichen Auseinandersetzung nicht zugelassen. Das Problem des normativen Charakters Taiwans als nationale Gesellschaft und als autonomer und unabhängiger Staat wurde nie in die öffentliche Diskussion eingebracht. Der vom Kuo-mintang-Regime erhobene Anspruch, Taiwan sei Teil von China, und China werde rechtmäßig durch die Republik China in Taiwan repräsentiert, wurde schließlich sowohl von inneren als auch von äußeren Kräften in Frage gestellt.

Die Volksrepublik China begann in den frühen 80er Jahren, auf »nationale Vereinigung« zu drängen, nachdem sie seit den frühen 70er Jahren die internationale Anerkennung erlangt und Ende der 70er Jahre ihre »Entwicklungspolitik der offenen Tür« aggressiv vorangetrieben hatte. Nach den Vereinigungsplänen der Volksrepublik China ist Taiwan als Teil von China anzusehen. Demnach wird die chinesische Nation nur durch den Staat der Volksrepublik China repräsentiert und nicht durch den Staat der Republik China auf Taiwan. Erneut wurde also Taiwans

Identität durch einen anderen Staat bestimmt. Offensichtlich wurde der früher vom Kuo-min-tang-Staat erhobene Anspruch, das »eine China« zu repräsentieren, nunmehr von der Volksrepublik China benutzt, um ihre eigenen Souveräntitätsansprüche über Taiwan zu begründen. Taiwans Identität wurde zum Brennpunkt der Konflikte zwischen den beiden rivalisierenden »chinesischen« Staaten. Für den Staat der Republik China ist Taiwan der einzige Grund seiner Existenz. Deshalb war der Kuo-min-tang-Staat gezwungen, die Identität Taiwans gegenüber der Volksrepublik China neu zu bestimmen, um den aggressiven Vereinigungsdruck der Volksrepublik China abzuwehren. Taiwan wurde in der Folge als souveräner Nationalstaat definiert, nicht als bloße lokale Gesellschaft und schon gar nicht als lokaler Teilstaat der Volksrepublik China.

Die Neubestimmung der nationalen Identität Taiwans wurzelt ohne Zweifel in den sich intensivierenden zwischenstaatlichen Konflikten diesseits und jenseits der Taiwan-Straße über die Souveränität Taiwans. Wie Taiwan als souveräner, von der Volksrepublik China unabhängiger Staat definiert werden könnte, ohne zugleich die Beziehungen zum Staat auf dem Festland zu verschlechtern, wurde demzufolge seit den späten 80er Jahren zentrales Anliegen des Kuo-min-tang-Staates und der Oppositionsparteien in der politischen Debatte Taiwans. Der externe Druck, der von der Vereinigungsinitiative der Volksrepublik China ausging, wurde schließlich internalisiert und zur Quelle politischer Konflikte über die Bestimmung der taiwanischen nationalen Identität. Der Machtkampf innerhalb der Zivilgesellschaft um die Bestimmung der taiwanischen Identität wurde durch die Demokratisierung Taiwans intensiviert. Die konfligierenden Debatten über diese Frage gehen sogar über die pragmatische politische Besorgnis hinaus, die auf die Lösung der zunehmenden Spannungen auf beiden Seiten der Taiwan-Straße und auf den Schutz der Existenz und Interessen Taiwans gerichtet ist. Selbst die 400jährige Geschichte und Kultur Taiwans wurden entsprechend der gegnerischen ideologischen Frontlinien neu interpretiert. Der Staat, die politischen Parteien, die Gruppen der Zivilgesellschaft, die Intellektuellen und die breite Öffentlichkeit wurden alle auf die eine oder andere Weise im Rahmen des normativen Konfliktes der Selbstbestimmung mobilisiert. Ohne die Demokratisierung und die Entstehung der Zivilgesellschaft hätte sich die Frage der nationalen Identität nicht mit solcher Intensität entwickeln können. Der Konflikt über die nationale Identität tritt auf nationaler politischer Ebene auf, während der Konflikt zwischen Wirtschaftswachstum und Umweltschutz als Zielvorstellung eher im gesellschaftlichen Rahmen ausgetragen wird.

2. Die Entstehung des normativen Konfliktes über die taiwanische Nationalidentität

Historische Wurzeln und Entwicklung

Die Kontroverse über die nationale Identität Taiwans wurde im Zuge der sich allmählich entwickelnden sozialen Rekonstruktion der Wirklichkeit ausgetragen, die sowohl interne als auch externe Faktoren beeinflussen. Das Kuo-min-tang-Regime, das vom Festland kam und die Insel 1948 besetzte, formulierte eine normative Definition Taiwans, der zufolge Taiwan als örtliche (Teil-)Gesellschaft und nicht als nationale Gesellschaft angesehen wurde. Die Gesamtnation der Republik China wurde durch den Kuo-min-tang-Staat repräsentiert; die Definition Taiwans als Provinz der Gesamtrepublik China diente dem Regime dazu, die Besetzung der Insel nach dem Krieg zu rechtfertigen. Die Vorstellung Chinas als der »einen Nation«, mit der sich das taiwanische Volk zu identifizieren habe, hatte aus zwei Gründen keine wirkliche Bedeutung: Erstens war Taiwan vom Kaiserreich Japan 50 Jahre lang (1895–1945) kolonisiert worden. Die Republik China wurde 1911 ausgerufen, hat also niemals über Taiwan geherrscht. Zweitens wurde das chinesische Festland, über das der Kuo-min-tang-Staat die legitime Herrschaft beanspruchte, nach dem Krieg vom rivalisierenden Regime der Kommunistischen Partei Chinas besetzt, und das taiwanische Volk durfte sich natürlich mit diesem Regime nicht identifizieren. Deshalb blieb Taiwan in Wirklichkeit zwischen den späten 40er und den frühen 80er Jahren nur eine »lokale Identität«, und eine »nationale Identität« war entweder verzerrt oder gar nicht vorhanden.

Die Mehrheit der ethnischen Taiwanesen unterdrückte lange den Wunsch, sich Taiwan als nationale Gemeinschaft »vorzustellen«, weil eine solche nationale Identität mit Blick auf separatistische Bestrebungen eine politische Gefahr hätte darstellen können. Doch auch die aufgezwungene nationale Identität Chinas hatte einen Nachteil, denn wer sich mit dem »China« auf dem Festland identifizierte, konnte wegen Verrates angeklagt werden. Deshalb wurde der taiwanischen Urbevölkerung jede Möglichkeit genommen, ihre eigene nationale Identität zu entwickeln, auch wenn Taiwan das einzige Territorium der Republik ist, über das der Kuo-min-tang-Staat Souveränität geltend machen kann. Die Identität Taiwans wurde auf das lokale und provinzielle Niveau reduziert. Andererseits hatte die ethnische Minderheit der Festlandschinesen, die mit dem Kuo-min-tang-Exilregime auf die Insel kam, keinerlei Probleme, sich auch weiterhin mit dem »verlorenen China« als ihrer Nation zu identifizieren. Für sie stellte Taiwan keine vollständige nationale Gemeinschaft dar, so daß sich in dieser Gruppe bis in die 80er Jahre keine echte nationale Identität entwickeln konnte.

Bevor in den späten 80er Jahren die Prozesse der politischen Liberalisierung und Demokratisierung einsetzten, lehnte es deshalb der Kuo-min-tang-Staat ab, sich mit der gesamten Frage der nationalen Identität Taiwans zu befassen; die vom Festland stammenden Bevölkerungsteile hegten ohnehin keine derartigen Empfindungen. Aber die ethnischen Taiwanesen taten sich schwer mit der aufgezwungenen Vorstellung einer chinesischen Nation im Gegensatz zu einer eigenen taiwanischen lokalen Identität. Sie waren gezwungen, sich mit der chinesischen Nation zu identifizieren, die das Kuo-min-tang-Regime verloren hatte, bevor es Taiwan besetzte. In ihren Köpfen wurde ein abstraktes, symbolisches und irreales China konstruiert oder ihnen aufgezwungen, aber diese nationale Identität hatte für sie keine lebensweltliche Bedeutung. Die eigentliche Ursache der Konflikte zwischen dem Staat der vom Festland kommenden Kuo-min-tang und den politischen Nachkommen der taiwanischen Bevölkerung ist in der Vorstellung zu sehen, daß es eine chinesische Nation gäbe, die jedoch nur Taiwan als reales nationales Territorium besitzt, daß es Taiwan aber verboten sei, sich als nationale Gemeinschaft zu verstehen. Offensichtlich waren die politischen Konflikte zwischen taiwanischen unabhängigen Aktivisten und dem festlandsstämmigen Kuo-min-tang- Regime im Grunde eher interner Natur. Unterhalb dieses politischen Kampfes verlaufen die internen sozialen Bruchlinien entlang der ethnischen Linien. Hier benutzte das Kuo-min-tang-Regime den Hinweis auf die provinziellen (ethnischen) Ursprünge häufig als Kriterium für seine Entscheidungen über politischen Einschluß oder Ausschluß.[3] Zahlreiche politische Maßnahmen wurden auf Gebieten wie Sprache, Kultur und Geschichtsdeutung ganz bewußt eingeleitet, um die Unterschiede zwischen Festland- und Taiwan-Chinesen einzuebnen.[4] Vor der politischen Demokratisierung in den späten 80er Jahren existierte also eine Situation, die durch interne ethnische Spannungen, politische Konflikte und die unterdrückte taiwanische Identität gekennzeichnet war.

Die Transformation des Kuo-min-tang-Staates von einem weitgehend von Festlandschinesen beherrschten Regime zu einem System mit Machtteilung zwischen Festlandschinesen und Taiwanesen erfolgte durch äußere Einwirkung; der Prozeß führte schließlich zu einem wahrhaft *taiwanischen* Staat. Dieser gesamte Veränderungsprozeß hatte große Auswirkungen auf den Wandel der sozialen Konflikte in der taiwanischen Zivilgesellschaft. Die ursprüngliche Form ethnischer Konflikte zwischen den herrschenden Festlandschinesen und den beherrschten Taiwanesen wurde allmählich durch einen deutlicher hervortretenden demokratischen Kampf zwischen dem Regime und der taiwanischen Zivilgesellschaft in ihrer Gesamtheit verdrängt. Das unterdrückte taiwanische Bewußtsein wurde liberalisiert und die lokalisierte taiwanische Identität wurde zur nationalen Identität aufgewertet. Das mystifizierte Bild Taiwans als untrennbarer Bestandteil Chinas wurde deshalb von vielen Taiwanesen und sogar von einigen in Taiwan geborenen, aber aus Festlandfamilien stammenden jüngeren Menschen abgelehnt und in Frage gestellt. Der Demokratisierungsprozeß förderte den normativen Charakter der konkurrierenden Sichtweisen und die Definition einer taiwanischen Nationalidentität. Im wesentlichen lassen sich die normativen Konflikte über die Nationalidentität nach der politischen Demokratisierung als Konflikte beschreiben, die sich aus dem Prozeß der Konsensfindung über die Frage der neuen Nationalidentität Taiwans ergaben.

Seit den frühen 70er Jahren bekam Taiwan mit seiner selbstverordneten Identifikation als Republik China zu spüren, daß die internationale Gemeinschaft seine »nationale Identität« anzweifelte. Viele Länder stellten die Berechtigung des Kuo-mintang-Staates in Frage, die gesamte chinesischen Nation zu repräsentieren; nicht zuletzt deshalb, weil der kommunistische Staat auf dem Festland zunehmend Druck ausübte. Die schweren diplomatischen Rückschläge der Republik China begannen 1971, als Taiwan seinen Sitz in der UNO verlor und von der Volksrepublik China verdrängt wurde. Seither verringerte sich der legitime Status der Republik China in der Welt der internationalen Politik, während »Taiwan« sich zunehmend und immer deutlicher am Weltmarkt beteiligte. Die diplomatischen Rückschläge inspirierten viele Intellektuelle zur Erkundung ihrer eigenen Existenz und der Existenz Taiwans als Nation.

Die Entwicklungsgeschichte der Schaffung einer neuen nationalen Identität läßt sich bis in die Mitte der 70er Jahre verfolgen, als mehrere kulturelle Bewegungen gegründet wurden, die sich zum Ziel setzten, durch Literatur, Musik, Tanz und Film Gegenbewegungen zu schaffen, welche die Realitäten im Taiwan der Nachkriegszeit widerspiegelten. Die Sozialwissenschaftler wurden im Hinblick auf ihre Forschungsfragen nachdenklicher und versuchten nun, die Bedeutung der Sozialwissenschaften für die Erklärung der gesellschaftlichen Realität Taiwans darzulegen. Und seit Mitte der 70er Jahre wurde dem gesellschaftlichen Realismus auch in der Literatur Taiwans Geltung verschafft. Die taiwanische populäre Kultur wurde wieder stärker beachtet und gebilligt, und es wurden Schritte zu ihrer Wiederherstellung und Wiederbelebung unternommen. Die Schlagertexte handelten jetzt vom Leben und den Empfindungen der Menschen in Taiwan. Die lokalen Volkslieder in der minnanesischen Sprache (südchinesischer Dialekt) wurden nun wieder mit großer Begeisterung gehört. Neue Interpreten minnanesischer Sprache traten auf, deren Lieder sozial realistischer als die in Mandarin verfaßten Lieder waren. Die taiwanische Wirklichkeit begann viele Intellektuelle zu beschäftigen, obwohl sich damals die Frage der nationalen Identität nicht direkt und offen stellte.[5]

Liberale Intellektuelle und Gelehrte begannen, politische Reformen zu fordern, wenn auch nur in sehr begrenztem Ausmaß. Ein wachsendes Gefühl einer »nationalen Krise« brachte ein ungeahntes kollektives Bewußtsein mit sich, daß man sich mit dem Problem des Überlebens Taiwans als Nation befassen müsse. Angesichts der externen Frustrationen im diplomatischen Bereich und der Infragestellung der nationalen Identität durch die internationale Staatengemeinschaft richtete sich die Aufmerksamkeit auf innere Reformen. Obwohl der öffentliche Ruf der Intellektuellen nach politischen Reformen kaum zur Kenntnis genommen wurde, trugen die oben erwähnten kulturellen Bewegungen dazu bei, das wachsende taiwanische Bewußtsein zu formen und sogar zu legitimieren. Die Anerkennung und Konstruktion eines taiwanischen Bewußtseins in den 70er Jahren bildeten in der Tat einen fruchtbaren Boden für die Entwicklung einer nationalen Identität in den 80er Jahren.

Diese, sich jetzt herausbildende nationale Identität richtete sich also nicht mehr gegen den Kuo-min-tang-Staat, sondern entwickelte sich, um die Existenz Taiwans gegen eine Annexion durch die Volksrepublik China zu verteidigen. Sowohl das Kuo-min-tang-Regime als auch die taiwanische Zivilgesellschaft waren an der Konstruktion einer eigenen, vom kommunistisch beherrschten China getrennten Identität Taiwans beteiligt.

Anhand dieses kurzen historischen Abrisses der Entwicklung des Konfliktes über die Definition der taiwanischen Nationalidentität läßt sich zeigen, daß der normative Charakter des Konfliktes in der Tat historisch konstruiert ist. Auch der Wandel des Konfliktes ist offensichtlich: Er betrifft die Transformation von einem internen ethnischen Gesellschaftskonflikt zu einem Prozeß, in dem der durch externen Druck ausgelöste Aufbau einer nationalen Identität konflikterzeugend wirkt. Doch selbst in seinem gegenwärtigen Zustand ist der Konflikt über die nationale Identität von der Hinterlassenschaft früherer ethnischer Konflikte nicht völlig frei, die in der Nachkriegszeit vorherrschten. Deshalb bildet die Frage der Herkunft der Bürger Taiwans – in ethnischer Hinsicht oder mit Blick auf die Heimatprovinz – noch immer ein Kriterium, anhand dessen sich die gesellschaftlichen Grundlagen des Konfliktes über die nationale Identität unterscheiden lassen.

Die ethnische Bruchlinie hat im Laufe der Zeit ihre soziologische Funktion verändert. Diese Veränderungen in der taiwanischen Erfahrung hinsichtlich des Verlaufes der normativen Konflikte sollen hier kurz illustriert werden. 1990 wurde eine Umfrage durchgeführt, mit der persönliche Erfahrungen in ethnischen Konflikten und bei verschiedenen Problemen des sozioökonomischen und politischen Lebens erforscht werden sollten. Dabei stellte sich heraus, daß – nach mehr als vier Jahrzehnten sozioökonomischer Transformation – die ethnischen Unterschiede nur sehr geringe Auswirkungen auf den gesellschaftlichen Alltag und das Arbeitsleben in Taiwan haben. Demgegenüber sind lokale oder nationale politische Fragen noch immer von ethnischen Bruchlinien durchzogen. So wurde beispielsweise nach Problemen im Freundeskreis, in der Nachbarschaft, in der Ehe, bei der Arbeitssuche und beim beruflichen Aufstieg gefragt, also nach fünf wichtigen Aspekten des gesellschaftlichen Alltags und des Arbeitslebens. Durchschnittlich nur zwischen 1,6 (Probleme im Freundeskreis) und 5,4 Prozent (beruflicher Aufstieg) der Befragten gestanden ein, daß in ihrem Leben solche Probleme vorhanden seien. Offensichtlich wurden die lebensweltlichen Erfahrungen der Ethnizität und der daraus resultierenden Konflikte auf ein nahezu bedeutungsloses Niveau zurückgedrängt. Aber 24,2 Prozent der Befragten schrieben ethnischen Konflikten noch immer eine größere Wirkung auf die taiwanische nationale Politik zu, während 17,8 Prozent diese Wirkung auch in der lokalen Politik sahen.[6]

Eine ähnliche Umfrage wurde 1992 durchgeführt, deren Ergebnisse das gleiche Muster einer differenzierten Wahrnehmung ethnischer Spannungen abbildeten. Der Einfluß ethnischer Faktoren auf Konflikte in der nationalen Politik wurde als viel höher angesehen als auf der lokalen politischen Ebene (28,8 zu 22,9 Prozent). Die Antworten zeigten auch die Überzeugung der Öffentlichkeit, daß zwischen 1990 und 1992 die ethnischen Spannungen im politischen Bereich zugenommen hätten. Andererseits waren die im gesellschaftlichen Alltag und im Arbeitsleben erfahrenen ethnischen Differenzen weit weniger ausgeprägt als im politischen Leben. Nur 8,3 Prozent berichteten über ethnische Spannungen und Probleme im Alltag; für den Erfahrungsbereich der Arbeit lag der Anteil höher, nämlich bei 13,4 Prozent. Mit anderen Worten: Die Bevölkerung stellte am Ende der zweijährigen Periode zwischen den beiden Befragungen ein höheres Ausmaß an ethnischen Spannungen in ihrem gesellschaftlichen und im Arbeitsleben fest.

Spielt die ethnische Abstammung bei diesen Erfahrungen eine Rolle? Weiteren Analysen zufolge hatten die ethnischen Variablen (Minnanesen, Hakka und Festlandchinesen) wie auch die anderen gesellschaftlichen und demographischen Variablen keine signifikanten Auswirkungen auf das Niveau der Konflikterfahrungen im gesellschaftlichen Alltag und im Arbeitsleben. Die Festlandchinesen nahmen in höherem Ausmaß als die anderen ethnischen Gruppen ethnische Konflikte in der heutigen nationalen und lokalen Politik wahr. Die aus den Minnan- und Hakka-Gruppen stammenden Befragten waren tendenziell weniger empfindsam gegenüber den politisierten ethnischen Spannungen.[7]

Aus diesen Darstellungen lassen sich vier wichtige Beobachtungen ableiten. Erstens stellen ethnische Konflikte für die taiwanische Öffentlichkeit in ihren zwischenmenschlichen Erfahrungen und in Arbeitssituationen kein Problem dar. Die Taiwanesen sorgen sich jedoch über die zunehmenden ethnischen Spannungen im politischen Bereich. Vor allem für die Festlandchinesen sind dies alarmierende Signale. Zweitens stellten die Taiwanesen zwischen 1990 und 1992 zunehmende ethnische Konflikte fest, in noch höherem Ausmaß im politischen Bereich. Drittens: Die soziologische Auffassung, daß sich im zwischenmenschlichen Bereich, im Arbeitsleben und in anderen sozioökonomischen Aspekten des Lebens ethnische Konflikte manifestierten, entspricht in jüngerer Zeit nicht mehr den Erfahrungen. Signifikant ist jedoch, daß zunehmend politisierte ethnische Konflikte in den größeren politischen und symbolischen Auseinandersetzungen reflektiert werden. Viertens haben die neu entstehenden Konflikte über die taiwanische Nationalidentität seit den späten 80er Jahren in hohem Maße dazu beigetragen, die ethnischen Konflikte im symbolischen und politischen Leben zu intensivieren, wie sie in den frühen 90er Jahren zu beobachten waren.[8]

Die Konstruktion der nationalen Identität beginnt ferner mit der subjektiven Identifikation der Bevölkerung mit einer angenommenen nationalen Gemeinschaft, der gegenüber sie ein tiefes Zugehörigkeitsgefühl entwickelt. Das Volk von Taiwan suchte und fand in den 70er Jahren eine eigene Identität; in den 80er Jahren erlebte es die Demokratisierung und die Taiwanisierung des bislang von Festlandchinesen kontrollierten Regimes. Auf der Grundlage dieser Erfahrungen entwickelte sich in den 90er Jahren ein neues Zugehörigkeitsgefühl zu Taiwan als nationaler Gemeinschaft. Bei den bereits erwähnten Erhebungen in den Jahren 1991, 1992 und 1994 lautete eine der Fragen, ob sich die Befragten als Taiwanesen oder als Chinesen verstehen. Die Daten zeigen, daß das Bekenntnis zu »taiwanischer Identität« im Laufe der Jahre ständig zugenommen hat. Der Anteil der Antwort »Ich bin Taiwanese« in den drei Befragungen stieg von 13,6 auf 23,7 und schließlich auf 33,8 Prozent, während der Aussage »Ich bin Chinese« 13,0, 23,4 bzw. 27,3 Prozent zustimmten. Die

»taiwanische Identität« ist also stärker verbreitet als die »chinesische Identität«, und der Unterschied war 1994 bereits sehr viel größer als zuvor. Zwischen den beiden polarisierten Identitäten steht eine starke »duale Identität«, bei der sich die Menschen gleichzeitig als Taiwanesen und als Chinesen verstehen. Fragt man jedoch nach der Rangfolge der beiden Identitäten, so zeigt sich auch hier, daß sich ein größerer Anteil der Menschen zuerst als Taiwanesen und dann als Chinesen verstehen. Es ist daher offensichtlich, daß nach beiden Maßstäben die »taiwanische Identität« der Bewohner Taiwans ausgeprägter ist als die »chinesische Identität«.[9]

Die Bewohner Taiwans, die sich zu einer der beiden Identitäten bekennen, beurteilen auch die Vergangenheit und Zukunft Taiwans unterschiedlich. Die Analyse der Erhebung von 1994 über die gesellschaftliche Haltung zeigt, daß die Anhänger einer taiwanischen Identität den historischen Ereignissen, die Taiwan direkt betreffen, viel größere Bedeutung beimessen. In dieser Gruppe ist ein viel stärker ausgeprägtes kollektives Gedächtnis vorhanden. Die Gruppe identifiziert sich in geringerem Maße als die Gruppe mit chinesischer oder mit dualer Identität mit anderen ethnischen Chinesen auf dem Festland, in Hongkong oder Singapur.

Noch bedeutsamer scheint, daß wegen dieser unterschiedlichen subjektiven Nationalidentitäten auch unterschiedliche politische Zukunftserwartungen hinsichtlich der Beziehungen zwischen Taiwan und China bestehen. Die Option eines von China völlig unabhängigen Taiwan wird von den Personen mit taiwanischer Nationalidentität eher bejaht – vorausgesetzt, daß kein Krieg zwischen diesen beiden Staaten ausbricht. Andererseits wird eine Vereinigung Taiwans mit China von der Gruppe mit chinesischer Identität bejaht – vorausgesetzt, daß die Bedingungen in beiden Gesellschaften gleich sind. Insgesamt sind die Haltungen der Mehrheit der taiwanischen Öffentlichkeit im Hinblick auf die zukünftigen Beziehungen zwischen Taiwan und dem Festland ausgesprochen pragmatisch; die Beibehaltung des Status quo wird bevorzugt. Doch hinter dem Pragmatismus und dem Sicherheitsbewußtsein wächst die Erwartung, daß Taiwan eine neue Nation sein könnte, wenn sowohl Unabhängigkeit als auch Frieden erreicht würden. Die Datenerhebung zum sozialen Wandel von 1992 zeigte, daß 25,6 Prozent der Befragten die Option einer »bedingten taiwanischen Unabhängigkeit« billigten. Zwei Jahre später lag dieser Anteil bereits bei 32,0 Prozent. Andererseits läßt sich aus der Erhebung folgern, daß die Unterstützung für eine zukünftige Vereinigung mit China rückläufig ist, selbst wenn die Vereinigung zustande käme, nachdem alle Bedingungen in den beiden Ländern gleich wären. 1992 bejahten 56,9 Prozent die Option einer »bedingten Vereinigung mit China«, aber dieser Wert fiel bis 1994 auf 33,7 Prozent. Mit anderen Worten: Die Unabhängigkeit Taiwans wird zwar nicht unbedingt als in der unmittelbaren Zukunft realisierbar angesehen, doch stellen immer mehr Bewohner Taiwans in Frage, daß Taiwan ein untrennbarer Bestandteil Chinas sei und daß sich beide Länder entsprechend den von der Volksrepublik China diktierten Bedingungen vereinigen sollten.

Wie bereits dargelegt, treten ethnische Konflikte gegenwärtig in der politischen und symbolischen Welt auf. Die Entstehung einer neuen Identität, die Taiwan als nationale Gesellschaft sieht, reflektiert diese politischen und symbolischen Auseinandersetzungen. Das heißt jedoch nicht, daß der gegenwärtige Konflikt über die Bildung einer Nationalidentität eine bloße Manifestation der ethnischen Konflikte darstellt. Darüber hinaus hat die entstehende taiwanische Identität nicht nur den *Verlauf* sondern auch das *Muster* der sozialen Bruchlinien verändert. Das geschah, weil der Sichtweise der Taiwanesen eine neue ethnisch-nationale Vorstellung hinzugefügt wurde – nämlich die der Festlandchinesen des kommunistischen Regimes (die man auch Festland-Festländer nennt). In den Augen aller Bewohner Taiwans (einschließlich der Taiwan-Festlandchinesen und der Taiwan-Taiwanesen) werden vor allem die realen »fremden« Festlandchinesen, also die »ausländischen«, als große Bedrohung der taiwanischen Gesellschaft angesehen. In einer Erhebung über die gesellschaftliche Haltung sahen 48,5 Prozent China als den wahrscheinlichsten äußeren Feind. Einer weiteren Erhebung zufolge, die 1994 vom Rat für Festlandsangelegenheiten in Auftrag gegeben worden war, erklärten 78,7 Prozent der Befragten, das Regime in Festlandchina verhalte sich gegenüber der Regierung von Taiwan unfreundlich, und 56,9 Prozent glaubten, das kommunistische Regime verhalte sich auch gegenüber der Bevölkerung Taiwans unfreundlich.[10] Ein Jahr später lag diese Abneigung bereits bei 88 bzw. 69 Prozent.[11] Von den internen ethnischen Bruchlinien zwischen Taiwan-Festlandchinesen und Taiwan-Taiwanesen verlagert sich die Spaltung in den externen Bereich einer »neuen nationalen Bruchlinie«: Taiwan-Taiwanesen versus Chinesen der Volksrepublik China.[12]

Nach der von der *China Credit Corporation* zwischen August und September 1995 durchgeführten Umfrage widersprachen mehr als 80 Prozent der Befragten den Behauptungen der Volksrepublik China in bezug auf den Status, der Taiwan in seinen Beziehungen zur Volksrepublik zukomme, sowie den Anschuldigungen bezüglich der flexiblen, auf die Unabhängigkeit gerichteten Diplomatie Taiwans. So lehnten beispielsweise 84,7 Prozent die Haltung der Volksrepublik China ab, daß es nur ein China gäbe und daß dieses durch die Volksrepublik China repräsentiert werde. 89,7 Prozent widersprachen der Behauptung der Volksrepublik China, daß die Republik China 1948 aufgehört habe zu existieren, und 86,9 Prozent wiesen die Anschuldigung zurück, daß mit der Präsidentschaftswahl in Taiwan ein Vorstoß in Richtung einer taiwanischen Unabhängigkeit verbunden sei. 80,2 Prozent widersprachen der Behauptung, es komme einer faktischen Unabhängigkeitserklärung gleich, wenn die Realität der geteilten Herrschaft an der Taiwan-Straße anerkannt werde. Schließlich stimmten 83,3 Prozent der Beschuldigung der Volksrepublik China nicht zu, daß der Zweck der von Taiwan eingeleiteten flexiblen Diplomatie darin bestehe, die Unabhängigkeit herbeizuführen. Der Untersuchung zufolge glaubten 67 Prozent, daß die Volksrepublik China die öffentliche Meinung in Taiwan nicht verstehe, und 78 Prozent argumentierten sogar, daß es der Volksrepublik China unmöglich sei, das taiwanische Volk zu achten.[13] Im Denken der Taiwanesen scheint ein starkes Mißtrauen gegenüber der Volksrepublik China vorzuherrschen.

Aber dem Streit um die Geringschätzung der nationalen Identität Taiwans durch die Volksrepublik China liegt die Tatsache zugrunde, daß noch immer ungelöste, wirre und konfligierende Konzepte der nationalen Identität bestehen. Eine von der Fortschrittspartei zum selben Zeitpunkt durchgeführte Umfrage über die in der Öffentlichkeit vorherrschenden Auffassungen zur Nationalidentität zeigte, daß fast ein Drittel des taiwanischen Volkes noch immer die 1,2 Milliarden Chinesen auf dem Festland als Bürger der Republik China ansieht. Ebenfalls ein Drittel erklärte, das Territorium der Republik China solle auch Festlandchina umfassen, und 40,9 Prozent sind dagegen, die Politik des »einen China« aufzugeben.[14] All dies zeigt, daß zwar ein allgemeiner Konsens besteht, die Auffassung der Volksrepublik China in bezug auf den nationalen Status Taiwans zurückzuweisen, daß aber im Denken des taiwanischen Volkes noch immer Konflikte und sogar Verwirrung darüber bestehen, wie sich die Nationalidentität Taiwans eindeutig bestimmen lasse.

Konkurrierende Organisationen und politische Agenda

Die konfligierenden Definitionen über den taiwanischen Begriff der Nation hängen eng mit der entsprechenden Auseinandersetzung über die Zukunft des Landes zusammen. Es ist eine Tendenz erkennbar, daß die beiden Konfliktbereiche zu einem umfassenderen Bild verschmelzen, in dem sich die Auseinandersetzungen über die politische Agenda herauskristallisieren können. Beide normativen Konfliktfelder entwickelten sich im Rahmen einer sich schnell wandelnden Gesellschaft, die durch interne Pluralisierung und Demokratisierung und durch den externen Druck Festlandchinas gekennzeichnet ist. Die Konflikte entstanden also nicht in einem Realitätsvakuum, sondern wurden weitgehend durch gegnerische Organisationen erzeugt. Es ist deshalb wichtig, diese gegnerischen Institutionen und Gruppen zu identifizieren, um ihre jeweilige politische Zielsetzung umreißen zu können. Das Spektrum konfligierender Definitionen der taiwanischen Nationalidentität reicht von »taiwanischer

Identität« über »duale Identität« bis hin zu »chinesischer Identität«. Entsprechend reichen die Perspektiven der politischen Zukunft Taiwans von »taiwanischer Unabhängigkeit« über »Status quo« bis hin zu »Vereinigung mit China«. Die politischen Programmatiken, welche die Extrempositionen der miteinander konkurrierenden Diskurse kennzeichnen, sind einerseits »taiwanische Identität (Gegenwart) – Unabhängigkeit Taiwans (Zukunft)« und andererseits »Chinesische Identität (Gegenwart) – Vereinigung mit China (Zukunft)«. Doch dazwischen steht eine pragmatische Vermittlungsposition, die eine »taiwanische Identität (Gegenwart) – Status quo (Gegenwart) – Vereinigung mit China (Zukunft)« zum Inhalt hat. Da die dritte politische Programmatik vom Kuo-min-tang-Staat als wichtigste politische Leitlinie vertreten wird, war sie natürlich der Kritik der beiden Extrempositionen des politischen Diskurses ausgesetzt. Aus diesem Grunde beginnen die nachstehenden Ausführungen mit dem Kuo-min-tang-Regime und seiner politischen Programmatik.

Die Kuo-min-tang und ihre politische Programmatik

Seit den frühen 90er Jahren verfolgte die Kuo-min-tang unter der Präsidentschaft von Lee Teng-Hui, einem Vertreter der Hauptrichtung der Partei, eine Verzögerungsstrategie im Hinblick auf den von der Volksrepublik China ausgehenden Vereinigungsdruck. Zu der Strategie gehörte die Forderung nach Anerkennung einer im Beziehungsgeflecht mit China autonomen Identität Taiwans, die Aufrechterhaltung des Status quo, so lange dies irgend möglich sei, und die Suche nach einem friedlichen Vereinigungsweg mit China auf der Basis der Gleichberechtigung. Die Kuo-min-tang erkannte, daß die lange gepflegte Politik des »einen China« verändert werden mußte, da die von der Zivilgesellschaft ausgehende zunehmende taiwanische Identität nach einer anderen Antwort verlangte. Außerdem galt es, die Interessen Taiwans zu schützen. Infolgedessen wurden keine unmittelbaren Vereinigungsverhandlungen mit der Volksrepublik aufgenommen. Doch die Strategie ermöglichte über die

Straße von Taiwan hinweg Handel, Wirtschaftsaustausch und zivile Kontakte. Außerdem suchte man mit Hilfe der flexiblen Diplomatie nach einer internationalen Anerkennung der taiwanischen nationalen Identität. Mitte 1991 formulierte die Kuo-min-tang in ihren »Richtlinien für die nationale Vereinigung« das »Stadien-Modell« als Reaktion auf das Modell »Ein Land, zwei Systeme«, das von der Volksrepublik propagiert worden war. Der Kuo-min-tang-Staat erklärte, Zeitpunkt und Verfahren der nationalen Vereinigung müßten so gewählt werden, daß dem Wohlergehen, den Rechten, der Sicherheit und der Wohlfahrt der taiwanischen Bevölkerung Priorität einräumt würde. Außerdem müsse der gesamte Prozeß rational und friedlich verlaufen, die Partner müßten gleichberechtigt, und das Ergebnis müsse für beide Seiten von Vorteil sein. Das Modell umfaßte einen in drei Stadien angelegten langfristigen Vereinigungsprozeß.

Erstens sollte schon bald ein Austausch zum beiderseitigen Nutzen erfolgen, um die Feindseligkeit abzubauen; jede Seite solle die andere als legitime politische Einheit anerkennen. Zweitens sollten mittelfristig gegenseitiges Vertrauen und Kooperationsmöglichkeiten geschaffen werden, etwa durch direkten Postaustausch, Transport und Handel. Insbesondere sollten beide Seiten gemeinsam die Entwicklung der Küstenregion des Festlandes vorantreiben, um die bestehenden Unterschiede im Lebensstandard auf beiden Seiten der Taiwan-Straße auszugleichen. Jede Seite sollte die andere Seite bei der Beteiligung an internationalen Organisationen unterstützen. Drittens sollten langfristig Verhandlungen über die Vereinigung aufgenommen werden, die von den Prinzipien der politischen Demokratie, der wirtschaftlichen Freiheit und der sozialen Gerechtigkeit ausgehen und außerdem die Wünsche des Volkes sowohl in Taiwan als auch in China berücksichtigen sollten. Die gegenwärtige Periode wird vom Kuo-min-tang-Regime als erstes dieser drei Stadien angesehen; sein Hauptinteresse ist deshalb darauf gerichtet, nichtpolitischen Austausch zu fördern und die Volksrepublik China zu bewegen, Taiwans Status als legitime politische Einheit anzuerkennen.[15]

Dem Programm der Kuo-min-tang zufolge ist Taiwan eindeutig ein souveräner Staat mit der offiziellen Bezeichnung Republik China. Da die politische Machtstruktur der Kuo-min-tang weitgehend »taiwannisiert« wurde, stellt die Kontroverse über die Namensgebung Taiwans im internationalen Kontext kein großes Problem mehr dar. Offenkundig ist ferner, daß die Kuo-min-tang ausgesprochen empfindlich auf die Möglichkeit reagiert, vom taiwanischen Volk als zu vereinigungsfreudig angesehen zu werden und den Ausverkauf der Interessen Taiwans an die Volksrepublik zu betreiben. Die Verzögerungsstrategie soll klarstellen, daß die Kuo-min-tang zwar langfristig für die Vereinigung eintritt, daß aber hierfür kein Fahrplan vorhanden ist, sondern daß die Hauptaufgabe darin bestehe, den Status quo zu erhalten und Taiwans *de facto*-Unabhängigkeit beizubehalten.

Der Kuo-min-tang-Staat propagiert und benutzt die Verzögerungsstrategie, um seinen Handlungsspielraum zu vergrößern. Die Volksrepublik möchte Taiwan durch ökonomische Integration in sich aufnehmen, während die Kuo-min-tang die ökonomische Zusammenarbeit dazu benutzen will, die Bedrohung einer politischen Vereinigung mit China aufzuschieben und diesen Prozeß aufzuhalten. Dieser Plan und die damit verbundenen Szenarien stoßen allerdings in China auf wenig Gegenliebe, da Taiwan gleichzeitig versucht, seine Beteiligung an internationalen Organisationen zu intensivieren und eine flexible Diplomatie einzusetzen. Präsident Lee Teng-Huis Besuch der Cornell University im Juni 1995 wurde von der Volksrepublik als politisches Manöver Taiwans aufgefaßt, um die Unabhänggigkeit zu erreichen. Im Herbst 1995 und am Vorabend der Präsidentschaftswahl in Taiwan im Frühjahr 1996 führte die Volksrepublik eine Serie militärischer Übungen durch und unternahm Testversuche mit Marschflugkörpern. Dies waren klare Signale, daß China die Verzögerungsstrategie der Kuo-min-tang nicht hinnehmen wollte. Die zunehmenden militärischen Drohungen und der politische Druck der Volksrepublik China auf Taiwan intensivieren die internen Konflikte hinsichtlich der Nationalidentität und Zukunft Taiwans. Die gemäßigte Programmatik der Kuo-min-tang, »taiwanische Identität – Status quo – zukünftige Vereinigung« wird von anderen politischen Lagern aus ganz unterschiedlichen Gründen angegriffen.

Die Fortschrittspartei und ihre politische Programmatik

An dem einen Ende des Spektrums der Konflikte über Nationalidentität und nationale Zukunft steht das Programm der oppositionellen Fortschrittspartei: »taiwanische Identität – Unabhängigkeit Taiwans«. Ende der 80er Jahre formulierte die Fortschrittspartei eine neue politische Plattform, um weiterhin eine sinnvolle Alternative zur Politik des bereits stark veränderten Kuo-min-tang-Regimes anbieten zu können. Die Fortschrittspartei definierte die politischen Inhalte ihrer Bewegung neu: Statt nur einfach gegen die Kuo-min-tang zu sein (was der Grund für die Gründung der Partei gewesen war), sprach sie sich auch gegen die Vereinigung mit der Volksrepublik aus. Die neue politische Mission der Fortschrittspartei ist es nunmehr, Taiwan davor zu bewahren, von einem anderen chinesischen Staat beherrscht zu werden. Mit anderen Worten: Die Fortschrittspartei formulierte ihre Unabhängigkeitsprogrammatik um. Statt der sofortigen Unabhängigkeit von der damals von den Festlandchinesen beherrschten Kuo-min-tang forderte sie jetzt die Unabhängigkeit von der Volksrepublik China.

Im April 1988 testete die Fortschrittspartei die politische Stimmung, indem sie, sehr zurückhaltend, eine »bedingte« Unabhängigkeit Taiwans vorschlug, die mit »vier Wenn« verbunden war: »Wenn die Kuo-min-tang mit dem kommunistischen China Verhandlungen über eine Vereinigung aufnimmt, wenn die Kuo-min-tang die Interessen des taiwanischen Volkes verkauft, wenn das kommunistische China in Taiwan einfällt, und wenn die Kuo-min-tang keine demokratischen Reformen durchführt, wird sich die Fortschrittspartei für die Unabhängigkeit Taiwans einsetzen.« Im Oktober 1990 ging die Fortschrittspartei noch einen Schritt weiter und erklärte die *de facto*-Souveränität Taiwans, von der Festland-China und die Äußere Mongolei ausgenommen blieben. Im August 1991 proklamierte sie sogar offen die Bezeichnung »Republik Taiwan« im Gegensatz zu »Republik China«. Und im Oktober 1991 billigte die Fortschrittspartei eine neue Klausel ihrer Parteisatzung, wonach die Frage der Unabhängigkeit Taiwans durch eine Volksabstimmung aller Einwohner demokratisch entschieden werden solle. Die Partei kritisierte das »Stadienmodell« der Kuo-min-tang mit der Begründung, dem taiwanischen Volk werde darin keine Priorität eingeräumt, es werde nicht einmal als wichtiger Faktor angesehen und dürfe bei keiner politischen Entscheidung, die eine mögliche zukünftige Vereinigung mit China betreffe, sein Veto einlegen. Ihrem Präsidentschaftswahlkampf von 1996 legte die Fortschrittspartei eine Wahlkampfplattform zugrunde, in der sie sich eindeutig gegen die Vereinigung aussprach.

Diese entschiedene Haltung zugunsten der taiwanischen Nationalidentität und Unabhängigkeit stellte die ideologische Grundlage der Fortschrittspartei dar. Die Partei konnte damit seit den späten 80er Jahren bei den meisten Wahlen mehr als 30 Prozent der Wahlberechtigten für sich gewinnen; dies zeigt, daß ihre ideologische Basis über einen starken Rückhalt verfügt. Doch die Fortschrittspartei mußte insofern auch einen Preis zahlen, als sie nicht in der Lage war, das Vertrauen einer breiteren Öffentlichkeit zu gewinnen. Die pragmatische und sicherheitsbewußte Öffentlichkeit mag zwar der Haltung der Fortschrittspartei in bezug auf die nationale Identität zustimmen; sie ist jedoch nicht bereit, irgendwelche Kosten zu tragen, die sich aus der taiwanischen Unabhängigkeit ergeben könnten. Die Fortschrittspartei wurde durch diese gesellschaftliche Stimmung sensiblisiert; in jüngster Zeit verlagert sie die Richtung ihrer politischen Programmatik, indem sie die Bedeutung der Unabhängigkeit Taiwans herunterspielt. Zwar setzt sie sich auch weiterhin für die Wahrung der Interessen Taiwans als von China getrennte und unabhängige Nation ein und greift das auf Vereinigung gerichtete Drängen Chinas als chinesischen Imperialismus an, doch erkennt sie zugleich an, daß auch der Status einer *de facto*-Unabhängigkeit Taiwans akzteptabel sei. Außerdem sei es auch nach einer Machtübernahme durch die Fortschrittspartei nicht nötig, die *de iure*-Unabhängigkeit zu verkünden. Diese pragmatische Verlagerung der politischen Agenda der Fortschrittspartei in der Unabhängigkeitsfrage versöhnt sie sogar insofern mit der gegenwärtigen Verzögerungsstrategie der Kuomin-tang, als ihr der Status quo nun gar nicht mehr so unerwünscht erscheint. Im Zentrum des Konfliktes zwischen der Fortschrittspartei und der Kuo-min-tang steht also nicht die Definition Taiwans als Nation, sondern stehen die verschiedenen Visionen über die Zukunft des Landes.

Die leichte Richtungsänderung der Fortschrittspartei im Fragenkomplex von Nationalidentität und Unabhängigkeit hin zu einer etwas pragmatischeren Sichtweise wird von den »fundamentalistischen« Gruppen scharf kritisiert. Diese Gruppen fordern unverändert die Unabhängigkeit, so beispielsweise der Taiwanesische Verband der Hochschulprofessoren (TPA), welcher der Fortschrittspartei vorwirft, die grundlegende politische Ideologie aufzuweichen. Die TPA kritisierte sogar die Behauptung eines Funktionärs der Fortschrittspartei, daß sich die Kuomin-tang inzwischen gewissermaßen taiwanisiert habe und daß die Fortschrittspartei daher gegen einen taiwanisierten Kuomin-tang-Staat konkurrieren müsse. Die TPA wurde 1990 gegründet; sie vertritt ausgeprägte und tiefempfundene Überzeugungen hinsichtlich der taiwanischen Identitäts- und Unabhängigkeitsfrage und gehört seit ihrer Gründung zu den aktivsten der für Unabhängigkeit eintretenden zivilgesellschaftlichen Organisationen. Andere für die Unabhängigkeit eintretende Organisationen und Gruppen sind die Union für die Unabhängigkeit Taiwans, die Festländer-Vereinigung für die Unabhängigkeit Taiwans, die Medizinische Union Taiwans und die Union für Umweltschutz in Taiwan. Vom Herbst 1995 bis zum Frühjahr 1996, als die Volksrepublik den militärischen Druck erhöhte, gaben die erwähnten Gruppen, denen sich weitere 20 soziale Bewegungen anschlossen, öffentliche Erklärungen heraus, in denen die Aggression der Volksrepublik verurteilt und die taiwanische Bevölkerung ermutigt wurde, sich nicht von den Drohungen Chinas einschüchtern zu lassen, sondern China zum Schutz Taiwans zu bekämpfen. In der Erklärung der zivilgesellschaftlichen Organisationen wurde die herrschende Kuo-min-tang aufgefordert, den Grundsatz »China ist China, Taiwan ist Taiwan« und die Politik »ein China, ein Taiwan« öffentlich zu verkünden. Ironischerweise haben also die jüngsten aggressiven Handlungen der Volksrepublik im Frühjahr 1996 die für eine taiwanische Identität und Unabhängigkeit eintretenden zivilgesellschaftlichen Gruppen noch mehr aktiviert, aber die offizielle Haltung der Fortschrittspartei zur Unabhängigkeitsfrage aufgeweicht.

Die Koalition gegen die Unabhängigkeit Taiwans

In der Folge der Taiwanisierung der herrschenden Kuo-min-tang und des Aufstiegs der für taiwanische Identität und Unabhängigkeit eintretenden Bewegungen wird die gegnerische Seite – die Anhänger einer chinesischen Identität und der Vereinigung mit China – relativ schnell an den Rand gedrängt. Es entsteht ein Diskurs über »chinesische Identität – anti-taiwanische Unabhängigkeit«. Diese Richtung wird von einer Minderheit innerhalb der Kuo-min-tang und anderen für die Unabhängigkeit eintretenden zivilgesellschaftlichen Organisationen vertreten. In der Kuo-min-tang entstand diese Minderheitsgruppe als Folge der Machtkämpfe zwischen den Blöcken der Taiwanesen und der Festländer nach dem Tod des starken Mannes der Kuo-min-tang, Chiang Ching-Kuo. Heute besteht sie aus den alten Tugendwächtern des autoritären Regimes und karriereorientierten Politikern aus der Gruppe der Festlandchinesen, die der von Taiwanesen geführten Mehrheitsgruppe unterlag. Die Minderheitsgruppe wurde dadurch lose zusammengehalten, daß ihre Mitglieder Lee Ten-Hui ablehnten, den taiwanischen Nachfolger von Chiang Ching-Kuo, und durch die kollektiven Empfindungen, die sie in den Fragen der chinesischen Identität und der Vereinigung Taiwans mit China hegten. Im Laufe der Jahre beobachtete das taiwanische Volk jedoch ihr Eintreten für die Wiedervereinigung mit wachsendem Mißtrauen; auch die chinesische Identität der Gruppe wurde kritisiert, weil sie sich nicht mit dem Land und der Bevölkerung Taiwans identifizierte. Die Folge war, daß sie sich gezwungen sah, ihre Haltung zur Wiedervereinigung zu ändern. Die Gruppe begann, die Gegenargumentation zu kritisieren, die sich sowohl aus ethno-kultureller als auch aus praktischer Perspektive auf die taiwanische Identität und Unabhängigkeit richtete.

Die Gruppe argumentierte, daß sowohl die Festlandchinesen als auch die Taiwanesen Chinesen seien und daß die internen ethnischen Beziehungen unweigerlich gefährdet würden, wenn die taiwanische Identität überbetont würde. Dies müsse zu Konflikten führen. Sie warnte auch scharf vor der Gefahr, daß die Volksrepublik die taiwanische Unabhängigkeit nicht hinnehmen werde. Oberflächlich betrachtet, entsprachen beide Argumente der gegen die Unabhängigkeit gerichteten, neu formulierten Programmatik der ebenfalls gegen die Unabhängigkeit und für die Vereinigung eintretenden Hauptströmungen der Kuo-min-tang. Beide Seiten sind gegen die Unabhängigkeit Taiwans, aber die Hauptrichtung der Kuo-min-tang erwartet einen sich langfristig entwickelnden Vereinigungsprozeß, während die Minderheitsgruppierung das Tempo der Wiedervereinigung erhöhen möchte – aus der Befürchtung heraus, daß die Hauptströmung der Kuo-min-tang das Vereinigungsziel gar nicht ernsthaft verfolge oder erreichen wolle.[16] Die Minderheitengruppierung hat sogar – aus politischen wie auch aus ideologischen Gründen – ihre historischen Verbindungen zur Kuo-min-tang aufgekündigt und eigene Kandidaten für die Ämter des Staatspräsidenten und des Vizepräsidenten aufgestellt. Bei diesen Kandidaten handelte es sich um politische Schwergewichte innerhalb der Kuo-min-tang, denn beide waren stellvertretende Parteivorsitzende gewesen. Nun traten sie im Wahlkampf gegen die Kandidaten der Kuo-min-tang und der Fortschrittspartei an. Der Bruch zwischen der Minderheitengruppe und dem von der Parteimehrheit getragenen Machtblock bei den jüngsten Präsidentschaftswahlen stellte den bisherigen Höhepunkt in diesem kompromißlosen Machtkampf innerhalb der Kuo-min-tang im Prozeß ihrer Taiwanisierung und der allgemeinen Demokratisierung dar.

Die Programmatik der früheren Minderheitenposition der

Kuo-min-tang wurde durch die Neue Chinesische Partei (NCP) unterstützt, die 1993 hauptsächlich von den früheren, in der Mitte ihrer politischen Karrieren stehenden Festlandpolitikern der Kuo-min-tang gegründet worden war. Ihre wichtigsten politischen Überzeugungen waren gegen Lee Teng-Hui und gegen die Unabhängigkeit gerichtet. Die aus der Partei ausgestoßene Minderheitengruppierung und die NCP erheben den Anspruch, die einzige legitime und orthodoxe Kuo-min-tang zu sein. Sie beschuldigen die taiwanisierte Kuo-min-tang, den seit Sun Yat-Sen und den Chiang-Familien vorherrschenden Geist und die Ideologie der Kuo-min-tang verraten zu haben. Auch eine weitere für Wiedervereinigung und gegen Unabhängigkeit eintretende Kraft stammt aus den Reihen der Parteikonservativen, die sich der Transfomations- und Demokratisierungspolitik der Partei widersetzten. Zu ihnen zählen die New Tung-Men Hui, die Koalition gegen die Unabhängigkeit Taiwans und für die Rettung der Nation, der Bund zur Rettung der Nation und der Verfassung und die Patriotische Aktionsgruppe gegen die Unabhängigkeit. Die Allianz der nicht zur Hauptlinie zählenden Gruppen und der Neuen Chinesischen Partei wurde während der jüngsten Präsidentschaftswahlen bereits mobilisiert, aber die übrigen oben erwähnten, gegen die Unabhängigkeit und für die Vereinigung eintretenden zivilgesellschaftlichen Organisationen haben nur beschränkten Rückhalt in der Gesellschaft.

Die soziale Basis der gegen die Unabhängigkeit eingestellten zivilgesellschaftlichen Organisationen besteht weitgehend aus den Festlandmitgliedern der Kuo-min-tang, die sich von der Taiwanisierung und Demokratisierung der Kuo-min-tang bedroht fühlen. Da sie sich als Chinesen verstehen, befürchten sie, daß eine taiwanische Nationalidentität letztlich zur Unabhängigkeit Taiwans führen müsse und daß sie in der Folge von den dann mächtigen Taiwanesen so behandelt würden, wie sie selbst die Taiwanesen in der Vergangenheit behandelt haben. Den gegenwärtigen Status quo halten die Koalition gegen die Unabhängigkeit und die ihr nahestehenden politischen und zivilen Bewegungen für eine fragile und gefährliche Situation – eine Situation, die im Rahmen der Hauptrichtung der Kuo-min-tang besteht, und die wir hier als Verzögerungsstrategie beschrieben haben. In ihren Augen wird die Verzögerungsstrategie von den taiwanischen Kuo-min-tang-Eliten dazu benutzt, um ihre wahren Pläne zu verbergen: die Unabhängigkeit Taiwans. Mit anderen Worten: Die sozialpsychologische Basis der Koalition besteht in der Kombination von ethnischen Ängsten der in der Minderheit befindlichen Festlandchinesen, dem Widerstand gegen die politische Demokratisierung und der Furcht vor einem unmittelbaren Vergeltungsschlag der Volksrepublik China als Reaktion auf die Unabhängigkeit Taiwans.

Läßt sich der Status quo als *de facto*-Autonomie und *de facto*-Unabhängigkeit Taiwans definieren, dann könnte er zur Grundlage eines möglichen Vermittlungsprozesses in den Konflikten zwischen der Haltung der Kuo-min-tang (»taiwanische Identität zuerst, Wiedervereinigung später«) und der Fortschrittspartei (»taiwanische Identität zuerst, Unabhängigkeit später«) werden. Aus genau diesem Grund wurden die normativen und politischen Konflikte zwischen der von der Neuen Chinesischen Partei geführten Koalition gegen die Unabhängigkeit einerseits und den – miteinander konkurrierenden, aber potentiell vermittelbaren – politischen Programmen der Kuo-min-tang und der Fortschrittspartei andererseits durch den gegenwärtigen Diskurs über den Status quo intensiviert.

3. Die Entstehung normativer Konflikte über Umweltfragen

Die Entstehung und die soziale Basis der Konflikte

Die Konflikte über Umweltfragen wurden primär von den sozialen Bewegungen der Zivilgesellschaft ausgelöst und bestimmt – im Unterschied zu den normativen Konflikten über die Nationalidentität, die in den historischen und politischen Prozessen verankert sind, in deren Verlauf sich Taiwan von einer »chinesischen« örtlichen Gesellschaft zu einer »taiwanischen« nationalen Einheit wandelte. Wie eingangs erwähnt, haben sich im Umweltschutzbereich seit den frühen 80er Jahren drei klar unterscheidbare soziale Bewegungen gebildet und organisiert: die Protestbewegung gegen die Umweltverschmutzung (seit 1980), die Naturschutzbewegung (seit 1982) und die Anti-Atomkraft-Bewegung (seit 1988). Sie wurden erstens etabliert, um das Bewußtsein des taiwanischen Volkes für die zunehmenden Umweltprobleme zu schärfen, welche durch die schnelle Industrialisierung und das Wirtschaftswachstum entstanden sind. Die Bevölkerung sollte in einer sozialen Bewegung organisiert werden, um die Lebens- und Umweltqualität zu schützen. Zweitens sollten durch ihre Gründung der wachstumsorientierte Staat und die nach Gewinnmaximierung strebenden Unternehmer in einen diskursiven Konflikt über die Werte der Umwelt eingebunden werden.

Untersucht man die Dokumente der taiwanischen Wirtschaftsplanung von den frühen 50er Jahren bis heute, so zeigt sich, daß bis in die späten 70er Jahre die Notwendigkeit für einen Schutz von Umwelt oder Natur nirgendwo erwähnt wird. Erst dann begannen die Planer die Natur als ausbeutbare Ressource oder als Grundlage für die Erholung der Menschen bewußt in ihre Überlegungen einzubeziehen. Manche Wissenschaftler und Intellektuelle hatten sich in den 70er Jahren sehr bemüht, die Öffentlichkeit und die Regierung hinsichtlich der Umweltgefährdungen zu warnen, aber ihre Stimmen verhallten weitgehend ungehört.[17] Seit den 80er Jahren entwickelten sich jedoch ernsthafte Probleme mit alarmierender Geschwindigkeit: Die Deponien für Fest- und Sondermüll, die Luft- und Wasserverschmutzung und die aus dem Gleichgewicht geratenen Naturressourcen beeinträchtigten Gesundheit und Wohlbefinden vieler Bürger, bewirkten Schmerzen und verringerten die Lebensqualität. Die Menschen mußten erstmals erfahren, daß das Hyperwachstum der Nachkriegszeit unter dem autoritären, auf wirtschaftliche Entwicklung fixierten Regime der Kuo-mintang mit hohen Kosten verbunden war.

Dreißig Jahre lang war das Land dem kapitalistischen Wachstum um jeden Preis verpflichtet gewesen; die praktisch schutzlose Umwelt mußte die Nebeneffekte von Produktion und Konsum verkraften. Erst Ende der 80er Jahre merkte man, daß Produktion und Konsum umorganisiert werden müßten, um die Belastung der Umwelt zu verringern. Andernfalls würde sich infolge der jährlichen Wachstumsraten des Bruttoinlandprodukts von 6,5 Prozent und der Bevölkerung von 1,1 Prozent – die von den Planern des Rates für Wirtschaftsplanung und Entwicklung (CEPD) als Zielgrößen vorgegeben worden waren – die bereits vorhandene Belastung der Umwelt bis zum Jahr 2000 mehr als verdoppeln.[18] Auch der Öffentlichkeit wurden die sich verschärfenden Umweltprobleme und die Beeinträchtigung der Lebensqualität zunehmend bewußt, und seit den 80er Jahren bildet die öffentlich artikulierte Unzufriedenheit mit der Umweltbelastung in Taiwan ein zentrales Thema der Auseinandersetzung, das sogar schon zu Unruhen führte. Im Laufe der Jahre wurde durch viele Untersuchungen belegt, daß die taiwanische Gesellschaft die Umweltproblematik als eines der wichtigsten Probleme ansieht, daß das Umweltbewußtsein seit der Mitte der 80er Jahre stark zugenommen hat und daß die Öffentlichkeit mit Blick auf die zukünftige Entwicklung im Umweltbereich außerordentlich pessimistisch gestimmt ist.

Die Ergebnisse von Umfragen aus den Jahren 1983, 1986, 1990, 1991 und 1992 zeigen, daß im Verlauf der gesamten durch die Umfragen erfaßten zehnjährigen Periode in der Öffentlichkeit eine beständige und ausgeprägte Besorgnis über die sich verschärfenden Umweltprobleme auftrat. So bezeichneten 1983 70 Prozent der (für die gesamte Bevölkerung repräsentativen) Befragten die Umweltprobleme als ernst oder sehr ernst. Bis 1988 stieg dieser Anteil auf 88 Prozent, und obwohl er 1990 wieder auf 77 Prozent zurückging, lag er damit noch immer höher als 1983. In den 90er Jahren nahm das öffentliche Bewußtsein erneut zu; der Anteil der Befragten, welche die Umweltprobleme als ernst ansahen, stieg 1991 auf 81,1 Prozent und blieb auch 1992 mit 82,3 Prozent auf dieser Höhe. Mit anderen Worten: Gegenwärtig beurteilen mehr als 80 Prozent der Taiwanesen die

Umweltprobleme als ernst oder sehr ernst, und mehr als 50 Prozent erwarten, daß die Umweltprobleme in den kommenden Jahren weiter zunehmen werden.[19]

Die soziale Basis der örtlichen Proteste gegen die Umweltverschmutzung

In vielen der unter Umweltverschmutzung leidenden Gemeinden entstanden Bürgerinitiativen, die seit den frühen 80er Jahren zu einer sozialen Bewegung anwuchsen. Am Anfang organisierten die Umweltgeschädigten in ihren jeweiligen Gemeinden den Protest selbst. Nachdem die Medien der breiten Öffentlichkeit über diese Vorgänge berichtet hatten, entstand aus den verstreuten einzelnen Protesten eine ansehnliche, die ganze Nation erfassende soziale Basisbewegung. Der »Erfolg« der Selbstmobilisierung der Umweltgeschädigten an einem Ort diente anderen als Beispiel und inspirierte sie, ähnliche Proteste in ihren Gemeinden zu organisieren. Die in diesen Umweltbewegungen engagierten Akteure waren zunächst hauptsächlich die von Umweltschäden betroffenen Bürgerinnen und Bürger in den Dörfern, Gemeinden und Städten. Die Intellektuellen der neuen Mittelschichten, Universitätsprofessoren, Studenten und die jüngeren Journalisten sympathisierten mit den Bewegungen und unterstützten die kollektiven Aktionen gegen die Verursacher-Industrien. Die soziale Basis der örtlichen Umweltschutzbewegung bestand also aus den Einwohnern der Gemeinden und aus ihren jeweiligen sozialen Netzwerken, den Verwandtschaftsbeziehungen, Tempelgemeinschaften und freiwilligen Organisationen. Während die Führung in den Händen der bestehenden örtlichen Eliten oder einer neuen Art von Meinungsführern der Basis lag, bestand die Gefolgschaft aus verschiedenen Schichten. Das bereits erwähnte neue Mittelschichtsegment stellte sich als externe Größe auf die Seite des Protestes und diente damit der Legitimierung des Protestes nach innen. Auch einige in der gesamten Nation aktive Umweltorganisationen, unter denen die Union für Umweltschutz in Taiwan (TEPU) mit ihren Ortsverbänden die wichtigste ist, bieten den Bewegungen das erforderliche professionelle Know-how und mobilisieren öffentliche Unterstützung zu ihren Gunsten.

Auf der Grundlage der 462 lokalen, gegen die Umweltverschmutzung gerichteten Protestaktionen, die zwischen 1980 und 1991 stattfanden, läßt sich die Umweltschutzbewegung Taiwans als Bewegung von Betroffenen charakterisieren.[20] Die Häufigkeit des Protestes der Betroffenen spiegelt einen entscheidenden Faktor wider: den Rückzug der autoritären staatlichen Kontrolle über die Zivilgesellschaft. Drei Viertel der 462 Protestaktionen fanden zwischen 1988 und1991 statt, also im Zeitraum der vier Jahre, die auf die Aufhebung des Kriegsrechts folgten. Dies zeigt, daß die Betroffenen die Gelegenheit nutzten, die sich durch die Öffnung eines Raumes für zivile Aktionen ergab, um ihre Beschwerden vorzutragen. Die meisten Aktionen wurden organisiert, um bereits gegebene Schädigungen oder Verluste, die den Bewohnern entstanden waren, abzumildern oder Kompensationen durchzusetzen. Bereits erkennbare Schädigungen erregten die Menschen mehr als potentielle Schäden. 84 Prozent der Ziele aller Proteste waren reaktiver Art; vorbeugende bzw. präventive Aktionen machten nur 16 Prozent aus. Der große Zuwachs der präventiven Protestaktionen, der nach der Aufhebung des Kriegsrechts festzustellen ist, zeigt jedoch den Mangel an Vertrauen, den das Volk hinsichtlich der von Wirtschaft und Industrie verursachten Umweltschäden gegenüber der staatlichen Politik und Kontrollpraktiken empfindet. Alle örtlichen Protestaktionen kamen durch das Bewußtsein einer kollektiven, unmittelbaren oder zumindest wahrgenommenen Betroffenheit zustande.

Die Häufigkeit der Protestaktionen gegen Umweltverschmutzung steht auch in Zusammenhang mit der Industriedichte in den verschiedenen Teilen der Insel. Mehr als 75 Prozent der Aktionen fanden im Norden und im Süden Taiwans statt, wo sich die Problemindustrien konzentrieren. Mehr als 70 Prozent der örtlichen Bewegungen richteten sich gegen bestehende Industrieeinrichtungen und Unternehmen. An zweiter Stelle richteten sich die Aktionen gegen die örtlichen Verwaltungen. Die Industriepolitik und Wachstumsorientierung der Zentralregierung wurden – allerdings nicht direkt oder explizit – als Hauptursachen für die Umweltprobleme in vielen Gemeinden verantwortlich gemacht. In manchen Fällen kam es durch die Proteste zur Gründung ständiger örtlicher Organisationen für Umweltschutz. Das war jedoch nicht der Normalfall, denn nur in 62 Fällen wurden mehr oder weniger formelle zivilgesellschaftliche Organisationen als Zentren für einen langfristigen Kampf gegen die Umweltverschmutzer aufgebaut. In den meisten übrigen Fällen verkümmerten die energisch und hartnäckig auftretenden Protestorganisationen wieder, sobald die unmittelbare Bedrohung nicht mehr gegeben war.

Die Umweltschutzbewegung erzeugte sowohl direkte Interessenkonflikte als auch normative Konflikte zwischen den Einwohnern und den übrigen Staatsbürgern auf der einen Seite und Staat und Wirtschaft auf der anderen. Das Bewußtsein der Betroffenheit nahm Form an, als den Ortsbewohnern plötzlich klar wurde, daß die Luft, die sie atmeten, das Wasser, das sie tranken und die Naturgüter, von denen sie existentiell abhängig waren (als Fischer, als Bauern, als Gärtner), kommerziell für die politischen und ökonomischen Bedürfnisse von Staat und Industrie ausgebeutet wurden.[21] Durch die schnelle Industrialisierung vieler Gemeinden in Taiwan wurden auch die örtlichen Institutionen, Beziehungen, Normen und Werte untergraben; das neue Gemeinschaftsgefühl entstand praktisch aus der Gegnerschaft zur einer staatlichen Ideologie des Wirtschafts- und Industriewachstums, die auf Kosten der Umwelt und der Lebensqualität der Menschen verwirklicht wurde.

Die soziale Basis der Naturschutzbewegung

Die Naturschutzbewegung stellt die zweite ökologische Hauptströmung dar; sie richtet sich primär gegen die Zerstörung der natürlichen Ressourcen Taiwans. Zu einer »Bewegung« wurde sie Anfang der 80er Jahre, kurz nach der Entstehung der Umweltbewegung. An vielen von der Naturschutzbewegung durchgeführten Rettungskampagnen beteiligten sich hauptsächlich Schriftsteller, Gelehrte und Wissenschaftler, denen sich in den späten 80er Jahren viele andere Gruppen von Betroffenen aus den örtlichen Mittelschichten anschlossen. Die Kampagnen galten beispielsweise der Rettung gefährderter Zugvogelarten, des Mangrovenbaums, von Flüssen, Wäldern, küstennahen Feuchtgebieten und ökologisch wichtigen Schluchten, die durch exzessive Projekte für Industrieentwicklung oder durch menschliche Sorglosigkeit bedroht waren. Schlüsselfaktor dieser Naturschutzbewegung waren, im Gegensatz zur Umweltschutzbewegung, nichtstaatliche Organisationen, zum Beispiel die Vogelgesellschaft, der Verband und die Stiftung der Hausfrauen, die Grüne Verbraucherstiftung, die Gesellschaft für Wildtiere und Natur und der Naturschutzverband.

Die Vogelgesellschaft war ursprünglich von Menschen gegründet worden, deren Hobby die Beobachtung von Vögeln war. Um 1990 war die Gesellschaft bereits zu einer der größten Umweltbewegungen Taiwans geworden, zu der mehr als ein Dutzend Ortsvereine gehörten. Diese früher apolitische Organisation sah sich durch die zunehmende Zerstörung der natürlichen Umwelt Taiwans allmählich zu einem politischen Aktivismus gedrängt, der in scharfem Gegensatz zu ihren eigenen Grundsätzen stand. Hier ist festzustellen, daß bei mehreren nationalen Umweltschutzgruppen Frauen einen Großteil der Mitgliedschaft ausmachen; dabei handelt es sich nicht nur um Schriftstellerinnen, welche ursprünglich die Umweltschutzbetroffenheit in der taiwanischen Zivilgesellschaft angeregt hatten. Als Meinungsführer öffentlicher Protestaktionen gegen Umweltschädigungen treten Frauen gewöhnlich nur selten auf, und wenn sie sich an Protesten beteiligen, so heben sie häufig den Aspekt der Umweltpflege hervor. In der Umweltschutzbewegung jedoch spielen sie eine wichtigere Rolle. Das beste Beispiel für diese für Umweltschutz eintretenden Frauengruppen ist die Organisation »Verband und Stiftung der Hausfrauen«. Der Verband verfügt unter den Hausfrauen der Mittelschichten über eine populäre Basis und neigt nicht dazu, sich mit kontroversen politischen Fragen zu befassen. Er ist ferner nicht an den streng akademischen Vorlesungen und Gesprächen am runden Tisch interessiert, die von anderen Gruppen organisiert werden, sondern versucht, den Umweltschutz in Fragen zu verankern, die mit Haushalt und Mutterschaft zu tun haben. Im Vordergrund steht dabei die Auffassung, daß Umwelt- und Naturschutz ein Mittel darstellt, um Gesundheit und Zukunft der Kinder – und nicht nur der eigenen – zu schützen.

Einige buddhistische Organisationen befassen sich ebenfalls mit Umwelterziehung.[22] Diese Organisationen richten sich gewöhnlich auf weniger kontroverse Probleme, die eher mit dem Alltag des einzelnen oder mit dem Haushalt zu tun haben. Sie sprechen jedoch oft von der Notwendigkeit, die Natur zu schützen. Ein buddhistischer Mönch wirkte zusammen mit einer zivilgesellschaftlichen Organisation sehr aktiv beim Aufbau des erwähnten Naturschutzverbandes mit. Im Zusammenhang mit dem Schutz des ökologischen Systems Taiwans und des Gleichgewichts der natürlichen Ressourcen stellt sich für diesen Verband besonders die Frage nach dem Schutz der Westküste Taiwans und der küstennahen Feuchtgebiete gegen die weitreichenden, umweltzerstörenden Projekte zur Industrieansiedlung, die der Staat in den letzten Jahren dort plante. Die industrielle Entwicklung und der Fischfang haben das natürliche ökologische Gleichgewicht der Westküste Taiwans tiefgreifend gestört. Der Plan der Regierung sieht vor, in diesen ökologisch sensiblen Gebieten eine Kette von küstennahen Industriezonen zu bauen, wobei insgeheim geplant ist, mit der Entwicklung zu beginnen, wenn die Zerstörung der Küste erfolgt ist. Deshalb richtet sich die Naturschutzbewegung zunehmend gegen die staatliche wachstumsorientierte Politik; die Bewegung will einen konfliktorientierten Diskurs gegen den Staat und gegen die Großindustrie in Gang bringen.

Die soziale Basis der Anti-Kernkraft-Bewegung

Der dritte Hauptstrom der auf den Umweltschutz gerichteten zivilgesellschaftlichen Bewegungen konzentriert sich auf ein ganz bestimmtes Ziel: Er richtet sich gegen den Bau des vierten

Kernkraftwerkes, der von einer in Staatsbesitz befindlichen mächtigen taiwanischen Kraftwerksgesellschaft geplant wurde. Der Plan war bereits vor seiner Veröffentlichung von der Regierung gebilligt worden. Im Sommer 1985 erreichte die Auseinandersetzung über den Plan bei einem öffentlichen, von der Verbrauchervereinigung durchgeführten Diskussionsforum ihren Höhepunkt. Die Verbrauchervereinigung war als erste Organisation einer sozialen Bewegung bereits 1980 gegründet worden. Bei der erregten Debatte wurden die Vertreter des Kraftwerkunternehmens von teilnehmenden Wissenschaftlern und Umweltschützern kritisch darüber befragt, ob ein solches Kraftwerk nach den Kriterien von Sicherheit und Wirtschaftlichkeit überhaupt gebaut werden dürfe. Ende 1985 brach im dritten Kernkraftwerk, am Südende der Insel, ein Feuer aus, so daß sich die öffentliche Aufmerksamkeit erneut der Kernkraftfrage zuwandte. Die örtliche Bevölkerung organisierte Versammlungen und Aufmärsche, um die Behörden zu der Zusage zu veranlassen, daß die für Notfälle geltenden Sicherheitsvorkehrungen für die Bevölkerung verbessert und den Gemeinden im Umfeld der Anlage Entschädigungen zugestanden würden.

Als Folge dieser Entwicklungen im Jahre 1985 und der immer intensiveren Berichterstattung in den Medien über die mit der Kernkraft zusammenhängenden Fragen erhielten die Taiwanesen Gelegenheit, sich über die Vor- und Nachteile der Stromerzeugung durch Kernkraft eingehend zu informieren. Ironischerweise erfolgte diese notwendige Unterrichtung der Öffentlichkeit nicht durch freiwillig angebotene und detaillierte Informationen seitens der für die Überwachung der Kernkraftwerke zuständigen Behörden. Vielmehr wurde das taiwanesische Volk durch potentielle Kernkraftkatastrophen in Taiwan und im Ausland informiert. Der tragische Unfall im Kernkraftwerk Tschernobyl war eine dieser unfreiwilligen Lektionen. Die atomare Stromerzeugung war jedoch Bestandteil der staatlichen Wachstumsstrategie und stellte aus dieser Sicht ein unverzichtbares nationales Industrieprojekt dar. Bevor 1985 die Kontroverse über das vierte Kernkraftwerk ausbrach, hatte die taiwanische Kernkraftgesellschaft sogar geplant, bis zum Jahr 2000 auf der kleinen Insel insgesamt 20 Reaktoren zu errichten. In den frühen 80er Jahren hatte Taiwan bereits drei Kernkraftwerke, in denen sechs Reaktoren arbeiteten, die zusammen 43 Prozent der taiwanischen Elektrizität erzeugten. Damit wies Taiwan nach Frankreich weltweit die zweithöchste Abhängigkeit von nuklearer Stromerzeugung auf.[23]

Die Konflikte über die Kernkraftfrage zwischen den liberalen Intellektuellen der neuen Mittelschichten und betroffenen Umweltschutzgruppen auf der einen Seite und der taiwanischen Kernkraftgesellschaft auf der anderen Seite intensivierten sich nach 1986. Die Stimmen der Kernkraftgegner kamen hauptsächlich aus akademischen Kreisen und aus den sozialen Bewegungen. Von 1988 an jedoch schlossen sich dem Chor der Anti-Kernkraft-Stimmen auch breitere Kreise der Bevölkerung an, die im Umfeld des geplanten Bauplatzes für den vierten Reaktor an der Nordküste Taiwans wohnten. Seit diesem Zeitpunkt nahm dieser gegen Kernkraft gerichtete dritte Hauptstrom der taiwanischen Umweltbewegung den Charakter einer echten sozialen Bewegung an, die sich heute auf die intellektuellen neuen Mittelschichten, auf zivilgesellschaftliche Organisationen und auf die Bevölkerung vor Ort stützt. Hauptantriebskraft der Anti-Kernkraft-Bewegung ist die bereits erwähnte Union für Umweltschutz in Taiwan (TEPU), die seit der Mitte der 80er Jahre fast ihre gesamten organisatorischen Ressourcen für den Kampf gegen das geplante Kernkraftwerk einsetzte. Die TEPU war von Hochschulprofessoren und Studenten gegründet worden. Sie errichtete auch einen Ortsverein am geplanten Bauplatz des Kraftwerks, um die Mobilisierung der unmittelbar betroffenen Bewohner für diesen spezifischen Zweck aufrechtzuerhalten. Im Laufe der Jahre verwandelte sich die Anti-Kernkraft-Bewegung in eine landesweite Bewegung, die sich gegen die Energiepolitik der Regierung und den dahinter stehenden Wachstumsmythos richtete.

Die Verwaltung des Bezirks Taipei, die von der oppositionellen Fortschrittspartei beherrscht wurde, setzte 1995 sogar ein Bezirksreferendum über das vierte Kernkraftwerk durch. Die Ergebnisse des Referendums wurden jedoch aufgrund unzureichender Wahlbeteiligung nicht anerkannt. Die Stadtverwaltung von Taipei, die sich ebenfalls unter der Herrschaft der Fortschrittspartei befand, führte gleichzeitig mit den Präsidentschaftswahlen am 23. März 1996 erneut ein Referendum über die Atomkraftfrage durch. Die Ergebnisse zeigten, daß 52 Prozent der Wähler in Taipei diese Frage ablehnten. Es ist offenkundig, daß die Anti-Atomkraft-Bewegung eine Koalition mit der politischen Oppositionspartei eingegangen war. Die Fortschrittspartei nahm in ihre Satzung die Anti-Atomkraft-Positionen auf und wendet sich nunmehr gegen den Bau weiterer Kernkraftanlagen. Die Neue Chinesische Partei (NCP) neigt ebenfalls dazu, die Atomstromerzeugung zur Deckung des zukünftigen Energiebedarfs Taiwans abzulehnen. Mit anderen Worten: Die Konflikte über die Stromerzeugung durch Kernkraft entwickelten sich zu politischen Konflikten zwischen der Kuo-min-tang, die der Kernkraft positiv gegenübersteht, und der Fortschrittspartei und NCP, die gegen Atomkraft sind. In jüngster Zeit nimmt die Bewegung eine stärker konfrontationsorientierte Haltung ein, die bislang eher auf die Proteste gegen Umweltschädigungen beschränkt gewesen war, die jetzt aber auch bei den Demonstrationen gegen die Kernkraftgesellschaft und die Energiepolitik des Staates zum Tragen kommt. Zwischen den Atomkraftgegnern und dem Naturschutz entwickelte sich eine Koalition, da es beiden Gruppierungen um den Schutz der taiwanischen Natur und Ökologie geht. Beide Organisationen richten sich gegen den Staat und gegen dessen auf Wachstum und Mißachtung der Umwelt gegründete Ideologie.

Die Auswirkungen der Umweltdebatte

Die Auswirkungen der drei Hauptströmungen der Umweltbewegung in Taiwan lassen sich an drei Aspekten erkennen: Erstens daran, in welchem Maße die Anliegen der Umweltbewegung von der Öffentlichkeit verstanden und unterstützt wurden. Zweitens an der Einschätzung der normativen und organisatorischen Einflüsse, welche die Umweltbewegung auf die

Individuen, Gemeinden und die Gesamtgesellschaft ausübte. Drittens geht es um die politischen Effekte der Bewegung auf den Staat.

Im Vergleich zu anderen sozialen Bewegungen begegnete die taiwanische Öffentlichkeit der Umweltbewegung mit einem Höchstmaß an Verständnis und Unterstützung. Die Erhebungen über die gesellschaftliche Stimmung, die 1991 und 1992 durchgeführt wurden, belegten eindeutig die positive Haltung der Öffentlichkeit gegenüber der Umweltbewegung.

Obwohl es die Daten der Erhebung nicht ermöglichen festzustellen, ob die Befragten die drei Hauptströmungen der Umweltbewegung klar voneinander unterscheiden und auch ihre Unterstützung entsprechend zuteilen können, läßt sich doch die Hypothese aufstellen, daß die Naturschutzbewegung unter den drei Hauptströmungen am besten verstanden und befürwortet wird, während die Anti-Atomkraft-Bewegung am wenigsten verstanden und unterstützt wird. Im allgemeinen bringen die Mittelschichten und bringt insbesondere das Segment der neuen Mittelschicht der Umweltbewegung insgesamt größeres Verständnis und größere Unterstützung entgegen.

Die Betroffenen haben gelernt, daß Proteste zu Ergebnissen führen; die Mehrheit der örtlichen Protestaktionen gegen Umweltschädigungen erreichte ihre unmittelbaren Ziele. Die umweltbelastenden Fabriken wurden entweder gezwungen, die Produktionsbedingungen zu verbessern oder den Betroffenen oder ihren Gemeinden Entschädigungen zu zahlen. Manche Fabriken wurden sogar veranlaßt, den Betrieb einzustellen oder die Produktion an einen anderen Ort zu verlagern. Auch einige vorbeugende Proteste waren erfolgreich, so daß geplante Bauprojekte aufgegeben oder einer erneuten Überprüfung unterzogen wurden. Unklar ist jedoch die langfristige Wirkung bei der Umwandlung des relativ kurzsichtigen »Betroffenheitsbewußtseins« in ein breiteres und weiter vorausschauendes »Umweltbewußtsein«, das es dem taiwanischen Volk ermöglichen würde, sich weiterhin selbst zu mobilisieren, um auch in der Zukunft die Umwelt- und Lebensqualität zu sichern. Nicht selten allerdings kamen die örtlichen Aktionen gegen Umweltschädigungen zum

Erliegen, sobald die unmittelbaren Anlässe beseitigt waren. In diesen Fällen kam es zwar nicht zu einer kontinuierlichen kollektiven Aktion, doch entstand ein Gemeinschaftsgefühl, das in der Zukunft als normative Basis für den Aufbau eines dauerhaften Umweltbewußtseins dienen könnte.

Der Naturschutz und die Anti-Kernkraft-Bewegung haben das gesellschaftliche Bewußtsein für eines der dringlichsten Probleme des heutigen Taiwan beträchtlich geschärft. Immer häufiger müssen die Menschen in Taiwan feststellen, daß der moderne Lebensstil, den sie genießen, auf Grundlagen beruht, die mit Blick auf die Umwelt und auf die Lebensbedingungen immer weniger tolerierbar sind. Die Menschen sehen sich nunmehr gefangen zwischen zwei für den einzelnen und die Gesellschaft gleichermaßen wünschenswerten Werten, dem guten materiellen Leben einerseits und einer sauberen und sicheren Umwelt für sie selbst wie auch für ihre Kinder und Enkelkinder andererseits. Mit anderen Worten: Der Naturschutz- und der Anti-Kernkraft-Bewegung ist es gelungen, die Öffentlichkeit zu zwingen, sich mit dem normativen Dilemma auseinanderzusetzen, indem sie dem wirklich dringlicheren der beiden genannten Werte gesellschaftliche Priorität einräumen. Zumindest sind die einseitigen Ansichten der Taiwanesen in bezug auf die Wachstumsgläubigkeit und die damit verbundenen Werte reduziert worden, die in den Grundhaltungen der Gesellschaft so tief verankert waren. In der Öffentlichkeit setzt sich langsam aber sicher die Erkenntnis durch, daß das wechselseitige Verhältnis von Wirtschaftswachstum und Umweltqualität beachtet werden müsse.

Auch die politischen Wirkungen der drei Strömungen der Umweltbewegung in Taiwan sind unterschiedlich. Die verbreiteten örtlichen Protestaktionen gegen Umweltschädigungen zwangen die Zentralregierung dazu, die notwendigen umweltpolitischen Maßnahmen beschleunigt voranzutreiben. So wurden strengere Kontrollwerte für Schadstoffemissionen eingeführt, und es wurde ein spezifisches Gesetz für die Lösung von Konflikten über Umweltverschmutzung verabschiedet, das Gesetz zur Umweltfolgenabschätzung in Kraft gesetzt und das

Grundlagengesetz zum Umweltschutz in der Legislative, der Yuan, erneut behandelt. Die Kommunalverwaltungen und die Zentralregierung stehen heute zwar den örtlichen Umweltproblemen aufgeschlossener und verantwortungsbewußter gegenüber als früher, haben aber die Grundlagen ihrer Wachstumsideologie bislang nicht in Frage gestellt. Daß der Staat bereit ist, sich mit den unmittelbaren Umweltproblemen zu befassen, bedeutet nicht, daß er auch bereit wäre, seine bislang verfolgten industrie- und wachstumsfreundlichen Strategien zu modifizieren. Angesichts der sogar noch ehrgeizigeren industriepolitischen Planungen ist offenkundig, daß das Kuo-min-tang-Regime, obwohl es sich in einem Demokratisierungsprozeß befindet, keine eindeutige Absicht verfolgt, in den nächsten Jahren seine Prioritäten für die nationale Entwicklung neu zu bestimmen.

Die Naturschutzbewegung steht vor derselben Schwierigkeit gegenüber der staatlichen Wachstumspolitik. Diese Bewegung, rechtzeitig unterstützt durch den von globalen Umweltschutzgruppen ausgehenden Druck, veranlaßte den Staat dazu, das Gesetz zum Schutz der Tierwelt zu verabschieden. Heute ist dieses neue Gesetz jedoch bereits nichts als ein leeres Versprechen. Der Grund hierfür liegt darin, daß die Gemeinden für den Schutz der Tiere und der natürlichen Ressourcen nicht genügend Personal zur Verfügung stellen und es auch an politischer Entschlossenheit fehlen lassen. Wie bereits dargelegt wurde, planen die Regierung und die mit ihr verbündeten Kapitalisten jetzt sogar den Bau vieler weiterer Industriegebiete entlang der ohnehin gefährdeten Küste. Die Naturschutzgruppen trugen ihre Einwände vor und die Konflikte über die geplanten großangelegten Industrieeinrichtungen an der Küste werden immer intensiver, aber die Entschlossenheit des Staates wurde bislang nicht beeinträchtigt. Wenn dieser ehrgeizige und rücksichtslose Plan verwirklicht wird, sind die natürlichen ökologischen Küstengebiete zur vollständigen Zerstörung verurteilt. Auch die wenigen verbleibenden Feuchtgebiete sollen verschwinden. Die Naturschutzunion und viele andere Umweltschutzorganisationen kämpfen nun mit Unterstützung vieler betroffener Intellektueller und Wissenschaftler gegen die Umwandlung der Küstengebiete Taiwans in eine »Große Mauer« an der Westküste. Die Bewegung steht damit nicht mehr nur dem Kuo-min-tang-Regime gegenüber, sondern auch den Kommunalverwaltungen und den Interessen der Industrie, die alle die neuen Großprojekte als unverzichtbar ansehen, um die industrielle Leistungs- und Wettbewerbsfähigkeit Taiwans auf dem Weltmarkt zu erhöhen.

Die Anti-Kernkraft-Bewegung schließlich verbündete sich mit den Oppositionsparteien und kämpft noch immer darum, den Bau des vierten Kernkraftwerks zu verzögern, wenn nicht gar zu verhindern. Die herrschende Kuo-min-tang stellt noch immer mehr als die Hälfte der Sitze in der Legislative Yuan. 1995 gewann sie die Abstimmung, als es um die Genehmigung des ersten Finanzhaushaltes des geplanten Kernkraftwerkes ging. Die Abgeordneten der Fortschrittspartei und der NCP haben erklärt, daß sie den Kampf gegen das Kernkraftwerk auch 1996 fortführen wollen. Mit anderen Worten: Das Forum der Konflikte über die zukünftige nukleare Stromerzeugung verlagert sich von der Zivilgesellschaft in die politische Arena. Auch im Falle dieses sich zunehmend politisierenden Hauptstromes der Umweltbewegung läßt sich seine zukünftige Bedeutung nicht vorhersagen.

4. Fazit: Aussichten für Vermittlung

Bei den jüngsten Konflikten über die Nationalidentität Taiwans und über die politische Zukunft des Landes ging es um die spezifische Bestimmung dieser Identität sowie um die Anerkennung der *de facto*-Unabhängigkeit Taiwans. Die Haltungen der herrschenden Kuo-min-tang und der oppositionellen Fortschrittspartei zur nationalen Identität scheinen zur Zeit ähnlich zu sein; die politische Zukunft im Verhältnis zu China sehen die beiden Parteien jedoch unterschiedlich. Die auf Dauer angelegten internen Auseinandersetzungen über Vereinigung oder Unabhängigkeit finden zwischen den für Unabhängigkeit eintretenden zivilgesellschaftlichen Organisationen und den politischen Parteien Kuo-min-tang und Fortschrittspartei statt und werden durch die unverständliche externe Aggression der Volksrepublik China verschärft. Das Programm der Kuo-min-tang hinsichtlich der nationalen Identität ändert sich allmählich. Die Fortschrittspartei verfolgt in der Frage der taiwanischen Unabhängigkeit einen pragmatischeren Standpunkt, und dies ebnet den Weg für eine mögliche Vermittlung und Aussöhnung zwischen den rivalisierenden politischen Parteien. Es geht darum, die *de facto*-Unabhängigkeit Taiwans anzuerkennen und den Status quo als dynamische und nicht als statische Situation oder gar als endgültigen Zustand aufzufassen. Dies könnte die normative Basis für den zukünftigen politischen Dialog sein, einen Konsens herzustellen, der praktikable Strategien für den Umgang mit dem von der Volksrepublik ausgehenden externen Druck ermöglicht. Die Aussichten, in der Politik und Zivilgesellschaft Taiwans zu einem solchen Konsens zu kommen, haben sich auch deshalb gebessert, weil der Übergangsprozeß zur Demokratie bislang weitgehend erfolgreich verlief. Die direkte Präsidentschaftswahl erfolgte trotz der militärischen Drohungen der Volksrepublik im März 1996 und ist ein weiteres Indiz für die demokratische Konsolidierung des Landes. Eine konsolidierte Demokratie wiederum wird in hohem Maße dazu beitragen können, die Konflikte über die Nationalidentität Taiwans einer Lösung zuzuführen.

Ferner verlieren die auf ethnischen Unterschieden beruhenden sozialen Konflikte an Intensität. Diese Tatsache wird ebenfalls dazu beitragen, daß eine Vermittlung möglich wird. Die gemeinsamen Alltagserfahrungen der Bewohner Taiwans mit ihren verschiedenen ethnischen Abstammungen und ihrer Herkunft aus unterschiedlichen Provinzen haben in hohem Maße ein neues Gemeinschaftsgefühl geschaffen. Die Forderung der oppositionellen Fortschrittspartei, auf der Grundlage der gemeinsamen Interessen, Normen und Werte, die sich seit dem Zweiten Weltkrieg in Taiwan entwickelt haben, eine neue Gemeinschaftlichkeit aufzubauen, wurde von der Kuo-min-tang übernommen, die auf diese Weise ihre Herrschaft legitimieren und sichern möchte. Es ist offenkundig, daß die taiwanischen

Nachkriegserfahrungen – Wirtschaftswachstum, Überfluß, soziale Mobilität, politische Stabilität und demokratische Institutionalisierung – als gemeinsames Band für die weitere Festigung einer neuen taiwanischen Nationalidentität dienen wird, die sich von der chinesischen unterscheidet. Die Sensibilität für die politisierten ethnischen Konflikte ergab sich nicht aus der Nationalidentität oder bestimmten gesellschaftlichen Lebenserfahrungen, sondern aus den normativen Konflikten über die Nationalidentität und aus den schwierigen Zukunftsbedingungen des Landes, die infolge des Druckes der Volksrepublik China entstanden. Dies veranlaßte das taiwanische Volk, die eigentliche Beschaffenheit solcher internen sozialen und politischen Bruchlinien neu abzuschätzen. Wegen dieser Sensibilität und dieses Bewußtseins gehört es nicht mehr zum guten politischen Stil, den ethnischen Faktor für die politische Agitation und die Auseinandersetzungen zu mißbrauchen. Zunehmende Assimilation und das Vermeiden der Manipulation ethnischer Unterschiede als Grundlage interner politischer Konflikte können bewirken, daß Ethnizität bald kein Hindernis mehr für den Aufbau eines neuen taiwanischen kollektiven Bewußtseins darstellen wird.

Die normative Basis für den möglichen Vermittlungsprozeß in den Konflikten über die Nationalidentität wurde also von den bestehenden zivilgesellschaftlichen Institutionen oder Organisationen, die eigentlich für diese Vermittlungsarbeit gegründet worden waren, nicht bewußt geschaffen. Vielmehr stellen die gemeinsamen Lebenserfahrungen der Menschen während der Nachkriegsentwicklung Taiwans die wichtigsten institutionalisierten Normen bereit, die letztlich zur Konstruktion eines nationalen Gemeinschaftsgefühls führen werden. Noch wichtiger ist im Falle Taiwans die Tatsache, daß die gemeinsame Grundlage eines möglichen Vermittlungsprozesses durch den intensiven Wettstreit gegensätzlicher politischer Programme der Parteien geschaffen werden könnte. Natürlich haben auch die zivilgesellschaftlichen Organisationen – beispielsweise die nichtparteilichen liberalen Intellektuellengruppen, die Journalisten in den Medien und religiöse Einrichtungen (vor allem die buddhistischen Gruppen) – dazu beigetragen, die gemeinsamen Lebenserfahrungen für die Debatte über einen nationalen Konsens zu mobilisieren. In diesem Sinne ist es den zivilgesellschaftlichen Institutionen gelungen, die rivalisierenden politischen Parteien zu der Einsicht zu bewegen, daß die gemeinsamen Lebenserfahrungen und Normen letztlich die Grundlage für den Aufbau der taiwanischen Nationalidentität und sogar auch für die Vorstellungen über die Zukunft des Landes darstellen.

Aus den vorstehenden Überlegungen zu den Wirkungen der drei Hauptströmungen der taiwanischen Umweltbewegung auf die Zivilgesellschaft und auf den Staat läßt sich folgern, daß es der Bewegung seit den 80er Jahren gelungen ist, den Wertekonflikt Umwelt versus Wachstum im Denken der taiwanischen Öffentlichkeit zu verankern. Dies ist eine notwendige Voraussetzung für die mögliche und vernünftige Vermittlung zwischen den zivilgesellschaftlichen Forderungen nach mehr Umweltschutz und dem Beharren des Staates und der Industrie auf fortgesetztem Wirtschaftswachstum. Deutlich wird auch, daß sich die industrie- und wachstumsfreundliche Ideologie des Staates ohne eine lebhaftere und besser informierte öffentliche Diskussion nicht so leicht in Frage stellen läßt. Der Staat und die starken wirtschaftlichen Interessenverbände bilden seit langem einen Machtblock, der auf die Beibehaltung der in der Nachkriegsgesellschaft verankerten wachstumsbejahenden Ideologie gerichtet ist. Doch die Umweltbewegung erreichte in der Zivilgesellschaft Erfolge bei der Aufgabe, den Staat zu bewegen, bestehende Umweltprobleme stärker zu berücksichtigen; dies ist ein Bereich, in dem eine Vermittlung erfolgte. Im Hinblick auf eine langfristige tatsächliche Veränderung der staatlichen Wachstumsideologie konnte die Umweltbewegung bislang zwar nur auf die Kosten für die Umwelt und für die menschliche Lebensqualität verweisen; sie stellt jedoch für die Kommunalverwaltungen und die Zentralregierung auch eine potentielle politische Bedrohung dar.

Eine mögliche Aussicht auf Vermittlung des normativen Umweltkonfliktes würde sich bieten, wenn der von der Zivilgesellschaft ausgehende Druck besser organisiert und massiver ausgeübt würde, um den Staat zu bewegen, das Ziel »nachhaltige Entwicklung« statt das des »höchstmöglichen Wachstums« als wünschenswertes nationales Entwicklungsziel zu übernehmen. Folgt man diesem Gedanken, so wäre die wahre Bewährungsprobe der Umweltbewegung darin zu sehen, daß sie die selbsternannten Umweltschützer, nämlich die von der Fortschrittspartei beherrschten Kommunalverwaltungen, dazu bringt, die Strategie der »nachhaltigen Entwicklung« zu übernehmen und in die Praxis umzusetzen. Das könnte geschehen, indem die örtlichen Bedürfnisse der industriellen Entwicklung und einer sauberen Umwelt in Einklang gebracht werden. Das Potential hierfür wäre vorhanden, da einige von der Fortschrittspartei beherrschte Bezirksregierungen bereits mit der Ausarbeitung von »Umweltverfassungen« begonnen haben, die als Leitprinzipien dienen sollen, um eine »nachhaltige Entwicklung« ihrer örtlichen Gesellschaften zu erreichen. Deshalb bleibt eine erfolgreiche Vermittlung auch in der unmittelbaren Zukunft die vorrangige Aufgabe der zivilgesellschaftlichen Umweltbewegung, damit eine gesunde und ausgeglichene Entwicklung für das Volk Taiwans herbeigeführt und gewährleistet werden kann.

Letztlich wurden die normativen Konflikte im Zuge der großen Transformationserfahrungen Taiwans seit den 80er Jahren durch die öffentliche Debatte über die Nationalidentität und die Umwelt hervorgebracht und intensiviert. Der Wandel der gesellschaftlichen Realität führte zu konfligierenden Bewertungen der Vergangenheit und unterschiedlichen Visionen der Zukunft der taiwanischen Gesellschaft. Vermittlungsmöglichkeiten und ihre Perspektiven in Fragen normativen Dissenses sind aus der gesellschaftlichen Wirklichkeit im heutigen Taiwan hervorgegangen.

1 Siehe Collins, Randall, 1975, *Conflict Sociology: Toward an Explanatory Science*, New York; Bornschier, Volker, und Lengyel, Peter, 1994, *Conflicts and New Departures in World Society*, New Brunswick; Hunter, James Davison, 1991, *Culture Wars: The Struggle to Define America*, New York; Hunter, James Davison, 1994, *Before the Shooting Begins: Searching for Democracy in America's Culture War*, New York.
2 Hsiao, H. H. Michael, 1994a, »Social Movements and Civil Society in Taiwan: A Typological Analysis of Social Movements and Public Acceptance«, Beitrag zum XXIII. Weltkongreß für Soziologie, Bielefeld, Deutschland, 18.–23. Juli 1994.
3 Chang, Mau-Kuei, 1994, »Toward an Understanding of the Sheng-chi Wenti in Taiwan: Focusing on Changes after Political Liberalization«, in Chen Chung-Min u. a., Hg., 1994, *Ethnicity in Taiwan: Social, Historical and Cultural Perspectives*, Taipeh, S. 93–150.
4 Wachman, Alan, 1994, Taiwan: *National Identity and Democratization*, Armonk, N.Y.; Cheng, Robert L., 1994, »Language Unification in Taiwan: Present and Future«, in Rubinstein, Murray A., Hg., 1994, *The Other Taiwan: 1945 to the present,* Armonk, N.Y.
5 Hsiao, H. H. Michael, 1996, »Changing Literary Images of Taiwan's Working Class«, in Perry, Elizabeth, Hg., 1996, *Putting Class in its Place: Bases of Worker Identity in East Asia*, Berkeley.
6 Hsiao, H. H. Michael, 1991, »Ethnische Identifikation und ethnische Probleme« (in chinesischer Sprache), Institute of Social Science and Philosophy, Academia Sinica, 1991, *Social Attitudes Survey Report 1991*, S. 41–50.
7 Chang, Ying-Hwa, 1992, »Ethnische Probleme« (in chinesischer Sprache), Institute of Social Science and Philosophy, 1992, *Social Attitude Survey Report 1992,* S. 31–38.
8 Wu, Nai-Teh, 1993, »Ethnic Relations, Political Support and National Identity«, in Chang, Mau-Kuei, u. a., 1993, *Ethnic Relations and National Identity*, Taipei, S. 27–51.
9 Social Attitudes Survey Team, 1991, 1992, 1994.
10 *Independence Evening Post*, Oktober 1994.
11 *United Daily News*, 18. September 1995.
12 Hsiao, H. H. Michael, und So, Alvin, 1994, *Taiwan-Mainland Economic*

Nexus: Socio-Political Origins, State-Society Impacts, and Future Prospects, Hong Kong Institute of Asia-Pacific Studies, The Chinese University of Hong Kong, Occasional Paper Nr. 37.

13 *United Daily News*, 18. September 1995.

14 *Independence Morning Post,* 18. August 1995.

15 Hsiao, H. H. Michael, und So, Alvin, 1993, »Ascent through National Integration: The Chinese Triangle of Mainland-Taiwan-Hong Kong«, in Palat, Ravi, Hg., 1993, *Asia-Pacific and the Future of the World Economy*, Westport, S. 133–147.

16 Wachman, Alan, 1994, *Taiwan: National Identity and Democratization*, Armonk, N. Y.

17 Hsiao, H. H. Michael, »Wen kümmert die Umwelt in Taiwan? Die Formation und Evolution des Naturschutzes« (in chinesischer Sprache), in Hsiao, H. H. Michael, 1987, *We Have Only One Taiwan*, Taipei, S. 81–104.

18 Taiwan 2000 Study Steering Committee, 1989, *Taiwan 2000: Balancing Economic Growth and Environmental Protection*, Taipei.

19 Hsiao, H. H. Michael, u. a., 1993, *Taiwan 2000*, Taipei, S. 94 (in chinesischer Sprache).

20 Hsiao, H. H. Michael, 1994b, »Character and Wandel der lokalen Umweltschutzbewegung in Taiwan, 1980–1991« (in chinesischer Sprache), in Taiwan Research Fund, Hg., 1994, Environmental Protection and Industrial Policies, Taipei, S. 550–573; Hsiao, H. H. Michael, u. a., 1995, »Antecedents of an Environmental Movement in Taiwan«, *Capitalism, Nature, Socialism*, Band 6, Nr. 3, S. 91–104.

21 Hsu, Shih-Jung, 1995, *Environmental Protest, the Authoritarian State and Civil Society: the Case of Taiwan* (unveröffentlichte Dissertation, University of Delaware).

22 Weller, Robert, und Hsiao, H. H. Michael, 1994, »Culture, Gender and Community in Taiwan's Environmental Movement« (unveröffentlichter Beitrag zum Workshop on Environmental Movements in Asia, Leiden, 27.–29. Oktober 1994).

23 Cohen, Marc J., 1988, *Taiwan at the Crossroads: Human Rights, Political Development and Social Change in the Beautiful Island*, Washington.

Peter L. Berger

Allgemeine Betrachtungen über normative Konflikte und ihre Vermittlung

Dieses Buch enthält Analysen normativer Konflikte in elf Gesellschaften und eine Fülle »dichter Beschreibungen«, wie Anthropologen sagen würden. Angesichts der Faszination des Materials kann man sich sehr leicht in Details verlieren. Ziel dieser Schlußbetrachtungen ist es nicht, eine Zusammenfassung zu versuchen (das wäre eine fruchtlose Übung) oder eine allgemeine Theorie anzubieten (das würde ein eigenes Buch mindestens gleichen Umfangs erfordern). Vielmehr geht es darum, einen Schritt zurückzutreten und die Frage aufzuwerfen, welche allgemeinen Lehren aus diesen Fallstudien gezogen werden können, sowohl mit Blick auf das intellektuelle Verständnis als auch auf die politischen Implikationen.

Normative Konflikte sind so alt wie die Geschichte selbst. Menschen haben schon immer um die Normen gestritten, die das öffentliche Leben und das Leben des einzelnen regeln. Im Falle der westlichen Zivilisationen muß man sich nur die Religionskriege in der Folge der protestantischen Reformation in Erinnerung rufen, die Europa in ein furchtbares Blutvergießen stürzten und deren Schlichtung mehrere Jahrhunderte erforderte (ganz zu schweigen von der Tatsache, daß diese Konflikte in manchen Regionen noch heute unvermindert virulent sind, beispielsweise auf dem Balkan und in Nordirland). Vergleichbare Konflikte lassen sich in jeder anderen Zivilisation finden. Durch Modernisierung erfolgt jedoch eine gewisse Globalisierung solcher Konflikte (und genau aus diesem Grunde sind die länderübergreifenden Vergleiche in diesem Buch auch so lehrreich). Die Modernisierung bringt normative Belastungen mit sich, die praktisch überall zu Konflikten führen – so beispielsweise durch die Unterminierung traditioneller Werte, durch das Ethos der Rationalität, durch eine starke Tendenz zur Individivualisierung und zur »Ökumene in Menschenrechtsfragen«, wie Danièle Hervieu-Léger es nennt. Moderne Bildung und moderne Kommunikationsmedien sorgen dafür, daß normative Auseinandersetzungen in einem Teil der Welt schnell auch in anderen Teilen verbreitet werden. Dort treten sie in Formen auf, die sich oftmals von den Konfliktformen in der Ursprungsregion nicht unterscheiden, manchmal aber auch entsprechend der einheimischen Traditionen und örtlichen Probleme modifiziert werden. Soweit es um die normative Ordnung der Gesellschaft geht, besteht die wichtigste Wirkung der Modernisierung in der Pluralisierung von Werten und Überzeugungen. Trotz vielfältiger Herausforderungen, darunter auch blutige Konflikte, hatten vormoderne Gesellschaften häufig eine gute Chance, ein einheitliches Normensystem zu bewahren, das eine erzwungene oder freiwillige Loyalität von der Bevölkerungsmehrheit einfordern konnte. Durch die Modernisierung wird dieses Vorhaben jedoch immer schwieriger. Pluralismus wird deshalb nicht mehr nur als Tatsache angesehen, sondern immer mehr auch als Tugend – die Idealvorstellung von Menschen mit unterschiedlichen Überzeugungen und Werten, die im Zustand des inneren Friedens miteinander leben. Dementsprechend drehen sich normative Konflikte in modernen oder sich modernisierenden Gesellschaften gewöhnlich um die Frage, wo die äußeren Grenzen des Pluralismus liegen. Es wird immer Überzeugungen und Werte geben, die jenseits der pluralistischen Toleranzschwellen angesiedelt sind: Um welche Überzeugungen und Werte handelt es sich, und wie soll die Gesellschaft mit den Menschen umgehen, die sie befürworten?

In diesem Zusammenhang ist ein Blick auf die Art der Vermittlung in den europäischen Religionskriegen interessant. Wenn weder gewaltsame Unterdrückung noch Bekehrung funktionierten, erfolgte die Konfliktvermittlung in Form territorialer

Trennung – beim Westfälischen Frieden beispielsweise in der Formel »*cuius regio eius religio*«. In einem bestimmten Gebiet wurde entweder der Katholizismus oder aber der Protestantismus zur vorherrschenden Religion erklärt; wer diese Lösung nicht akzeptieren wollte, dem blieb nur noch die Möglichkeit auszuwandern. In modernen Gesellschaften können solche Formeln für eine normative Aufteilung kaum noch funktionieren. An ihrer Stelle muß eine Formel für institutionelle Separation oder Diversifikation gefunden werden – etwa eine Formulierung wie »*cuius institutio eius religio*«. Auch diese Lösung ist jedoch nicht völlig neu. Das System der konfessionellen Versäulung (*verzuiling*) in den Niederlanden war eine frühe Version dieser Lösungsmöglichkeit. Die verschiedenen religiösen Gruppen und die zusätzliche Gruppierung, die dem »Humanismus« anhing, verfügten jeweils über eigene und offiziell anerkannte Institutionen, die sich geographisch überschnitten. Das türkische *Millet*-System (die institutionelle Grundlage der »osmanischen Zivilität«, die im Beitrag von Serif Mardin behandelt wird), räumte den offiziell anerkannten Religionsgruppen weitgehende Rechtsgewalt ein. Dieses System kann als nichtwestliches Beispiel für eine vergleichbare Formel angesehen werden. Auch hier stellt sich die Frage nach der Toleranzschwelle: Welche Gruppen können im System des institutionellen Pluralismus akzeptiert werden? Umgekehrt gefragt: Welche Überzeugungen und Werte liegen jenseits der Toleranzschwelle?

Ein umstrittener Aspekt der soziologischen Interpretation muß hier kurz angesprochen werden, nämlich die Frage nach dem Grad des normativen Konsens, der für die Erhaltung der sozialen Ordnung nötig ist. Eine wichtige Denkrichtung der Soziologie, die am zwingendsten von Emile Durkheim und seinen Schülern vertreten wurde, argumentiert, daß jede Gesellschaft auseinanderfalle, die nicht über ein »kollektives Gewissen« verfüge – d.h. einen gemeinsamen Normenkatalog, der von der Mehrheit akzeptiert wird. Dieser Sichtweise wird das Argument entgegengehalten, daß in einer modernen Gesellschaft eine solche normative Einheit nicht angestrebt werden könne. Die Gesellschaft sei auch dann funktionsfähig, wenn diese Einheit nicht gegeben ist, solange Übereinstimmung hinsichtlich der Verfahrensweisen bestehe, die zwischen konfligierenden Interessen und Ideologien vermitteln. In einer Demokratie sind diese Verfahrensweisen im politischen und im Rechtssystem institutionalisiert. Es liegt im Interesse jedes einzelnen, sich an diese Verfahrensweisen zu halten. Solange dies der Fall ist, werden die Ergebnisse von allen oder fast allen Betroffenen als legitim akzeptiert. Vereinfacht läßt sich dies mit dem Modell der »Straßenverkehrsordnung« beschreiben: Im Stadtverkehr halten die meisten Menschen bei rot an und fahren bei grün. Dies tun sie jedoch nicht, weil alle denselben normativen Überzeugungen anhängen, und in der Regel auch nicht aus Furcht vor der Verkehrspolizei, sondern weil es im Interesse jedes einzelnen liegt, sich an die Regeln zu halten.

Franz-Xaver Kaufmanns Interpretation des deutschen Fallbeispiels kommt dieser Sichtweise sehr nahe. Man kann gewisse Zweifel an seiner Argumentation hegen (zum Beispiel scheinen ihr die Ereignisse zu widersprechen, die gemeinhin unter der Überschrift »1968« firmieren), aber offenkundig ist, daß Westdeutschland zumindest bis zum Beitritt der früheren Deutschen Demokratischen Republik sehr wirksame Prozesse entwickelt hatte, normative Konflikte abzufedern und zu »zivilisieren«. Das Grundgesetz, die deutsche Verfassung, war zu einer »Zivilreligion« geworden. Normative Konflikte konnten durch rechtlich anerkannte Verfahrensweisen vermittelt werden. Die Transformation der Grünen von einer »Störbewegung« zu einer politischen Partei bietet hierfür das beste Beispiel. Es ist aber auch interessant, daß Kaufmann »Normalität« in diesem Fall als wichtiges Element bezeichnet. »Normalität« ist nach seiner Interpretation ein erstrebenswerter Zustand. Sie kennzeichnet jedoch auch eine faktische Situation: eine wirtschaftlich wohlhabende Gesellschaft ohne unmittelbare externe oder interne Bedrohungen ihrer politischen Stabilität. (Natürlich gab es die sowjetische Bedrohung, aber die machtvolle Präsenz der NATO bot offenbar genügend Schutz, so daß sich die meisten Deutschen verhältnismäßig sicher fühlen konnten.) So weit, so gut. In einer solchen Situation weist das Straßenverkehrsordnungsmodell eine gewisse Plausibilität auf. »Normalität« ist jedoch leider nur selten ein dauerhafter Zustand. Wird sie – aus welchen Gründen auch immer – bedroht, wird die Frage nach den gemeinsamen Normen schnell drängend. Hier ist eine zentrale Erkenntnis Durkheims relevant: Wann immer das Gemeinwohl Opfer von den Mitgliedern der Gesellschaft erfordert, ist es wichtig, daß ein »kollektives Gewissen« existiert. Aber sogar in mehr oder weniger »normalen« Situationen ist es eine permanente Aufgabe, die Überzeugungen und Werte der Individuen mit der Legitimität der öffentlichen Ordnung zu versöhnen. Wird die Kluft zwischen diesen beiden Sphären des gesellschaftlichen Lebens zu groß, wird die Legitimität langsam aber sicher untergraben. Die öffentliche Ordnung verliert immer mehr an Bedeutung. Eine Zeitlang mag dies unter »normalen« Bedingungen keine große Rolle spielen. Wird jedoch die Gesellschaft einer Bedrohung ausgesetzt, so kann sich der Mangel an Legitimität sehr schnell zu einem ernsthaften Problem auswachsen.

»Normative Ordnung«, »normative Konflikte« und »normative Vermittlung« – dies sind Konzepte, die auf den ersten Blick sehr weit von den sozialen Realitäten im Alltag der gewöhnlichen Menschen entfernt zu sein scheinen. Sozialwissenschaftler diskutieren über diese Sachverhalte in verschiedenen Fachjargons, deren Nutzen bezweifelt werden mag. Doch letztlich beziehen sich diese Begriffe auf Realitäten, die doch sehr nahe an die Sorgen der gewöhnlichen Menschen heranreichen. Im Grunde bezeichnet die Vorstellung einer »normativen Ordnung« den Weg, mittels dessen eine Gruppe von Menschen die Antworten auf zwei grundlegende Fragen zu finden sucht: »Wer sind wir?« und »Wie sollen wir zusammenleben?« Eine oder beide Antworten lassen sich in jedem der Fallbeispiele finden, die in diesem Buch analysiert werden. Die Antworten fallen allerdings sehr unterschiedlich aus, und in diesen Unterschieden wurzeln die normativen Konflikte.

1. Normative Bruchlinien: Wer sind wir?

Der Fall der Vereinigten Staaten, wie er von James Hunter analysiert wird, ist in vielerlei Hinsicht paradigmatisch. Er enthält alle wesentlichen Elemente eines die gesamte Gesellschaft erfassenden normativen Konfliktes: zwei gegensätzliche normative Überzeugungen; eine Debatte über die grundlegende Beschaffenheit der Gesellschaft (in Hunters Worten ist das die Auseinandersetzung darüber, wie Amerika zu definieren sei); widersprüchliche Vorstellungen, wer »wir Amerikaner« eigentlich sind und wie »wir« leben sollen; unterschiedliche soziale Verortungen der beiden normativen Systeme (nach Schicht, Bildung, Region) und entsprechende Bestände etablierter organisierter Interessen. Ferner eine komplizierte Ansammlung von Institutionen, von denen die meisten ehrenamtlich-freiwillig organisiert sind und zur Unterstützung der einen oder anderen Seite in dem Konflikt mobilisiert werden, und schließlich Einstellungen zur Religion und zur Bedeutung der Religion in der Gesellschaft als Bezugsgröße der Standortbestimmung. Die gegensätzlichen Normen umspannen sowohl die privatesten als auch die öffentlichsten Sphären, die individuelle Moral (Sexualverhalten, Abtreibung) und die Legitimität des Staates (religiöse Symbole an öffentlichen Orten, Gebet in staatlichen Schulen). Es handelt sich in der Tat, wie Hunter es nennt, um einen »Kulturkrieg«. Das bedeutet natürlich nicht, daß jeder im Land auf einer der beiden Barrikaden steht – eine Tatsache, die optimistisch stimmt. Aber die Fronten zeichnen sich deutlich ab. Sowohl die demokratischen politischen Prozesse als auch die Gerichtshöfe sind bevorzugte Schlachtfelder, auf denen jede Seite versucht, die gewaltigen Machtbefugnisse des Staates für die eigene Sache zu gewinnen. Diese Entwicklung birgt sicher einige Ironie in sich – zumindest seit etwa drei Jahrzehnten. Amerika sah sich selbst stolz als leuchtendes Vorbild für einen erfolgreich praktizierten Pluralismus; tatsächlich wurde der Begriff »Pluralismus« sogar in Amerika geprägt (von dem amerikanischen Philosophen Horace Kallen in den 20er Jahren), um sowohl einen Zustand als auch ein Ideal zu beschreiben. Doch gerade dieser Pluralismus schafft nun einen tiefgreifenden Konflikt von Überzeugungen und Werten.

Es ist aufschlußreich, sich bewußt zu machen, daß der Ausdruck »Kulturkrieg« (*culture war*) eigentlich eine Amerikanisierung des deutschen Begriffs »Kulturkampf« darstellt, eine Bezeichnung, die auf die Auseinandersetzung zwischen der Bismarck-Regierung und der Katholischen Kirche im späten 19. Jahrhundert angewandt wurde. Auch bei dem damaligen Konflikt ging es um die zulässigen Grenzen des Pluralismus (das Wort als solches war damals allerdings noch unbekannt). Im größtenteils protestantischen Preußen stand der Staat religiöser Vielfalt tolerant gegenüber (nach den Worten von Friedrich dem Großen solle jeder die Möglichkeit haben, »nach eigener Façon selig zu werden«), zeigte sich jedoch gleichzeitig außerordentlich wachsam gegenüber der Gefahr religiöser Konflikte. Diese Wachsamkeit führte in den altpreußischen Provinzen zur Gründung der evangelisch-unierten Kirche, zur erzwungenen Vereinigung der Lutherischen und der Calvinistischen Kirchen. Als sich Preußen aber nach Westen ausdehnte und dabei große katholische Bevölkerungsteile absorbierte, geriet diese Mischung aus Toleranz und Kontrolle in ernsthafte Schwierigkeiten. Die Katholische Kirche, strikt international strukturiert und auf Rom zentriert, ließ sich nicht so leicht in eine »Preußische Agende« (so der Titel der Liturgie der evangelisch-unierten Kirche Preußens) integrieren. Bismarcks entsprechende Versuche schlugen fehl, sowohl im preußischen Staatsgebiet als auch im neugegründeten Zweiten Reich. In der Folge mußte auch die Bestimmung dessen, wer »wir Deutsche« eigentlich sind, neu überdacht werden.

Die Fälle, die in diesem Buch dargestellt werden, betreffen auf die eine oder andere Weise Konflikte über das Wesen und die Grenzen der nationalen Gemeinschaft. In jedem der Fälle geht es um die Frage des Wir-Gefühls. In den Vereinigten Staaten hängt diese Frage – in Übereinstimmung mit dem weitgehend moralistischen Erbe der Geschichte (dem puritanischen Erbe, wenn man so will) – eng mit den Fragen nach der individuellen

Moral zusammen. Wie in Europa und in allen Gesellschaften mit hoher Einwanderungsquote betrifft die Frage auch alle mit dem sogenannten »Multikulturalismus« zusammenhängenden Probleme: Wieviel kulturelle Vielfalt können Nationalstaaten vertragen? Das Beispiel Frankreich ist besonders bewegend. Nach einem mehr als ein Jahrhundert dauernden Kampf zwischen den »beiden Frankreich« – dem konservativen, katholischen und dem republikanischen, laizistischen – war aus dem Schmelztiegel des Zweiten Weltkriegs ein vernünftiger Kompromiß erwachsen, der aber in den letzten Jahren wieder in Frage gestellt wird. Nun wird die französische Gesellschaft durch die umfassende Präsenz einer zunehmend selbstbewußten muslimischen Gemeinschaft herausgefordert. Es hatte sich allmählich recht klar herauskristallisiert, was es bedeutete, ein französischer Katholik, eine französische Protestantin, ein französischer Jude oder eine französische Atheistin zu sein. Angesichts der traditionellen Rassentoleranz war auch verhältnismäßig klar, was es bedeutete, französischer Bürger nordafrikanischer Abstammung zu sein, solange dieser Bürger die französische Sprache und Kultur gründlich adaptierte. Aber was bedeutet es, was könnte es bedeuten, ein französischer Muslim zu sein, der sich fünfmal täglich betend gen Mekka wendet und nach dem islamischen Religionsgesetz leben möchte? Hervieu-Léger weist darauf hin, daß damit die grundlegende Definition des republikanischen Staates zur Debatte steht.

Der Fall Deutschland ist in anderer Hinsicht interessant. Wie Kaufmann aufzeigt, wurde die Beantwortung der Frage nach der nationalen Identität in der alten Bundesrepublik, also vor der deutschen Einheit, erfolgreich aufgeschoben. Der deutsche Nationalismus war durch die Ereignisse der Naziherrschaft gründlich diskreditiert worden und schien in einem Staat, der nur einen Teil der nationalen Gemeinschaft umfaßte, ohnehin nicht plausibel. Der westdeutsche Staat vermied überaus sorgfältig den Umgang mit den Symbolen und Erinnerungen an den deutschen Nationalismus (was bei der Schaffung der neuen Bundeswehr besonders schwierig war). Bei der dramatischen und schnellen Reintegration Ostdeutschlands wurde die Frage der nationalen Identität notwendigerweise wieder aufgeworfen, vor allem weil die Westdeutschen aufgefordert wurden, beträchtliche Opfer für ihre Brüder und Schwestern in der ehemaligen Deutschen Demokratischen Republik zu erbringen (die Durkheimsche Vermutung wird auch hier verifiziert). Diese innerdeutsche Problematik kommt zu den Problemen des Multikulturalismus hinzu, mit dem sich die meisten europäischen Gesellschaften auseinandersetzen müssen.

In Ungarn trat, wie in anderen Ländern des früheren sowjetischen Reiches, nach dem Zusammenbruch des kommunistischen Regimes (der »Tiefkühltruhe«, wie János Kovács es ausdrückt) erneut der alte Streit zwischen »Populisten« und »Liberalen« mit ihren widerstreitenden Ideen der nationalen Gemeinschaft zutage. Südafrika stellt ein besonders dramatisches Beispiel für den schnellen Zusammenbruch eines staatlichen Systems dar, das sich in Begriffen von Rasse und Ethnizität definiert hatte, gefolgt von der dringlichen Notwendigkeit der Neudefinition einer südafrikanischen Identität. Auch die Fallbeispiele aus Asien belegen den Bedarf, das nationale »Wir« neu zu bestimmen, wenn auch aufgrund der unterschiedlichen historischen Hintergründe in andersartigen Formen. Indien müht sich mit dieser Frage mindestens seit seiner Unabhängigkeit ab, wobei sich auf dem Subkontinent gewaltige Hindernisse in der Form einer Vielzahl von Sprachen, Kasten und Religionen (von den großen Ungleichheiten zwischen den Klassen ganz zu schweigen) in den Weg stellen. Japan mußte seine nationale Identität nach der Niederlage und der Besatzung durch fremde Mächte neu interpretieren. In Taiwan wiederum stellte sich das charakteristische Problem einer sich entwickelnden taiwanischen Identität in einem Staatssystem, das sich offiziell als Exilregierung des gesamten China begreift – das »taiwanische Wir« kollidiert auf gefährliche Weise mit der offiziellen Identität des »chinesischen Wir« (über das paradoxerweise das Kuomintang-Regime in Taipei mit dem kommunistischen Regime in Beijing übereinstimmt).

Lange Zeit wurde in der Geschichte die Grenze zwischen den Begriffen »wir« und »die anderen« in religiösen Termini definiert: »Wir« dienten diesen Göttern, »die anderen« dienten anderen Göttern. Trotz zunehmender Säkularisierungstendenzen bestehen in vielen Regionen noch immer starke Verbindungen zwischen nationaler Identität und Religion. In zwei untersuchten Fällen spielt die Frage der Religion in der Gesellschaft eine wichtige Rolle, nämlich in den Vereinigten Staaten und in Frankreich. Zwar sind dies nicht die einzigen derartigen Fälle im Westen, aber sie kennzeichnen den Fragenkomplex besonders deutlich. In den Vereinigten Staaten wirkt die Religion auf praktisch jede Meinungsverschiedenheit zwischen »Konservativen« und »Progressiven« ein, und die letzte Meinungsverschiedenheit betrifft die Frage, ob die Nation sich als *»under God«* stehend betrachten soll (eine traditionelle Formel, die jedoch eigenartigerweise erst nach dem Zweiten Weltkrieg dem Treueid hinzugefügt wurde, der bei feierlichen Zeremonien wie beispielsweise der Einbürgerung neuer Staatsbürger verwendet wird). Welche Bedeutung hat es für die kollektiven Symbole und das moralisch zulässige Verhalten, wenn Amerika tatsächlich eine »unter Gottes Gewalt« stehende Nation ist? Kann man dann noch von einer »jüdisch-christlichen Tradition« sprechen, die den politischen Überzeugungen zugrundeliege? Und welcher Status innerhalb des amerikanischen Pluralismus kommt den Menschen zu, die die traditionelle »jüdisch-christliche« Moral ablehnen (wenn beispielsweise schwule oder lesbische Paare darauf bestehen, daß ihre Partnerschaften rechtlich als Ehen anerkannt werden?). In Frankreich hatte zwar die Vorstellung vom *laïque* (laizistischen) Staat nach viele Jahrzehnte dauernden Auseinandersetzungen schließlich ein wenn auch unbehagliches Übereinkommen zwischen den »beiden Frankreich« herbeigeführt, das plötzlich von unerwarteter Seite wieder in Frage gestellt wird.

Wenn der Islam für den demokratischen Staat in Frankreich ein Problem darstellt, so gilt das noch viel stärker für alle muslimischen Länder. Zwei solcher Länder, die in diesem Buch analysiert werden, sind die Türkei und Indonesien. Beide Länder sammelten relativ umfassende Erfahrungen mit säkularen Regierungen und mit religiösem Pluralismus, aber selbst dort gibt es, wie gezeigt wurde, mächtige Bewegungen, die den Staat und die nationale Gemeinschaft in explizit islamischen Begriffen neu bestimmen wollen. Der Fall Indonesien, der von Robert Hefner dargestellt wird, ist besonders interessant, weil sich dort eine wichtige, von Intellektuellen geführte Bewegung findet, die den Islam in seiner Beziehung zur Moderne, zum Pluralismus, zur Demokratie und Marktwirtschaft neu überdenken will. Solches Nachdenken findet sich im arabischen Nahen Osten und im Iran seltener, wo der wiedererwachende Islam in der Konfrontation mit der Moderne sehr viel unnachgiebiger auftritt. Religiöse Fragen durchdringen natürlich auch alle normativen Konflikte in Indien, über die André Béteille berichtet, so jüngst in den Auseinandersetzungen über den Status des Hinduismus innerhalb des Staates, über den Umgang mit dem Kastensystem und über die Anerkennung des islamischen individuellen Rechts durch den Staat. Die Beobachtung ist aufschlußreich, daß ein Wesenszug dieser Konflikte durch alle nationalen Fallbeispiele hindurch sichtbar bleibt: eine hochgradig säkularisierte Kulturelite, die sich in Konflikt mit einer weiterhin zutiefst religiösen Bevölkerung befindet. In einer Demokratie besitzen die nicht der Elite angehörenden religiösen Gruppen (die »Unberührbaren«, wenn man so will) das Wahlrecht, und sie sind in der Überzahl. Mehr Demokratie bedeutet deshalb in vielen Ländern (vor allem in der islamischen Welt) mehr Macht für die »Fundamentalisten« (wodurch ein Dilemma für die amerikanische Außenpolitik entsteht, die im allgemeinen *für* Demokratie, aber *gegen* Fundamentalismus antritt).

2. Normative Bruchlinien: Wie sollen wir zusammenleben?

Stellt die Definition der Identität in einer Gesellschaft den ersten Brennpunkt normativer Konflikte dar, so ist die Markierung ihrer moralischen Grenzen der zweite Brennpunkt: Ist eine Vorstellung gewonnen, wer »wir« sind, so stellt sich die Frage, wie wir zusammenleben sollen. Auch hier wird die Antwort auf diese Frage durch den modernen Pluralismus erschwert. In den vorstehenden Analysen wurde eine Reihe von normativen Bruchlinien aufgezeigt.

Seit der Französischen Revolution verläuft eine Hauptbruchlinie zwischen der »Rechten« und der »Linken« – konservative, traditionelle, typischerweise religiös determinierte Kräfte stellen sich gegen Kräfte, die Fortschrittsglauben, radikalen Gesellschaftsumbau und gewöhnlich auch säkulare Orientierung vertreten. Präzisere Inhaltsbeschreibungen der »rechten« und »linken« Positionen verändern sich im Laufe der Zeit. Lange wurde die »Linke« primär als Anhängerschaft sozialistischer Ideale definiert. Der Zusammenbruch des Sozialismus sowjetischen Stils und die (langfristig betrachtet nicht weniger wichtige) kapitalistische Transformation in China unter einem Regime, das sich noch immer kommunistisch nennt, bewirkten einen beträchtlichen Bedeutungsverlust sozialistischer Ideale, zumindest für die Gegenwart. Aber die alten Trennungslinien bestehen noch immer, auch wenn die sozialistische Rhetorik zum Schweigen gebracht wurde. Mehr oder weniger markante Spuren der alten »Rechts-Links«-Dichotomie lassen sich in jedem einzelnen der Länderberichte in diesem Buch finden. Im Falle Chiles, den Arturo Fontaine Talavera beschreibt, nahm die alte Trennungslinie in jüngster Vergangenheit bürgerkriegsähnliche Dimensionen an, und die Vermittlungsbemühungen, die er darstellt, zielten genau darauf, diese Trennungen zu überwinden. In Ann Bernsteins Bericht über Südafrika wird deutlich, daß die Widerstandsbewegung, die im jüngst erfolgten Übergangsprozeß zu einer viele Rassen umfassenden Demokratie an die Macht gelangte, eine ausgeprägt leninistische Geschichte aufweist, die sie erst jetzt und mit gewissen Schwierigkeiten hinter sich zu lassen versucht. Doch selbst wenn der Marxismus und andere unverhohlen sozialistische Ideologien in letzter Zeit keine gute Saison mehr hatten, wird doch die alte »Rechts-Links«-Bruchlinie immer wieder dann in Erscheinung treten, wenn scharfe Konflikte über Verteilung und Gerechtigkeit entstehen. Teilweise als Folge der ökonomischen Globalisierung wachsen solche Konflikte überall an, auch in allen industrialisierten Demokratien. Die gegenwärtige Debatte über »shareholder versus stakeholder capitalism« verdeutlicht dieses Phänomen. Die westlichen und westlich orientierten Kultureliten mögen zwar dem Gedanken an den Sozialismus mit dem Kopf nicht mehr anhängen, aber *»le cœur est toujours à la gauche«* (das Herz schlägt immer links).

Im Westen stellt der Konflikt zwischen »traditionellen« und »progressiven« moralischen Werten eine Fortsetzung des Konfliktes dar, den die Aufklärung vor mehr als zweihundert Jahren entfesselt hatte. In anderen Teilen der Welt (einschließlich Osteuropas, wie das ungarische Beispiel zeigt) wurde derselbe Konflikt in geographische Begrifflichkeiten übertragen: Traditionelle, typischerweise religiös legitimierte Werte werden gegen einen mehr oder weniger mythischen Westen verteidigt, der als undifferenzierter Träger einer pervertierten Moderne gesehen wird. Das ist eindeutig in Indien und in allen islamischen Staaten der Fall (einschließlich der Türkei und Indonesiens). In Nordostasien, wo ein sehr erfolgreicher Modernisierungsprozeß abläuft, war die Situation bis vor kurzem die gleiche: Traditionelle chinesische und japanische Werte wurden gegen den »kulturellen Imperialismus« des Westens geschützt. Diese klare Dichotomie erscheint jedoch immer weniger plausibel, und die normativen Konflikte werden jetzt in ähnlicher Weise definiert wie in Westeuropa und Amerika. Japan und Taiwan, die von Seizaburo Sato bzw. Michael Hsiao analysiert werden, sind in dieser Hinsicht sehr aufschlußreich. Aber bei den normativen Konflikten geht es nicht nur um theoretische Formulierungen der Moralvorstellungen; vielmehr betreffen sie die Umsetzung dieser oder jener Moral in ein rechtliches Koordinatensystem. Der Konflikt über die Abtreibung in den Vereinigten Staaten (unbestreitbar *der* normative Konflikt in der amerikanischen Gesellschaft) kann auch in dieser Hinsicht als paradigmatisch angesehen werden.

Ein damit verwandter und doch deutlich unterscheidbarer Konflikt herrscht zwischen partikularistischen und universalistischen Werten. Der republikanische Ethos in Frankreich, den Hervieu-Léger beschreibt, verkörpert den Universalismus der Aufklärung in Reinform – ein radikaler Egalitarismus, in dem der einzelne Bürger, nachdem er sich von religiösem oder ethnischem Partikularismus befreit hat, dem Staat gegenübertritt. Dieser Universalismus stand immer in einem Spannungsverhältnis zu verschiedenen Partikularismen – katholisch, protestantisch, regional oder in jüngster Zeit islamisch. In vielen Ländern konkretisiert sich der Konflikt heute in den Begriffen des Individualrechts gegenüber dem Gruppenrecht: Gelten die Menschenrechte nur für einzelne, oder steht auch kollektiven Einheiten das eine oder andere Recht zu? Dieser Konflikt tritt in mindestens drei der hier analysierten Länder in den Debatten über »positive Diskriminierung« [*affirmative action;* politische Ansätze zur Bevorzugung von Frauen oder Minderheiten bzw. Quotenregelungen, A. d. Ü.] scharf zutage – in den Vereinigten Staaten, in Südafrika und in Indien. In all diesen Fällen wurden den früher negativ diskriminierten Gruppen Rechte zugestanden, die zumindest gelegentlich die Rechte des Individuums überlagern. In den Vereinigten Staaten und in Südafrika bezogen sich die kollektiven Rechte auf Rassengruppen, in Indien auf die sogenannten »registrierten Kasten«, die »registrierten Stämmen« und die »anderen schwächeren Gliedern der Gesellschaft«. In allen drei Ländern entstehen rechtliche und politische Probleme aus den heiklen Bemühungen, die partikularistischen Strategien mit den in den Verfassungen, den Gesetzen und im demokratischen Ethos enthaltenen universalistischen Rechten zu harmonisieren. Bislang jedenfalls ist der Konflikt in Indien am schärfsten hervorgetreten, wo noch zusätzlich das Problem besteht, moderne Vorstellungen von Gleichheit mit einer tiefverwurzelten hierarchischen Kultur zu versöhnen.

Der normative Konflikt zwischen industriellem Wachstum und Umwelt ist bislang nur in zwei der analysierten Länder aufgetreten, nämlich in Deutschland und Taiwan. Es handelt sich dabei um einen sehr neuen Konflikt, der kaum in älteren kulturellen Auseinandersetzungen verankert ist. Er wird jedoch in vielen Ländern immer wichtiger und überschneidet häufig frühere normative Bruchlinien. Die heutigen Umweltschutzbewegungen werden im allgemeinen als »linksstehend« angesehen und ordnen sich auch selbst »links« ein. Sicherlich sind sie in einem beträchtlichen Maße von einem antikapitalistischen Geist beseelt. Doch Umweltschutz spricht auch zutiefst konservative Menschen an, die (völlig zu Recht) im modernen Wirtschaftswachstum die Erosion traditioneller Lebensweisen sehen. Und die »organische« Lebenssicht, der die Umweltschützer zuneigen – der Mensch als Teil der Natur und nicht als ihr Beherrscher – wies schon immer eine Verwandtschaft mit traditionellen, gegen die Aufklärung gerichteten Weltbildern auf.

Normen und Interessen

Es wäre ein ungeheuerlicher Fehler anzunehmen, daß normative Konflikte in einer Art platonischem Himmel stattfänden, der frei von etablierten Interessen ist. Die Geschichte ist kein nicht enden wollendes Philosophieseminar. Philosophische Auseinandersetzungen hängen meistens eng mit Konflikten um Macht, Privilegien und Prestige zusammen. Philosophische Positionen werden oft zynisch artikuliert, um in der Sache harte Interessen besser rechtfertigen zu können. Häufig glauben die Menschen aber auch wirklich an die Ideale und Werte, die sie vertreten und oft genug sind sie bereit, dafür zu töten und zu sterben. Aber glücklicher- oder unglücklicherweise ist die Frage, ob diese Ideale und Werte echt empfunden oder nur zynisch vorgetragen werden, oftmals irrelevant für das Verständnis einer bestimmten Konfliktsituation.

In den vorstehenden Analysen wird sehr deutlich, wie sich etablierte Interessen verschiedener Art an die normativen Konflikte anhängen (oder, wie es Max Weber ausgedrückt hätte, wie sich eine »Affinität« zwischen bestimmten Normen und bestimmten Interessen entwickelt). In den meisten Ländern ist der Konflikt zwischen traditionellen und »progressiven« Moralauffassungen in bestimmten Klassen verortet. Die »Träger« (ein weiterer Begriff Webers) des kulturellen Radikalismus in den späten 60er Jahren hatten in allen westlichen Gesellschaften einen sehr spezifischen sozialen Charakter: Die überwältigende Mehrheit gehörte der oberen Mittelschicht mit höherer Bildung an. In den Vereinigten Staaten herrscht der von Hunter analysierte Kulturkonflikt zwischen der sogenannten *»new knowledge class«* und dem Rest der Gesellschaft. Diese neue Schicht entspricht ungefähr der Kulturelite sowie jenen, die zwar weiter unten auf der Statusleiter stehen, aber gerne dazugehören möchten (zum Beispiel Harvard-Professoren für Psychiatrie und Sozialarbeiter mit therapeutischen Ambitionen). Eine ganz ähnliche Schichtendynamik läßt sich in Deutschland (und in der Tat in allen westlichen europäischen Gesellschaften) beobachten. In Ungarn hat dieser Klassenzwiespalt stark ethnische Färbungen (insbesondere durch die kulturelle Rolle der Juden). In Chile und Südafrika werden die Klasseninteressen durch regionale, rassenspezifische und ethnische Interessen ergänzt. In der Türkei gibt es einen Konflikt zwischen »Zentrum« und »Peripherie«, wobei auch regionale, klassenspezifische und kulturelle Interessen eine Rolle spielen. Und in Indien besteht eine gewaltige Dissonanz etablierter Interessen, die mit den normativen Konflikten zusammenhängen.

Polarisierende und vermittelnde Institutionen

Eines der Ziele des vorliegenden Buches ist es, zwei verschiedene Gruppen von Institutionen zu identifizieren: Institutionen, die in den normativen Konflikten eher polarisierend wirken, und Institutionen, die in diesen Konflikten zu vermitteln suchen. Und hier ergibt sich eine überraschende Erkenntnis: Es sind *dieselben* Institutionen, die je nach dem anstehenden Fall entweder die eine oder die andere Rolle spielen. Deshalb macht es keinen Sinn, eine Liste polarisierender Institutionen zu erarbeiten und sie einer Liste der intermediären Institutionen gegenüberzustellen. Die entscheidende Variable, durch die bestimmt wird, welche der beiden Rollen eine Institution übernehmen wird, ist nicht die soziale Struktur dieser Institution, sondern sind die Ideen und Werte, von denen sie inspiriert wird – und, wie kaum hinzugefügt werden muß, diese ideenbezogenen Inhalte werden typischerweise mit spezifischen etablierten Interessen zusammenhängen. Zu dieser Erkenntnis gesellt sich noch eine weitere, sehr nützliche Implikation: Am Beginn des Projektes gab es ein klares Vorurteil zugunsten der »Institutionen der Zivilgesellschaft«, auch als »intermediäre« oder »vermittelnde« Institutionen bezeichnet – d. h. jener Institutionen, die weder als staatliche noch als ökonomische Institutionen angesehen werden können und die zwischen der persönlichen Lebenswelt des einzelnen und den Makroinstitutionen einer modernen Gesellschaft stehen. Dabei handelt es sich um Institutionen, in die seitens der modernen Soziallehre seit Edmund Burke und Alexis de Tocqueville große Hoffnungen gesetzt werden. Die Erwartung lautet, daß diese Institutionen in Konfliktsituationen eine vermittelnde Rolle spielen können. Das trifft auch zu – in bestimmten Fällen. In anderen Fällen jedoch sind es gerade diese Institutionen, die normative Konflikte anheizen und zur Polarisierung der Gesellschaft beitragen. Umgekehrt können vermeintlich so entfremdend wirkende Kräfte wie die Institutionen des Staates oder der Marktwirtschaft zwischen den Konfliktparteien eine Vermittlungsfunktion ausüben.

Der Fall der Vereinigten Staaten, den Hunter beschreibt, zeigt ein weitgehendes Fehlen *jeglicher* Vermittlungsinstitutionen, mit der möglichen Ausnahme einer weit verbreiteten Zivilkultur, die bislang zu einer weitgehend gewaltfreien Austragung des »Kulturkriegs« beigetragen hat. Aber die Triebkräfte des Konfliktes sind gerade die intermediären Institutionen der Zivilgesellschaft, die Institutionen des »freiwillig-ehrenamtlichen Sektors«. Hunter unterstreicht mit seinem Begriff *»adversary philanthropy«*, einen Prozeß, durch den ursprüngliche Intentionen der Institutionen in ihr Gegenteil verkehrt werden. Was die Makroinstitutionen des Rechtssystems und des demokratischen politischen Prozesses angeht, so fungieren diese Institutionen hauptsächlich als Austragungsorte des Konfliktes und weniger als Vermittlungsagenturen. Ein ganz ähnliches Bild ergibt sich in Frankreich (obwohl hier das Beispiel Neukaledonien zeigt, daß eine formale, staatlich begründete Agentur eine Vermittlungsrolle erfolgreich zu spielen vermag). Doch die vorstehende Erkenntnis wird am deutlichsten durch die von Kaufmann und

Sato beschriebenen Fälle Deutschland und Japan illustriert. Sowohl in Westdeutschland als auch in Japan wurden alle Varianten von Konflikten durch ein formelles korporatistisches System zum Verstummen gebracht. Dies trug dazu bei, die soziale Ordnung zu stabilisieren. Dieses System basiert eben auf den Makroinstitutionen des Staates, auf den Wirtschaftsverbänden und den Gewerkschaften. Im Gegensatz dazu sind es genau die intermediären Institutionen der Zivilgesellschaft – nämlich Gruppierungen und Bewegungen mit ausgeprägten normativen Positionen –, die Konflikte hervorriefen und die soziale Ordnung störten. Kaufmann trägt diese nützliche Erkenntnis so pointiert vor, daß man in Versuchung gerät, seinem Beitrag den Untertitel »Wie die soziale Ordnung gegen die Zivilgesellschaft verteidigt werden kann« zu geben. Natürlich wäre es töricht, diese beiden Fälle zu verallgemeinern. In beiden Ländern sind die Apparate der korporatistischen Vermittlung in jüngster Zeit beträchtlich unter Druck geraten, und schon lange zuvor war klar, daß sehr spezifische und in keinem anderen Land vergleichbare historische Umstände die Entstehung dieser institutionellen Arrangements verursacht hatten. Sehr wahrscheinlich ist auch, daß dauerhaftes Wirtschaftswachstum, verbunden mit einer großzügigen Verteilung seiner Gewinne, eine Vorbedingung für den Erfolg eines solchen Systems darstellt (deshalb erscheint heute das System in beiden Ländern durch die wirtschaftlichen Schwierigkeiten bedroht). Auf jeden Fall sind die Beispiele Deutschland und Japan aussagekräftig und bedeutsam genug, um die leichtfertige Annahme einer Dichotomie zwischen den »bösen« Makroinstitutionen und der »guten« Zivilgesellschaft in Frage stellen zu können.

In den hier untersuchten Fällen wurden Vermittlungsbemühungen von einer großen Vielfalt von Institutionen unternommen – von politischen Parteien, Gerichten, Institutionen des körperschaftlichen Kapitalismus, Bildungseinrichtungen, Medien, religiösen Institutionen. Intellektuelle, also diejenigen, die die Ideen schaffen und verbreiten, durch die sich die Gesellschaft selbst definiert, wirkten sowohl polarisierend als auch vermittelnd. Die polarisierende Rolle zeigt sich in jedem der hier analysierten Fälle. Arturo Fontaine Talavera gibt einen ausgesprochen dramatischen Bericht über die strategisch wichtige Vermittlungsrolle, welche die Intellektuellen und ihre Institutionen in Chile spielten. Eine ähnliche Rolle der Intellektuellen läßt sich in Südafrika beobachten. Aber der erstaunlichste Aspekt des Falles Südafrika ist, der Darstellung Ann Bernsteins zufolge, die entscheidende Vermittlungsrolle der Großunternehmen, die im allgemeinen in Konfliktsituationen eher als Bösewichter gesehen werden.

Kurz: Im Hinblick auf die Gesellschaftsordnung und die friedliche Lösung normativer Konflikte gibt es »gute« und »böse« Makroinstitutionen und »gute« und »böse« Institutionen der Zivilgesellschaft. Hier drängt sich eine Analogie auf: Eine Zeitlang glaubte man, Cholesterin sei grundsätzlich gesundheitsschädlich. In jüngerer Zeit jedoch begann die Medizin, zwischen »gutem« und »bösem« Cholesterin zu unterscheiden. Im Falle von Institutionen genügt es dementsprechend nicht zu fragen, ob es sich um eine »Makro-« oder um eine »intermediäre« Institution handelt; vielmehr müssen wir auch fragen, welche Ideen sie »tragen« und welche Interessen sie vertreten. Anders gewendet: Zivilgesellschaftliche Institutionen sind in dem Maße »gut«, in dem sie sich von zivilen Tugenden leiten lassen.

Damit soll nicht die (erst kürzlich von Thomas Luckmann und dem Autor dieses Beitrages vorgetragene) Theorie widerlegt werden, daß intermediäre Institutionen wichtig für das Wohlbefinden einer Gesellschaft sind. Es muß »Vermittlungsstrukturen« geben, die das Individuum vor der Entfremdung und die Makroinstitutionen (vor allem die staatlichen) vor dem Verlust der Legitimität bewahren. Aber dieselben intermediären Institutionen können sich auch zum »Schlechten« wenden, wenn sie, statt zu vermitteln, polarisieren und so die Gesellschaftsordnung destabilisieren. Eine weitere Unterscheidung könnte hier nützlich sein: Die soziale Funktion besteht nach der früheren theoretischen Vorstellung in der »vertikalen Vermittlung« – d.h. in der Vermittlung zwischen individuellen Lebenswelten und den Makroinstitutionen. Das hier dargelegte Projekt befaßte sich jedoch primär mit dem, was man als »horizontale Mediation« bezeichnen könnte – d.h. mit der Vermittlung zwischen konfligierenden Segmenten der Gesamtgesellschaft. Was »gut« für die eine Funktion ist, mag für die andere Funktion sehr »schlecht« sein. So mag beispielsweise eine Bewegung, die ethnischen oder Rassenhaß propagiert, tatsächlich die Kluft zwischen individuellen Bedeutungen und öffentlichen Anliegen überbrücken und auf diese Weise in hohem Maße dazu beitragen, ihre Mitglieder vor Gefühlen wie Einsamkeit oder Ohnmacht zu bewahren. Gleichzeitig könnte sie natürlich eine katastrophale Wirkung haben, indem sie Konflikte erzeugt und die Gesellschaftsordnung unterminiert.

Eine weitere nützliche Unterscheidung kann zwischen bewußten Vermittlungsbemühungen und Prozessen einer ungeplanten und unorganisierten *de facto*-Mediation erfolgen. Das Ziel des Projektes war es, die erstgenannte Form zu untersuchen, aber die Bedeutung der zweitgenannten Variante sollte dennoch nicht übersehen werden. So gibt es beispielsweise Vermittlungsmuster, die durch politische oder rechtliche Verordnungen erzwungen werden. Die Menschen akzeptieren diese Verfahren, gewöhnen sich daran und handeln entsprechend. Im Laufe der Zeit werden sie möglicherweise auch die der Verordnung zugrundeliegenden Normen akzeptieren – das ist es, was Hans Kelsen als »normative Kraft des Faktischen« bezeichnete. Die Rolle der amerikanischen Regierung bei der Durchsetzung der Desegregation in den Südstaaten kann hier als Beispiel dienen. Doch es gibt auch spontanen, nicht angeleiteten kulturellen Wandel, in dessen Rahmen eine große Zahl von Menschen ihre Grundhaltungen verändern, um kulturell »dabeisein« zu können. Der Rückgang religiöser und ethnischer Vorurteile (vor allem des Antisemitismus und des Antikatholizismus) in den Vereinigten Staaten ist ein Beispiel hierfür (obwohl hierbei auch bewußte Antidiffamierungsprozesse mitwirkten). Die Gründe für solchen kulturellen Wandel sind schwer abzuschätzen. Es mögen »unsichtbare« Einflüsse bestimmter Institutionen am Werk sein, welche die Grundhaltungen und das Verhalten der Individuen modifizieren, ohne eine sichtbare Wirkung in der öffentlichen Sphäre hervorzurufen. Religiöse und Bildungsinstitutionen spielen oft eine solche Rolle. Es ist deshalb eine interessante Frage (die zu erforschen sehr schwierig sein dürfte), in welchem Maße die Stärke der christlichen Kirchen in Südafrika zu dem verhältnismäßig friedlichen Entschlafen der Apartheid beigetragen hat. Zu berücksichtigen ist auch die Existenz einer seit langem etablierten Toleranzkultur, die im Falle der Vereinigten Staaten signifikant ist, aber auch in Frankreich (Hervieu-Légers »Ökumene in Menschenrechtsfragen«), in der Türkei (Mardins »osmanische Zivilität«), in Indonesien (der lockere Islam der traditionellen javanischen Kultur) und in Indien (mit seiner jahrhundertealten Geschichte des religiösen Pluralismus). Ferner gibt es die »Normalität« und die Idealisierung dieses Zustandes, die Kaufmann in seiner Analyse des Falles Deutschland betont. Wirtschaftlicher Wohlstand oder eine realistische Aussicht auf solchen Wohlstand dürften wahrscheinlich dazu beitragen, ein Klima der Toleranz zu erzeugen. Andererseits könnten Menschen, deren materielle Bedürfnisse befriedigt sind, die Muße finden, potentiell konfliktерzeugenden »postmaterialistischen« Bedürfnissen nachzugehen. Schließlich läßt sich in vielen der analysierten Fälle aufzeigen, daß sich die Menschen auch durch die Erinnerung an Katastrophen oder durch das Schreckgespenst einer drohenden Katastrophe für die Suche nach Kompromißlösungen motivieren lassen. Dies trifft auf jeden einzelnen der hier untersuchten Fälle – mit der möglichen Ausnahme der Vereinigten Staaten – zu.

Praktische Implikationen

Das Projekt verfolgte von Anfang an sowohl ein praktisches als auch ein theoretisches Interesse. Es ging nicht nur darum, ein besseres Verständnis der normativen Konflikte zu gewinnen, sondern auch die Möglichkeiten für Vermittlungsprozesse zu erforschen, die in politische Verfahrensweisen umgesetzt werden könnten. Welches sind also die praktischen Implikationen der geschilderten Analysen?

Will man in einem Konflikt vermitteln, so liegt nahe, sich zunächst ein klares Bild über seine gedanklichen und sozialen Grundlagen zu verschaffen. Das muß nicht unbedingt in Form einer sozialwissenschaftlichen Forschungsarbeit erfolgen; oft wird hier ein guter Journalist bessere Arbeit leisten als ein Team von Soziologen oder Politologen (die sich allzu häufig in ihrer methodologischen Geheimlehre verfangen). Wer immer die Analyse vornimmt, wird ohne Umstände feststellen können, was herauszufinden ist: die Inhalte der Normen auf beiden Seiten des Konfliktes und die Art ihrer Einbindung in eine umfassende Weltsicht (beispielsweise ein religiöses Weltbild); die Art, in der die Konfliktparteien die Situation wahrnehmen, in der sie sich befinden (gewissermaßen ihre »kognitiven Landkarten«); die etablierten Interessen, die mit den normativen Positionen zusammenhängen; die Institutionen, durch die sich die Menschen für eine Beteiligung am Konflikt mobilisieren lassen, und schließlich (falls vorhanden) die tatsächlichen oder potentiellen intermediären Institutionen und Prozesse. Es ist nicht möglich, eine Aussage über die Intensität der Forschungsarbeit oder über ihre Dauer zu machen, denn beides hängt ganz offenkundig von der gegebenen Situation ab, nicht zuletzt aber auch von der verfügbaren Literatur und anderen Informationsquellen.

Der nächste Schritt liegt ebenfalls nahe: die Einschätzung der institutionellen Optionen für eine erfolgversprechende Vermittlung. Es sind Entscheidungen zu treffen, und es ist zu hoffen, daß sich die zuvor geleistete Forschungsarbeit bei diesen Entscheidungen als hilfreich erweist. Wenn die bestehenden Institutionen als nicht sinnvoll erscheinen, gibt es noch immer die Möglichkeit, neue Institutionen zu erfinden – eine schwierige, aber keineswegs unmögliche Option.

Die möglicherweise wichtigste Entscheidung bezieht sich auf den Typus der Vermittlung, den man anzuwenden beabsichtigt. Zur Verdeutlichung dieser Entscheidung lassen sich drei Typen anführen. Die nachstehende Typologie stellt eine Vereinfachung der sehr nützlichen Typologie dar, die im Beitrag von Hervieu-Léger entwickelt wird. Erster Typus: *Imperative Vermittlung.* Dabei handelt es sich um einen Vermittlungsprozeß, der normalerweise durch politische oder rechtliche Agenturen erfolgt, zu einer klaren Entscheidung führt und dann gegenüber jedem einzelnen durchgesetzt wird. In den Arbeitsbeziehungen ist dieser Prozeß als Schlichtung bekannt – alle Seiten werden gehört, Kompromisse werden erwogen, aber am Ende fällt der Schlichter die bindende Entscheidung. Dieser Vermittlungstypus basiert also letztlich auf Zwang. Der Prozeß selbst, der zu der Entscheidung führt, mag verständnisvoll und freimütig verlaufen; ist jedoch die Entscheidung erst einmal getroffen, wird die Zustimmung aller Betroffenen unter Androhung von Sanktionen erzwungen (normalerweise durch Rechtsgewalt).

Manchmal werden auch spezielle Agenturen für den Vermittlungs- oder Schlichtungsprozeß etabliert (beispielsweise parlamentarische Ausschüsse oder Sondergerichte), doch meistens wird diese Aufgabe durch die gewöhnlichen Institutionen des politischen Systems und des Rechtswesens wahrgenommen. In einer Demokratie stellt die öffentliche Debatte, die zu einer Gesetzgebung führt, das Forum für den Vermittlungsprozeß dar. In Ländern wie den Vereinigten Staaten von Amerika, in denen die Gerichte eine strategisch-verfassungsrechtliche Rolle spielen, bietet der Rechtsstreit eine weitere Methode, zu einer Entscheidung zu gelangen. Die Spielregeln sind allen Parteien wohlbekannt, und das Verfahren wird von ihnen nach Maßgabe ihrer Ressourcen genutzt. Wie jede Politikoption bringt auch dieser Vermittlungstypus Vor- und Nachteile mit sich. Der wichtigste Vorteil besteht darin, daß das Problem zumindest für eine gewisse Zeit gelöst ist und daß alle Parteien verpflichtet sind, sich an die Entscheidung zu halten – ein Gesetz wird verabschiedet, ein Gericht hat sein Urteil gefällt und Widerstand kann rechtlich unterbunden werden. Der Nachteil besteht darin, daß die Entscheidung möglicherweise einer beträchtlichen Anzahl von Menschen das Gefühl gibt, unterdrückt zu werden. Im Extremfall könnten sie veranlaßt werden, die Legitimität der politischen und rechtlichen Institutionen in Frage zu stellen, durch welche die Entscheidung getroffen wurde. Das wird vor allem dann der Fall sein, wenn sich die unterlegene Partei der normativen Position zutiefst verpflichtet fühlte, die abgewiesen wurde. Ein Beispiel hierfür ist das Gefühl der Entrechtung, das zahlreiche

Amerikaner als Ergebnis der Entscheidungen des Obersten Gerichtshofes über das Gebet in öffentlichen Schulen und über die Abtreibung empfinden. Ein weiteres Beispiel ist das Gefühl der Unterdrückung, das Muslime empfinden, wenn ein säkularer Staat ihre Auffassung, wie öffentliche Moral beschaffen sein sollte, ablehnt oder relativiert (so in der Türkei unter der Regierung Kemal Atatürks).

Zweiter Typus: *Pragmatische Vermittlung.* Vereinfacht ausgedrückt, handelt es sich dabei um einen Prozeß zwangsfreier Verhandlung, in dem die Parteien selbst nach Kompromißlösungen suchen. Dieser Prozeß kann sowohl in demokratischen als auch in nichtdemokratischen Regimen stattfinden und bedeutet gewöhnlich ein Aushandeln zwischen Elitegruppen hinter verschlossenen Türen. Je nach den Umständen findet dieser Prozeß entweder in informellen Umgebungen statt (die sprichwörtlichen verrauchten Räume – zumindest dort, wo die Anti-Raucher-Bewegung noch nicht vorherrscht!) oder unter Nutzung einer Anzahl eigens geschaffener Vermittlungsagenturen. Der Übergang zur Demokratie in Osteuropa, in Chile und in Südafrika bietet hervorragende Beispiele für diese Möglichkeit. In all diesen Fällen entstand eine Vielzahl von Runden Tischen, Denkfabriken, Gesprächsforen und ähnlichen Einrichtungen, in deren Rahmen die wichtigsten Vertreter der streitenden Parteien mögliche Kompromisse aushandelten. F. van Zyl Slabbert, ein führender südafrikanischer Politiker, der eine wichtige Rolle in den Verhandlungen spielte, drückte dies wie folgt aus: »Wir haben uns durch eine Revolution hindurchgeredet.« In den Vereinigten Staaten wurde eine Anzahl von Institutionen mit dem ausdrücklichen Ziel geschaffen, auf internationaler Ebene solche Vermittlungsleistungen anzubieten, so beispielsweise das Carter Center oder die Organisation Search for Common Ground.

Es gibt reichliche und im allgemeinen nützliche Literatur darüber, wie solche Vermittlungsprozesse durchgeführt werden können – die Literatur über die sogenannte »Konfliktlösung«. Wie kompliziert eine spezifische Frage auch sein mag, so besteht die Strategie doch stets darin, normative Meinungsverschiedenheiten zu übergehen, die Grundlinien der Positionen aller Beteiligten festzulegen und dann einen pragmatischen Kompromiß auszuarbeiten. Ganz allgemein ausgedrückt bedeutet dies, daß Normen in Interessen übersetzt werden. Ist dies erfolgt, wird eine Art »Prozeduralismus« eingeführt: Die Beteiligten hören auf, ihren normativen Programmen in der öffentlichen Arena Geltung verschaffen zu wollen. Wenn die vereinbarten Prozeduren eingehalten werden, können alle verhältnismäßig gut damit leben. Ein Beispiel hierfür wird in Kaufmanns Beitrag diskutiert: die Verwandlung der Grünen in Deutschland von einer quasimessianischen Bewegung in eine politische Partei. Der Umweltschutz, der noch immer für viele Anhänger der Grünen einen Glaubensinhalt darstellt, ist jetzt nur noch ein Interesse unter vielen anderen wettstreitenden Interessen.

Der prinzipielle Vorteil dieses Vermittlungstypus besteht darin, daß der Konflikt von den Beteiligten selbst und ohne Rückgriff auf Zwangsmaßnahmen gelöst wird. Ein Nachteil ist im potentiellen Zwiespalt zwischen der verhandlungsführenden Elite und ihrer am Vermittlungsprozeß nicht beteiligten Gefolgschaft zu sehen. Die Gefolgschaft könnte glauben, daß sie von ihrer Führung verraten worden sei und könnte sich deshalb nicht an die Vereinbarung gebunden fühlen. Aber der prinzipielle Nachteil pragmatischer Vermittlung besteht darin, daß sie mit hoher Wahrscheinlichkeit dann nicht funktioniert, wenn tiefverwurzelte Normen zur Disposition stehen. In den normalen Verhandlungen zwischen Arbeitgebern und Arbeitnehmern ist ein Kompromiß oft dadurch möglich, daß man sich auf das »arithmetische Mittel« des Unterschieds einigt. Doch wie soll eine solche Lösung aussehen, wenn es um gegensätzliche moralische Überzeugungen geht? Beispiele hierfür finden sich in der Debatte über die Abtreibung in den Vereinigten Staaten und anderswo, in der Auseinandersetzung über die Verstümmelung der Genitalien von Mädchen in Frankreich und in anderen europäischen Ländern mit hoher afrikanischer Einwanderungsquote oder in der Diskussion über den Status der islamischen Religionsgesetze in einer langen Liste von Ländern mit großen muslimischen Minderheiten. Wie läßt sich »das arithmetische Mittel« zwischen jenen finden, die Abtreibung für Mord halten, und jenen, die das

Recht der Frau anerkennen, über ihren Körper selbst verfügen zu können? Oder zwischen jenen, die der Auffassung sind, daß die göttlichen Gesetze über jedem demokratischen Entscheidungsprozeß stehen, und jenen, die bereit sind, ihren Glauben dem demokratischen Prozeß unterzuordnen? In solchen Fällen ist es wahrscheinlich sehr schwierig, Normen in Interessen umzuwandeln. Entweder wird man wieder auf Zwangsmaßnahmen zurückgreifen müssen – also auf imperative Vermittlung –, oder man wird eine Lösung durch den dritten und schwierigsten Vermittlungstypus herbeizuführen versuchen.

Dritter Typus: *Dialogische Vermittlung*. Unter dieser Bezeichnung läßt sich der Versuch erfassen, die normativen Unterschiede direkt aufzugreifen und nicht nur nach einem pragmatischen, sondern auch nach einem ideenbildenden Kompromiß zu suchen. Solche Fälle sind natürlich recht selten. Hier geht es um nichts weniger als um die Neudefinition des »kollektiven Gedächtnisses« (wie Hervieu-Léger es ausdrücken würde). Unter all den Fällen, die in diesem Buch diskutiert werden, kommt die Konfliktlösung in Neukaledonien diesem Vermittlungstypus wahrscheinlich am nächsten. Doch der »Dialog« muß nicht immer die Form eines tatsächlichen direkten Verhandlungsprozesses zwischen den streitenden Parteien annehmen. Die Schaffung neuer Symbole, die eine neue Identität nach dem Konflikt darstellen, kann ebenfalls als eine Art dialogischer Vermittlung angesehen werden. Die Diskussion um die Staatsflagge bis hin zur Nationalhymne (zeitweilig gab es zwei) im neuen demokratischen Südafrika bietet ein Beispiel für die Suche nach neuen nationalen Symbolen. Das braucht nicht unbedingt das Ergebnis von Verhandlungen zu sein, sondern kann auch durch eine einfallsreiche politische Führung erfolgen, die allen wichtigen Parteien mit Achtung begegnet. Südafrika war in der glücklichen Lage, von Nelson Mandela im Übergangsprozeß geführt zu werden, dessen Persönlichkeit selbst eine intermediäre Institution darstellt. Ein weiteres Beispiel für die Erfindung eines neuen nationalen Symbols ist die vom ansonsten recht unbeholfenen Sukarno-Regime verfügte Einführung eines nicht-javanischen malaiischen Dialekts als Staatssprache Indonesiens. Man könnte dies mit den erfolglosen Versuchen vergleichen, Hindi als Amtssprache Indiens oder Tagalog auf den Philippinen einzuführen, die in beiden Fällen daran scheiterten, daß diese Sprachen als Sprachen politisch dominanter Regionen angesehen wurden.

Auch diese dritte Form der Vermittlung könnte im Prinzip in allen Institutionen durchgeführt werden. Der Begriffsbestimmung zufolge könnten nur Menschen daran beteiligt sein, die bereit sind, ihre Überzeugungen und Werte einer vernunftgeleiteten Diskussion unterzuordnen; es ist nicht möglich, mit militanten Fanatikern einen Dialog zu führen. Meistens tritt dieser Vermittlungstypus spontan im Rahmen von Prozessen auf, die sehr viel profanere Ziele verfolgen, wie zum Beispiel die unter den beiden ersten Vermittlungstypen genannten Zwecke, und weniger in Prozessen, die sich explizit als philosophischer Austausch definieren lassen. Es gibt keine Literatur mit Anleitungen über die Ansätze und Methoden. Es ist jedoch möglich, gewisse methodologische Lektionen aus den Erfahrungen mit interreligiösen Dialogen zu gewinnen, deren Zahl in den letzten Jahrzehnten stark zugenommen hat.

Hier ist darauf hinzuweisen, daß es mindestens eine Institution gibt, die in Deutschland nach dem Zweiten Weltkrieg gegründet wurde und die explizit versucht, das zu verwirklichen, was hier als dialogische Vermittlung bezeichnet wurde. Gemeint ist die Evangelische Akademie, eine protestantische Institution, die überall in Deutschland Zentren unterhält und die zum erklärten Ziel hat, Vertreter unterschiedlicher Positionen in einem ungezwungenen und offenen Dialog zusammenzuführen, die sich normalerweise nur in Konfrontationssituationen begegnen. Eberhard Müller, der Gründer der Akademiebewegung, unternahm den Versuch, einige vorsichtige Gedanken über die Methode zu formulieren. Er war jedoch viel zu sehr in den politischen und sozialen Problemen seiner Zeit befangen, um mit diesen Gedanken sehr weit zu kommen. Die Akademie besteht als Institution in Deutschland noch immer, doch läßt sich darüber streiten, ob sie heute noch ihre anfänglichen Funktionen erfüllt. Auf jeden Fall spielte die Evangelische Akademie (vor allem in ihren Hauptzentren in Bad Boll, Loccum und Tutzing) in der neuen Bundesrepublik eine wichtige Rolle. Zwei wichtige Entscheidungen der damaligen Zeit, nämlich die Einführung der Mitbestimmung der Arbeitnehmer in den Betrieben (ursprünglich in der Montanindustrie) und die Errichtung der neuen westdeutschen Bundeswehr, wurden von den Diskussionen in den Zentren der Akademie stark beeinflußt.

Von den drei hier diskutierten Vermittlungstypen dürfte eindeutig der dritte Typus auf Intellektuelle die größte Anziehungskraft ausüben. Wenn überhaupt, dann ist es in diesem Rahmen möglich, daß Vermittlungsprozesse zu einem Vehikel für neue Erkenntnisse über menschliche Lebensbedingungen werden. Aus genau diesem Grunde wird man sich also *am wenigsten* auf Vermittlungstypen berufen, die praktische Resultate erzielen wollen. Imperative oder pragmatische Vermittlung wird wahrscheinlich in den meisten Situationen am plausibelsten erscheinen. Und natürlich sind auch gewisse Überschneidungen zwischen den drei Typen möglich. Ein echter Dialog könnte deshalb auch an unerwarteten Orten zustande kommen, wie zum Beispiel bei Verhandlungen zwischen abgebrühten Politikern. In solchen Fällen könnte die Saat für eine neu definierte normative Ordnung gelegt werden. Wo immer man die praktischen Prioritäten sehen mag, ist es sicherlich der Mühe wert, über die Aussichten und die möglichen institutionellen Wege zu reflektieren, die zu einer dialogischen Vermittlung normativer Konflikte führen.

3. Internationale Dimension

Bereits in der Einleitung zu diesem Bericht wurde angedeutet, daß der Pluralismus heute nicht nur ein Phänomen innerhalb der Gesellschaften, sondern auch zwischen den Gesellschaften darstellt, und daß normative Konflikte sichtbarer Bestandteil der internationalen Beziehungen bilden. Samuel Huntington greift in seinem jüngsten Buch über den »*Kampf der Kulturen*« diesen

Tatbestand als zentrales Argument seiner Analyse der gegenwärtigen internationalen Szenerie auf. Er schließt sein Werk mit dem Ruf nach einem Dialog zwischen den Kulturen. Das ist nur ein anderer Begriff für den Sachverhalt, den wir in diesem Buch als normative Vermittlung bezeichnet haben.

Manche der normativen Konflikte und der Strategien zu ihrer Vermittlung, auf die in diesem Bericht unsere Aufmerksamkeit gelenkt wird, haben tiefgreifende Wirkungen sowohl für die Reichweite internationaler als auch zwischenkultureller Konflikte. Sie beziehen sich auf Vorstellungen von nationaler Identität und gemeinsamer Geschichte, auf Visionen der Zukunft und Perzeptionen des Fortschritts oder des Traditionalismus, die in den internationalen Beziehungen sowohl zwischen Nationen als auch zwischen Kulturen auf dem Spiel stehen. Und die normative Homogenität einer Gesellschaft wird durch dieselben (geographischen und sozialen) Mobilitätsprozesse unterminiert, die zugleich auch die kulturellen Bruchlinien im internationalen Bereich kennzeichnen. Die traditionellen normativen Muster innerhalb einer Gesellschaft werden in der Folge der ökonomischen Globalisierungsprozesse, der Medienkommunikation und der gegenseitigen intellektuellen Befruchtung keineswegs nur mit Alternativen oder Herausforderungen konfrontiert. Vielmehr bilden sie auch die Ursachen für den Verkehr zwischen Angehörigen verschiedener Kulturen in verschiedenen Gesellschaften, der in einem Ausmaß erfolgt, das in der bisherigen Menschheitsgeschichte ohne Beispiel ist.

In vielen Beiträgen dieses Bandes wurde die nationale Identität thematisiert. In Relation zu Religion, Fortschritt, Modernisierung, Globalisierung und kulturübergreifender Kommunikation stehen Gesellschaften immer wieder neu vor der Aufgabe, ihr Selbstverständnis zu formulieren und ihre Identität neu zu gewinnen. Dieser Prozeß verläuft nicht immer reibungslos und gelingt nicht durchweg. Radikale Nationalismen und aufbrechende Gewalt – nach innen und teilweise nach außen – sind die Folgen. Zwar wurden in dieser Studie keine offen nationalistischen Konflikte untersucht, doch lassen die hier untersuchten binnengesellschaftlichen Konflikte die Auseinandersetzungen um nationale Identität deutlich aufscheinen. Einerseits erschüttert die gesellschaftliche Dynamik tradierte Identitätsvorstellungen, andererseits führen die aggressiv ausgetragenen nationalistischen Konflikte zum Teil zu neuerlichen Migrationsbewegungen und somit zu weiteren Herausforderungen an gesellschaftliche Integration und friedliches Zusammenleben über kulturelle und nationale Grenzen hinweg.

Migrations- und Immigrationsprozesse haben nicht nur Auswirkungen auf den gesellschaftlichen Zusammenhalt, sondern auch auf die Beziehungen zwischen den Gesellschaften. Sie hängen mit Interessenkonflikten zusammen; wann immer das »Aufeinanderprallen« von Kulturen zur Diskussion steht, ist es von besonderer Bedeutung, Interessenkonflikte von grundlegenden normativen Differenzen zu unterscheiden. Was innerhalb einer Gesellschaft für die Versuche zur Lösung solcher Konflikte zutrifft, gilt in mindestens demselben Maße auch für den internationalen Bereich. Dennoch lassen sich aus den Fällen, die in diesem Bericht geschildert werden, gewisse Folgerungen ableiten, die bei dem Versuch, solche zwischenkulturellen Konflikte zu lösen, relevant sein können. Vor diesem Hintergrund sind die Fallbeispiele mit Blick auf die Erfolgschancen einer Vermittlung in gewissem Maße aufschlußreich.

Es ist absolut unerläßlich, die Kommunikation zwischen den Konfliktparteien oder zwischen den sie legitim repräsentierenden Akteuren herzustellen. Gleichermaßen wichtig ist es, gemeinsame Erfahrungen zum Ausgangspunkt zu nehmen und eine gewisse Zeit abzuwarten, so daß sich Vertrauen und Verständnis entwickeln können. Ferner muß festgestellt werden, ob es möglich ist, die Interessenfragen von den Fragen der Normen und kulturellen Muster zu lösen. Es muß bestimmt werden, welche Form der Vermittlung die besten Aussichten auf Erfolg haben könnte. Die Beantwortung dieser Frage hat möglicherweise zur Voraussetzung, daß verantwortungsvolle und vertrauenswürdige Akteure bestimmt werden. Aus diesem Grunde dürfte es sehr schwierig sein, im internationalen Bereich eine imperative Vermittlung anzustreben, weil es an plausiblen Kandidaten für eine solche Funktion fehlt. In den wenigen Fällen einer internationalen Intervention mußten die Akteure jeweils in einem sehr schwierigen Prozeß auf der Basis von Ad-hoc-Entscheidungen berufen werden. Das System einer Weltregierung ist nicht vorstellbar, und multinationale Organisationen wie UNO, NATO, ASEAN oder MERCOSUR werden zwar Interessen artikulieren können, geraten aber in größte Schwierigkeiten, wenn sie sich mit normativen Fragen befassen müssen.

Eine pragmatische Vermittlung ermöglicht einen Prozeß der Vertrauensbildung für alle, die gewillt sind, sich daran zu beteiligen. Diese Vermittlungsart könnte sich als der Kurs erweisen, der am ehesten zu einem Erfolg führt. Wenn sich aufgrund eines bereits bestehenden Kommunikationsrahmens eine Art »kollektives Bewußtsein« entwickeln konnte, würde sich dies im Laufe der Zeit als Vorteil bemerkbar machen. Um welche Fragen es auch gehen mag, es ist immer wichtig, genügend Zeit einzuräumen, so daß sich der Prozeß weiterentwickeln kann. Offensichtlich ist ferner, daß die wichtigste Leistung eines solchen Kommunikationsprozesses darin bestehen müßte, einen Informationsaustausch in größerem Umfange zu ermöglichen, damit die gegenseitige normative Beurteilung auf eine solidere Basis gestellt werden kann. Wie bei den Prozessen innerhalb der Gesellschaften, wird es in erster Linie noch nicht darum gehen können, die normativen Differenzen als solche zu bearbeiten, sondern sich zunächst mit zuvor ausgehandelten Problemen zu befassen, die, obgleich sie eine Folge der normativen Konflikte sein mögen, als Teil einer Agenda toleriert werden können.

Dialogische Vermittlung wird am schwierigsten zu erreichen sein, wie sich auch in den zwischengesellschaftlichen Prozessen zeigt. Der Grund hierfür liegt darin, daß diese Vermittlungsform eine echte Auseinandersetzung mit der »Andersartigkeit« der verschiedenen Konfliktparteien voraussetzt, anstatt einfach nach dem kleinsten gemeinsamen Nenner zu suchen. Die große Entdeckung wird nicht darin bestehen, daß bei den betreffenden Kulturen irgendwelche gemeinsamen normativen Elemente gefunden werden. Vielmehr wird es darum gehen, jede dieser Kulturen auf legitime Weise zu der Erkenntnis zu bewegen, daß es auch noch andere Kulturen mit eigenen legitimen Identitäts-

und Existenzansprüchen gibt. Die Definition der eigenen Identität und die Festlegung der Markierungslinien, welche die eigene Identität von der anderer unterscheidet, sind notwendigerweise interdependente Prozesse. Es wäre sinnlos, die eigene Identität (oder die einer Kultur, einer Nation, eines Kollektivs) ohne Bezug auf Unterschiede zu definieren – und ohne den Hintergrund anderer Optionen, vor dem sich die Verschiedenartigkeit erst aufzeigen ließe.

Die Fälle der muslimischen Nationen in unserem Bericht wie auch die Studien über die Länder, in denen Transformationsprozesse hin zu Demokratie und Marktwirkschaft stattfinden, bieten klare Belege dafür, daß die Selbstbestimmung der Identität einer Gesellschaft und die Antwort auf die Frage »Wer sind wir?« ohne Bezug auf die internationalen Beziehungen nicht erfolgen können. In all diesen Fällen werden die normativen Konflikte auf einen bestimmten Faktor bezogen: entweder auf die Modernität, wie sie sich in ausländischen Modellen darstellt, oder auf »den Westen« als Modell oder als Fall, der sich vom erwünschten Zukunftspfad unterscheidet; entweder auf die Demokratie im Gegensatz zu kulturell »passenderen« Regierungsformen oder auf populistische Vorstellungen einer in der Tradition verwurzelten Entwicklung, die sich von einem entfremdeten, importierten Entwicklungsmodell unterscheidet. Südafrika hätte die letztlich verwirklichte Option gar nicht ergreifen können, wenn nicht die westliche Welt und die potentiellen Wirtschaftspartner des Landes in bezug auf die Apartheid Stellung bezogen hätten, und wenn nicht die afrikanischen Nachbarn in bezug auf die Chancen der schwarzen Bevölkerung Südafrikas eine bestimmte Position eingenommen hätten. Die südafrikanische Wirtschaft hätte ihre Rolle nicht spielen können, wenn sie keine Möglichkeit gesehen hätte, von ihren Partnern im Ausland unterstützt zu werden. Dabei wird allerdings auch deutlich, daß Südafrika aufgrund dieses Netzes von Verknüpfungen mit den internationalen Beziehungen nicht als Modellfall für Transformationsprozesse in anderen Ländern des afrikanischen Kontinents dienen kann.

Ähnliches gilt für die Einstellungen, die es der chilenischen intellektuellen Elite ermöglichten, ihre Rolle in der demokratischen Transformation des Landes zu übernehmen. Auch hier basierte der Vorgang auf Vorstellungen einer Verantwortung, die sie mit den akademischen Eliten in vielen Regionen der Welt teilt. Und hier wiederum ist ganz allgemein die Frage aufzuwerfen, welches Verantwortungsbewußtsein oder welche Führungsqualitäten bestimmte vertrauenswürdige Persönlichkeiten aufweisen müssen, damit sie in der Lage sind, die Kluft zwischen den Konfliktparteien so lange zu überbrücken, bis die Institutionen die für eine Vermittlungstätigkeit erforderliche Legitimität oder auch Leistungsfähigkeit erwerben konnten. Mit anderen Worten: Die Fälle Indonesien, Indien, Südafrika und Türkei zeigen, welch große Bedeutung charismatischen Führern zukommt, die normative Positionen repräsentieren können und die einerseits den Fokus für ein Kollektivbewußtsein bieten, aber andererseits gerade durch diese Fähigkeit auch in der Lage sind, in den Konflikten zu vermitteln. Die erfolgreichen Fälle machen die Beziehungen zwischen Führungsfähigkeit und Institutionen sichtbar – und sie erinnern uns an die Tatsache, daß keine von beiden ohne die andere auf einen Erfolg hoffen könnte.

Selbst bei der Lektüre der Berichte über die sehr anschaulichen Fälle der Nachkriegsgesellschaften in Japan und Deutschland muß man sich ständig in Erinnerung rufen, daß das normative Selbstbild dieser Gesellschaften jeweils unter Bezugnahme auf externe Quellen formuliert wurde – hinsichtlich der Demokratie spielte die amerikanische Besatzung eine entscheidende Rolle; hinsichtlich der wirtschaftlichen Entwicklung als einem integrativen Faktor innerhalb dieser Gesellschaften war die Integration in die Weltwirtschaft entscheidend, und hinsichtlich der Vorstellungen von »links« und »rechts« ließ sich keine Aussage ohne Bezug auf die Situation des Kalten Krieges treffen. Diese Gesellschaften verfügen über die bewundernswerte Fähigkeit, normative Zusammenstöße in solche Interessenkonflikte zu verwandeln, die vom politischen System legitim bearbeitet werden können. Doch diese Fähigkeit beginnt seit genau dem Augenblick brüchig zu werden, in dem sich der externe Bezugsrahmen grundlegend veränderte. Die Fallbeispiele zeigen, daß in diesen

Gesellschaften der Normalfall unter Bezug auf andere kulturelle und normative Muster definiert wird, während sich der Ausnahmezustand im Fehlen solcher Muster zeigt. Im Gegensatz zu bestimmten, heute modischen Annahmen stellt der Unterschied zwischen den Kulturen nicht eine Bedrohung an sich, sondern eher eine Vorbedingung dar, um Identitäten definieren zu können, denen ein gewisses Maß an Stabilität eigen ist.

Die Schlüsselfrage, die sich bei jedem Versuch stellt, Vermittlungsstrategien für internationale normative Zusammenstöße zu entwickeln, hängt mit der Erfahrung zusammen, daß innerhalb der einzelnen Gesellschaften die Makro-Institutionen des Staates eine entscheidende Rolle spielen: Wie also könnte das internationale Äquivalent des nationalen Regierungssystems beschaffen sein? Welche internationalen Institutionen wären geeignet, entsprechende Leistungen zu erbringen? Welches Design müßte sie kennzeichnen, und aus welchen Quellen würden sie ihre Legitimität ableiten? Welche Bedingungen müßten geschaffen werden, damit diese Institutionen überhaupt eine Chance bekämen, sich zu entwickeln, da sie doch ständig gezwungen sind, ihre Glaubwürdigkeit dadurch nachzuweisen, daß sie von Anfang an voll funktionsfähig sein müssen? Auf welche Formen der Führung müßte sich dieses System stützen oder welche Formen müßte es akzeptieren, ohne aus dem Gleichgewicht zu geraten? Das sind Fragen, die noch einer Antwort harren, die aber die thematischen Grenzen unseres Berichtes weit überschreiten. Dieser Bericht ermöglicht erste Einblicke in die Bedingungen für einen Dialog zwischen den Kulturen; die große Aufgabe jedoch steht uns noch bevor.

Eine Schlußfolgerung kann aber aus diesen Überlegungen mit beträchtlicher Zuversicht gezogen werden: Ob man sich nun mit dem gesellschaftlichen Zusammenhalt innerhalb der Nationen oder aber mit der Stabilität der internationalen Ordnung befaßt, wird man die normativen Konflikte nicht ignorieren können, die beides zu unterminieren drohen. Folglich ist die Suche nach möglichen Vermittlungsprozessen und -institutionen von herausragender praktischer Signifikanz. Es ist zu hoffen, daß das vorliegende Buch hierzu einen Beitrag leistet.

Resümees

1. Vereinigte Staaten von Amerika

James Davison Hunter

Der amerikanische Kulturkrieg

Am Ende des 20. Jahrhunderts befinden sich die Vereinigten Staaten inmitten eines ausgedehnten »Kulturkrieges«, der Progressive und Konservative in nahezu jeder innenpolitischen Frage spaltet. Da die beiden Konfliktparteien in fundamental verschiedenen philosophischen Grundannahmen und widerstreitenden Wertvorstellungen verwurzelt sind, stellt der gegenwärtige amerikanische Kulturkrieg eine tiefgreifende Herausforderung für die demokratischen Institutionen dar. Dieser Beitrag erkundet die Rolle der Institutionen der Zivilgesellschaft bei der Vermittlung dieser Konflikte. Insbesondere untersucht er die in gewisser Weise einzigartige Institution privater gemeinnütziger Arbeit und ihre Fähigkeit, eine Brücke zwischen den Streitparteien zu schlagen. Anstatt in diesen Konflikten zu vermitteln, nimmt das ausgedehnte Netz privater Stiftungen in Amerika jedoch eine parteiische Stellung auf der einen oder anderen Seite ein. Als Ergebnis werden diese Stiftungen daher de facto selbst zu speziellen Interessengruppen. So führt die Beteiligung privater gemeinnütziger Arbeit in den Vereinigten Staaten eher dazu, daß der Konflikt verschärft wird, und eine demokratische Lösung dieser Spannungen zwischen Wertepositionen um so schwieriger wird.

Danièle Hervieu-Léger

Die Vergangenheit in der Gegenwart: die Neudefinition des »Laizistischen Paktes« im multikulturellen Frankreich

Die für eine bestimmte Gesellschaft charakteristischen normativen Konflikte entstehen genau an dem Punkt, an dem der ideologische Prozeß der Definition und Neudefinition kollektiver Orientierungen (die im gleichen Maße durch Wandel ausgelöst werden und selbst wiederum Wandel auslösen) mit konkreten Veränderungen der Beziehungen zwischen den sozialen Akteuren zusammentrifft. Die daraus resultierenden Konflikte stellen folglich nicht Funktionsstörungen oder Fehlentwicklungen des sozialen Systems dar, sondern machen im Gegenteil die Dynamik aus, durch welche die Gesellschaft sich beständig neu konstituiert. Die entscheidenden Konflikte in einer bestimmten Gesellschaft sind jene, die ihre bisherige Selbstdefinition in Frage stellen, Konflikte – um es anders auszudrücken –, die erhebliche Auswirkungen auf die Definition der kollektiven Identität, den Umgang mit den Inhalten der kollektiven Erinnerung und die Bestimmung der Grundlagen haben, auf denen die soziale Kohäsion ruht oder ruhen sollte. Am Beispiel der wichtigsten Veränderungen in Frankreich seit Beginn der achtziger Jahre wird im vorliegenden Beitrag die Neudefinition der republikanischen Bezugspunkte untersucht angesichts der Konfrontation mit einer Entwicklung, die der republikanischen Kultur denkbar fremd ist: der Forderung bestimmter Gruppen nach einem Recht auf »Anderssein«. Die Frage des Umgangs mit dem Islam, der mittlerweile in Frankreich die zweitstärkste Religionsgemeinschaft nach der katholischen ist, vor der protestantischen und der jüdischen, markiert den äußerst schwierigen Kristallisationspunkt eines umfassenderen Problems: Wie stellt sich das Verhältnis von Besonderheit und Universalität, mithin der Kern der französischen Identität, heute dar? Im Mittelpunkt steht eine Neubewertung der ideologischen und der praktischen Bedeutung der *laïcité*, der weltanschaulichen Neutralität von Staat und Gesellschaft. Für Nicht-Franzosen bleibt der Begriff *laïcité* oft dunkel (und stets unübersetzbar!). Über ein Jahrhundert lang trug dieses Konzept in ganz besonderer Weise zur Konstituierung der französischen nationalen Identität bei. Auch heute noch vermag es – obschon es um andere Inhalte geht – in bemerkenswerter Weise die öffentliche Debatte zu fokussieren. Durch die scheinbar abstrakte Frage, wie *laïcité* neu zu definieren ist, tauchen eine ganze Reihe von Problemen auf, die mit dem Knüpfen und der Bewahrung sozialer Bindungen in einer Gesellschaft zu tun haben, deren historisches Ideal von Integration (politisch, administrativ, sprachlich, ideologisch und kulturell verstanden) mit einer neuen Konfiguration sozialer und kultureller Beziehungen konfrontiert wird, einer Konfiguration, die durch Pluralismus und Fragmentierung gekennzeichnet ist. Die Neudefinition von *laïcité* bedeutet heute weder einen neuen Konflikt zwischen der katholischen Kirche und dem Staat noch eine neue Episode im traditionellen «Krieg der beiden Frankreich»: des hierarchischen, konservativen und katholischen auf der einen Seite und des modernen, progressiven und republikanischen auf der anderen Seite. Es geht vielmehr um das Verhältnis gemeinsamer nationaler Werte (entstanden aus dem Zusammenprall einer katholischen Kultur und einer revolutionär-repulikanischen Tradition) zu spezifischen Gruppenwerten, vertreten von Minoritäten, die im Namen der Demokratie auf ihr «Recht, anders sein zu dürfen» pochen. Angesichts von Gruppen, die selbstbewußt auf ihrer kulturellen Identität beharren, bemühen sich der Staat, die katholische Kirche sowie protestantische und jüdische Einrichtungen als die Vertreter «assimilierter» Minderheiten innerhalb einer republikanischen Kultur, deren Erscheinungsbild sie mitgeformt haben, vom Fundament ihrer jeweiligen Traditionen ausgehend einen Korpus neuer gemeinsamer Werte zu schaffen. Dabei arbeiten sie in einem bislang ungewohnten Ausmaß zusammen, so daß es zu einer höchst interessanten Neudefinition des Verhältnisses zwischen der Republik und den verschiedenen »weltanschaulichen Familien« gekommen ist, das die französische Identität prägt. Bei dieser Neudefinition ist die Frage, in welcher Weise die verschiedenen Traditionen gepflegt werden, von besonderer Bedeutung: Sie werden mit Blick auf gegenwärtige Probleme weiter entwickelt und zugleich umgestaltet. Am Beispiel mehrerer Konflikte, die wichtige Etappen dieses Prozesses markieren (die Debatte um religiöse Minderheiten in der Schule, der Konflikt in Neukaledonien usw.), wird in dem vorliegenden Aufsatz erörtert, welchen Beitrag unterschiedliche Vermittlungsverfahren in Konflikten, die zu einer Neudefinition von *laïcité* führen können, unter bestimmten Bedingungen zur Schaffung einer gemeinsamen nationalen Identität in einem multikulturellen Frankreich leisten.

Franz-Xaver Kaufmann

Normative Konflikte in Deutschland: Basiskonsens, Wertewandel und soziale Bewegungen

Mißt man das Ausmaß normativer Konflikte in Deutschland seit dem Zweiten Weltkrieg an der Virulenz herkömmlicher Konfliktfelder – Religion, Ethnie, Klasse – so stellt man ein überraschend geringes Konfliktniveau fest. Offenkundig normative Konflikte sind vor allem im Zusammenhang mit der Formierung neuer sozialer Bewegungen entstanden, welche der ›alten‹ Bundesrepublik und ihrer Politik eine charakteristische Prägung gegeben haben.

Allerdings werfen gerade Entwicklungen der jüngsten Zeit – seit der Vereinigung der beiden deutschen Nachkriegsstaaten – die Frage auf, ob nicht normative Konflikte des älteren Typs erneut aufbrechen. Der Streit ist insbesondere über die zu hohen Lohnnebenkosten der Bundesrepublik entbrannt; die Einengung der Verteilungsspielräume resultiert zum einen aus der wachsenden Konkurrenzfähigkeit anderer Länder mit einem wesentlich niedrigeren Lohnniveau und zum anderen aus der vereinigungsbedingten Erhöhung der Lohnnebenkosten.

Längerfristig politisierte Konflikte durch die neuen sozialen Bewegungen sind insbesondere in den Bereichen der Umweltgefährdung und des Zusammenhangs von Rüstung und Frieden entstanden. Mit Ausnahme des diese beiden Problembereiche verbindenden Konfliktes um die Atomenergie, der bis heute virulent geblieben ist, ist eine weitgehende Entdramatisierung und Konventionalisierung der Konflikte gelungen.

Zusammenfassend werden die wichtigsten Bedingungen des

bisher vergleichsweise geringen Niveaus normativer Konflikte in Deutschland herausgearbeitet: Die Grundlage bildet ein durch die Einigung auf das Grundgesetz begründeter Basiskonsens aller großen Parteien, der die marktwirtschaftliche Ordnung, die Prinzipien der Sozialstaatlichkeit und ein korporatistisch verfaßtes Tarifvertragswesen mit einschließt. Entscheidende Merkmale sind dabei das Recht zur Selbstorganisation für Gruppen, die unterschiedliche normative Anliegen vertreten, und ihre Einbindung in den politischen Willensbildungsprozeß, soweit sie politische Parteien formieren. Darüber hinaus ist insbesondere im Bereich des Verhältnisses von Kapital und Arbeit ein komplexes System von Verhandlungs- und Entscheidungsgremien unter Beteiligung der Tarifpartner entstanden. Die staatliche Gesetzgebung beschränkt sich dabei auf die Regelung der Verfahren. In ähnlicher Weise sind auch die Anliegen der neuen sozialen Bewegungen dadurch entschärft worden, daß zahlreiche Verfahren geschaffen wurden, um die Berücksichtigung dieser Anliegen zu sichern. Wir können daher die dominierende Strategie deutscher Bewältigung normativer Konflikte als Verbindung von Selbstorganisation normativ orientierter Gruppen mit einer Prozeduralisierung ihrer Konflikte kennzeichnen.

János Mátyás Kovács

Unsichere Geister – Populisten und Liberale im postkommunistischen Ungarn

Im Jahre 1989 waren optimistische Beobachter überzeugt, daß die seit einem Jahrhundert bestehende Konfliktlinie zwischen den sogenannten »Populisten« (oder Nationalisten) und den Westernisierern (oder Liberalen) aus dem intellektuellen und politischen Leben Osteuropas verschwinden würde. Heute wissen wir, daß die Annäherung von nationalen bzw. nationalistischen und liberalen Ausprägungen des Antikommunismus eher einem gemeinsamen Feindbild als einer normativen Gemeinsamkeit zuzuschreiben war. Die optimistischen Prognosen über einen erdrutschartigen Sieg des »Liberalismus mit nationalem Antlitz« in Osteuropa mußten überprüft werden. Statt einer Art von *Verfassungspatriotismus* gewinnen heute Nationalismus, Autoritarismus und Neo-Sozialismus in vielen der neuen Demokratien an Bedeutung. Die wichtigsten normativen Konflikte werden noch immer rituell mit umfassenden Visionen von einer nativistisch-traditionalistischen oder aber von einer am Westen orientierten Entwicklung in Zusammenhang gebracht.

Ist es angemessen, die alten Bezeichnungen zu verwenden und die heutige Konfrontation einen Kampf zwischen »Populisten« und »Westernisierern« zu nennen? Eine gängie These beschreibt diese alte Dichotomie mit der »Gefrierschrank-Metapher«. Demnach habe der Kommunismus die alten normativen Konflikte in Osteuropa lediglich eingefroren, die aber nach dem Öffnen der Gefrierschranktür im Jahre 1989 wieder voll in Erscheinung getreten seien. Ich ziehe dagegen die Metapher von den

Geistern vor, denen die kommunistischen Machthaber in regelmäßigen Abständen erlaubten, aus ihren Gräbern zu steigen, damit sie einander erschrecken und sehen konnten, wie sich die Welt inzwischen verändert hatte. Um es vereinfacht auszudrükken: Die Populisten wurden reaktiviert, wenn die kommunistische Elite eine patriotische Legitimation benötigte, während die Westernisierer gerufen wurden, sobald die Nomenklatura beschränkte Reformen des Marktes einleiten und das Land gegenüber dem Westen ein wenig öffnen wollte.

Im Gefolge der Revolution von 1989 mußten sich die Populisten nicht nur die Kosten des ethnischen Konfliktes vor Augen führen, sondern auch die durch ihr Eintreten für eine isolationistische Politik, für Agrarorientierung und Anti-Konsumerismus entstehenden Kosten. Gleichzeitig sahen sich die Westernisierer einem Westen gegenüber, der von postmodernistischem Relativismus durchdrungen war, der sich vor der durch die Globalisierung gegebenen Herausforderung ängstigte und sich wegen der eigenen Unentschlossenheit hinsichtlich der Zukunft des Wohlfahrtsstaates sorgte. Interessanterweise wirkte die Demokratie in Ungarn zuerst an einer Konfliktverschärfung mit, um dann – paradoxerweise – zu einer Überbrückung der normativen Brüche beizutragen.

Der vorliegende Beitrag zeigt diesen zyklischen Prozeß am Beispiel Ungarns auf, einem Land, in dem sich der normative Konflikt zwischen Populisten und Liberalen a) anhand der wesentlichen Aspekte der Dichotomie aufzeigen und b) in einer überraschenden historischen Kontinuität beobachten läßt. In diesem Land lassen sich zwei große Lager von Intellektuellen und Politikern feststellen, die in der Hauptstadt konzentriert sind und die sich sowohl gegenseitig als auch sich selbst »Populisten« oder »Nationalpopulisten« und »Urbane«, »Liberale« oder »Westernisierer« nennen. Sie benutzen also noch im Jahre 1996 Begriffe, die im 19. und frühen 20. Jahrhundert geprägt wurden.

Das moderne demokratische Gemeinwesen instrumentalisiert einen traditionellen normativen Konflikt in Ungarn – es revitalisiert ihn, mildert ihn aber auch teilweise wieder ab. Während die

Populisten und die Liberalen miteinander stritten, traten die Neosozialisten als erfolgreiche politische Kraft in Erscheinung, die sich selbst als pragmatische und dem ideologischen Streit abholde »Dritte Partei« vermarkteten. Die Neosozialisten kooperierten mit den Liberalen und überschritten damit die Grenzlinien des alten Konfliktes. Der daraus entstehende »Waffenstillstand« ist zum großen Teil das Ergebnis der gemeinsamen Frustration über die parlamentarische *Realpolitik*.

Die Konfliktbeteiligten begriffen allmählich, daß sie ein gemeinsames Interesse daran hatten, die Konfrontation einzufrieren und so nach Möglichkeit auch zu überleben. Neben das Vertrauen in die Zivilgesellschaft trat zunehmend die institutionelle Wirkung der Demokratie. Seit 1989 hat die Demokratie die Beteiligten der Debatte zwischen Populisten und Liberalen gelehrt, miteinander zu verhandeln und auch zweitbeste Lösungen im politischen Prozeß anzuerkennen. Konfligierende Normen wurden in konfligierende Interessen übersetzt, wirtschaftliche Gruppierungen betraten die Szene, neue Pufferzonen wurden sichtbar, und es stellte sich heraus, daß es *tatsächlich* gemeinsame Lösungen gab. Der Parlamentarismus zwang viele Populisten dazu, das Aushandeln als solches zu akzeptieren, die verfassungsmäßigen Verfahrensweisen zu befolgen und den romantischen durch einen professionellen Diskurs zu ersetzen. In ähnlicher Weise wurden die Liberalen zu der Erkenntnis veranlaßt, daß die Populisten nur so lange minderwertige Partner einer rationalen Diskussion sind, bis sie lernen, die Spielregeln zu beachten.

Im Jahre 1994 stimmten die ungarischen Bürger für eine Profanierung der Parteipolitik. Sie waren es, die den Konflikt »in zivilisierte Bahnen lenkten«, d. h. dazu beitrugen, die Feindseligkeiten, wie in fortgeschrittenen westlichen Gesellschaften, unter Kontrolle (oder außerhalb des Parlaments) zu halten. Die früheren Feinde fühlen sich allerdings in dieser neuen Atmosphäre parteilicher Toleranz ein wenig unwohl. In einigen Jahren jedoch könnten die wiederholten politischen Kompromisse zwischen ihnen zu einer Art kultureller Synthese von Nationalkonservatismus und sozialem Liberalismus führen.

Arturo Fontaine Talavera

Revolution von oben und horizontale Vermittlung: der Übergang Chiles zur Demokratie

Chile wurde 17 Jahre lang von einem diktatorischen Regime unter General Pinochet regiert. Aufgrund der tiefen Zerrissenheit der Gesellschaft konnte vermutet werden, daß ein friedlicher Übergang nicht möglich sein würde. Die offenen Wunden, die Verletzungen der Menschenrechte und insbesondere die einander ausschließenden Vorstellungen über die Vergangenheit und die Zukunft führten zu der Annahme, daß sowohl Verhandlungen als auch Übereinkünfte entweder fruchtlos oder jedenfalls kurzlebig bleiben würden. Dennoch bewegt sich die Nation heute auf dem vereinbarten und unblutigen Weg auf die Demokratie zu. Bei einem Vermittlungsprozeß in einem so intensiven und radikalen Konflikt spielen zahlreiche Faktoren eine Rolle. In der hier vorgelegten Fallstudie soll gezeigt werden, daß Chiles Übergang zur Demokratie nicht einfach die Folge der Modernisierungsimpulse des Regimes Pinochet und des Wirtschaftswachstums war. Der Beitrag konzentriert sich zunächst auf die Wirkung der ökonomischen und institutionellen Veränderungsprozesse, die während der Diktatur eingeleitet wurden: die »Revolution von oben«. Im Anschluß daran wird die Wirkung privater sozialwissenschaftlicher Forschungsinstitute untersucht, die bei dem Transformationsprozeß eine wichtige Vermittlungsfunktion übernahmen.

Es zeigt sich, daß die zunächst in systemstabilisierender Absicht und gegen sozialistische Perspektiven gesellschaftlicher Entwicklung gerichteten institutionellen Veränderungen, die das Regime Pinochet eingeleitet hatte, weitreichendere Wirkungen hatten als beabsichtigt. Sie lösten nicht nur einen Prozeß wirtschaftlicher Modernisierung aus und schufen neue verfassungsrechtliche Bedingungen, sondern sie führten auch zu einer Neuausrichtung der gesellschaftlichen Interessenlagen und Wertvorstellungen in Chile. So war das Ergebnis der Diktatur nicht etwa eine Homogenisierung der gesellschaftlichen Zukunftsvorstellungen, sondern, in einer Art dialektischen Prozesses, die Entstehung neuer Bruchlinien. Es entwickelten sich dabei Impulse für eine Demokratisierung, die weit über das Pinochet-Regime hinausreichten und die Voraussetzungen für den Übergangsprozeß schufen.

Im Umgang mit diesen Bruchlinien erwies sich die große Bedeutung sozialwissenschaftlicher Forschungsinstitute, die als Foren der Aushandlung neuer Zukunftsvorstellungen dienen konnten. Zwar darf nicht der Eindruck entstehen, als hätte die intellektuelle Elite Chiles die Diktatur hinweggeschrieben oder -diskutiert, doch bestanden hier Möglichkeiten, Entwürfe vorzuschlagen, die gesellschaftliche Spaltungen überwinden helfen konnten. Zugleich zeigte sich, daß viele der Architekten des neuen Chile nach der Demokratisierung politische Ämter übernehmen und an der Verwirklichung der Neuordnung mitwirken konnten. Als Ergebnis dieses Prozesses gewannen Zukunftsvorstellungen an Bedeutung, die sowohl die sozialistische Utopie als auch die Hinterlassenschaften der Diktatur überwinden halfen.

Ann Bernstein

Südafrika: normative Konflikte, soziale Kohäsion und Vermittlungsinstitutionen

Südafrika in den 90er Jahren: eine Gesellschaft, die sich in einem tiefgreifenden Transformationsprozeß befindet. Diese Transformation erfaßt alle Aspekte des südafrikanischen Lebens und bringt ausgesprochen tiefgreifende Wirkungen mit sich – eine zwar umfassende, aber dennoch vereinbarte und ausgehandelte Revolution. Der vorliegende Beitrag befaßt sich mit dieser Gesellschaft.

Die Fallstudie beginnt mit einer Beschreibung des historischen und zentralen Konfliktes in Südafrika: Apartheid mit ihren Auswirkungen auf alle Aspekte des südafrikanischen Lebens. Dieser fundamentale Konflikt trug zur Entstehung einer Reihe wichtiger strategischer, politischer und letztlich auch normativer Bruchlinien bei, die zwischen den Gegnern der Apartheid über die Frage bestanden, wie man sich gegen dieses System stellen sollte. Diese Gegensätze werden definiert und analysiert.

Im Anschluß wirft der Beitrag einen Blick auf den bemerkenswerten politischen Übergangsprozeß, der in den vergangenen fünf Jahren in Südafrika stattgefunden hat. Die Einschätzung und das Verständnis vieler Beobachter in bezug auf diesen einzigartigen Transitionsprozeß konzentrierten sich häufig nur auf die dramatischen und offenkundigen politischen Entwicklungen seit der Ankündigung des Staatspräsidenten F. W. de Klerk, das Verbot des Afrikanischen Nationalkongresses (ANC), der Südafrikanischen Kommunistischen Partei (SACP) und anderer Bewegungen wurde aufgehoben und Nelson Mandela aus der Gefangenschaft entlassen. Hingegen liefert der vorliegende Beitrag Argumente dafür, daß bei dieser Transformation zwei miteinander verwandte, aber sehr unterschiedliche und sehr wichtige Komponenten wirksam waren: zum einen die »stille Revolution«, also die *de facto*-Desegregation und der Machtzuwachs der farbigen Bevölkerung, zum anderen das sogenannte »kleine Wunder«, also die politischen Verhandlungen und die verhältnismäßig friedliche Einführung der ersten Demokratie in der südafrikanischen Geschichte.

Im Anschluß daran wird die Bedeutung der Wirtschaft als intermediäre Institution hervorgehoben, vor allem ihre Rolle während der Apartheid und während des Übergangs zu einer neuen demokratischen Ordnung. Die Geschäftswelt spielte eine ungewöhnliche und bemerkenswerte Rolle im Kampf gegen die Apartheid und für den Übergang zu einer neuen politischen und sozialen Ordnung. Drei verschiedene Aspekte werden untersucht, um die Bedeutung der Wirtschaft zu beleuchten: ihr wachsender Widerstand gegen die Apartheidsgesetze; ihre Rolle im politischen Verhandlungsprozeß und ihre Rolle im Friedensprozeß.

Der Beitrag wendet sich dann der Untersuchung der neuen normativen Konflikte und der wichtigsten Fragen zu, vor denen Südafrika heute steht. Dabei wird vor allem eine bestimmte Herausforderung herausgehoben: die Wiedereinführung des Rechtsstaatsprinzips. In diesem Kontext werden die wichtige mediatisierende Rolle des Rechtssystems und die daraus folgenden Wirkungen untersucht. Der letzte Abschnitt schließlich befaßt sich allgemein mit Vermittlungsinstitutionen.

Serif Mardin

Anmerkungen zu normativen Konflikten in der Türkei

Vor einigen Jahren untersuchten S. M. Lipset und Stein Rokkan[1] historische Konfliktschwellen in Europa. Die beiden Wissenschaftler formulierten auf dieser Grundlage ihre These von der Kontinuität sozialstruktureller Konfliktlagen in den europäischen politischen Systemen und ihrer teilweisen Integration in »Zentren«.[2]

Zu diesen historischen Konfliktlinien zählten sie die Konfrontation und die anschließenden Verhandlungen zwischen Staat und Kirche, zwischen den Gründern der Nationalstaaten und den lokal-regionalen Machtinhabern, zwischen den Eigentümern der Produktionsmittel und den Besitzlosen. Das Ergebnis dieser Gegensätze und Vermittlungsprozesse bestand in der teilweisen Abschwächung der Konfliktkomponente der ursprünglichen Cleavages. Das Verdienst des Ansatzes von Lipset und Rokkan besteht darin, daß er es ermöglicht, den langfristigen Einfluß grundlegender sozio-politischer Konfliktlinien und ihrer kulturellen Begleitumstände in spezifischen nationalen Situationen zu untersuchen – ein Verfahren, das sich von den weit ausholenden und panoramahaften Entwürfen im Werk von S. N. Huntington unterscheidet.

1 Lipset, Seymour M., und Rokkan, Stein, 1967, »Cleavage Structures, Party Systems and Voter Alignments: An Introduction«, in: Lipset, Seymour M. und Rokkan, Stein, Hg., 1967, *Party Systems and Voter Alignments: Cross-National Perspectives*, New York, S. 1–64.

2 Shils, Edward, 1961, »Center and Periphery«, in *The Logic of Personal Knowledge: Essays Presented to Michael Polanyi on his Seventieth Birthday* [. . .], Glencoe, S. 117–130, hier S. 117.

Im Falle der heutigen Türkei werden die Rahmenbedingungen der Analyse durch die Tatsache bestimmt, daß die Konfliktlinien zwischen Zentrum und Peripherie auch weiterhin im Mittelpunkt stehen. An anderer Stelle habe ich den historischen Hintergrund dieses Aspektes und seine Transformation in der Moderne beschrieben.[3]

In jüngeren Arbeiten und in meinem Beitrag zu dem vorliegenden Band habe ich versucht zu zeigen, wie sich in den letzten vier Jahrzehnten aus dieser gegensätzlichen Konstellation teilweise eine Konfrontation zwischen dem bürokratischen Zentrum (d.h. in historischer Perspekte: der Elite) und dem Islam (d.h. dem Volk) entwickelte. Die türkischen Staatseliten und -beamten mit jakobinischen Neigungen sehen in dieser Konfrontation einen Konflikt zwischen »Rückständigkeit« und »Fortschritt« und handeln entsprechend. Die ursprünglich aufrichtige, wenn auch naive Überzeugung der Staatseliten lautete, daß die Einführung der Demokratie in der Türkei automatisch den Islam entschärfen und zugleich die Unterstützung für die säkularen Grundlagen des von ihnen begründeten Staates stärken würde. Diese Erwartung erfüllte sich nicht. Das allgemeine Erstaunen, das die Re-Islamisierung unter den *bien-pensant*-Intellektuellen der Türkischen Republik seit den 1970er Jahren auslöste, läßt sich – paradoxerweise – ihrem oberflächlichen Verständnis der westlichen Sozialwissenschaften zuschreiben. Sie glaubten zwar, diese Wissenschaften als analytische Instrumente für ihre Modernisierungsprojekte benutzen zu können, klammerten dabei aber Weber aus und verwarfen die späteren Arbeiten Durkheims.

In meinem Beitrag habe ich versucht, einige der gegenwärtigen Manifestationen der Konfrontation zu enthüllen. Auf der einen Seite des Konfliktes stehen die nebelhaften Vorstellungen der türkischen Staatsadministration in bezug auf die Stellung der Religion und in bezug auf die Re-Islamisierung der Gesellschaft. Auf der anderen Seite geht es darum, welche grundlegenden Wertekonflikte in der türkischen Gesellschaft durch diese offizielle Verleugnung des Islam hervorgerufen werden. An anderer

3 *Daedalus*, Winter 1973, S. 169–190.

Stelle[4] habe ich versucht zu zeigen, daß gerade infolge dieser Verleugnung die Entwicklung einer parallelen religiösen soziopolitischen und ökonomischen Sphäre möglich wurde – einer Sphäre, die nicht selten Züge dessen aufweist, was im Westen als »Zivilgesellschaft« bezeichnet werden würde.

Wollen wir jedoch in der von mir beschriebenen Situation zu Politikempfehlungen übergehen, ist zu bedenken, daß in der Türkei die Entstehung einer Reihe von unzusammenhängenden, aber ausgeprägten Entwicklungen zu beobachten ist – beispielsweise eine vielschichtig strukturierte öffentliche Meinung –, die nicht in die Richtung eines sich verfestigenden Konfliktes zwischen säkularen und religiösen Werten, sondern zu einer Synthese führen könnten.

4 »Civil Society and Islam«, in: Hall, John, Hg., 1993, *Civil Society: Theory, History Comparison*, Cambridge.

Robert William Hefner

Islamische Toleranz: der Kampf um eine pluralistische Ethik im heutigen Indonesien

Das südostasiatische Land Indonesien ist die größte Nation der Welt mit einer muslimischen Bevölkerungsmehrheit. Während des größten Teiles seiner Geschichte wurde das Land von politischen Meinungsverschiedenheiten zwischen den Befürwortern eines nichtkonfessionellen Staates und den Gruppierungen erschüttert, die einen islamischen Staat errichten woll(t)en. Heute jedoch beheimatet Indonesien die weltweit größte und einflußreichste Bewegung für einen demokratischen und pluralistischen Islam. Diese Bewegung ist vollauf damit beschäftigt, normative Sanktionen für Demokratie und religiöse Toleranz zu entwickeln; sie lehnt den Gedanken ab, daß der Islam die Errichtung eines islamischen Staates voraussetze. Statt dessen treten diese »zivilen Muslime« dafür ein, jenen Werten umfassende Geltung zu verschaffen, die sie als zentrale Bestandteile des Islam ansehen: Gleichheit, Freiheit und soziale Gerechtigkeit. Die Verwirklichung dieser Werte soll durch die Stärkung der Zivilgesellschaft und des Verfassungsstaates erfolgen. Die Entwicklung ist potentiell nicht nur für den Islam in Indonesien von Bedeutung, sondern könnte auch in den übrigen Teilen der Welt zu einem Modell für muslimischen Pluralismus werden.

In dem vorliegenden Beitrag werden die gesellschaftlichen und historischen Hintergründe der Bemühungen untersucht, eine moderne islamische Tradition des Pluralismus und der Toleranz zu schaffen. Ferner werden auch die Herausforderungen analysiert, vor denen die Bewegung heute steht. Dabei handelt es sich weniger um spezifisch islamische Probleme als vielmehr um strukturelle Spannungszustände im politischen System Indonesiens. Zu einem Zeitpunkt, an dem manche westlichen Beobachter von einem »Kampf der Kulturen« (*Clash of Civilizations*) zwischen dem Islam und dem Westen sprechen, illustriert das Beispiel Indonesien die in der muslimischen Welt weitverbreiteten Bemühungen, einen islamischen Rahmen für demokratischen Pluralismus und Toleranz zu entwerfen.

André Béteille

Der Konflikt von Werten und Normen in der heutigen indischen Gesellschaft

Die indische Gesellschaft durchläuft heute einen Prozeß des tiefgreifenden Wandels, in dessen Verlauf die neue, auf eine liberale, säkulare Verfassung gegründete Ordnung mit den Relikten der traditionellen hierarchischen Ordnung konfrontiert wird. Im gegenwärtigen Kontext existieren nicht nur eine Reihe eindeutig erwünschter Ziele, sondern bei den für die Führung der Gesellschaft und ihrer zahlreichen Institutionen maßgeblichen Regeln gibt es viel Ambivalenz, Uneindeutigkeit und Widersprüchlichkeit. Folglich tritt der Konflikt von Werten und Normen in vielen Bereichen zutage, wenngleich in den verschiedenen Bereichen nicht immer die gleichen Fragen Konfliktstoff bergen.

In dem vorliegenden Beitrag werden zwei Fragen näher untersucht: zum einen die Förderung der Gleichheit in einer hierarchischen Gesellschaft und zum anderen die Funktionsfähigkeit säkularer Strukturen in einer von der Religion durchdrungenen Gesellschaft. Die Verfassung der Indischen Union betont die Gleichheit in einem säkularen Rahmen, doch politische Programme zur Förderung der Gleichheit stoßen auf eine Vielzahl von Hindernissen. Das großangelegte Experiment mit Quotenregelungen – Stichwort »positive Diskriminierung« – hat deutlich gemacht, welche Spannungen dem Ideal der Gleichheit innewohnen, und die Durchsetzung säkularer Normen erwies sich als nicht leicht vereinbar mit der Freiheit der Religionsausübung. Diese Konflikte werden mit Blick auf die Herausbildung und Entwicklung der Zivilgesellschaft in Indien untersucht. Im letzten Abschnitt geht es um die zentrale Rolle, die Justiz und Bildungswesens dabei spielen, daß die Bedingungen für eine Lösung der genannten Konflikte geschaffen und erhalten werden.

Seizaburo Sato

Normative Konflikte in Japan

Japan ist ein Land, in dem die Modernisierung im Vergleich zum Westen, wo sie ursprünglich begonnen hatte, spät einsetzte. Dabei startete Japan von einer der des Westens gänzlich verschiedenen kulturellen Tradition aus. Da Modernisierung bis vor kurzem gleichbedeutend mit der Übernahme westlicher Vorbilder war, entstanden normative Konflikte in Japan im Zuge des Modernisierungsprozesses vor allem ausgehend von der Frage, wie Japan bei seinem Modernisierungsprogramm vorgehen sollte. Dies schloß die Frage des Umgangs mit der eigenen traditionellen Kultur ein, auf die sich Japans nationale Identität fest gegründet hatte. Es handelte sich bei der Beantwortung dieser Frage keineswegs um eine leichte Aufgabe. Bei dem Versuch, den fortgeschritteneren Westen einzuholen, konnte Japan die westliche industrielle Zivilisation auf keinen Fall völlig zurückweisen. Gleichzeitig schürten die Bedrohungen durch die westlichen Mächte ein streng anti-westliches Ressentiment in Japan. Dieser japanische anti-westliche Nationalismus erhitzte sich um so mehr in den frühen 30er Jahren, als sich die wirtschaftlichen Gegensätze zwischen den großen Wirtschaftsmächten verschärften und letztlich dazu führten, daß Japan sich in einen totalen Krieg gegen den Westen stürzte.

Vor dem Zweiten Weltkrieg gab es in Japan drei wesentliche institutionelle Faktoren, die eine nützliche Rolle bei der Vermittlung dieser nationalen Wertekonfliktsituationen spielten: erstens ein starker und wachsender Nationalismus; zweitens das hartnäckige Fortbestehen der traditionellen Gemeinschaften; und drittens die Tatsache, daß japanische Unternehmen ein einzigartiges Managementsystem entwickelten, das Gemeinschaftswerte und organisatorische Charakteristika vereinte.

Die Niederlage im Zweiten Weltkrieg und die demokratischen Reformen, welche die Besatzungsmächte unter der Führung der Vereinigten Staaten durchsetzten, erschütterten die traditionelle Ordnung und die darauf beruhende Legitimität des Staates in ihren Grundfesten. Die Leiden, die durch die Kriegszerstörungen ausgelöst wurden, führten zu einer stark pazifistischen Grundeinstellung mit einem deutlichen Zug der Abneigung gegen den Staat. Gleichzeitig zwang die Realität des Kalten Kriegs die Besatzungsmächte dazu, ihre Politik zu ändern, um Japan zu einem verläßlichen Verbündeten gegen das kommunistische Lager zu machen. Zum Bündnis mit den Vereinigten Staaten bestand für Japan keine Alternative, es sei denn, es wollte sich zum Satelliten der Sowjetunion entwickeln. In der Nachkriegszeit kreisten die wesentlichen Wertekonflikte in Japan daher um die Einstellung gegenüber den Nachkriegsreformen und dem Staat auf der einen Seite sowie gegenüber dem Bündnis mit den USA auf der anderen. Bis in die 60er Jahre hatten sich die Nachkriegsreformen, gefördert durch einige Veränderungen in der Besatzungspolitik und weiterführende Entscheidungen der nachfolgenden LDP-Regierungen, fest in der japanischen Gesellschaft durchgesetzt. Dies führte dazu, daß die Konflikte über die Nachkriegsreformen bedeutungslos wurden. Auf der anderen Seite löste das boomartige Wirtschaftswachstum neue Konfliktlagen hinsichtlich Umweltzerstörung und Wohlfahrtsfragen aus.

Die Vermittlungsinstanzen in normativen Konflikten durchliefen seit dem Zweiten Weltkrieg ebenfalls große Veränderungen.

Von den drei genannten »mediating institutions« der Vorkriegszeit verloren sowohl der Nationalismus als auch die traditionellen Gemeinschaften im Nachkriegsjapan ihren Einfluß. Lediglich der japanische Weg der Unternehmensführung überstand die Nachkriegsjahrzehnte und expandierte um so stärker während der 50er und 60er Jahre aufgrund des beschleunigten Wirtschaftswachstums in diesem Zeitraum. Zusätzlich zur japanischen Form des Management entstanden in der Nachkriegszeit drei neue Vermittlungsinstanzen: erstens ein Mechanismus der Umverteilung von Einkommen auf der Grundlage andauernder, hoher wirtschaftlicher Wachstumsraten; zweitens die Entstehung von de facto kooperativen Arbeitsbeziehungen zwischen der regierenden liberaldemokratischen Partei und den Oppositionsparteien unter den Bedingungen der seit 1955 stabilen Einparteienregierung der LDP; drittens die Verbreitung neuer, religiöser Organisationen, die die Garantie weltlichen Wohlergehens in den Mittelpunkt ihrer religiösen Lehren stellten.

Im Verlauf der 80er Jahre entwickelte sich Japan aufgrund der außerordentlich großen Handelsüberschüsse zur größten Gläubigernation der Welt. Zugleich ließ das Ende des Kalten Kriegs das Interesse der Japaner an einer weitreichenderen Rolle in der internationalen Politik wachsen. Heftig umstritten bleibt allerdings, ob sich Japans Rolle ausschließlich auf nicht-militärische Bereiche beschränken oder auch ein militärisches Engagement umfassen soll. Seit den frühen 90er Jahren stürzte Japan in eine andauernde wirtschaftliche Rezession, die sich als die schwerwiegendste seit dem Ende des Zweiten Weltkrieges erwiesen hat. Diese wirtschaftliche Kalamität hat dazu geführt, daß ein erneuertes starkes Interesse der wirtschaftlichen Erholung gilt und die Konfrontation zwischen Wirtschaftswachstum und Umweltschutz nahezu bedeutungslos werden ließ. Im Ergebnis bleibt es eine offene Frage, in welcher Weise und durch welche Institutionen diese neu entstandenen Wertekonflikte gelöst werden können.

Hsin-Huang Michael Hsiao

Normative Konflikte im heutigen Taiwan

Dieser Beitrag behandelt die beiden herausragenden normativen Konflikte im heutigen Taiwan, nämlich zum einen die Kontroverse über die nationale Identität, zum anderen das Spannungsverhältnis zwischen Wachstum und Umweltschutz. Untersucht werden die Ursachen, die gesellschaftlichen Grundlagen, die konkurrierenden Gruppen und Akteure sowie deren Programme und öffentliche Diskussionen. Darüber hinaus wollen wir uns mit den Aussichten für die Vermittlung der beiden normativen Konflikte befassen.

Dabei wird sich zeigen, daß sich die Grundlage für die mögliche Vermittlung des normativen Konfliktes über die taiwanische nationale Identität im Verlauf der intensiven Auseinandersetzung um konkurrierende politische Agenden entwickelte, die von den wettstreitenden politischen Parteien und zivilgesellschaftlichen Gruppen vorgetragen werden. Deutlich wird ferner, daß die gemeinsamen Lebenserfahrungen der taiwanischen Gesellschaft in der Nachkriegszeit die wichtigsten institutionalisierten Normen für die weitere Festigung einer Nationalidentität darstellen, die sich von der Volksrepublik China unterscheidet.

Der normative Konflikt zwischen den Werten Wachstum und Umweltschutz hingegen wurde vor allem durch den Aufstieg der Umweltschutzbewegungen ausgelöst. Dieser neuen zivilgesellschaftlichen Bewegung gelang es, die wachstumsfreundliche Ideologie und Politik des Staates in Frage zu stellen. Der Staat und seine Verbündeten in der Wirtschaft wurden dadurch gezwungen, auf die Umweltprobleme sensibler zu reagieren. Dennoch muß unsere Schlußfolgerung lauten, daß die langfristig angelegte staatliche Wachstumsstrategie nicht so leicht zu verändern sein wird, solange die Forderung der Zivilgesellschaft nach einem öffentlichen Diskurs nicht nachdrücklicher und in einer strenger organisierten Form erhoben wird.

Die Analyse kommt zu dem Ergebnis, daß die normativen Konflikte über die nationale Identität und über die Umweltfrage durch die Auseinandersetzungen im Gefolge der großen Transformationsprozesse geschaffen und angeheizt werden, die in Taiwan seit den 1980er Jahren ablaufen. Die sich verändernde soziale Realität bringt konfligierende Definitionen der Vergangenheit und der Zukunftsvision der taiwanischen Gesellschaft hervor. Die soziale Realität fördert aber auch die Möglichkeiten und bestimmt die möglichen Richtungen der Vermittlungsprozesse in den beiden wichtigsten normativen Konflikten des heutigen Taiwan.

Auswahlbibliographie

Ahmad, I. Hrsg., 1973, *Caste and Social Stratification among the Muslims,* New Delhi.
Ali, F. and Bahtiar E,. 1986, *Merambah Jalan Baru Islam: Rekonstruksi Pemikiran Islam Indonesia Masa Orde Baru* [To Open a New Islamic Road: The Reconstruction of Indonesian Islamic Thought in the New Order Era]. Bandung.
Anderson, B. R., 1983, *Imagined Communities: Reflections on the Origin and Spread of Nationalism*, London.
Ansari, G. 1959, *Muslim Caste in Uttar Pradesh,* Lucknow.
Bakker, F. L., 1993, *The Struggle of the Hindu Balanese Intellektuals*, Amsterdam.
Ballion, R., 1982, *Les consommateurs d'école,* Paris.
Banac, I., Hrsg., 1991, Eastern Europe in Revolution, Ithaca.
Barton, G. 1995, »Neo-Modernism: A Vital Synthesis of Traditionalist and Modernist Islamic Thought in Indonesia«, in: *Studia Islamika: Indonesian Journal for Islamic Studies,* 2:3, S. 1–75.
Baubérot, J., 1990a, *Vers un nouveau pacte laïque?,* Paris.
Baubérot, J., 1990b, *La laïcité, quel héritage? De 1789 à nos jours,* Genf.
Baubérot, J., 1988, *Le protestantisme doit-il mourir?* Paris.
Baxi, U., 1996, *On Judicial Activism, Legal Education & Research in Globalizing India,* New Delhi.
Bellah, R. N., 1975, *The Broken Covenant: American Civil Religion in Time of Trial*, Chicago.
Bellah, R.N., 1985, *Habits of the Heart, Individualism and Commitment in American Life*, Berkeley.
Berger, P. L., 1992, *A Far Glory: The Quest for Faith in an Age of Credulity*, New York.
Berger, P. L., 1995, *Modernität, Pluralismus und Sinnkrise, Die Orientierung des modernen Menschen*, Gütersloh (Englisch: Modernity, Pluralism and the Crisis of Meaning, 1995)
Bernstein, A., Hrsg., 1995, »Post-Apartheid Population and Income Trends«, *CDE Research*, Nr. 1, Center for Development and Enterprise, Johannesburg,
Bernstein, A. u. a., 1996, »Business and Democracy: Cohabitation or contradic-

tion?«, *Development and Democracy* Nr. 10, Center for Development and Enterprise, Johannesburg.
Béteille, A., 1996, Caste in Contemporary India, in: Fuller, C. J., Hrsg., *Caste Today,* Delhi.
Béteille, A., 1994, Secularism and the Intellectuals, in: *Economic and Political Weekly,* Bd. XXIX, Nr. 10, S. 559–566.
Béteille, A., 1991, *Society and Politics in India: Essays in a Comparative Perspective,* London.
Béteille, A., 1987a, Equality as a Right and as a Policy, *LSE Quaterly,* Bd. 1, Nr. 1, S. 75–98.
Béteille, A., 1987b, *The Idea of Natural Inequality and Other Essays,* Delhi, 2. Aufl.
Béteille, A., 1986, 'The Concept of Tribe with Special Reference to India', in: *European Journal of Sociology*, Bd. xxvii, pp. 297–318.
Bibó, I., 1990, *Zur Judenfrage. Am Beispiel Ungarns nach 1944*, Frankfurt.
Bibó, I., 1992, *Die Misere der osteuropäischen Kleinstaaterei*, Frankfurt; Donáth.
Birnbaum, P., 1988, *Un mythe politique: la »république juive«*, Paris.
Birnbaum, P., 1992, *Les fous de la République: histoire politique des juifs d'État, de Gambetta à Vichy,* Paris.
Birnbaum, P., 1995, *Destins juifs. De la révolution française à Carpentras,* Paris.
Boland, B. J., 1982, *The Struggle of Islam in Modern Indonesia.*
Borbándi, G., 1976, *Der ungarische Populismus*, München.
Bornschier, V., und Lengyel, P., 1994, *Conflicts and New Departures in World Society*, New Brunswick.
Bös, M., 1993, Ethnisierung des Rechts? Staatsbürgerschaft in Deutschland, Frankreich, Großbritannien und den USA, in: *Kölner Zeitschrift für Soziologie und Sozialpsychologie*, 45, S. 619–643.
Bose, N. K., 1975, *The Structure of Hindu Society,* Delhi (Übersetzung der bengalischen Ausgabe von 1949).
Boussinesq, J., 1994, *La laïcité française. Memento juridique*, Paris.
Bowen, J. R., 1993, *Muslims through Discourse: Religion and Ritual in Gayo Society*, Princeton.
Bozóki, A. 1993, »Hungary's Road to Systemic Change: the Opposition Roundtable«, in: *East European Politics and Societies*, Frühjahr.
Brand, K.-W. u. a., 1983, *Aufbruch in eine andere Gesellschaft. Neue soziale Bewegungen in der Bundesrepublik*, Frankfurt a.M. und New York.
Brisebarre, A. M., 1989, La célébration de l'Ayd-el-Kabir en France: les enjeux du sacrifice, in: *Archives de Sciences Sociales des Religions*, 68/1, Juillet-Décembre
Bruner, J., 1990, *Acts of Meaning*, Cambridge/Mass. und London.
Budiman, A. Hrsg., 1990, *State and Civil Society in Indonesia,* Clayton.
Casanova, J., 1994, *Public Religions in the Modern World*, Chicago.
Castoriadis, C., 1987, *The Imaginary Institution of Society*, Cambridge.
Chang, Mau-Kuei, u. a., 1993, *Ethnic Relations and National Identity*, Taipei.
Chang, Ying-Hwa, 1992, »Ethnische Probleme« (in chinesischer Sprache), in: Institute of Social Science and Philosophy, 1992, *Social Attitude Survey Report 1992,* S. 31–38.
Charney, C., 1994, *Political violence, local elites and democratic transition: Business and the peace process in South Africa*, unveröff. Ms. im Auftrag des Development Strategy and Policy Unit, Urban Foundation.

Chen, Chung-Min u. a., Hrsg., 1994, *Ethnicity in Taiwan: Social, Historicaland Cultural Perspectives*, Taipeh.
Cheng, R. L.,1994, »Language Unification in Taiwan: Present and Future«, in: Rubinstein, M.A., *The Other Taiwan: 1945 to the present*, Armonk, S. 357–391.
Chikio Hayashi, 1995, *Suji karamita Nihonjin no Kokoro (Statistical Analysis of Japanese Attitudes)*, Tokio.
Cohen, M., 1993, Les juifs de France. Affirmations identitaires et évolution du modèle d'intégration, *Le Débat*, Nr. 75, Mai-August.
Cohen, M. J., 1988, *Taiwan at the Crossroads: Human Rights, Political Development and Social Change in the Beautiful Island*, Washington.
Collins, R., 1975, *Conflict Sociology: Toward an Explanatory Science*, New York;
Constable, P. und Valenzuela, A., 1991, *A Nation of Enemies: Chile under Pinochet*, New York.
Cooper, C., u. a., 1992, *Race Relations Survey*, South African Institute of Race Relations, Johannesburg
Coq, G., 1995, *Laïcité et République. Le lien nécessaire*. Paris.
Coulson, N.J., 1964, *A History of Islamic Law*, Edinburgh.
Csizmadia, E., 1995, A magyar demokratikus ellenzék (1968–1988) (Die demokratische Opposition in Ungarn), Budapest.
Davie, G. und Hervieu-Lèger, D., Hrsg., *Les identités religieuses des européens*, Paris 1996.
Dettling, W., 1995, *Politik und Lebenswelt, Vom Wohlfahrtsstaat zur Wohlfahrtsgesellschaft*, Gütersloh.
Diamond, L., und Plattner, M. F., Hrsg., 1993, *Capitalism, Socialism and Democracy Revisited*, Baltimore und London.
Dore, R.P., 1965, *Education in Tokugawa*, London.
Doumergue, J. P., 1994, L'enracinement des mouvements politiques en Nouvelle-Calédonie, in: *Acta Geographica*, Nr. 98, S. 20–42.
Dumont, L., 1970, *Religion, Politics, and History in India*, Paris.
Dumont, L.,1966, *Home Hierarchicus*. Paris.
Edwards, S., und Cox, A., 1991, *Monetarism and Liberalization*, Chicago.
Efe, M., 1993, *Mizraksiz Ilmihal*, Istanbul.
Effendy, B., 1995, Islam and the State in Indonesia: Munawir Sjadzali and the Development of a New Theological Underpinning of Political Islam, in: *Studia Islamika: Indonesian Journal for Islamic Studies*, 2, 2, S. 97–121.
Everatt, D. und Orkin, M., Hrsg., 1993, *Growing up tough: A national survey of South African Youth*, Community Agency for Social Enquiry, Johannesburg.
Falcoff, M. u. a., 1988, *Chile: Prospects for Democracy*, New York.
Feith, H., 1962, *The Decline of Constitutional Democracy in Indonesia*, Ithaca.
Fukuyama, F., 1992, *Das Ende der Geschichte. Wo stehen wir?*, München.
Fukuyama, F., 1995, *Trust: The Social Virtues and the Creation of Prosperity*, New York.
Furet, F., 1995, *Le passé d'une illusion*, Paris.
Gabriel, C. und Kermel, V., 1988, *Nouvelle-Calédonie. Les sentiers de l'espoir*, Paris; Dommel 1993,
Gabriel, O.W., 1986, *Politische Kultur, Postmaterialismus und Materialismus in der BundesrepublikDeutschland*, Opladen.
Galanter, M., 1984, *Competing Equalities*, Delhi.

Ganguli, B. N., 1975, *Concept of Equality: The Nineteenth Century Indian Debate,* Simla.
Gaspard, E. und Khosrowkhavar, F., 1995, *Le voile et la République,* Paris.
Gauchet, M., 1985, *Le désenchantement du monde. Une Histoire politique de la religion,* Paris.
Gauthier, G., 1994, *Un village, deux écoles,* Paris.
Geertz, C., 1960, *The Religion of Java,* New York.
Gellner, E., 1992, *Nationalismus in Osteuropa*, Wien.
Gellner, E., 1994, *Encounters with Nationalism*, Oxford
Giddens, A., 1991, *Modernity and Self-Identity*, Stanford.
Godwin, C. J., 1972, *Change and Continuity: A Study of Two Christian Village Communities in Suburban Bombay,* Bombay.
Gole, N., 1992, *Modern Mahrem*, Istanbul.
Greenfeld, L., 1992, *Nationalism. Five Roads to Modernity*, Cambridge/Mass.
Greiffenhagen, M. u. S., 1993: *Ein schwieriges Vaterland. Zur politischen Kultur im vereinigten Deutschland*, München und Leipzig.
Greskovits, B., 1995, Demagogic Populism in Eastern Europe?, in: *Telos*, Winter.
Hale, W., 1994, *Turkish Politics and the Military*, London und New York.
Hall, J. A., Hrsg., 1993, *Civil Society: Theory, History, Comparison*, Cambridge.
Hanf, T., u. a., 1981, *South Africa: The Prospects of Peaceful Change – An empirical enquiry into the possibility of democratic conflict regulation*, London.
Hanioglu, M. S., 1995, *The Young Turks in Opposition*, New York und Oxford.
Haraszti, M., 1987, *The Velvet Prison. Artists under State Socialism*, New York.
Hassan, M. K., 1982, *Muslim Intellectual Responses to »New Order« Modernization in Indonesia*, Kuala Lumpur.
Hefner, R. W., 1993a, »Of Faith and Commitment: Christian Conversion in Muslim Java«, in Hefner, R. W., Hrsg., 1993a, *Conversion to Christianity: Historical and Anthropological Perspectives on a Great Transformation*, Berkeley.
Hefner, R W., 1993b, Islam, State, and Civil Society: ICMI and the Struggle for the Indonesian Middle Class, in: *Indonesia*, 56, Oktober, S. 1–36.
Hefner, R W., 1990, *The Political Economy of Mountain Java: An Interpretive History*, Berkeley.
Hefner, R. W., 1985, *Hindu Javanese: Tengger Tradition and Islam*, Princeton.
Hellmann, K.-U., 1996: *Systemtheorie und neue soziale Bewegungen*, Opladen.
Hervieu-Léger, D., Hrsg., 1990, *La religion au lycée. Conférences au lycée Buffon,* Paris.
Hof, B., 1991: *Für mehr Verantwortung – Langzeitarbeitslosigkeit und soziale Marktwirtschaft*, Köln.
Hsiao, H. H. M., 1996, Changing Literary Images of Taiwan's Working Class, in: Perry, E., Hrsg., 1996, *Putting Class in ist Place: Bases of Worker Identity in East Asia*, Berkeley.
Hsiao, H. H. M., 1994a, Social Movements and Civil Society in Taiwan: A Typological Analysis of Social Movements and Public Acceptance, Beitrag zum XXIII Weltkongreß für Soziologie, Bielefeld, Deutschland, 18.–23. Juli 1994.
Hsiao, H. H. M., 1994b, »Charakter and Wandel der Lokalen Umweltschutzbewegung in Taiwan, 1980–1991« (in chinesischer Sprache), in: Taiwan Research Fund, Hrsg., 1994, *Environmental Protection and Industrial Policies*, Taipei, S. 550–573;

Hsiao, H. H. M., 1991, »Ethnische Identifikation und ethnische Probleme« (in chinesischer Sprache), Institute of Social Science and Philosophy, Academia Sinica, 1991, *Social Attitudes Survey Report 1991*, S. 41–50.

Hsiao, H. H. M., und So, A., 1993, Ascent through National Integration: The Chinese Triangle of Mainland-Taiwan-Hong Kong, in: Palat, Ravi, Hrsg., 1993, *Asia-Pacific and the Future of the World Economy*, Westport, S. 133–147.

Hsiao, H. H. M. and Hagen Koo, 1995, »The Middle Classes and Democratization in East Asia: Taiwan and South Korea Compared«, paper presented at an International Conference on Consolidating the Third Wave Democracies, Institute for National Policy Research, Taipei, Aug. 27–30

Hsiao, H. H. M., »Wen kümmert die Umwelt in Taiwan? Die Formation und Evolution des Naturschutzes« (in chinesischer Sprache), in: Hsiao, H. H. M., 1987, *We Have Only One Taiwan*, Taipei, S. 81–104.

Hsiao, H. H. M. u. a., 1995, Antecedents of an Environmental Movement in Taiwan, in: *Capitalism, Nature, Socialism*, Band 6, Nr. 3, S. 91–104.

Hsu, Shih-Jung, 1995, *Environmental Protest, the Authoritarian State and Civil Society: the Case of Taiwan* (unveröffentlichte Dissertation, University of Delaware).

Hunter, J. D., 1991, *Culture Wars: The Struggle to Define America*, New York.

Hunter, J. D. 1994, *Before the Shooting Begins: Searching for Democracy in America's Culture War*, New York.

Huntington, S. P., 1993, »The Clash of Civilizations?« *Foreign Affairs* 72, 3, Sommer, S. 22–49.

Huntington, S. P., 1996, Kampf der Kulturen – The Clash of Civilizations, München.

Hunyadi, M., *La vertu du conflit. Pour une morale de la médiation*, Paris 1995.

Inalcik, H., 1973, *The Ottoman Empire: The Classical Age 1300–1600*, London.

Ionescu, G. und Gellner, E., Hrsg., 1969, *Populism. Its Meanings and National Characteristics*, London.

John L., Hrsg., *The Oxford Encyclopedia of the Modern Islamic World*, New York.

Johns, A. H., 1987, An Islamic System or Islamic Values? Nucleus of a Debate in Contemporary Indonesia, in: Roff, W.R., *Islam and the Political Economy of Meaning*, London, S. 254–280.

Kahin, G., 1952, *Nationalism and Revolution in Indonesia*, Ithaca

Kalberg, S., 1994, *Max Weber's Comparative-Historical Sociology*, Chicago.

Kane, P. V., 1974, *History of Dharmashastra*, Poona.

Kane-Berman, J., 1990, *South Africa's Silent Revolution*, Johannesburg

Karlekar, M., 1983, Education and Inequality, in: Béteille, A., Hrsg., *Equality and Inequality*, Delhi, S. 182–242.

Karve, I., 1968, *Hindu Society: An Interpretation*, Poona, 2. Aufl.

Katzenstein, P.J., 1996, *Cultural Norms and National Security: Police and Military in Postwar Japan*, Ithaca and London.

Kaufmann, F.-X., 1989, Die soziale Sicherheit in der Bundesrepublik Deutschland, in: Weidenfeld, W. und Zimmermann, H., (Hrsg.), *Deutschland-Handbuch. Eine doppelte Bilanz 1949 bis 1989*, München, S. 308–325.

Kenya Numata, 1988, *Gendai Nihon no Shinshukyo (New Religions in Modern Japan)*, Tokio.

Kepel, G., 1987, *Les banlieues de l'islam. Naissance d'une religion en France*, Paris.

Kitschelt, H., 1980, *Kernenergiepolitik – Arena eines gesellschaftlichen Konflikts*, Frankfurt a.M. und New York.
Knoke, D., 1986, Associations and Interest Groups, in: *American Review of Sociology*, 12, S.1–21.
Konrád, G. und Szelény, I., 1979, Intellectuals on the Road to Class Power, New York.
Kothari, R., Hrsg., 1969, *Caste in Indian Politics,* Delhi.
Kovacs, J. M., Hrsg., 1994, *Transition to Capitalism? The Communist Legacy in Eastern Europe*, New Brunswick.
Kovacz, J. M., Hrsg., *1991, Rediscovery of Liberalism in Eastern Europe*, Sonderausgabe East European Politics and Societies.
Kovacs, J. M., 1993, Which Institutionalism? Searching for Paradigms of Transformation in Eastern European Economic Thought, in: Wagener, H.-J., Hrsg., 1993, *The Political Economy of Transformation*, Heidelberg.
Kovács, J. M., Compassionate Doubts about Reform Economics, (Science, Ideology, Politics), in: Kovács, J. M. und Tardos, M., Hrsg., 1992, *Reform and Transformation. Eastern European Economics on the Threshold of Change*, London.
Kuppuswami, A., Hrsg., 1991, *Mayne's Treatise on Hindu Law and Usage,* New Delhi, 13. Aufl.
Lampert, H., 1995, *Die Wirtschafts- und Sozialordnung der Bundesrepublik Deutschland*, 12. Aufl. München.
Langlois, C., 1988, L'héritage de la Révolution française. Les trois cercles de laïcisation, in: *Projet,* September-Oktober.
Le Bras, G., 1955, 1956, *Études de Sociologie Religieuse,* 2 Bände, Paris.
Lebrun, F. (ed.), 1980, *Histoire des catholiques en France*, Paris.
Lepsius, M. R., 1966, Parteiensystem und Sozialstruktur: Zum Problem der Demokratisierung der deutschen Gesellschaft, in: Abel, W., Hrsg., *Wirtschaft, Geschichte und Wirtschaftsgeschichte*, Stuttgart, S.371–393.
Leveau, R. und Kepel, G., Hrsg., 1988, *Les musulmans dans la société française,* Paris.
Lewis, B., 1968, *The Emergence of Modern Turkey*, London, 2. Auflage.
Lipset, S. M., 1959, *Political Man: The Social Bases of Politics.*
Lodge, T. und Nassan, B., 1991, *All Here and Now: Black Politics in the 1980s*, Kapstadt.
Luhmann, N., 1991, Soziologie des Risikos, Berlin und New York.
Lyon, M. L., 1977, Politics and Religious Identity: Genesis of a Javanese-Hindu Movement in Rural Central Java, Dissertation, Berkeley.
Mackie, J., 1992, Changing Patterns of Chinese Big Business in Southeast Asia, in: McVey, R., *Southeast Asian Capitalists*, Ithaca, S.161–190.
Madan, T. N., 1987, Secularism in its Place, in: *Journal of Asian Studies,* 46/4, S.747–759.
Maître, J. u.a., 1991, *Les Français sont-ils encore catholiques?* Paris.
Mamoru Sasaki, 1984, *Sakaki Mamoru Shinario Shu (Selected Scenarios)*, Tokio.
Mardin, S., 1988, Freedom in an Ottoman Perspective, in: Heper, M., und Evin, A., Hrsg., 1988, *State, Democracy and Military: Turkey in the 1980s*, Berlin und New York, S.23–35.
Mardin, S., 1964, *Jon Turklerin Siyasi Fikirleri*, Ankara.
Mardin, S. und Brill, E. J., Hrsg., 1994, *Cultural Transitions in the Middle East*, Leiden.

Marshall, T. H., 1977, *Class, Citizenship, and Social Development,* Chicago.
Martin, D., 1979, *A General Theory of Secularization,* London.
Masachi Osawa, 1996, *Kyoko no Jidai no Hate (At the End of Fictitious Age),* Tokio.
May, B., 1978, *The Indonesian Tragedy*, Singapur.
Messner, F., Hrsg., 1995, *La culture religieuse à l'école*, Paris.
Mitchell, R. P., 1969, *The Society of the Muslim Brothers,* New York.
Monbusho (Ministry of Education, Science, Culture and Sport), Hrsg., 1948 and 1961, *Shukyo Nenkan (Annals of Religious Organizations)*, Tokio.
Mortimer, R., 1974, *Indonesian Communism under Sukarno: Ideology and politics, 1959–1965*, Ithaca.
Moussalli, A. S., 1992, *Radical Islamic Fundamentalism: The Ideological and Political Discourse of Sayyid Qutb*, Beirut.
Müller, H. P., 1992, *Sozialstruktur und Lebensstile*, Frankfurt a.M.
Nehru, J., 1961, *The Discovery of India,* Bombay (Erstveröffentlichung 1946).
Noer, D., 1973, *The Modernist Muslim Movement in Indonesia, 1900–1942*, Kuala Lumpur.
Norton, A. R., 1995, *Civil Society in the Middle East*, Leiden.
Ozouf, M., 1989, *L'homme régénéré. Essais sur la Révolution française,* Paris.
Ozouf, J., 1973, *Nous les maîtres d'école. Autobiographies d'instituteurs de la Belle Époque,* Paris.
Parsons, T. und Shils, E. A., Hrsg., 1951, *Towards a General Theory of Action,* Cambridge/Mass.
Parsons, T., 1966, *Societies: Evolutionary and Comparative Perspectives*, Englewood Cliffs.
Poulat, E., 1987, *Liberté, laïcité. La guerre des deux France et le principe de la modernité,* Paris.
Poulat, E., 1977, *Église contre bourgeoisie,* Paris.
Price, R., 1991, *Apartheid State in Crisis: Political Transformation in South Africa 1975–1990*, New York
Puryear, J., 1994, *Thinking Politcs*, London.
Rémond, R., 1984a, La laïcité n'est plus ce qu'elle était, in: *Études,* April, S. 439–448.
Richard P., 1969, *The Society of the Muslim Brothers*, New York.
Robison, R. 1986, *Indonesia: The Rise of Capital*, Sydney.
Roller, E., 1992, *Einstellungen der Bürger zum Wohlfahrtsstaat der Bundesrepublik Deutschland*, Opladen.
Roy, O., 1994, *The Failure of Political Islam*, Cambridge.
Rubinstein, M. A., Hrsg., 1994, *The Other Taiwan: 1945 to the present,* Armonk/N.Y.
Saktanber, A., 1994, Becoming the ›Other‹ as a Muslim in Turkey: Turkish Women vs Islamist Women, in: *New Perspectives in Turkey*, Nr. 11, Herbst, S. 99.
Savary, A., 1985, *En toute liberté,* Paris.
Schermerhorn, R. A., 1978, *Ethnic Plurality in India,* Tuscon.
Schlozman, K. L. und Tierney, J. T., 1985, *Organized Interests and American Democracy*, New York.
Schmidtchen, G., 1996, *Lebenssinn und Arbeitswelt, Orientierung im Unternehmen*, Gütersloh.
Schnapper, D., 1994, *La communauté des citoyens. Sur l'idée moderne de nation,* Paris.

Schulze, G, 1992, *Die Erlebnisgesellschaft. Kultursoziologie der Gegenwart*, Frankfurt a.M.
Schwarz, A., 1994, *A Nation in Waiting: Indonesia in the 1990s*, Boulder.
Seligman, A., 1992, *The Idea of Civil Society*, New York.
Serjeant, R. B., 1981, *Studies in Arabian History and Civilization*, London.
Shils, E. A., 1961, *The Intellectual between Tradition and Modernity: The Indian Situation,* Den Haag.
Sivaramayya, B., 1984, *Inequalities and the Law,* Lucknow.
Six, J. F., 1995, *Dynamique de la médiation,* Paris.
Smelser, N. J., 1962, *Theory of Collective Behavior,* New York.
Srinivas, M. N., 1962, *Caste in Modern India an Other Essays,* Bombay.
Srinivas, M. N., 1966, *Social Change in Modern India,* Berkeley.
Szacki, J., 1995, *Liberalism after Communism*, Budapest.
Sullivan, J., u.a., 1982, *Political Tolerance and American Demodracy*, Chicago.
Susumu Shimazono, 1992, *Shin Shin Shukyo to Shukyo Buum (Neo-new Religions and a New Tide of Religious Activities)*, Tokio.
Tanter, R. und Young, K., Hrsg., 1990, *The Politics of Middle Class Indonesia,* Clayton (Australien).
Taylor, C., 1989, Cross-Purposes: The Liberal-Communitarian Debate, in: Rosenblum, N., Hrsg., 1989, *Liberalism and the Moral Life*, Cambridge.
Tekeli, S., Hrsg., 1995, *Women in Modern Turkish Society*, London und New Jersey
Tokei Suri Kenkyujo (Institute of Statistical Research), Hrsg., 1992, *Nihonjin no Kokuminsei (Japanese National Character)*, Vol. 5, Tokio.
Touraine, A., 1973, *Production de la Société,* Paris.
Tripathi, P. K., 1972, *Some Insights into Fundamental Rights,* Bombay.
Turner, V., 1969, *The Ritual Process: Structure and Anti-Structure*, Chicago.
Yalcin-Heckmann, L., 1991, *Tribe and Kinship Among the Kurds*, Frankfurt.
Valenzuela, A., 1978, *The Breakdown of Chilean Democracy*, Baltimore und London.
Venturi, F, 1972, *Les intellectuels, le Peuple et la Revolution: Histoire du populisme russe*, Paris.
Wachman, Alan, 1994, Taiwan: *National Identity and Democratization*, Armonk/N.Y.
Walicki, A., 1975, *The Slavophile Controversy*, Oxford.
Walicki, A., 1967, *Legal Philosophies of Russian Liberalism*, Oxford.
Walicki, A. 1969, *The Controversy over Capitalism*, Oxford.
Willaime, J. P., 1992, La laïcité française au miroir du foulard, *Le Supplément,* Nr. 181, Juli.
Winock, M., 1989, Les combats de la laïcité, *L'Historie,* Nr. 128, Dezember.
Woodward, M. R., 1989, *Islam in Java: Normative Piety and Mysticism in the Sultanate of Yogyakarta*, Tucson.
Wu, Nai-Teh, 1993, »Ethnic Relations, Political Support and National Identity«(in Chinese), in: Chang Mau-Kuei u.a., *Ethnic Relations and National Identity*, Taipei: Institute for National Policy Research, 27–51.
Wuthnow, Robert, Hrsg., 1991, *Between States and Markets: the Voluntary Sector in Comparative Perspective*, Princeton.
Zurcher, E. J., 1993, *Turkey: A Modern History*, London und New York.

Die Autoren

Peter L. Berger

Geb. 1929 in Wien; seit 1985 Direktor des Institute for the Study of Economic Culture, Boston University.

1955–56 Studienleiter, Evangelische Akademie, Bad Boll; 1956–58 Professor am Woman's College, University of North Carolina; 1958–63 Direktor am Institute of Church and Community, Hartford Theological Seminary; 1963–70 Professor an der Graduate Faculty, New School for Social Research, New York; 1970–79 Professor an der Rutgers University; 1979–81 Professor am Boston College; seit 1981 Professor an der Boston University.

Veröffenlichungen u. a.:

Invitation to Sociology: A Humanistic Perspective, 1963; The Social Construction of Reality (mit Thomas Luckmann), 1966; The Sacred Canopy: Elements of a Sociological Theory of Religion, 1967; A Rumor of Angels: Modern Society and the Rediscovery of the Supernatural, 1969; The Homeless Mind: Modernization and Consciousness (mit Brigitte Berger und Hansfried Kellner), 1973; Pyramids of Sacrifice: Political Ethics and Social Change, 1975; The Heretical Imperative, 1979; Sociology Reinterpreted (mit Hansfried Kellner); The War Over the Family (mit Brigitte Berger), 1983; The Capitalist Revolution, 1986; A Far Glory, 1992; Modernization, Pluralism and the Crisis of Meaning (mit Thomas Luckmann), 1995.

Ann Bernstein

Seit 1995 Executive Director des Centre for Development and Enterprise, Johannesburg.

Leiterin der Abteilung für Städteplanung und Entwicklungspolitik der Urban Foundation; 1989–95 Executive Director der Urban Foundation; 1991 Forschungsaufenthalt am Institute for the Study of Economic Culture, Boston University; 1994 Mitglied des Transformation Team und 1995 Mitglied des Transitional Board der Entwicklungsbank von Südafrika.

Veröffentlichungen u. a.:

Policies for a New Urban Future: Urban Debate 2010 (in Zusammenarbeit mit dem Private Sector Council on Urbanisation); Urban Foundation Research, eine Berichtsreihe zu nationalpolitischen Themen; Development and Democracy, ein Informations- und Diskussionsmagazin.

André Béteille

Geb. 1934; seit 1959 Professor für Soziologie an der Universität Delhi.

Fellow der British Academy; 1965–66 Simon Fellow an der Universität Manchester; 1978–79 Gastprofessor an der Universität Cambridge; 1984 Tinbergen Lehrstuhl an der Erasmus Universität Rotterdam; 1986 Gastprofessor an der London School of Economics; 1988 Gastprofessor an der University of California, Santa Barbara; 1989 Fulbright Distinguished Lecturer; 1989–90 Fellow am Wissenschaftskolleg, Berlin; 1991 Fellow am Institute for Advanced Study in the Humanities, Edinburgh; 1992 Gastprofessor an der University of California.

Veröffentlichungen u. a.:

Class and Power, 1965; Castes: Old and New, 1969; Social Inequality, 1969; Studies in Agrarian Social Structure, 1974; Inequality among Men, 1977; Ideologies and Intellectuals, 1980; The Idea of Natural Inequality and Other Essays, 1983; Equality and Inequality, 1983; Essays in Comparative Sociology, 1987;

Society and Politics in India, 1991; The Backward Classes in Contemporary India, 1992.

Arturo Fontaine Talavera

Geb. 1952; Direktor des Centro de Estudios Públicos, Santiago.

Schriftsteller und Publizist; Studium an der Universität Chile und an der Columbia Universität, New York; Professor für Politische Philosophie an der Katholischen Universität, Santiago.

Veröffentlichungen u. a.:

Oír su voz, Planeta 1992; Tu nombre en vano, eine Gedichtsammlung (Editorial Universitaria, 1995); Autor verschiedener Artikel: ›Nadie ha de Obligarme a Ser Feliz a Su Manera: Un Punto de Vista Liberal‹, 1986; ›Sobre el Pecado Original de la Transformación Capitalista Chilena‹, 1991; ›The Future of an Illusion‹, 1992; ›Significado del Eje Derecha-Izquierda‹, 1995.

Robert William Hefner

Geb. 1952; seit 1989 Associate Director, Institute for the Study of Economic Culture, Boston University.

1979–80 Gastprofessor, anthropologische Fakultät, Gadjah Mada University, Yogyakarta, Indonesien; 1980 Teaching Assistant, University of Michigan; seit 1982 Associate Professor, Anthropologische Fakultät, Boston University; 1990–96 Fellowship Reader, Woodrow Wilson Center, Washington D.C.

Veröffentlichungen u. a.:

Hindu Javanese, Tengger Tradition and Islam, 1985; The Political Economy of Mountain Java: An Interpretative History, 1990; Conversion to Christianity: Historical and Anthropological Perspectives on a Great Transformation (Hrsg.), 1993; ICMI dan Perjuangan menuju Kelas Menengah Indonesia (ICI and the Struggle for the Indonesian Middle Class), 1995; Islam in an Era of Nation-Building: Politics and Religious Renewal in Muslim Southeast Asia (Hrsg. zusammen mit Patricia Horvatich), 1997;

Market Cultures: Entrepreneurial Precedents and Ethical Debates in East and Southeast Asia (Hrsg.), 1997.

Danièle Hervieu-Léger

Geb. 1947; Direktorin des Centre Interdisciplinaires d'Etudes des Faits Religieux, Ecole des Hautes Etudes en Sciences Sociales, Paris.

Studium der Politikwissenschaften, Soziologie und Rechtswissenschaften; Professorin an der Ecole des Hautes Etudes en Sciences Sociales, Paris; Herausgeberin der Zeitschrift ›Archives de Sciences Sociales des Religions‹.

Veröffentlichungen u. a.:

De la mission à la protestation. L'évolution des étudiants chrétiens en France (1965–1970), Paris 1973; Le retour à la nature. Au fond de la forêt, l'Etat (mit Bertrand Hervieu), Paris 1979; Le féminisme en France, Paris 1982; Des communautés pour les temps difficiles (mit Bertrand Hervieu), Paris 1983; Vers un Nouveau Christianisme? Introduction à la sociologie du christianisme occidental, Paris 1986; De l'émotion en religion (Hrsg. mit F. Champion), Paris 1990; Christianisme et Modernité (Hrsg. mit R. Ducret et P. Ladrière), Paris 1990; La religion au lycée (Hrsg.), Paris 1991; Religion et Ecologie (Hrsg.), Paris 1993; La religion pour mémoire, Paris 1993; Identités religieuses en Europe (Hrsg.), 1996.

Hsin-Huang Michael Hsiao

Geb. 1948 in Taipei; seit 1984 Professor der soziologischen Fakultät, National Taiwan University.

Seit 1983 Mitglied der Academia Sinica, Ethnologisches Institut; 1983–84 Forschungsaufenthalt, Center for Asian Development Studies, Boston University und Fairbank Center for East Asian Research, Harvard University; 1988 Gastprofessor, Department of Sociology and Center for International Studies,

Duke University; 1989–94 stv. Direktor, Institute of Ethnology, Academia Sinica; Executive Director, Foundation for the Advancement of Outstanding Scholarship; 1992–93 Präsident, Chinese Sociological Association of Taiwan; seit 1994 Associate Director und Executive Officer, Program for Southeast Asian Area Studies, Academia Sinica.

Veröffentlichungen u. a.:

Society and Natural Resources: An International Journal (Mitherausgeber), USA; Capitalism Nature Socialism: A Journal of Socialist Ecology (Herausgebergremium), USA; International Journal of Sociology and Social Policy (Mitherausgeber), UK; Hong Kong Journal of Social Science (Hrsg), Hong Kong; The American Asian Review (Mitherausgeber), USA.

James Davison Hunter

Geb. 1955; seit 1994 William R. Kenan Professor für Soziologie und Religionswissenschaften, University of Virginia.

1982–83 Professor für Soziologie, Westmont College; 1983–89 Professor für Soziologie, University of Virginia; 1989–94 Professor für Soziologie und Religionswissenschaften, University of Virginia; 1994–2000 Direktor des ›Post-Modernity Project‹; 1986–94 Forschungsprojekt ›The Religion and Power Project‹; 1990–92 Forschungsprojekt ›Moral Education in America‹; seit 1995 Präsident, In Medias Res Educational Foundation.

Veröffentlichungen u. a.:

American Evangelicalism: Conservative Religion and the Quandary of Modernity, New Brunswick, 1983; Evangelicalism: The Coming Generation, Chicago und London, 1987; Culture Wars: The Struggle to Define America, New York, 1991; Before the Shooting Begins: Searching for Democracy in America's Culture War, New York, 1994; Lessons in Self-Destruction: On the Moral Education of Children, New York, 1997; Fighting Words: An Essay on Extremism in Public Discourse, New York, in Bearbeitung; Mitherausgeber folgender Publikationen: Cultural Analysis: The Work of Peter Berger, Mary Douglas; Michel

Foucault and Jurgen Habermas, London 1984; Making Sense of Modern Times: Peter L. Berger and the Vision of Interpretive Sociology, London 1986; Articles of Faith – Articles of Peace: The First Amendment Religion Clauses and the American Public Philosophy, Washington D.C. 1990.

Franz-Xaver Kaufmann

Geb. 1932 in Zürich; seit 1969 Professor für Soziologie an der Universität Bielefeld.

1956 Lizentiat; 1960 Promotion in Wirtschaftswissenschaften an der Hochschule St. Gallen; 1960–63 Ciba AG, Basel; 1963–68 Sozialforschungsstelle der Universität Münster; Habilitation für Soziologie und Sozialpolitik an der Universität Münster; 1979–83 Direktor am Zentrum für Interdisziplinäre Forschung, Universität Bielefeld; 1980–92 Direktor am Institut für Bevölkerungsforschung und Sozialpolitik, Universität Bielefeld; 1993 Dr. theol.h.c.; Mitglied der Academia Europea; ausländisches Mitglied der Königlichen Akademie der Wissenschaften von Belgien.

Veröffentlichungen u. a.

Sicherheit als soziologisches und sozialpolitisches Problem, Stuttgart 1970; Religion und Modernität. Sozialwissenschaftliche Analysen, Tübingen 1989; The Public Sector (Hrsg.), Berlin und New York, 1991; Der Ruf nach Verantwortung, Freiburg i.Br. 1992; Zukunft der Familie im vereinten Deutschland. Gesellschaftliche und politische Bedingungen, München 1995.

János Mátyás Kovács

Geb. 1950 in Budapest; seit 1991 Fellow am Institut für die Wissenschaften vom Menschen, Wien.

Seit 1973 Professor am Institut für Wirtschaftswissenschaften, Budapest; seit 1984 Professor für Wirtschaftswissenschaften an der Eötvös Lóránd Universität, Budapest; seit 1987 Professor an der Diplomatenschule, Wien; Forschungsaufenthalte und -projekte: 1981 Ecole des Hautes Etudes en Sciences Sociales; 1983 British Academy; 1984 Friedrich Ebert Stiftung; 1986–87 Harvard University; 1987–90 Institut für die Wissenschaften vom Menschen.

Veröffentlichungen u. a.:

The Reform of the Self-Management System and Economic Policy Changes in Yugoslavia, Institute of Economics, Budapest 1975; From Reformation to Transformation: Limits to Liberalism in Hungarian Economic Thought (Hrsg.), Rediscovery of Liberalism in Eastern Europe, Sonderausgabe Eastern European Politics and Societies, Winter 1991; Compassionate Doubts about Reform Economics (Science, Ideology, Politics) (Hrsg. zusammen mit M. Tardos): Reform and Transformation. Eastern European Economics on the Threshold of Change, London, 1992; Planning the Transformation? Notes about the Legacy of the Reform Economists (Hrsg.): Transition to Capitalism? The communist legacy in Eastern Europe, New Brunswick and London, 1994; Mitherausgeber Transit 2000; zahlreiche Aufsätze zur Transformation der post-kommunistischen Staaten.

Serif Mardin

seit 1988 Ibu Khaldun Chair of Islamic Studies, School of International Service, American University, Washington D.C.

1958 Ph.D. Politikwissenschaften, Stanford University; 1954–72 Professor für Politikwissenschaften, Ankara University; 1958–60 Princeton University; 1960–62 Harvard University; 1965–66 Gastprofessor, Columbia University; 1970–71 Princeton University; 1976 UCLA; 1972–88 Professor für Soziologie/Politikwissenschaften, Bogaziçi University; 1979–82 Fellow, St. Antony's College, Oxford University.

Veröffentlichungen u. a.:

The Genesis of Young Ottoman Thought, Princeton 1962; Religion and Social Change in Modern Turkey, Suny 1989;

author of various articles in Daedalus, Comparative Studies in Society and History, International Journal of Middle Eastern Studies.

Seizaburo Sato

Geb. 1932; seit 1988 Forschungsdirektor, Institute for International Policy Research, Tokio.

1960–63 Wissenschaftlicher Mitarbeiter, rechtswissenschaftliche Fakultät, University of Tokio; 1963–67 Dozent und außerordentlicher Professor, Rikkyo University Tokio; 1967–76 außerordentlicher Professor, School of Liberal Arts and Graduate School of Law and Political Science, University of Tokio; 1970–72 Wissenschaftlicher Mitarbeiter, Ostasiatisches Forschungszentrum, Harvard University; 1971 Gastprofessor, El Colegio de Mexico; 1977–92 Professor, University of Tokio; 1979–80 Mitglied der Beratergruppe des Premierministers für ›Pacific Corporation and Comprehensive Security‹; 1983–84 Mitglied der Beraterkommission für japanisch-amerikanische Beziehungen; 1981–86 Mitglied der Kommission für die Durchsetzung der Verwaltungsreform; 1992–95 Professor an der Keio University; seit 1993 Professor Emeritus, University of Tokio; seit 1995 Professor an der Graduate School of Policy Science, Saitama University.

Veröffentlichungen u. a.:

United States-Japanese Security Cooperation, London, 1991; Japanese Perceptions of the New Security Situation, London, 1992; Korean Peninsula Development and US-Japan-South Korean Relations (Mitherausgeber), Washington D.C., 1993; Prospects for Global Order (Mitherausgeber), London, 1993; Korean Peninsula Issues and U.S.-Japan-South Korean Relations (Mitherausgeber), Washington D.C., 1993; Security in the Asia-Pacific region: threats, risks and opportunities, 1994; Future Sources of Global Conflict (Mitherausgeber), London, 1995; The birth of the Murayama government, 1995; Japan's democracy in crisis, 1995; Three major twentieth century trends and

Japan's future role, 1996; Clarifying the right of collective self-defense, 1996.

Volker Then

Geb. 1961; Leiter des Referates Geistige Orientierung der Bertelsmann Stiftung, Gütersloh.

Studium der Geschichte, Volkswirtschaftslehre und Soziologie an den Universitäten Tübingen, Bielefeld und Oxford; 1994 Promotion an der Freien Universität Berlin; 1994–95 Referent Geistige Orientierung, Bertelsmann Stiftung; seit 1995 Leiter des Referates Geistige Orientierung, Bertelsmann Stiftung.

Veröffentlichungen u. a.:

Abschied von der Transzendenz – die Krise der modernen Gesellschaft (mit D. Rumberg) in: Weidenfeld, W. und Rumberg, D., Orientierungsverlust – Zur Bindungskrise der modernen Gesellschaft, Gütersloh 1994, S. 75–103; Die Weltgesellschaft entsteht nicht nach dem westlichen Muster (mit W. Weidenfeld u. a.), 12 Thesen der Bertelsmann Stiftung, Frankfurter Rundschau, 29.12.1995; Eisenbahnen und Eisenbahnunternehmer in der Industriellen Revolution, Ein deutsch-englischer Vergleich, Göttingen 1997; Aufsätze zur Sozial- und Wirtschaftsgeschichte.